Erich Schmidt-Eenboom

Undercover

Wie der BND die deutschen Medien steuert

Knaur

Besuchen Sie uns im Internet:
www.droemer-knaur.de

Vollständige Taschenbuchausgabe November 1999
Droemersche Verlagsanstalt Th. Knaur Nachf., München

Umschlaggestaltung: Agentur ZERO, München
Satz: Brigitte Apel, Hannover
Umbruch: Ventura Publisher im Verlag
Druck und Bindung: Ebner Ulm
Printed in Germany
ISBN 3-426-77464-X

2 4 5 3 1

Für Frauke und Henning

INHALT

Vorwort zur Taschenbuchausgabe

Am 16. April 1999 – im ersten Monat des Kosovo-Krieges – wurde Hans-Peter Schnitzler nahe der jugoslawischen Stadt Sremska Mitrovica von der Militärpolizei verhaftet. Der Vorwurf lautete auf Spionage. 26 Tage lang blieb der Südosteuropa-Korrespondent des Fernsehsenders *Sat.1* in Haft und wurde mißhandelt, bevor man ihn abschob. Bei den Verhören durch den serbischen Geheimdienst wollten die Vernehmer von ihm wissen, warum er ein Heizkraftwerk gefilmt hatte, das später von Kampfflugzeugen der NATO bombardiert worden war. Die Nachrichtendienstler konfrontierten ihn außerdem mit seinen alten Sendebändern, auf denen jugoslawische Panzer und serbische Spezialpolizei im Kosovo zu sehen waren. Beweise aber für irgendeine Ausforschungsabsicht konnten sie nicht vorbringen, stocherten eher im Nebel. Auch andere unliebsame Berichterstatter wurden durch den Vorwurf, sie würden ihre Bewegungsfreiheit zur Spionage mißbrauchen, von der jugoslawischen Zensur kaltgestellt, abgeschoben oder nicht erneut akkreditiert.

Auf der anderen Seite berichtete der Londoner *Independent* im Juni 1999, daß 40 Prozent der Agenten des britischen Auslandsnachrichtendienstes bei ihren Einsätzen gefälschte Presseausweise benutzen. Ein Spion des Londoner MI-6 soll auf diese Weise sogar bis in ein Belgrader Fernsehstudio vorgedrungen sein. Der Vorsitzende der britischen Mediengewerkschaft NUJ verurteilte diese Praxis scharf. Wenn Agenten sich als Journalisten tarnen – so John Foster –, würden sie automatisch als legitime Zielscheiben betrachtet.

Das Korps der Auslandskorrespondenten ist fadenscheinigen Attacken von medienscheuen Machthabern solange ausgeliefert, wie es eine erkleckliche Zahl schwarzer Schafe unter den Medienleuten gibt, die mit nachrichtendienstlichem Hintergrund arbeiten. Die deutsche IG Medien stand mit der Veröffentlichung der ersten Auflage dieses Buchs schon im Frieden vor der Frage, wie die Verquickung von Journalismus und Geheimdienst zu bewerten sei. In ihrer Monatszeitung *Menschen Machen Medien* erschien ein ausführliches Interview mit dem Verfasser sowie ein ergänzender Bericht. Als jedoch das Thema auf der Tagesordnung des Vorstands der Mediengewerkschaft stand, entschied das Gremium sich für »Nichtbefassung«.

Das allerdings zählte zu den weniger dramatischen Vorgängen hinter den Kulissen, die die nachhaltigen Interventionen von Prominenten von ehemaligen Vorsitzenden von amnesty international bis hin zu amtierenden Ministern beim Kölner Verlag Kiepenheuer & Witsch vor der Veröffentlichung noch in den Schatten stellten.

Ein Politik-Magazin der *ARD* plante in einer Schaltkonferenz ein Einvernehmen darüber herzustellen, daß der Autor dieses Buchs von keinem Magazin mehr als Rechercheur beschäftigt oder als Interviewpartner angefragt werden solle, weil einer der Altvorderen der Sendung als Vertrauensjournalist des BND geoutet wurde. Dieser Vorstoß zu einem teilweisen Berufsverbot scheiterte jedoch schon im Vorfeld an einer weit liberaleren *ARD*-Anstalt.

An Warnungen während der zweieinhalbjährigen Recherchezeit hatte es nicht gefehlt, mit der Veröffentlichung der Beziehungen zwischen namhaften Journalisten und Journalistinnen zum Bundesnachrichtendienst wage sich jeder Publizist in ein Minenfeld, sofern das Buch in den Medien nicht überhaupt totgeschwiegen würde. Dennoch gab es im Herbst 1998 eine große Resonanz, und die große Menge der Buchbesprechungen fiel positiv aus. Kleinere, die sogenannten linken und vor allem neue, altlastenfreie Medien des Internets sahen einen wichtigen Beitrag zur Zeitgeschichte. Zwei große Tageszeitungen und im

Chor mit ihnen eine Reihe rechtskonservativer und rechtsextremer Medien machten jedoch Front gegen UNDERCOVER.

Friedrich Schlomann beispielsweise machte die Tatsache, daß der Autor und Ex-HVA-Chef Markus Wolf in Berlin an zwei nebeneinanderliegenden Büchertischen des Medienbazars gesehen wurden, in einer ganzen Serie von Verrissen zum Vehikel, um das Werk in eine bestimmte Ecke zu stellen. Der Umgang mit solchen, in diesem Buch hinreichend beschriebenen Methoden ist vergleichsweise leicht. Schwieriger wird es dort, wo im Gewand einer Tatsachenbehauptung mit kühner Feder die Unwahrheit publiziert wird. »Beim deutschen Dienst ist es seit langem streng untersagt, Journalisten als Quellen zu gewinnen«, behauptete die *Süddeutsche Zeitung* in ihrer Rezension vom 24. August 1998. Nun ist die Regelung durch den damaligen BND-Präsidenten Hansjörg Geiger vom März 1998, daß er sich die Genehmigung zur Anwerbung eines Medienvertreter persönlich vorbehielt, zwar bereits im ersten Kapitel von UNDERCOVER dokumentiert, aber kein Autor kann einen Rezensenten zwingen, die Bücher, die er bespricht, auch zu lesen.

»Die wohl erste Frau dieser Republik, die *Zeit*-Herausgeberin Marion Gräfin Dönhoff, die über jeden Zweifel erhaben ist, mußte am Freitag im Frühstücksfernsehen Rede und Antwort stehen. Sie bestritt, Quelle des Geheimdienstes gewesen zu sein«, fuhr *SZ*-Rezensent Hans Leyendecker schweres Geschütz auf. Und auch die *Hannoversche Allgemeine Zeitung* vom 24. September 1998 bemühte die »höchst angesehene, über jeden Zweifel erhabene Marion Gräfin Dönhoff ... Ausgerechnet sie ins Zwielicht rücken zu wollen – absurder geht's nicht«. Der *Deutsche Ost-Dienst* setzte zugleich ein »angeblich« vor ihren Decknamen DOROTHEA.

Empört war die Gräfin, nachdem ihr der erste Entwurf des sie betreffenden Kapitels zugestellt worden war, nur über die zunächst geplante Überschrift »Die Gräfin und der General«, mit der die *Berliner Morgenpost* dann im August 1998 ihre Buchbesprechung titelte. Mit einem neuen Titel und marginalen Änderungen in den sie betreffenden Abschnitten war Frau Dönhoff so zufrieden, daß sie sich am 2. März 1998 für die Übersendung des neugefaßten Kapitels beim Verlag bedankte und mitteilte, sie sei nun »ganz einverstanden«. Daß Gräfin Dönhoff dem auch hier unverändert vorliegenden Text so ihren Segen gegeben hatte, beweist ihre Souveränität und gibt zugleich ihre ungerufenen Denkmalschützer der Lächerlichkeit preis.

Die ehemalige Regierungsdirektorin im BND und Quelle der Hauptverwaltung Aufklärung des MfS, Gabriele Gast, kommentierte am 17. September 1998: »Auch wenn es den Medienvertretern weniger behagen dürfte – der Kommentar von Hans Leyendecker in der *SZ* scheint wohl repräsentativ zu sein –, läßt sich der Fakt nicht unter den Teppich kehren, daß der BND das zweite Standbein vieler Journalisten ist. Gängige Quellenbeschreibungen auf von mir bearbeiteten Rohmeldungen: ›Westlicher Medienvertreter mit guten Zugängen‹«. Vielleicht ist es bezeichnend, daß die *Süddeutsche Zeitung* einen Leserbrief des in der Rezension zitierten langjährigen Vorsitzenden der Deutschen Journalisten-Union, Eckard Spoo, nicht ins Blatt nahm, der monierte: »Wenn ich ihren Artikel richtig verstanden habe, wollen sie vor allem suggerieren, eine ernsthafte Auseinandersetzung mit dem Buch lohne nicht. Aber will und darf die SZ, die an etlichen Stellen des Buches erwähnt ist, so leicht darüber hinweggehen?«

Die *Frankfurter Allgemeine Zeitung* kehrte in ihrer Rezension vom Weihnachtstag 1998 nicht etwa vor der eigenen Tür, die bis in die jüngste Zeit für BND-Kuriere offenstand, sondern suggerierte, Basis des Buch seien »Kantinengespräche im Bundesnachrichtendienst«. Eine der größten deutschen Sendeanstalten verhängte ein Verbot jeder Berichterstattung über UNDERCOVER, nachdem ein Magazin-Chef es gewagt hatte, beim Intendanten anzufragen, ob unter Berücksichtigung des eigenen Mediums ein Vorbericht zum Buch auf Sendung gehen könne.

Und doch gab es rühmliche Ausnahmen an Selbstkritik. Der *stern* druckte ausgerechnet zum 50jährigen Jubiläum des Blattes Ende August 1998 ein Interview, das sich mit der Rolle seines Gründers Henri Nannen im Pullacher Medienpool befaßte. Das Morgenmagazin der *ARD* sah sich ebenfalls im eigenen Hause um und verband ein Autoren-Interview mit einigen kritischen Nachfragen beim Londoner *ARD*-Korrespondenten Joachim Wagner, der hier in seiner früheren Funktion als Leiter des NDR-Fernsehmagazins *Panorama* eine Rolle spielt. Und der *Kulturreport* aus Leipzig nahm sich sofort nach Erscheinen dieses Beitrags auch des Themas an.

Von Amts wegen schrieb der BND-Beamte KOLLER am 2. Oktober 1998 an den früheren *ZDF*-Mann Gerhard Löwenthal, er »bedauere die Unannehmlichkeiten, die auch für sie mit dieser Buchveröffentlichung verbunden sind«. Dabei war Löwenthal im Fernsehinterview mit dem *Kulturreport* am 28. August 1998 zunächst geradezu stolz auf seine Rolle in UNDERCOVER: »Für mich als Journalist war es wichtig, Quellen zu haben, eine von mehreren Informationsquellen, insbesondere, wenn man sich vorstellt, daß sich ja das Buch im wesentlichen auf die Zeit der Höhepunkte des kalten Krieges beschäftigt, wo wir alle Hände voll zu tun hatten, uns gegen den äußeren Gegner, gegen die ideologische Unterwanderung der Bundesrepublik zu wehren. Und aus diesem Grunde kann ich das nicht für ehrenlos halten, im Gegenteil, ich halte das für eine staatsbürgerliche Pflicht.«

Als Löwenthal dann gegen das Buch vor Gericht zog, erklärte der ehemalige Leiter des *ZDF-Magazins* dem Richter, sein Interview habe keinerlei Beweiskraft, die in die Kamera gesprochenen Sätze seien ohne Belang. In zweiter Instanz vor dem Landgericht München I wollte Löwenthal verboten wissen, ihn einen BND-Vertrauensjournalisten und BND-Konfidenten zu nennen. In seinem Urteil vom 2. November 1998 bescheinigte das Gericht den »angegriffenen Äußerungen aber nach den Gesamtumständen die einer Diffamierungsabsicht widersprechende Sachnähe ... Die dieser Bewertung zugrundeliegenden Tatsachen sind nicht unwahr; hierüber kritisch zu berichten ist ein legitimes Motiv«.

Von den gescheiterten oder vergeblichen Versuchen der *Focus*-Redakteure Heiner Emde und Wilhelm Dietl, den Vertrieb von UNDERCOVER zu blockieren, nahm kaum jemand Notiz, während die einstweiligen Verfügungen von Ex-*BILD*-Chef Peter Boenisch und von *ZDF*-Chefredakteur Reinhard Appel und die den Kern der Aussagen unbeschadet lassenden Interventionen des Springer-Journalisten Heinz Vielain oder Gerhard Löwenthal eine Flut von Berichten und Notizen auslösten.

Gerade die konservativen Presseleute sprangen in diversen Publikationen füreinander in die Bresche. Löwenthal bemitleidete sich und andere Opfer des »Pamphlets« und empörte sich über die Tatsache, daß BND-Geheimdokumente »in die Hände von Unbefugten« geraten seien. Friedrich W. Schlomann versuchte sich als Prozeßberichterstatter und bescheinigte selbst »*Focus*-Korrespondent Paul Limbach die Wiederherstellung seiner Ehre«. Wie bescheiden diese Ansprüche des Redakteurs, der vor Gericht weitestgehend unterlag, an seine Ehre sind, ist hier nachlesbar geblieben.

Zur Abwehrstrategie unmittelbar oder mittelbar Betroffener zählte auch der Versuch, nachgewiesene Kontakte zum BND auf ganz unspektakuläre Anfragen in Pullach zu reduzieren, als eine Ebene der normalen journalistischen Recherche darzustellen. Nach dem 1971 beim BND eine echte Pressestelle eingerichtet worden sei, habe es ein etabliertes System von Geben und Nehmen zwischen Geheimdienst und Nachrichtenfabriken nicht mehr gegeben. Dagegen spricht beispielsweise der inzwischen aufgetauchte, als »Geheim« eingestufte Vermerk von BND-Vizepräsident Dieter Blötz an den Leiter der operativen Beschaffung Richard Meier vom 9. Juni 1976, der auch den gelegentlichen Wissensvorsprung von Journalisten vor den Auswertern in der Abteilung III dokumentiert: »Durch eine langjährige Presseverbindung erhielten wir vor einigen Wochen einen Hinweis über Unruhen in Georgien. Unsere damalige Auskunft aus der Abteilung III war negativ. In der Zwischenzeit hat sich aber – wie bekannt – herausgestellt, daß tatsächlich Unruhen stattgefunden haben. Unsere Presseverbindung, die nicht genannt werden will, hat heute als Informanten … in München genannt.«

Teils durch die juristischen Fehden, zum größeren Teil aber durch den Erkenntnisgewinn bedingt, den die zahlreichen Reaktionen auf das Buch beschert haben, liegt mit dem Taschenbuch kein bloßer Nachdruck der Hardcover-Ausgabe vor, sondern eine intensiv überarbeitete Fassung. Anregungen, Ergänzungen und Korrekturen finden in dieser Ausgabe ihren Niederschlag.

Alle neuen Erkenntnisse in diese neue Fassung aufzunehmen, hätte den Rahmen jedoch erheblich gesprengt. Neue Geheimdokumente, Mitteilungen von Zeitzeugen und Hinweise von Kolleginnen und Kollegen haben nichts substantiell Neues, aber viele Fakten und Vorgänge aus den letzten vier Jahrzehnten ans Licht gebracht, die die Kernaussagen dieses Buches verdichten und illustrieren. Das Spektrum reicht von bis zur Mitte der siebziger Jahre vom BND finanzierten außenpolitischen Fachzeitschriften über handfeste Aufklärungsaufträge für *Quick*-Redakteure in Afrika bis zur Anwerbung von Journalisten mit sprachlichen und juristischen Kenntnissen über Jugoslawien durch eine in Pullach angesiedelte und von einem Tölzer BND-Mitarbeiter betriebene Presseagentur während des Kosovo-Krieges.

Für alles, was hier aus Gründen des Umfangs nicht einfließen konnte, wird zeitgleich mit dem Erscheinen dieses Buchs im November 1999 auf der Homepage des Forschungsinstituts für Friedenspolitik e.V. *(www.ffi-weilheim.de)* eine Rubrik eingerichtet, in der fortlaufend neue und neue alte Informationen und Geschichten zu dem Dauerbrenner Medien und Geheimdienste eingestellt sein werden.

Weilheim, im Juli 1999 — Erich Schmidt-Eenboom

1

Verbotene Früchte

Der *stern* berichtete im Dezember 1993 über den Versuch des BND, in Bonn den innenpolitischen Korrespondenten des privaten Radiosenders *Radioropa,* Christoph Heinzle, in seine Dienste zu nehmen. Ein BND-Mitarbeiter mit dem Arbeitsnamen Kay Römer hatte dem 25jährigen vorgeschlagen, gegen eine entsprechende Aufwandsentschädigung in Bonn Quellen zu erschließen, die Informationen aus dem Ausland liefern konnten. Geheimdienstkoordinator Bernd Schmidbauer kommentierte, eine solche Werbung entspräche zwar nicht den Gepflogenheiten eines Auslandsnachrichtendienstes, er könne die Rekrutierung von Journalisten als »letztes Mittel der Nachrichtenbeschaffung« jedoch nicht generell ausschließen[1]. Die Fraktion von Bündnis '90/Die Grünen wollte daraufhin in einer Kleinen Anfrage im Bundestag vom 1. März 1994[2] von der Bundesregierung wissen, mit wie vielen Journalisten die deutschen Geheimdienste im Hörfunk, im Fernsehen und bei den Printmedien jeweils zusammenarbeiten. Doch die Regierung hüllte sich in Schweigen.

Die ersten Reaktionen aus Bonn zum Fall Heinzle waren überhaupt erstaunlich. Weder die politische Aufsicht im Kanzleramt noch die parlamentarischen Kontrolleure im Bundestag waren über die BND-Regularien zur Rekrutierung eines Journalisten richtig unterrichtet – zumindest gaben sie sich den Anschein. Der frühere Geheimdienstaufseher im Kanzleramt, Horst Grabert, meinte sich an eine mündliche Weisung an den damaligen BND-Präsidenten Gerhard Wessel zu erinnern, die Befragung und Bezahlung von Journalisten einzustellen. Der SPD-Innenpolitiker Wilfried Penner hingegen behauptete, die Anwerbung von Medienleuten sei zwar nicht ausdrücklich verboten, es sei jedoch Konsens, »daß so etwas nicht geht«[3].

Wilfried Penner, als Mitglied der PKK (Parlamentarische Kontrollkommission des Bundestags) einer der dienstältesten parlamentarischen Nachrichtendienstkontrolleure, tappte dabei ebenso im dunkeln wie Horst Grabert. Denn es gibt eindeutige Vorschriften. Wie überall in der Bürokratie ist auch im Bundesnachrichtendienst nahezu jeder nur denkbare Vorgang geregelt. Bevor ein Anbahner beispielsweise einen Agenten wirbt, muß er einen Operationsplan aufstellen und genehmigen lassen. Der allererste Schritt ist aber stets die Personenanfrage (PA). In der entsprechenden BND-Verfügung ist unter Ziffer VII geregelt, bei welchen Personen die nachrichtendienstliche Verwendung Einschränkungen unterliegt und in welchen Fällen Ausnahmen genehmigt werden können. Welche Brisanz in der Rekrutierung von Angehörigen mancher Berufe liegt, ist dem Nachrichtendienst durchaus bewußt. »Die nachrichtendienstliche Verwendung von Angehörigen bestimmter Personenkreise kann erheblichen politischen, rechtlichen und anderen Gefahren und Risiken unterworfen sein und bedarf nach vorliegendem PA-Bescheid der Genehmigung des Abteilungsleiters der anfragenden Dienststelle.« Und zu diesem Personenkreis, »der sich auf Grund der jeweiligen politischen, rechtlichen oder sonstigen Lage vergrößern oder vermindern kann«, gehören für den Bundesnachrichtendienst auch »Angehörige von Presse, Funk und Fernsehen mit deutscher Staatsangehörigkeit«.

Von den weit über einhunderttausend beim BND eingegangenen Tips auf potentielle Agenten, die der BND-Beamte mit dem Decknamen BÜNZ[4] Mitte der achtziger Jahre in der Tip-Basis verwaltete, hätte eigentlich ein großer Teil nur mit ausdrücklicher Einzelerlaubnis des Abteilungsleiters als nachrichtendienstliche Verbindung gewonnen werden dürfen. Wie sehr die Praxis regelmäßig davon abwich, macht ein Pullacher Aktenvermerk aus den achtziger Jahren deutlich: »Bisher haben wir fast alle Personen, deren ND-Verwendung Einschränkungen unterliegen, nach ausreichender Forschung freibekommen«, resümierte der BND-Beamte mit der Dienstpostenbezeichnung 56 AA (11), Cornelis Hausleiter (HAGEMANN).

Daß die »ausreichende Forschung« de facto in einer unerlaubten Anwerbung bestand, erläutert ein ehemaliger Verbindungsführer aus Pullach: »Wir haben den Mann einfach auf eigenes Risiko nach seiner Bereitschaft zur Zusammenarbeit gefragt, ihm erste Aufträge erteilt und auch – wohlweislich quittierte – Honorare für kleinere Meldungen gezahlt. Und erst, wenn es bereits eine nachrichtendienstliche Verbindung gab, wurde der Operationsplan, der die Bereitwilligkeit und die Ertragslage in leuchtenden Farben ausmalen konnte, geschrieben. Die Genehmigung durch den Chef kam so quasi automatisch«. Der Vorgesetzte wiederum mußte sich durch die erfolgreiche Anwerbung »nach« seiner Freigabe jedesmal bestätigt sehen und ging mit den Ausnahmegenehmigungen fortan noch freizügiger um.

Auch zu Beginn der neunziger Jahre galt im BND die Weisung, daß der Einsatz von Journalisten in einem Operationsplan vom Leiter der BND-Abteilung 1 ausdrücklich genehmigt werden muß. Journalisten und Politiker standen überdies auf einer Sperrliste, was die Regelungen zur Anbahnung noch einmal verschärfte. Nachdem Hansjörg Geiger im Mai 1996 den Chefsessel in Pullach eingenommen hatte, wurden die Hürden zur Rekrutierung von Medienleuten noch einmal höher gelegt. Der BND-Präsident ordnete im März 1998 sogar an, daß er sich die Zustimmung zur Anwerbung eines deutschen oder für deutsche Medien tätigen Journalisten als Quelle des BND persönlich vorbehalte. Insofern ist die 1996 abgegebene Erklärung von Kanzleramtsminister Bernd Schmidbauer wohl zutreffend, Journalisten dürften als »letztes Mittel« der Nachrichtenbeschaffung eingesetzt werden. Wie oft der Bundesnachrichtendienst auch in den letzten Jahren zu diesem »letzten Mittel« griff, das wird im folgenden an mehr als einer Handvoll von Fällen deutlich werden.

Das Berufsethos verbietet so manchem eigentlich, in der ein oder anderen Form nebenamtlich für Nachrichtendienste zu arbeiten. Das trifft auf den Stand der Ärzte und Anwälte zu, die besonderer Schweigepflicht unterliegen, oder auf Abgeordnete, die ihre Unabhängigkeit wahren müssen. Aber auch Pfarrer, Missionare und Journalisten werden von den Wächtern ihrer Berufsehre regelmäßig auf die Unvereinbarkeit ihrer Tätigkeit mit dem Schlapphutmilieu hingewiesen. Dieses Unvereinbarkeitsgebot – in demokratischen Gesellschaften eigentlich eine Selbstverständlichkeit – wird bei uns wie anderswo jedoch auch öffentlich in Frage gestellt.

In den USA wurde im Sommer 1996 eine Gesetzesinitiative eingebracht, die den Nachrichtendiensten die Anwerbung von Missionaren und Journalisten untersagen sollte. Der damalige CIA-Chef John Deutsch trat diesem Ansinnen bei einer Anhörung vor dem für die Nachrichtendienste zuständigen Senatsausschuß vehement entgegen. Es sei für den US-Nachrichtendienst unverzichtbar – so Deutsch –, geheimdienstliche Aufträge an Medienleute und Missionare zu vergeben und diese klandestinen Verbindungen auch zu honorieren[5]. Verschiedene Kirchen und religiöse Organisationen in den Vereinigten Staaten hatten ihren Mitarbeitern da bereits jede Zusammenarbeit mit den Geheimdiensten untersagt[6]. Der Präsident des US-Nachrichtensenders *CNN,* Tom Johnson, forderte ebenfalls ein absolutes Verbot des Einsatzes von Journalisten für verdeckte Spionageeinsätze[7].

In der Bundesrepublik hat die sächsische Landessynode im April 1997 ein eigenes Kirchengesetz erlassen, das Pfarrerinnen und Pfarrern jegliche Tätigkeit im Auftrag in- oder ausländischer Nachrichtendienste untersagt. Begründung: Die Anwendung nachrichtendienstlicher Methoden sei nicht mit dem Pfarrdienst vereinbar[8]. Der Bundesvorstand der Fachgruppe Journalismus der IG Medien hat im Mai desselben Jahres betont, die Kooperation von Journalisten mit Nachrichtendiensten sei zwar weder in der Bundesrepublik noch in der DDR strafbar gewesen, mit dem journalistischen Selbstverständnis der Mediengewerkschaft aber, genau wie die Zusammenarbeit mit Verfassungsschutz- und Staatssicherheitsbehörden, nicht vereinbar[9]. Ebenso hat der Deutsche Presserat bereits im Frühjahr 1988 festgelegt, daß eine Arbeit als V-Mann von Geheimdiensten dem Berufsethos des

Journalisten widerspricht. Politiker und Nachrichtendienstler hielten stets dagegen. »Diese Auffassung mag der eigenen berufsständischen Sicht des Journalisten entsprechen; für den Nachrichtendienst dagegen ist kein Gesichtspunkt erkennbar, unter dem er die mögliche Mithilfe eines Journalisten zurückweisen sollte«[10], erklärte dazu 1989 Falko Ritter, Mitarbeiter des Geheimdienstkoordinators im Kanzleramt. BND-Präsident Gerhard Wessel eröffnete am 9. Oktober 1974 vor dem Guillaume-Untersuchungsausschuß des Bundestags sogar: »Ich halte es für eine legitime und ehrenvolle Mitarbeit auch von Journalisten, wenn sie dem BND Erkenntnisse vermitteln«, und wollte dabei nur einräumen: »Die Frage der Honorierung ist ein Problem für sich.«

Wie ist dieser »Ehrendienst« nun beschaffen, und was springt dabei für Journalisten heraus, welche die Grenzen zwischen dem Nachrichtengeschäft und der nachrichtendienstlichen Tätigkeit überschreiten? Der heutige Chefredakteur der *WOCHE,* Manfred Bissinger, hat 1987 die Zusammenarbeit von BND und Medien grob klassifiziert: »Erste Form: Der Dienst hatte einzelne Redakteure, vor allem Korrespondenten in den osteuropäischen Staaten, unter Vertrag und zahlte monatliche Gehälter für deren Berichte. Das schwankte je nach Ergiebigkeit des Standorts (Moskau wurde besser bezahlt als Warschau) zwischen 1000 und 8000 Mark monatlich. Die Journalisten hatten Agentennummern und Agentenführer. Letztere gehörten meist zu Tarnfirmen, die der BND für solche Zwecke unterhielt ... Die zweite Form der Zusammenarbeit mit Pullach war die der gelegentlichen Mitarbeit. Der Dienst stand mit Redakteuren oder Reportern in loser Verbindung und vergab Aufträge – selten direkt, meist über die schon erwähnten Tarnfirmen. Die zum Beispiel luden die Redakteure zu Auslandsreisen ein, von denen dann eben nicht nur für das eigene Blatt, sondern auch für den BND berichtet wurde[11].«

Im Herbst 1969 wurde Willy Brandt, der Emigrant und Antifaschist, zum Bundeskanzler gewählt. Dieser »Machtwechsel«, wie die Regierungsübernahme durch SPD und FDP bald genannt wurde, war ein

Schock für alle, die sich dem »CDU-Staat« verbunden fühlten. Auch für die geschlossene Gesellschaft von Geheimdienst und seinen Paladinen im öffentlichen Raum schien eine Ära zu Ende zu gehen. Im Bundeskanzleramt übernahm Horst Ehmke das Ruder und damit auch die Aufsicht über die Nachrichtendienste. Frühzeitig wurde er – wie es seine politischen Erinnerungen ausweisen – mit dem Problem der Pullacher PR-Holding konfrontiert: »Aufgrund eines Tips fragte ich weiter, ob Journalisten vom BND Geld erhalten hätten und wenn ja, wofür – nachrichtendienstliche Quellen natürlich ausgenommen. Ich erhielt eine Liste mit Namen und Summen, die beide mein Erstaunen hervorriefen. Ich widerstand aber der Versuchung, diese Pandorabüchse zu öffnen, ordnete die Vernichtung auch dieser Unterlagen an und untersagte derartige Praktiken[12].«

Tatsächlich hatte Horst Ehmke auch Aufstellungen von echten Quellen des BND sehen wollen, was ihm jedoch mit Hinweis auf nachrichtendienstliche Grundregeln erfolgreich verweigert wurde. Die Preisgabe der Pressesonderverbindungen Pullachs war offensichtlich ein Kompromiß; dem Kanzleramt wurden damit nur die nicht operativ genutzter Journalisten offenbart. Im März 1970 wurde also bei weitem nicht jeder Medienvertreter, der für die Abteilung I des Bundesnachrichtendienstes gearbeitet hatte, geoutet.

Ein Vierteljahrhundert später wird diese Liste nun öffentlich. Sie dient als Ausgangspunkt einer Recherche, welche die in der Adenauerrepublik gewachsene PR-Holding Pullachs auszuleuchten sucht. Beziehungen von BND-Konfidenten untereinander und ihr Weg aus dem Dritten Reich in die Bonner Republik werden dabei ebenso unter die Lupe genommen wie der Aufstieg in die Spitze der Meinungsmacher bei so manchem »Vertrauensjournalisten« des Bundesnachrichtendienstes. Biographische Daten und Memoiren, publizierte Artikel und Bücher, Interviews, Aktivitäten in dieser oder jener Organisation, und – wo erlangbar – ihr privater Schriftverkehr bilden die Quellenbasis für die Einordnung der Hilfsorgane des BND in die politische Landschaft der sechziger und siebziger Jahre. Aber die Untersuchung beschränkt sich nicht etwa auf die »Pubertät der Republik«, sondern schaut auf das Weiterwirken der 1970 offiziell aufgelösten Seilschaften und fragt nach dem heutigen Stand der Dinge.

Eingeteilt waren die Pressesonderverbindungen 1970 vom BND selbst nach dem Grad ihrer Intensität und Qualität in drei Kategorien:

I = voll tragfähige, regelmäßige oder häufige Kontakte;
II = Formalkontakte, unregelmäßige Kontakte nach Bedarf;
III = Zufallskontakte, Planung usw.

Wie viele Zugänge der BND im PR-Bereich besaß, bot jahrzehntelang Stoff für Spekulationen: »Nur etwa 60 Bonner Korrespondenten«, mutmaßte der *SPIEGEL*, während Günter Wallraff 1987 hochrechnete: »Man spricht von annähernd 1000 Namen[13].« Tatsächlich waren es 230 registrierte Pressesonderverbindungen, darunter viele Journalisten von Rang und Namen, und etliche, die zur allerersten Garnitur der bundesrepublikanischen Publizistik zählen.

Einen Decknamen hatten alle bekommen, die auch nur in das Visier des BND geraten waren. Dieser begann in der Regel mit dem Anfangsbuchstaben des Klarnamens – so, wie es bei Gehlen schon seit den ersten Tagen der Organisation Gehlen üblich war, der seinen letzten Abteilungsleiter der operativen Beschaffung, Kurt Weiß, WINTERSTEIN taufen ließ und seine Sekretärin KRÜGER, jene Annelore Kunze, die ihm von der Wehrmachtsabteilung FHO über die OG (Organisation Gehlen) bis in den BND hinein die Treue hielt. Nahezu alle – selbst die Mehrzahl der Zufallskontakte – waren überdies unter einer fünfstelligen V-Nummer registriert.

Tabellarisch hatte die BND-Pressestelle dem Kanzleramt die Verteilung auf vier Regionen übermittelt: Im Norden bestanden insgesamt 59, im Südwesten 38 und im Süden 49 Pressesonderverbindungen. Der Westen der Republik war mit 84 registrierten Verbindungen nur auf den ersten Blick überproportional vertreten, denn ein gewichtiger Teil entfiel in dieser Region nicht auf Medienvertreter, sondern auf offizielle Kontakte zu Regierungseinrichtungen wie Bundespresseamt, Verfassungsschutz oder Bundeswehr.

BND/VPr 244/74 geh.v.2.10.
1974
27 Blatt

Geheim!

amtlich geheimgehalten

Pressestelle

2. Oktober 1974

Bemerkung zur Anlage:

1. Damals (3/70) galt:

I	= voll tragfähige, regelmäßige oder häufige Kontakte
II	= Formalkontakte, unregelmäßige Kontakte nach Bedarf
III	= Zufallskontakte, Planung usw.

2. Am 9.11.1970 enthielt eine andere Liste der "wichtigsten Pressesonderverbindungen" (also vergleichbar der Rubrik I v. 17.3.1970 mit 66 Nennungen) nur noch 37 Namen.

3. Heute noch bestehende Kontakte im Rahmen der normalen Öffentlichkeitsarbeit, die auch bereits in der Liste v. 17.3.1970 enthalten sind, tragen ein Kreuz unter "Bemerkungen" (= 9 Namen).

Geheim!

923 Presse-Sondorverbindungen

Gruppe I : Geheim! [illegible]ge, regelmäs[illegible]e oder häufige Kontakte,
Gruppe II : [illegible] unregelmässige Kontakte nach Bedarf,

Gr, I	Gr, II	Rundfunk und Fernsehen	Klarname (Deckname)	Stellung	Arbeitsort	V-Nr,	Region	PrVerb, Führer	Bemerkung
I		Bayrischer Rundf, München	MILLBRADT, Günther (MITTHEIM)	Redakteur Ostfragen	München	46 510	Süd	Elze	
I		"	FREUDENFELD, Burkhard (FRICK)	Ltr, HA Politik	München	56 237	Süd	Elze	ab 1,4,70 freie
	II	"	Dr, RAPPMANNSBERGER, Franz Josef (RANDOLF)	Redakteur	München	59 518	Süd	Elze	
	II	BAYR, RUNDFK, FERNSSEHEN, München	Dr, HANO, Horst (HASPER)	Redakteur	München	56 249	Süd	Dr, Heidegger	
I		"	HELMENSDORFER, Erich (HEUBEL)	freier Mitarbeiter	München		Süd	AL I	früher Chefred,
	II	"	Dr, DILL, Richard (DORTMANN)	Programmdir, ARD-Eurovision	München	56 224	Süd	Elze	
	II	"	BÖHM, Winfried (BÜRGER)	Redakteur Studio Nbg,	Nürnberg	56 228	Süd	Dr, Heidegger	
	II	DEUTSCHE WELLE Köln	STEIGNER, Walter (STEFFELD)	Intendant	Köln	56 248	West	Elze	
	II	"	Dr, SCHWIPPS, Werner (SCHWALM)	Referent Programmüberw,	Köln	59 515	West	Dr. Heidegger	
I		"	SCHOLZ, Günther (FINK)	Studio Bonn	Bonn	7 425	West	Dr. Reuter	X
	II	"	JENTSCH, Eva (JETTNER)	[illegible]	Köln	46 508	West	Dr, Wilhelm	
	II	"	SCHEFFLER, Herbert (SCHULTHEIS)	Chef vom Dienst Deutsches Progr,	Köln	59 501	West	Herbart	

Einen festen Presseverbindungsführer hatten alle BND-Konfidenten der Kategorie I und II, bei den IIIer-Verbindungen jedoch nur etwa ein Drittel. Die wichtigsten Pressesonderverbindungen der Kategorie I und II mögen ihren Kontaktmann aus Pullach nur unter seinem Decknamen gekannt haben – daß sie Mitarbeiter des Geheimdienstes waren, verbargen die Pullacher Verbindungsführer ihnen jedoch nicht. Unter den Journalisten mit Zufallskontakten zum BND oder denen, bei denen eine Klaransprache erst in der Planung war, dürfte es zwei Gruppen gegeben haben: wissentliche Gesprächspartner, d.h. in der Terminologie des BND »eine eingewiesene rezeptive Quelle, die durch Gesprächsaufklärung auf geheime Nachrichten abgeschöpft wird«, aber auch ahnungslose Informanten, d.h. eine »nichteingewiesene operative Quelle mit den Zugangsmöglichkeiten einer Innen- oder Außenquelle, die von einem Gesprächsaufklärer oder von einem Bediensteten im Wege der Gesprächsaufklärung unter Legende auf geheime Nachrichten abgeschöpft wird«[14].

Die Zuordnung der Journalisten zu einem Verbindungsführer war durchweg personenorientiert, nicht etwa nach Medien sortiert. Wo in einer Tageszeitung beispielsweise sieben BND-Kontakte bestanden, gab es drei Pullacher Betreuer. Nur in einigen Fällen zeichnen sich regionale oder – wo es um das Zusammenwirken etwa mit Historikern geht – inhaltliche Schwerpunkte ab. Lediglich im Ausnahmefall arbeiteten die Verbindungsführer auf eine bestimmte Zeitschrift oder einen Sender bezogen.

Zum Zeitpunkt ihrer Ablieferung im Kanzleramt verursachte die BND-Liste keinerlei öffentliches Aufsehen. Horst Ehmke war offensichtlich bemüht, das Netz langsam und ohne die Begleitmusik der Medien auflösen zu lassen. Die Situation änderte sich für die regierenden Sozialdemokraten aber nach dem Rücktritt Willy Brandts schlagartig. Die CDU/CSU-Opposition hatte einen parlamentarischen Untersuchungsausschuß beantragt, um den Fall des Kanzlerspions Günter Guillaume weiter zu ihren Gunsten auszuschlachten. Dem konnte sich die SPD im Juni 1974 nicht entziehen, sie erweiterte den Untersuchungsauftrag des Bundestags jedoch um das Thema der verbotenen Inlandsaufklärung und klandestinen Pressearbeit des BND. Auf diesem Feld hielt sie die frühere Regierungspartei aus gutem Grunde für verwundbar. Obwohl es keinen ersichtlichen Zusammenhang mit dem »Kundschafter« von Markus Wolf im Umfeld des Kanzlers gab, mußten die Konservativen ihrerseits diese Kröte schlucken, um größeres Ungemach zu verhindern. Denn ihnen lag wiederum daran, sich mit der SPD zu verständigen, den illegalen Waffenhandel des BND aus der Untersuchung herauszuhalten und damit den vormaligen Staatssekretär und späteren Bundespräsidenten Karl Carstens aus der Schußlinie zu nehmen. Deutlich wird die von der SPD/FDP-Mehrheit erzielte Schwerpunktverschiebung auch darin, daß in ihrem Abschlußbericht das Thema Guillaume auf 25, der BND hingegen auf immerhin 16 Seiten behandelt wird, während der Minderheitsbericht der Opposition dem DDR-Agenten 23, dem westdeutschen Auslandsnachrichtendienst aber nur fünf Seiten widmete[15].

An Ehmkes Büchse der Pandora aber hatten zu dieser Zeit schon ausgewählte Journalisten schnuppern dürfen. Verschlußsachen sickerten – wie bei jedem Untersuchungsausschuß in der Geschichte der Bundesrepublik beobachtbar – in die Medien. Und nicht jeder, der Einblick in ein Exemplar der Liste genommen hatte, konnte anschließend der Versuchung widerstehen, wenigstens unter der Hand einigen Kollegen den ein oder anderen Namen zuzuflüstern. Manfred Bissinger hat seinen Eindruck von einem Teil dieser Aufstellung, die ihm in einer Abschrift vorlag, 1987 in einem Beitrag zur Frage »Warum so viele Journalisten für den BND arbeiten« verarbeitet und zugleich deutlich gemacht, daß es unmöglich war, die Identität der betroffenen Kolleginnen und Kollegen zu veröffentlichen, ohne das BND-Dokument im Original zu besitzen, weil sie sonst ihre BND-Bindung einfach hätten bestreiten können: »Mir, aber auch allen anderen, die diese Liste zu sehen bekamen, sind die Augen übergelaufen. Es waren so gut wie alle, die Rang und Namen hatten im bürgerlichen Journalismus, fein säuberlich alphabetisch geordnet zu finden. Nur sind die, die draufstehen, absolut geschützt, denn die Liste kann niemand veröffentlichen. Es gibt keine Zeugen, die helfen würden den Wahrheitsbeweis anzutreten. Ein Prozeß wäre deshalb nicht durchzustehen[16].«

Um sich selbst aber Gewißheit zu verschaffen, stellte Manfred Bissinger eine eigene, 38 Namen umfassende Verdachtsliste auf, für die er auf Vorabeiten von Thomas Walde zurückgriff[17]. So gewappnet suchte der Hamburger Journalist den ehemals wichtigsten Pressesonderverbindungsführer Kurt Weiß persönlich auf. Er traf ihn in der Wienerwald-Filiale in der Münchener Verdistraße[18]. Und der bestätigte ihm leichthin, daß jeder Verdacht berechtigt sei, obwohl auf dieser Liste mit dem Chefredakteur der *Kölnischen Rundschau* Rudolf Heizler, der Reiseredakteurin der *Zeit* Eka Gräfin Merveldt, Peter Hopen, dem *Quick*-Journalisten Wilfried Ahrens, dem *BILD*-Redakteur Hans E. Bilges, dem *Welt*-Redakteur Heinz Vielain, Herbert G. Haake, Hans Hermann Mans, dem Chefredakteur von *Die politische Meinung* Karl Willy Beer, *SDR*-Chefredakteur Emil Obermann, Verleger Heinrich Seewald, Jürgen Wahl, dem Chefredakteur von *Das deutsche Wort* Hugo Wellems, Wolfgang Löhde, Hermann Renner, Wilhelm Vahlefeld, *WDR*-Korrespondent Hansjacob Stehle, Ulrich Blank, Peter Hertz, dem DDR-Dissidenten Heinz Brandt und *Welt*-Redakteur Carl Gustav Ströhm gleich 21 – also mehr als die Hälfte – nicht in der Aufstellung des BND verzeichnet waren. Bei einigen dieser von WINTERSTEIN pauschal seiner PR-Holding zugeschlagenen Personen wird eine Kooperation mit dem Bundesnachrichtendienst in diesem Buch nachgewiesen.

Was den damals aufs Abstellgleis geschobenen BND-Spitzenmann Weiß bewogen haben mag, die ganze Verdachtsliste abzusegnen, kann heute nur noch gemutmaßt werden.

Hans-Erich Bilges, Bonner *BILD*-Chef, war nicht auf der BND-Liste vom März 1970 registriert, und so konnte ein anonymer Geheimdienstautor ihn 1974 gegen Anwürfe aus der SPD verteidigen, er habe vier Jahre lang auf der Honorarliste des BND gestanden[19]. Doch dieser Freispruch war unbegründet. Am 23. Februar 1975 sprach der Geheimdienstaufseher im Kanzleramt, Manfred Schüler, erneut mit BND-Vizepräsident Blötz über Bilges BND-Tätigkeit, und Schüler betonte, er selbst würde den Bundeskanzler über den Fall unterrichten. Weiteren Klärungsbedarf gab es im Dezember 1978, als der ehemalige Verbindungsführers des *BILD*-Redakteurs eine dienstliche Erklärung zum Fall Bilges abgeben mußte.

Nachdem sich die Existenz der Liste herumgesprochen hatte, registrierte der Bundesnachrichtendienst auch telefonische Anfragen von Medienvertretern, die aus Pullach erfahren wollten, ob ihr Name in der Aufstellung enthalten sei. Einige konservative Journalisten empfanden es geradezu als Makel, nicht zu den Vertrauensleuten des BND zu zählen, andere wiederum sahen es als verdiente Bestätigung ihrer Staatstreue an, einen Platz in dem Dokument für das Kanzleramt gefunden zu haben[20].

Die geheimnisvolle Liste wurde zum Mythos. Wo sie in den Medien beschworen wurde, witterten die Autoren ein Komplott zwischen Nachrichtendiensten und Nachrichtenfabriken mit fast schon britischen Dimensionen: »John le Carré, der von 1960 bis 1964 für den britischen Geheimdienst MI-6 arbeitete, behauptet, daß die britischen Geheimdienste weite Teile der Presse kontrollieren. 1975 wurde bei Senatsanhörungen in Washington behauptet, jeder zweite Journalist einer großen britischen Tageszeitung stehe auf der Gehaltsliste von MI-6«[21], dem Londoner Auslandsnachrichtendienst. Auch Reinhard Gehlen erlaubte sich vor dem Guillaume-Untersuchungsausschuß 1974 den Hinweis auf die angelsächsischen Länder, wo es für Journalisten zur patriotischen Pflicht zähle, den Nachrichtendienst nach Kräften zu unterstützen.

»Amtlich geheimgehalten« und auf jedem Blatt »Geheim« gestempelt, das erschien gerade Geheimdienstkritikern wie ein Qualitätssiegel der Liste. Die Authentizität der dargestellten Verbindungen, der Quellenwert dieser Akten wurde damals nicht hinterfragt. Eine derartige Glaubwürdigkeit billigten die Kritiker den Analysen und Prognosen des BND sonst nie zu. Niemand kam auf die Idee, daß möglicherweise ein »Trickbetrüger« an der Spitze einer BND-Dienststelle die Aufstellung so aufgeblasen haben könnte, daß die politische Führung im Kanzleramt angesichts der großen Zahl und der politischen Spannbreite der desavouierten Journalisten bis ins »eigene Lager« hinein darauf verzichten würde, sie öffentlich zu machen. Und so war es damals auch nicht möglich, die Spreu vom Weizen zu trennen, solche Medienvertreter, die durch den Ehrgeiz eines BND-Verbindungsführers – quasi zur Planerfüllung – in die Aufstellung geraten waren, und echte Protagonisten Pullachs zu unterscheiden.

Folglich begnügte sich die Verwertungsgesellschaft aus sozialdemokratischen Politikern und ihnen nahestehenden Journalisten mit der allgemeinen Stoßrichtung, die Hydra BND habe ihre Arme in jede, vornehmlich aber in die konservativen Chefredaktionen ausgestreckt. Die »Verzahnung und Verfilzung des BND mit dem publizistischen Bereich« sei »ein Teil des Grundmusters zahlreicher gegen die deutsche Sozialdemokratie und gegen die sozial-liberale Koalition gerichteter Kampagnen« gewesen, erklärte Horst Ehmke 1974 vor dem Untersuchungsausschuß des Bundestags[22].

Und zugleich – spätestens im politischen Umfeld der parlamentarischen Nachforschungen – forcierten SPD-Bundespolitiker einen Gegenmythos: Solche fragwürdigen Praktiken der Inlandsaufklärung und der informellen Konspiration mit Publizisten seien wohl unter Reinhard Gehlen üblich gewesen, mit der Amtsübernahme durch Gerhard Wessel am 1. Mai 1968 aber beendet worden; zumindest habe der neue BND-Präsident sofort mit dem Ausmisten des Augiasstalles begonnen.

Im Minderheitsvotum der CDU/CSU wurde erwartungsgemäß bestritten, daß ein »innenpolitischer Mißbrauch des BND durch eine Bundesregierung« nachgewiesen worden sei. Nur in dem Einzelfall des BND-Agenten Günter Heysing mochte CDU-Berichterstatter Johannes Gerster im Januar 1975 den Verdacht bestätigt finden, der BND habe verbotene innenpolitische Aufklärung betrieben, weil ein Teil seiner Meldungen »Ergebnis von Ermittlungsaufträgen war, die mit dem Auftrag des Bundesnachrichtendienstes nicht zu vereinbaren sind. Dies gilt insbesondere für einen Auftrag, den Heysing mit Schreiben vom 6. März 1972 erhielt und in dem um die Ausforschung der Verlage Bauer, Springer und Bertelsmann sowie des Studio Hamburg gebeten wurde[23].« Den Schwarzen Peter allerdings konnte bei Ehmke, der 1972 für die Kontrolle des BND verantwortlich war, nur sehen, wer die Berichterstattung des *SPIEGEL* über die Heysing-Akten vom Herbst 1974[24] bereits wieder vergessen hatte.

Von 1959 bis 1970 hatte Heysing mehr als 2000 Meldungen aus der Hamburger Medienlandschaft an die Zentrale in Pullach abgesetzt, die als Material für den Untersuchungsausschuß in der Geheimschutzstelle des Bundestags landeten und zum Teil Eingang in die *SPIEGEL*-Titelgeschichte »Agent 12 619« fanden.

Sein Handwerk als Reporter hatte Günther Heysing als »Höherer Heeresberichter« der deutschen Propagandatruppen im Zweiten Weltkrieg gelernt. In der Nachkriegszeit trug er als Herausgeber des ultrarechten PK-Mitteilungsblattes *Die Wildente* in jahrelanger Kleinarbeit eine Fülle von Details über die deutschen Propagandatruppen zusammen. Als die *Wildente* mit der Nummer 28 im August 1966 ihr Erscheinen einstellte[25], hatte er nur einen Teil davon publiziert. Weitere journalistische Gehversuche in Hamburg waren abgesehen von einer Honorararbeit für den *NDR* nicht von Erfolg gekrönt, und so mußte er sich seinen Lebensunterhalt weitgehend mit Spitzelberichten für Pullach verdienen.

HECHT – so der Deckname des PK-Veteranen – bewegte sich nicht nur zum Zwecke der Aufklärung wie ein Fisch im Wasser, sondern versuchte sich auch als Hecht im Karpfenteich: »Eine Einschränkung der Wirksamkeit von H. kann nur erreicht werden, wenn ihm die publizistische und wirtschaftliche Basis bei ›Stern‹ zerstört wird«, resümierte er in einer Agentenmeldung, in der er seinen schon häufiger gemachten Vorschlag erneuerte, den Vorwurf, der *stern*-Kolumnist Sebastian Haffner stehe im Sold der SED, so oft zu wiederholen, bis sein Verleger Bucerius das Vertrauen zu ihm verloren hätte. Haffner galt dem höheren Kriegsberichterstatter der Wehrmacht möglicherweise schon seit 1941 als suspekt. In dem Jahr hatte Haffner in London sein Buch »Offensive against Germany« veröffentlicht, das aus einer Analyse des deutschen Volkscharakters Vorschläge für die psychologische Kriegsführung Großbritanniens gegen Hitlerdeutschland entwickeln sollte[26].

Den *SPIEGEL*-Ressortleiter Inland, Hans Dieter Jaene, verdächtigte Heysing, »nicht ganz lupenrein in seinen Beziehungen nach dem Osten« zu sein. Im Juli 1968 geißelte er gleich die ganze Führungsriege um Axel Cäsar Springer: »Als Vertraute von Sp. gelten zur Zeit Pierre Papst, Cheflektor und unpolitischer Hofnarr, sowie gelegentlich der ekelhafte angeheiratete Schwager Frank (Frankie) Lynder … Jude … Re-Emigrant als brit. ND-Soldat … Eine trübe … Rolle scheint auch der in Ungarn geborene Jude Julius Hollos … brit. Staatsbürger und ND-Mann in der Verlagsspitze zu spielen.« Die antisemitischen und von haltlosen Verdächtigungen wimmelnden Frontberichte aus der Medienlandschaft fanden häufig Beifall in Pullach; »sehr richtig«, »sehr interessant« kommentierte der Dienststellenleiter Heysings Ausführungen.

Im November 1962 sandte HECHT als Hintergrundmaterial zur aktuellen *SPIEGEL*-Affäre ein 16seitiges Dossier an den stellvertretenden Leiter der Abteilung I, Kurt Weiß. Die Sammlung von Charakterstudien zu Rudolf Augstein (»humorlos, verbissen«), Verlagsdirektor Hans Detlev Becker (»wahrscheinlich mit starken Minderwertigkeitskomplexen«) und anderen *SPIEGEL*-Größen hatte er für Franz Josef Strauß persönlich bereits im August 1962 fabriziert. Den Auftrag dazu hatte er vom ehemaligen PK-Kameraden Heinz A. E. Otto[27] erhalten, der Anfang der dreißiger Jahre Redakteur bei Josef Goebbels im *Angriff* war und dreißig Jahre später als Geschäftsführer des CSU-Unternehmens *Publika* zur Meinungsbeeinflussung der Provinzpresse in Bayern fungierte.

Der Abschlußbericht der Regierungskoalition zum Guillaume-Untersuchungsausschuß widmete – in weiser Voraussicht der Stoßrichtung der CDU/CSU – dem schrittweisen Abschalten des Höheren Kriegsberichterstatters einige Absätze. Am 1. Juli 1968 sei Heysing von der BND-Pressestelle ermahnt worden, »daß Analysen zu innenpolitischen Themen nicht mehr erwünscht waren. Dennoch schickte Heysing auch in der Folgezeit noch einige solcher Berichte.« Merkwürdigerweise werteten die Sozialdemokraten auch die Aufforderung des BND vom 4. Mai 1972, »uns nicht mehr mit Presseausschnitten zu beschicken, die sich nicht auf Journalismus/Medienlage beziehen«, als Zurückweisung unverlangter Sendungen, obwohl es in dem Schreiben weiter heißt: »Die Bauer-Ausarbeitung gibt schon einen guten Überblick. An weiteren Einzelheiten sind wir interessiert, soweit sie bei Ihnen anfallen[28].«

Da hatten die Sozialdemokraten aus der Korrespondenz bereits zweckdienlich ausgewählt, denn am 19. Mai 1972 hatte der »liebe Herr Heysing« ganz andere Post aus Pullach erhalten: »Wir haben lange nichts Schriftliches gehört von Ihnen, wobei ich in erster Linie Bezug nehme auf meine Wunschliste. Ein neuer, uns interessierender Punkt ist der Luftfahrt-Presseclub e.V. in Hamburg 52 … Ihre Schlichting.« Gisela Mundt (SCHLICHTING) aus der Dienststelle 923 hatte ihren langjährigen Nachrichtenbeschaffer in der Hansestadt also auf eine neues Medienobjekt ihrer Begierde angesetzt und en passant an die vorangegangenen Beschaffungswünsche erinnert.

»Die Weiterbeschäftigung eines offenbar ungeeigneten Mitarbeiters ist nicht zu erklären«, warf Gerster Ehmke vor, der sich mit den dienstrechtlichen Schwierigkeiten bei der Frühpensionierung eines langjährigen BND-Mitarbeiters verteidigte. Erst 1973, vier Jahre, nachdem dem Sozialdemokraten die Verantwortung für den BND übertragen worden war, wurde der Agent 12 619 endgültig abgeschaltet. Verborgen blieb der Öffentlichkeit allerdings eine Sofortmaßnahme, die Ehmke veranlaßt hatte. Bis Mai 1970 hatte HECHT für seine konspirative Presseschau noch DM 2200 monatlich erhalten, ab Juni waren es nur noch DM 1750.

1974 lag die Aufstellung der Pressesonderverbindungen nicht mehr im Kanzleramt vor; Horst Ehmke, der nach dem Wechsel von Willy Brandt zu Helmut Schmidt ausgeschieden und Justizminister geworden war, hatte zuvor deren Vernichtung angeordnet. Am 2. Oktober 1974 wurde die Liste von der Pressestelle des Bundesnachrichtendienstes erneut im Bundeskanzleramt vorgelegt: 26 Blatt der Geheimsache vom 17. März 1970, ergänzt um aktuelle »Bemerkungen zur Anlage« und Angaben zu Anfang 1970 gezahlten Honoraren und geleisteten Abfindungen. Von wem war die erneute Suche nach den bezahlten Zuträgern des BND ausgegangen? Der *SPIEGEL* tippte auf Horst Ehmke selbst, der vor dem Guillaume-Untersuchungsausschuß des Bundestags am 9. Oktober 1974 zu Protokoll gab: »Ferner gab es regelmäßige Geldleistungen an Presseangehörige, deren Gegenleistung, falls es überhaupt eine Gegenleistung gab, jedenfalls nicht auf dem Gebiet der Auslandsaufklärung lag[29].«

Doch dieses Statement des Justizministers konnte die Anfrage beim BND nicht ausgelöst haben, denn zu diesem Zeitpunkt war die Post aus Pullach schon in Bonn eingetroffen. Mit dem Namen Ehmke lag der *SPIEGEL* allerdings richtig, denn der hatte sich an seinen Nachfolger im Kanzleramt, Manfred Schüler, mit dem Wunsch gewandt, sich zur Vorbereitung seiner Aussage vor dem Ausschuß noch einmal in die Geheimpapiere des BND einzulesen. Schüler geriet bei der Erfüllung dieses Wunsches in Zeitnot. Zunächst hatte er eine entsprechende Anordnung an BND-Präsident Wessel gerichtet – ohne Erfolg. Daraufhin wies Schüler den höchsten Genossen in Pullach, BND-Vize Dieter Blötz, am 1. Oktober 1974 an, die Unterlagen nach Bonn zu schicken. Blötz erwies sich als kooperativ, ja besonders eilfertig, denn er sandte das Material gleich am nächsten Tag ab. Beigefügt war sogar eine Kopie der Presseliste und der übrigen Anlagen – für den Fall, daß Schüler Ehmkes Wunsch entsprechen wolle.

Erst nach dem 20. Oktober 1974 – so wieder der *SPIEGEL* – habe Schüler die Order an Wessel erteilt, »detailliert aufzulisten, welche Journalisten dem BND welche Informationen geliefert haben, ob sie entgegen dem Auftrag des BND, allein Auslandsaufklärung zu betreiben, innenpolitische Informationen oder ob sie Auslandsinformationen herangeschafft haben«[30]. Ungeprüft wollte Schüler die Liste den BND-Kontrolleuren im Bundestag nicht präsentieren, sondern erst auf der Grundlage dieser Antwort entscheiden, in welchem Umfang das Vertrauensmännergremium des Bundestages in dieser Frage unterrichtet werden sollte.

Ehmkes im Sommer 1970 ergangene Weisung, die Instrumentalisierung von Journalisten einzustellen, war im Bundesnachrichtendienst offensichtlich nur zögernd umgesetzt worden. Ein halbes Jahr später war die Anzahl der voll tragfähigen und der Formalkontakte noch nicht einmal halbiert, wie die BND-Pressestelle im Oktober 1974 konstatierte: »Am 9. 11. 1970 enthielt eine andere Liste der ›wichtigsten Pressesonderverbindungen‹ (also vergleichbar der Rubrik I vom 17. 3. 1970 mit 66 Nennungen) nur noch 37 Namen. Heute noch bestehende Kontakte im Rahmen der normalen Öffentlichkeitsarbeit, die auch bereits in der Liste vom 17. 3. 1970 enthalten sind, tragen ein Kreuz unter ›Bemerkungen‹ (= 9 Namen).« Tatsächlich waren es zehn Namen[31]. In den folgenden Kapiteln wird deutlich, daß es sich dabei in vielen Fällen keineswegs nur um normale Pressekontakte handelte.

Auch wenn ein Teil der dem Kanzleramt offenbarten PR-Verbindungen vom BND abgeschaltet oder eingefroren worden war, hatten Journalisten in der operativen Beschaffung von Nachrichten weiterhin eine Schlüsselrolle inne. Als Horst Ehmke 1969 die Dienststelle 903 des BND für den illegalen Waffenhandel auflöste, war davon auch Hans-Dieter Raethjen betroffen. Vom Nah-/Mittelost-Referat war der BND-Stabsofffizier mit dem Decknamen HATON 1971 zum Referat I A 3 (Anbahnung) gestoßen, das zu dieser Zeit auf Betreiben von Unterabteilungsleiter Ebrulf Zuber (ACKERMANN) aufgebaut wurde. In dieser Funktion führte HATON eine Handvoll Journalisten, die nicht direkt bezahlt, sondern mit wertvollen Aufmerksamkeiten zu Weihnachten – vom antiquarischen Buch bis zu seltenen Briefmarken – bedacht wurden. Zur Motivation diente das »englische Modell«, das heißt der Appell an die staatsbürgerliche Verantwortung. Einer seiner Kontakte half auch beim Legendieren, indem er für Raethjen, der auch selbst als Journalist auftrat und einen Presseausweis besaß, Artikel schrieb. Zu den Medienvertretern, mit denen er im Gesprächskontakt stand, zählte auch Dieter Lesche, der spätere *RTL*-Nachrichtenchef. Lesche diente dem Dienst ohne jeden finanziellen Ausgleich als Quelle für Syrien, da er unter anderem gute Beziehungen zum Verteidigungsminister in Damaskus, Mustafa Tlas, unterhielt. Zwar gab es seitens des BND Überlegungen, Lesche auch als Agenten anzuwerben, aber davon wurde letztlich Abstand genommen. Sein Kontaktmann sah keine Anhaltspunkte für eine Anwerbung und argumentierte, Lesche erfülle auch so seinen Zweck[32].

Systematischen Zugang zu Deutschland-freundlichen Journalisten in aller Welt suchte der Bundesnachrichtendienst, indem er einen Tarnverein aus der Taufe hob. Sein Vertrauensjournalist Günter Scholz (FINK) hatte ihm 1972 den Vorschlag gemacht, doch die zahllosen Medienleute, die rund um den Globus in deutscher Sprache veröffentlichen, unter einen Hut zu bringen. Und so wurde am 20. März 1973 die Internationale Assoziation Deutscher Medienleute (IADM) in Köln gegründet, Scholz zu ihrem Schatzmeister gewählt.

Im Vorstand saßen, neben Scholz, als Präsident Werner Bader, ein Journalist aus Rodenkirchen, als Vizepräsident Herbert Lothar Scheffler, Angestellter aus Hennef, als Generalsekretär Siegfried Settgast, Redakteur aus Düsseldorf, sowie Peter Nasarski, Journalist aus Rodenkirchen[33]. Als Vereinszweck formulierte die Satzung den »Informations- und Erfahrungsaustausch und die gegenseitige Unterstützung deutschsprachiger periodischer Publikationen sowie Hörfunk- und Fernsehprogramme im Ausland«.

Mitglied der IADM konnte nur werden, wer eine Berufung auf zunächst fünf Jahre durch das nur alle sechs Jahre zu wählende Präsidium annahm. Auf diese Weise blieb der Kreis der Verantwortlichen überschaubar. Nach sechs Jahren seiner Existenz, im März 1979, hatte der gemeinnützige Verein nur acht Mitglieder, von denen fünf an der alljährlichen Mitgliederversammlung im Pressehaus Tulpenfeld teilnahmen.

Von Anfang an zahlte Pullach monatlich deutlich über eintausend DM für die laufenden Kosten des Büros, pro Jahr etwa 20000 DM. Um die in zahlreichen Staaten lebenden Partner und Freunde des Vereins bei der Stange zu halten, veranstaltete die IADM ihre Jahrestagungen an illustren Orten. Die Einladungen erfolgten in das kanadische Vancouver, nach Percy in Australien oder in die brasilianische Küstenstadt Porto Alegre. Überwiegend finanzierte der BND die Jahrestreffen, aber auch aus dem Kulturetat des Auswärtigen Amtes flossen Zuschüsse. Daher war IADM-Präsident Bader besonders froh, daß das AA sich aufgrund der Berichte der zuständigen Konsulate positiv zu Verlauf und Erfolg der Regionaltagung in Brasilien 1978 äußerte[34].

Zu diesen Tagungen reisten nicht nur gewöhnliche Vereinsmitglieder der IADM, jedesmal begleitete auch ein Anbahner des Bundesnachrichtendienstes die deutsche Delegation. Und der nutzte dabei die Möglichkeit, nach geeigneten und bereitwilligen Kandidaten für die Spionage zugunsten Westdeutschlands Ausschau zu halten oder die aus aller Welt angereisten Medienleute einfach nur abzuschöpfen.

Zehn Jahre nach der Gründung beendete der BND die Förderung des Vereins. 1981 waren nur noch 18000 DM, 1982 lediglich 16000 DM aus den Geheimdienstkassen geflossen, 1983 gab es keinen Pfennig mehr – nicht etwa, weil die Sozialdemokraten im Kanzleramt den Verein abgeschaltet hatten, bevor die Regierung von Helmut Kohl ihre Geschäfte aufnahm. Sicherlich, Horst Ehmke hatte als Geheimdienstaufseher zu Beginn der sozialliberalen Ära die Kooperation von Journalisten und Geheimdienstlern so öffentlichkeitswirksam thematisiert, daß die SPD von den Christdemokraten nach der Rückeroberung der Macht durchaus eine Retourkutsche erwarten konnte. Die Zahlungen wurden jedoch aus einem anderen Grund eingestellt. Eine routinemäßige Effizienzprüfung in Pullach hatte ganz einfach ergeben, daß den Aufwendungen kein ausreichender nachrichtendienstlicher Ertrag mehr gegenüberstand. Seither muß die IADM auf der Basis von Mitgliedsbeiträgen sehr viel bescheidener arbeiten, dafür aber ausschließlich für die satzungsgemäße Aufgabe.

Am 28. Oktober 1974 befand die *Frankfurter Allgemeine Zeitung* kategorisch: »Eine Verknüpfung der journalistischen Berufsausübung mit nachrichtendienstlicher Tätigkeit darf es nicht geben!« Die Verteidiger journalistischer Berufsehre wollen mit ihrem Verdikt nicht etwa eine moralische Kontaktsperre zu den Nachrichtendiensten verhängen. Hintergrundgespräche, wie sie bei vielen Behörden üblich sind, an die sich ein Journalist bei der Recherche wendet, sind ebenso legitim wie die Teilnahme an Unterrichtungen eines ausgewählten Kreises, wie sie Klaus Kinkel als BND-Chef in Bonn abzuhalten pflegte. Und ebensowenig ist es verwerflich, wenn zum Beispiel der Sohn des früheren BND-Präsidenten, Thomas Wessel, für jeden ersichtlich einen Blick über den Zaun wirft, hinter dem er groß geworden ist, um in *GEO* die »Heimat der Agenten« zu beschreiben. Tabu aber sollte jede nachrichtendienstliche Tätigkeit sein, und dazu zählt auch die Funktion als Einflußagent. »Diese lieferten selten Berichte«, konstatierte Manfred Bissinger, »sie hatten Berichte zu lancieren. Meist wurden Sie nach Pullach gebeten und durften dort in regelmäßigen Abständen im Eßzimmer hinter dem Chefbüro mit dem Präsidenten oder seinem Vize dinieren«[35].

Doch in der Debatte unter Journalisten über ihren Ehrenkodex gab es im Oktober 1974 auch eine abweichende Meinung. Martin E. Süskind, damals bei der *SZ,* heute Chefredakteur des *Kölner Stadt-Anzeigers,* hielt offensichtlich selbst bezahlte Beiträge von Kolleginnen und Kollegen für die Auslandsaufklärung für legitim und forderte den

Staatssekretär im Kanzleramt, Manfred Schüler, in der *Süddeutschen Zeitung* auf, »zwischen solchen, die dem BND unentgeltlich oder gegen Honorar im Ausland gewonnene Informationen überlassen oder Analysen angefertigt haben, und jenen, die tatsächlich im Inland Spitzeldienste leisteten«[36], zu unterscheiden.

Auch aus der Sicht des Nachrichtendienstes sind die bisher dargestellten Anbahnungen und Operationen sämtlich legitim, dienen sie doch seinem schwierigen Auftrag, geheime Informationen für die Bundesregierung zu beschaffen. Die über die Jahre gewachsene Zurückhaltung bei der Rekrutierung von Journalisten ist weniger vom geheimdienstlichen Kalkül bestimmt als von der Sorge, durch Eingriffe in die Medienwelt in die Schlagzeilen zu geraten. Bei der Auslandsarbeit ist es überdies Teil des Regierungsauftrags, Einflußagenten zu rekrutieren, Multiplikatoren in Medien und Politik für deutsche Interessen zu mobilisieren.

Worauf Süskind allerdings 1974 in seinem Artikel anspielte, war die gerüchteweise in Bonn kursierende Liste von Kolleginnen und Kollegen, die nicht etwa als Beschaffungshelfer oder Agenten des BND tätig waren, sondern denen nachgesagt wurde, als Einflußagenten die öffentliche Meinung in Westdeutschland im Sinne Pullachs zu beeinflussen. Zahlreiche Edelfedern, Chefredakteure und Intendanten gerieten in den Verdacht, in die auftragswidrige innenpolitische Aufklärung und Meinungsmache des Bundesnachrichtendienstes verstrickt zu sein.

Diese PR-Holding Pullachs reichte in den Gründerjahren der Bundesrepublik weit in alle Medienbereiche hinein und wirkt bis heute nach – teils als Strategie der Behörde selbst, teils als quasi private Aktivität führender Köpfe in Pullach. Dieses Beziehungsgeflecht zwischen Publizisten und Nachrichtendienstlern aufzuhellen, ist das Hauptanliegen des vorliegenden Buches.

Die Pressestelle des BND ließ am 2. Oktober 1974 unter dem Betreff Öffentlichkeitsarbeit verlauten: »Frühere Listen (bis 1969/1970) über sogenannte ›Presse-Sonderverbindungen‹ des BND enthalten Decknamen und V-Nummern und sind somit – was die überwiegende Anzahl der aufgelisteten Journalisten angeht – irreführend, weil in eine falsche konspirative Richtung weisend. V-Nummern und Decknamen wurden nämlich routinemäßig gegeben, sogar bei nur geplanter Kontaktaufnahme. So finden sich in solchen Listen hauptsächlich Namen von Leuten, die nur einmal oder noch nie mit dem BND Kontakt hatten. Der Grund für diese Handhabung liegt hauptsächlich in der damaligen Auffassung der Pressearbeit des BND, die bis 1969/1970 weitgehend unter dem Aspekt der Beschaffung offenen und halboffenen Materials gesehen wurde. So war auch die entsprechende Dienststelle (923) in die Abteilung Beschaffung integriert. Die heutige Öffentlichkeitsarbeit der BND-Pressestelle hat keinerlei konspirativen Anstrich.« Dieser Versuch der Schadensbegrenzung trug einen Widerspruch in sich, weil einerseits eingeräumt wird, daß die Pressekontakte der nachrichtendienstlichen Beschaffung von Informationen dienten und andererseits der konspirative Charakter der Beziehung geleugnet wird. Richtig an der Pressemitteilung ist nur, daß Decknamen und V-Nummern nicht den geringsten Beweiswert für eine wissentliche Anbindung eines Publizisten an den Bundesnachrichtendienst haben. Zugleich wird jedoch unterschlagen, daß mit der Klassifikation der Kontakte von »voll tragfähigen Verbindungen« bis zu »Zufallskontakten/Planungen« in den Listen sehr wohl ablesbar war, welcher Journalist nur einmal oder nie Kontakt mit dem BND hatte und welcher – aus der Sicht des Dienstes – von regelmäßigem Nutzen war.

Unterstellt war die Dienststelle 923 dem Leiter der operativen Beschaffung (Abteilung I) seit Juli 1968, Kurt Weiß, der sich überdies zehn besonders wichtige Quellen selbst vorbehalten hatte. Sein Intimverhältnis zu den Medien ist auch öffentlich geworden. Daß der BND selbst aber aus seiner Zusammenarbeit mit Journalisten keinen Hehl macht, geht aus einem Gutachten hervor, das einer der führenden Geheimdienstbeamten, inzwischen im Ruhestand, im Zusammenhang mit dem Nouhuys-Prozeß abgegeben hat. Kurt Weiß, mit Decknamen WINTERSTEIN, Erster Direktor im Bundesnachrichtendienst a. D., begründet dort, warum er als Experte so geeignet ist: »Für eine gutachterliche Beurteilung durch mich ist nach meiner Ansicht vor allem auch von Bedeutung, daß das Zusammenwirken mit Journalisten im In- und Ausland dem von mir geführten Bereich der außenpolitischen Nachrichtengewinnung zugeordnet war. Dieser Auftrag versetzte mich in die Lage, in großem Umfange persönliche Erkenntnisse und Erfahrungen zu gewinnen. Mit zahlreichen Journalisten, deren Namen aus verständlichen Gründen nicht erwähnt werden können, habe ich selbst gesprochen und Verbindungen unterhalten[37].« Der Erste Direktor Weiß, Jahrgang 1916, war eine der Schlüsselfiguren der geheimen Auslandsoperationen unter Gehlen, bis Horst Ehmke den amtierenden Abteilungsleiter I durch Richard Meier (MANTHEY) ersetzte und ihn zum Leiter der BND-Schulen degradierte. Weiß, eine »barocke Figur« (Heinz Höhne), galt überdies als einer der wichtigsten Köpfe der CSU-Seilschaft im Camp Nikolaus.

Die BND-Liste vom März 1970 umfaßte bei weitem nicht alle Publizisten, die mit dem Geheimdienst kooperiert hatten. Ein Vierteljahrhundert nach der Gründung der Organisation Gehlen waren einige frühe Helfer bereits verstorben oder außer Dienst gestellt worden. Der 1970 registrierte BND-Konfident Druschki (Deckname DÜRKHEIM) konnte nicht ausfindig gemacht werden, und ungeklärte Identitäten stehen beispielsweise hinter elf der Pressesonderverbindungen, deren bis zum 20. August angefallenen Einsatzausgaben die Kassenwarte in Pullach registriert hatten[38].

Die BND-Dienststelle 923

Alexander Hirsch, der Sohn des langjährigen FDP-Bundestagsabgeordneten und Geheimdienstkontrolleurs Burkhard Hirsch, schreibt in seiner

1996 erschienenen Doktorarbeit: »Der BND hat erst in jüngster Vergangenheit eine Pressestelle eingerichtet. Noch in den 70er Jahren war er auf die persönlichen Kontakte von Mitarbeitern zu Journalisten angewiesen[39].« Diese Behauptung ist in zweifacher Hinsicht unzutreffend: Zum einen wurde eine amtliche Pressestelle in Pullach bereits 1972 eingerichtet, die, wie der BND dem zuständigen Staatssekretär im Kanzleramt, Manfred Schüler, am 2. Oktober 1974 mitteilte, »keinen konspirativen Anstrich« mehr aufwies. Zum anderen war Gehlens Apparat zuvor keineswegs auf »persönliche« Medienkontakte einzelner Mitarbeiter angewiesen, sondern unterhielt eine spezielle Dienststelle, die sich ausschließlich mit den Medien einschließlich der konspirativen Beschaffung von Material aus diesem Bereich beschäftigte.

Diese Beschaffungsdienststelle 923 hatte 1970 den Umfang eines kleinen Referats. Untergebracht war sie in einer Außenstelle im Allianz-Haus am Münchener Romanplatz. Der Versuch, sie zu rekonstruieren, ergibt folgendes Bild[40]:

An ihrer Spitze stand der Beamte ELZE (Besoldungsgruppe A 15), der bürgerlich E. Böhm hieß. Der Dienststellenleiter, Jahrgang 1921, war zugleich Pressesonderverbindungsführer für 54 Quellen. Als sein Stellvertreter fungierte HEIDEGGER, der 1967 von der Bundespost zum BND gewechselte Dr. Paul Münstermann (A 14), der 17 Quellen betreute. Als Beamte im Pullacher Innendienst waren FRISTER (A 10) und WALLER (A 6) eingesetzt, dazu der leitende Angestellte WALLNER (BAT II b). HERBART hingegen (BAT III) betreute im Außeneinsatz zugleich fünf Journalisten.

Auch in dieser Beschaffungsdienststelle 923 herrschte die im Hause Gehlen, der selbst gleich 16 Verwandte im BND beschäftigt hatte, favorisierte Form der Familienzusammenführung: Herr MARSCHNER diente als Angestellter (IV a), Frau MARSCHNER auf einer Halbtagsstelle besoldet nach BAT VII, und Sohn Marsen (Deckname DIRK) jobbte bis zum Sommer 1970 als einer von drei Aushilfsstudenten.

Das Verwaltungspersonal war im übrigen weiblich: Frau DUNKER (VI b), Frau WINZER (III), Frau RAUCH (V c), Frau PRIEBE (VI b) und die

Fräuleins RAUSTEG (VI b), HEINZMANN (VII), URSBERG (VII) und SCHLICHTING (IV b). Letztere, bürgerlich Gisela Schmundt, war schon 1966 Leiterin der Presseauswertung Inland im Strategischen Dienst des BND. Mittlerweile verheiratet als Frau Münscher war sie in den siebziger Jahren, bis zu dessen Auflösung 1981, im Referat Emigration tätig.

Als halbamtliche Mitarbeiter bei 903 wirkten im Innendienst DR. BARLACH (V-Nr. 50 008), der monatlich DM 1580,– bekam, und Herr MAIS (V-Nr. 41 036), dem der BND DM 1670,– monatlich zahlte. Die beiden Honorarkräfte hatten 1970 bereits um die Übernahme in ein festes Angestelltenverhältnis nachgesucht. Im Außendienst war DERNBERG für DM 720,– monatlich als Geschäftsführer eines Kontaktbüros eingestellt, das im Münchener Stadtteil Schwabing in der Düsseldorfer Straße lag, und unter V-Nr. 40 900 führte er überdies drei BND-Vertrauensjournalisten im *ZDF*. DR. WILHELM betreute für rund tausend DM im Monat zwölf Quellen und CASSEL für die Hälfte dieser Summe acht. Herr FISTER – Zielgruppe unbekannt – erhielt als Sonderverbindung DM 500,– monatlich, während Herr BORK (Transatlantik) nur mit knapp einhundert DM zu Buche schlug.

Frau SILLMANN observierte für ELZES Mannschaft die Medienlandschaft in Berlin, und Herr HECHT tat es ihr in Hamburg gleich. Der Pressesonderverbindungsführer BERNER (V-Nr. 56 205) spionierte für DM 300,– monatlich, Kollege RENNER bis August 1970 für DM 170,–, und Bleichrodt (BLACHER) erhielt für seine Mühen als Presseverbindungsführer zu »Mars und Merkur« ab Februar 1970 monatlich DM 400,–.

An weiteren Pressesonderverbindungsführern, die uns im folgenden noch häufiger begegnen werden, unterstanden der 923: DANKERS mit 12, KLAIS mit acht, BOGENER mit fünf und Frau DR. REUTER mit I, Pressesonderverbindungen. Die Schlußlichter bildeten HELFER und KLEIN mit je einer Quelle.

Zehn Aushilfskräfte in Pullach ergänzten diesen Personalbestand, darunter als Spitzenreiter Frau Böhm (WOLF), die Frau des Chefs, mit 1000 DM monatlich. Stundenweise halfen Frau HAASE und Frau FRAN-

KE, die Ehefrau Münstermanns, aus. Frau BART besorgte die Materialauswertung für die Zentrale Dokumentation für 250,– Mark im Monat, Frau RÖSLER (V-Nr. 24 117) und ihre Kollegin WEGSCHEIDT schrieben für ein Seitenhonorar. WEGSCHEIDT, die Frau des BND-Beamten Klaus-Jürgen von Bentivegni, arbeitete in den siebziger Jahren als Sekretärin für den Stellvertreter von Kurt Weiß, Herrn Stadt, anschließend für ihren Mann. Frau Buchsbaum (BORN) war unter V-Nr. 46 506 für DM 130,– monatlich für »DA/TST« zuständig, Herr REIBER als Übersetzer (V-Nr. 10 022) eingesetzt, und Herr HASSE erhielt DM 200,– für nicht näher spezifizierte Aufgaben.

An sogenannten Einsatzausgaben, das heißt an Unkosten für Honorare, Prämien und Spesen für die journalistischen Quellen, wendete 923 pro Jahr etwa eine Viertelmillion DM auf.

Zum September 1972 wurde diese Dienststelle von BND-Präsident Gerhard Wessel aufgelöst und durch eine echte Pressestelle ersetzt, die nicht mehr in Beschaffungsvorgänge eingebunden war, sondern sich tatsächlich der Öffentlichkeitsarbeit widmete, also Anfragen von Journalisten beantwortete und Stellungnahmen des BND herausgab. Der Dienststellenleiter ELZE, ein Jurist, wurde an anderer Stelle im Bundesnachrichtendienst weiterverwendet, im September 1980 pensioniert und starb nur wenige Wochen nach dem Erreichen des Ruhestands.

Wenn Journalisten bezichtigt werden, nachrichtendienstlich tätig geworden zu sein, ist oft auch Vorsicht geboten. Insbesondere totalitäre Systeme stempelten kritische Schriftsteller und Publizisten gern zu Agenten. Wenn sich solche Dissidenten westlichen Auslandskorrespondenten anvertrauten, wurden sie häufig wegen Spionage vor Gericht gestellt. Das Verfahren gegen den sowjetischen Bürgerrechtler Anatolij Schtscharanski, der Robert Toth von der *Los Angeles Times* 1977 seine Ermittlungen über Strafgefangenenlager in der UdSSR übergab, dürfte zu diesen Fällen zählen[41].

Geheim!

Pressesonderverbindungen (PrSV)

DN	KN	Verbindungen	Betrag	DM
FINK	SCHOLZ	Ltr. Studio Bonn Deutsche Welle, Beschaffung v. Inform. m. Möglichkeiten DW	bis Mai 7o ab Juni 7o	7oo.-- 5oo.--
GERO	BUSHHEIT	AGEA	ab 1.6.7o	25o.--
HECHT	HEYSING	--	bis 31.5.7o ab 1.6.7o	2.2oo.-- 1.75o.--
HERMANN	HILLINGER	IDW, Roter Brief	bis 3o.4.7o ab 1.5.7o	485.-- 2oo.--
MANZEL	HOPPE	Roter Brief, IDW, Chefred. HA Politik WDR, versch. Pressekontakte	bis 3o.4.7o ab 1.5.7o und U.-Quellen	35o.-- 3oo.-- 7oo.--
SILLMANN	Dr. GROTHE	Beob. u. Auswert. d. Berl. Tagesztgn. Bandmitschnitte (läuft üb. Dr. Eichhorn Dstst. 373)	bis 3o.6.7o ab 1.7.7o	675.-- 975.--
SIPP ?	SEUBERT	AGEA	bis 31.12.69 (31.5.7o?) ab 1.1.7o (1.6.7o?)	1.ooo.-- 5oo.--
WANKEL	v.Witzendorf-Rhediger	Schlesier-Archiv		5oo.--
SCHÜLER	SCHULZ-HEIDORF	Studienerstellung evtl. Tipper		25o.--

Geheim!

amtlich geh[illegible]

Hauptamtliche MA

H. Elze A 15
Dr. Heidegger A 14
H. Frister A 1o
H. Waller A 6
H. Marschner IV a
~~H.~~ Herbart III
~~H.~~ Wallner II b
Frl. Schlichting IV b
Frl. Rausteg VI b
Frl. Heinzmann VII
Frl. Ursberg VII
Fr. Dunker VI b
Fr. Winzer III
Fr. Rauch V c
Fr. Priebe (8o%) VI b
Fr. Marschner (5o%) VII

KN Mühlbauer BAT ?
(Aushilfe)

Halbamtliche MA

~~Dr.~~ Barlach (BAT eingereicht)
Dr. Wilhelm (Rotor)
H. Fister
~~H.~~ Mais (BAT eingereicht)
~~H.~~ Bork (Transatlantik)
H. Dernberg (Kontaktbüro)
H. Cassel (Kriegs[illegible]
Fr. Wolf
Fr. Haase (stundenweise)
Fr. Wegscheidt (Seitenhonorar)
Fr. Rösler (")
Fr. Franke (Heidegger) (stundenweise)
Fr. Bart ? Materialeinwerbung f. zentrale Dokumentation
Personalbla[illegible] Media DM 250.– w 40..

[illegible]

Ein anderer bekannter Dissident, der Schriftsteller Andrej Sinjawski, war im September 1965 in Moskau verhaftet und am 10. Februar 1966 vor Gericht gestellt worden. Wegen der Verbreitung antisowjetischer Propaganda – konkret der Veröffentlichung satirischer Prosa im Ausland – wurde er zu sieben Jahren Zwangsarbeit verurteilt[42]. Amnesty international hatte ihn 1966 als Glaubensgefangenen adoptiert[43]. Der CIA-finanzierte Verein Congress of Cultural Freedom (CCF) in Paris veranlaßte zahlreiche Protestschreiben prominenter Autoren an die Kremlführung[44]. Auch das deutsche Organ des CCF, *Der Monat,* griff im Januar 1966 den Prozeß um Abram Terz, so Sinjawskis Pseudonym, auf. Herausgeschmuggelt hatte der Dissident seine Manuskripte mit Hilfe der Tochter eines französischen Militärattachés in Moskau.

Nachdem Sinjawski 1996 im Pariser Exil gestorben war, warf ihm die in der französischen Hauptstadt erscheinende Emigrantenzeitschrift *Der russische Gedanke* vor, für den KGB gearbeitet und in dessen Interesse geschrieben zu haben. Die Moskauer *Literaturnaya Gazeta* nahm Anfang 1997 diese Debatte auf und publizierte sowohl gleichlautende Vorwürfe als auch solche Stimmen, die vor einer durch nichts zu beweisenden Verteufelung des Schriftstellers warnten[45].

War einer der bekanntesten russischen Dissidenten tatsächlich KGB-Agent? Hier kann der frühere US-Geheimdienstoffizier George Bailey nicht nur aus der Sicht eines Experten, sondern als unmittelbar Beteiligter Klarheit schaffen. Er hatte Sinjawski nach dessen Ausreise in den Westen kennengelernt und in Paris Sinjawskis Frau Maria in der ersten Hälfte der siebziger Jahre häufig in die sowjetische Botschaft in Paris gefahren. Die Frau des Schriftstellers sprach dort mit KGB-Offizieren, und sie war sich anschließend jedesmal sicher, den Moskauer Auslandsnachrichtendienst übers Ohr gehauen zu haben. »Das war ihre Sicht«, erläutert George Bailey. »Aber in Wirklichkeit wußte der KGB genau, was er tat. Die Sinjawskis wurden nicht etwa nachrichtendienstlich geführt oder spürbar beeinflußt. Die Entscheidung, den Dissidenten nach Frankreich ausreisen zu lassen, beruhte auf einer klugen

Prognose seiner künftigen literarischen Produktion.« Nach Baileys Einschätzung war dem KGB klar, daß er aus der Phalanx der Dissidenten in Paris ausbrechen und die bisherige Geschlossenheit der stark religiös geprägten Exilgemeinschaft auflösen würde. Sinjawski hatte im Lager religiöse Fanatiker kennengelernt und machte sie für ihre Lage selbst verantwortlich. Als Opfer des GULag-Systems konnte er das um so glaubwürdiger tun.

Sicherlich würde es der russische Schriftsteller – bei allen Kontakten zum KGB – heute entschieden von sich weisen, als Agent Moskaus abgestempelt zu werden. Und zugleich würde sich der KGB in der Rückschau eine erfolgreiche Beeinflussung seiner Zielperson auf die Fahnen schreiben.

George Bailey erzählt diese Geschichte, um zu illustrieren, daß dieselbe Situation von Profis der Konspiration und von Literaten, die den offenen Dialog gewohnt sind, gänzlich verschieden interpretiert werden kann. Zugleich trifft der amerikanische Nachrichtenoffizier außer Diensten und langjährige Leiter von *Radio Liberty* damit den Kern eines Problems, das sich auch bei den Recherchen zu diesem Buch in vielen Fällen stellte. Geheimdienstmitarbeiter sehen alles durch die Brille der Konspiration und bewerten ihre Begegnungen grundlegend anders als die eher unbefangenen Medienleute. Was dem BND-Mitarbeiter eine Meldung wert ist, betrachtet der Journalist als banal; was der erste als versteckten Anstoß auf seinem Erfolgskonto verbucht, bleibt für seinen Gesprächspartner Randbemerkung. Nachrichtendienstliche Einflußnahme durch Gespräche, bei denen sich der Führungsoffizier so weit zurücknimmt, daß er seinem Gegenüber die dominierende Rolle überläßt und nur kaum wahrnehmbare Akzente setzt, zählt zu den schwierigsten und zugleich subtilsten Übungen des Metiers. Doch beim Kontakt mit intellektuell herausragenden Menschen ist sie häufig der einzige Weg.

Als der KBG beispielsweise mit Herbert Wehner in den Dialog treten wollte – berichtet Bailey aus den Gesprächen mit dem ehemaligen KGB-General Sergej A. Kondraschow –, habe er in seinen Reihen lange nach einer geeigneten Persönlichkeit gesucht, die den hochintelligenten und gewitzten Sozialdemokraten ansprechen könne, ohne dabei selbst von Wehner beeinflußt zu werden. Kurzzeitig habe man in Moskau sogar erwogen, Kondraschow selbst zum langjährigen Fraktionsvorsitzenden der SPD im Bundestag zu schicken. Der Gedanke wurde aber rasch wieder verworfen, weil ein so hochrangiger KGB-General nicht aus der Deckung kommen sollte. Letztlich löste der sowjetische Geheimdienst das Problem, indem der Hauptverwaltung Aufklärung des Markus Wolf die heikle Aufgabe übertragen wurde, mit dem SPD-Fraktionsvorsitzenden im Bundestag Fühlung aufzunehmen[46].

Geradezu unter Generalverdacht standen bei der Spionageabwehrabteilung 13 X des MfS zur Überwachung ausländischer Journalisten die westlichen Korrespondenten, die von Berlin aus über die DDR berichteten. Für nahezu jeden Medienmenschen, der der DDR kritisch gegenüberstand, beantragte die 13 X erfolgreich eine Telefonüberwachung. So wurde ab März 1985 Gerhard Rein, Redakteur des *Süddeutschen Rundfunks,* unter seiner Stuttgarter Adresse abgehört, obwohl er zu der Zeit längst eine Wohnung in Berlin genommen hatte und mit Nachrichtendiensten nie in Berührung gekommen war[47].

Auch die Abteilung IX des Auslandsnachrichtendienstes HVA – zuständig für die Gegenspionage gegen westliche Dienste – ließ Journalistinnen und Journalisten unter Kontrolle nehmen. Im Juli 1986 begann beispielsweise die MfS-Hauptabteilung III auf Antrag des Auslandsnachrichtendienstes mit einer Telefonüberwachung bei Victoria Schäfer. Die *SFB*-Journalistin hatte zur Mitte der achtziger Jahre Fernsehfilme über das Kulturleben in der DDR gedreht und dabei problemlos Visa erhalten. Ins Visier der Offiziere von Markus Wolf geriet sie jedoch, als sie einem Team der US-Fachzeitschrift *National Geographic* drei Wochen lang bei Filmaufnahmen in der DDR assistieren sollte. Bei der HVA IX hatten sich Mitte der achtziger Jahre durch eine Serie von amerikanischen Bestellungen beim DDR-Kartenverlag Haack in Gotha die Hinweise verdichtet, daß die US-Nachrichtendienste ihre militärgeographische Aufklärung der DDR verstärkten[48]. Die MfS-Offiziere witterten hinter der Reportage für den US-Medienmarkt offensichtlich eine nachrichtendienstliche Operation der CIA. Deshalb erhielten Victoria Schäfer und die amerikanischen Journalisten, die sie unterstützen sollte, kein Visum, das Telefon der SFB-Mitarbeiterin in West-Berlin wurde ab Juli 1986 abgehört. In ihrer damaligen Wohnung in der Marburger Straße fühlte sie sich überdies von Observateuren des Ministeriums für Staatssicherheit ausgeforscht[49].

In der Regel wenden sich die Nachrichtendienstler Publizisten zu, um von deren beruflich erworbenem Wissen zu profitieren. Dabei interessieren sie weniger die Generalisten als vielmehr Journalisten, die sich auf ein bestimmtes Fachgebiet spezialisiert haben. Journalisten sind tatsächlich vielfach unter den Zuträgern der Nachrichtendienste zu finden; schließlich haben sie gelernt zu recherchieren, Interviews zu führen und ihre Gesprächsnotizen auch in Berichte umzusetzen. Penetrante Neugier gilt bei Reportern und Korrespondenten als verzeihliche Berufskrankheit.

Ministerialdirektor Karl Hohmann, als Abteilungsleiter III unter Ludwig Erhard im Kanzleramt zuständig für den BND, hielt 1968 die Berufsbilder von Medienleuten und Geheimdienstlern sogar für nahezu deckungsgleich: »Die Leute machen doch nur dasselbe wie die Journalisten – sie lesen Zeitungen und recherchieren[50].«

Insbesondere Auslandskorrespondenten sind begehrte Hilfskräfte der Geheimdienste; erfahren sie doch an ihrem Einsatzort so manches, was den hauptberuflichen Spionen verborgen bleibt. Als beispielsweise der heutige Leiter des WDR-Magazins *Monitor*, Klaus Bednarz, 1970 seine Tätigkeit als ARD-Korrespondent in Warschau aufnehmen sollte, trat der BND an ihn heran, um ihn zur Mitarbeit zu gewinnen. Nachdem der künftige Auslandskorrespondent bereits tagelang beobachtet worden war – ein BND-Beamter hatte sogar bei seiner Vermieterin Auskünfte über den Lebenswandel des frisch Verheirateten eingezogen –, sprach ihn der Werber aus Pullach an. »Der hat mir sogar gleich einen Decknamen angedient, einen Städtenamen«, amüsiert sich der *Monitor*-Chef noch heute, »und als ich auf sein Angebot nicht eingegangen war, gab er mir eine Telefonnummer in Pullach, falls ich es mir anders überlegen würde[51].«

Auch als Korrespondent in Moskau hütete sich Klaus Bednarz vor einer Kooperation mit dem BND, wenngleich er den illegalen Residenten dort, den Verkaufsleiter der Lufthansa Hans-Joachim Barakling, in der deutschen Gemeinde Moskaus als Gesprächspartner schätzte. Peter von Seydlitz jedoch, der zur gleichen Zeit Korrespondent zahlreicher Medien aus der sowjetischen Hauptstadt war und heute für den *Bayerischen Rundfunk*, das *Handelsblatt* und den *Bonner Generalanzeiger* aus Hongkong berichtet, hatte in Moskau seinen journalistischen Bauchladen auch für den BND geöffnet. Das jedenfalls behauptete der ehemalige MfS-General Harry Schütt 1991 in einer Aussage vor dem Bundesnachrichtendienst; er war nach den gefährdeten BND-Quellen in Osteuropa gefragt worden, die das Ministerium für Staatssicherheit enttarnt hatte[52]. Und neben der dauerhaften Aufnahme des BND in die Palette der Auftraggeber gibt es auch das kleine Joint Venture, das Journalisten von Fall zu Fall mit dem Nachrichtendienst eingehen.

Ein Beispiel: 1990 wurde die »Killerfliege« (*Die Welt*) zum Medienthema. Es handelte sich um die Schraubwurmfliege, einen Parasiten, der bei Tieren und Menschen zu einer tödlichen Krankheit führen kann. Sie war Mitte der achtziger Jahre aus Lateinamerika nach Libyen eingeschleppt worden. Die sich schnell reproduzierenden Schwärme hatten dort bereits erheblichen Schaden angerichtet, ihre Ausbreitung über ganz Nordafrika stand zu befürchten. Daher konnte die Welternährungsorganisation 1989 die USA überzeugen, ihr Monopolverfahren zur Ausrottung des Schädlings durch bestrahlte Schraubwurmfliegenmännchen für den Einsatz in Libyen im März 1990 freizugeben[53].

Rudolf Gallus, heute Italien-Korrespondent für den *Saarländischen Rundfunk*, die *Appenzeller Zeitung* und den österreichischen *Standard*, soll Ende der achtziger Jahre einen Deal mit der BND-Residentur in Rom gemacht haben, die seinerzeit von Günther von Hagen (HAUSHOFER) geleitet wurde. Der Bundesnachrichtendienst habe dem Journalisten – so die Aussage eines BND-Mitarbeiters – die Reise nach Libyen finanziert, um von ihm aus erster Hand über die Plage und ihre Bekämpfung informiert zu werden. Die Einladung in Gaddafis Reich sei von der Weltgesundheitsorganisation ausgegangen, behauptet demgegenüber der Korrespondent in Rom. Im Anschluß an die Recherchen über den Erfolg bei der Bekämpfung der Schraubwurmfliegenplage habe er zusammen mit dem Journalistentroß auch das libysche Great-Man-River-Projekt besichtigt, jenes gigantische Wasserwerk, das Gaddafi von nordkoreanischen Technikern hatte bauen lassen. Geld oder Zuschüsse zu den Reisekosten habe er vom Bundesnachrichtendienst auf keinen Fall bekommen, beteuert Rudolf Gallus im Telefoninterview. Seine Berichte habe er dem BND in Rom aber jeweils vorab gegeben, zumal wenn sie bei weniger aktuellen Themen erst später in den Medien, für die er arbeitete, erscheinen sollten[54].

Die Nachricht, ein deutscher Journalist sei im Ausland bei der Spionage ertappt oder – seltener – sogar verhaftet worden, muß übrigens nicht immer bedeuten, daß hier tatsächlich ein Reporter oder Korrespondent aufgeflogen ist, der nebenbei für den Nachrichtendienst arbeitet. Hauptamtliche BND-Mitarbeiter benutzen diese Berufsbezeichnung auch gerne als Tarnung.

Daß deutschsprachige Medienleute im Ausland, sei es in Jugoslawien, in der ČSSR oder in Ghana, begründet wegen Spionage festgenommen wurden, war nur gelegentlich Gegenstand von Presseberichten[55]. 1974 beispielsweise, als der Wiener Wirtschaftsjournalist Werner Gengenbach, der auch als Generalsekretär des österreichischen Verbandes der Auslandspresse fungierte, in Prag wegen Wirtschaftsspionage gegen mehrere osteuropäische Staaten angeklagt wurde[56], oder 1971, als der *SPIEGEL*-Redakteur Peter Rullmann den Abwehrbebörden in Belgrad als BND-Agent ins Netz ging[57].

1982 hingegen hatte ein echter Pullacher unter dem Arbeitsnamen RIEGER versucht, zu einem DDR-Bürger namens Bormann in der Wiener UN-Behörde eine nachrichtendienstliche Verbindung aufzubauen. Der BND-Verbindungsführer war dabei als Journalist, der sich auf die funkelektronische Aufklärung spezialisiert hatte, aufgetreten. Der Anbahnungsversuch scheiterte und führte, da Bormann die Kontaktaufnahme an das MfS gemeldet hatte, zu einer Protestnote der DDR-Regierung an das Wiener Außenamt[58].

Nachrichtenbeschaffer als Journalisten zu legendieren, hat Tradition beim BND. Bodo Schoenrock beispielsweise, nach Kriegsende zunächst als Korrespondent der DDR-Nachrichtenagentur *ADN* in Hannover und anschließend für den *SFB* in Berlin tätig, wurde im Juli 1963 vor dem 3. Strafsenat des Bundesgerichtshofs wegen Landesverrats angeklagt. Dem tschechischen und polnischen Nachrichtendienst soll der damals 34jährige ab 1959 Informationen über Militärneubauten in der Bundesrepublik verschafft haben. Doch Schoenrock gab an, nur ein Nachrichtenspiel gegen die östlichen Geheimdienste im Auftrag des BND aufgezogen zu haben. Seit 1954 beschäftige Gehlen ihn, und der Bundesnachrichtendienst habe ihm zuletzt DM 2000 an monatlichem Honorar zukommen lassen. Legendiert war Schoenrock als Herausgeber des *Wirtschaftsinformationsdienstes* Ost, der sich offiziell der Information westdeutscher Firmen über Exportchancen nach Osteuropa widmete. Kontakte zu Botschaften in Ost-Berlin waren da unumgänglich. Der Auftrag aus Pullach lautete, bei diesen Gesprächen mit Ost-Diplomaten nachrichtendienstlich verwertbare Informationen abzuschöpfen[59]. Ein anderer Fall: Fritz Zietlow arbeitete für den BND bis 1968 getarnt als Auslandsjournalist bei der Hamburger Landespressekonferenz, bis sich der ehemalige SS-Hauptsturmbannführer im Herbst 1968 wegen seiner Beteiligung an Kriegsverbrechen in Rußland während des Zweiten Weltkriegs verantworten mußte[60].

Und auch, daß der Bundesnachrichtendienst seine Scheinjournalisten in Medien einschleust, gehört zum nachrichtendienstlichen Repertoire. Bei einem Kunstverleger in einer rheinischen Metropole meldete sich beispielsweise Ende der achtziger Jahre ein BND-Mitarbeiter, um ihm einen Vorschlag zu beiderseitigem Vorteil zu unterbreiten. Der Verleger und Herausgeber eines Fachperiodikums war neugierig geworden und willigte ein, das Angebot in einem persönlichen Gespräch zu prüfen. So besuchte ihn einige Tage später in seiner Wohnung eine etwa dreißigjährige BND-Mitarbeiterin und erläuterte die gewünschte Zusammenarbeit. Sie wollte ohne jeden Anspruch auf Bezahlung als Autorin für ihn arbeiten; als Gegenleistung sollte er sie in die Kunstszene einschleusen, zu der er über sein Zeitschrift und Ausstellungen guten Zugang hatte. Ohne lange nachzudenken, lehnte der Kunstverleger ab, und die BNDlerin zog enttäuscht von dannen[61].

Publizisten sind für den BND nicht nur als Quelle interessant; das Spektrum unmittelbar nachrichtendienstlicher Arbeit ist bedeutend breiter. Der freie Journalist Horst Hering etwa, CSU-Mitglied, hatte sich beim *Bayernkurier* beworben. Der Bundesnachrichtendienst gab seiner Karriere eine Wendung und stellte ihn bei seiner Tarnfirma Verlag Sport und Mode in Wiesbaden ein. Bekannt wurde Hering, als er im Juni 1980 vom Militärobergericht in Ost-Berlin als BND-Kurier für den Roten Admiral, den ehemaligen DDR-Geheimdienstmann Winfried Baumann, verurteilt wurde. Doch zuvor war SISSI, so sein Tarnname, jahrelang als Reisequelle und Kurier in der DDR, Polen, Ungarn und der ČSSR unterwegs[62].

Ein Mann, der »formal eine journalistische Tätigkeit ausübte«, verdingte sich sogar als Auskundschafter und Einsteigdieb der bundesdeutschen Abwehr. Das berichtete 1988, zwei Jahre nach seiner Ausreise in den Westen, Hermann von Berg, der 1966 als Abgesandter des SED-Politbüros den Dortmunder Parteitag der SPD besucht hatte. Von Berg hatte in seinem Hotelzimmer vorsichtshalber Sicherheitsmarkierungen angebracht und konnte anschließend rekonstruieren, daß besagter Journalist Gepäck und Notizbuch inspiziert hatte, um die Verabredung von Bergs mit Egon Bahr auszuspähen[63].

Auch als Deckadresse waren Journalisten dem BND gelegentlich dienlich. So erhielt der vom MfS gegen den BND geführte Doppelagent mit dem Pullacher Decknamen NICKI – beim MfS »Hans« – die Münchner Anschrift von Erich Ergenzinger (Deckname ROSE). Bis 1979 adressierte er seine Sendungen mit konspirativ beschaffener Militärfachliteratur aus der DDR an das Postfach 876 oder an den Buschrosenweg 22 im Zentrum der bayerischen Landeshauptstadt[64].

Die ganz große Politik ist tangiert, wenn Journalisten als Fährmann auf geheimen Kanälen von Nachrichtendienstlern oder Geheimdiplomaten eingesetzt werden. In den sechziger und achtziger Jahren etwa gelangten vertrauliche Mitteilungen oder neue Vorschläge zu diplomatisch festgefahrenen Verhandlungen auf diesem Weg von Moskau nach Bonn[65].

Im Ausnahmefall führen besonders wagemutige Journalisten für den BND sogar Operationen aus, wie das Journalistenpärchen, das 1984 nach Nordkabul vordrang. Die beiden waren zunächst bei Muhajedin-Führer Ahmed Schah Masud im Panschirtal gewesen, um dann bei einem untergeordneten Kommandanten der Muhajedin im Norden der afghanischen Hauptstadt für einen Monat Quartier zu nehmen. Dieser war mit dem Chef der afghanischen Abwehr, der selbst aus Nordkabul stammte, einen heimlichen Waffenstillstand eingegangen, der dreizehn Jahre lang Bestand hatte: Solange die Fundamentalisten nicht von diesem Wohnbezirk mit seinen etwa 50000 Einwohnern gegen die Regierungstruppen vorgingen, würde der Stadtteil von Raketenangriffen und anderen Militäraktionen verschont. Der Kommandant informierte seinen Ansprechpartner beim Kabuler Geheimdienst darüber, daß er zwei deutsche Journalisten zu Besuch habe. Der aber wußte längst über eine Quelle, die er in der Garde Masuds hatte, von der eigentlichen Profession der Besucher und hatte das Auftauchen der BND-Agenten an den Stab Nadjibullahs gemeldet. Dort war entschieden worden, das Pärchen nicht festzunehmen, sondern nur unter Beobachtung zu halten.

Diese Entscheidung sollten die Kabuler Abwehrleute bald bereuen.

Nachdem man die beiden Deutschen unbehelligt hatte abreisen lassen, präsentierte der Sohn des Muhajedin-Kommandanten dem Geheimdienst eine Videokassette. Der Film dokumentierte den Abschuß eines afghanischen Regierungsflugzeugs, das gerade auf dem Kabuler Flughafen zu einem Versorgungsflug in die Provinz gestartet war. Die Journalisten hatten dem jungen Afghanen 10000 US-Dollar geboten, damit er es mit einer chinesischen Flugabwehrrakete aus dem Arsenal seines Vaters vom Himmel hole und dies auf Video dokumentiere. Vor allem sei das Geld aber als Einstieg in eine dauerhafte Verbindung gedacht, weil man regelmäßig exklusive Informationen suche. Der hohe Einstiegslohn erwies sich jedoch als Fehlinvestition, weil der Sohn des Kommandanten sich schon bald zur Flucht nach Pakistan genötigt sah[66].

Naturgemäß arbeitet der BND als Auslandsnachrichtendienst nicht nur mit deutschen Journalisten zusammen, sondern auch mit Medienleuten anderer Nationalität. Als Sonderverbindungen zu Journalisten, die in der Bundesrepublik für ausländische Medien arbeiteten, dokumentierte der BND im März 1970 beispielsweise vier lose Kontakte: Dr. Siegfried Müller-Markus, Professor aus Fribourg/Schweiz (Deckname MITAU), geführt vom BND-Mann DANKERS; den Bonner Vertreter der *Schweizer Zeitung* Max Schnetzer (SCHMOLL), betreut von DR. WILHELM; den Journalisten Colin Lawson (LUNCH), der in Bonn für den Londoner *Daily Express* akkreditiert war, und Gerda Endler, Vertreterin von *Life* in Bad Godesberg (ELLEN), die auch vom BND-Beamten ELZE geführt wurde.

1989 führte der BND einen früheren Mitarbeiter der *Komsomolskaja Prawda* als Quelle, der nach seiner Heirat mit einer Deutschen in die Bundesrepublik übergewechselt war. Doch der KGB hatte den Russen – nach Einschätzung von MfS-General Harry Schütt gegenüber dem BND – nach seiner Ausreise in Norddeutschland überworben. Schütt informierte den Bundesnachrichtendienst 1991 auch darüber, daß zu den BND-Quellen in Österreich, die dem MfS 1989 namentlich bekannt waren, nicht nur der Auswertungschef des österreichischen Heeresnachrichtendienstes zählte, sondern auch ein Journalist mit Verbindungen zu ungarischen Regierungskreisen. Und in Wien war ein bulgarischer Korrespondent unter dem Cover einer Consulting-Firma erfolgreich vom BND angebahnt worden. Der Journalist hatte der bulgarischen Abwehr zwar den Kontakt gemeldet, spielte aber doppelt, und in der Hauptrolle für Pullach. Durch die Briefkontrolle des MfS wurde ein im Durchschreibeverfahren verfaßter Geheimbrief an den BND abgefangen und der Korrespondent daraufhin nach Sofia zurückberufen.

Medienoperationen, d.h. die Verbreitung von Desinformation zum Nachteil des Gegners, gelten bei Nachrichtendiensten als besonders verlockende Möglichkeit, ohne großen finanziellen Aufwand politische Prozesse zu beeinflussen, im feindlichen Lager Verwirrung zu stiften oder einfach im Kampf um die Köpfe Positionsvorteile zu erringen. Der KGB verbreitete beispielsweise mit großem Erfolg die Desinformation, der Aids-Virus sei amerikanischen Genforschungslabors entschlüpft.

Der britische Geheimdienstexperte Richard Deacon hat sich 1987 etwas allgemein mit der Fabrikation und Verbreitung von Halbwahrheiten und Lügen durch Nachrichtendienste befaßt[67]. Ladislav Bittmann, von 1964 bis 1966 stellvertretender Leiter der Abteilung für Desinformation im Prager Nachrichtendienst und 1968 übergelaufen, schilderte 1972 die tschechische »Geheimwaffe D«[68], die entsprechenden Praktiken des MfS haben Günter Bohnsack und Herbert Brehmer 1991 enthüllt. Zu den Methoden und Operationen des Bundesnachrichtendienstes auf dem Feld der Desinformation liegt jedoch bisher keine systematische Darstellung vor.

Doch auch der BND fuhr und fährt Medienoperationen im Ausland. Eine der ersten Kampagnen – nach dem Beginn der Flugblattpropaganda gegen die junge DDR – fand schon vor seiner offiziellen Gründung 1955 im damals unter französischer Militärverwaltung stehenden Saarland statt. Der dortige Militärgouverneur, Oberst Gilbert

Grandval, wollte wie seine Pariser Regierung das Saarland als französische Kriegsbeute annektiert sehen und förderte die für den Anschluß des Gebiets an Frankreich kämpfende MRS (Mouvement pour le rattachement de la Sarre à la France).

Die Bundesrepublik hatte zu dieser Zeit noch keinen nationalen Nachrichtendienst, aber diesen französischen Bestrebungen entgegenzuwirken, fand den Beifall der CIA, unter deren Fittichen die Organisation Gehlen (OG) bereits einige Jahre arbeitete. Von August 1954 bis August 1955 organisierte Richard Christmann, der schon vor und während des Zweiten Weltkriegs als Abwehr-Mann in Frankreich gearbeitet hatte und später im BND Karriere machte, im Auftrag der OG und in enger Abstimmung mit dem Ministerium für Gesamtdeutsche Fragen die deutsche Untergrundarbeit im Saarland. Sein erster Auftrag bestand in der Verteilung von zehntausend Exemplaren der in Bad Kreuznach erscheinenden *Deutschen Saarzeitung,* die massiv für die Eingliederung des Saarlands in die Bundesrepublik eintrat. Zunächst schleuste er die Zeitungen mit Hilfe ehemaliger Angehöriger der Waffen-SS ins Saarland ein. Als die französische Abwehr aufmerksam geworden war, ließ er sie im Urlaubsgepäck amerikanischer Soldaten aus Rheinland-Pfalz, die ein Wochenende in Frankreich verbringen wollten, schmuggeln. Im späten Sommer 1954 bildete er Anhänger der antifranzösischen Parteien an der Saar überdies in Sabotageaktionen aus[69]. Der Einsatz von Propaganda und Sabotage durch die Organisation Gehlen im Saarland mag zum Erfolg beigetragen haben. Beim Referendum am 23. Oktober 1955 entschieden sich jedenfalls 67,71 Prozent der Wahlberechtigten für die Bundesrepublik[70].

2

Zu Gast beim Rabenwirt – *FAZ* und *SZ*

1997 wurde ein Sachbuch zum Medienereignis und Publikumserfolg, das dem BND einigen Verdruß bereitete: »Verschlußsache BND«, Autor: *FAZ*-Redakteur Udo Ulfkotte. Auch zu unserem Thema – der BND und die deutschen Journalisten – vermag Ulfkotte einiges beizutragen, das über die in seinem Buch publizierten Fakten hinausgeht. Dort hat er etwa die Studiengesellschaft für Zeitprobleme e.V. in Bonn als Reservoir des BND zur Anbahnung von Kontakten mit jungen Wissenschaftlern (Anfang der achtziger Jahre) vorgeführt: »Von ihren Professoren auserwählte – nichtsahnende – Studenten wurden dort in zwei- und dreiwöchigen Ost-West-Seminaren über ihre politische Einstellung ausgehorcht. Mit 20 Mark Tagegeld, einem kostenlosen Hotelzimmer, freier Verpflegung, Fahrtkostenerstattung und großzügigen Buchgeschenken konnte man in jener Zeit wohl Hunderte von Studenten zur Teilnahme an den Seminaren in den Semesterferien motivieren. Erst wer alle Kurse absolviert hatte und aufgrund seiner Einstellung für das Spionagegeschäft geeignet erschien, wurde im ersten Stockwerk unverfänglich vor ein Regal mit Büchern über die Welt der Geheimdienste gestellt und darum gebeten, sich ›in die Materie einzulesen‹[1].«

Ulfkottes Darstellung beruhte nicht nur auf journalistischen Recherchen, sondern auch auf eigenem Erleben. Anfang der achtziger Jahre hat er an einigen Seminaren der Bonner Studiengesellschaft teilgenommen. Er erinnert sich heute, daß Kurzvorträge von Seminarteilnehmern über den Bundesnachrichtendienst gerne mit dem Satz »Wir sollten diesbezüglich in Kontakt bleiben« quittiert wurden. Auch

Ulfkotte wurde vom damaligen Geschäftsführer Schulte, der mit der bei der FDP angestellten Seminarleiterin Liane zusammenarbeitete, angesprochen. In einem Brief an Rudolf Rothe, den langjährigen Vorsitzenden des Vereins, schildert der *FAZ*-Redakteur den Hergang: Schulte »führte mich zum Abschluß eines Seminars vor die hinter seinem Schreibtisch plazierten Bücher zum Thema BND und nahm Titel für Titel heraus, fragte mich sinngemäß: ›Interessieren Sie sich dafür?‹ Ich hatte damals nun wirklich keine Ahnung vom BND, und er berichtete mir über dessen Aufgaben. Unauslöschlich blieb mir im Gedächtnis seine – Verzeihung, dämliche – Frage: ›Würden Sie gern eine Waffe tragen und damit schießen?‹ Ich habe es wahrheitsgemäß verneint, und er war sichtlich zufrieden mit meiner Antwort. Es war ein äußerst merkwürdiges Gespräch. Ich habe mir dennoch zunächst keine großen Gedanken gemacht, doch nachweislich wurde ich aufgrund dieses Gespräches – jedenfalls wurde Bezug darauf genommen – später vom BND am Wohnort meiner Eltern in Warburg/Westfalen angerufen. Nachweisbar ist es deshalb, weil ich nicht wußte, ob sich Spinner meldeten, ein ausländischer Geheimdienst (DDR) oder wirklich der BND. Deshalb ging ich zur Polizei in Warburg, und dort verwies man mich an den Staatsschutz in Paderborn. Der Staatsschutz nahm Kontakt mit dem BND auf, und man teilte mir mit, es handele sich nicht um einen ausländischen Nachrichtendienst und ich könne beruhigt mit den süddeutschen Anrufern sprechen[2].«

Als Rudolf Rothe aus der Presse von Ulfkottes Buchenthüllungen erfahren hatte, schrieb der Oberst a. D. am 16. September 1997 an die ehemaligen Vorstandsmitglieder der Studiengesellschaft[3], daß er Schulte eigentlich verdächtigt hatte, für den britischen Geheimdienst zu arbeiten: »Natürlich ist es kein Negativum, für den BND zu arbeiten, aber dies als Geschäftsführer hinter dem Rücken der Gesellschaft zu tun, das ist schon starker Tobak!!! Hinzu kommt, daß Dr. Wagenlehner bei jeder Seminareröffnung betont hat, daß die Gesellschaft keinesfalls mit dem BND zusammenarbeite.« Der starke Tobak gehörte traditionell zum Inventar des vom Verteidigungsministerium unterstützten Vereins; Rochus Hoffer, Schultes Vorgänger und bis 1965 Offizier bei der Psychologischen Kriegsführung, wurde 1970 als voll tragfähige Sonderbindung des BND unter dem Decknamen HOBERG geführt.

Ulfkotte blieb im Visier der Anbahner. Noch während er an seiner Magisterarbeit über den Waffenhandel im Nahen und Mittleren Osten saß, kam aus München die schriftliche Bitte um eine Kopie des Werks. Da der Absender ihm merkwürdig vorkam, bat er eine Bekannte in einer hessischen Postniederlassung, sie zu überprüfen. Die erreichte den zuständigen Briefträger in der bayerischen Landeshauptstadt und erhielt von ihm die Information, daß bis vor kurzem unter dieser nun herrenlosen Anschrift ein Kreiswehrersatzamt firmiert hatte[4].

Auf Mitte März 1993 datiert Udo Ulfkotte einen Versuch des Bundesnachrichtendienstes, ihn direkt zu werben. Zwei BND-Mitarbeiter suchten ihn in der Redaktionszentrale in der Frankfurter Hellerhofstraße auf. Sie stellten sich als MICHAEL BOSMANN und Herr THOMPSON vor und kamen im Gespräch auf seine Seminare bei der Studiengesellschaft für Zeitgeschichte zurück. Was im Stasi-Jargon IM-Vorlaufakte heißt, muß der BND in ähnlicher Form auch über Ulfkotte geführt haben. »Sie wollten doch zur Bundeswehr«, ließ ihn BOSMANN wissen und zeigte damit, daß in Pullach bereits eine Personenabklärung einschließlich der Überprüfung seiner Akte beim Kreiswehrersatzamt vorgenommen worden war. Bei dieser Begegnung erhielt der Spezialist der *FAZ* für den Nahen und Mittleren Osten auch schon eine Decktelefonnummer in Pullach, die 089-7938024.

Es folgte eine telefonische Einladung von THOMPSON zum Essen beim Rabenwirt am Pullacher Kirchplatz. Wie selbstverständlich taten die BNDler dort den Schritt vom journalistischen Hintergrundgespräch zur nachrichtendienstlichen Verbindung. Sie händigten Ulfkotte eine Deckadresse für den Schriftverkehr mit dem Bundesnachrichtendienst aus: Kurt-Josef Bach, Hedwigstr. 14 in München. Unter der dazugehörigen Telefonnummer ist stets nur der Anrufbeantworter zu hören, auf dem der Musiker Bach in ostpreußischem Dialekt einen Rückruf anbietet.

Von der Ansprache durch den Bundesnachrichtendienst informierte der *FAZ*-Redakteur unverzüglich die Herausgeber der Zeitung. Die rieten, sich die Pullacher Vorschläge zum gelegentlichen Zusammenwirken erst einmal anzuhören. Auch die Chefredaktion hatte volle Kenntnis von Ulfkottes Beziehungen zum BND und bestand auf sauberen Verhältnissen. Grundsätzlich sollte der *FAZ*-Redakteur seine Termine in Pullach nur per Dienstreiseantrag und auf Kosten des Hauses wahrnehmen, keinesfalls auf Angebote des BND zur Finanzierung von Auslandsreisen eingehen.

Als Nah-/Mittelost-Experte der »Zeitung für Deutschland« hatte Ulfkotte Kontakte zu einigen Nachrichtendienstlern dieser Region. Als der iranische Geheimdienstchef Ali Fallahian auf Einladung des Kanzleramts im Frühjahr 1995 in Bonn weilte, wurde auch er zu einem Empfang in die Residenz des iranischen Botschafters geladen. Von einer Reise nach Teheran hatte Ulfkotte zwei Flugblätter der Hisbollah mitgebracht und sie, da im Verlag gerade kein Dolmetscher zur Hand war, mit der Bitte um Übersetzung nach Pullach gereicht. Er erhielt vom BND jedoch nicht die gewünschte Inhaltsangabe, sondern nur den Hinweis, das Material sei interessant, er möge doch gerne in Zukunft weitere Flugblätter beschaffen – was dem *FAZ*-Redakteur jedoch nicht in den Sinn kam.

Gleichwohl konnte er im Oktober 1993 in Pullach eine dreitägige Rundumbetreuung durch BND-Mitarbeiter genießen. Der damalige Pressesprecher ELMAR LEHBERG gewährte ihm Zutritt zu allen Räumen, das einzige Tabu blieb, BND-Angehörige von vorn zu fotografieren. Seinen Aufenthalt im Isartal verarbeitete Ulfkotte dann in dem *FAZ*-Artikel »Bei der Auslandsspionage des Bundesnachrichtendienstes gibt es die großen James-Bond-Erfolge nicht«. »Gelegentlich habe ich auch für außenpolitische Beiträge beim Pullacher Pressesprecher Informationen nachgefragt«, erinnert sich Ulfkotte. »Doch die wußten immer weniger als ich. Das hatte ich aber schon von Kollegen erfahren, die im Rahmen ihrer Recherchen auf zusätzliche Informationen vom BND gehofft hatten. Der Kollege Natorp zum Beispiel war völlig enttäuscht von dem, was man ihm über den Stand der pakistanischen Atomrüstung mitteilen konnte.«

Kenner der Szene hatten Ulfkotte spätestens 1993 als »Gefälligkeitsautor« Pullachs eingestuft, nachdem er ein dort wenig geliebtes Buch über den BND in seiner Zeitung verrissen hatte[5]. Vier Jahre später hat sich der Frankfurter Redakteur beim Verfasser dieses Buches für die Besprechung entschuldigt. Pullach hatte ihm den Verriß ans Herz gelegt und gleich Anregungen zur Abfassung der Rezension mitgeliefert. 1995 war Ulfkotte auch gebeten worden, das Buch über Klaus Kinkels Amtszeit als BND-Präsident, »Der Schattenkrieger«, in der *FAZ* zu kritisieren. Weil aber der Bundesaußenminister, den er als Begleitjournalist auf einer Auslandsreise darauf ansprach, keinen Kommentar dazu abgeben wollte, unterließ er es lieber.

Erst ein Jahr nach seinem dreitägigen Besuch in Pullach hatte der *FAZ*-Redakteur wieder Kontakt zum BND. Anfang Oktober 1994 war er als einziger westlicher Journalist im Raum Basra, wo rund 60000 irakische Soldaten erneut gegen Kuwait Aufstellung genommen hatten. Einem Hinweis aus Bagdad folgend war Ulfkotte in das Krisengebiet gereist und nach seiner Rückkehr nach Jordanien so exklusiv informiert, daß der US-Nachrichtensender *CNN* ihn zum Interview bat. Als Abgesandter der deutschen Botschaft in Amman besuchte ihn daraufhin in seinem Hotel ein ihm noch nicht bekannter BND-Mann, der sich die Details seiner Beobachtungen und Erkenntnisse sicherte. Wiedergesehen hat Ulfkotte seinen Befrager ein knappes Jahr später, als Helmut Kohl und Itzak Rabin am 5. Juni 1995 beim Wassergipfel in der jordanischen Hauptstadt weilten. Da hatte sich der BND-Mann mit Sonnenbrille und Baseballkappe getarnt unter die jordanischen und israelischen Journalisten gemischt, um das Gipfeltreffen mit der Videokamera einzufangen.

»Ich bin vom BND nie zu irgendeinem Thema gedrängt worden, meine Artikel habe ich immer aus eigenem Antrieb geschrieben«, erläutert Udo Ulfkotte im Gespräch. »Zu einem Interview mit BND-Präsident Konrad Porzner hat es allerdings einmal ein Angebot von BOSMANN und THOMPSON gegeben, das auch zu einem Bericht wurde«, nämlich »Der BND will mehr Befugnisse« in der *FAZ* vom 5. Oktober 1995. Nur einmal, so Ulfkotte, rückte er den Bundesnachrichtendienst in der *FAZ* ins rechte Licht. Der *stern* hatte den Pullachern vorgeworfen, den Export von sensiblen Gütern nach Libyen durch ihre nachrichtendienstliche Verbindung Berge Balanian nicht verhindert zu haben. Der Libanese mit deutschem Paß – so das Hamburger Magazin im August 1996 – habe 1995 drei Siemens-Computeranlagen im Wert von 3,2 Millionen DM zur Steuerung der Giftgasproduktion nach Libyen geschmuggelt; Balanian habe damals schon seit vier Jahren als bezahlte Quelle der Düsseldorfer Außenstelle des Bundesnachrichtendienstes gedient. Nur die *FAZ* stemmte sich der *stern*-Reportage und der anschließenden Flut von Berichten in der Tagespresse entgegen. »Zudem wurde darauf hingewiesen«, so Ulfkotte am 22. August 1996, ohne zu verraten, wer der Hinweisgeber war, »daß der BND aufgrund seiner auch von den Partnerdiensten gelobten Libyen-Aufklärung schon mehrere Fälle deutscher dual-use-Exporte (Industriegüter, die auch zur Waffenproduktion verwendet werden können, d. Verf.) nach Libyen verhindert habe«[6]. Der Bundesnachrichtendienst war aus Verärgerung an die Öffentlichkeit gegangen. Bei der Rabta-Affäre um das erste libysche Giftgasprojekt hatte Bundeskanzler Kohl die Berichte aus Pullach einfach ignoriert und wurde erst durch eine CIA-Medienkampagne zum Handeln gezwungen. Mit seinem aufsehenerregenden Kommentar »Auschwitz in the sand« hatte William Safire, Starkolumnist der *New York Times,* 1988 den weltweiten Reigen der Medienangriffe auf die Bundesregierung eröffnet. Im Falle der zweiten libyschen Giftgasfabrik in Tarhuna hatte der BND das Kanzleramt erneut gut unterrichtet, doch während Bonn diesmal die Ermittlungsbehörden einschaltete, kam es erneut zu Angriffen in der Presse. Der Bundesnachrichtendienst ging davon aus, daß wiederum der amerikanische Partnerdienst hinter der Kampagne steckte, der routinemäßig vom BND über angefallene Erkenntnisse unterrichtet worden war. Und so schickte der BND seinen Mitarbeiter THOMPSON in die *FAZ*-Redaktion, um Ulfkotte mit Material für die Gegenoffensive zu versorgen.

Der Tauschhandel von PR-Artikeln gegen harte Information birgt für Journalisten auch gewisse Risiken, wie Udo Ulfkotte erfahren mußte. Er glaubte beispielsweise den flüchtigen Baulöwen Jürgen Schneider im Iran ausfindig gemacht zu haben, wo ihn auch der Telefonkontakt des Journalisten beim BND wähnte. Pullach informierte Mitte Mai 1995 das BKA über diese Aufenthaltsermittlung, löste in Wiesbaden aber nur »allgemeine Belustigung« aus, da die deutsche Bundespolizei kurz vor dem Zugriff auf Schneider in Miami stand[7], wo ihn auch Redakteure des *ZDF*-Magazins *Frontal* aufgespürt hatten.

Kurz nach der Amtseinführung des neuen BND-Präsidenten Hansjörg Geiger brachte Ulfkotte in der *FAZ* vom 20. August 1996 schon in der Titelzeile ein ganzes Loblied unter: »Kunstfreund Geiger erhöht in Pullach feinfühlend das Arbeitstempo der deutschen Spione.« »Damals hatte ich noch ein gutes Verhältnis zum BND und der zu mir«, analysiert der *FAZ*-Redakteur seine wohlwollenden Artikel im Rückblick.

Dieses gute Verhältnis ging in die Brüche, als Udo Ulfkotte die Arbeit an »Verschlußsache BND« fast abgeschlossen hatte. Während seiner Recherchen war er in Pullach, im Kanzleramt oder in BND-Residenturen im Ausland ein gerngesehener Gast, dem so mancher Herz und Dokumentenmappe ausschüttete.

Als Gastautoren für sein Buch hatte er bereits Außenminister und Ex-BND-Präsident Klaus Kinkel sowie Geheimdienstkoordinator Bernd Schmidbauer mit Aussicht auf Erfolg umworben. Mit der Bitte um Vertraulichkeit hatte er dann dem BND-Residenten in Washington, Deckname HELLMANN, am 1. März 1997 Teile seines Buchtextes zum Gegenlesen geschickt. Dieser Heinrich Rosenlehner, zuvor Unterabteilungsleiter 16 (Nah-/Mittelost) und schon einmal als BND-Vizepräsident im Gespräch, korrigierte das Typoskript mit dem Rotstift, sein Stellvertreter BLISS ergänzte in blau. Doch HELLMANN stieg einige Tage nach der Lektüre ins Flugzeug nach München und warnte die Chefriege in Pullach vor den drohenden Enthüllungen. Seinem Dienstherrn gab Rosenlehner allerdings nicht die von ihm überarbeitete Fassung, sondern Ulfkottes ursprünglichen Text. Gleich darauf wurden die für Udo Ulfkotte bisher weit offenen Türen beim BND zugeschlagen. Er flog zwar noch zum BND-Residenten nach Riad, doch dem war schon ein Maulkorb verpaßt worden.

Von da an versuchte der Pressesprecher des BND, PETER JUCHATZ – seit Ende 1997 firmiert er wie einige BND-Beamte nur noch unter seinem bürgerlichen Namen, also als Michael Baumann –, Ulfkotte von Amts wegen zu einer gemeinsamen Vorzensur des Buches zu bewegen. Am 15. Mai 1997 schrieb er: »Mit Besorgnis nahm ich zur Kenntnis, daß Sie trotz gegenteiliger Vereinbarung keine Notwendigkeit mehr für ein Gespräch über Ihr Buchprojekt sehen. Im Vorfeld und auch während Ihres Besuches beim Bundesnachrichtendienst waren wir uns darüber einig, daß wir uns über die Gesprächsergebnisse, so wie Sie diese verwenden wollten, abstimmen werden … Wie ich aus dem mir vorliegenden Konzept ›Innenansichten des BND‹ ersehe, ist dies auch dringend notwendig, da eine Vielzahl der dortigen Aussagen nicht mit den damaligen Gesprächsinhalten korrespondieren und z.T. auch sicherheitliche Aspekte des Dienstes berührt sind. Eine Behandlung dieser Punkte auf schriftlichem Weg erscheint mir hierfür nicht ausreichend. Zu Ihrer Feststellung, das Buch sei von einer hochrangigen, kompetenten Person begutachtet und für richtig befunden worden, darf ich anmerken, daß diese Person – sofern wir von der gleichen reden – für eine solche Aussage keine Autorisierung hat … bitte ich Sie nochmals, auch im eigenen Interesse, zu Ihrer Zusicherung zu stehen – schließlich geht es auch um die Seriosität Ihres Buches.«

Ulfkotte hatte sich zwar bei seinen Gesprächen mit führenden BND-Mitarbeitern stets die Möglichkeit einer Nachfrage offengehalten, von einer Abstimmung des Textes war aber nach eigener Aussage nie die Rede gewesen. Doch der BND bestand darauf, in das Werk einzugreifen. PETER JUCHATZ besuchte den *FAZ*-Journalisten einige Wochen nach dem Brief persönlich in der Redaktion und drohte ihm »ernste Konsequenzen« an. Ulfkotte ließ sich aber nicht einschüchtern und gab das Buch unverändert in Druck.

Hinter den Kulissen nahm Form an, was JUCHATZ mit »ernsten Konsequenzen« angedeutet hatte. Der BND intervenierte massiv in der *FAZ*-Chefetage, um die Veröffentlichung des Buches zu verhindern. Zwar habe man Ulfkotte häufig unterrichtet, ihm zahlreiche Studien überlassen, doch zur unzensierten Publikation in einem Buch sei das Material nie bestimmt gewesen. BND-Vizepräsident Rainer Kesselring drohte dem Verlag wenige Tage nach JUCHATZ' Redaktionsbesuch erneut. Doch bei den *FAZ*-Managern zeigte der Vorstoß der Bundesoberbehörde keine Wirkung. Bei Erscheinen des Buchs am 10. Juli 1997 erklärte der Vorsitzende der Geschäftsführung der *FAZ*-GmbH, Frank Meik, sogar öffentlich, man habe versucht, es zu verhindern[8].

Pressearbeit der besonderen Art hatte sich zuvor BND-Vizepräsident Rainer Kesselring mit einem Brief vom 25. Juni 1997 an Ulfkotte geleistet, der zwar bei anderen Journalisten eingegangen war, den vorgeblichen Adressaten jedoch nie erreichte. Erst von Kollegen bekam er eine Kopie des Brandbriefs aus Pullach mit dem erneuten Appell, das Buch doch mit dem Bundesnachrichtendienst abzustimmen.

Zugleich intervenierte auch die Familie von Reinhard Gehlen wegen einer angeblichen Titelschutzverletzung. Da das nachgelassene Buch des BND-Gründers den Titel »Verschlußsache« trägt, forderte eine Unterlassungsverfügung vom 25. Juni 1997, die der Verlag am 2. Juli per Fax erhielt, DM 50000 Schadensersatz. Die Verlagsjuristen stellten schnell fest, daß es in Kombination mit dem alten Gehlen-Titel eine ganze Reihe neuerer Buchtitel gibt, 1991 »Verschlußsache Jesus« beispielsweise oder 1994 »Verschlußsache Tschernobyl«. Folglich lehnten sie die Forderung der Gehlen-Familie schlicht ab. Die gab überraschend schnell klein bei und drängte nur noch erfolglos, der Verlag solle doch wenigstens in den ersten Werbeanzeigen Reinhard Gehlen lobend hervorheben.

Am 10. Juli 1997 reagierte die BND-Pressestelle dann auf das Erscheinen von Ulfkottes Buch im *FAZ*-eigenen Verlag Koehler & Amelang mit einer geharnischten Mitteilung: »Der Bundesnachrichtendienst weist darauf hin, daß in diesem Buch in einer Reihe von Punkten Sachverhalte genannt werden, die nicht den Tatsachen entsprechen. Offensichtlich nutzte Dr. Ulfkotte auch Informationsgeber mit nur unzureichend fundiertem Kenntnisstand über den Bundesnachrichtendienst ... Als zumindest bedenklich ist es weiterhin zu werten, daß einzelne Ausführungen des Buches unter Umständen dazu führen können, daß Quellen des Dienstes mit Leib und Leben gefährdet werden, langjährige Aufklärungsarbeit zunichte gemacht und der Bundesrepublik Deutschland außenpolitischer Schaden zugefügt wird. Aus diesen Gründen – und nicht, wie vom Autor angedeutet, im Sinne einer Zensur – versuchte der Bundesnachrichtendienst mehrfach mit Dr. Ulfkotte vor der Veröffentlichung ins Gespräch zu kommen: leider ergebnislos.«

Das Argument, mit der Veröffentlichung von geheimen Sachverhalten würden Menschenleben gefährdet, ist so alt wie der BND selbst. Auch andere Autoren wie Manfred Bissinger sahen sich mit der Frage konfrontiert, ob sie zum »potentiellen Mörder« werden wollten. Dabei hat kein BND-Agent sein Leben wegen journalistischer »Indiskretionen« lassen müssen. Allenfalls mußte der Nachrichtendienst sich nach einem Outing von Nachrichtenlieferanten trennen, schmerzlich für ihn, aber kein Anlaß für öffentliche Aufregung.

Selbst eine Durchsuchung bei Ulfkotte zu Hause und in seinem Büro in der Frankfurter Hellerhofstraße stand lange im Raum, aber die Lehren aus der *SPIEGEL*-Affäre, was den zu erwartenden kollektiven Aufschrei in den Medien angeht, dürften den Ausschlag gegeben haben, letztlich auf diesen Versuch einer Beweissicherung zu verzichten.

Der Abgeordnete von Bündnis '90/Die Grünen, Manfred Such,

richtete im Sommer 1997 die schriftliche Anfrage an die Bundesregierung, inwieweit die Interview-Aussage von Udo Ulfkotte im *Westfalenblatt* vom 17. Juli 1997 zutrifft, »›sowohl das Bundeskanzleramt als auch die Mitarbeiter des BND haben mir stapelweise Verschlußsachen überlassen‹, und welche Auskunft gibt die Bundesregierung über die Zahl der jeweils übermittelten Verschlußsachen, über Veranlasser, Zeitpunkte sowie Betroffene der daraufhin eingeleiteten Strafermittlungs- und Disziplinarverfahren oder über den Grund, warum derartige Verfahren bisher möglicherweise nicht veranlaßt wurden?«.

Die Antwort von Staatsminister Bernd Schmidbauer vom 26. August 1997 straft Ulfkottes Danksagung an die Mitarbeiter des Bundeskanzleramts für ihre unbürokratische Hilfe Lügen: »Eine im Bundeskanzleramt nach Erscheinen des genannten Buches durchgeführte Untersuchung, die sich u. a. auch auf den Gegenstand der in der Frage zitierten Aussage erstreckte, hat keinerlei Anhaltspunkte für deren Richtigkeit ergeben. Das gleiche Ergebnis hat der Präsident des Bundesnachrichtendienstes über eine für seinen Bereich durchgeführte entsprechende Untersuchung mitgeteilt.«

Manfred Such hatte in seiner Anfrage ergänzend eine Detailauskunft erbeten: »Zu welchen sonstigen geheimhaltungsbedürftigen Erörterungen oder Verschlußsachen von Sicherheitsbehörden des Bundes hat der Journalist Udo Ulfkotte jemals Zugang erhalten, und wann haben das Bundeskanzleramt, Staatsminister Schmidbauer als Koordinator der Nachrichtendienste, deren Präsidenten sowie die Leitungsebenen der an den Iran-Lagen beteiligten Innen- und Justizressorts dem jeweils zugestimmt oder hiervon erfahren?« Schmidbauers Antwort hierzu lautete: »Der Bundesregierung ist ein Vorgang bekannt, auf den im Zusammenhang mit der Frage zwar hinzuweisen ist, zu dem die Bundesregierung aber die näheren Angaben, die zu seiner inhaltlichen Kennzeichnung erforderlich wären, nur gegenüber den für die Kontrolle nachrichtendienstlicher Tätigkeit zuständigen parlamentarischen Gremien machen kann.«

Wo selbst Abgeordneten der Zugang zu der Information, wieviel

Geheimes Ulfkotte aus Pullach oder Bonn erhielt, verwehrt wird, stehen die Strafverfolgungsbehörden erst recht vor dem Problem, wie sie im Dschungel gegenseitiger Schuldzuweisungen zwischen BND und Kanzleramt der Wahrheit auf die Spur kommen sollen. Nicht nur dem Autor sollte es an den Kragen gehen, sondern auch den BND-Mitarbeitern, die den *FAZ*-Journalisten im Vertrauen auf dessen Beliebtheit im Kanzleramt freizügig mit Informationen versorgt hatten. Die Staatsanwaltschaft in Bonn leitete im September 1997 ein Ermittlungsverfahren wegen Verletzung des Dienstgeheimnisses gegen unbekannte Mitarbeiter des Bundeskanzleramts und des BND ein, die Ulfkotte Geheimdienstunterlagen überlassen haben sollen[9], das dann zuständigkeitshalber nach München überwiesen wurde.

Inzwischen boomte das Buch, rangierte wochenlang oben auf der Bestsellerliste, obwohl es in der Presse ein geteiltes Echo gefunden hatte. Der Rezensent der *tageszeitung* (*taz*) kaprizierte sich auf jene Abschnitte, die auf Hörensagen beruhen, also Informationen teils hoher Brisanz, die Ulfkotte bei seinen Gesprächen mit leitenden Mitarbeitern von BND und Kanzleramt aufgeschnappt hat, für die er jedoch ihrer Herkunft wegen keine Beweise liefern konnte. Naturgemäß war daher manche Story aus dem »Reißer für Verschwörungstheoretiker« (*taz*), wie die, daß der amerikanische Bandleader Glenn Miller 1944 nicht bei einem Flugzeugunfall, sondern im Bordell starb, leicht widerlegbar[10]. Andere Darstellungen Ulfkottes wiederum, die in Zweifel gezogen wurden, wie Italiens verdeckte Operationen gegen einen ständigen Sitz für die Bundesrepublik im Sicherheitsrat der Vereinten Nationen, konnten nachträglich durch die politische Entwicklung verifiziert werden.

Der *SPIEGEL* charakterisierte das Buch als »heikle Mischung aus echten Interna und dunklem Geraune«: »Das schwer zu durchdringende Konglomerat aus Übertreibungen, Zuspitzungen und echten Interna kommt schließlich durch die gewährte offizielle Unterstützung irgendwie mit dem Siegel des Amtlichen daher.« An anderer Stelle würdigt der Rezensent des Hamburger Nachrichtenmagazins das Kapitel

»Das Geheimwissen des BND« aber als authentische Wiedergabe zahlreicher Pullacher Verschlußsachen[11].

Der *FAZ*-Redakteur hat in seinem Buch jedenfalls die Informationen von unterschiedlichem Quellenwert sauber voneinander getrennt. In der Einführung sowie im ersten und zweiten Kapitel werden veröffentlichte Quellen und mündliche Informationen zusammengeführt. Das dritte Kapitel hat Pullach die größten Bauchschmerzen bereitet, weil es auf einer in der Geschichte der deutschen Geheimdienstliteratur außergewöhnlich hohen Dichte geheimer BND-Unterlagen aufbaut. Daß die CIA Ulfkottes Werk ins Englische übertragen ließ, darf man wohl diesem Abschnitt des Werks zuschreiben.

Heribert Hellenbroich, der als ehemaliger Präsident von Bundesverfassungsschutz und BND einen Gastbeitrag in die »Verschlußsache BND« einbrachte, nannte das Buch eine »wohlmeinende Darstellung«. Der Bundesnachrichtendienst war es jedoch seit Jahrzehnten gewohnt, daß er den Autoren, die mit seinem Wissen und seiner Unterstützung an Büchern zum deutschen Geheimdienstwesen schrieben, quasi als Cheflektor Streichungen und Korrekturen abverlangen konnte. Nur vor diesem Hintergrund ist verständlich, warum ein selbstbewußter Befürworter des Auslandsnachrichtendienstes, der sich um ein ausgewogenes Bild bemühte, aber jede Vorzensur verweigerte, urplötzlich zur Unperson wird.

Zwischen alle Stühle gerät der Redakteur eines konservativen Blattes, wenn er mit einemmal von dem ihm jahrelang gewogenen Bundesnachrichtendienst angegriffen wird und so auch ins Schuffeld linker Kritik gerät. Die zitierte *taz*-Rezension ist dafür ein Beispiel, die Instrumentalisierung eines Schreibens aus dem Bundeskanzleramt, das sich in den Unterlagen des Plutonium-Untersuchungsauschusses findet, ein zweites. Am 26. Juli 1994 schrieb der Leiter des Referats 622 (Proliferation von Rüstungsgütern) im Bundeskanzleramt eine Unterrichtung über den Plutoniumfund in Tengen, die Bernd Schmidbauer aus Zeitgründen vorab bekam. Dabei ging es um die Verwicklung in Deutschland lebender Iraker und der bulgarischen Firma KINTEX in den Schmuggel von bis zu 120 Kilo des gefährlichen Stoffs und um die Hinweise, die Udo Ulfkotte dem Staatsminister persönlich dazu gegeben hatte: »Bereits zuvor hatte Sie Herr Ulfkotte (FAZ) auf die Möglichkeit angesprochen, daß irakische Kreise in diesem Fall die potentiellen Abnehmer sein könnten. U. waren dazu auch Namen irakischer Staatsangehöriger bekannt. Auch die Verwicklung der Fa. KINTEX war U. bekannt … U. hat sich dann noch mehrmals an das BK (Bundeskanzleramt, d. Verf.) gewandt und Informationen[12] übermittelt. Nach seiner ersten Einschätzung stammte ein Großteil der Informationen aus britischen Quellen, eine Nachfrage bei britischen Kollegen ergab dann aber, daß wesentliche Teile der Information von Joachim Horn (vom MDR) stammen, der für das Magazin FAKT in dieser Angelegenheit recherchiert. Voraussichtlicher Sendetermin sei der 1. August 1994 … Dem BND liegen zu den von U. (allerdings nur rudimentär) übermittelten Namen irakischer Staatsbürger keine Erkenntnisse vor. Dies gilt auch für die ›Banca Exterior‹ … Dem LKA (Landeskriminalamt, d. Verf.) Baden-Württemberg waren die Namen bislang offensichtlich nicht bekannt. Ref. 622/BK hat eine Übermittlung der Namen zugesagt. Gleichzeitig wird auch der BND nochmals um Überprüfung der jetzt vollständigen Namen gebeten[13].«

Der *SPIEGEL* hatte am 22. September 1997 aus diesem Schreiben abgeleitet, daß es ein »Geben und Nehmen« war, bei dem Ulfkotte durch »eifrige Zuträgerdienste« und die Weitergabe seines Wissens über Kollegen sich den Zugang zu Stapeln von Verschlußsachen gesichert habe[14]. Diese falsche Interpretation des Kanzleramtspapiers hat der *FAZ*-Redakteur drei Wochen später in einer Gegendarstellung korrigiert[15]. Der Leiter der Abteilung 6 (Koordination der Nachrichtendienste) im Bundeskanzleramt Dr. Hanning bescheinigte ihm am 26. September 1997 im Auftrag Schmidbauers überdies, weder »Informant« noch »Quelle« des Bundeskanzleramts gewesen zu sein: »Die Unterstellung, Sie hätten aufgrund angeblicher geleisteter ›Zuträgerdienste‹ – sozusagen als Gegenleistung – Verschlußsachen aus dem Bundeskanzleramt erhalten, ist falsch und abwegig.«

Udo Ulfkotte teilt mittlerweile den Standpunkt jener *FAZ*-Kollegen, die ihn vor der mangelnden Zuverlässigkeit der Mitteilungen aus Pullach gewarnt hatten. Nicht nur hatten sich manche Informationen, die er in seinem Buch wiedergegeben hatte, als unrichtig herausgestellt, er bekam auch Probleme mit den irakischen Behörden, die ihn zur unerwünschten Person erklärten. Im Vertrauen auf Angaben aus dem BND hatte er in der *FAZ* berichtet, der Ölminister in Bagdad, General Raschid, habe seine Frau verstoßen. Doch nicht etwa die Indiskretion aus dem Umfeld des irakischen Regierungsclans selbst hat ihm die Einreisesperre eingebracht, sondern die Tatsache, daß die BND-Meldung schlicht unwahr war – wie ihm später Experten versicherten – und sich Raschid übel verleumdet sah.

Einen besonderen Schwerpunkt bildete die *Frankfurter Allgemeine Zeitung,* ausweislich der Liste vom März 1970, in der Arbeit des BND nicht – was manchen erstaunen mag, der vom politischen Standort der Zeitung her andere Schlüsse gezogen hätte. Der spätere BND-Vizepräsident Paul Münstermann hatte eine IIer-Verbindung zu Carl Schopen (SCHEER), der in der Bonner Vertretung der *FAZ* saß und zugleich für die *Hamburger Morgenpost,* den *Mannheimer Morgen* und den *Weser Kurier* aus der Bundeshauptstadt berichtete. In der Frankfurter Hauptredaktion selbst wurden mit Dr. Lothar Reißmüller (RILKE), Adalbert Weinstein (WINDISCH) und Ernst-Otto Maetzke (MESPELBRUNN) nur drei der flüchtigeren BND-Kontakte geführt. Weinstein, Jahrgang 1916, war bereits seit 1949 Redaktionsmitglied der *FAZ*. Der Wehrmachtsmajor hatte sein 1947 aufgenommenes Studium an der Universität Mainz abgebrochen, um sich dem militärischen Fach nunmehr als Journalist zu widmen, und stieg nebenbei als Reserveoffizier 1966 zum Oberst auf. Als während der *SPIEGEL*-Affäre der BND dem Hamburger Nachrichtenmagazin mit Informationen zur Hand war, soll der MAD im Gegenzug Adalbert Weinstein versorgt haben[16].

Die BND-Verbindung Maetzke stufte Hans Detlev Becker neben

Armin Mohler und Wilfried Martini in seiner vernichtenden *SPIEGEL*-Rezension des nachgelassenen Gehlen-Buches »Verschlußsache« als »staatsgierige Gekröseschauer« ein, von denen er im Vorfeld der Frankfurter Buchmesse 1980 längst einen Lobgesang auf das »Opus postumum« erwartet hatte. Drei Wochen zuvor hatte nur Gerhard Frey in der *National-Zeitung* die von kryptischen Verdächtigungen gegen Herbert Wehner, Egon Bahr und andere führende Sozialdemokraten wimmelnde, auf den Bundestagswahlkampf von Franz Josef Strauß getimte Kampfschrift in die Schlagzeilen gehoben[17]. Ernst-Otto Maetzke reagierte erst am 5. Dezember 1980 – und anders als erwartet – auf die Herausforderung durch Becker. »Über Gehlen muß man sich wundern«, überschrieb er die Buchbesprechung und ließ kaum ein gutes Haar an dem Werk, das »unter dem Gesetz des abnehmenden Ertrags steht«. Und er schrieb dem früher geschätzten Nachrichtenchef in den Nachruf: »Wenn Nachrichtendiensten daran liegt, mit ihren Analysen auf den Kurs von Regierungen korrigierend einwirken zu können ..., dann dürfen es ihre Direktoren, Chefs und Präsidenten nicht so machen wie der alte Gehlen.«

FAZ-Kollege Udo Ulfkotte bescheinigt Maetzke, Gehlen und den Bundesnachrichtendienst über Jahrzehnte kritisch begleitet zu haben. Ein Blick in weitere Artikel zu nachrichtendienstlichen Fragen aus der Feder des DDR-Spezialisten der *FAZ* bestätigt dieses Urteil. Im Juli 1964 berichtet Maetzke beispielsweise über eine Werbungsaktion des Bundesamts für Verfassungsschutz für Beamtenanwärter, bei der von ursprünglich 74 Bewerbern letztlich nur 6 eingestellt werden konnten. Allein 20 Aspiranten sagten ab, als sie erfuhren, für welches Amt sie rekrutiert werden sollten; denn das BfV war »Mit dem Odium der Schnüffler behaftet«[18]. Im Mai 1969 konstatiert Maetzke, daß die sogenannte Ostforschung häufig nur wissenschaftliche Tarnkappe für nachrichtendienstliche Aktivitäten ist[19], eine Enthüllung, die sicherlich nicht im Sinne Pullachs lag.

Für Maetzke, der sich als Redakteur vor allem um die DDR, die Ostpolitik und um Militärfragen kümmerte, war 1970 der BND-

Mann DANKERS, bürgerlich Dauschert, als Verbindungsführer vorgeplant. Zu einem Kontakt mit DANKERS ist es nie gekommen, und seinen Decknamen MESPELBRUNN kann er sich nicht erklären, erklärt Ernst-Otto Maetzke im November 1997. Mit Nachrichtendiensten habe er schon deshalb nie gekungelt, weil er sich ihnen überlegen gefühlt habe[20]. Aus seiner antikommunistischen Grundhaltung macht er dabei keinen Hehl; eifrig, aber nie eifernd sei er in dieser Hinsicht gewesen. Er stütze sich lieber auf die arbeitsintensive Auswertung aller verfügbaren DDR-Publikationen als auf Flüsterpropaganda aus den westlichen Diensten, verglich beispielsweise jedes neu erscheinende Militärhandbuch mit den Vorläufern.

Ein einziges Mal – erinnert sich der *FAZ*-Redakteur heute – habe er zu Anfang der achtziger Jahre aus Pullach das Angebot erhalten, über einen DDR-Überläufer zu schreiben. Als der BND ihm jedoch verweigerte, allein mit dem Flüchtling zu sprechen, lehnte Maetzke den Vorschlag als »sehr unverlockend« ab.

Häufig besuchte er als einziger bundesdeutscher Journalist Kongresse oder Messen in den Staaten des Warschauer Vertrags, die Posener Messe ebenso wie das Umweltschutz-Festival in Mährisch-Ostrau. Selbst mit dem sowjetischen Deutschlandexperten Portugalow saß er zum Plausch in einem Moskauer Wohnzimmer. Auch Berührungsängste mit DDR-Funktionären hat er nie gekannt. Ihm schien, daß seine offene Kritik an der Politik des Arbeiter- und Bauernstaates in Ost-Berlin zwar nicht gerade begeistert aufgenommen, aber doch respektiert wurde. »Wissen Sie«, erläutert er im Interview, »daß man abgeschöpft wird, wenn man sich mit nachrichtendienstlich angebundenen Leuten einläßt, das ist normal. Und ein bißchen was muß man auch anbieten, wenn man selbst etwas in Erfahrung bringen will. Die Grenze lag für mich immer da, wo ein konspiratives Verhalten erwartet oder befolgt wurde.«

Es scheint, daß der Bundesnachrichtendienst auch bei der *Süddeutschen Zeitung,* die im Oktober 1945 als vierte deutsche Tageszeitung eine Lizenz der US-Militäradministration erhielt, nicht allzu erfolgreich war, was die Gewinnung von zuverlässigen PR-Strategen angeht. Zwar hatte der Moskauer Korrespondent der *Süddeutschen Zeitung* in den sechziger Jahren zugleich als Nachrichtenbeschaffer des BND in der sowjetischen Hauptstadt gearbeitet, was – laut Theo Sommer – ein offenes Geheimnis im Kollegenkreis war. Der Chefredakteur der *Zeit* hatte sich selbst, nachdem der frühere *SZ*-Journalist mit der BND-V-Nummer 1673 in das Hamburger Wochenblatt gewechselt war, bei BND-Präsident Wessel vergewissert, daß sein Mitarbeiter inzwischen abgeschaltet worden war. Als lose Pressesonderverbindung tauchte der damals freie Journalist allerdings in der Liste des Bundesnachrichtendienstes vom März 1970 auf. Auch sieht es auf den ersten Blick so aus, als nehme die weithin als linksliberal eingeordnete Zeitung aus München in der BND-Statistik vom März 1970 mit sechs Pressesonderverbindungen einen herausragenden Platz ein. Zwei Verbindungsführer des BND hielten gleich fünf sehr stabile und eine lose Verbindung in das Münchener Blatt vor der Haustür Pullachs, das im Süddeutschen Verlag erscheint[21].

CASSEL, ein bereits pensionierter BND-General aus Pöcking bei Starnberg, führte angeblich als voll tragfähige Kontakte den leitenden Redakteur Hermann Proebst unter dem Decknamen PIRNA und seinen Kollegen Dr. Hans Heigert als HOLTKAMP.

Proebst, Jahrgang 1904, hatte es 1934 zum Leiter des Zeitfunks beim *Reichssender Berlin* gebracht, wurde jedoch von den Nationalsozialisten wieder zum Referenten degradiert, nachdem er es sich mit einigen NS-Größen verdorben und den Eintritt in NSDAP und Reichsschrifttumskammer standhaft verweigert hatte. 1936 entlassen, überstand er die Kriegsjahre als freier Publizist und Auslandskorrespondent in Jugoslawien. 1946 begann Proebst als außenpolitischer Redakteur der *Rheinischen Zeitung,* wurde 1947 Leiter des Presse- und Informationsamtes der Bayerischen Staatskanzlei und übernahm 1949 das Ressort Innenpolitik der *SZ.* Am 20. Mai 1960 rückte er dort zum Chefredakteur auf und füllte diesen Posten als »Kapellmeister der Redaktion« – so sein Stellvertreter Immanuel Birnbaum – bis zu seinem Tode am 15. Juli 1970 aus. Mit nachrichtendienstlichen Themen hat sich der Koordinator und Kommentator offenbar nie befaßt. Jedenfalls war kein *SZ*-Artikel auffindbar, in dem er sich mit Gehlens Organisation beschäftigt hätte.

Hans Heigert, Jahrgang 1925, hatte seine journalistische Karriere nach der Promotion 1950 in der Redaktion der *Wirtschaftszeitung,* später in *Deutsche Zeitung* umbenannt, begonnen, die im April 1964 eingestellt wurde. Er leitete von 1957 bis 1960 den Jugendfunk des *Bayerischen Rundfunk* und stieg dann zum Chefredakteur Fernsehen des *BR* auf. In dieser Funktion moderierte er auch bis 1970 das Politmagazin *Report München.* 1969 wechselte der Journalist wieder in den Bereich der Printmedien und machte bei der *SZ* Karriere, wo er ab 1985 als leitender Redakteur fungierte. Im Ruhestand schrieb Heigert ab 1989 weiterhin regelmäßig für sein Blatt. Artikel zu Geheimdienstfragen sind auch bei ihm in seiner aktiven Zeit nicht zu verzeichnen, lediglich im Dezember 1996 veröffentlichte er eine kurze Rezension der weithin unbekannten Memoiren eines BND-Referatsleiters, die in dem eher exotischen Anita-Tykve-Verlag erschienen waren[22].

Mit seinem Decknamen und der BND-Einstufung als voll tragfähige Pressesonderverbindung konfrontiert und um eine Auskunft über seine Kontakte zu Mitarbeitern Pullachs ersucht, antwortete Heigert am 4. November 1997: »Also: ich habe keine Ahnung! Ich kenne keinen der von Ihnen genannten Namen, oder Decknamen. Sie berichten vom März 1970. Damals wechselte ich gerade vom Bayer. Fernsehen zur Süddeutschen. Doch las ich inzwischen in einem der Bücher über den BND, daß seinerzeit der Kanzleramtsminister Ehmke ziemlich herumgefuhrwerkt habe. Das ist nun 27 Jahre her. Jedenfalls: an irgendwelche ›Kontakte‹ erinnere ich mich nicht. Es interessiert mich auch nicht, ebensowenig wie irgendeine Stasi-Akte. Auch bei Gauck habe ich nicht nachgefragt.«

Mit Immanuel Birnbaum (BIEGEL), dem stellvertretenden Chefredakteur der *SZ*, geführt von BND-Dienststellenleiter ELZE, stand eine weitere erstrangige Verbindung auf der Liste, und selbst in das Bildarchiv der *SZ* hinein gab es danach zwei IIer-Verbindungen (Formalkontakte), nämlich zu dem von ELZE, alias E. Böhm, geführten Leiter des Archivs, Hans Schuhmann (SCHÜNZEL), und zu Ulrich Frodien (FINGER).

Immanuel Birnbaum hat jedoch selbst in nachrichtendienstlichen Umbruchzeiten – 1968 beim Wechsel von Gehlen auf Wessel –, anders als andere *SZ*-Redakteure, keine Nachrichten und Informationen aus oder über den Bundesnachrichtendienst aufgriffen. Er widmete den Ereignissen in Prag nach dem Einmarsch der Sowjets zwar Artikel und Kommentare, im Gegensatz zur Berichterstattung in anderen Zeitungen findet sich bei ihm jedoch keine Diskussion oder auch nur Erwähnung von geheimdienstlichen Aspekten[23].

Was den BND veranlaßt haben könnte, Hans Heigert sowie die mittlerweile verstorbenen Redakteure Hermann Proebst und Imanuel Birnbaum im März 1970 als enge Sonderverbindungen einzustufen, ist nicht ersichtlich. Entweder war diese für das Kanzleramt dokumentierte Präsenz in der Redaktion an der Sendlinger Straße Wunschdenken der BND-Dienststelle 903, oder das sozialdemokratisch geführte Kanzleramt sollte mit der Aufnahme von liberalen Journalisten in die BND-Liste vom März 1970 verunsichert werden.

Ersichtlich wird die BND-Verbindung nur beim früheren *SZ*-Journalisten Armin Halle, der 1970 bereits ziviler Sprecher des Verteidigungsministeriums war. Halle wurde unter dem Decknamen HERFORD als wichtiger BND-Kontakt in die *SZ* vom BND-Dienststellenleiter ELZE selbst geführt. Der Redakteur der *Süddeutschen Zeitung* schrieb nach der sowjetischen Invasion in der ČSSR nicht nur militärfachkundige Beiträge über die Streitkräfte des Warschauer Vertrags in Mittelosteuropa[24], sondern wartete im Januar 1968 auch mit einem Artikel über die Gehlen-Nachfolge in Pullach durch »seinen Freund« Gerhard Wessel auf[25]. Neben seiner Tätigkeit als ziviler Sprecher der Hardthöhe arbeitete der BND-Konfident als mit monatlich DM 500,– bezahlter Berater der militärpolitisch ausgerichteten

Mönch-Verlagsgruppe, die vom Verteidigungsministerium subventioniert wurde[26].

Bei den meisten Medien läßt sich eine Generallinie ausmachen, wenn es um die Berichterstattung über den Bundesnachrichtendienst geht sei es im *Münchner Merkur* eine durchgängige Hofberichterstattung, sei es im *SPIEGEL* eine überwiegend kritische Haltung gegenüber Pullach. Nicht jedoch in der *Süddeutschen Zeitung*. Viele der bekannten Redakteure griffen und greifen gelegentlich zur Feder, um über die Behörde im Isartal zu schreiben, und jeder mit seiner eigenen Note und Grundposition. Ein Blick in die Namensartikel der sechziger und frühen siebziger Jahre zeigt ein breites Spektrum von kritischem und investigativem Journalismus bis hin zu PR-Artikeln, die den Pullacher Vorgaben vorbehaltlos folgen.

Nachdem 17 südkoreanische Studenten 1967 von Agenten ihres Heimatlandes aus der Bundesrepublik entführt worden waren, protestierte das offizielle Bonn und forderte die Rückkehr der augenscheinlich Gekidnappten nach Deutschland. Der *SZ*-Korrespondent Thilo Bode brachte – wie kein anderer – mit seinem Artikel vom 22. Dezember 1967 Licht in die undurchsichtige Sache. Seine Recherchen bei koreanischen Geheimdienstlern und ihren westlichen Partnerdiensten in Seoul förderten die vorzügliche Kooperation des BND mit dem südkoreanischen Militärgeheimdienst zutage. Bode prüfte überdies die Stichhaltigkeit der koreanischen Drohungen, bei weiteren Angriffen aus der Bundesrepublik könne es offene Worte über die deutsche Mithilfe bei dem Menschenraub geben, und breitete Belege für das diesbezügliche »Schweigeabkommen« beider Geheimdienste aus[27].

Im August 1968 setzte sich Rudolf Dreher außerordentlich kritisch mit den Folgen der Notstandsgesetze für die Abhöraktionen der Geheimdienste auseinander: »In der Praxis arbeiten auch jetzt die Westdeutschen mit den Alliierten so eng zusammen, daß eine saubere Trennung wohl in den meisten Fällen nicht möglich ist. Nicht zuletzt die Affäre um den Angestellten des Bundesamtes für Verfassungsschutz

Paetsch, der ausplauderte, was er wußte, hat gezeigt, daß nicht immer die Deutschen die Erfüllungsgehilfen der Alliierten waren, sondern auch umgekehrt[28].« Genauso skeptisch gegenüber den Neuerungen im Nachrichtenwesen in der Großen Koalition zeigte sich Dreher im November 1968, als er die Frage aufwarf: »Spionageausschuß – ein nützlicher Club?« In dem frisch eingesetzten Untersuchungsausschuß des Bundestages zur Situation der Nachrichtendienste konnte er keinen Gewinn für die politische Kontrolle der Dienste sehen. »Die Geheimdienstleute werden mutmaßlich mit einem Instrumentarium, das von der Aussageverweigerung bis zur Forderung nach geschlossener Sitzung reicht, den Fragestellern das Leben schwermachen[29].«

Im Kontrast dazu steht ein Artikel vom 25. Oktober 1974 von Gernot Sittner. Der BND habe konsequent erfolgreich – so der *SZ*-Redakteur – den Mauerbau 1961, den sowjetischen Einmarsch in die ČSSR 1968, den ungestörten Ablauf der Wahl zum Bundespräsidenten 1969 in West-Berlin sowie das frühe Ende des arabischen Ölembargos nach dem Ausbruch des Yom-Kippur-Krieges 1973 vorhergesagt: »Typische oder untypische Beispiele für BND-Arbeit? Die Gesetze der Aufklärung bedingen es, daß ein Nachrichtendienst keine Erfolgsbilanzen vorweisen darf. Während es so im dunkeln bleibt, wie erfolgreich der BND arbeitet, haben die Pullacher vor kurzem ein anderes Geheimnis verraten: daß es für den Dienst gegenwärtig wieder schwieriger wird, Erfolge zu erzielen[30].« »Geschenke für den Gegner« überschrieb Sittner diesen Artikel und machte für den sinkenden Ertrag die von Horst Ehmke und BND-Präsident Gerhard Wessel eingeleitete Öffnung des Dienstes verantwortlich. Die neuerliche Gefährdung des Erfolgskurses führe man, so Sittner, »in der BND-Spitze darauf zurück, daß man die ›Käseglocke der Geheimhaltung‹ dort wegnahm, wo sie nicht mehr notwendig war, und daß man ›für jeden Journalisten zu einem Gespräch bereit ist, wenn er zu uns kommen will‹«.

Die von der BND-Pressestelle kontrollierten Termine offiziell anfragender Journalisten zur Ursache für Schwierigkeiten bei der Nachrichtenbeschaffung zu erklären, mußte den nicht ausgesprochen fachkundigen Leser befremden. Dahinter steckte jedoch der von Teilen der in Pullach entmachteten CSU-Seilschaft vorgebrachte Vorwurf, Ehmkes Instrumentalisierung der linken Presse für die Aufräumarbeiten im Dienst gefährde die Effizienz des Geheimdienstes; die klandestine Pressearbeit des Kanzleramtsministers zerstöre Vertrauen bei den Partnerdiensten und in der Öffentlichkeit und behindere so bewährte Arbeit und die Werbung qualifizierten Nachwuchses. Doch dieser Vorwurf verkehrte die Tatsachen. Die rechtskonservativen Zirkel im BND, die bis in die neunziger Jahre hinein aber vor allem als Variante außerparlamentarischer Opposition zu Zeiten sozialliberaler Bundesregierungen – Dienstgeheimnisse in das Medienlager der Unionsparteien schleusten, hatten gerade in den siebziger Jahren keine Hemmungen, dem Ansehen des BND zu schaden und Skandale hochzukochen, wenn dadurch auch nur ein Schatten auf die Verantwortlichen im SPD-geführten Kanzleramt fiel.

Peter Pragal, der zu den handverlesenen Journalisten beim ersten echten Pressegespräch in der Pullacher Zentrale Anfang Mai 1970 zählte[31], befaßte sich einige Wochen später auf der prominenten Seite 3 ausführlich mit dem Bundesnachrichtendienst. Zunächst greift er mit der gerade in die Schlagzeilen geratenen Rekrutierung von BND-Nachwuchs unter Studenten ein aktuelles Thema auf, um die Proteste betroffener Professoren dann als Mißverständnisse abzutun. Der »energischen« Gegenwehr des BND gibt er anschließend breiten Raum. Schließlich brauche der Dienst »Spezialisten aller Wissenschaftszweige«, die mit einer »strengen Prüfung ihrer fachlichen, aber auch charakterlichen Eignung rechnen müssen. ›Nicht James Bond ist der Typ des Nachrichtenmannes‹, heißt es in Pullach, ›sondern der hochgebildete, wissenschaftlich geschulte, nüchtern wägende und bewertende Beamte, Angestellte oder Soldat‹[32].«

Zwei Jahre nach Gehlens Eintritt in den Ruhestand unternimmt es Pragal, den Gründungsvater des Bundesnachrichtendienstes zu würdigen. Dessen Wehrmachtsabteilung Fremde Heere Ost (FHO) charakterisiert er dabei als einen »weitgehend selbständig arbeitenden Nachrichtendienst, der die militärischen Planungen der Roten Armee und die Eroberungsstrategie der Sowjetunion beobachtete«. Nun war die FHO allerdings weder autonom – vielmehr an die Weisungen des Oberkommandos des Heeres gebunden –, noch ging es von 1942 bis 1945 um strategische Fragen. Gehlen war Frontaufklärer, der seine Informationen aus Lagemeldungen der Truppe und den Befragungen von Kriegsgefangenen und Überläufern gewann. Für die strategische Auslandsaufklärung war allein das Amt Ausland/Abwehr von Admiral Canaris zuständig.

»Kenner der Materie haben dem BND bescheinigt, im Hinblick auf die effektive Koordination aller Fachbereiche in der westlichen Welt ohne Beispiel dazustehen. Zahlreiche Erfolge haben die Richtigkeit der Konzeption des BND bestätigt«, resümiert Pragal. Der SZ-Redakteur suggeriert eine Erfolgskontinuität von 1942 bis 1970, als ob es beispielsweise den niederschmetternden Merckerbericht – das Resultat einer politischen Betriebsprüfung durch Ex-Staatssekretär Reinhold Mercker und zwei weitere Gutachter – nicht gegeben hätte, der im Juli 1969 gravierende Mängel im BND festgestellt hatte.

Nach dem Ende der Blockkonfrontation bietet die BND-Berichterstattung der *Süddeutschen Zeitung* ein ähnlich wechselvolles Bild wie in den vorangegangenen Jahrzehnten. Der außenpolitische Redakteur der SZ, Josef Joffe, hatte zuvor in der vom Kanzleramt finanzierten Stiftung Wissenschaft und Politik in Ebenhausen gearbeitet. Die Stiftung gilt als BND-nahestehend, ihr Gründungsdirektor war Prof. Dr. Klaus Ritter, der auf einen langen Werdegang als Geheimdienstler zurückschauen konnte und bis 1962 Auswertechef des BND (Deckname DR. RÖHL) war[33]. Joffe wird in Ebenhausen mit dem einen oder anderen Auslandsnachrichtendienstler persönliche Bekanntschaft geschlossen haben; diese profitierten vielfach bei der Medienarbeit ihrerseits von solchen »Kennverhältnissen«, wie der Fachausdruck lautet. Als der BND im Sommer 1993 durch das Buch »Schnüffler ohne Nase« massiv in die öffentliche Kritik geriet, erwies Joffe dem BND einen Liebesdienst durch ein Interview mit dem BND-Präsidenten Konrad

Porzner, das eindeutig auf das am 1. Juli 1993 im *stern* erschienene Interview »Das ist eine gefährliche Behörde« mit dem Verfasser dieses Buchs gemünzt war und in dem Porzner auf Joffes Stichwort »Also ist der BND ungefährlich« antworten konnte: »Der Vorwurf, der BND sei gefährlich, ist absurd[34].«

Auf der anderen Seite hatte gerade Joffe dem BND unter Konrad Porzner im Dezember 1991 gehörig den Kopf gewaschen, die Hauptschuld an den Unzulänglichkeiten des Dienstes allerdings dem Bonner Kanzleramt zugewiesen: »Wer seinen Zuarbeitern keinen Respekt zeigt, darf sich nicht wundern, wenn die in einen müden Trott verfallen oder eigene Süppchen kochen. Und wenn einer mit dem ›falschen‹ Parteibuch an die Spitze gehievt wird (wie derzeit Konrad Porzner), dann ist das zwar ein gewiefter taktischer Zug (weil so die SPD ›eingebunden‹ wird), aber kein Mittel, um uralte strukturelle Gebrechen zu kurieren[35].«

Immer wieder einmal ist es dem BND gelungen, der *Süddeutschen Zeitung* Desinformationen zu verkaufen. Das dokumentiert zum Beispiel der im August 1989 in einer *SZ*-Regionalausgabe erschienene Beitrag von Alfons Kraus über die neuen Hausherren in der ehemaligen BGS-Kaserne in Vaterstetten. Nachdem die Gerüchte in dem Vorort Münchens sich lange um einen Einzug des Bundesnachrichtendienstes in die mit zehn Millionen DM sanierte Liegenschaft des Grenzschutzes gerankt hatten, beruhigt der Journalist seine Leserinnen und Leser: »Weder Mitarbeiter des BND noch Asylanten beziehen die neuen alten Räumlichkeiten an der B 304, sondern Bedienstete des Amts für wehrkundliche Statistik und Dokumentation der Bundeswehr, der Fachschule des Bundes für öffentliche Verwaltung und der Außenstelle Süd der Bundesbesoldungsstelle[36].« Kraus sichtet hinter den Mauern der Anlage »ein wissenschaftliches Institut, das sich mit der Auswertung von Forschungsaufträgen der Bundeswehr beschäftigt«, und eine Schule für angehende Beamte des gehobenen Dienstes, die dort EDV, Verwaltung und Recht lernen sowie Unterricht im bürgernahen

Verhalten und Menschenführung erhalten. Der BND-Beamte, der diese Legende für das Objekt Weberei des Bundesnachrichtendienstes ersann, um die zentrale Besoldungsstelle für alle Mitarbeiterinnen und Mitarbeiter des Dienstes und eine BND-Fachschule abzudecken, muß bei der Lektüre des *SZ*-Artikels triumphiert haben. Sein ganzes Lügengebäude hatte *SZ*-Journalist Alfons Kraus Punkt für Punkt nachgebaut. Vertrauensseliger konnte er eine nachrichtendienstliche Legende kaum nacherzählen.

Es ist oft schwierig, den Erfolg nachrichtendienstlicher Einflußpolitik im Einzelfall zu messen. Der US-Geheimdienst hat in einem Fall, als es um die Akzeptanz eines umstrittenen amerikanischen Rüstungsprojekts in der Bundesrepublik ging, versucht, die Presse für dieses Projekt zu gewinnen. »Ende 1977 war die Neutronenbombe öffentlich in Mißkredit geraten, so daß die Carter-Administration mit einer geheimen Kampagne der Stimmung entgegensteuern mußte«, berichtete der CIA-Dissident Philip Agee 1987. Die Harvard-Universität veröffentlichte 1984 ihre Studie »Die Presse und die Neutronenbombe«, in welcher der Erfolg dieser CIA-Bemühungen, die mit anderen Nuklearwaffen nicht vergleichbare Neutronenbombe mit der sowjetischen Atomrakete SS-20 auf eine Stufe zu stellen, untersucht worden war. Die Inhaltsanalyse deutscher Zeitungen ergab, daß die lancierten Argumente in der *Rheinischen Post,* im Bonner *Generalanzeiger,* in der *Welt* und erstaunlicherweise bei der *Süddeutschen Zeitung* auf fruchtbaren Boden gefallen waren[37].

Auf der anderen Seite erscheinen in der *Süddeutschen Zeitung* auch immer wieder eindeutig BND-kritische Artikel. Heribert Prantl beispielsweise wandte sich in der Debatte um das 1994 verabschiedete Verbrechensbekämpfungsgesetz mehrfach entschieden gegen die Verwischung des Trennungsgebots zwischen Polizei und Nachrichtendiensten[38] oder stellte im Mai 1997 in einem Interview mit BND-Präsident Hansjörg Geiger bohrende Fragen und ließ seinem Gegenüber ausweichende Antworten nicht durchgehen[39].

Die örtliche Nähe Pullachs zur bayerischen Landeshauptstadt bringt es mit sich, daß sich auch persönliche Kontakte zwischen Münchener Journalisten und Angehörigen des BND entwickeln. Der leitende *SZ*-Redakteur Herbert Riehl-Heyse war beispielsweise über Jahre mit Klaus-Jürgen von Bentivegni (JÜRGENS) persönlich befreundet, der als sogenannter »Leitungszögling« auf eine wechselvolle Laufbahn im Bundesnachrichtendienst[40] zurückschauen kann. Er vermittelte dem BND-Mann etwa Einschätzungen des SZ-Korrespondenten in Paris zum Ausgang von Wahlen in Frankreich, blieb aber stets unabhängig gegenüber der von ihm lange nicht besonders geschätzten Behörde im Isartal.

Mit dem neuen Präsidenten Hansjörg Geiger, »ein Glücksfall für den BND«, hat sich Riehl-Heyse wohl anfreunden können. Seine Reportage vom 26. Juni 1997 über eine zehnstündige Exkursion ins Camp Nikolaus aber bleibt differenziert, zeigt Licht – »Stars gibt es auch beim BND« – und Schatten – wie den »Frust«, der aus »bürokratischen Abläufen und Leerläufen«[41] entsteht.

»Völlig unmöglich und nicht akzeptabel sei es, wenn Journalisten mit Regierungsstellen wie dem Bundesnachrichtendienst zusammenarbeiten. Dies widerspreche gänzlich dem journalistischen Ethos«, zitierte *Der Tagesspiegel* am 6. Februar 1988 Herbert Riehl-Heyse, der sich anläßlich einer Diskussion in der Freien Universität Berlin zum Thema Journalismus und Korruption äußerte. Obwohl er persönliche Beziehungen nach Pullach durchaus hätte nutzen können, hat Riehl-Heyse ausweislich seiner Artikel dieser Versuchung widerstanden und ist seinem so eindeutig formulierten Credo treu geblieben.

3

Springer auf die Sprünge helfen

Wollte der Bundesnachrichtendienst in der Kanzlerdemokratie eines Konrad Adenauer und seines Nachfolgers Ludwig Erhard die Meinungsführerschaft erobern, dann kam er an einer Infiltration der Massenblätter des Springer-Imperiums nicht vorbei.

Der deutsche Großverleger Axel Cäsar Springer selbst war dem amerikanischen Auslandsnachrichtendienst verbunden[1] und soll schon in den fünfziger Jahren von der CIA sieben Millionen US-Dollar zur Aufforstung seines Blätterwalds erhalten haben. Die ehemaligen CIA-Mitarbeiter, die dies 1982 in der Zeitschrift *The Nation* preisgaben, behaupteten überdies, die Beziehungen hätten während ihrer aktiven Dienstzeit bis in die siebziger Jahre fortbestanden und seien vermutlich auch später nicht abgebrochen worden[2]. Der DDR-Geheimdienst interessierte sich – ausweislich einer Aktennotiz der Abteilung Agitation des MfS vom August 1968 – für die Rolle, die dabei Kraemer spielte, »früher politischer Funktionär der Ami-Besatzungsmacht, Mitglied des CIA, dann Mitglied des Springerdirektoriums«[3].

Von den Gesinnungsgenossen Reinhard Gehlen und Hans Zehrer, als Herausgeber der konservativen Monatsschrift *Die Tat* einer der journalistischen Totengräber der Weimarer Republik, seien die exzellenten Kontakte Springers zum Bundesnachrichtendienst geschmiedet und unter dessen Freund Franz Josef Strauß, der in all seinen Ämtern großen Einfluß in Pullach besaß, massiv ausgenutzt worden, weiß der Biograph des Pressezaren, Michael Jürgs, zu berichten. Springers rechte Hand, Claus-Dieter Nagel, gestand Jürgs, daß es einen direkten Draht zum BND gegeben habe[4]. Doch dieser direkte Draht war nur ein Faden in einem dicht gesponnenen Netz. Für Rudolf Augstein mag Springer mit Blick auf die eigentliche Funktion unabhängiger Presse ein »unnützlicher Idiot« gewesen sein, für die Nachrichtendienste und die Durchsetzung ihrer Interessen hingegen war der Pressezar nachweislich von Nutzen.

In den Chefetagen des Verlagsimperiums betreute der BND eine ganze Reihe einflußreicher Medienmanager. An vorderster Stelle der BND-Sonderverbindungen stand Dr. Gerhard Starke (Deckname DR. STOLZE), der die Vertretung des Springer-Konzerns in der Bundeshauptstadt Bonn wahrnahm. Mit Starke, Jahrgang 1916, führte der BND-Beamte ELZE einen einflußreichen Medienmann als erstrangigen Kontakt, der nach seiner Promotion in Leipzig 1939 während der gesamten Kriegszeit in der Redaktion der *Deutschen Allgemeinen Zeitung* in Berlin gearbeitet hatte. Im Nachkriegsdeutschland machte Starke beim Rundfunk Karriere, war von 1949 bis 1961 zunächst Leiter der politischen Abteilung des *NWDR,* dann der Hauptabteilung Politik im Hamburger *NDR.* Von 1961 bis 1966 war der Rotarier Intendant des *Deutschlandfunks* Köln und anschließend für zwei Jahre Chefredakteur bei der *Welt.*

BND-Verbindungsführer BOGENER setzte auf seine voll tragfähigen Kontakte zu Dr. Horst Mahnke (KLOSTERMANN). Ausgewiesen war der Hamburger vom BND als Hauptgeschäftsführer des Verbands Deutscher Zeitschriftenverleger, Insidern jedoch auch als Intimus von Axel Cäsar Springer bekannt. Mahnke war von 1939 bis 1945 Adjudant des SS-Standartenführers Professor Franz Alfred Six und als SS-Hauptsturmführer Leiter der Unterabteilung VII B3 Marxismus im RSHA (Reichssicherheitshauptamt) gewesen[5]. Während Six nach seiner frühzeitigen Entlassung als verurteilter Kriegsverbrecher 1952 wieder – getarnt als Werbeberater der Porsche-Diesel GmbH – nachrichtendienstlich für die Organisation Gehlen und später für den BND tätig wurde, wechselte Mahnke ins Mediengeschäft.

Im Nachkriegsdeutschland war der SD-Mann zunächst Ressortleiter beim *SPIEGEL* für Internationales[6], dann ab 1960 Chefredakteur von *Kristall,* einer 1967 eingestellten Springer-Illustrierten, die 1946 zwar von dem antifaschistischen Publizisten Axel Eggebrecht gegründet worden war, aber nach dem Auszug von vier weiteren Mitarbeitern 1959 endgültig fest im rechten Lager stand. Dort förderte Mahnke insbesondere rechtskonservative Freunde aus dem »Tausendjährigen Reich« wie von Studnitz oder seinen SS-Kameraden Paul Schmidt alias Carell. 1965 stieg er als Chef des Politischen Büros in Bonn zu einer Art »Überchefredakteur« des Springer-Konzerns auf und führte dort den Redaktionellen Beirat Springers, die wöchentliche Konferenz seiner wichtigsten Chefredakteure und Berater.

Dr. Paul Karl Schmidt (Deckname SCHAPER), auf der BND-Liste von 1970 ausgewiesen als Publizist aus Scheeßel bei Hamburg, wurde von KLAIS als Bedarfs- oder Formalkontakt geführt. Dem breiten Publikum war Schmidt weit besser als Paul Carell bekannt. Unter diesem Pseudonym verbreitete er Bücher und Artikel über die Heldentaten der Wehrmacht, Legenden vom sauberen Krieg der Streitkräfte Hitlers, der siegreich gewesen wäre, hätte der österreichische Gefreite nicht seinen Generalen ins Handwerk gepfuscht. Unter Chefredakteur Mahnke schrieb er in *Kristall* eine Serie über den »Marsch nach Rußland«. In Buchform, als »Unternehmen Barbarossa« und »Verbrannte Erde«, fand sie millionenfache Verbreitung und viel Beifall in der Kriegsgeneration. Carell prägte über Jahrzehnte das Geschichtsbild der Nachgeborenen. In der *Welt am Sonntag* publizierte er nach dem Ende von *Kristall* gemeinsam mit Mahnkes Adjudanten, Günter Böddeker, eine Serie über »Leben und Überleben deutscher Soldaten hinter Stacheldraht«, das in dem 1980 bei Ullstein erschienenen Buch »Die Gefangenen« mündete, eine düstere Rechtfertigung von Fememorden an »Kameraden«, die in Kriegsgefangenenlagern mit den Alliierten zusammengearbeitet hatten.

Selbst hatte Carell/Schmidt nie an der Front gestanden, allenfalls an der Propagandafront, wo er im April 1940 beispielsweise den Überfall auf Norwegen gemeinsam mit Reichsaußenminister Joachim von Ribbentrop »im Geiste der seit jeher bestehenden guten deutsch-norwegischen Beziehung« guthieß. Schmidt, Jahrgang 1911, war im Januar 1931 in die NSDAP eingetreten und stieg im »Orden unter dem Totenkopf« (Heinz Höhne) schnell zum SS-Obersturmbannführer auf. Im Januar 1937 gelangte er in die Dienststelle von Joachim von Ribbentrop, der ihn 1938 beauftragte, einen Nachrichtenbeschaffungsapparat aufzubauen. Zwei Jahre später war Schmidt als Gesandter I. Klasse Chef der Nachrichten- und Presseabteilung im Auswärtigen Amt. Der »intellektuelle Eichmann-Gehilfe« (Otto Köhler) und Vordenker Ribbentrops galt als scharfer Antisemit. Unterstrichen wird dieses Urteil durch sein Arbeitspapier von Anfang Oktober 1941 »Allgemeine Thesen für unsere Auslandspropaganda« mit den drei Zielsetzungen: »1. Beseitigung des Bolschewismus; 2. Beseitigung des Judentums (geborene Anarchisten); 3. Ausschaltung Englands und Roosevelts, der Zuhälter des Bolschewismus«[7].

Der einstige SS-Obersturmbannführer mit Presse- und Geheimdienstaufgaben wußte diese Doppelrolle auch im Springer-Imperium zu spielen. Ende der sechziger Jahre wird Carell zum obersten Sicherheitsberater des Konzernchefs Axel Springer. Die BND-Pressesonderverbindung mit der V-Nr. 56227 plant Fluchtrouten und organisiert Fluchtburgen für seinen Dienstherrn für den Fall eines sowjetischen Überfalls, läßt selbst ein Ruderboot am Nord-Ostsee-Kanal verstecken und mietet konspirative Wohnungen mit Geldverstecken an[8]. Bis in die letzten Jahre des im September 1985 gestorbenen Medienmoguls organisiert »PC« – wie Springer seinen Schutzmann verlagsintern abkürzt – den Personenschutz für Springer, der auf der Todesliste der RAF unter den ersten zehn stand, und das obere Management des Verlags. Er schult Springer nicht nur in Überlebensregeln, sondern muß im Januar 1980, als dessen ältester Sohn, der unter dem Namen Sven Simon ein angesehener Fotograf geworden war, seinem Leben selbst ein Ende gesetzt hatte, den Leichnam im Gerichtsmedizinischen Institut Hamburgs identifizieren[9].

Der bekennende Antisemit Carell residierte nicht nur in der Nordheide, sondern nannte auch ein Haus am Tegernsee in unmittelbarer

Nachbarschaft von Springer-Freund Franz Josef Strauß sein eigen. Von seinem süddeutschen Wohnsitz aus pflegte er die Kontakte zur Deutschland-Stiftung am Chiemsee. Über die CSU-Connection kam er Ende der siebziger Jahre auch mit dem pensionierten Fregattenkapitän und aktiven BND-Agenten Wilhelm Reichenburg (MICHAEL) in München in Verbindung, mit dem er – allerdings erfolglos – über einen Job im Sicherheitsdienst des Pressezaren verhandelte[10].

Von der *WamS* sei der ehemalige Marineoffizier dann als Rechercheur in Wien eingesetzt worden, um zu prüfen, ob eine Verlagsmitarbeiterin zu Recht als MfS-Agentin denunziert worden war, ließ der Springer-Journalist Ernst Martin die Kollegen vom *SPIEGEL* im August 1984 wissen. Doch die Vorwürfe hätten sich als haltlos entpuppt, und außer einer saftigen Rechnung habe Reichenburg nichts mitgebracht[11].

Den wahren Hintergrund des Einsatzes in der österreichischen Hauptstadt wollte Martin mit seiner scheinbaren Offenheit gegenüber dem Hamburger Nachrichtenmagazin vertuschen. Reichenburg sollte nämlich – im Auftrag des *Welt*-Redakteurs Heinz Vielain – eine Studentin namens Susi Riegler aufspüren, die in Wien in der Firma beschäftigt war, über die der grüne Bundestagsabgeordnete Alfred Mechtersheimer – nach Erkenntnissen der *WamS* – Gelder vom libyschen Staatschef Gaddafi erhielt.

Ein Freund der österreichischen Studentin war in der Justizvollzugsanstalt in Straubing inhaftiert. Reichenburg bat deshalb seine alten Bekannten im Landesamt für Verfassungsschutz in München, doch bei dem Gefangenen Informationen einzuholen. Tatsächlich besuchte ein bayerischer Spionageabwehrmann ihn in der Haftanstalt. Gegen das Versprechen des Verfassungsschützers, zwei Wochen eher nach Österreich entlassen zu werden, lieferte der junge Mann Informationen und Adressen für die weiteren Nachforschungen.

Im Freistaat fiel dem Fregattenkapitän a.D. die Recherche leicht. Wo bayerische Nachrichtendienstler auf die Justiz einwirken können, um dem Hause Springer Informationen aus Haftanstalten zu besorgen, kam er »unbürokratisch« ans Ziel. In Wien jedoch jagte er zwei Tage und zwei Nächte mit dem Taxi durch die Stadt, um Susi Riegler zu finden. Doch die Spurensuche war nicht von Erfolg gekrönt, und so erhielt Wilhelm Reichenburg bei seiner Rückkehr nach München einen Rüffel wegen der zu hohen Spesen von 2000 DM.

Welches Interesse sollte der BND an der Pressesonderverbindung Carell gehabt haben? Darf man annehmen, daß der Nachrichtendienst, der 1950 die Hälfte der Autoren stellte, die die als Geburtsurkunde der Wiederbewaffnung geltende Himmeroder Denkschrift verfaßt hatten, ein besonderes Interesse daran hatte, die Wehrmacht von Kriegsverbrechen freizusprechen? Zwei Leserbriefe an die *Süddeutsche Zeitung* vom 27. Februar 1997 legen dies nahe. Dort nämlich bezogen mit dem ehemaligen BND-Präsidenten Gerhard Wessel und dem BND-General a. D. Joachim Tzschaschel zwei schon 1950 aktive Nachrichtendienstler scharf Position gegen die von Jan Phillip Reemtsma inspirierte Wanderausstellung »Verbrechen der Wehrmacht«, die zu der Zeit im Münchner Rathaus gezeigt wurde. Während der einstige Oberstleutnant der Generalstabsabteilung FHO (Fremde Heere Ost) Wessel die Lektüre der Streitschrift von Rüdiger Proske »Wider den Mißbrauch der Geschichte deutscher Soldaten zu politischen Zwecken« empfiehlt, beteuert Ex-Wehrmachtsmajor Tzschaschel: »Die Millionen an der Front kämpfenden Soldaten waren ihrerseits nicht unsauber oder unanständig.«

Daß der BND-General a. D. Udo Ritgen im Juni 1995, die Rede zur Sonnwendfeier anläßlich der Übernahme der Reichsarbeitsdienst-Gemeinschaft Ostpreußen in die Ost- und Westpreußenstiftung in Bayern hielt, die in Oberschleißheim eine Kultstätte für die Hitler-Wehrmacht betreibt[12], wirft ein weiteres Schlaglicht auf die Vorstellungswelt der altgedienten Offiziere im Bundesnachrichtendienst.

Im Management des Verlagsimperiums von Springer war Pullach 1970 also stark vertreten; die Verbindungen blieben anscheinend auch danach intakt. BND-Abteilungsleiter Kurt Weiß selbst hat 1970 beispielsweise Horst Fuhst (Deckname FOLLMANN), vormals Chefredakteur der *BILD*-Zeitung, beim Springer-Konzern in Hamburg als losen Kontakt betreut. Fünf Jahre später war Fuhst Leiter des Spürtrupps, den der Springer-Verlag auf Günter Wallraff angesetzt hatte[13], nachdem der Kölner Schriftsteller in seinem Buch »Der Aufmacher. Der Mann, der bei *BILD* Horst Esser war« die durchgängige Manipulation von Informationen im auflagenstärksten Springer-Organ dargestellt hatte.

Der Bundesnachrichtendienst selbst hatte mit einem gefälschten Fernschreiben vom 21. Mai 1975 an den Kölner Polizeipräsidenten – Betreff »anarchistische gewalttaeter« – den Vorwand zu einer polizeilichen Überwachung Wallraffs geliefert: »einer unbestaetigten information vom jahre 1969 zufolge soll w. verbindungen zu spanischen terroristen, die anarchistischen und trotzkistischen gruppen angehören, haben. angeblich versorgt er diese gruppe mit waffen und sprengstoff.« Die Staatsanwaltschaft Köln machte daraus BND-Erkenntnisse und veranlaßte eine Telefonüberwachung des Publizisten[14], im November 1976 wurden aufgrund dieser Falschmeldung aus Pullach sogar 16 portugiesische Sicherheitsbeamten aufgeboten, um Günter Wallraff während einer Pressekonferenz in Lissabon zu verhaften[15]. Der frühere *BILD*-Reporter Heinz Willmann, der sich dem Schriftsteller als Kronzeuge für die Verbindung zwischen der *BILD*-Redaktion und dem BND zur Verfügung gestellt hatte, konnte an einer gerichtlichen Aufklärung der illegalen Zusammenarbeit zwischen dem BND und der Springer-Crew nicht mehr mitwirken, weil er am 18. März 1980 tot in seiner Wohnung aufgefunden wurde. Willmann hatte Wallraff offenbart, daß im November 1976 in der Kölner *BILD*-Redaktion für mindestens zwei Tage die Telefonate des Schriftstellers aufliefen. »Trotz mehrerer Hinweise, daß die BILD-Lauscher von zwei BND-Leuten bedient worden waren, kam mehr nicht heraus. BND-Präsident Klaus Kinkel aber hatte der Staatsanwaltschaft in Köln am 4. Juni 1980 mitgeteilt, ›daß hier keinerlei Anhaltspunkte dafür vorhanden sind, daß Mitarbeiter des Bundesnachrichtendienstes in dem angeblichen Abhörfall Wallraff tätig geworden sein könnten‹[16].«

Als 1995 Vorwürfe laut wurden, BND-Vizepräsident Paul Münstermann habe seinem pensionierten Spezi Kurt Weiß regelmäßig geheime Dokumente zur beliebigen Verwendung überlassen, hieß es auch, WINTERSTEIN, so Weiß' Deckname, habe sie unter anderem an die beiden Kronprinzen Springers weiterverkauft, die sich nach 1985 Diadochenkämpfe um Springers Erbe geliefert haben: Peter Tamm, der 23 Jahre in Führungsfunktionen des Hauses Springer gedient hatte, und Günter Prinz, der erst 1985 in den Vorstand aufgerückt war[17]. Tamm war überdies zu Beginn der siebziger Jahre von einem Verbindungsführer des BND aus dem Referat Nah-/Mittelost als Abschöpfkontakt genutzt worden[18].

In der Geschäftsführung, im Sicherheitsdienst und in der politischen Steuerung des Verlags die Finger zu haben, ist für die strategische Durchsetzung geheimdienstlicher Interessen von großer Bedeutung, um aber im journalistischen Alltagsgeschäft in das richtige Bild gerückt zu werden, mußte Pullach in die schreibende Zunft selbst einbrechen. So führte BND-Mann KLAIS als erstrangige Verbindung in der *BILD*-Zeitung Klaus Blume (Deckname BITTER), den Ressortleiter Politik in Hamburg. Peter Boenisch, Chefredakteur der *BILD*-Zeitung, erklärte im September 1998 an Eides Statt, er habe während seiner fast 50jährigen Tätigkeit als Journalist »gelegentlich journalistisch veranlaßte Kontakte zu dem jeweiligen BND-Chef. So habe ich beispielsweise während meiner 10jährigen Tätigkeit als *BILD*-Chefredakteur auch mit dem BND-Präsidenten Wessel in Pullach zu Mittag gegessen … Meine Kontakte beschränkten sich immer auf das in meiner jeweiligen Position gerade noch vertretbare Minimum.« Von einem Verbindungsführer ELZE habe er nie gehört und von seinem Decknamen BONGERT erstmals durch das Buch »UNDERCOVER« erfahren. Boenisch, Jahrgang 1927, war schon 1959 als erfolgreicher *Bravo*-Redakteur zu Springer gewechselt und wurde 1962 überraschend als Chefredakteur der *BILD*-Zeitung berufen, dann fungierte er als Redaktionsdirektor der *BILD*-Zeitung und von *Bild am Sonntag* und ab 1971 als Geschäftsführer der Axel Springer Gesellschaft für Publizistik KG. 1978 übernahm er den Vorsitz der Chefredaktion bei der *Welt,* machte sich aber bei dem Versuch, »die Schlagseite auszutrimmen, die das Flaggschiff nach rechts hatte«[19], unbeliebt. Bundeskanzler Helmut Kohl berief seinen langjährigen publizistischen Berater dann 1981 zum Regierungssprecher. Als der Staatssekretär dann im Juni 1985 für das Bundeskanzleramt wegen einer Steuerhinterziehung aus der Beratertätigkeit bei der Daimler-Benz AG, die ihm einen Strafbefehl über 1,08 Millionen DM einbrachte[20], nicht mehr tragbar war, wechselte er auf den Posten des Chefredakteurs bei der *Bunten Illustrierten.* Nach Konflikten mit Hubert Burda kehrte Boenisch bereits ein Jahr später ins Haus Springer zurück, um bis heute als Kolumnist für zahlreiche Springerblätter zu schreiben. Helmut Kohl aber blieb er als Wahlkampfberater treu[21].

In der Bonner Redaktion des Massenblatts führte Frau DR. REUTER mit F. L. Müller (MEINICKE) eine voll tragfähige Verbindung. Müller, Jahrgang 1927, war in den siebziger Jahren Public-Relations-Berater des FDP-Politikers Walter Scheel. Im Januar 1971 unterrichtete MEINICKE die BND-Dienststelle 923 über eine Redaktionskonferenz der *BILD*-Zeitung und warnte, daß sein Blatt den Fragenkomplex Polen erneut aufgreifen könnte. Als einzigen Vertrauensjournalisten hatte der BND-Mann KLEIN den politischen Redakteur der *Bild am Sonntag* Kurt Dittrich (DÖDERLEIN) als erstrangige Verbindung zu führen[22].

Zu Diethelm Schröder (SCHUBITZ) in der Bonner Redaktion der *BamS* bestand 1970 nur ein loser BND-Kontakt. Schon 1964 war er vom BfV verdächtigt worden war, unter dem Decknamen »Schrammel« für das Ministerium für Staatssicherheit zu arbeiten. Das Ermittlungsverfahren wurde jedoch eingestellt, weil die Verfassungsschützer, die 58 Agentenfunksprüche von Schröder entschlüsselt zu haben glaubten, sich scheuten, diese Beweismittel vorzulegen, um dem nachrichtendienstlichen Gegner keinen Hinweis auf ihre Abhörmöglichkeiten zu geben. Dennoch war er vom BND nicht für dienstliche Pressekontakte gesperrt worden. »Im Verfassungsschutz blieb das Mißtrauen, auf der Hardthöhe hingegen stieg das Vertrauen. Wörner machte ihn zu seinem Duzfreund«[23], beklagte Friedrich Wilhelm Schlomann 1993. Als langjähriger *SPIEGEL*-Redakteur hat Schröder dem Ost-Berliner Geheimdienst – nach Auffassung des Oberlandesgerichts Düsseldorf – bis 1986 überwiegend journalistische Lageeinschätzungen zu militärpolitischen Themen übermittelt, bis er 1987 wegen Inaktivität vom MfS abgeschaltet worden war. Im November 1990 erhielt er dafür eine Haftstrafe von 21 Monaten auf Bewährung[24]. Schröder hat bis zuletzt vehement jede Agententätigkeit für das MfS bestritten, das Gericht schenkte ihm jedoch keinen Glauben. »Die Vorstellung, die Stasi habe 30 Jahre lang einen nicht existierenden Spion in ihren Akten geführt, ist zu abenteuerlich«, wertete die *FAZ* den Fall im November 1992.

In dem auf größere Seriosität bedachten BILD-Pendant *Die Welt* und ihrer Schwesterzeitung *Welt am Sonntag* (*WamS*) gehörten Formulierungen wie »aus Nato-Geheimdienstkreisen verlautete« zu den stehenden Wendungen. Und oft genug artikulierte das Blatt die Interessen des BND, wurde Franz Josef Strauß beispielsweise Raum gegeben, um »eine BND-Breitseite« gegen den sozialdemokratischen Kanzleramtsminister Horst Ehmke abzufeuern[25]. Das mag auch damit zu tun haben, daß der BND 1970 gleich neun Verbindungen in die beiden Blätter auflisten konnte, darunter zwei erstrangige[26]. Bei diesen handelte es sich um die politischen *Welt*-Redakteure Wilfried Hertz-Eichenrode (HERMELIN), geführt von KLAIS, und Nils von der Heyde (HEINE), geführt von BOGENER Als »Soldschreiber des BND« war von der Heyde auch dem MfS bekannt. Dessen Gardepublizist, Julius Mader, outete ihn in den siebziger Jahren und führte als Beleg einen Artikel der *Welt am Sonntag* vom 28. März 1971 an, der den BND als unbestechlichen Braintrust feiert, dessen Prognosen sich eine Regierung zu eigen machen oder sie ignorieren kann[27].

Nils von der Heyde gab in der *WamS* zeitweilig »Tips vom Geheimdienst« von »allenfalls feuilletonistischem Wert« (Thomas Walde), in der Regel allerdings suchte er die sachliche Berichterstattung zu Geheimdienstthemen, durchweg positiv in der Grundlinie, im Detail jedoch manches Mal kritisch. »Die westlichen Geheimdienste sahen Moskau in die Karten«, ließ er seine Leser nach dem Überfall sowjetischer Truppen auf die ČSSR im August 1968 wissen, monierte aber, daß die Pullacher Prognosen in Bonn nicht ausreichend Gehör fanden. Für die mangelhaft funktionierende Frühwarnung macht er aber nicht den BND verantwortlich, sondern das Kommunikationsdefizit mit der Bundesregierung. So berichtet der Artikel über ein Gespräch Wessels im Kanzleramt über die Frühwarnzeiten, nachdem Bundeskanzler Kurt Georg Kiesinger erst von einem Nachtredakteur des Presse- und Informationsamtes, der eine *dpa*-Meldung auffing, vom sowjetischen Einmarsch erfahren hatte[28].

In Artikeln vom Februar und Mai 1970 setzte von der Heyde sich kritisch mit der Überalterung des personellen Mittelbaus des Bundesnachrichtendienstes auseinander, wo er auch den BND-Kalauer kolportiert: »Weshalb hat noch niemand die Geschichte des BND geschrieben? Weil der BND niemanden in Pension schickt[29].«

Sichtet man die in die Hunderte gehenden Artikel der BND-Vertrauensjournalisten zu Geheimdienstfragen, so fällt ins Auge, daß Pullachs PR-Agenten sich mit der ungeliebten Konkurrenzbehörde in Köln, dem Bundesamt für Verfassungsschutz, stets betont kritisch auseinandersetzen; die Pressesonderverbindung HEINE macht da keine Ausnahme. »Die Wacht am Rhein könnte besser sein«, titelt von der Heyde am 3. Juli 1968 in der *Welt* und zitiert den BfV-Präsidenten Günter Nollau mit den Worten: »Es ist nicht alles so, wie es sein sollte«. Im Dezember desselben Jahres läßt er dann Innenminister Benda zu Wort kommen, der im Interview das unzureichende Ausbildungsniveau des ihm unterstellten BfV thematisiert[30].

Auch als Horst Ehmke längst wußte, daß der Springerjournalist als HEINE zu den Vertrauensjournalisten des BND zählte, griff Nils von der Heyde gestützt auf Quellen im BND den Kanzleramtsminister und die sozialdemokratisch geführte Regierung ungeniert weiter an. Anfang März 1971 macht er sich zusammen mit Karl H. Schwarz in der *WamS* zum Sprachrohr von Franz Josef Strauß und transportiert dessen Vorwürfe, unter Ehmkes Führung seien die deutschen Geheimdienste nicht funktionsfähig[31]. Im gleichen Monat wirft er die rhetorische Frage auf, ob Hans-Jürgen Wischnewski Personalakten des BND erhalten habe[32].

Der *Welt*-Redakteur Gerd Scharnhorst (Deckname SCHAROUN) war – geführt von Paul Münstermann – der einzige Vertreter der Kategorie II. Er hat sich mit einem nachrichtendienstlichen Thema als Buchautor profiliert, nämlich mit dem 1965 publizierten Dokumentarbericht »Spione in der Bundeswehr«[33].

Die höchstrangige unter den sechs IIIer-Verbindungen war Chefredakteur Herbert Kremp (KONEN). Dr. Herbert Kremp, Jahrgang 1928, begann seine journalistische Laufbahn als promovierter Staatswissenschaftler 1956 bei der *Frankfurter Neuen Presse.* Über die *Rheinische Post* in Düsseldorf, die Berliner Zeitung *Der Tag* und die *Rheinpost* war Springers »Kampfschreiber vom Dienst« (Michael Jürgs) erst 1969 zum Chefredakteur der *Welt* aufgestiegen. Im Reich des Pressezaren machte der hochdekorierte Journalist[34] als Peking-Korrespondent des Blattes von 1977 bis 1981 und bis 1985 wiederum als Chefredakteur Karriere. Schließlich war er ab 1984 Mitherausgeber verschiedener Zeitungen der Springer-Gruppe sowie ab 1987 Chefkorrespondent in Brüssel.

Als »das ganze multimediale Linkskartell« von *SPIEGEL* über *stern* bis zur *Frankfurter Rundschau* 1971 über Gehlens erstes Buch »Der Dienst« herfiel, konnte der *Welt*-Kommentator im September 1971 seinem Ruf als Speerspitze der BND-Getreuen gerecht werden. »Wir werden den vollen Anprall der Halbbildung überstehen«, konterte Kremp. »Natürlich ist Reinhard Gehlen, der den Bundesnachrichtendienst über viele Jahre hinweg mit großem Erfolg leitete, für jeden tatsächlich informierten Beobachter kompetent.« Zugleich sah er die

Chance, auch in puncto Geheimdienst und Presse den Schwarzen Peter an die rote Konkurrenz zurückzuspielen: »Aber er ist für uns doch nicht das, was etwa die Bundesregierung bzw. ihre Meinungsvermittler für den ›Spiegel‹, möglicherweise auch für den ›Stern‹ sind: eine Autorität, mit der man sogar eine Serie wie die BND-Story ›Pullach intern‹ partiell bespricht ... Im Unterschied dazu hat sich die WELT im Sinne unbeeinflußter Publizistik vor dem Beginn des Gehlen-Abdrucks jeden Kontakts mit der Bundesregierung in Sachen Memoiren enthalten[35].« Wohlgesetzte Worte des Redakteurs mit der BND-V-Nr. 56 221, der Vorabsprachen mit dem pensionierten Präsidenten oder seinen im Dienst verbliebenen Getreuen nicht zum Kriterium »unbeeinflußter Publizistik« macht.

Daß mit dem besonders guten Zugang zum BND auch immer eine wahrheitsgemäße Berichterstattung in Geheimdienstfragen verbunden war, bestritt der ehemalige Präsident des Bundesamts für Verfassungsschutz, Günter Nollau, 1976 nachhaltig, als er einen Artikel in der *Welt* vom 21. Mai 1975 rüffelte. Dort war unter Bezug auf einen Bericht der Abteilung Spionageabwehr beim BfV behauptet worden, es habe von 1972 bis 1974 ein dramatisches Anwachsen von elf auf 46 Prozent der nachrichtendienstlichen Kontaktaufnahme bei westdeutschen DDR-Besuchern gegeben. Nollau hingegen erklärt, einen solchen Bericht habe es nie gegeben, und der Artikel habe nur dem Anheizen der Spionagehysterie gedient: »Wenn Axel Springer in seinem schon zitierten Artikel behauptet, ›hier in unseren vier Mauern werden Gruppen von Agentenspezialisten, die von drüben kommen, ausgebildet‹, so scheint der Presse-Cäsar einem Bären aufgesessen zu sein, den ihm einer seiner Mitarbeiter mit ›Geheimdienstbeziehungen‹ aufgebunden hat[36].«

Einen anderen Verfassungsschutzchef konnte der Springer-Verlag jedoch nach dessen aktiver Dienstzeit eng an sich binden. Als Hans Josef Horchem, Chef des Landesamts für Verfassungsschutz in Hamburg, im Oktober 1980 Peter Tamm von seinem bevorstehenden Ruhestand erzählte, da warb ihn der Manager »für eine journalistische Mitarbeit bei den Blättern des Springer-Verlages ... und zur Fertigung von Analysen über bestimmte politische Sachzusammenhänge«[37] ab dem Februar 1981 an.

Kremps Gegenstück als Chefredakteur in der blauen *WamS* war Warnfried Encke (ERICH), Jahrgang 1927, der 1954 von der *Welt* zur *Welt am Sonntag* wechselte und dort 1969 geschäftsführender Redakteur war. Der spätere Chefredakteur z.b.V. im Axel Springer Verlag, der 1979 ins Verlegerbüro von Axel Springer wechselte, hatte mit Dr. Paul Münstermann (HEIDEGGER) einen Verbindungsführer, der ebenfalls Karriere machte – bis zum Vizepräsidenten des BND.

Daß auch IIIer-Verbindungen an der journalistischen Front erfolgreich im Sinne des BND wirken konnten, zeigt ebenfalls das Beispiel von Klaus Jacobi (JACHENAU), der 1970 Chefredakteur der *Welt am Sonntag* war. Jacobi hatte in den sechziger Jahren eine, wie das *Deutschland-Magazin* lobte, »glanzvolle Würdigungsserie« über Gehlen verfaßt: »Viele Staatsbürger in Generalsuniform haben seit dem Weltkrieg II ihre Pflicht und mehr getan. Aber nur ein deutscher General hat Geschichte gemacht: Reinhard Gehlen[38].« Noch in Diensten des *SPIEGEL,* genoß Jacobi allerdings keinen guten Ruf bei Günther Heysing, der für Gehlen die Hamburger Presseszene observierte. Einen »schönen jungen Herren« nannte er ihn, aber der sei ein »wütender Hasser von Adenauer, Strauß und Schröder«[39]. Daß dies auf die Inhaftierung von Jacobi im Zuge der *SPIEGEL*-Affäre zurückzuführen sein könnte, kam ihm wohl nicht in den Sinn.

Obwohl nur IIIer-Verbindung, war für Dieter Cycon (COCHEM) 1970 mit dem BNDler DANKERS bereits ein Verbindungsführer vorgesehen. Cycon war bis 1969 verantwortlicher außenpolitischer Redakteur der *Stuttgarter Zeitung* und anschließend in gleicher Position für *Die Welt* in Hamburg tätig. Er profilierte sich als besonders vehementer Kritiker der sozialdemokratischen Ostpolitik, die er nicht nur mit seinen Artikeln nach Kräften bekämpfte, sondern auch als

Buchautor. In seiner »kritischen Wertung der Außenpolitik Willy Brandts« waren laut Verlagswerbung die »dezidiertesten Äußerungen … in der Auseinandersetzung um die ›neue Ostpolitik‹ zu hören«, etwa: »Diese Außenpolitik wird von einer Parteispitze und einer Parteibürokratie entwickelt, deren Denken noch in heute schon veralteten Traditionen der deutschen Arbeiterschaft verhaftet ist, die vornehmlich an innenpolitischen Fragen interessiert ist und deshalb ein unzureichendes, unentwickeltes, ungeschultes Wahrnehmungsvermögen für außenpolitische Vorgänge und die Folgen außenpolitischer Aktivitäten hat. Infolgedessen ist diese Parteispitze auch nicht in der Lage, die Bedrohung durch die östliche Gesellschaft richtig einzuschätzen. Das dumpf empfundene soziale Ressentiment der Intelligenz gegen die bestehenden Verhältnisse kam einer Wiederbelebungsspritze für alle außenpolitischen Instinkte der sozialdemokratischen Führung gleich[40].«

Die größte Karriere der IIer-Verbindungen in der *Welt* sollte Lothar Rühl machen, damals stellvertretender Chefredakteur. Rühl, Jahrgang 1927, hatte in Bonn und Paris Rechts- und Staatswissenschaften sowie Geschichte studiert. Mit einer Dissertation über »Französische Militärpolitik 1958–1968« promovierte er später an der Sorbonne. Seine Affinität zu Frankreich mag ihm den Decknamen RICHELIEU eingetragen haben. Ab 1949 arbeitete Rühl als Korrespondent der französischen Nachrichtenagentur *Agence France Presse* in Bonn. Gleichzeitig war er auch für den *SPIEGEL* tätig, als dessen Korrespondent er von 1954 bis 1959 aus Paris berichtete. Von 1960 bis 1969 war er Mitarbeiter der *Welt* in Paris und zugleich bis 1964 Korrespondent des *Hessischen Rundfunks.* 1969 ging Rühl als stellvertretender Chefredakteur der *Welt* nach Hamburg, ehe er 1973 die Feder mit der Kamera vertauschte und als Korrespondent und Studioleiter des *ZDF* nach Brüssel wechselte, wo er sich vorwiegend mit Sicherheitsfragen und weltpolitischen Problemen befaßte. Von Brüssel schrieb er auch von 1973 bis 1980 für die Wochenzeitung *Die Zeit* in Hamburg.

Nach den Bundestagswahlen 1980 nahm mit Kurt Becker als Chef des Bundespresse- und Informationsamtes und Rühl als stellvertretender Sprecher der Bundesregierung ein neues Gespann in Bonn die Arbeit auf. Dem von der FDP vorgeschlagenen Rühl wurde gelegentlich von SPD-Seite vorgeworfen, daß er mehr die Interessen des kleineren Koalitionspartners und vor allem des Vizekanzlers und Außenministers Hans-Dietrich Genscher als die der gesamten Bundesregierung vertrete. Bundeskanzler Schmidt ersetzte Kurt Becker im April 1982 wieder durch dessen Vorgänger Klaus Bölling. Rühl blieb bis zum Ende der sozialliberalen Koalition, die am 17. September 1982 mit dem Rücktritt der FDP-Minister zerbrach, auf seinem Posten. Nach der Übernahme des Bundeskanzleramtes durch Helmut Kohl ging Rühl als beamteter Staatssekretär in das Bundesverteidigungsministerium zu Manfred Wörner. Mehr als sechs Jahre blieb Rühl in dieser Funktion, die er erst Anfang 1989 auf eigenen Wunsch aufgab. Zum 1. Februar desselben Jahres kehrte der vielfach geehrte[41] Publizist und Politiker als »internationaler Beobachter« in die Redaktion der *Welt* zurück.

Die *Welt,* deren intellektuelleres Redakteursteam Springer stets suspekt blieb, hielt sich für den äußersten rechten Flügel ihrer Leserschaft ein Freikorps sehr konservativer Publizisten. Und zwei ihrer radikalsten Vertreter zählten zu den voll tragfähigen Pressesonderverbindungen des BND.

Der von Zolling und Höhne zu Gehlens »Leibgarde von Journalisten«[42] gerechnete Winfried Martini, geführt von ELZE, zählte 1970 nur noch mittelbar zur Springer-Presse. 1967 wurde der »Rechtsaußenkolumnist« (Otto Köhler) mit dem Decknamen MARK bei der wenig später eingestellten Illustrierten *Kristall* beschäftigt, schrieb anschließend aber vom heimatlichen Ottobrunn aus regelmäßig für Springer-Zeitungen, im November 1967 beispielsweise in der *Welt* den Beitrag »Das Jahr der Agenten und Spione. Die Geheimdienste ›entlarven‹ – ein Verdienst?«[43]. Hier appellierte der Publizist (BND-V-Nr. 56200), der auch unter dem Pseudonym Otto Brunner veröffentlichte, an die staatsbürgerliche Verantwortung zur Nachrichtenunterdrükkung, wenn es um die eigenen Dienste ging. Im Februar 1966 warf Martini beispielsweise die Frage auf, ob die Bundesrepublik drei Geheimdienste brauche. Erwartungsgemäß kommt er zu einem bejahenden Urteil, denn Stoßrichtung des Artikels ist die Rettung der bereits fadenscheinigen Legende, der BND habe »schlechthin nichts mit Innenpolitik zu tun«[44]. Im Januar 1968 würdigte er Reinhard Gehlen aus Anlaß seines bevorstehenden Ruhestands für die *Welt*[45].

Auch wenn Horst Ehmke »derartige Praktiken« wie das Führen von Journalisten als Pressesonderverbindungen untersagt hatte, riß auch Martinis Draht zum BND nach 1970 nicht ab. BND-Präsident Wessel empfing ihn 1978 als gerngesehenen Gast in der Pullacher Präsidentenvilla[46].

Im *Deutschland-Magazin* bricht Martini 1971 eine Lanze für das britische Verhältnis zwischen Medien und Diensten: »Seit Jahren läßt ein ›Services, Press and Broadcasting Committee‹ Redakteuren und Herausgebern bestimmter Organe sogenannte ›D-notices‹ (›D‹ von Defense, Verteidigung) zugehen, die Sicherheitsfragen betreffen und zu deren vertraulicher Behandlung die Empfänger sich freiwillig verpflichtet haben. Dieses System soll einerseits das Informationsbedürfnis einer freien Presse befriedigen, andererseits Staatsgeheimnisse schützen[47].« Weiter beklagt Martini Aufweichungserscheinungen dieser Praxis, wenn etwa der *Daily Express* trotz gegenteiliger Anweisungen in den D-notices über die Schnüffelei des britischen Geheimdienstes im Telefon- und Telegrammverkehr von Privatleuten berichte. Doch reagiere die britische Öffentlichkeit gottlob nicht wie die deutsche, »die Sache war in den Augen vieler Briten eher für das Blatt peinlich als für diejenigen, deren Praxis« enthüllt wurde. »Indessen ist das publizistische Interesse an Fragen der Geheimdienste nicht unbedingt fruchtbar und nützlich. Die Tätigkeit der östlichen Nachrichtendienste ist so intensiv, daß ihre Abwehr nur bei völliger Abschirmung wirksam sein kann«, schreibt zusammenfassend ein Publizist, der sich diesem Thema fortgesetzt widmete, zumeist allerdings als Schirmherr der Abschirmung. Auch in der Bundesrepublik existierte – nur unter anderem Etikett – ein System von D-notices, doch darauf geht Martini nicht ein. Spiegelt sich nicht in seinem Lob des britischen Systems das Selbstverständnis zahlreicher BND-Vertrauensjournalisten? Etwa nach dem Motto: In den sensiblen Bereichen der Staatssicherheit, im Militär- und Geheimdienstwesen, muß im kalten Krieg die Wächterfunktion der unabhängigen Presse – sozusagen kriegsbedingt – eben außer acht gelassen werden. Und damit am nachtrichtenhungrigen Markt kein Vakuum entsteht, muß dieses Feld von verläßlichen publizistischen Frontkämpfern im stillen Einvernehmen mit dem Geheimdienst ihres Staates besetzt werden.

Der zweite rechte Flügelmann der *Welt* war der Münchner Publizist Armin Mohler, unter dem Decknamen MÜHLEN von DR. WILHELM geführt. 1965 war er von Hans Zehrer zur *Welt* geholt worden und dort bis 1971 unter Vertrag, während er zugleich für den *Bayernkurier* schrieb. Der Publizist aus München war 1920 in Basel geboren, ging 1942 als Kriegsfreiwilliger nach Deutschland, wurde jedoch nicht Soldat, weil er in einem Auffanglager in Stuttgart nachrichtendienstlich bearbeitet wurde[48]. Nach einem Kurzstudium in Berlin kehrte er in die Schweiz zurück, wo ihn Festungshaft erwartete. Nach seiner Promotion über »Die Konservative Revolution in Deutschland 1918 – 1932« diente er von 1949 bis 1953 als Sekretär des Schriftstellers Ernst Jünger, war dann Pariser Korrespondent für die Züricher Zeitung *Die Tat* (1953 bis 1961), für die Hamburger *Zeit* (1955 bis 1960), für die in Wien erscheinende *Furche* (1957 bis 1961) und für *Christ und Welt* aus Stuttgart (1960 bis 1961). Frucht seiner Pariser Jahre waren auch zwei Bücher, die sich mit der französischen Rechten befaßten[49].

Seit 1961 als freier Schriftsteller in München ansässig und zugleich bei der Carl-Friedrich-von-Siemens-Stiftung beschäftigt, veröffentlichte Mohler, ab 1967 überdies Politik-Dozent an der Universität Innsbruck, 1965 den »Versuch des Programms eines deutschen Gaullismus«[50] und 1968 »Vergangenheitsbewältigung. Von der Läuterung zur Manipulation«. Das Werk erschien nicht nur im Stuttgarter Seewald-

Verlag, sondern auch als Nebenausgabe für die Studiengesellschaft für Zeitprobleme e.V. Auf einem Kärtchen als Beilage für ihre Buchpräsente erläuterte die Bonner Einrichtung, warum sie ihre Publikationen kostenlos abgeben könne: »Die Studiengesellschaft genießt die Förderung der an Bildungsaufgaben interessierten öffentlichen Stellen.« Welche öffentlichen Stellen diese selbstlose Bildungseinrichtung förderten, wurde erst 1989 offenbar. Die Studiengesellschaft in der Ubierstraße 88 in Bonn-Bad Godesberg war eine Tarneinrichtung, die die PSV-Truppe (Psychologische Verteidigung) der Bundeswehr finanzierte und benutzte, um verdeckte PR zu machen und hilfreiche Autoren zu unterstützen[51]. Udo Ulfkotte hat 1997 enthüllt, daß die Einrichtung auch als Rekrutierungs-Reservoir des BND genutzt wurde (vgl. Kapitel 2). Der damalige Geschäftsführer der Studiengesellschaft wiederum, Rochus Hoffer, wurde 1970 vom BND-Beamten ELZE unter dem Decknamen HOBERG als erstrangige Pressesonderverbindung geführt; so schließt sich der Kreis. Dem »Dickicht der Vergangenheitsbewältigung« wandte Mohler sich 1989 mit dem vielsagenden Titel »Der Nasenring« erneut zu. Rainer Zitelmann bescheinigte ihm in der *Frankfurter Allgemeinen Zeitung,* Vordenker der »Neuen Rechten« zu sein, erkannte in dem Buch, in dem Mohler die Ausschwitz-Lüge des Deutschkanadiers Zündel unkommentiert referiert, »manch Nachdenkenswertes, aber auch Fragwürdiges«. Als »grundlegenden Interpreten der Konservativen Revolution und Meisterdenker der Neuen Rechten«[52] schätzte 1997 der Verfassungsschutz den Publizisten ein, der 1970 die BND-V-Nr. 56229 trug.

Der bekannte Publizist und Restaurantkritiker Gert von Paczensky firmierte 1970 unter dem Decknamen PAULUS als loser Kontakt des BND. Was der Hamburger, Jahrgang 1925, der wegen seines Buches über die edle Spirituose Ehrenbürger der Stadt Cognac wurde, der BND-Dienststelle 923 an offenem oder halboffenen Material hätte zutragen können, erscheint zunächst nicht ersichtlich. Bei näherem Blick auf die Vita des P.E.N.-Mitglieds lassen sich jedoch drei denkbare nachrichtendienstliche Ansatzpunkte erkennen. Zum einen war von

Paczensky von 1949 bis 1957 Auslandskorrespondent, dann Gründer des *NDR*-Fernsehmagazins *Panorama*, und zum dritten gab er zusammen mit Bernt Engelmann von 1965 bis 1967 die Zeitschrift *deutsches panorama*[53] heraus. Als sachkundiger Buchautor zu Themen aus dem Nahen und Mittleren Osten hat sich PAULUS erst ab 1970 einen Namen gemacht[54].

Auf einer Nato-Konferenz in Paris war von Paczensky als *Welt*-Korrespondent in den späten fünfziger Jahren von einem Mitglied des BND-Stabs mit der Bitte angesprochen worden, ihm – wie die anderen Kollegen – doch seine Erkenntnisse zu überlassen, weiß der Publizist sich heute zu erinnern[55]. Von Paczensky gab ihm den Rat, doch selbst zu den Pressekonferenzen und Hintergrundgesprächen zu gehen. Und er fragte zurück, was ihm der BND-Mann denn seinerseits anbieten könne. Doch da mußte Schubert, wie der BNDler sich nannte, passen.

Als Paczensky Anfang 1960 die *Welt* verließ, hatte ihn der Pariser BND-Kontakt zwei-, höchstens dreimal in seinem Hamburger Büro besucht. Über Politik wurde nicht gesprochen – so Gert von Paczensky –, sondern nur über Angelegenheiten »von kolossaler Belanglosigkeit«. Für das gestörte Verhältnis der *Welt*-Redaktion zu ihrem Verleger Axel C. Springer habe sich Schubert am Rande interessiert, aber das war ohnehin längst Medienthema. Von Kollegen hatte der *Welt*-Redakteur da schon erfahren, daß Schubert in Hamburger Journalistenkreisen als gelegentlicher Kaffeegast gut bekannt war. Einmal trat der Publizist und Schriftsteller Bernt Engelmann während eines solchen Kaffeeplauschs in Paczenskys Büro, und dieser machte die beiden miteinander bekannt. Nachdem Engelmann wieder gegangen war, gestand Schubert seinem Gastgeber, daß er den zufälligen Besucher bereits kannte, ihm gegenüber allerdings einen anderen Namen führe. Ein letztes Mal habe der inzwischen betagte BND-Mann ihm 1969 einen Besuch in Bremen abgestattet, als von Paczensky Politikchef des Hörfunks bei *Radio Bremen* war.

Von Paczenskys Bruder war BND-Angestellter im Bereich der fernmeldeelektronischen Aufklärung. Da die Brüder kaum miteinander verkehrten, erhielt Gert Nachrichten von Ferdinand nur über die Mutter; einmal die Bitte, auf keinen Fall seinen Beruf öffentlich zu machen, und Anfang der sechziger Jahre die Warnung, doch nicht durch die »Zone« zu fahren. Doch der Journalist reiste gelegentlich durch die DDR, ohne daß er auf die Verwandtschaft im Bundesnachrichtendienst angesprochen worden wäre. 1965 allerdings wurde ihm von den Vopos am Checkpoint Charlie die Durchreise nach Polen zum Krakauer Filmfest verweigert, weil der *stern,* bei dem er soeben als stellvertretender Chefredakteur ausgeschieden war, exklusiv über den West-Berliner Abhörtunnel der CIA berichtet hatte. Der *stern*-Redakteur Walter Leo war deshalb sogar aus Ost-Berlin ausgewiesen worden.

Das Ministerium für Staatssicherheit der DDR, regelmäßig mit dem Aufspüren von Kontakten westlicher Journalisten zu deren Landesgeheimdiensten befaßt, gab im März 1984 für die Studierenden an seiner Juristischen Hochschule in Potsdam das Lesematerial »Imperialistische Geheimdienste und Massenmedien« heraus. In der Anlage »Personelle Kontakte imperialistischer Geheimdienste zu Massenmedien« zählte das MfS vierzehn angelsächsische Journalisten auf, die von CIA und britischem Nachrichtendienst betreut würden. Unter den zwanzig deutschen Publizisten in dieser Aufstellung finden sich sieben, die bereits 14 Jahre zuvor auf der BND-Liste standen – unter ihnen wiederum vier aus dem Springer-Imperium. Darüber hinaus zählte das MfS 1984 den *Welt*-Redakteur Klaus Rühle und seinen Kollegen von der *WamS,* Heinz Vielain, zu den BND-Vertrauensjournalisten. Das 121 Seiten umfassende Lesematerial aus der Abteilung Agitation des MfS führt über weite Strecken als Beleg für die Beziehungen zwischen Pullach und den wichtigsten deutschen Medien eine Textanalyse ins Feld, in der angebliche Desinformation über die Sowjetunion und ihre Rüstungsanstrengungen aufgedeckt werden soll. Bei Carl-Gustav Ströhm, dem Leiter des Münchener Büros der *Welt,* dem das *Neue Deutschland* bereits am 1. November 1980 BND-Nähe vorgeworfen hatte, wurde die Beweisführung jedoch deutlich exakter. Im Januar

1983 hatte das MfS in der DDR-Zeitschrift *Horizont* das gesamte BND-Referat Emigration unter Dr. Diethelm Keil enttarnen lassen und auch dessen Netz von Zuträgern und Propagandisten bloßgestellt, in dem Ströhm eine herausragende Rolle gespielt haben soll. Bei dem Versuch zu illustrieren, wie der Ostexperte der *Welt* die »Interessen seiner Hintermänner« forcierte, hatten die Agitatoren des MfS allerdings ein – nach dem heutigem Wissenstand über die sowjetischen Absichten von 1981 gegenüber dem Nachbarn Polen – untaugliches Beispiel gewählt: »Mit großer Verbohrtheit, Stupidität behauptete Ströhm über einen längeren Zeitraum, daß eine ›sowjetische Invasion‹ in der VR Polen unmittelbar bevorstehe. Diese Lüge wurde von zahlreichen Medien aufgegriffen und war Inhalt einer lang anhaltenden Hetzkampagne gegen die Sowjetunion und die anderen sozialistischen Länder[56].«

Beim Abfedern von Skandalen ist *Die Welt,* »unabhängige Tageszeitung für Deutschland«, dem BND bis heute behilflich. Mit seinem Kommentar »Verfehlte Erregung« leistete Martin S. Lambeck im September 1996 offenbar einen solchen Liebesdienst. Das *WDR*-Fernsehmagazin *Monitor* hatte berichtet, der BND-Beamte Christoph von Bezold (EBENBERG) sei in leitende Funktionen bei der Monitoring Mission der EU in Zagreb eingeschleust worden und habe als eigentlich zur Neutralität verpflichteter Vertreter der Europäischen Union eine Vielzahl geheimdienstlicher Aktivitäten bis hin zum Munitionsschmuggel in bosnische Enklaven entfaltet.

Während die mit der Aufklärung der Sicherheitslücke befaßten BND-Beamten das Leck im persönlichen Umfeld von Bezolds und bei seinen Kollegen unter den EU-Monitoren suchten – und auch glaubten, dort fündig geworden zu sein –, beschwor *Welt*-Mann Lambeck die Geister der Desinformation: »Die Spur scheint ins serbische Lager zu führen. Der gezielt an die Öffentlichkeit gebrachte Fall des einzelnen BND-Spezialisten könnte der Auftakt für einen geschickt inszenierten serbischen Propagandafeldzug in Westeuropa sein«.

Durch den rhetorischen Trick, die Bundesregierung für unfehlbar zu erklären, versuchte der *Welt*-Journalist die *Monitor*-Informationen überdies zu entkräften: »Hätte die Bundesregierung wirklich die Beobachtergruppe für höchst dubiose Geheimmissionen mißbrauchen wollen, so wäre der Einsatz eines einzelnen BND-Mannes nachgerade dümmlich gewesen.« Dieses »nachgerade dümmlich« blieb spätestens im Februar 1997 am Kommentator selbst hängen, als *Monitor* in einem Nachfolgebeitrag weitere BND-Mitarbeiter in der EU-Mission entlarven konnte.

»Sicherheitskreise« suggerierten Lambeck auch, von Bezold habe »voll am Weisungsstrang des Auswärtigen Amts gehangen«. Auch dies ist – ausweislich seines Tagebuchs von 1995 und seiner Privatkorrespondenz – falsch; EBENBERG diente in Zagreb in erster Linie seinem Dienstherrn in Pullach. Mindestens Insidern wird durch solche Versuche publizistischer Gegensteuerung deutlich, wer nun wirklich voll an welchem Strang hängt.

4

Alte Kameraden – Nachkriegskarrieren wie bei *Christ und Welt*

Zu den erstrangigen Presseverbindungen, die sich der BND-Abteilungsleiter Kurt Weiß vorbehalten hatte, zählte 1970 auch Giselher Wirsing (Deckname WIPPEL), Chefredakteur der Wochenzeitung *Christ und Welt* in Stuttgart.

Wirsing, Jahrgang 1907, war im September 1933, ein Dreivierteljahr nach der Machtübernahme der Nationalsozialisten, Herausgeber der nationalkonservativen *Tat* geworden. Er gab der Zeitung gleich zu Beginn eine nationalsozialistische Prägung, wie Otto Köhler festgehalten hat: »Der neue Führer Giselher Wirsing stellte sich mit dem Versprechen vor: ›Die Tat wird sich in Zukunft neben zusammenfassenden Frontberichten über das nationalsozialistische Aufbauwerk um die Klärung der gesamtdeutschen Lebensfragen bemühen, die unser Volk heute bewegen‹[1].« Schon zuvor, im Juli 1933, hatte Wirsing begonnen, die monarchistisch ausgerichteten *Münchner Neuesten Nachrichten* als politischer Ressortleiter im Auftrag des Reichsführers SS Heinrich Himmler auf NS-Kurs zu bringen. Dort übernahm der geborene Schweinfurter schon bald die Auslandsredaktion. *DER SPIEGEL* deckte 1952 auf, daß »Wirsing in den ersten Jahren des tausendjährigen Reiches damit begann, als Chefredakteur der *Münchner Neuesten Nachrichten* seinen ausgezeichneten Korrespondenten-Stab auf dem Balkan über sich selbst als nachrichtendienstliche Relais-Station auf den Hauptabteilungsleiter II des Sicherheitsdienstes in München umzuschalten«[2]. Auch er selbst unternahm Reisen im Auftrag des Geheimdienstes, u. a. nach Palästina.

»Das genaue Eintrittsdatum Wirsings in den Sicherheitsdienst (SD) der SS«, hält Köhler fest, »ist nicht bekannt – Ende 1934 jedenfalls hat er, wie uns sein Freund und Kollege Klaus Mehnert bereits verraten hat, längst schon sehr gute Beziehungen zum SD-Chef Heydrich. Und bekannt ist eine sehr günstige Gesamtbeurteilung in den Personalakten des SD: ›Dr. Wirsing hat sich im Laufe der Zusammenarbeit mit dem SD als williger, fleißiger und außerordentlich wertvoller Mitarbeiter erwiesen‹[3].«

Im Januar 1945 wird Wirsing zusätzlich zum Hauptschriftleiter der Wehrmachtsillustrierten *Signal* gemacht, die in einer Auflage von mehr als 2,5 Millionen Exemplaren in insgesamt zwanzig Sprachen die Highlights aus den Propaganda-Kompanien verbreitete, sich »um eine ›hautnahe‹ Darstellung des Krieges und um eine ›heroische‹ Präsentation der Wehrmacht bemühte«[4].

Neben der Doppelfunktion als Hauptschriftleiter und Agentenführer des SD fand Wirsing noch die Zeit, Bücher zu schreiben. 1941 veröffentlichte er sein meistverkauftes Werk »Der maßlose Kontinent«, das sich dem »Weltherrschaftsanspruch der Vereinigten Staaten von Amerika«[5] widmete. Wirsing verurteilte den »Kampf gegen die ›Unamerican Activities‹, der schon im Weltkrieg die Form des Massenwahns annahm«, ebenso wie die »Weltrettungspsychose im Angesicht geradezu unerträglicher innerer Zustände«[6]. Und auch die antisemitische Pflichtübung kam nicht zu kurz: »Das Judentum, das überall, wo es in der Welt auftrat, zum Vorposten des Amerikanismus geworden ist, befindet sich in der Defensive, und zwar selbst dort, wo es noch herrscht. So bleibt nur der nackte amerikanische Imperialismus übrig[7].«

Um diesen amerikanischen Imperialismus auch frontnah propagandistisch zu bekämpfen, beteiligte sich der SS-Sturmbannführer Wirsing auch an der Ausbildung der SS-Kriegsberichter in der SS-Standarte »Kurt Eggers«, in der u.a. Henri Nannen und Hans Weidemann tätig waren (siehe Kapitel 9).

Wie so viele Geheimdienstspitzen des Dritten Reichs landete Wirsing nach Kriegsende 1945 im Camp King, jenem Verhörzentrum des amerikanischen Nachrichtendienstes CIC in Hessen, das zur Keimzelle der Organisation Gehlen werden sollte. Untergebracht war er dort im Haus Alaska, das auch Reinhard Gehlen beherbergte. Im Sommer 1946 wurde er vom US-Geheimdienst an die Briten ausgeliehen, die ihn im Verhörzentrum Fallingbostel befragten.

Nach der Entlassung aus dem US-Gewahrsam hatte sich Wirsing zunächst unter das Dach der Kirche zu Eugen Gerstenmaier begeben und in dieser Zeit einige Bücher geschrieben[8]. Als er »nach einer den Umständen entsprechenden Pause« (Munzinger-Archiv) wieder journalistisch tätig wurde und 1954 die Chefredaktion von *Christ und Welt* übernahm, waren ihm viele Gehlen-Leute als einstige SD-Kameraden oder aus dem gemeinsamen Gewahrsam bekannt. Darunter auch der spätere Bundestagspräsident Gerstenmaier selbst. Der Mitbegründer und Mitherausgeber von *Christ und Welt* war V-Mann von Admiral Canaris gewesen. Gerstenmaier war als Anhänger der Bekennenden Kirche seit 1934 Repressionen des NS-Staats ausgesetzt gewesen, fand 1936 Unterschlupf im Außenamt der Deutschen Evangelischen Kirche in Berlin und wurde schließlich nach Kriegsbeginn in die kulturpolitische Abteilung des Auswärtigen Amts dienstverpflichtet. Als Mitglied des Kreisauer Widerstandskreises wurde er nach dem 20. Juli 1944 zu sieben Jahren Zuchthaus verurteilt. Dienstverpflichtet hatte ihn offensichtlich auch der Leiter des OKW-Amtes Ausland/Abwehr, Wilhelm Canaris. Die Zugehörigkeit zur Abwehr, zumal zum dortigen Widerstandszirkel, galt nach 1945 nicht als Makel, und insbesondere die amerikanische Siegermacht stützte Angehörige dieses Kreises. Das *Evangelische Hilfswerk,* das Gerstenmaier bis 1951 auf Beschluß der EKD leitete, soll sogar nach 1946 von CIA-Chef Allen Dulles finanziert worden sein[9].

Auch bei der Besetzung anderer Positionen griff die Wochenzeitung auf Mitarbeiter des NS-Geheimdienstes zurück: Ihr erster Hauptschriftleiter wurde 1949 Klaus Mehnert, der in den späten dreißiger und frühen vierziger Jahren ebenfalls für das OKW-Amt Abwehr/Ausland in den USA spioniert hatte.

Im Juli 1970 wechselte Giselher Wirsing, der sich gerade in den Jahren der Studentenrebellion 1968/69 als Speerspitze der rechten Kampfpresse bewährt hatte, nach 16 Jahren als Chef von *Christ und Welt* in den Verlagsbeirat des Wochenblatts, das zugleich in *Deutsche Zeitung* umbenannt wurde.

Im März 1968 war auch deutlich geworden, wie das Zusammenspiel zwischen der katholischen Wochenzeitung und dem Bundesnachrichtendienst funktionierte. Der in Italien eingesetzte BND-Agent BRUNO hatte den Herausgeber der Zeitschrift *Religione Oggi,* Alceste Santini, abgeschöpft und dabei Informationen zu dessen Vermittlerrolle bei den Gesprächen zwischen der SPD und der KPI gewonnen. Der BND – so räumte Gehlen ein – hatte bereits aus anderen nachrichtendienstlichen Quellen Material über die Gespräche gewonnen, die SPD-Emissär Leo Bauer im römischen Hotel *Cavalieri Hilton* geführt hatte. Und so enthüllte *Christ und Welt* als erstes Medium die klandestinen Annäherungsversuche der deutschen Sozialdemokratie an die italienischen Kommunisten. Weitere Einzelheiten legte dann Springer-Redakteur Heinz Vielain im *Bayernkurier* und der *Welt am Sonntag* einige Wochen später nach[10].

Die Wochenzeitung *Christ und Welt* war dem BND offensichtlich außerordentlich wichtig, denn neben der IIIer-Verbindung Ulrich Frank-Planitz (POLTER), dem stellvertretenden Chefredakteur, der vom Ende der siebziger Jahre bis zum Dezember 1997 die Deutsche Verlagsanstalt (DVA) leitete, führte er im Bonner Büro und in der Stuttgarter Zentrale je eine voll tragfähige Presseverbindung. In der Bundeshauptstadt war dies – betreut von Frau DR. REUTER – Wolfgang Höpker (HOLZER), in der Schwabenmetropole der rechtskonservative Publizist Hans-Georg von Studnitz (STOCKMANN) an der Angel von Paul Münstermann. Höpker – V-Nr. beim BND 16168 – war bereits 1942 Mitarbeiter von Wirsing bei dem Werk »Der Krieg

1939/41 in Karten«, begründete 1948 *Christ und Welt* mit und wurde 1988 Adenauer-Preisträger. Im Stuttgarter Seewald-Verlag publizierte er bis 1975 ein globales Bedrohungsmosaik in vier Bänden, »Europas gefährdete Südflanke«, »Die Sowjetunion auf allen Meeren«, »Die Drohung aus dem Norden« und schließlich »Der Indische Ozean im Kräftespiel der Mächte«. Diese Bücher erschienen in der Schriftenreihe der Studiengesellschaft für Zeitprobleme e.V., der bereits erwähnten Tarneinrichtung der Bundeswehr zur Psychologischen Kriegsführung in Friedenszeiten, deren Geschäftsführer, Rochus Hoffer, wiederum eine erstrangige Pressesonderverbindung des BND war.

Wilhelm Reichenburg, als pensionierter Fregattenkapitän Mitarbeiter dieser Studiengesellschaft, erläutert, wie die Werke dieser Schriftenreihe in der Regel zustande kamen. Einem ausgewählten Autor wurde das nach den Interessen von Bundeswehr und BND vorsortierte Material übergeben, zugleich erhielt der Verlag eine Abnahmegarantie vom Innenministerium, von der Bundeswehr oder von anderen Dienststellen des Bundes. Bis zu zehntausend Exemplare eines Titels seien so – als kostenlose Gabe der Studiengesellschaft oder der Landes- und Bundeszentralen für Politische Bildung – von Amts wegen abgenommen und bezahlt worden[11].

Oft genug war die zugunsten der geförderten Verleger und Autoren üppig bemessene Druckauflage nicht einmal als Geschenk absetzbar und verstaubte in den Lagern der Verteiler. So bat der Geschäftsführer der Studiengesellschaft, Gottfried Linn, etwa im August 1985 in einem Rundschreiben an die ständigen Bezieher von Publikationen eindringlich, doch Bücher in Bonn unentgeltlich abzufordern. Auch die Versandkosten würde seine Organisation gern übernehmen.

Im Oktober 1968 kommentiert Wolfgang Höpker in seinem Artikel »Der Freitod des Hausvaters«[12] den Selbstmord des BND-Vizepräsidenten Horst Wendland und vertritt in *Christ und Welt* die vom BND unter der Hand verbreitete These von der belastenden Krankheit, die Wendland in den Tod getrieben habe. Derweil herrscht in Pullach die Sorge, der gewaltige Krach zwischen Gerhard Wessel und seinem Vize am Vortag des Suizids könnte öffentlich werden und dem Ansehen des BND-Präsidenten schaden.

Auch der »unheimliche Publizist« von Studnitz, wie Otto Köhler ihn bezeichnet hat, war seit 1940 Weggefährte von Wirsing gewesen. Hans Georg von Studnitz konnte auf ein bewegtes Leben zurückschauen, als er 1961 in die Redaktionsgemeinschaft von *Christ und Welt* eintrat. Der Sohn eines preußischen Offiziers, Jahrgang 1907, arbeitete nach seiner Banklehre bis 1931 als Angestellter verschiedener Banken in Hamburg, Valparaiso (Chile) und Buenos Aires sowie bei der Hamburg-Amerika Linie in New York und Berlin. Als außenpolitischer Mitarbeiter der *Neuen Preußischen Kreuzzeitung* wechselte er dann ins journalistische Metier und war von 1932 bis 1940 Schriftleiter und Zeitungskorrespondent für Scherl in Wien, Rom, Salamanca, New Delhi, London, Kairo und Den Haag, berichtete vom Spanischen Bürgerkrieg ebenso wie aus Afghanistan oder Ceylon. Mit dieser Auslandserfahrung trat er 1940 als Referent in die Presseabteilung des Auswärtigen Amts ein und wirkte dort bis Kriegsende Seite an Seite mit Giselher Wirsing.

Doch einem Nachrichtendienst Hitlers ebenso gedient zu haben wie Wirsing, stritt von Studnitz in seinem 1975 veröffentlichten Buch »Seitensprünge« ab. Dem von Heinrich Orb 1945 erhobenen Vorwurf, er zähle zu den »Meisterspionen« und »Mitgliedern der Fünften Kolonne«, widerspricht er vehement: »Die Literatur über Vorgeschichte und Geschichte des Dritten Reiches ist durchsetzt von derlei Darstellungen, die Dichtung und Wahrheit durcheinandermengen. Was Orb über die Vorkriegstätigkeit deutscher Auslandskorrespondenten zu wissen glaubte, gehört in das Reich der Phantasie[13].« Otto Köhler führte hingegen 1995 eine Vielzahl von Indizien dafür an, daß von Studnitz in den Niederlanden und in Übersee unter dem Deckmantel des Journalismus nachrichtendienstlich tätig war.

Im Nachkriegsdeutschland fungierte er nach der Entlassung aus alliierter Haft zunächst 1947 als Vertreter der Wochenzeitung *Die Zeit* bei den Nürnberger Prozessen, jenen Nachfolgeprozessen, bei denen die Spitzen der deutschen Industrie, der Wehrmacht und der Ministerialbürokratie angeklagt waren. Publizistisch tat er alles, um die Vertreter der alten Elite vom Vorwurf der Kriegsverbrechen freizusprechen[14].

1949/1950 war von Studnitz dann Chefredakteur der *Hamburger Allgemeinen Zeitung*, zugleich gründete er die Monatsschrift *Außenpolitik*. Anschließend arbeitete er drei Jahre lang als Korrespondent zahlreicher Tageszeitungen in Bonn. 1953 avancierte von Studnitz zum Chefredakteur des *Hamburger Anzeigers* und wirkte von 1955 bis 1961 als Pressechef und Public-Relations-Direktor der Deutschen Lufthansa AG in Köln. Daneben bestätigte sich der mit Vor- und Nachkriegsorden dekorierte Medienmann[15] als Mitarbeiter der *Zeitbühne*, des *Deutschland-Magazins*, bei *Criticon*, *Konservativ Heute*, dem *Deutschen Adelsblatt* und der *Welt am Sonntag*.

1964 trat er mit einem Buch hervor, das die Außenpolitik der Bundesregierung scharf kritisierte und eine energischere Durchsetzung deutscher Interessen forderte[16]. Um dem Ziel der Wiedervereinigung näher zu kommen, empfahl er die Aufstockung der Bundeswehr auf den vierfachen Umfang und die Suche nach einem Partner, der sie atomar bewaffnet. Machtgierige Durchsetzung nationaler Interessen hatte dem erklärten Antisemiten schon immer das Herz höher schlagen lassen: »Die nationalen Anliegen, die Hitler in Angriff nahm – die Beseitigung der Arbeitslosigkeit, der Aufbau einer starken Wehrmacht, Rheinlandbesetzung, Anschluß, Lösung der Sudetenfrage, Rückkehr des Memellandes –, sorgten von selbst dafür, daß sich die Mehrzahl der Zeitungen und Journalisten hinter das Regime stellte«, bekannte er 1975. Die Pressefreiheit schien ihm 1973 so gefährdet wie nach Hitlers Machtantritt 1933, nämlich »unter der zweiten Regierung Willy Brandt, wo Parteien, Gewerkschaften und linksradikale Jugendorganisationen sich mehr und mehr gegen die Entscheidungsfreiheit der Verleger und die Meinungsfreiheit der Journalisten verschworen«[17].

Und 1970, zu einer Zeit, als nur noch stramm konservative Medien Reinhard Gehlen als herausragenden Nachrichtenchef verehrten, feierte Georg von Studnitz den General im *Deutschland-Magazin:* »Es ist der Fluch der Geheimdienste, daß über sie immer nur dann etwas an die Öffentlichkeit dringt, wenn eine Panne passiert ... Der Bundesnachrichtendienst büßte seine von General Gehlen geschaffene Patina ein, als der Fall Heinz Felfe bekannt wurde ... Affären dieser Art pflegen wegen ihres sensationellen Charakters so aufgebauscht zu werden, daß die Erfolge der Geheimdienste in den Hintergrund treten ... Dies gilt zumal für den BND, der von General Reinhard Gehlen ganz im Sinne des Moltke-Wortes ›mehr sein als scheinen‹ geprägt wurde[18].«

Auch der erste Chefredakteur von *Christ und Welt* – von 1947 bis 1951 –, Heinz Bongartz, zählte zu den bekannten BND-Unterstützern. Der Solinger, Jahrgang 1915, diente – obwohl nicht wehrdienstfähig – im Zweiten Weltkrieg bei der Marine als Propagandaspezialist, oder, wie es die Munzinger-Biographen formulieren, »er arbeitete schriftstellerisch an Themen aus dem Marineleben«. Als Bongartz war er nicht sonderlich bekannt, wohl aber unter seinem Pseudonym Jürgen Thorwald, unter dem er zwischen 1949 und 1953 eine stattliche Reihe von Sachbuch-Bestsellern schrieb.

Den Kontakt zu den Kriegsberichterstattern der Hitler-Wehrmacht ließ er nie abreißen. Sein Depositum im Münchner Institut für Zeitgeschichte mit Berichten und Notizen führender Kriegsberichterstatter der Wehrmacht sowie von NS-Geheimdienstlern aus dem Umfeld der FHO macht deutlich, wie eng auch nach Kriegsende seine Beziehungen zu den ehemaligen Propagandisten und Nachrichtendienstlern der Hitlerwehrmacht war.

Der Schriftsteller, der für die OG und den BND als Quelle und Tipper wirkte, zählte zu den wenigen öffentlich bekannten Freunden Gehlens. 1953 veröffentlichte der »Hofchronist Gehlens« *(DER SPIEGEL)* ein Buch über die mißglückte Einschleusung von acht Agenten der Abwehr im Juni 1942 in die USA, von denen sieben durch den Verrat des achten schnell gefaßt und hingerichtet wurden[19]. »Der Fall Pastorius« konnte minutiös dokumentiert werden, weil Thorwald über

Günter Peis Originalakten der Abwehr und Tagebuchaufzeichnungen ihrer leitenden Mitarbeiter bekommen hatte. Mit seiner Serie »Der Mann im Dunkeln«, die als Beilage zur *Welt am Sonntag* zwischen dem 13. November und 25. Dezember 1955 erschien, begründete er seinen Ruf als uneingeschränkter Bewunderer Gehlens, bescheinigte er ihm dort doch moralische Nähe zum Widerstandskreis um Graf Stauffenberg und größere Weitsicht als den Männern des 20. Juli. Den Ost-West-Konflikt vorausahnend habe sich der General – ganz selbstlos – den Amerikanern zur Verfügung gestellt, um sie »über die tatsächliche Zielsetzung der Sowjetunion und deren Machtentfaltung zu orientieren«. Auch die Desinformation, Gehlen habe »aus Grundsatz« keine SS-Leute bei sich aufgenommen, verbreitete Thorwald in seiner vielbeachteten Serie. »Es soll nicht unerwähnt bleiben, daß Thorwald von Gehlen als Verbreiter von Erfolgsmeldungen über sich benutzt wurde«[20], konstatierte 1992 auch Mary Ellen Reese in ihrer Darstellung der Organisation Gehlen, wobei sie sich auf einen Thorwald-Artikel aus der *Welt* vom 4. Dezember 1955 bezieht.

Thorwald soll sogar an PR-Kampagnen der CIA mitgewirkt haben. Deren konspirative Medienarbeit in Deutschland beschränkte sich in den ersten Nachkriegsjahren nicht auf die Subvention des Axel Springer Verlags, sondern umfaßte auch Zuwendungen an rechtsradikale Organisationen osteuropäischer Emigranten und ihre Publikationsorgane; man bemühte sich sogar, die ehemaligen Kollaborateure der Hitlerwehrmacht in der Wlassow-Armee, die nun im westlichen Exil lebten, als künftige Führer von Befreiungsbewegungen in Osteuropa aufzubauen. Thorwald verfaßte mit Hilfe des Gehlen-Mitarbeiters Heinz Danko Herre (HERDAHL) das auftragsgemäß geschönte Bild von Gehlens Hilfstruppe an der Ostfront, das 1952 unter dem Titel »Wen sie verderben wollen« – zugleich auch in englischer Übersetzung – erschien[21] und bis heute als Standardwerk gilt[22].

Laut Christopher Simpson war es der CIA-Mitarbeiter Pleasants gewesen, der Jürgen Thorwald 1950 den entsprechenden Vorschlag gemacht und großzügige Unterstützung durch Dolmetscher und Stenotypistinnen, die Übernahme von Reisespesen und Hilfe beim Auffinden von SS-Veteranen sowie Überlassung erbeuteter Geheimdokumente angeboten hatte.

Besuchern gegenüber hatte sich hingegen Reinhard Gehlen Ende der siebziger Jahre selbst den Anstoß und die Förderung von Thorwalds Buch als Verdienst angerechnet. In seinem Sinne war die Rehabilitierung der Wlassow-Leute allemal, denn mit Hans-Heinrich Herwarth von Bittenfeld, dem Adjutanten und politischem Führungsoffizier des Generals der Freiwilligenverbände, oder dem Balten Nikolaus von Grote, Verbindungsoffizier der OKH-Gruppe Aktivpropaganda Ost zu seiner FHO, wurden zugleich Mitarbeiter seiner Organisation Gehlen entlastet. Herwarth von Bittenfeld allerdings verließ den Geheimdienst bereits 1949 wieder, um als Ministerialrat in die bayerische Staatskanzlei einzutreten. Der spätere Präsident des Goetheinstituts (1971–1977) sollte es sogar bis zum deutschen Botschafter in Großbritannien und Italien bringen.

Klarheit in der strittigen Frage, welcher Geheimdienst nun Thorwalds Buch förderte, brachte im Dezember 1997 ein Anruf von George Bailey, dem früheren Leiter von *Radio Liberty* in München, bei seinem Freund und Trauzeugen Henry Pleasants, der seit 1964 als Musikkritiker in London lebt. Er war zwar, bevor er 1950 als CIA-Mann nach Bern ging, im Verbindungsstab zur Organisation Gehlen tätig, aber Jürgen Thorwald ist er nur einmal flüchtig begegnet, und mit dessen Wlassow-Buch hatte er gar nichts zu tun[23]. Gehlen hat also die »Bibel aller russischen Verbindungsoffiziere«, die zwischen 1945 und 1948 um die Auslieferung der Wlassow-Anhänger an die Sowjetunion bemüht waren, offenbar zu Recht als PR-Instrument seiner Organisation reklamiert.

Zu drei weiteren überregionalen Zeitungen hatte der Bundesnachrichtendienst nach eigenen Angaben Verbindung. Zufallskontakte bestanden zu Axel Seeberg (SEEHAUS), außenpolitischer Redakteur beim *Sonntagsblatt* in Hamburg, und zu dem Hamburger Alexander

Rentsch (RICHARD) – geführt von DR. WILHELM – bei den in Bonn erscheinenden *Facts*.

Nur im Düsseldorfer *Handelsblatt* war mit dem politischen Redakteur Dr. Heinz Murmann (MOSCH) eine erstrangige Verbindung registriert. Murmann, Jahrgang 1928, der zeitweise Vorsitzender des Deutschen Presseclubs in Bonn war[24], kann sich an den Werbeversuch des BND noch heute gut erinnern[25]. 1968 war er nach sechsjähriger Korrespondententätigkeit in London als Wirtschaftsredakteur zum *Handelsblatt* gewechselt. Dort besuchten ihn eines Tages eine Frau und ein Mann, die zunächst Interesse an seiner Berichterstattung über ökonomische Probleme in den Staaten des Warschauer Pakts vorschützten, sich aber bald als Abgesandte Pullachs zu erkennen gaben. Sie schlugen ihm einen Deal vor: Wenn er für seine Arbeit Hintergrundmaterial benötige, brauche er nur eine bestimmte Telefonnummer in Pullach anzurufen. Er hingegen käme doch viel herum, erführe so manches und könnte im Gegenzug doch dem Bundesnachrichtendienst Informationen zur Verfügung stellen. Murmann lehnte nicht ab, bedankte sich für das Angebot, machte aber niemals Gebrauch davon. »Nachher landest du noch auf irgendeiner Liste«, erinnert er heute den Grund für seine Zurückhaltung. Auf der Liste des BND ist er dennoch gelandet, mit einem Decknamen getauft und der Verbindungsführerin Frau REUTER zugewiesen. Ob die Dame sich ihm als REUTER oder unter ihrem bürgerlichen Namen Frau Dr. Müller vorgestellt hatte, weiß Murmann nicht mehr, nur, daß sie eine Narbe auf der Wange trug.

Ein Wiedersehen mit dem Pärchen aus Pullach gab es kaum ein Jahr später. Wieder besuchten ihn die BND-Mitarbeiter in seinem Düsseldorfer Büro und zeigten sich enttäuscht, daß er auf ihre Offerte nie eingegangen war. Der Kanal nach Pullach sei jedoch nach wie vor offen, auch der kurze Draht über das Telefon stände ihm jederzeit zur Verfügung. Wieder signalisierte Murmann nur freundliches Interesse, auf eine Arbeitsbeziehung mit dem BND wollte er sich nicht einlassen.

Der »Fall MOSCH« macht deutlich, wie der BND Fachjournalisten zu ködern versucht: mit dem Angebot des Nachrichtenaustauschs zu beiderseitigem Nutzen. Und im speziellen entsteht der Eindruck, daß die Agentenführerin REUTER – mit dem BND-Oberst Müller verheiratet und beim Dienst als Honorarkraft beschäftigt – unter hohem Erfolgsdruck stand, ihr Plansoll an angeworbenen Vertrauensjournalisten zu erfüllen. Denn das freundliche und folgenlose Interesse Murmanns rechtfertigt wohl kaum, den Kontakt ihrem Dienststellenleiter gegenüber als »voll tragfähige und regelmäßige Verbindung« darzustellen.

Als Zufallskontakt registriert war auf der Liste von 1970 hingegen Siegfried Zoglmann (ZENTGRAF), Herausgeber und Chefredakteur der Wochenzeitung *Der Fortschritt.* Doch eigentlich war er Berufspolitiker, Abgeordneter des Deutschen Bundestages für die FDP seit 1957 und ab 1961 ihr Fraktionsgeschäftsführer. Zoglmann, Jahrgang 1913, war im Dritten Reich als Propagandamann und Abteilungsleiter für das »Reichsprotektorat Böhmen und Mähren« aktiv, hatte 1945 den Weg zu den Liberalen gesucht. Von 1963 bis 1968 stellvertretender Fraktionsvorsitzender der FDP im Bundestag, daneben stellvertretender Landesvorsitzender der FDP in Nordrhein-Westfalen, trat er 1970 aus der Partei aus und schloß sich der CSU-Landesgruppe im Bundestag an. Als Verleger des *Deutschlandjournals* und Inhaber der Werbeagentur *Interwerbung* sowie als Geschäftsführer des Nordwestdeutschen Zeitungs- und Zeitschriftenverlages war das Vorstandsmitglied der Sudetendeutschen Landsmannschaft auch in der Medienwirtschaft erfolgreich. Als Werft-Lobbyist allerdings scheiterte er 1983, als er im Einvernehmen mit Franz Josef Strauß versuchte, bei Kanzleramtsminister Horst Teltschik und Verteidigungsminister Manfred Wörner den Export von U-Booten nach Südafrika durchzusetzen. Das Apartheid-Regime am Kap erhielt letztlich aber illegal Blaupausen der Konstruktionspläne von Howaldtswerke-Deutsche Werft und dem Industrie-Kontor Lübeck[26].

5

Im Unterholz der Presselandschaft – Regionalzeitungen

Die Journalistenkontakte des BND sind in der Aufstellung vom März 1970 nach den jeweiligen Medien sortiert. Neben der amtlichen Öffentlichkeitsarbeit finden sich die Kategorien Funk und Fernsehen, Illustrierte sowie überregionale und regionale Zeitungen. Und so führt unser Streifzug durch die Pullacher PR-Holding auch ins Unterholz der Presselandschaft, zu den Regionalzeitungen. Daß dabei der ein oder andere BND-Kontakt nur kursorisch genannt werden kann, ist der Vielzahl von insgesamt 230 Sonderverbindungen geschuldet. Naturgemäß rücken jene mehr ins Rampenlicht, die wegen ihrer Bedeutung im deutschen Medienraum den Sprung ins »Who is who« oder das Munzinger-Archiv geschafft haben oder gar mit einer biographischen Darstellung geehrt wurden.

In ganz Schleswig-Holstein gab es nur nur zwei Pullacher »Zufallskontakte, Planungen etc.«. Neben dem Chefredakteur der *Kieler Nachrichten,* Hans Schäfer (Deckname SCHÖNWIESE)[1], war dies Carl Moritz Lankau (LINDEN), der Chefredakteur der *Lübecker Nachrichten,* die 1970 gerade vom Springer-Konzern gekauft worden waren. Lankau war kein Zufallskontakt, sondern – so erinnert sich der heute 83jährige – gezielt von einem Hamburger BNDler aufgesucht worden, nachdem feststand, daß er 1955 – wie Marion Gräfin Dönhoff und Henri Nannen – zum Journalistentroß des Adenauerbesuchs in Moskau zählen würde. Der Lübecker lehnte das Ansinnen ab, dem BND zu berichten, weil er sich bei seinen Besuchen Rotchinas oder der Leipziger Messe keiner Gefahr aussetzen wollte. Erst kurz zuvor war nämlich zu lesen gewesen, daß ein Kollege in Prag wegen Spionage für die Bundesrepublik verhaftet worden war. Später unternahm der BND noch einen zweiten Anlauf, doch Lankau ließ sich ebensowenig für eine Zusammenarbeit mit dem Geheimdienst erwärmen wie sein Schwager, Eduard Lorenz, der aus Polen gekommen war und wegen seiner Verbindungen nach Posen um Hilfestellung für Pullach angegangen worden war[2].

Zwei erstrangige Verbindungen pflegten die BND-Beamten ELZE und DR. HEIDEGGER, die beiden führenden Köpfe der BND-Dienststelle 923, im Norden der Republik aber zum *Hamburger Abendblatt,* Springers erster, 1948 von den Briten lizensierter Tageszeitung. Dies betraf den politischen Redakteur Uwe Bahnsen (BANK) sowie Martin Saller (SANDLER), der 1969 von Springer in dieser Funktion abgelöst und als Korrespondent nach Tokio geschickt wurde. Mit Wolf Heckmann (HECKER), von KLAIS in der Kategorie II geführt, dem Chefredakteur der *Hamburger Morgenpost,* und dem losen Kontakt zu H. Braune (BERGEDORF) hatte der BND auch in der zweiten großen Regionalzeitung der Hansestadt Fuß zu fassen gesucht. Den Unwillen von Herbert Wehner zog sich sein Genosse Heckmann zu, als die *Morgenpost* mit der fetten Schlagzeile »Hamburger wird Geheimdienst-Boß« aufwartete und damit die Strategie Horst Ehmkes durchkreuzte, Dieter Blötz 1970 ohne großes Aufsehen beim BND als Vizepräsidenten einzuführen. Wegen weiterer Querelen mit der SPD mußte Heckmann später seinen Posten bei der *Morgenpost* räumen[3].

Bei den *Bremer Nachrichten* hingegen gab es mit Walter Steinhage (STADTHAGEN)[4] nur eine lose Verbindung zu ihrem »Hauptschriftleiter«, bei der Lokalkonkurrenz *Weser Kurier* bestand eine solche lockere Beziehung zu Eberhard Rottmann (ROHLOF). »Unregelmäßige Kontakte nach Bedarf« hatte der BND nach eigenen Angaben zum Redakteur Jürgen Bettmann (BOLTEN), V-Nr. 59529, sowie zu Carl Schopen (SCHEER), der, von Paul Münstermann geführt, vom Bonner Büro des Blattes aus zugleich für den *Mannheimer Morgen* und die *FAZ* arbeitete (V-Nr. 56245).

Der BND habe nie Bedarf nach Kontakten mit ihm gehabt, erinnert sich Bettmann heute. Ein einziges Mal allerdings habe er in den sechziger Jahren beim Bundesnachrichtendienst recherchiert. Als Polizeireporter wollte er damals den Verbleib eines Ägypters aufklären, der auf der Reise in sein Heimatland verschwunden war. Möglicherweise sei der Mann dort hingerichtet worden; auch von einer Verwicklung des BND in den Fall hatte der Redakteur gehört. Über seine Verbindungen zur politischen Polizei und zum Landesamt für Verfassungsschutz gelang es Bettmann, angekündigt vom Bremer Innensenator, ein Hintergrundgespräch mit den Pullachern zu vereinbaren. Das Treffen fand nicht in der BND-Zentrale statt, sondern in einer konspirativen Wohnung in einem Münchner Vorort. Dort wurde er von den BND-Mitarbeitern ELZE und STURM empfangen, die ihm ganz offen mitteilten, daß sie privat andere Namen trügen. Besonders tiefschürfend waren die Auskünfte nicht, die er über den Vermißten erhielt, weiß BOLTEN heute noch. Aber zuvorkommend seien die Herren gewesen, und er hatte keinen Grund, an ihrer Aufrichtigkeit zu zweifeln[5].

Niedersachsens Regionalpresse mit nur vier Kontakten der Kategorie III war den Pullachern offensichtlich keinen eigenen Verbindungsführer wert[6]. In Berlin war zur Beobachtung und Auswertung der Tageszeitungen die Pressesonderverbindung Frau SILLMANN eingesetzt, mit bürgerlichem Namen Dr. Grothe. Die Quelle (V-Nr. 50104) erhielt dafür aus Pullach bis zum Juni 1970 DM 675,– monatlich, ab Juli sogar DM 975,–, möglicherweise, weil sie DR. EICHHORN von der BND-Dienststelle 373 auch Bandmitschnitte von Radiosendungen lieferte. Als SENTA stand sie auf der Liste der Pressesonderverbindungsführer, und an Einsatzausgaben waren von den Pullacher Kassenwarten 1970 bis zum 20. August DM 7800,– für sie verbucht worden. SILLMANN dürfte in der Frontstadt Berlin eine ähnliche Funktion zur Ausspähung der Presselandschaft gehabt haben wie Günther Heysing in Hamburg. Ihre Berichte jedoch standen dem Guillaume-Untersuchungsausschuß des Bundestags nicht zur Verfügung, und so ruhen SENTAs Informationen über Westberliner Journalistinnen und Journalisten in Pullacher Archiven.

Die Sonderverbindung Walter Schulz-Heidorf (SCHULER) erstellte Studien für 923 und tippte für HERBART neue Kandidaten für die Pullacher PR-Holding. Allein in der ersten Jahreshälfte 1970 waren DM 1930 an Einsatzausgaben für den Berliner angefallen.

Die Berlinerin Dr. Ingeborg Wendt (WOLKE) wurde vom BND-Mitarbeiter HERBART als voll tragfähige Verbindung betreut. Wendt, studierte Kunsthistorikerin, war nicht nur Autorin für zahlreiche Zeitungs- und Zeitschriftenredaktionen, sondern auch Mitglied der Humanistischen Union (HU). Dort war sie 1966 – registriert als Schriftstellerin aus Baden-Baden – eingetreten, tat sich aber in dem Verein nicht besonders hervor. Die 1961 gegründete HU war in den sechziger Jahren wegen ihrer von namhaften Intellektuellen getragenen Kampagnen gegen die Notstandsgesetze Beobachtungsobjekt der deutschen Nachrichtendienste geworden.

In Nordrhein-Westfalen waren im Westfälischen und im Ruhrgebiet Vertrauensjournalisten des Nachrichtendienstes ähnlich dünn gesät wie in Norddeutschland. Mit Josef Terharn (Deckname TELGTE), politischer Redakteur der *Westfälischen Nachrichten* in Münster, Dr. Friedrich Rediger[7] (REDDERBUSCH), dem Chefredakteur der *Münsterschen Zeitung,* Heinz Liebscher[8] (LIESEGANG), dem Chefredakteur der *Westfälischen Zeitung* in Bielefeld, D. Schmelzer (SAUERLAND) von den *Ruhr Nachrichten* in Essen, Jens Feddersen (FELDMANN)[9], seit 1961 Chefredakteur der *Neuen Ruhr-Zeitung/ Neuen Rhein-Zeitung* in Essen, und mit Erich Brost (BORSCHT), dem Chefredakteur und Herausgeber der *Westdeutschen Allgemeinen Zeitung* in Essen, gab es nur Zufallskontakte oder Planungen, beispielsweise für Liebscher, auf den der BND seinen Verbindungsführer KLAIS erst ansetzen wollte.

Regierungssprecher Klaus Bölling erhielt Mitte der siebziger Jahre aus dem Kanzleramt eine Liste der CIA, auf der überwiegend amerikanische Korrespondenten standen, die für Washingtons Dienst aktiv waren, aber auch vier für den BND tätige deutsche Journalisten waren dort verzeichnet: Jens Feddersen im Inland sowie drei im Ausland.

Josef Terharn zählt als unter der Kategorie III geführter Redakteur offensichtlich zu den Opfern einer nachrichtendienstlichen Registratur, die sich nicht erklären können, aus welchen Gründen sie als Pressesonderverbindung geführt wurden. Nicht einen einzigen Kontakt zum Bundesnachrichtendienst hat Terharn – nach eigenem Bekunden – gehabt[10]. Und verwundert zeigt er sich über seinen Decknamen TELGTE, denn in dem gleichnamigen westfälischen Ort hatte er seinerzeit gewohnt. Ob es sich dabei um nicht nachprüfbare »Fleißkärtchen« der BND-Verbindungsführer handelte oder um das, was aus der Debatte um die MfS-Akten als IM-Vorlauf bekannt wurde, läßt sich heute nicht mehr klären.

Erich Brost, Jahrgang 1903, war bis 1936 Redakteur der *Danziger Volksstimme* und Mitglied im Volkstag Danzig, dann als Emigrant in England, Polen, Schweden und Finnland journalistisch tätig, nach Kriegsende in Essen und Berlin. Der hochdekorierte Journalist[11], eine Schlüsselfigur beim Aufbau der SPD-nahen Presse nach 1945, hielt Ende der vierziger Jahre im Auftrag des SPD-Parteivorstands die Kontakte zu den alliierten Dienststellen in Berlin und vermittelte beispielsweise im Februar 1948 ein Gespräch mit einem US-Geheimdienstler, der die Chancen eruierte, wie die SPD den Widerstand in der Ostzone unterstützen könne[12]. In einem undatierten Brief an den SPD-Parteivorstand erläuterte Siegfried Neumann, Leiter der Filiale des Ostbüros in Berlin, daß das Büro Brost als Anlaufstelle für durchleuchtete Besucher aus dem Osten diene, es werde »für ähnliche Zwecke, Hilfsdienste für das Ostbüro Hannover, Besorgung von Travel-Orders, Auffangstelle für Informationen, gelegentliche Besuche von V-Leuten und als Ort für Konferenzen zwischen Hannover und V-Leuten benutzt. Allerdings werde auch das Büro Brost den Anforderungen konspirativer Arbeit in keiner Weise gerecht[13].«

Selbst in der Landeshauptstadt Nordrhein-Westfalens verfügte der

BND nur über zwei lose Kontakte ohne Verbindungsführer zu Dr. H. Eich (EBER), dem Hauptschriftleiter der *Düsseldorfer Nachrichten,* und zu P. Langhelm (LONG) von der *Rheinischen Post.* Als Formalkontakt führte ELZE aber die freie Düsseldorfer Journalistin Dorothea von Weltzin (WILHELMINE).

In der Medienstadt Köln zeigte Pullach hingegen Präsenz. Zu den örtlichen Tageszeitungen gab es fünf lose Verbindungen: beim *Kölner Stadt-Anzeiger* zu dessen Chefredakteur Dr. Joachim Besser (BIRKEL)[14] und bei der *Kölnischen Rundschau* zu ihrem Chefredakteur Dr. Rudolf Retzler (HILMER), zu Helmut Rathert (RASSMUSSEN)[15], zu Jürgen Jagla (JÖRG)[16] sowie zum politischen Redakteur Werner von Lojewski (LIEBE) in Bonn.

Bei Werner von Lojewski wollte der BND möglicherweise an dessen frühere Erfahrungen im Dritten Reich an der Nahtstelle von Journalismus und Nachrichtendienst anknüpfen; im Dritten Reich war er journalistischer Leiter der geheimdienstlich beeinflußten Transocean-Agentur des Propagandaministeriums und damit Chef von 40 Auslandskorrespondenten gewesen[17].

Der Lokalredakteur der *Kölnischen Rundschau* für die Eifel-Ausgabe, Peter Felten, wurde 1979 in der DDR zu zwölf Jahren Haft wegen Spionage verurteilt. Sein Arbeitgeber allerdings war das Bundesamt für Verfassungsschutz, für das er da seit 1974 Jahren gearbeitet und in dessen Auftrag er Spielmaterial über das Kampfflugzeug Tornado in den Osten geliefert hatte. Nachdem er im Mai 1982 zusammen mit fünf BND-Agenten gegen Christel Guillaume, die Frau des Kanzlerspions bei Willy Brandt, ausgetauscht worden war, bekannte er im *ZDF*, die DDR-Behörden hätten ihn zu Recht verurteilt und seien gut über ihn unterrichtet gewesen[18].

Zwei weitere IIIer-Verbindungen im Rheinland bestanden zu der katholischen Wochenzeitung *Rheinischer Merkur,* nämlich zu ihrem Chefredakteur Dr. Anton Böhm (BRÜHL) und zum Redakteur der Bonner Vertretung Paul Wilhelm (WILKEN), für den BND-Mann DANKERS als künftiger Verbindungsführer eingeplant war.

Der Herausgeber des *Rheinischen Merkur,* Professor Otto B. Roegele, zählte auch 1978 noch zu den Tischgästen von BND-Präsident Wessel in Pullach[19] und war als Vorsitzender der Gesellschaft katholischer Publizisten, als Direktor des Münchener Instituts für Zeitungswissenschaften und als Abteilungsleiter der Hochschule für Fernsehen und Film ein einflußreicher Mann. In der BND-Aufstellung vom März 1970 erscheint Roegele nicht, doch Manfred Bissinger konnte aus den Langemann-Papieren nachweisen, daß er unter dem Decknamen DR. RICHARD in den sechziger und siebziger Jahren für den Bundesnachrichtendienst gearbeitet hat[20]. Die Karriere des einflußreichen Kirchenpublizisten beim *Rheinischen Merkur* begann 1946 mit freier Mitarbeit. Zwei Jahre später war er Ressortchef in der Kulturpolitik und 1949 bereits Chefredakteur, seit 1963 Herausgeber des Blattes[21]. 1970 wurde der Arbeitskreis für das Studium internationaler Fragen e.V. gegründet und Roegele dessen Vereinsvorsitzender. Zehn Jahre später verfügte dieser Verein über ein Vermögen von 480000 DM, und ein großer Teil dieser Summe kam aus dem Haushaltstitel »Positiver Verfassungsschutz« des bayerischen Innenministeriums[22].

Doch nicht nur der Herausgeber und einer der Chefredakteure des *Rheinischen Merkur* wurden von Pullach zu den PR-Agenten gezählt, auch Journalisten, die auf der Liste vom März 1970 nicht erfaßt waren, haben sich in der Wochenzeitung als publizistische Frontkämpfer der westdeutschen Nachrichtendienste betätigt. Wilhelm F. Rochelius wetterte beispielsweise am 2. Dezember 1960 in seinem Artikel »Es ist so leicht Spion zu sein« anläßlich des Spionagefalls des SPD-Abgeordneten Frenzel: »Dazu kommt, daß es in der Bundesrepublik jenes trübe Lager gibt, das unter dem Schutz der Meinungsfreiheit direkt oder indirekt, bewußt oder unbewußt dem Landesverrat geistig Vorschub leistet.« Und im November 1968 verbreitete die Tageszeitung die in Pullach gern gelesene Desinformation: »Der BND beschafft Nachrichten ausschließlich außerhalb Deutschlands[23].«

Beim Bonner *Generalanzeiger* führte BND-Dienststellenleiter ELZE mit dem Hauptschriftleiter Edmund Els (EFFNER) einen wichtigen Formalkontakt. Edmund Els ist vor Jahren verstorben, und sein gleichnamiger Sohn, heute stellvertretender Chefredakteur beim *Generalanzeiger,* erinnert sich nur, daß sein Vater auf einer schwarzen Liste der DDR stand und deshalb dort nicht einreisen durfte. Aber auch auf den Sohn war der Bundesnachrichtendienst zugekommen. Els junior hatte sich Mitte der sechziger Jahre auf verteidigungspolitische Themen spezialisiert und war, bevor er auf der Hardthöhe Einsicht in Verschlußsachen nehmen konnte, sicherheitsüberprüft worden. Auslöser der Kontaktaufnahme durch den Nachrichtendienst war ein Besuch der Leipziger Messe durch Els und eine wenig später bei Berolina gebuchte Stadtrundfahrt in Ost-Berlin. Aus Köln sei der BND-Mann gekommen, erinnert sich Els junior,und der habe auch den Grund für eine achttägige Moskaureise im Jahre 1963 wissen wollen. Els' Auskünfte waren offensichtlich unbefriedigend. UTRECHT – wie sich der BNDler nach der Erinnerung von Els nannte – besuchte ihn noch zweimal zu Hause, um ihn nach den Motiven seiner Ostreisen und zu seiner journalistischen Arbeit zu befragen[24].

Zu den linksrheinischen Regionalzeitungen waren die Pullacher Beziehungen – laut Aktenlage – deutlich enger. So führte Frau DR. REUTER mit Dr. Herbert Leicher (Deckname LERCHE), dem Hauptschriftleiter der *Rhein Zeitung,* eine erstrangige Verbindung in Koblenz. Der heute 73jährige, 1970 beim BND unter V-Nr. 56206 geführt, beteuert hingegen, weder telefonisch noch persönlich je Kontakt zu BND-Angehörigen gehabt zu haben[25]. Ergänzt wurde die Linie in die *Rhein Zeitung* durch lose Beziehungen zu deren Chefredakteur Helmut Kampmann (KÖSLIN)[26], der sich ebenfalls an BND-Kontakte nicht erinnern kann[27].

Elze betreute eine IIer-Linie zu Rolf Wesenberg (WITZEL), dem Lokalredakteur der *Mainzer Allgemeinen Zeitung,* ergänzt durch eine IIIer-Beziehung zu Klaus Rein (RHEINGOLD) im selben Blatt. Rein, heute stellvertretender Chefredakteur des *Wiesbadener Tagblatts,* kann sich an seinen Zufallskontakt mit dem BND auch heute noch gut erinnern. Als junger Volontär war er in der Landeshauptstadt von

Rheinland-Pfalz auf eine mit dem Bundesadler geschmückte Behörde gestoßen, die weder die Stadtverwaltung noch irgend jemand in Landesdiensten einordnen konnte. Auf der Suche nach dem Träger der »Hauptstelle für Befragungswesen« (BEFRA), deren Mitarbeiter selbst keine Auskunft gaben, wandte sich Rein schließlich an das Bundeskanzleramt. Daraufhin bekam er jedoch einen Anruf aus Pullach, der ihn von der Harmlosigkeit der BND-Filiale, die sich doch nur bei Übersiedlern nach ihren Lebensumständen erkundige, überzeugen sollte. Mittlerweile jedoch hatte sich ein Kollege von Rein, der Tschechisch sprach, undercover in die BEFRA in der Bahnhofstraße eingeschlichen und bestätigt gefunden, daß es dort nicht um Fürsorge, sondern um Spionage ging. Der Artikel, der dann in der *Mainzer Allgemeinen Zeitung* erschien, machte Furore, die Nachrichtenagenturen griffen das Thema auf, was schließlich sogar zu einer Anfrage im Bundestag führte[28].

An der Saar bestand nur eine lose Verbindung zu Dr. Wolfgang Saile (SAGANZ), dem Chefredakteur der *Saarbrücker Zeitung.* Und in Hessens regionalem Blätterwald führte der BND, ohne einen Verbindungsführer einzusetzen, nur den Zufallskontakt zu Hermann Dexheimer (DRUSUS)[29] auf, seit 1965 Chefredakteur des *Wiesbadener Tagblatts.* Wie nützlich auch lose Beziehungen – über Abschöpfgespräche hinaus – sein können, macht eine andere BND-Verbindung zu dieser Zeitung deutlich. Ein promovierter Jurist aus Mainz sollte zum 1. Oktober 1983 mit der Vergütungsgruppe BAT 2A beim BND eingestellt werden. Da er für den sensiblen Bereich Sonderoperationen vorgesehen war, sollte er seine konspirative Arbeit gleich unter der Legende eines Volontariats beim *Wiesbadener Tagblatt* aufnehmen.

»Die Sicherheitsüberprüfung aus Pullach war bei ihm besonders gründlich und langwierig. Während das Einstellungsreferat dem künftigen Kollegen aufgrund einer Voranfrage bei der Sicherheit suggerierte, die Formsache sei bald abgeschlossen, spürte der Jurist in seinem Umfeld von der Sicherheitsüberprüfung mehr, als ihm lieb war. Nachdem er einen empörten Anruf seiner ehemaligen Lebensgefährtin wegen einer BND-Befragung zu seiner Person gerade noch als Irrläufer abtun konnte, schrieb er am 31. August 1983 verärgert nach Pullach: ›Mit großer Verwunderung habe ich heute Ihr Schreiben vom 29.8. dieses Jahres erhalten, mit dem von mir nochmals Angaben erbeten werden, die Ihnen z.T. schon bekannt sein müßten, bzw. die ich außerstande bin noch zu liefern. Bei dieser Gelegenheit möchte ich Ihnen gegenüber kein Hehl aus meiner Enttäuschung darüber machen, wie zögerlich das Prozedere sich nunmehr über viele Monate hinzieht. Bei vollstem Verständnis für alle Sicherheitsbelange erforderte es von mir ein ständig steigendes, nun jedoch volles Maß an Interesse an der Sache, Einsatzbereitschaft und Geduld. Erschwerend kommt hinzu, daß mir Ihre Vorgehensweise eine Operation zu gefährden scheint, die von der Grundkonzeption her hervorragend durchzuführen ist. Aufgrund meiner Ihnen wohlvertrauten beruflichen Situation würde dies jedoch eine unverzügliche, wenn nicht sofortige Abklärung einer ganzen Reihe von Fragen und Details im direkten Kontakt voraussetzen. Ferner bitte ich nicht die Erklärungsnöte von jemandem zu unterschätzen, der, wie allseits bekannt, längst seinen Anstellungsvertrag zum 1.10. bei der Presse in der Tasche hat, über den dennoch in seinem persönlichen Umfeld noch staatlicherseits Ermittlungen angestellt werden. Daß hierbei ständig wechselnde Anstellungsbehörden ins Spiel gebracht werden, ist für mich nicht gerade eine Erleichterung. Zumindest eine einheitliche Sprachregelung hätte ich für sehr vorteilhaft gehalten.‹

Die Angaben, die der BND von seinem künftigen Agenten so dringlich erbeten hatte, bezogen sich auf die Reaktion der *Frankfurter Rundschau* auf eine Bewerbung im Januar 1983 (Absage postwendend), auf weitere Fahrteilnehmer einer Reise mit einer Studentenverbindung 1978 nach Leipzig und auf Name und Anschrift der Studenten, die ihm 1973 in Frankreich den Tip mit dem Ferienjob bei der DSG (Deutsche Schlafwagengesellschaft, d. Verf.) gegeben hatten.

Doch der angehende Volontär konnte weder die Kommilitonen aus zahlreichen westdeutschen Universitätsstädten ermitteln, die mit ihm in Leipzig gewesen waren, noch den Ratgeber nennen, der ihm zehn Jahre zuvor nahegelegt hatte, sich während des Studiums als Schlafwagenschaffner zu verdingen. An dieser letzten Gedächtnislücke scheiterte die Rekrutierung des neuen Spions. Der Unterabteilungsleiter in der Sicherheit Siegfried Barth (IMHORST), heute Vizepräsident des BND, widerrief die vorläufige Einstellungsfreigabe in letzter Minute und führte zur Begründung an, der Anwärter habe als Schlafwagenschaffner bei der DSG gejobt, und die seien bekanntlich alle vom Ministerium für Staatssicherheit der DDR irgendwann angesprochen worden, weil sie Reisedokumente verwahren und möglicherweise nächtlich in Zügen beobachten, was zur Erpreßbarkeit von Personen geeignet sein könnte.

Als die amtliche Absage kam, war der sprachkundige Jurist bereits bei der Zeitung, und so machte er notgedrungen aus seiner Legende einen Beruf. Bis 1984 arbeitete der Journalist im Politikressort des Regionalblatts und wechselte dann nach Bonn. Vom BND verlangte der verhinderte Agent Schadensersatz in Höhe von sechs Monatsgehältern, und nach interner Prüfung in Pullach erhielt er sie ohne jeden Rechtsstreit«[30].

Dr. Gerhard Ziegler (ZEITLER), Redakteur der *Frankfurter Rundschau* (*FR*), und Volkmar Hoffmann (HILLE), der Bonner Vertreter der *FR,* waren wohl fälschlich in die Kategorie III eingeordnet worden. Hoffmann interessierte sich beruflich für Geheimdienstangelegenheiten. Im Januar 1968 berichtete er beispielsweise über eine Sitzung der Parlamentarischen Kontrollkommision zur Entführung von Südkoreanern durch ihren Landesgeheimdienst[31], im Dezember 1969 über die Kontrolle des BfV-Etats durch den Unterausschuß des Haushaltsausschusses[32] oder im Januar 1970 über einen angeblichen Vorteil der Notstandsgesetzgebung: »Abhören künftig nur noch nach Prüfung[33].« Im Rahmen seiner Recherchen hatte er – zunächst telefonisch – Kontakt mit dem Bundesnachrichtendienst gesucht, woraus mit der Zeit intensivere Kontakte entstanden. Es blieb nicht bei einem

Telefonkontakt mit ELZE, sondern der Frankfurter wurde zum Essen nach Pullach geladen, speiste mit dem BND-Präsidenten Wessel ebenso wie mit dessen Vize Dieter Blötz. Zweimal – erinnert sich Hoffmann 1997 – war er auch zu Hintergrundgesprächen in konspirative Wohnungen des BND in München eingeladen worden, beide Male begleitet von Gerhard Ziegler. Meist hatte er von seinem jeweiligen Gesprächspartner aus Pullach befriedigende Auskünfte erhalten, nur gelegentlich blieben heiklere Fragen unbeantwortet. Häufig hatte er mit seinem Kollegen Carl Schopen (SCHEER), der als Korrespondent für mehrere Tageszeitungen arbeitete, im Pressehaus I auf dem Bundestagsgelände gleich gemeinsam zum Hörer gegriffen, wenn in Bonn Geheimdienstfragen auf der Tagesordnung standen[34]. Irgendwann jedoch muß Hoffmann bei seinen Tischherrn im Isartal in Ungnade gefallen sein, denn 1970 war HILLE für die weitere nachrichtendienstliche Nutzung gesperrt. Doch als Journalist blieb er am Thema. Er berichtete zum Beispiel über die Skandale um den Bundesnachrichtendienst – illegale Waffengeschäfte, Inlandsaufklärung und Instrumentalisierung von Medienvertretern für nachrichtendienstliche Zwecke –, die 1974 im Umfeld des parlamentarischen Untersuchungsausschusses an die Öffentlichkeit drangen.[35]

In Pullach selbst versteht man es meist noch recht gut, Geheimnisse auch geheimzuhalten, dafür sickern die Informationen aus dem Innenleben des Bundesnachrichtendienstes dann häufig von Bonn aus in die Öffentlichkeit. Folglich haben Korrespondenten von Regionalzeitungen in der Hauptstadt – wie HILLE und SCHEER – auch regelmäßig mit Geheimdienstangelegenheiten zu tun. Im Rahmen ihrer Promotion »Berichterstattung aus dem Dunkel der Geheimdienste. Journalisten auf verlorenem Posten?« hatte Mechthild Winkelmann deshalb 1992 alle Angehörigen der Bundespressekonferenz in Bonn um die Beantwortung eines Fragebogens zu ihrer Themenstellung gebeten. Doch von den 289 angeschriebenen Journalisten antworteten nur 21[36], von denen 17 selbst in ihren Blättern über Geheimdienstfälle berichtet hatten. Repräsentative Ergebnisse kamen so natürlich nicht zustande, allenfalls Tendenzaussagen. Die Frage, ob »die Medien auch gegenüber geheimen Nachrichtendiensten ihre Kontrollfunktion ausüben sollten«, bejahten mit nur einer Ausnahme alle Befragten. Bei der anschließenden Fragestellung, ob die Medien dieser Aufgabe auch gerecht werden, mochten nur 50 Prozent zustimmen. Die Hälfte der meist altgedienten Korrespondenten zweifelte also an einer effektiven Kontrolle der Dienste durch die »vierte Gewalt«. Drei Viertel der Befragten nahmen jedoch an, daß solche Kontakte zwischen BND und Medienvertretern, wie sie im Zuge des Guillaume-Untersuchungsausschusses aufgedeckt wurden, auch noch heute existieren[37].

Der wichtigste publizistische Förderer der Nachrichtendienste in der *Frankfurter Rundschau,* Fried Wesemann, hatte die Redaktion 1970 schon längst verlassen. Im Juli 1954 schrieb Wesemann beispielsweise über erforderliche Reformen im Verfassungsschutz[38] und publizierte im Januar 1956 einen Beitrag zur Übernahme der Organisation Gehlen in den Bundesdienst, verbunden mit dem Hinweis, daß dem BND mit der Aufstellung der Bundeswehr ein neues Werbungspotential zur Verfügung stehe[39]. Im November 1953 ließ der erste Biograph des SPD-Vorsitzenden Kurt Schumacher, der Mitte der sechziger Jahre als Direktor für das Informationswesen der SPD fungierte, in dem Artikel »Abwehr oder politische Spitzelei« durchblicken, daß ihm die massive Inlandsaufklärung der Organisation Gehlen durchaus vertraut war: »Was aber wäre eine solche Organisation wert, wenn sie nicht auch in der angestammten Heimat eine starke Stütze hätte! So hat Gehlen auch über die Bundesrepublik sein Netz gespannt, und wenn die Auftraggeber bereit wären, darüber zu sprechen, würden sie Gehlen auch für diesen Bereich gern das Zeugnis bemerkenswerter Leistungen aussprechen[40].«

In Baden-Württemberg konzentrierte sich die Einflußpolitik des BND auf die Landeshauptstadt. Bei den *Stuttgarter Nachrichten* gab es gleich sieben Verbindungen, darunter drei von ELZE geführte Kontakte der

Kategorie II: Hans J. Sottorf (SIELOFF), politischer Redakteur, Erich Peter (PELLWORM), Redakteur für die Seite 3, der frisch aus der IIIer-Kategorie aufgerückt war, und Reinhard Appel (ALTHANS), politischer Schriftleiter. Appel, 1927 in Oberschlesien geboren, Kriegsteilnehmer und im September 1945 aus sowjetischer Gefangenschaft nach Berlin entlassen, begann 1946 ein Volontariat bei der *Stuttgarter Zeitung,* die er dann als Korrespondent in Bonn vertrat. Im Juli 1971 wechselte Appel als Leiter in das Bonner Büro der *Süddeutschen Zeitung,* bevor er ab 1973 zunächst als Intendant des *Deutschlandfunks* und dann beim *ZDF* Fernsehkarriere machte[41]. Reinhard Appel hat im November 1998 vor dem Berliner Landgericht glaubhaft gemacht, daß er auf keiner Station dieses journalistischen Lebensweges Vertrauensjournalist war oder mit dem Bundesnachrichtendienst zusammengearbeitet hat.

Hans Jörg Sottorf war als erster Journalist im Sommer 1967 auf die Hauptstelle für Befragungswesen des BND in der Landeshauptstadt aufmerksam geworden[42] und hatte im Zuge seiner Recherchen weder bei Landes- noch bei Bundesbehörden Auskunft über die unter dem Bundesadler firmierende Einrichtung erhalten[43]. Möglicherweise ist SIELOFF deshalb – ähnlich wie der Mainzer Redakteur Klaus Rein – vom BND offen oder unter irgendeinem Tarnvorgang kontaktiert worden.

Ebenfalls in der Kategorie II führte DR. HEIDEGGER den Redakteur der *Stuttgarter Nachrichten,* Dr. Helmut Cron (Deckname COLBERG)[44], während DANKERS mit Werner Bollmann (BRANDEL), Chef vom Dienst und Ressortleiter Politik, sowie Dr. Christoph von Imhoff (INGOLD) zwei IIIer-Kandidaten betreute. Zum Stall von ELZE zählte in der Kategorie III auch der Redakteur P. Koch (Deckname KAUFMANN).

Cron, Jahrgang 1899, war ab 1924 Redakteur beim *Mannheimer Tagblatt* und mußte seinen Platz dort auf Druck der Nationalsozialisten räumen. Daher konnte er sich bereits 1945 am Aufbau der *Stuttgarter Zeitung* und 1946 an der Gründung der *Wirtschaftszeitung* beteiligen, die später mit *Christ und Welt* fusionierte. Nachrichtendienstlich interessant dürften aber vor allem seine Funktionen als Vorsitzender des Deutschen Journalistenverbandes in den fünfziger Jahren, seine spätere Tätigkeit als Sprecher des Presserats und als Mitglied der Deutschen Unesco-Kommission gewesen sein.

In ganz Baden-Württemberg gab es nur vier weitere lose Beziehungen der Kategorie III. Das war einmal Dr. Karl Ackermann (ARON), der Herausgeber des *Mannheimer Morgens,* der von den Nazis 1934 wegen Vorbereitung zum Hochverrat verurteilt worden war und bis 1937 im Konzentrationslager gesessen hatte. Die anderen Namen: Wilhelm Greiner (GROTHE, geführt von DANKERS), Chefredakteur des *Schwarzwälder Boten* aus Oberndorf am Neckar, Jahrgang 1927 und Theodor-Wolff-Preisträger; Ludwig Wildermuth (WORNAST) von *der Süd-West Presse* in Ulm und Dr. Otto Haendle[45] (HOLBEIN), Chef vom Dienst der *Badischen Neuesten Nachrichten* in Karlsruhe, der seine journalistische Karriere 1947 als Lizenzträger eines Organs der Demokratischen Volkspartei, des *Schwabenecho,* begonnen hatte.

»Das ist ja wie bei der Stasi«, reagiert Wilhelm Greiner auf die Nachricht, daß er mit einem Decknamen und einem Verbindungsführer in der BND-Aufstellung auftaucht. »Ich habe nie mit denen Kontakt gehabt, war nie in Pullach und kann mit Sicherheit sagen, daß auch nie ein BND-Mann bei mir war«, beteuert der Pensionär heute[46].

Ludwig Wildermuth dagegen weiß, was ihn in die Akten des BND gelangen ließ. »Ich bin denen quasi zugelaufen, nachdem ich mit dem damaligen Außenminister Walter Scheol in den frühen Siebzigern nach Peking gereist war und unterwegs einen BND-Mann kennengelernt hatte«, erklärt er das Zustandekommen seiner BND-Kontakte. Sein außenpolitisches Interesse, namentlich was die Kreml- und DDR-Astrologen beim BND betraf, führte dazu, daß er von BND-Präsident Gerhard Wessel zum Hintergrundgespräch am Pool in Pullach eingeladen wurde. In den folgenden Monaten telefonierte er gelegentlich mit dem Presseverantwortlichen BAUER und besuchte in der Adventszeit BND-Vize Blötz. Überrascht war er von dem vorweihnachtlichen

Kerzenschmuck, den die Sekretärin des zweiten Manns in Pullach – seine Geliebte, Frau NELKE – entzündet hatte, und davon, daß Blötz ihm mit Herrn HEINE den »Finanzchef« des BND vorstellte, den er unter ganz anderem Namen in Hamburg kennengelernt hatte[47].

Weil er ihn als rechte Hand Genschers von Bonn her kannte, hatte Wildermuth ab 1979 auch Gelegenheit zu Gesprächen mit Klaus Kinkel, dem Nachfolger Wessels. Höflich, aber ziemlich zugeknöpft sei dieser ihm begegnet, was für ihn den Kontakt zum ersten Zivilisten auf dem Pullacher Chefsessel recht unergiebig machte. Von 1983 bis 1985 ruhte sein Kontakt auf Präsidentenebene; weder Eberhard Blum, BND-Präsident von Januar 1983 bis Juli 1985, noch der Ein-Monats-Mann an der Pullacher Spitze, Heribert Hellenbroich, fanden Gelegenheit, ihn zu sich einzuladen. Als jedoch der Karrierediplomat Hans-Georg Wieck im September 1985 das höchste westdeutsche Geheimdienstamt übernahm, durfte Wildermuth sich wieder aus erster Hand informieren und fand in Wieck einen kritischen, aber sehr ergiebigen Gesprächspartner. »Abgeschöpft oder instrumentalisiert haben die mich nie«, schildert Wildermuth eine Beziehung, in der Informationen nur in eine Richtung geflossen seien, aus Pullach nach Ulm, »nicht einmal Einfluß genommen, als ich zwei-, dreimal nicht zu außenpolitischen Fragen schrieb, sondern direkt über den Bundesnachrichtendienst[48].«

Ebenso spärlich wie in der Fläche Baden-Württembergs waren die BND-Strukturen in Nordbayern, wo lediglich Dr. W. Baumert (BUSSE), der Chefredakteur der *Main Post* in Würzburg, die beiden Herausgeber der *Nürnberger Nachrichten,* der 1976 verstorbene Dr. Josef M. Drexel (DIEBURG) und H. G. Merkel (MUND)[49], sowie Emil Philipp Schäfer (SCHÖPS)[50] von der *Nürnberger Zeitung* registriert waren.

Im Großraum München dagegen hatte Pullach die Presselandschaft weit besser bestellt – angefangen mit der erstrangigen Verbindung zu Dr. Wilhelm Reissmüller (Deckname ROTFUCHS), dem Verleger des

Ingolstädter *Donau-Kurier,* die von ELZE geführt wurde. Auch zu dem CSU-Politiker und späteren Landesvater Max Streibl pflegte der mittlerweile verstorbene Reissmüller enge Kontakte; zu seinen Duzfreunden aus den Tagen des Dritten Reichs zählte er auch Gerhard Baumann – die BND-Sonderverbindung BALLY –, der ihm seit den fünfziger Jahren als Geschäftspartner verbunden und als Publizist für ihn tätig war.

Bei der *Abendzeitung* in München bestanden zum Chefredakteur Udo Flade (FLETTNER) und zu Jochen Willke (WÜRMELEN) gleich zwei von Kurt Weiß geführte Spitzenverbindungen, dazu lose Kontakte zu Hans Dieter Wolf (WIRSCHINGER) und Volker Mysliewiec (MERTENS) sowie zu dem Reporter für den Bayernteil Olaf Steinbauer (STEINMETZ). Nach der Gründung des Boulevardblatts 1962 amtierte Erich Helmensdorfer, der uns als Vertrauensjournalist von Kurt Weiß im Kapitel über den Hörfunk noch einmal begegnen wird, neben Flade als gleichberechtigter zweiter Chefredakteur; Wolf Heckmann, 1970 als BND-Verbindung HECKER in der *Hamburger Morgenpost,* war zuvor Flades Stellvertreter gewesen.

Heute findet Udo Flade die lebhaften Bemühungen von BND-Präsident Gerhard Wessel um eine vorbeugende Imagepflege, d.h. die Schaffung eines positiven Klimas für den Fall, daß der Redakteur sich einmal mit dem BND befasse, eher lächerlich. Wie so viele Chefredakteure aus München sei er ohne jeden Anlaß zum Essen in die Pullacher Präsidentenvilla gebeten worden. Bei zähem Hähnchen aus der Kantine konnte er nicht einmal kulinarisch auf seine Kosten kommen. »Wenn Sie jemals etwas über den Bundesnachrichtendienst veröffentlichen wollen«, habe der BND-Präsident ihm jovial angeboten, »dann können Sie mich ruhig persönlich anrufen.« Anlaß dazu habe es jedoch nie gegeben, betont Flade[51].

Als reine Zufallskontakte im Bayerischen wurden in Pullach der Münchner Pressefotograf Thomas Höpker (HÖLZCHEN) und der freie Journalist Jochen Steinmayer (STÜMPFLING) aus Rottach-Egern geführt, der zuvor Moskau-Korrespondent der *Süddeutschen*

Zeitung war und Anfang der siebziger Jahre zur Hamburger *Zeit* gehen sollte.

Wilfried Scharnagl (Deckname SCHWABE), in den sechziger Jahren noch einfacher Redakteur des *Bayernkurier,* bevor er zum heutigen Chefredakteur des CSU-Parteiblatts aufrückte, wurde von Paul Münstermann (DR. HEIDEGGER) ebenfalls nur als lose IIIer-Verbindung geführt, war entweder Zufallskontakt oder Kandidat für höhere Pullacher Weihen.

Wiederbegegnet sind sich Scharnagl und Münstermann, inzwischen Vizepräsident des BND, vielfach auf den Seminaren der Hanns-Seidel-Stiftung der CSU in München; im November 1985 beispielsweise beim 6. Internationalen Politik- und Strategiesymposium, an dem auch sechs weitere BND-Spitzenleute teilnahmen, oder im November 1987 zur achten Auflage dieser Veranstaltung, wo sich unter 99 inländischen Gästen sieben ehemalige oder aktive BND-Spitzen und ebenso viele »ehemalige« Vertrauensjournalisten des Dienstes befanden[52]. Daß Mitarbeiter der Hanns-Seidel-Stiftung sich »von BND-Residenten lediglich durch einen geringeren Grad typisch nachrichtendienstlicher Ausbildung unterscheiden«[53], erklärt nicht nur, warum die Foren der CSU-Stiftung stets auch Treffpunkt oberster Nachrichtendienstler waren, sondern – laut *SPIEGEL* vom März 1980 – auch, warum der CSU-Braintrust sowohl im Fadenkreuz der CIA als auch östlicher Dienste steht.

6

Hauspostille – der *Münchner Merkur*

Eines Morgens, es war Anfang der achtziger Jahre, wurde an der Rezeption des *Münchner Merkur* ein unscheinbarer brauner A5-Umschlag abgegeben, ohne Absender und ohne Adressat. Für Rudolf Lambrecht sei der Umschlag bestimmt, teilte der Überbringer der Pförtnerin mit[1].

In dem anonymen Brief an Redakteur Lambrecht, der sich als Kritiker der CSU-Ikone Franz Josef Strauß gerade einen Namen gemacht hatte, wurden auf mehreren Seiten Interna des Bundesnachrichtendienstes ausgebreitet: die Zusammenarbeit von Baron von Guttenberg, einem Verwandten des CSU-Bundestagsabgeordneten, mit CSU-Seilschaften im Dienst, Vorwürfe gegen die Amtsführung von BND-Präsident Klaus Kinkel und zum Schluß die Geschichte, daß ein BND-Mitarbeiter in Bangkok dem Präsidenten des bayerischen Landtags Franz Heubl und seiner Frau beim Schmuggeln einer wertvollen Brosche in die Bundesrepublik behilflich gewesen sei. Lambrecht – bisher mit dem Schlapphutmilieu noch nie in Berührung gekommen – besprach den heißen Stoff mit seinem Chefredakteur und bat schließlich den BND-Pressesprecher telefonisch um ein Hintergrundgespräch. Der Pressesprecher willigte ein, nachdem Lambrecht das Thema angedeutet hatte, und bat ihn, zur Vorbereitung des Gesprächs doch eine Kopie des ihm zugespielten Papiers nach Pullach zu schicken. Doch Lambrecht lehnte ab, er wollte es erst als Tischvorlage präsentieren.

Ein Kollege in der Redaktion des *Münchner Merkur* zeigte besonderes Interesse an dem Vorgang: Wilfried Ahrens. Er war Ende der siebziger Jahre von der *Quick*, dem illustrierten Hausorgan des BND, zu dem Blatt gestoßen. Rudolf Lambrecht hegte – wie andere Kollegen auch – schon länger den Verdacht, daß der frühere *Quick*-Reporter für den Bundesnachrichtendienst arbeite. Am Vortag des Hintergrundgesprächs nun bedrängte Wilfried Ahrens seinen Kollegen, ihm das anonyme Papier zu überlassen, es wenigstens einmal in seinem Büro in Ruhe lesen zu dürfen. Als er am nächsten Tag sein Drängen verstärkte, willigte Lambrecht schließlich ein. Am frühen Nachmittag rief Lambrecht dann den BND-Pressechef an, um ihm mitzuteilen, daß es etwas später werden könne. Der sei jedoch nicht im Hause, sondern hätte wegen eines wichtigen Termins einen Abstecher in die City gemacht, teilte seine Sekretärin mit. Nach dem Telefonat ging der Redakteur des *Münchner Merkurs* in das Nachbarbüro, um etwas mit Ahrens zu besprechen, doch auch der war trotz der beginnenden Produktion der nächsten Zeitungsausgabe zu einem kurzen Auswärtstermin in der Stadt unterwegs.

Gegen 1700 Uhr fand in Pullach das vereinbarte Hintergrundgespräch statt. BND-Präsident Klaus Kinkel erschien mit seinem Pressechef und einem weiteren Mitarbeiter. Nach den Begrüßungsfloskeln bemühten sich die BNDler redlich, dem jungen Journalisten zu erklären, daß all die Informationen in dem obskuren Schreiben gar nicht zutreffen könnten. Aber Lambrecht blieb mißtrauisch, weil er zumindest die Geschichte um Heubl inzwischen bestätigt gefunden hatte. Vor allem bemühten sich die Pullacher aber, dem Journalisten das Geheimdokument aus der Nase zu ziehen. Nach einer Stunde etwa beendete Kinkel selbst das Katz-und-Maus-Spiel und verkündete stolz, der BND habe das Papier schon längst. Schließlich stehe er ja einem respektablen Nachrichtendienst vor.

Der Redakteur zeigte sich ungläubig und bat, man möge es ihm vorweisen. »Nun zeigen sie es dem Herrn Lambrecht schon«, forderte Kinkel einen seiner Mitarbeiter auf, der kurz den Raum verließ, um das Papier zu holen. Als er es in Händen hielt, konnte Rudolf Lambrecht sich ein Grinsen nicht verkneifen. Präsentiert wurde ihm nämlich eine Kopie mit den Unterstreichungen, die er zuvor eigenhändig vorgenommen hatte. Und er konnte es auch nicht lassen, der Versammlung hochrangiger Geheimdienstler ihre Ungeschicklichkeit beim Schutz von Quellen unter die Nase zu reiben. »Jetzt sag' ich Ihnen mal, woher Sie das haben«, trumpfte der Redakteur auf. Das Pullacher Trio war irritiert. »Keine Namen, bitte!« wehrte Klaus Kinkel hastig ab.

Nach 1970 war vom BND immer wieder beteuert worden, seit den Aufräumarbeiten von Kanzleramtsminister Horst Ehmke habe es keine Pressesonderverbindungen mehr gegeben. Allenfalls einzelne, wenn auch hochrangige Geheimdienstbeamte hätten an der Leitung des Dienstes und dem Präsidenten vorbei der alten Gewohnheit gefrönt, Journalisten für die operative Beschaffung und das Auskundschaften von Redaktionsgeheimnissen einzusetzen. Die geschilderte Episode zeigt, daß dies an der Wahrheit vorbeigeht und daß es auch unter dem ersten Zivilisten auf dem Pullacher Chefsessel, dem ehemaligen Außenminister Klaus Kinkel, zu solchen Aktionen illegaler Inlandsaufklärung kam. Vielleicht kein Zufall, daß der Vorgang mit dem *Münchner Merkur* zu tun hatte.

»Wenn jemand kompetent ist für die Beurteilung der großen, der weltpolitischen Lage in den siebziger Jahren, dann sicher Reinhard Gehlen«, so hatte in eben diesem *Münchner Merkur* 1974 Wilhelm Ritter von Schramm, der mit dem Leiter der Abteilung Fremde Heere Ost zusammen bei Kriegsende im Haus Alaska im Oberurseler Camp King interniert gewesen war[2], Gehlens Buch »Zeichen der Zeit« gerühmt. Aus dieser vermeintlichen Kompetenz regelmäßig Honig zu saugen, lag für die Blattmacher der »großen bayerischen Tageszeitung« ganz offensichtlich nahe; denn stärker als in jeder anderen Regionalzeitung war Pullach im *Münchner Merkur* vertreten. Der BND-Verbindungsführer CASSEL führte dort mit dem Chef vom Dienst Fritz Meurer (Deckname MISTER) und Kurt Wessel (WICHERN) zwei einflußreiche Männer besonders eng.

Der BND-Mann, der Münchener Redaktionen als CASSEL oder KRIEGER beehrte, hieß bürgerlich Crome. Eine nicht einmal als geheim klassifizierte Haushaltsaufstellung des BND aus dem Jahre 1970 hatte – eine Todsünde wider die Regeln der Konspiration – säuberlich Klar- und Decknamen nebeneinander aufgelistet, so daß die Identität der wesentlichen Pressesonderverbindungsführer offen zutage trat. Für ein bescheidenes monatliches Grundhonorar von DM 300,– hielt CASSEL gleich acht wichtige Verbindungen: zum Springer-Verlag, zum Verlag von Hase & Koehler in Mainz, zur AGEA (Arbeitsgemeinschaft Ehemaliger Abwehrangehöriger), zu Winfried Martini, zum *Bayerischen Rundfunk* und zu verschiedenen Auslandsvereinigungen in Hamburg. Bei der *Süddeutschen Zeitung* und beim *Münchner Merkur* saßen seine Kontakte jeweils in der Chefredaktion. Im ersten Halbjahr 1970 scheint er besonders aktiv gewesen zu sein, denn in diesem Zeitraum waren bei der Zahlstelle in Pullach bereits DM 3312,78 an Einsatzausgaben für ihn angefallen. Das war für Johannes Crome, Jahrgang 1900, jedoch nur ein Zubrot zu seiner Beamtenpension; bis September 1962 hatte er im Rang eines Brigadegenerals beim Bundesnachrichtendienst gearbeitet. Der Anfang 1997 verstorbene BND-Offizier, im Zweiten Weltkrieg in der Außenstelle Hamburg des von Admiral Wilhelm Canaris geführten OKW-Amts Ausland/Abwehr beschäftigt, zählte zu jenen Geheimdienstoffizieren, die Gehlen aus der Erbmasse des Dritten Reichs übernommen hatte.

In der BND-Liste firmierte Kurt Wessel als stellvertretender Chefredakteur des *Münchner Merkur.* Tatsächlich war er jedoch bereits 1963 zum Chefredakteur aufgerückt, nachdem sein Vorgänger Alfons Dalma wegen seiner Verbindung zum Führer der terroristischen Exilkroaten der Ustascha, Ante Pavelic, abdanken mußte. Zwar hatte der rechtskonservative Verleger Felix Buttersack[3] diesen lange beschützt, als die Affäre aber immer weitere Kreise zog, mußte Dalma seinen Stuhl im *Münchner Merkur* räumen.

Auch Wessel (BND V-Nr. 56244) war den damaligen Eigentümern des *Münchner Merkur* ergeben, mehr aber noch den Spitzen der CSU.

Während der NS-Zeit war er Feuilletonredakteur bei den *Breslauer Neuesten Nachrichten* gewesen und galt deshalb nach dem Krieg als unbelastet. Theodor Heuss nahm ihn 1946 in der Heidelberger *Rhein-Neckar-Zeitung* unter seine Fittiche. Über die *Stuttgarter Zeitung* und die *Deutsche Zeitung* kam er 1961 zum *Münchner Merkur.* Kurt Wessel war stramm deutschnational ausgerichtet, wie beispielsweise seine Begründung der Notwendigkeit von Notstandsgesetzen im November 1967 erkennen läßt: »Die in der Tat leidigen Vorbehaltsrechte, die sich die Schutzmächte im Deutschlandvertrag vorbehalten haben, würden wegfallen, wenn die Bundesrepublik ein eigenes Notstandsgesetz bekäme. Soll im Ernstfall ein amerikanischer, britischer oder französischer General die Macht in die Hände nehmen[4]?«

Im Gratulationsartikel des *Münchner Merkur* zum sechzigsten Geburtstag seines »trinkfesten« Chefredakteurs im Mai 1968 schimmerte der machtbewußte Lebemann durch: »Da sind jene unvermittelten Ausbrüche in der Redaktionskonferenz, der Umschlag von Geduld zu großer Ungeduld, da stehen neben dem Ausdruck bacchantischer Lebensfreude beschauliche und eher skeptische Gespräche über die Geschichte, die Zukunft, das Dasein[5].«

Wessels Entscheidung war es auch, den Romanautor Hans Hellmut Kirst, der als liberales Aushängeschild des Blatts Filmkritiken für das Feuilleton schrieb, aus der Redaktion zu drücken. Beim BND-Agenten Günther Heysing in Hamburg war Kirst bereits 1960 in Ungnade gefallen, weil sein Bestseller »Fabrik der Offiziere« »für die Weckung und Erhaltung des Verteidigungswillens in der BRD sehr schädlich« gewesen sei. Nachdem Heysing mit seinen Versuchen gescheitert war, den *stern*-Verleger Gerd Bucerius zum Verzicht auf den Vorabdruck eines Kirst-Romans zu bewegen, forderte er in seinem Bericht 613 vom 8. Mai 1963 seinen Pullacher Chef auf, dafür zu sorgen, daß Kirst »aus dem Redaktionsstab des *Münchner Merkur* eliminiert wird«[6] Dr. Paul Pucher, der als Politik-Chef zum *Münchner Merkur* gekommen war, sprach Wessel auf den Rausschmiß des renommierten Journalisten Kirst an und fragte ihn direkt, ob hinter dieser Maßnahme der BND, namentlich sein Agent Günther Heysing, stecke. Wessel wurde bleich und suchte diverse Ausflüchte, bestätigte aber schließlich den Sachverhalt.

Heysing hatte seine Anti-Kirst-Kampagne seinerzeit auch über den Verband Deutscher Soldaten (VdS) geführt und angeregt, im VdS-Organ *Soldat im Volk* zu verbreiten, Kirst habe sich in seinem Roman »Die Nacht der Generale« plagiatorisch aus dem amerikanischen Krimi »Der scharlachrote Mund« bedient. Es sei doch Zeit, Kirst und dem Kindler-Verlag einmal die »Macht der Generale« zu demonstrieren. Beim VdS war er mit seinem Begehren offensichtlich an der richtigen Adresse, denn im November 1968 schrieb der BND-Konfident Gerhard Baumann (Deckname BALLY), Chefredakteur von *Soldat im Volk,* vertraulich an Lothar Lohrisch, den Verleger der vom BND finanzierten Edition E in Köln: »Wir haben seit Jahren im VdS ein eigenes Referat Diffamierung, und der Bieringer hat einen beachtlichen Stapel Material gesammelt; auch in meiner Zeitung finden Sie allerhand Anhaltspunkte.«

Hans Hellmut Kirst hatte es den Inquisitoren in der Pullacher PR-Holding offensichtlich angetan, denn drei Jahre später, am 14. Mai 1966, trat Guido Zöller, Redakteur beim *Rheinischen Merkur,* wiederum an Gerhard Baumann mit der Bitte heran, zur Verfilmung des Kirst-Romans »Die Nacht der Generale« in den USA in seinem Blatt eine »neue Attacke zu reiten«. Den Tip, den Münchner Publizisten anzusprechen, hatte Zöller vom Oberregierungsrat Wünsche im Presse- und Informationsamt der Bundesregierung erhalten. Da Wünsche es jedoch versäumte, das erbetene Material nach München zu schicken, kam der Artikel nicht zustande[7].

Kurt Wessel, der als Moderator der Fernsehsendung »Unter uns gesagt« auch beim *Bayerischen Rundfunk* Politik machte, hatte mit Dr. Michael Naumann 1969 einen neuen Mitarbeiter für den *Münchner Merkur* rekrutiert, der 1985 zum Leiter des Rowohlt-Verlags in Reinbek bei Hamburg werden sollte und heute die amerikanische Verlagstochter Henry Holt des Holtzbrinck-Konzerns führt. Auf der

BND-Aufstellung vom März 1970 stand der damals 29jährige noch als Redakteur der Zeitschrift *»M«* in München, die Verlegerssohn Hubert Burda gegründet hatte, unter dem Decknamen NORDDORF. Geführt wurde der angebliche »Zufallskontakt« vom Dienststellenleiter 923 ELZE selbst, aber Naumann hatte auch andere Beziehungen ins Isartal – als Schwiegersohn von BND-Präsident Gerhard Wessel. Als frischgebackener Redakteur des *Münchner Merkur* war er bereits mit Christa Wessel verlobt, heiratete die Marktforscherin im selben Jahr. Seine verwandtschaftlichen Beziehungen in den Bundesnachrichtendienst waren in der Redaktion bekannt. BND-kritische Beiträge voller Detailwissen publizierte Naumann erst ein Jahrzehnt später in der *Zeit,* nachdem Klaus Kinkel seinen Schwiegervater, der seinen Nachfolger nicht schätzte, als Präsident in Pullach abgelöst hatte. Als er – nach einem Intermezzo als Hochschullehrer – 1979 zur *Zeit* zurückkehrte, übernahm er die erste Dossier-Redaktion und füllte innerhalb eines Jahres gleich drei Dossiers mit Geheimdienstthemen. Zunächst veröffentlicht er im Februar 1979 zum DDR-Ministerium für Staatssicherheit[8] und zitiert dabei mehrfach BND-Mitarbeiter; dann greift er im November 1979 gemeinsam mit Josef Joffe den Nachfolger seines Schwiegervaters, Klaus Kinkel, wegen des Zugangs israelischer Agenten zu inhaftierten Palästinensern an und nimmt sich im März 1980 die Lauschangriffe durch den BND vor[9].

Der Chef vom Dienst des *Münchner Merkur* »Fritzl« Meurer, die andere erstrangige Verbindung von CASSEL, war bis Kriegsende Mitarbeiter der *Münchner Neuesten Nachrichten* gewesen, des Vorläufers der *Süddeutschen Zeitung.* Dort war er als glühender Nationalsozialist zu Redaktionskonferenzen regelmäßig in seiner SA-Uniform erschienen. Immer wieder wärmte er die Geschichte auf, wie er eines Abends in der Redaktion einen Anruf von seinem Führer bekommen habe. »Schreiben Sie quer über die Seite«, habe Hitler ihm befohlen, »›Deutschland verläßt den Völkerbund‹.« Daß er dies nicht quer setzen könne, aber besonders fett, habe er, Fritz Meurer, geantwortet und damit Gnade vor den Augen des Führers gefunden. Daß er aber, als die *Münchner Neuesten Nachrichten* als *Süddeutsche Zeitung* wiedererstanden, dort – offensichtlich wegen seines tiefbraunen Überschwangs – keinen Platz fand, hat ihn sein Leben lang betrübt. Und so entwickelte er sich zum Prototyp des Scheindemokraten, vor dem der Frankfurter Publizist Jacob Altmaier bereits 1947 warnte, »jene Heldenbarden des Nationalsozialismus und jene teilweise wieder untergeschlüpften Goebbelsdiener … oder jene Chamäleons, die zwölf Jahre unter dem Strich auf den Strich gegangen sind und heute als Betschwestern eines neuen Kultur-Mystizismus und der Außenpolitik ihre kleinen Schadenfreuden und ihre großen Schmerzen abreagieren«[10].

Dabei gab es im *Münchner Merkur* journalistische Höhepunkte für den »Arschtreter«, wie er in der Redaktion – zumeist AT abgekürzt – getauft worden war. 1956 durfte er Bundeskanzler Adenauer auf seiner historischen Reise nach Moskau begleiten. Dies hatte der Vertreter einer Regionalzeitung wohl »seinem« Moskau-Korrespondenten Heinz Lathe zu verdanken, den der *Münchner Merkur* sich mit anderen Medien teilte.

Heinz Lathe wurde beträchtlicher Raum im Blatt eingeräumt, so neben häufigen politischen Analysen und Berichten ganze Sonderseiten über die »Revolution des Jahrhunderts. 50 Jahre nach Rußlands Rotem Oktober« oder Serien über seine Reisen durch Sibirien.

Wenn der Kreml-Astrologe in die Münchner Redaktion kam, nahm Meurer ihn immer gleich beiseite und sicherte sich die News aus der Hauptstadt der Sowjetunion. Dabei waren sich die politischen Redakteure sicher, daß Lathe seinen Mentor im *Münchner Merkur* immer nur als zweite Anlaufstelle in Bayern wählte und zuvor in Pullach aus dem Nähkästchen geplaudert hatte.

Die »Sturmzeichen über Rotchina«, so seine Schlagzeile am 9. Januar 1967, waren ein Markenzeichen Meurers im *Münchner Merkur:* »Wir haben, von manchen belächelt, immer die Meinung vertreten, daß sich in Peking ein erbitterter Machtkampf abspiele, ein Kampf, bei dessen Verlauf man sich zunächst an Personen und Namen halten muß, weil das Ringen um den politischen Kurs erst später sichtbar wird ... Nur soviel scheint sicher, daß sie blutig verlaufen und im Zeitpunkt der Entscheidung, gleich, wer Sieger bleibt, ein Umsturz in Peking gewähren wird[11].« Am 10. Januar 1967 kommentierte Meurer erneut das »China-Chaos und die Folgen«, und am 18. Februar widmete er sich unter der Überschrift »Die vergoldeten Affen« ein weiteres Mal den Machtkämpfen im Reich der Mitte.

Als Buchautor wandte sich Pullachs MISTER 1974 einem eher exotischen Aspekt chinesischer Politik zu, einer Biographie der Frau von Mao Tse-tung[12]. »Sein« Buch über Tschiang Tsching erhob der Chefredakteur im *Münchner Merkur* zur Pflichtlektüre, und als er einen Volontär abends allein antraf, fragte er ihn, ob er sein Buch gelesen habe. Nur durchgeblättert, gestand der junge Mann. Meurer ergriff die Chance, ihm gleich ein Highlight seines Werks zu vermitteln. Finger wie Lilien habe die First Lady des Reichs der Mitte, begann er zu schwärmen. Auf die unverblümte Frage seines Volontärs, woher er, der doch noch nie einen Blick über die chinesische Mauer geworfen habe, dies und all die übrigen Dinge denn wisse, lächelte Meurer bedeutungsvoll: »Da muß man besondere Quellen haben.«

Meurer war nicht nur mit extremen Konservativen wie Caspar von Schrenck-Notzing eng befreundet, sondern zeigte auch antisemitische Tendenzen. Beim Sechstagekrieg 1967 oder während des Yom-Kippur-Krieges 1973 schlug er in Redaktionskonferenzen immer wieder Kommentare vor, die betonen sollten, daß die Israelis gegen die Araber auf keinen Fall gewinnen könnten. Schreiben durfte er sie jedoch nicht, weil die Kollegen sich scheuten, offenen Antisemitismus ins Blatt zu nehmen.

Anknüpfen konnte der Bundesnachrichtendienst bei dem Chef vom Dienst des *Merkur* an verwandtschaftliche Bezüge zu Nachrichtendienstlern in der Abwehr des Dritten Reichs. Mit dem 1944 im Westen gefallenen Hauptmann der Abwehr und dem 1964 verstorbenen Fregattenkapitän der Reserve führt die Totenliste der AGEA vom Juni 1969 gleich zwei Meurer auf[13].

Neben Meurer und Wessel wurde 1970 vom BND für den *Münchner Merkur* eine lockere Verbindung mit dem später zur *Welt* gewechselten Redakteur für Außenpolitik Enno von Loewenstern[14] (LOCKE) angegeben. Sein Bruder, Otto von Loewenstern, Redakteur beim *SPIEGEL,* wurde ebenfalls von Pullach betreut. Gewöhnlich beschäftigte sich Enno von Loewenstern mit der US-Politik, schrieb Ende der sechziger Jahre über den Vietnamkrieg oder die Rassenunruhen in den Vereinigten Staaten, die im *Münchner Merkur* als »Neger-Terror« firmierten. Doch im Mai 1968 kommentierte er auch die Entwicklungen in der ČSSR: »Dubceks Leute kämpfen ums nackte Überleben, und zwar an drei Fronten. Die militärische: Man mag es für undenkbar halten, daß die Sowjets einfach von sich aus einmarschieren. Die wirtschaftliche: Man muß den Russen nicht zutrauen, daß sie einem ihrer wichtigsten Partner zu ihrem eigenen Schaden Kredite und Rohstoffe verweigern. Aber die innere: In Beziehung zu Nowotny stehen nicht nur 45 Apparatschiks. Millionen müssen um ihre Existenz bangen, wenn eine gnadenlose Ent-Nowotnisierung kommt[15].« Der »undenkbare« Einmarsch erfolgte dann drei Monate später, von Loewenstern hatte sich geirrt. Aber dabei befand sich LOCKE in guter Gesellschaft, denn auch der Bundesnachrichtendienst hatte – nach Erkenntnissen des MfS – im Frühjahr 1968 die Entwicklung in der ČSSR »mit vorsichtigem Optimismus beurteilt. Von den Prager Reformen dürfe nicht allzuviel erwartet werden. Es dürfte feststehen, daß die ČSSR auch weiterhin ein kommunistisches Land bleibt. Die Entwicklung in der ČSSR würde sich nie allzuweit von der Sowjetunion entfernen[16].«

Als *Welt*-Mann zählte Enno von Loewenstern dann zu dem Verfolgertroß, den der Springer-Verlag auf Günter Wallraff angesetzt hatte, nachdem der 1977 in seinem Buch »Der Aufmacher«[17] die Machenschaften der *BILD*-Zeitung und ihres Stammhauses enthüllt hatte. Trat Wallraff zu öffentlichen Buchlesungen auf, war häufig auch LOCKE im Saal und wedelte ohne Scheu mit einem Stapel Papier, das er dem staunenden Publikum als Dossier der Sicherheitsbehörden über den Schriftsteller verkaufte. Aus diesen Papieren zitierend, warf er dann düstere Vorwürfe über angebliche Waffengeschäfte Wallraffs oder die vorgebliche Unterstützung von Terroristen in die Diskussion, die der Kölner Autor sämtlich gerichtlich widerlegen konnte[18].

In Bonn arbeitete der Journalist Horst Zimmermann, Jahrgang 1938, als Korrespondent für den *Münchner Merkur.* Seit 1958 als »Freier« in der Hauptstadt, war er u. a. als Korrespondent der *Frankfurter Abendpost* und für die Springer-Presse tätig. Dieser Reporter hätschelte nicht nur den BND, sondern machte PR für diverse Sicherheitsbehörden. Am 4. März 1967 veröffentlichte der *Münchner Merkur* ein Interview Zimmermanus mit dem BKA-Chef Paul Dickopf – »Wir werden ein Volk von Verbrechern« –, und im August 1967 erscheint ein Zimmermann-Bericht über einen bundesweiten Fahndungstag der Kriminalpolizei[19]. Weit nützlicher aber war ZIETSCH – so sein Pullacher Hausname – für den Verfassungsschutz. Obwohl der sowjetische KGB-Führungsoffizier Jewgenij Runge im Oktober 1967 aus eigenem Antrieb nach West-Berlin übergelaufen war und überdies zur CIA, nicht zum BND oder Verfassungsschutz, nutzt Zimmermann im November 1967 diesen Fall, um den BfV-Präsidenten Hubert Schrübbers als erfolgreichen Agentenjäger zu feiern: »Vor zwei Wochen verhörte Schrübbers persönlich den sowjetischen Meisterspion Runge in Washington. Aus diesem Gespräch nahm Schrübbers die Gewißheit mit, daß die Gegenseite heute aktiver denn je ist[20].«

Unter dem Titel »Bonn – mit Spionen leben« nahm Zimmermann wenig später Gelegenheit, aus der Leihgabe der CIA an den Verfassungsschutz weiteren Honig für die Kölner Behörde zu saugen: »Wenn nicht alle Zeichen trügen, dann stehen zumindest einigen Agenten aus aller kommunistischen Herren Länder in der Bundesrepublik schlechte Zeiten bevor ... Der Überläufer Oberstleutnant Runge hat der Bonner Spionageabwehr ein geradezu überschwengliches Kompliment gemacht.« Zugleich nutzt er die Chance zu einem Appell an gesellschaftliche Eliten, den Verfassungsschutz endlich als nützlichen Teil des Staatsapparats zu betrachten: »Haben wir schon kein allzu gutes

Verhältnis zwischen Bürger und Polizei, so kann man vom Verhältnis zu den Abwehrstellen günstigenfalls sagen, daß es weder ein schlechtes, noch ein gutes, sondern einfach gar keines gibt. Das mag beim Normalbürger – nicht zuletzt wegen unserer unseligen Vergangenheit und der damit verbundenen Erinnerungen an die böse Rolle von Gestapo und SD – durchaus zu verstehen sein. Von Ministerien und anderen Behörden und nicht zuletzt von der für die andere Seite interessanten Privatindustrie sollte man aber eigentlich erwarten, daß hier mittlerweile die Vernunft an die Stelle von Ressentiments getreten ist.«

Ein halbes Jahr nach dem Übertritt des KGB-Offiziers macht Zimmermann im *Münchner Merkur* ganz im Sinne der Nachrichtendienste Stimmung gegen die Entscheidung des Generalbundesanwalts, zwei von Runge belastete Agenten auf freien Fuß zu setzen: »Deutsche und ausländische Abwehrkreise machen sich inzwischen über die Entlassung lustig. Die Bundesrepublik ist ein wunderbares Land für Spione. Man läßt sie schon nach knapp siebenmonatiger Untersuchungshaft wieder laufen[21].«

Im November 1968 jedoch frönt ZIETSCH in der *WamS* einer Lieblingsübung von BND-Vertrauensjournalisten. Er greift den Verfassungsschutz an, zitiert einen nachrichtendienstlichen Experten: »Beim Nachwuchs wird nach allen möglichen Examen gefragt, bei den Spitzenleuten nach dem Parteibuch, nur nicht nach den Fähigkeiten auf diesem Gebiet« und gibt die Worte eines hohen BfV-Beamten wieder: »Aber wenn die Pannen vergessen sind, sind auch die guten Vorsätze für eine Verbesserung der Abwehrorganisation schnell vergessen[22].«

»Schon Wochen vor den ersten Schüssen erfuhr Bonn aus der Geheimdienstsiedlung in München-Pullach, daß der israelisch-arabische Sechs-Tage-Krieg und der sowjetische Einmarsch in Prag bevorstanden«, lobte Zimmermann im September 1971 im *Münchner Merkur* zwei vorgebliche Glanzleistungen des Bundesnachrichtendienstes. Doch dies war nur der Auftakt, um Ehmkes Amtsführung als Kanzleramtsminister unter Beschuß zu nehmen und die frisch erschienenen Gehlen-Memoiren »Der Dienst« als »große Abrechnung« zu präsentieren, die leidvolle Klage des pensionierten Ministerialdirektors, was aus »seinem« Dienst geworden sei[23].

In Gehlens Buch »Verschlußsache« mußte die Vorhersage des sowjetischen Überfalls auf die ČSSR als Krönung der Prognosefähigkeit seines Dienstes herhalten, bevor Nachfolger Gerhard Wessel sein Lebenswerk zerstört habe. Doch 1991 räumte der scheidende Vorsitzende der Parlamentarischen Kontrollkommission des Bundestags auch mit dieser Legende auf. Johannes Gerster, dem BND sonst wohlgesonnener CDU-Politiker, gab zu Protokoll, diese Information habe der BND vom israelischen Partnerdienst erhalten, beim Mossad sei sie als Abfallprodukt angefallen[24].

Auch im Mai 1973 bewies Zimmermann in der *Welt am Sonntag* Insiderwissen, als er über das Revirement bei den Abteilungsleitern und die drückenden Personalprobleme des BND bei der Anwerbung akademischen Personals berichtete. Hauptstoßrichtung seines Artikels war jedoch erneut die Schuldzuweisung an die sozialliberale Regierung, weil bei der von der neuen Ostpolitik diktierten Optik »die destillierten Erkenntnisse vielfach nicht ins Bonner Konzept« paßten. Zwar hatte die Regierung Brandt das Budget des Auslandsnachrichtendienstes für 1973 um 18,8 Prozent angehoben, aber der *Welt-Autor* blieb dem Credo der Springer-Presse treu, die Gehlens Erbe von Ehmke ruiniert sah: »Mit Geld allein ist der BND jedoch nicht zu retten. Er braucht endlich klare Direktiven aus Bonn und Ruhe«[25]. Mit der Spitze des BND waren seine Artikel nicht jedesmal abgesprochen. Als er am 2. März 1975 nämlich in einem Beitrag für die *WamS* eine BND-Lagebeurteilung zitiert hatte, erhielt er einen Anruf der Pullacher Pressestelle mit der Bitte, es doch bei der bewährten Praxis der vorherigen Abstimmung mit dem BND zu belassen. Und noch im September 1978 war Zimmermann – diesmal im Berliner *Tagesspiegel* – als Claqueur Pullachs im Geschäft. Zweispaltig berichtet er – unter Berufung auf Stimmen aus dem Nachrichtendienst und eine Stellungnahme des BND-Präsidenten Wessel – über die verbesserte Qualität des BND-Personals: »Man kann es sich leisten, auf Anhieb rund 70 Prozent der Bewerber auszusortieren, weil sie fachlich nicht gut genug sind oder den hohen Sicherheitsanforderungen nicht genügen[26].«

Als Richard Meier (MANTHEY) – vom Bundesamt für Verfassungsschutz kommend – im Mai 1970 Leiter der Abteilung I des BND wurde, fällte er ein völlig anderes Urteil über seine neuen Untergebenen. Die auf die Beschaffung geheimer Nachrichten spezialisierten BND-Verbindungsführer seien Tagediebe, die ihre Erkenntnisse weitgehend auf »Journalistengewäsch« stützten. Noch mehr schockierte ihn aber die Tatsache, daß anders als im BfV beim Bundesnachrichtendienst in den sechziger Jahren keine Trennung von den durch ihre NS-Vergangenheit belasteten Nachrichtendienstlern stattgefunden hatte. Folglich setzte er zunächst eine Säuberung des Dienstes von diesen Altlasten durch[27]. Einige der wegen ihrer dunklen Vergangenheit Geschaßten bewarben sich anschließend beim *Münchner Merkur.* Eine feste Anstellung erhielt mangels journalistischer Praxis keiner von ihnen, aber einigen nahm die Münchner Regionalzeitung eine Zeitlang mit beruflich erworbenem Wissen gespickte Artikel ab, die dann redigiert den Weg ins Blatt fanden.

Auch unter den Gastautoren des *Münchner Merkur* fanden sich regelmäßig Vertrauensjournalisten des Bundesnachrichtendienstes. Bereits im *Münchner Mittag,* dem von der US-Militärregierung in Bayern lizensierten Vorläufer des *Münchner Merkur,* hatte Hans-Georg von Studnitz, der rechtskonservative BND-Vertrauensjournalist, im Dezember 1947 vor dem Hintergrund des Abzugs der Briten aus Palästina einen detaillierten Überblick über die militärischen Kapazitäten der arabischen Anrainerstaaten gegeben[28].

Nachdem sich der frühere stellvertretende Leiter des SPD-Ostbüros Helmut Bärwald 1971 der CSU zugewandt hatte und von Franz Josef Strauß unter seine Fittiche genommen worden war, freundete sich Meurer auch mit dieser BND-Pressesonderverbindung an. Der wütende Antikommunist konnte fortan auch im *Münchner Merkur* publizieren.

Zu den Formalkontakten des BND zählte auch Hendrik van Bergh (Deckname BENTHEIM), von 1961 bis 1974 im Bundesamt für Verfassungsschutz in Köln, zuletzt als dessen Pressereferent tätig. Bereits als beamteter Nachrichtendienstler hatte van Bergh sich als Buchautor mit – so die Untertitel – »Unveröffentlichten Dokumenten über die Rote Armee« und einer »Illustrierten Geschichte der Spionage in der Bundesrepublik Deutschland seit 1945« beschäftigt[29]. Nach seiner Entlassung aus dem BfV schob er in rechtskonservativen Verlagen eine ganze Serie von Geheimdienstbüchern nach, die sich stets gegen die sozialliberale Regierung richteten[30]. Und auch als Gastautor des *Münchner Merkur* blieb er der alten, regierungsfeindlichen Geheimdienstgarde treu, als er im November 1980 Gehlens Buch »Verschlußsache« als »Testament mit Sprengstoff«, »die größte und härteste Schelte, die ein Behördenchef jemals gegen eine Bundesregierung erhoben hat«[31], vorstellte.

Zum 70. Geburtstag Reinhard Gehlens bemühte der *Münchner Merkur* am 4. April 1972 mit dem Ingolstädter Historiker Alfred Schickel einen der Autoren der Arbeitsgemeinschaft ehemaliger Abwehrangehöriger (AGEA), der »Hitlers Zweifel am Chef ›Fremde Heere-Ost‹« ausbreitete: »Als Nichtparteimitglied und überzeugter evangelischer Christ war Reinhard Gehlen dem braunen Diktator überdies nicht sonderlich genehm.« Ziel des Beitrags war es jedoch vor allem zu suggerieren, daß Gehlen nur zwei Mißerfolge als BND-Präsident verbuchen mußte: den KGB-Maulwurf Heinz Felfe und ein zeitweiliges Mißverhältnis zu Konrad Adenauer im Zusammenhang mit der *SPIEGEL*-Affäre. Im übrigen habe Gehlen, »den man viel eher für einen Privatgelehrten als für einen Spionagechef halten würde«, seinem BND den Ruf verschafft, »der beste europäische Geheimdienst zu sein«[32].

Mit Werner Erdsack (Deckname ELSENHEIMER) stand dem Bundesnachrichtendienst ein weiterer Mitarbeiter des *Münchner Mer-*

kur in Bonn zur Verfügung. In puncto Public Relations für den Bundesnachrichtendienst stand dieser Horst Zimmermann und den Gastautoren in nichts nach. Nachdem 17 systemkritische Südkoreaner vom Seouler Geheimdienst aus der Bundesrepublik entführt worden waren, suggerierte Erdsack Mitte Juli 1967, daß westdeutsche Geheimdienste an der Spitze des Widerstands gegen diese Praktiken ständen: »Kursierten hinter vorgehaltener Hand schon Informationen darüber, daß nicht nur der einflußreiche politische Ratgeber, sondern auch die deutschen Sicherheitsbehörden den Außenminister bedrängen, gegenüber den koreanischen Menschenjägern ein hartes Exempel zu statuieren[33].« Aber *Die Welt* stellte – unter Berufung auf gut unterrichtete Diplomatenkreise in Bonn – am 12. Januar 1968 fest, daß koreanische Geheimdienstbeamte schon Ende Mai 1967 »gegenüber einem Verbindungsmann (des BND; d. Verf.) in Seoul Aktionsabsichten durchblicken«[34] ließen. Und die Version, daß der BND von seinem Partnerdienst »Kugelfisch«, so der Deckname für die südkoreanischen Kollegen, vorab unterrichtet wurde, um Mißstimmungen zu vermeiden, war viel plausibler als Erdsacks Verkehrung der Fronten.

Im September 1967 bot sich Erdsack die Gelegenheit, sich zugleich beim scheidenden BND-Präsidenten Gehlen einzuschmeicheln und beim designierten Nachfolger Wessel gut Wetter zu machen. Er mußte nur den unterschiedlichen Charakteren und Methoden der beiden Spitzengeheimdienstler gleich viel Gutes abgewinnen: »Die absolute Tarnung nicht nur der Scharen von Agenten und V-Männern im Ausland, sondern auch der Beamten und Dienststellen des Auswertungs- und Führungsdienstes im Inland gehört zu den wichtigsten Erfolgsrezepten des Generals a.D. Gehlen, der nun das Pensionsalter überschritten und dem Bundeskanzler bereits einen ›Kronprinzen‹ vorgeschlagen hat: Den aktiven Generalleutnant der Bundeswehr, Gerhard Wessel, 53 Jahre alt, erfolgreicher Gehlen-Schüler und dessen langjähriger Mitarbeiter in US-Diensten vor Eingliederung des BND ins Bonner Kanzleramt. ›Vater‹ des militärischen Abschirmdienstes (MAD) und gleichermaßen qualifizierter Truppenführer wie NATO-Stabsoffizier … Seine Kameraden und Freunde schätzen ihn als ausgesprochen geselligen Typen, und sie sind sicher, daß General Wessel auch als BND-Präsident weder sich selbst noch seine Kameraden mehr als unbedingt notwendig ›verleugnen‹ würde. Im Gegensatz zum BND heutiger Prägung hat Wessel ein ausgesprochen kollegiales Verhältnis des MAD zum Verfassungsschutz gepflegt – und seine Erfolgsquote, nicht geringer als die Gehlens, rechtfertigt seine ›offene Methode‹. All diese Gegensätzlichkeiten haben ihm allerdings nie seine Beziehungen zu seinem früheren Chef Gehlen, die mehr als nur kameradschaftlich sind, trüben können. Ihr gemeinsames Motto, freilich ebenso wie die ›Innere Führung‹ der Bundeswehr ein nie vollerreichtes Ideal, lautet: ›Geheimdienst ist ein so schmutziges Geschäft, daß nur die saubersten Personen damit befaßt werden dürfen.‹ Immerhin: Auf Gehlen wie auf Wessel trifft dies zu, seit die beiden im früheren Oberkommando des Heeres, Abteilung ›Fremde Heere Ost‹, ihre Nachrichtenkarriere begannen[35].«

Der Gesamtverband der Deutschen Zeitungsverleger e.V. warnte in seinem Informationsdienst Nr. 6 vom 23. September 1949 davor, daß die Hohen Kommissare die Gefahr einer neonazistischen Presse als akut betrachten und dagegen aufgrund ihres Pressegesetzes Präventivmaßnahmen ergreifen könnten. Ihre Aufmerksamkeit richteten die alliierten Behörden zur Presseüberwachung überwiegend darauf, ob die zugelassenen Zeitungen im Geist der Umerziehung wirkten oder ob sich hier und da noch braunes Gedankengut Bahn brach. Weniger gut informiert waren die Dienststellen der Militärregierung in der Regel darüber, wie belastet die leitenden Mitarbeiter der Zeitungen als Fanfaren Hitlers waren.

Doch spätestens als das *Schweinfurter Tagblatt* den früheren NSDAP-Presseleiter für den Gau Main-Franken einstellte und als Ottmar Best, im Dritten Reich Sprachrohr der Nationalsozialisten im *Deutschen Allgemeinen Sonntagsblatt,* als Chefredakteur des in Nürnberg erscheinenden *Neuen Kurier* versprach, er wolle den Deutschen zeigen, was sie an Hitler verloren hätten, wuchs bei der US-Militärregierung die Sorge, ob die deutsche Presselandschaft für die Aufhebung der Kontrollen schon hinreichend demokratisch gereift sei. Als einzige Tageszeitung wandte sich am 25. August 1949 der *Münchner Merkur* gegen diese Bedenken der amerikanischen Lizenzgeber – mit der rhetorischen Frage: »Ist denn die Demokratie überhaupt schon bedroht, wenn tatsächlich Zeitungen mit neonazistischen Tendenzen erscheinen sollten?«[36]

Als sich dann der Ost-West-Konflikt abzeichnete, avancierten die früheren Trompeter des Endsiegs zu den nützlichsten Mitstreitern der US-Politik und – wie am Beispiel des *Münchner Merkur* besonders deutlich wird – zu tragenden Säulen der Pullacher PR-Holding. Eine gute Voraussetzung dafür war, daß die über ihre Regionalausgaben vom *Erdinger* bis zum *Weilheimer Tagblatt* weitverbreitete Zeitung sich in den Dienst der BND-freundlichen CSU gestellt hatte und dort zu Hause blieb. Der *SPIEGEL* konnte sie im Sommer 1997 ohne Dementi aus der bayerischen Staatskanzlei »als Hauspostille Stoibers« bezeichnen.

Ein einziges Mal in der Geschichte des *Münchner Merkur* stand das Blatt vor einem Konflikt zwischen den Bindungen zum BND und denen zur CSU. Als sich im Zuge der *SPIEGEL*-Affäre 1962 eine scharfe Kontroverse zwischen Verteidigungsminister Franz Josef Strauß und BND-Präsident Reinhard Gehlen entwickelte, siegte im *Münchner Merkur* die Parteibindung. Während Strauß den übrigen Medien Interviews gewährte, durfte er in seiner Hauspostille am 23. November 1962 selbst zur Feder greifen. »Im Zusammenhang mit der sogenannten Spiegel-Affäre stand und stehe ich im Mittelpunkt einer Hetzkampagne ohnegleichen, die mir alles, von der Unwahrheit bis zum ungerechtfertigten Handeln, vorwirft. Ich habe meine Pflicht erfüllt und das im vollen Einvernehmen mit dem Bundeskanzler ... Ich habe das Verfahren nicht in Gang gesetzt«, schrieb der noch amtierende Minister und tischte seinen Lesern damit jene Lüge auf, über die er später stolpern sollte. Für den *Münchner Merkur* hatte sich die Flucht nach vorn mit Strauß jedenfalls gelohnt, war sie doch nur die Begleitmusik für eine ganzseitige Anzeige der CSU vom selben Tage, die eine »spontane Verschwörung zwischen den inneren Gegnern und ausländischen Widersachern« witterte. Die CSU-Spitze sah sich umzingelt: Von »unbekehrbaren Kräften und unausrottbaren Instinkten« im Innern, von »Koexistenz-Idealisten und Fanatikern« in den USA, von »nationaler Eitelkeit und Konkurrenzneid« in Großbritannien und vom »Jammer des Parteigeistes« aus Frankreich[37]. Der stellvertretende SPD-Vorsitzende Bayerns, Waldemar von Knoeringen, sah sich wegen der volksverhetzenden Formulierungen gezwungen, eine einstweilige Verfügung gegen das CSU-Inserat zu beantragen[38].

7

Zeit-Sprünge – die liberale Wochenzeitung im Visier des BND

Unter den meinungsbildenden Wochenzeitungen in der Bundesrepublik ragt seit den ersten Nachkriegsjahren *Die Zeit* als Hort hanseatischer Liberalität und journalistischer Qualität heraus. Dort hochrangige Fürsprecher oder Ansprechpartner zu finden, war wegen der Reichweite des Blatts in linksliberale Kreise für den BND außerordentlich wichtig. Pullach nahm gleich die Chefetage ins Visier. Die Chefredakteurin selbst, Marion Gräfin Dönhoff, war unter dem Decknamen DOROTHEA beim Bundesnachrichtendienst im März 1970 als erstrangige BND-Pressesonderverbindung registriert.

Für Gräfin Dönhoff war diese am 9. September 1997 übermittelte Information »eine rechte Überraschung«. »Ich weiß wirklich nicht, was damit gemeint ist«, antwortet sie dem Verfasser am 6. Oktober 1997, räumt aber ein, daß ein Mitarbeiter Gehlens, an dessen Namen sie sich nicht erinnert, »gelegentlich bei der Zeit vorbeikam und mit Sommer oder mir gesprochen hat, so, wie man mit irgendeinem Fremden, der eine Zeitung besucht, spricht, ohne daß es dabei um erhebliche Probleme geht.«

Die Ostpreußin, Jahrgang 1909, war 1946 zur *Zeit* gekommen, übernahm 1955 die Ressortleitung Politik und wurde stellvertretende Chefredakteurin, im Juli 1968 dann Chefredakteurin. Am 31. Dezember 1972 stieg die in aller Welt mit Ehrungen bedachte Frau sogar zur Herausgeberin ihrer Zeitung auf.

Karl-Heinz Janßen hat im Februar 1996 zum 50jährigen Jubiläum der *Zeit* die Qualitäten geschildert, die ihr 1946 das Entree in die Hamburger Wochenzeitung verschafften: »Trotz ihrer mangelnden journalistischen Erfahrung hatte die promovierte Volkswirtin Beachtliches einzubringen. Sie war schon vor dem Kriege durch Amerika und Schwarzafrika gereist, sie beherrschte die westlichen Sprachen ..., sie bewegte sich wie selbstverständlich in einem internationalen Netz von Beziehungen zu wichtigen Leuten aus Diplomatie und Presse, Universität und Kirche, auch zu Bankiers, Kaufleuten, Militärs, Künstlern unterhielt sie Beziehungen, die sich für die *Zeit* würden nutzen lassen[1].«

Dönhoffs Biographin Alice Schwarzer hat dieses Umfeld der sechziger Jahre näher charakterisiert: »Innerhalb dieser sogenanten ›protestantischen Mafia‹ halten maßgebliche Männer aus Politik und Wirtschaft und diese eine Frau Kontakt untereinander«[2]; namentlich erwähnt sie Carl Friedrich von Weizsäcker, Karl Klasen und Helmut Schmidt. Enge Kontakte zu ihr – »voll tragfähige und regelmäßige«, wie es in der BND-Klassifikation heißt – will, ausweislich des geheimen BND-Akts, auch der Direktor des Bundesnachrichtendienstes Kurt Weiß gehabt haben. Der hatte 1962 die Parole ausgegeben: »Das schlechte nachrichtendienstliche Ergebnis müssen wir durch eine gute Presse wettmachen.«

Auch Theo Sommer kann sich an den Namen des BND-Mitarbeiters, der Dönhoff gelegentlich aufsuchte, nach so langer Zeit nicht erinnern. »Das wird der Landesverbindungsreferent aus Hamburg gewesen sein«[3], vermutet er, »den habe ich zwar nie allein empfangen, aber manchmal dabeigesessen, wenn er bei Dönhoff war. Der pflegte Kontakte auf der gesellschaftlichen Ebene genauso wie der CIA-Resident in Hamburg, wenn er seine Antrittsbesuche bei Chefredakteuren machte. Aber, Marion – eine Agentin? Das ist ja lachhaft«, sagt er.

Theo Sommer kennt sich, was den Bundesnachrichtendienst angeht, besser aus als die meisten Journalisten in der Bundesrepublik. Als Leiter des Planungsstabes im Verteidigungsministerium unter Helmut Schmidt hatte er die Lageberichte des Dienstes nicht sonderlich geschätzt, als Chefredakteur der *Zeit* fuhr er gelegentlich aber doch nach Pullach, beispielsweise um den Wissensstand des BND beim

Yom-Kippur-Krieg mit dem seinen abzugleichen. BND-Präsident Wessel bat ihn dort einmal, bei Helmut Schmidt darauf hinzuwirken, daß der Kanzler den BND-Berichten mehr Beachtung schenkt. »Ich habe ihm gesagt, Sie müssen mehr konkrete Meldungen nach Bonn schicken, zum Beispiel König Fahd hat Hodenkrebs, das interessiert im Kanzleramt mehr als lange Analysen.« Auf Sommers Angebot, anhand der Berichte der letzten zwei Wochen doch einmal konkret durchzubuchstabieren, wie man mehr Aufmerksamkeit des Regierungschefs für die Informationen aus dem Isartal wecken könnte, mochte Wessel jedoch nicht eingehen.

Wesentlich besser kam der Chefredakteur der *Zeit* mit dem ab September 1985 amtierenden BND-Präsidenten Hans-Georg Wieck zurecht, mit dem er – laut Wilhelm Dietl, Autor zahlreicher Bücher zu Geheimdienstthemen – befreundet war. Sommer bescheinigte Wieck in der Zeit den »rüden Charme der Kompetenz« und lobte: »Er weiß, wie kein anderer Beamter, sich in einem Riesenapparat Durchblick zu verschaffen, diesem Apparat die notwendigen Informationen zu entreißen und ihn am Ende dem formenden Willen der Spitze zu unterwerfen[4].«

»Ich bin da völlig unbefangen«, erläutert Theo Sommer sein Verhältnis zum Auslandsnachrichtendienst. »Wenn einer von denen etwas wissen wollte, dann habe ich es ihm gesagt, und bei meinen Aufenthalten im Ausland habe ich manchen klugen BND-Residenten getroffen, der weit mehr über Land und Leute wußte als der Botschafter – in Teheran beispielsweise, kurz vor dem Sturz des Schah.« Bei anderer Gelegenheit hat er als Chefredakteur den BND-Präsidenten direkt gefragt, ob ein bestimmter *Zeit*-Redakteur von Pullach eingespannt würde. Dieser Mitarbeiter war 1971 zu dem Blatt gestoßen und 1970 beim BND noch als freier Journalist als Sonderverbindung der Kategorie III geführt worden. Wessel ließ ihn – nach der Überprüfung des Sachverhalts – wissen, der Mann würde nicht vom BND geführt.

»Daß Marion für den Laden gearbeitet haben soll«, ist für Sommer jedenfalls »völlig absurd«.

Am 26. Juli 1963 griff die stellvertretende Chefredakteurin der Zeit zur Feder, um »Gehlens Geheimdienst« zu beschreiben und den früheren »Abwehrchef des östlichen Kriegsschauplatzes« vorzustellen[5]. So mag Gehlen, von 1942 bis 1945 Leiter der aktiven Frontaufklärung der Generalstabsabteilung FHO (Fremde Heere Ost), sich selbst gerne gesehen haben. Doch diese von zahlreichen Journalisten übernommene Selbstdarstellung seiner Funktion entsprach nicht den Tatsachen, wie Oscar Reile, als Oberstleutnant des Amtes Ausland/Abwehr des Oberkommandos der Wehrmacht ein echter Nachrichtendienstler, geraderückt: »Zumindest bis in das Jahr 1971 hinein konnte man unter anderem in manchen Zeitungen lesen, General Gehlen sei während des Zweiten Weltkrieges der außerordentlich erfolgreiche Chef eines Spionagedienstes gewesen. Das war Gehlen nicht! Er war Chef der Abteilung Fremde Heere Ost des Generalstabs. Ein Zweig der Frontaufklärung Ost, die Frontaufklärungstruppen I Ost waren ihm einsatzmäßig, aber nicht fachlich unterstellt ... Als Chef der Abteilung Fremde Heere West verfügte Freiherr von Roenne im westlichen Operationsgebiet auch einsatzmäßig über die Frontaufklärung I West, aber niemand kam bisher auf die Idee, ihn als Chef eines Geheimdienstes zu bezeichnen. General Gehlen besaß also keine geheimdienstliche Praxis, als er sich 1945/46 nach Darstellung eines amerikanischen Autors mit fünfzig Kisten geheimer Dokumente den Amerikanern zur Verfügung stellte[6].«

Gehlen erscheint Gräfin Dönhoff als eine Mischung aus Genie und »Landedelmann«; sie lobt »Gehlens präzises Gehirn, einem unbestechlichen Elektronenrechner gleich«, der bereits 1944 den kalten Krieg kommen sah. Man kann der Journalistin zugute halten, daß es 1963 noch keine kritische Untersuchung der Prognosefähigkeit der FHO gab. Eine entsprechende Studie hat Hans-Heinrich Wilhelm erst 1974 vorgelegt[7] und ausgeführt, daß die FHO mit ihrer Einschätzung der Operationen der Roten Armee häufig danebenlag. Frau Dönhoff hingegen übernahm offenbar ungeprüft ein von Pullach aus PR-Gründen verbreitetes Urteil über den angeblich so vorausschauenden

Dienst und verließ sich ganz auf ihren Eindruck seines ersten Mannes. Sie charakterisiert Gehlen als »Gentleman, den merkwürdig widersprüchliche Eigenschaften auszeichnen. Er muß ›mit allen Wassern gewaschen‹ sein – das ist bei diesem Beruf gar nicht anders denkbar; und er wirkt doch zuweilen ganz arglos, fast könnte man denken naiv. Er kümmert sich bis ins Detail und mit großer Wärme um seine Untergebenen, auch um die letzte Sekretärin, und ist dabei doch ganz unsentimental, kühl und ohne politisches Engagement. Sein Beruf ist es, aufzuklären und abzuwehren, und damit basta.«

Liest man hingegen die Memoiren von Oscar Reile, der Gehlen vom Herbst 1949 bis zum Dezember 1961 diente, dann war die Personalführung des »Doktors«, wie er sich gern nennen ließ, von autokratischer Kälte: »In Gehlens Epoche gingen in Pullach die Arbeits- und Einsatzfreude sowie der Zusammenhalt, der im Kriege unter den Offizieren der ehemaligen militärischen Abwehr vorbildlich herrschte, fast restlos verloren[8].« Die »letzte Sekretärin« im Bundesnachrichtendienst bekam Gehlen nie zu Gesicht, wie zwei in den sechziger Jahren in Pullach als Sekretärin bzw. Sachbearbeiterin eingesetzte Frauen berichten. Auch in den Münchner Außenstellen beschäftigte BND-Mitarbeiter – darunter ein Ehepaar aus München erzählen, daß der Zusammenhalt und das zunächst gute Betriebsklima im Camp Nikolaus – so intern nach dem Einzugstermin am 6. Dezember genannt – ziemlich bald nach der Übernahme der Organisation Gehlen im Frühjahr 1956 schon durch die massive Aufstockung des Personals einem eher seelenlosen Apparat gewichen sei[9].

Dem Personenkult, der in Pullach um den »General« getrieben wurde, folgt Dönhoff in ihrem Artikel vom Juli 1963 vorbehaltlos, urteilt überdies, der BND entledige sich seiner Aufgabe »mit beträchtlichem Geschick«, »sei der erfolgreichste Spionageapparat der NATO«. Die wenigen bereits damals öffentlich gewordenen Skandale um KGB-Maulwürfe und Würdenträger des Dritten Reichs im Dienst verharmlost Gräfin Dönhoff. Zunächst bagatellisiert sie den Fall Felfe (»Erst wenn man weiß, wie lange es dauert, einen verdächtigen Spion in den eigenen Reihen zu überführen, bekommt man eine Ahnung von den Schwierigkeiten.«) Dabei hatte Gehlen von Oscar Reile bereits im Winter 1952/53 eine Verdachtsmeldung über den ehemaligen SS-Obersturmführer erhalten, die er jedoch ignorierte. Felfe hatte bei Gehlen geschickt gegen die alten Gegenspionage-Experten intrigiert, um für seine Verratstätigkeit freie Bahn zu haben. Gehlen holte Felfe sogar in die Zentrale, weihte ihn persönlich in viele Dienstgeheimnisse ein und war damit selbst dafür verantwortlich, daß der KGB-Spion noch neun weitere Jahre im BND wirken konnte[10].

Aber vor allem nimmt die Gräfin den BND gegen den Vorwurf in Schutz, gleich scharenweise SS-Leute zu beschäftigen. Nur etwa 40 ehemalige Kriminalkommissare und Polizeibeamte gäbe es unter Gehlens 4000 Mitarbeitern, nicht etwa »KZ-Kommandanten«, sondern Angehörige des Kriminaldienstes, die über den Weg der bloßen »Rangangleichung« in die SS-Uniform gesteckt worden seien. Und an die halbfette Zwischenzeile »das eine Prozent« schließt die rhetorische Frage an, »ob man vielleicht sogar feststellen müßte, daß der Prozentsatz ehemaliger Nazis in anderen Behörden noch sehr viel höher ist«. Die von ihr verwendeten Zahlenangaben stammen allem Anschein nach aus einem Versuch der Ehrenrettung des BND in der *FAZ* vom Juli 1963[11] durch Hans Globke, der – von 1949 bis 1963 Adenauers Staatssekretär – als Kommentator der nationalsozialistischen Rassengesetze wie kein anderes Bonner Regierungsmitglied in die Judenvernichtung involviert gewesen war und Gehlen nach dem Krieg in seiner Eigenschaft als westdeutscher Geheimdienstchef gefördert hatte.

Nun kann man Gräfin Dönhoff wiederum zugute halten, daß es die erst sehr viel später erschienene westliche Fachliteratur zur personellen Kontinuität von Nachrichtendiensten des Dritten Reichs zur Organisation Gehlen noch nicht gab. Die in der DDR – überwiegend von Julius Mader – bereits publizierten Informationen darüber konnte sie für Propaganda halten. Doch andererseits beruhte das Urteil einer der erfahrensten Journalistinnen der Bundesrepublik in diesem Fall anscheinend nicht auf eigener Recherche oder Kenntnis der Materie, sondern sie scheint ungeprüft übernommen zu haben, was ihr aus erster Hand serviert worden war. Der besagte Artikel ist nicht etwa im Auftrag des BND geschrieben worden, aber er lag ganz in seinem Sinne.

Nur Insider wußten seinerzeit, mit wem sich der BND-Präsident dienstlich und zum Teil auch privat umgeben hatte. Eine enge Freundschaft zur Familie Gehlens wird beispielsweise Michail Achmeteli[12] nachgesagt, der als georgischer Emigrant im Wannsee-Institut des berüchtigten SD – Reinhard Heydrichs Sicherheitsdienst – gearbeitet hatte und ab 1946 in der Organisation Gehlen verantwortlich für die Schaffung von Sondereinsatzkräften gegen osteuropäische Staaten war. SS-Hauptsturmführer im Wannsee-Institut war auch Emil Augsburg[13], der nach Kriegsende zunächst in der Karlsruher Filiale der Organisation Gehlen, dann ab 1950 in Pullach im Stab für Sondereinheiten zum Einsatz in Osteuropa tätig war. Im Ausland hatte Gehlen selbst verurteilte Kriegsverbrecher beschäftigt, wie den ehemaligen SS-Sturmbannführer Alois Brunner, Jahrgang 1912, der seine Karriere als Adjudant von Adolf Eichmann begonnen hatte. Laut Angaben des Simon-Wiesenthal-Centers hat Brunner, der in Frankreich nach dem Krieg in Abwesenheit zum Tode verurteilt wurde, den Tod von 128 500 Menschen auf dem Gewissen. Dieser Massenmörder war bereits Ende der fünfziger Jahre Resident der Organisation Gehlen in Syrien. Als Gräfin Dönhoff ihren Artikel schrieb, diente Brunner dem Bundesnachrichtendienst als Stationschef in Kairo, wo er am 13. September 1964 durch eine Paketbombe des israelischen Agenten Lotze getötet wurde.

Hätte die Gräfin von diesen und zahllosen anderen SS-Größen in den Diensten Gehlens gewußt, hätte sie wohl kaum auf »das eine Prozent« abgehoben. Der »Aufsatz ist vermutlich zur Ehrenrettung Gehlens nach dem für ihn peinlichen Felfe-Prozeß geschrieben worden«[14], bewertete Thomas Walde bereits 1971 den *Zeit*-Beitrag, der wenige Tage nach der Urteilsverkündigung gegen den KGB-Spion Heinz Felfe[15] erschienen war.

Daß im BND die gelegentlichen Interventionen zugunsten des Dienstes aufmerksam registriert wurden, dokumentiert eine publizistische Danksagung Reinhard Gehlens. Für den seit Mitte der sechziger Jahre vakanten Posten des BNV-Vizepräsidenten war der SPD-Kandidat Nr. eins, Günter Nollau, sowohl Gehlen als auch Wessel mehrfach vergeblich vorgeschlagen worden. Nollau konnte zwar im Mai 1972 Präsident des Bundesamts für Verfassungsschutz werden, dem BND galt er aber wegen der »niemals aufgeklärten Umstände seiner 1950 erfolgten ›Flucht‹ aus der damaligen SBZ« – so Gehlen – als Sicherheitsrisiko. Um seinen Intimfeind, den Vertrauten Herbert Wehners, auf Dauer aus dem Pullacher Terrain auszusperren, nutzte Gehlen seine Kontakte zu wichtigen Meinungsmachern: »Es war zweifellos hilfreich, daß sich seinerzeit ein großer Teil der Presse zu dieser Ablehnung verständnisvoll und zustimmend äußerte, darunter auch *›Die Zeit‹* mit einem beachtenswerten Beitrag aus der Feder der Gräfin Dönhoff[16].«

Mit ihrer Parteinahme für Gehlen und gegen den Verfassungsschützer Nollau trat Gräfin Dönhoff in die Fußstapfen des Mannes, der sie für *Die Zeit* gewonnen hatte, denn Richard Tüngel hatte im April 1953 Gehlens Intimfeind, den in die DDR entführten Präsidenten des BfV John in zwei Artikeln massiv unter Beschuß genommen[17], »in offensichtlicher Unkenntnis der Sachlage eine beispiellose Kampagne gegen John inszeniert«[18].

»Gehlen habe ich gekannt, ihn ein- oder zweimal in meinem Leben getroffen. Auf seine Bitte habe ich das einzige Interview, was er bei seinem Abschied gegeben hat, in Pullach aufgenommen, auch darüber berichtet«, schreibt Gräfin Dönhoff dem Verfasser am 6. Oktober 1997. Der umfangreiche Artikel erschien am 26. April 1968 unter dem Titel »Der Mann ohne Gesicht«. Weite Teile des Beitrags beschäftigen sich zunächst mit dem Einfluß, den das abgekapselte Leben als Geheimdienstchef auf den Mann hatte, der »empfindlich, aber auch empfindsam« ist. Doch dann kommt sie auf die Altlasten in »Gehlens Abwehr- und Spionagedienst« zurück: »Und so kam es auch, daß anfangs eine verhältnismäßig große Zahl von alten Nazis in der Organisation mitarbeitete – Leute, die wegen ihrer Kenntnisse und Verbindungen zunächst unentbehrlich waren (was vor allem für die ehemaligen Kriminalbeamten galt) und die nur langsam – oft meinte man, viel zu langsam – und nur unter erheblichem Druck der Öffentlichkeit ausgesiebt wurden oder allmählich herausalterten. Ein Umstand, unter dem Gehlen selbst wahrscheinlich am meisten gelitten hat, denn seine politische Gesinnung war immer absolut untadelig.« Wieder waren es die nützlichen »Kriminalbeamten«, die »mitarbeiteten«, nicht etwa NS-Geheimdienstler und SS-Leute in leitenden Positionen, an denen Gehlen vielfach bis weit über ihr Pensionsalter hinaus festgehalten hatte. Daß Gerhard Frey, der Vorsitzende der rechtsradikalen Deutschen Volksunion (DVU) und Herausgeber der *National-Zeitung,* enge private Beziehungen zu Gehlen unterhielt und so nach dem Tod des ersten BND-Präsidenten persönliche Briefe Gehlens an ihn dokumentieren konnte[19], muß Gräfin Dönhoff seinerzeit nicht gewußt haben. Daß der Begründer der Organisation Gehlen enge dienstliche und private Verbindungen zu Rechtsextremen und Kriegsverbrechern in Lateinamerika, Syrien, Ägypten oder in Francos Spanien pflegte – um nur einige Beispiele zu nennen –, war auch damals Sachkundigen bekannt.

In ihrem Gehlen-Porträt vertraut die Chefredakteurin der *Zeit* dem Leser auch ihre Einblicke in Geheimberichte des Bundesnachrichtendienstes zum Bau der Berliner Mauer an: »Ich habe vor Jahren einmal einige Berichte des Gehlenschen Geheimdienstes aus dem Jahre 1961 zu Gesicht bekommen und kann nur sagen, ich wundere mich über das offizielle Bonn, das am 13. August aus allen Wolken fiel ... Damals im Jahre 1961, meldete der BND vom Januar an, daß eine Isolierung Westberlins bevorstehe und sich offenbar eine Zernierung vorbereite. Im Juli wurden die Warnungen dringlicher – es hieß, die Sperrung der Sektorengrenze stünde bevor. Am 1. August wurde gemeldet, es müsse mit Unterbrechung des S-Bahn- und U-Bahn-Verkehrs gerechnet werden.«

Der BND hat den Bau der Mauer also vorhergesehen und die Bundesregierung rechtzeitig gewarnt? Zu diesem Schluß müssen Dönhoffs Leser kommen. In der nachrichtendienstlichen Fachliteratur der siebziger Jahre sind sich die Experten hingegen einig: Es gab keine konkrete Warnung des BND an die politische Führung. Willy Brandt, 1961 Regierender Bürgermeister in West-Berlin, notierte 1976 in seinen Erinnerungen: »Mir wurden keine Hinweise der deutschen oder alliierten Geheimdienste übermittelt. Tatsächlich scheint es gelungen zu sein, die Vorbereitung für die Abriegelung völlig zu tarnen. BND wie CIA, der britische und der französische Geheimdienst – sämtliche nachrichtendienstlichen Organisationen des Westens scheinen hinters Licht geführt worden zu sein[20].« Und endgültig macht das 1997 gemeinsam vom KGB-General Sergej A. Kondraschow, dem damaligen CIA-Chef in Berlin, David E. Murphy, und dem früheren US-Geheimdienstoffizier George Bailey veröffentlichte Buch über »Die unsichtbare Front« deutlich, daß die westlichen Nachrichtendienste mangels Detailwissen keine Vorhersage treffen konnten: »Nur ein sehr nahe bei Ulbricht plazierter Agent hätte in der Woche vor der Grenzschließung Anzeichen dafür bemerken können«[21], und den gab es nicht.

Gehlen hatte nach dem Mauerbau eine Dokumentation zum Meldeaufkommen des BND im Vorfeld des Mauerbaus erstellen und sie einigen Politikern zukommen lassen. Im Kern verwies die Rechtfertigungsschrift auf zahlreiche Einzelmeldungen zur Zuspitzung der Lage, räumte aber ein, daß es selbst »Aufklärungsorganen von hoher Qualität und Risikobereitschaft« gegen diktatorische Systeme zwar gelingen könne, Vorbereitungen für Aktionen zu erfassen, »exakte Stichtage« jedoch nicht[22]. Durch die Zusammenfassung dieser Einzelmeldungen zur Lage in der DDR wurde jedoch der Eindruck erweckt, es habe eine ablesbare und für die unterrichteten Politiker nachvollziehbare Eskalation gegeben, während es de facto eben an der konkreten Warnung fehlte, daß die Grenze auf Dauer abgeriegelt würde. Der Bundesnachrichtendienst selbst war davon so überrascht, daß er nicht einmal Vorsorge für die Weiterführung der abgeschnittenen Verbindungen zu seinen Agenten in Ulbrichts Machtbereich getroffen hatte. Zu dieser –

vom späteren Sachstand her betrachtet – verschleierndcn Dokumentation muß auch Gräfin Dönhoff Zugang gehabt haben.

Besonders bemerkenswert erscheint der Publizistin, »daß ein Mann, dessen Metier es mit sich brachte, daß er seit Jahrzehnten den Osten als den potentiellen Gegner betrachten mußte, sich so freigehalten hat von antikommunistischen Komplexen«. Dieses Urteil überrascht. Mag manches an der Person Reinhard Gehlens zwischen Kritikern und Fans umstritten sein, einig sind sie sich, was den stark ausgeprägten Antikommunismus des ersten BND-Präsidenten angeht. Wo sich dies in seinen drei Büchern ab 1971 spiegelt, sehen die einen eine traditionsreiche Koloratur eines Feindbildes, die anderen den hochintelligenten Warner vor der politischen Strategie des Sowjetblocks. Der amerikanische Journalist und frühere Geheimdienstoffizier George Bailey hat – während der rechtskonservative David Irving, der später die Massenvernichtung von Juden in Auschwitz zu leugnen versuchte, die Übersetzung besorgte – das Vorwort zur amerikanischen Ausgabe von Gehlens erstem Buch »Der Dienst« geschrieben und dabei häufig Kontakt zum pensionierten Geheimdienstchef gehabt. Auf die Frage, wie er Gehlens politische Einstellung beurteile, erklärt er: »Als Offizier bei SHAFE (Supreme Headquarters Alliied Forces Europe) habe ich viele deutsche Generale gefangengenommen und befragt. Gehlen war genau dieser Typ des preußischen Generalstabsoffiziers, irgendwo zwischen konservativ und stockkonservativ – oh, und sehr, sehr antikommunistisch[23].«

Marion Dönhoff das Exklusivrecht für sein Abschiedsinterview aus dem aktiven Geheimdienst eingeräumt zu haben, mußte Gehlen nicht bedauern. Unter den in die Tausende gehenden Artikeln, welche die »große alte Dame des deutschen Journalismus« (*stern*) verfaßte, fallen drei Beiträge zu Geheimdienstangelegenheiten für sie kaum ins Gewicht, für den BND und für das öffentliche Bild seines Gründers Gehlen allerdings war eine so außerordentlich wohlwollende Berichterstattung, die manchen dunklen Fleck verdecken half, von großer Bedeutung. Wie bei anderen Journalisten und Medienmanagern, die in diesem Buch vorkommen, kann nur der Ausschnitt aus ihrem Wirken und Handeln dargestellt werden, der sie – wissentlich oder nichtsahnend – mit den Nachrichtendiensten in Verbindung gebracht hat. Die vorliegende Untersuchung soll jene oft verborgenen Episoden und Beziehungen aufdecken, die in ihrer Gesamtschau das Netzwerk der Aktivitäten des Bundesnachrichtendienstes erhellen, nicht etwa das Handeln der ins Visier genommenen Kontaktpersonen bewerten. In deren Leben sind die Kontakte zum Geheimdienst nur eine Facette. Für den BND hingegen addieren sich diese Facetten zu einem heimlichen Auge.

Wie Gehlen es fertigbrachte, von einer der publizistischen Wegbereiterinnen einer neuen, aufgeklärten Ostpolitik als Weggefährte angesehen zu werden, bleibt sein Geheimnis. Eine plausible Antwort auf die Frage, warum Gräfin Dönhoff ihn in jeder Beziehung zu loben wußte, könnte im Verhältnis beider zum militärischen Widerstand im Dritten Reich liegen, der für beide bestimmend für ihr weiteres Leben war.

Der von Hitler zum Generalleutnant beförderte, aber dann bei seinem obersten Kriegsherrn in Ungnade gefallene und am 10. April 1945 offiziell »wegen Unfähigkeit« abgelöste Artillerieoffizier Gehlen ließ nach 1945 gelegentlich durchblicken, er habe dem 20. Juli 1944 nicht ferngestanden. Möglicherweise hat Gräfin Dönhoff ihn deshalb mehr, als gerechtfertigt gewesen wäre, dem Kreis zugeordnet, der ihr eigenes »widerständiges Leben« (Alice Schwarzer) in den frühen vierziger Jahren geprägt hatte, dem Kreisauer Kreis[24]. In diesem zivilen Arm des Widerstands war sie mehr als nur Kurier, nahm regen Anteil an den politischen Diskussionen und wurde nur durch List und glückliche Fügung vor dem Schicksal bewahrt, das zweihundert andere Widerständler nach dem 20. Juli 1944 erwartete[25]. Ihre Affinität zum ostelbischen Adel und den aus ihm hervorgegangenen Offizierskreisen hat sie nie abgelegt, konstatiert Alice Schwarzer, »bewegt sie sich doch lebenslang in einem Netz von Klassenbanden, das sie im Notfall immer auffangen würde«[26].

Nachdem das Attentat auf Hitler gescheitert war, wurde Claus Graf von Stauffenberg am frühen Abend des 20. Juli 1944 in Berlin von den beiden Oberstleutnanten Herber und von der Heyde mit Waffengewalt überwältigt und am frühen Morgen des 21. Juli im Hof des Bendler-Blocks erschossen. Viele Freunde und Untergebene des Leiters der Abteilung Fremde Heere Ost (FHO) des Oberkommandos der Wehrmacht, General Reinhard Gehlen, waren in die Verschwörung verwickelt gewesen. An ihrer Spitze stand wohl Alexis Freiherr von Roenne, 1940 zur FHO versetzt, ab 1942 Major und Leiter der Gruppe III der FHO und seit 1944 Oberst und Leiter der Abteilung Fremde Heere West.

FHO-Offizier Heinz Danko Herre gab gegenüber Jürgen Thorwald in den fünfziger Jahren zu Protokoll, daß er bereits kurz nach seiner Versetzung zu Fremde Heere Ost im Frühsommer 1942 im Auftrag Gehlens Verbindung mit dem Major i.G. (im Generalstab) Stauffenberg aufgenommen hatte: »Graf Stauffenberg ließ unterdessen den Gedanken der Schaffung einer Dienststelle im OKH, die sich nur mit Freiwilligen-Fragen befassen sollte, nicht mehr aus dem Auge. Immer wieder fanden Besprechungen zwischen Vertretern der Abt. Fremde Heere Ost (von dieser Dienststelle nahm im zunehmenden Maße Oberstlt. i.G. von Roenne teil), Org. Abt. (Graf Stauffenberg, Major i.G.; Klamroth) und Generalquartiermeister (Schmidt von Altenstadt) statt, die die Konstituierung der beabsichtigten Dienststelle als Hauptdiskussionspunkt hatten … Es gelang vornehmlich dem Grafen Stauffenberg und Roenne, die Konstituierung der Dienststelle beim Chef des Generalstabes, Generaloberst Zeitzer, durchzusetzen … Die Dienststelle wurde am 1. 1. 1943 ins Leben gerufen und erhielt die Bezeichnung ›General der Osttruppen‹[27].«

Bei seinem Auftrag, als Stabschef des Ersatzheeres für die Wehrmacht Hilfstruppen aus den »Ostvölkern« aufzustellen, wirkte Stauffenberg – inzwischen Oberst – bis zum Attentat auf Hitler mit FHO-Offizieren zusammen. Dabei ging es vor allem um die Rekrutierung von Freiwilligen aus den Kriegsgefangenenlagern, die die Wehrmacht in eigenen Großverbänden – wie der Armee General Andrej Wlassows – an der Ostfront unterstützen sollten.

Gestapo-Chef Heinrich Müller leitete im persönlichen Auftrag Hitlers eine Sonderkommission mit 400 Spezialisten zur Untersuchung des Attentats[28]. Die Spur Roenne führte ihn auch zur FHO. Gehlen kannte nicht nur das Vorhaben der Verschwörer, er bewahrte in einer Schreibtischschublade in seinem Hauptquartier den Aktionsplan für die Operation Walküre, die Ermordung Hitlers, auf.

Zum Zeitpunkt des gescheiterten Attentats selbst lag Gehlen im Lazarett. Sein Mitarbeiter Heinz Danko Herre, der nach dem Zweiten Weltkrieg in der Organisation Gehlen und im BND eine wichtige Rolle spielte – zuletzt als HERDAHL bis 1970 Resident in Washington –, bescheinigte ihm, arbeitswütig gewesen zu sein, aber »gesundheitlich empfindlich, besonders mit Rücksicht auf seine kranke Galle«[29].

Als Gehlens Stellvertreter Gerhard Wessel unterrichtet wurde, daß der Umsturzversuch mißglückt war, öffnete er mit einem Nachschlüssel den Schreibtisch seines erkrankten Chefs und vernichtete die belastenden Unterlagen. Als die Gestapo dann am nächsten Tag in Gehlens Büro eindrang, konnte sie keinen Hinweis auf die konspirative Verbindung des FHO-Chefs zum Widerstandskreis mehr finden. So blieb dem General ein ähnliches Schicksal erspart wie dem Abwehrchef, Admiral Wilhelm Canaris, der wenige Monate später im Konzentrationslager Flossenbürg unter dem Fallbeil starb. Sein Pullacher Arbeitszimmer hat Gehlen, dem Joachim Oster »Hochachtung vor dem Widerstandskreis« bescheinigte, später mit einem Foto von Canaris geschmückt. Wie Thomas Walde aus vertraulicher Quelle erfuhr, soll der FHO-Chef einen seiner Mitarbeiter, der an der Vorbereitung des 20. Juli beteiligt war, nach dem Scheitern des Attentats nach Wien versetzt haben, wo die Gestapo ihn allerdings aufspürte[30].

Nach dem Krieg war Gerhard Wessel zunächst einige Jahre in der Industrie tätig, hielt aber Kontakt zu seinem früheren Chef. Zum 1. Oktober 1952 wechselte er in die Dienststelle Blank, den Vorläufer des Verteidigungsministeriums, und wurde dort zum Vater des Militärischen Abschirmdienstes. Aus seiner Funktion als deutscher Vertreter im Ständigen Militärausschuß der NATO wurde Generalleutnant Wessel dann zum 1. Mai 1968 als BND-Präsident berufen. Die besondere Protektion Gehlens, der ihn auch in Pullach als Nachfolger favorisierte, hatte ihn stets begleitet. Altgediente BNDler führen dies eben darauf zurück, daß er ihn im Juli 1944 vor den Schergen der Gestapo gerettet hatte.

Gehlen hat zwar im vertrauten Kreis häufig eine gewisse Nähe zum Widerstand des 20. Juli 1944 betont, besonders, wenn es ihm als Appell an gemeinsame Grundanschauungen nützlich erschien, die Rolle Wessels jedoch nie öffentlich gemacht. In der Literatur ist er wegen seiner abwartenden Haltung gescholten worden, von Louis Hagen beispielsweise 1969: »Hätte General Gehlen die außerordentliche Erfahrung, die er in Sabotage- und Geheimdiensttätigkeit besaß, in den Dienst der Beseitigung des Nationalsozialismus gestellt, statt dies Amateuren zu überlassen, wäre die Nachkriegsgeschichte Europas vielleicht anders verlaufen … Wie bei zahllosen anderen Offizieren erwiesen sich seine politische Indifferenz und sein Respekt für preußische Militärtradition als stärker als sein Intellekt und sein moralisches Urteil[31].«

Auch im frühen Nachkriegsdeutschland führte Gehlen dieses Doppelspiel zwischen stiller Sympathie für die Gegner Hitlers in der Wehrmacht und taktischer Distanz zu ihrem gescheiterten Anschlag auf Hitler weiter. Zum einen mag es ihm da nicht opportun erschienen sein, sich öffentlich zu Stauffenberg und seinen Mitstreitern zu bekennen, denn laut einer Umfrage glaubten 1952 erst zwanzig Prozent der Deutschen, der später zu Unrecht heroisierte Widerstand sei eine vertretbare Sache gewesen[32]. Zum anderen hatte Gehlen in seiner Mannschaft viele, die dem Deutschen Reich bis zum Zusammenbruch im Mai 1945 gedient hatten und 1956 zur Kerntruppe der Wiederbewaffnung werden sollten.

Ein halbes Jahr vor seiner Amtsübernahme äußerte Wessel im Gespräch mit dem BND-Vertrauensjournalisten Peter Stähle: »Wenn ich aber in das neue Amt, das Sie genannt haben, berufen werden sollte, dann würde ich das schon meinem Freund Gehlen zuliebe nicht ablehnen. Es wäre eine sehr schwierige, aber auch ehrenvolle und schöne Aufgabe[33].« Die von den Ereignissen im Umfeld des 20. Juli 1944 zusammengeschweißte Beziehung zwischen Gehlen und Wessel überdauerte den Präsidentenwechsel in Pullach im Mai 1968 jedoch nicht lange. Bezogen auf den »Machtwechsel« zur sozialliberalen Koalition 1969 ging Gehlen in seinem dritten Buch mit Wessel ins Gericht: »Mein Nachfolger hat später gegenüber verschiedenen Gesprächspartnern erklärt, er habe mit seinem Verhalten und seinem Verbleiben im Dienst ›Schlimmeres verhüten‹ wollen. Dies erinnert an ähnliche Schutzbehauptungen, derer sich – nicht nur in Deutschland – Politiker und Soldaten gerne bedienten. Bei allem Verständnis für die schwierige Lage, in die Präsident Wessel zweifellos geraten war, hier hätte er nach meiner Ansicht beweisen können, daß er nicht nur der gute ›zweite Mann‹ war, der mir im Kriege bei ›Fremde Heere Ost‹ so erfolgreich zur Seite stand[34].« Das war die unverhohlene Forderung des ersten BND-Präsidenten an seinen Nachfolger, einen Rücktritt dem Dienst für eine sozialliberale Regierung vorzuziehen – und dabei die Forderung eines Mannes, der unter Hitler nie an Rücktritt dachte.

Aber nicht nur der BND-Gründer begegnete dem zweiten Amtschef bei seiner Gratwanderung zwischen der neuen politischen Führung und den alten Seilschaften nach dem Machtwechsel zur sozialliberalen Koalition im Herbst 1969 mit Argwohn. Als Gerhard Wessel sein Amt als BND-Präsident zum 1. Mai 1968 frisch übernommen hatte, fühlte er sich im eigenen Bereich überwacht. Er mißtraute dem Pullacher Lauschabwehrtrupp ebenso wie dem des eng mit ihm verbundenen vom MAD in München. So bat der frühere MAD-Chef den militärischen Abwehrdienst, ihm die Spürnasen des MAD-Trupps beim Wehrbereich V in Stuttgart auszuleihen. Wessel selbst bezog für fünf Tage ein Hotel, damit die aus Baden-Württemberg angereisten Soldaten seine Präsidentenvilla in Ruhe überprüfen konnten.

Als ihn der MAD-Truppenführer, ein junger Oberleutnant, vom Ergebnis des Lauschabwehreinsatzes unterrichtete, fiel der BND-Präsident aus allen Wolken. Er fand seinen Verdacht bestätigt und erhielt als augenfälligen Beweis einen ganzen Waschkorb voll mit den damals noch handtellergroßen Wanzen. Die vom MAD gefertigte Zeichnung aller Installationen zeigte ihm, daß er bis in die Toilette hinein akustisch überwacht worden war. Besonders betroffen zeigt sich Wessel von der Tatsache, daß die in seiner Villa gefundene Abhörtechnik von allerneuster Bauart war[35]. Der Lauschangriff aus den eigenen Reihen galt ihm offenbar ganz persönlich und war nicht etwa gegen seinen Vorgänger Reinhard Gehlen gerichtet gewesen.

Die Gräfin und der General: Noch heute nimmt es wunder, daß Marion Dönhoff, seit Anfang der sechziger Jahre couragierte Vorkämpferin sozialdemokratischer Ostpolitik, einem Reinhard Gehlen, der diese Politik als eingefleischter Antikommunist vehement bekämpfte, ohne Einschränkung untadelige Gesinnung und politische Weitsicht zugestand.

Gräfin Dönhoff war sicherlich keine ausgewiesene Expertin für Geheimdienstfragen. Dennoch erstaunt, wie sich ihr wacher Geist anscheinend so sehr vom persönlichen Auftreten und Nimbus des westdeutschen Nachrichtenchefs beeindrucken ließ, daß sie die von Gehlen proklamierte und betriebene Politik nicht genauer unter die Lupe nahm. Margret Boveri, durch ihr zweibändiges Werk »Der Verrat im XX. Jahrhundert«[36] als Kennerin der Materie ausgewiesen, hat demselben Gehlen in der konservativen *FAZ* vom 4. Januar 1972 immerhin attestiert, sein Blick sei »auf den Osten konzentriert. Seine Ahnungslosigkeit in bezug auf die Vereinigten Staaten ist verblüffend. Er scheint nicht einmal das publizierte Material zu kennen, die Untersuchungen über das mißglückte, von Allen Dulles inszenierte Manöver an der Schweinebucht; die Befragungen des Fulbright-Ausschusses; die Pentagon-Papiere. Seine Rezepte sind einfach: immer losschlagen[37].«

Theo Sommer – einer der beiden Ziehsöhne Dönhoffs, die sie ihre »Buben« nannte – klagte 1978 in der *Zeit* über Gehlen: »Er ließ Journalisten als V-Leute anheuern, die über ihre Gespräche mit Prominenten Berichte ablieferten (für 1500 bis 15000 Mark monatlich).« Und im November 1978 ist die *Zeit* ihrer Herausgeberin mit einer Schelte des BND in die Parade gefahren: »Schlimmer war, daß der BND dem Staate, dem Staatsverständnis der Bundesrepublik und ihrer demokratischen Staatsräson immer wieder tiefe Wunden geschlagen hat. Das begann unter dem ersten Präsidenten Gehlen, dem ›Doktor‹, der den Auslandsnachrichtendienst mehr und mehr zur Inlandsbespitzelung einsetzte. Er ließ Journalisten als V-Leute anheuern, die über ihre Gespräche mit Prominenten Berichte ablieferten (›Sonderakten‹ nannte er das haarspalterisch); ... Und sein Geist wirkte über Gehlens Amtszeit hinaus[38].«

Unter den vernichtet geglaubten Personendossiers aus der illegalen Inlandsaufklärung des BND, die in Gestalt von Mikrofilmen im Januar 1975 erneut auftauchten, befand sich – neben Akten über Herbert Wehner oder den Richter am Bundesverfassungsgericht, Fabian von Schlabrendorff – auch ein Dossier über den *Zeit*-Verleger Gerd Bucerius[39]. Auch Gräfin Dönhoff müßte den Spielregeln des Geheimdienstes zufolge unwissentlich zur Ausforschung ihres Freundes und Verlegers beigetragen haben, als sogenannte Auskunftsperson (AP). Diese Kategorie nichtsahnender Zuträger definieren die Nachrichtendienstlichen Begriffsbestimmungen des BND aus dem Jahre 1974 als »Beschaffungshelfer im eigenen Machtbereich, der wegen seines Sachwissens in nachrichtendienstlichem Interesse zur Klärung bestimmter Fragen über Personen, Sachen oder Sachverhalte herangezogen wird. In der Regel wird die AP nicht in die näheren nachrichtendienstlichen Hintergründe eingewiesen[40].«

Friedrich Wilhelm Höffer von Loewenfeld war der BND-Offizier, der von 1963 bis zur Sicherstellung der fragwürdigen Akten am 3. März 1971 die Außenstelle des BND leitete, in der die Dossiers über Prominente als Quellenakten[41] aufbewahrt wurden. Solange Reinhard Gehlen an der Spitze des BND stand, faßte von Loewenfeld für seinen Chef eingehende Meldungen aus dem Inland zusammen. Die Geheimakten führte er auch danach weiter, doch seit Mai 1970, als ein sozialdemokratischer Vizepräsident in Pullach saß, reichte er keine Informationen mehr nach oben. Als Zeuge vor dem Guillaume-Untersuchungsausschuß des Bundestags gab er zu Protokoll, diese Zurückhaltung habe er aus der Sorge heraus geübt, daß BND-Vizepräsident Dieter Blötz sonst wohl diese Praktiken untersagt hätte. Schließlich – so von Loewenfeld – sei er »Quellenbauer und nicht Quellenkiller[42].«

Gehlen selbst hatte vor dem Untersuchungsauschuß erklärt, die Akten seien »aus Gesprächsnotizen mit Politikern und Persönlichkeiten des öffentlichen Lebens« entstanden. Und auf die Frage des Abgeordneten Burkhard Hirsch, ob ein Gesprächspartner eines BND-Mitarbeiters davon ausgehen muß, »daß alles, was man erzählt, aktenmäßig festgehalten wird«, erklärte von Loewenfeld (RAVEN), daß »Sonderverbindungen« damit rechnen mußten[43].

Doch die Sicht des Geheimdienstlers ist häufig eine ganz andere als die seines Gesprächspartners: Conrad Ahlers zum Beispiel war entsetzt, als er zu lesen bekam, was sein BND-Verbindungsführer aus den Begegnungen mit dem damaligen Regierungssprecher notiert hatte und welche Vertraulichkeiten aus Gesprächen mit anderen Journalisten Eingang in seine Akte gefunden hatten. Ahlers hatte, nachdem er 1972 für die SPD in den Bundestag gewählt worden war, als einziger aller abgeschöpften Gesprächspartner – wohl durch die Vermittlung von Geheimdienstaufseher Horst Ehmke – seine Akte einsehen können.

Die Sonderverbindung DOROTHEA mußte – sowenig wie andere abgeschöpfte Prominente – wissen, daß alles, was unter gewöhnlichen Gesprächspartnern als Meinungsaustausch firmiert, bei der Unterhaltung mit dem BND-Präsidenten oder ihrem Kontaktmann Kurt Weiß zur nachrichtendienstlichen Meldung oder gar einem Treffbericht gerät. Daß der Abgesandte Gehlens, der Gräfin Dönhoff gelegentlich aufsuchte, dies in dienstlichem Auftrag tat, hätte ihr allerdings bewußt sein und die Frage auslösen können, worin denn das nachrichtendienstliche Interesse am Small-talk in der *Zeit*-Redaktion bestehen könnte.

Bei der *Zeit* verfügte Kurt Weiß über eine zweite »voll tragfähige Verbindung« zu dem Redakteur Peter Stähle (Deckname STIEHLER). Stähle wechselte anschließend zum *stern* in die Bonner Redaktion und war später *SPIEGEL*-Redakteur. Laut Peter Ferdinand Koch unterhielt Stähle vom Düsseldorfer Büro des Nachrichtenmagazins aus gute Beziehungen zum Bundesamt für Verfassungsschutz, und der Ost-Berliner Auslandsnachrichtendienst, die HVA, benutzte ihn als »Fährmann«, um »Ideen und Informationen in den Verfassungsschutz zu transportieren«[44]. Vom Auslandsnachrichtendienst der DDR bezog Stähle auch die Unterlagen, mit denen er den BfV-Präsidenten Hubert Schrübbers im *SPIEGEL* wegen seiner Tätigkeit im Dritten Reich als Staatsanwalt beim Oberlandesgericht Hamm angriff. Schrübbers mußte deshalb am 1. Mai 1972 von seinem Amt zurücktreten.

Schon im Jahre 1963, noch bei der *Zeit,* hatte Peter Stähle den Verfassungsschutz im Visier gehabt. Vordergründig griff er damals den CSU-Innenminister Hermann Höcherl und den Bruch des Postgeheimnisses durch Telefon-Abhörpraktiken der Kölner Behörde an. Weit mehr als die Hälfte seines Zeit-Artikels widmete er aber der NS-Vergangenheit leitender BfV-Mitarbeiter in der Gestapo, bei der SS und beim SD[45]. Die SPD-Opposition im Bundestag beantragte im Oktober 1963 daraufhin einen parlamentarischen Untersuchungsausschuß, eine Kommission prüfte, ob es im BfV tatsächlich frühere SS-Schergen gab, und letztlich wurde eine ganze Reihe von Verfassungsschutzbeamten in den Ruhestand geschickt.

Hendrik van Bergh, früherer Pressesprecher des BfV, machte nicht nur die Sozialdemokraten für diese Lähmung seines Apparats verantwortlich: »Es hat damals, im Herbst 1963, in der BfV-Führung Stimmen gegeben, die bei den Überlegungen, wer hinter dem Skandal stecken könne, nicht ausschlossen, daß als ›spiritus rector‹ im Hintergrund der Affäre der BND in München-Pullach stand. Die Rivalität zwischen BND und BfV bestand seit Anbeginn. Der BND bestritt dem BfV das Recht, Spionageabwehr zu betreiben. Tatsächlich fehlte eine entsprechende ausdrückliche Aufgabenerteilung im sogenannten Verfassungsschutzgesetz von 1950. Innerhalb des BND brodelte es seit der Übernahme der ›Organisation Gehlen‹. Es ging im wesentlichen um Personalprobleme. Und – so die Spekulation – um von den eigenen ›personellen Querelen aus der NS-Vergangenheit‹ abzulenken, habe der BND heimlich, still und leise bestimmte Informationen über angebliche Abhörpraktiken in der Presse lanciert und – vielleicht ungewollt – dadurch den ›Abhör-Skandal‹ ausgelöst. Bruderkrieg im Hause Geheimdienst[46].«

Hätten die Kölner, die hinter dem Skandal eine dunkle Machenschaft aus Pullach witterten, gewußt, daß Peter Stähle eine erstrangige Pressesonderverbindung des Gehlen-Intimus Kurt Weiß war, dann hätten bei ihnen die Alarmglocken noch viel heller geläutet. Fraglich ist aber, ob der BND ein so heißes Eisen wie die Wiederverwendung von Geheimdienstlern des NS-Regimes tatsächlich angefaßt hätte. Allzu leicht hätten andere Journalisten doch der Frage nachspüren können, wie es im Hause Gehlen selbst um die Entnazifizierung stand.

Nachdem der *Zeit*-Artikel erschienen war, zeigte sich Henri Nannen verärgert, weil Stähle doch zugleich für *Die Zeit* und den *stern* arbeitete. Der Hamburger Illustrierten hatte der Journalist jedoch vorher den Stoff vergebens angeboten[47]. In seinem Artikel »Verrat auf Umwegen«[48] mußte er im September 1969 in der *Zeit* die Anzahl der durch ihre NS-Vergangenheit belasteten BfV-Mitarbeiter dann auf unter zwei Prozent korrigieren.

»Widersprüche im Abhörausschuß«[49] konstatierte Stähle im Dezember 1963 und zitierte mit Bert Even einen Abgeordneten im Untersuchungsausschuß, der zu der von der *Zeit* ins Rollen gebrachten Affäre beklagte, »durch die Diskussion über den Verfassungsschutz sei eine teilweise Lähmung der Arbeit des Amtes eingetreten«[50]. Mit den beiden Beiträgen vom Januar 1964 »Verfassungsschutz staunt über Höcherl«[51] und »Das Abhören war leicht gemacht«[52] setzte sich Stähle wieder mit den Abhörpraktiken des Verfassungsschutzes auseinander und übte massive Kritik an der mangelnden Selbstkontrolle im BfV.

Franz Josef Strauß allerdings hatte den Verdacht, mit Hermann Höcherl solle ein weiterer Bayer aus Bonn vertrieben werden.

Parallel zu seinen Beiträgen in der *Zeit* veröffentlichte Stähle ab 1964 auch im *stern* Artikel über Geheimdienstfragen. Dort jedoch schrieb er nicht gegen das BfV, sondern über den BND. Im August 1964 etwa warf er Ludwig Erhard, der das BND-Verbindungsbüro aus dem Palais Schaumburg ausquartiert hatte, und seinem Geheimdienstverantwortlichen Ludger Westrick mangelnden »Verstand für Akten, für den Geheimdienst, die Institutionen der Macht«[53] vor, und im Herbst 1967 ließ er Insiderwissen in den *stern*-Beitrag über die Gehlen-Nachfolge einfließen[54]. Nachdem der BfV-Spitzenbeamte Richard Meier im Mai 1970 als Leiter der Abteilung I nach Pullach gewechselt war, versuchte Stähle auch aus seinen alten Verbindungen in Pullach Honig zu saugen. Anfang Februar 1974 schrieb er einen Brief an Meier, in dem er sich erkundigte, ob der dem Bundesnachrichtendienst bekanntermaßen zugeneigte *Quick*-Kollege Paul Limbach noch im oder für den BND tätig sei. Meier reichte den Brief an den BND-Vizepräsidenten Dieter Blötz hoch und erhielt Anfang April Antwort. Blötz hatte die Angelegenheit in der Zwischenzeit mit einem Unterabteilungsleiter besprochen. Da der Verwaltungsbeamte aus Hamburg inzwischen vom konspirativen Milieu in Pullach gelernt hatte, versicherte er Meier, der an ihn gerichtete Brief sei nicht Gegenstand der Besprechung gewesen. Er habe jedoch eine Überprüfung des Verhältnisses von Limbach zum BND eingeleitet und den Präsidenten darüber unterrichtet. Zugleich spielte er den Ball in Richtung Verfassungsschutz zurück, weil er in seinen Prüfungsauftrag die Frage eingebaut hatte, ob auch andere Bundesbebörden über den Vorgang informiert werden müßten.

Als Stähle zum *SPIEGEL* ging, 1970, hatte der BND auch bei der *Zeit* – wie in vielen anderen Medien – bereits einen Fuß in der Tür: Der Redakteur Dr. Dietrich Strothmann, der in der *Zeit* für Nah-/Mittelostfragen zuständig war, wurde auf der Ehmke übergebenen Liste zwar noch als loser Kontakt in der Kategorie III geführt, aber bereits als SOLLN vereinnahmt und hatte mit dem BND-Mitarbeiter DANKERS schon einen auf ihn angesetzten Verbindungsführer.

Und nachdem Kurt Weiß im Mai 1970 von seinem Posten als Aufklärungschef entbunden war, nahm der neue sozialdemokratische BND-Vizepräsident Einfluß auf die Hamburger Wochenzeitung. Als Axel Göritz in der *Zeit* im November 1970 über Versuche des BND berichtete, seinen Nachwuchs an West-Berliner Hochschulen zu rekrutieren[55], intervenierte Dieter Blötz persönlich bei der Chefredaktion der Wochenzeitung, hatte Thomas Walde 1971 aus einer vertraulichen Quelle erfahren[56]. Ob der Hamburger sich dabei an Theo Sommer oder an Gräfin Dönhoff wandte, ist jedoch nicht überliefert.

8

Der beste Nachrichtendienst – *SPIEGEL*-Affären

»Etwas außerhalb der Legalität« – dieser Ausspruch von Hermann Höcherl ist zum geflügelten Wort geworden. Der damalige Innenminister hatte damit im nachhinein einen Vorgang kommentiert, der im Oktober 1962 die Republik erregte: die von Bundesverteidigungsminister Franz Josef Strauß veranlaßte Verhaftung des *SPIEGEL*-Redakteurs Conrad Ahlers in Spanien. Höcherls Wort trifft auf die gesamte Affäre zu. Die Durchsuchung des *SPIEGEL*-Verlags in Hamburg, die vierwöchige Lähmung des wichtigsten Oppositionsblatts, die Verhaftung von Rudolf Augstein und von zwei weiteren Redakteuren, all dies erwies sich im Laufe des Gerichtsverfahrens als rechtswidriger Angriff auf die Pressefreiheit[1]. Vom Vorwurf des Kanzlers, der »einen Abgrund von Landesverrat« gewittert hatte, blieb selbst bei konservativen Medien nur die bittere Erkenntnis, Adenauers Mannschaft habe »ein paar Gebote freiheitlicher Ordnung nicht so genau genommen« (*FAZ*). Auslöser dieser rechtsstaatlichen Verirrungen war die Titelgeschichte »Bedingt abwehrbereit« vom 8. Oktober 1962. Conrad Ahlers hatte sie zwar mit dem Bundesnachrichtendienst abgestimmt, doch im Kern zielte der Artikel zum Zustand der westdeutschen Landesverteidigung auf die militärpolitischen Ambitionen von Strauß, der gegen die US-Interessen die Möglichkeit zu einem nuklearen Erstschlag in der Nato-Doktrin verankern wollte.

Im Zuge der Aufklärung der *SPIEGEL*-Affäre wurden dann auch die Kontakte des Hamburger Nachrichtenmagazins zum BND seit 1954 enthüllt. Die Beziehungen blieben auch über die sechziger Jahre hinaus bestehen. Der 1962 involvierte BND-Oberstleutnant Adolf Wicht[2] wurde nach seiner Pensionierung als Brigadegeneral 1971 sogar Auslandsbeauftragter des *SPIEGEL*-Verlags. Wicht war – ausweislich einer geheimen BND-Liste vom Juli 1974 – unter dem Decknamen WINKLER für 950,– DM im Monat als Verbindungsführer Pullachs tätig. Kontakte hielt er nicht nur zum Militärressort des *SPIEGEL*, sondern auch zur Chefredaktion der *Welt*, der *Hamburger Morgenpost*, des *Kölner Stadtanzeigers*, der *Westdeutschen Allgemeinen Zeitung*, der *Düsseldorfer Nachrichten* und der *Neuen Ruhr-Zeitung*. *SPIEGEL*-Redakteur Peter Rullmann wurde 1971 in Belgrad wegen Spionage für den BND zu sechs Jahren Haft verurteilt, kam durch eine Intervention von Bundeskanzler Willy Brandt frei und nahm danach seine Arbeit in Hamburg wieder auf[3]. Auch dem *SPIEGEL*-Verlagsdirektor und Geheimdienstexperten Hans Detlev Becker wurde 1978 – von der DDR-Nachrichtenagentur ADN, untermauert durch Aufklärungsergebnisse des MfS über seine Gehlen-Kontakte – vorgeworfen, »verlängerter Arm des Bundesnachrichtendienstes«[4] zu sein. In einem Gespräch, das Hans-Jürgen Wischnewski am 28. Januar 1978 mit Hermann Axen führte, bestätigte der westdeutsche Staatsminister dem DDR-Politbüromitglied die engen Beziehungen des Chefredakteurs zum BND[5].

Detlev Becker, 1971 als Nachfolger des geschaßten BND-Vizepräsidenten Dieter Blötz im Gespräch, wurde vom BND in der *SPIEGEL*-Akte »Rot-Weiß« unter dem Decknamen DETLEV geführt. Sein Verhältnis zum BND-Gründer durchlief einige Metamorphosen. 1954 bescheinigte er Gehlen noch »erdrückende Energie« und »Heftigkeit des physiognomischen Ausdrucks« und setzte ihm mit dem Artikel »Des Kanzlers lieber General« am 22. September ein publizistisches Denkmal, das erkennbar auf Material aus dessen Organisation beruhte. *SPIEGEL*-Kollege Joachim Schöps hat 1983 erzählt, wie sich das Verhältnis von Becker und Gehlen nach den gemeinsamen Gesprächen für diesen Beitrag entwickelte: »Man behielt einander im Auge, zweimal trafen sich Becker und Gehlen zum Mittagessen, der General schenkte Becker eine antiquarische Ausgabe von Moltkes Memoiren mit Widmung. Daß der BND dann versuchte, wie es sich für einen Geheimdienst gehört, SPIEGEL-Leute zur Mitarbeit anzuwerben, empfand Becker als unpassend[6].«

In der *Zeit* bejubelte Becker Gehlen im März 1967 aber noch: »Kaum jemals wird ein Beamter schwerer durch einen Beamten zu ersetzen sein als der alleinige Schöpfer des Bundesnachrichtendienstes.« Im Nachwort zu dem 1969 erschienenem Buch von Louis Hagen »Der heimliche Krieg auf deutschem Boden« befand er – durchaus im Gegensatz zu den Erkenntnissen des Autors –, daß die Nachrichtendienste der Bundesrepublik wenig getan hätten, »um im Sinne moderner Public Relations den schlechten Ruf ihrer Dienste zu bessern und sie politisch zu legitimieren«, um es dann selbst zu übernehmen, für ein »ungebrochenes« Verhältnis von Öffentlichkeit und Politik zu den Geheimdiensten zu plädieren[7].

1980 aber fällte Hans Detlev Becker ein vernichtendes Urteil über den ersten BND-Präsidenten: »Die Sänfte: der Staat. Träger: die Parteien. In der Sänfte: der BND. Die Bundesrepublik Deutschland: ein Auslandsnachrichtendienst mit angegliedertem Parteienstaat – so das Weltbild des Auslandsnachrichtendienst-Präsidenten und Generalmajors der Wehrmacht a. D. Reinhard Gehlen, Omnipotenzphantasien eines berittenen Artilleristen, dem bei der Beförderung zum Oberleutnant die Turmuhr stehengeblieben ist[8].«

Bei der BND-Pressestelle war Becker schon lange nicht mehr besonders gut angeschrieben. Im *SPIEGEL*-Dossier des Hamburger Günther Heysing, das an Kurt Weiß ging, hieß es über den damaligen Chefredakteur: »Ausgeprägter Ehrgeiz dieses entlassenen Unteroffiziers einer Fernmelde-Einheit und die Gabe, Augstein zu gefallen, machten ihn nach seiner Berufung in die Zentralredaktion bald zum Intimus des Chefredakteurs und zum ›Brechmittel‹ für die anderen Mitarbeiter … Der unsympathisch arrogant wirkende, wahrscheinlich mit starken Minderwertigkeitskomplexen behaftete Becker wurde dann in Hamburg zum eigentlichen Chef des Stabs der Redaktion … Er intrigierte einen nach dem anderen von den Alten in jahrelangem

Kleinkrieg weg und wurde selbst Vertreter Augsteins ... Eine ›Palastrevolution‹ brauchte Augstein von diesem Subjekt nicht zu fürchten[9].«

Auf der BND-Liste vom März 1970 befinden sich allerdings weder Wicht, Becker oder Rullmann[10], sondern fünf andere Journalisten des Hamburger Nachrichtenmagazins. Wie in so vielen Medien waren es zunächst die Militärredakteure, die Pullach an sich zu binden suchte. Und das waren 1970 beim *SPIEGEL* als erstrangige Verbindung Hagen von Lambsdorff (Deckname LAVE), geführt vom BND-Beamten BOGENER, und als Zufallskontakt sein Kollege Guido von Claer (CICERO), der als Militärspezialist des Magazins intern nur »der Oberst« hieß.

Hagen von Lambsdorff, Jahrgang 1935, ein Bruder des FDP-Spitzenpolitikers Otto Graf Lambsdorff, begann seine journalistische Laufbahn 1963 beim *Kölner Stadt-Anzeiger,* ging 1965 als verantwortlicher Redakteur für Außenpolitik zum *Handelsblatt* nach Düsseldorf und kam dann 1968 als leitender Redakteur für Militärpolitik zum *SPIEGEL.* 1974 wechselte der Rechtsritter des Johanniter-Ordens und Rotarier in den Auswärtigen Dienst und wurde Gesandter an der Botschaft der Bundesrepublik in Washington. Als BND-Konfident beim *Handelsblatt* und Militärexperte genoß Graf Lambsdorff noch die besondere Wertschätzung des BND-Agenten Günter Heysing. Nach dem Wechsel zum *SPIEGEL* diffamierte dieser ihn gegenüber seiner Führungsstelle in Pullach jedoch als »intriganten Drecksack«[11].

Als voll tragfähigen Kontakt führte ELZE im *SPIEGEL* überdies den Redakteur Otto von Loewenstern (LEO). Daß der Bundesnachrichtendienst aber in der großen und für die Meinungsbildung in der Bundesrepublik so bedeutsamen Hamburger Redaktion doch nur relativ wenige Vertrauensjournalisten gewinnen konnte, erklärt Theo M. Sommer, Chefredakteur der *Zeit,* mit dem »esprit du corps« der *SPIEGEL*-Mannschaft[12].

Ende 1971 lobte ein Leser der *FAZ* die wenig begeisterte Rezension, die Alfred Schickel in der FAZ vom 26. Oktober 1971 einem Buch zweier anderer *SPIEGEL*-Redakteure hatte angedeihen lassen, und der Leserbrief äußerte zugleich »tiefe Besorgnis über die verschiedenen unqualifizierten, abschätzigen Veröffentlichungen über den Bundesnachrichtendienst«. Ziel der Attacke war »Pullach intern«, die *SPIEGEL*-Serie und das Buch über »General Gehlen und die Geschichte des Bundesnachrichtendienstes«[13], für lange Zeit das einzig seriöse Werk über den BND. Der Leserbriefschreiber, der die Schelte an die »unberufenen Leute« – er meinte die Autoren Hermann Zolling und Heinz Höhne – ausgeteilt hatte, dürfte verwundert gewesen sein, wenn er erfahren hätte, daß der Abteilungsleiter I des BND, Kurt Weiß, Hermann Zolling unter dem Decknamen ZOBEL als erstrangige Pressesonderverbindung geführt hat. Zolling betrat mit dem Geheimdienstbuch Neuland, während Höhne auch andere akribisch recherchierte Fachbücher zu nachrichtendienstlichen Fragen vorgelegt hat[14].

Was mag aber Reinhard Gehlen bewegt haben, in seinem 1972 erschienenen Buch »Der Dienst« mit der »reißerischen, zahlreiche Indiskretionen, schiefe Darstellungen und Verfälschungen enthaltenden« Serie eines »bekannten Nachrichtenmagazins« abzurechnen? Kannte er die verwandtschaftlichen Beziehungen Zollings in den BND hinein nicht? Traf nicht zu, wie der *Kölner Stadt-Anzeiger* am 19. März 1971 schrieb, daß alle 15 Folgen von »Pullach intern« dem BND zur Durchsicht vorlagen, »so wie das bisher bei Berichten über den Geheimdienst üblich war«[15]? Und wußte er nichts von der Souffleurrolle, die der unter ihm groß gewordene Kurt Weiß dabei gespielt hatte? Dieser WINTERSTEIN war vom BND-Präsidenten Klaus Kinkel in den vorzeitigen Ruhestand geschickt worden, doch sobald der einstige Gehlen-Adjudant Eberhard Blum Kinkels Nachfolge in Pullach angetreten hatte, ging Kurt Weiß wieder im Camp Nikolaus ein und aus.

Offiziell hatte WINTERSTEIN den Auftrag bekommen, eine Geschichte des BND zu verfassen, doch da hatte er – im Jahre 1970 – im Vorgriff auf das Chronistenamt längst viele Details aus der damals über zwanzigjährigen Historie der Organisation Gehlen und des BND *SPIEGEL*-Redakteuren in die Feder diktiert. Die »überaus problematische Monographie« mit »etlichen Gehässigkeiten« – so Alfred Schickel im Oktober 1973 in der *NACHHUT*, dem Organ ehemaliger Abwehrangehöriger – gilt bis heute als geheimdienstkritische Publikation, auch wenn die Autoren in ihrer Schlußbemerkung zugestehen, der BND könne »Entscheidungshilfe für Bonn – zu unser aller Sicherheit«[16] liefern. Daß die erste solide Monographie zum Gehlen-Apparat aus Pullach selbst gefüttert wurde, mag manchen glaubensfesten Abschottungsstrategen erschüttern, könnte aber auch erklären, warum dieses Buch auf der aktuellen Liste des BND mit empfehlenswerter Geheimdienstliteratur steht.

Glaubt man den Aussagen von BND-Oberstleutnant Friedrich Wilhelm Höffer von Loewenfeld (RAVEN) vor dem Guillaume-Untersuchungsausschuß des Bundestags, so hat der alte Gehlen seine Fangemeinde in der »Verschlußsache« mit der genannten Buchschelte genarrt. Von Loewenfeld erinnerte sich im Dezember 1974 nämlich auf die Frage des Abgeordneten Burkhard Hirsch, ob »Pullach intern« eine Auftragsarbeit des BND gewesen sei, daß Wessel persönlich »vor den Abteilungsleitern, Unterabteilungsleitern und Dienststellenleitern bei irgendeiner Gelegenheit, als da die Wellen hochgingen«, erklärt habe, der BND habe dabei »bedauerlicherweise«[17] mitgewirkt.

Neben den beiden Buchautoren hatte an der Serie im Blatt auch *SPIEGEL*-Redakteur Günther Tolmein mitgearbeitet; er erscheint – geführt von dem Pullacher KLAIS – 1970 auf der BND-Liste als die voll tragfähige Verbindung TERTIUS.

Der vierte im Bunde bei der redaktionellen Arbeit an der *SPIEGEL*-Serie war ein Redakteur, der erst nach dem kalten Krieg Karriere als Buchautor im Geheimdienstbereich machen sollte: Peter Ferdinand Koch. 1992 trat er zunächst mit einem Buch über das Schalck-Imperium an die Öffentlichkeit, 1993 mit einem Werk zur deutsch-deutschen Spionage und wiederum ein Jahr später mit einer ausführlicheren Darstellung der Spionage zwischen den beiden deutschen Staaten[18]. In dem letztgenannten Werk schilderte Koch 1994 selbst, wie er dem BND nach der Wende unter die Arme griff: »Nach dem Fall der Mauer, im November 1989, ist der Verfasser mit DDR-Nachrichtendienstlern ins Gespräch gekommen. Dabei gelang es ihm, einige von ihnen zu überzeugen, aus der Anonymität herauszutreten ... Verfassungsschutz sowie BND traten an den Autor mit der Bitte heran, ihnen Kontakte zu MfS-Angehörigen herzustellen[19].« Da Klaus Kuron noch im BfV für die DDR-Dienste zuständig gewesen sei – so Koch –, habe niemand mit dem Verfassungsschutz sprechen wollen, sondern nur mit Abgesandten Pullachs, von »den Verbindungen des Autors profitierte also der BND«. Zu seinen Ansprechpartnern in Pullach zählte dabei der damalige Leiter der BND-Abteilung I, Volker Foertsch.

Und FLEMMING – so Foertschs Deckname –, ein weiterer Vertreter der konservativen Seilschaften im Isartal, war es auch, mit dem Tolmein und Koch seinerzeit die *SPIEGEL*-Serie abgestimmt hatten. Der sozialdemokratische Vizepräsident Dieter Blötz spielte dabei keineswegs die Rolle des Soufffleurs für sein Leib-und-Magen-Magazin, was ihm einige von Gehlens Altgardisten anhängen wollten, sondern er versuchte mäßigenden Einfluß auf die *SPIEGEL*-Redaktion zu nehmen und wollte sogar – erfolglos – die Veröffentlichung bestimmter besonders sensibler Fakten verhindern[20].

Daß die nachrichtendienstlichen Einflüsterungen zu einem geschönten Bild in »Pullach intern« beitrugen, was angebliche BND-Erfolge angeht, ist erst 1997 durch das gemeinsame Buch des früheren CIA-Chefs in Berlin, David E. Murphy, und seines ehemaligen KGB-Kontrahenten Sergej Kondratschow deutlich geworden. Zum einen verweisen die beiden Spitzengeheimdienstler eine Beteiligung der Organisation Gehlen am Bau des CIA-Abhörtunnels in Berlin 1955, die Zolling und Höhne als erste berichtet hatten, in das Reich der Legende. Zum anderen kritisieren sie die Darstellung, die die *SPIEGEL*-Autoren vom Überlaufen des DDR-Nachrichtendienstlers Siegfried Dombrowski 1958 geben: »Wie die Autoren auf diese dramatische Geschichte gekommen sind, wissen wir nicht, wenngleich sie zum Teil offenbar auf ›literarisch‹ überhöhten Angaben aus BOBs (Berlin Operation Base der CIA, der Verf.) Gegenangriffsmaterial vom Januar 1959 beruht[21].«

Zu den unkritischen Paladinen Pullachs zählte Hermann Zolling jedoch nicht. Bei allem Verständnis für die Notwendigkeit eines Auslandsnachrichtendienstes betrachtete er den Gehlen-Apparat äußerst kritisch. Das belegen nicht nur zahlreiche Passagen in »Pullach intern«, sondern beispielsweise auch die geharnischte Abrechnung mit der Führungsschwäche und Laschheit des BND-Präsidenten sowie den strukturellen Schwächen der Pullacher Vetternwirtschaft, die Zolling unter Berufung auf die Mercker-Kommission im November 1971 in einem Leserbrief an die *Zeit* vornahm[22].

In einem anderen Fall kamen verwandtschaftliche Beziehungen eines *SPIEGEL*-Redakteurs dem BND zugute. Das beklagte jedenfalls 1987 Günter Wallraff, der dem Nachrichtenmagazin zusammen mit dem *SPIEGEL*-Fotografen Günter Zint eine Reportage über die geheimdienstnahe »Kampfgruppe gegen Unmenschlichkeit« vorgeschlagen hatte. »Uns war es gelungen, Tagebücher, Unterlagen und Dokumente in die Hände zu bekommen. Als wir diese Unterlagen dem ›Spiegel‹ zur Veröffentlichung anboten, zeigte sich der zuständige Redakteur äußerst interessiert. Kurz vor dem Abdruck aber stellten die Betroffenen Anzeige, und es hieß, die Dokumente seien privat, widerrechtlich beschafft und dürften nicht veröffentlicht werden. Als ›Kronzeuge‹ firmierte ein ›Spiegel‹-Journalist, dessen Onkel, wie wir später erfuhren, an führender Stelle des Bundesnachrichtendienstes tätig war[23].« Da er keine Kopien der Unterlagen gemacht, sondern sie dem Redakteur im Original übergeben hatte, konnte der Kölner Schriftsteller sie auch nicht anderweitig publizieren.

Trotz der nachweislichen Abstimmungsprozesse zwischen einigen *SPIEGEL*-Redakteuren und dem Bundesnachrichtendienst im Vorfeld der *SPIEGEL*-Affäre und bei der Serie »Pullach intern« darf nicht übersehen werden, daß das Hamburger Magazin wie kein anderes Medium in der Bundesrepublik Affären und Skandale des BND publik gemacht hat. Ein herausragendes Beispiel für eine jahrzehntelange Kontrolle des Auslandsnachrichtendienstes, die regelmäßig effektiver war als die Bemühungen des Bonner Parlaments, sind sicherlich die 1995 einsetzenden Veröffentlichungen zur Operation HADES des BND[24] vom August 1994, als in einer Lufthansamaschine 363,4 Gramm Plutonium von Moskau nach München geschmuggelt wurden, um die angebliche Gefahr vagabundierenden Waffenmaterials zu beweisen und der CDU/CSU bei den Wahlen im Herbst 1994 Schützenhilfe zu leisten.

Der »Vater« des *SPIEGEL,* Rudolf Augstein, ist nie in den Geruch gekommen, klandestine Kontakte zum Bundesnachrichtendienst zu pflegen. Von einzelnen BND-Angehörigen aus der rechten Ecke ist vielmehr gelegentlich der Verdacht gestreut worden, der erfolgreiche Medienmann müsse Unterstützung vom sowjetischen KGB erhalten haben. Brian Crozier, Agent des britischen Auslandsnachrichtendienstes und mit zahlreichen deutschen Kollegen befreundet, hat 1993 erneut die Behauptung aufgestellt, bei der *SPIEGEL*-Affäre habe der sowjetische Nachrichtendienst die Fäden in der Hand gehabt und dem Magazin Material zugespielt, um den kometenhaften Aufstieg des Franz Josef Strauß zu bremsen. Das habe ein Überläufer aus dem tschechischen Nachrichtendienst StB, General Sejna, der CIA bereits 1968 bei Vernehmungen mitgeteilt. Crozier hatte die entsprechende Behauptung schon Anfang 1981 einmal dem britischen Finanzmann James Goldsmith gegenüber geäußert. Nachdem dieser wiederum die Information in einem Gespräch mit der Zeitung *Now!* im Februar 1981 publik gemacht hatte, reagierte Rudolf Augstein im März des Jahres mit rechtlichen Schritten[25]. Die Behauptung, das Ausgangsmaterial des *SPIEGEL* für den Beitrag »Bedingt abwehrbereit« sei vom KGB gekommen, wurde 1997 auch in dem Buch der beiden Top-Geheimdienstler Sergej Kondraschow und David E. Murphy wiederholt[26]. Die umfangreiche Dokumentation, die Alfred Grosser und Jürgen Seifert bereits 1966 vorgelegt haben, erhärtet jedoch, was Reinhard Gehlen in der *Westfälischen Rundschau* vom 21. November 1962 angedeutet hatte, daß nämlich der Bundesnachrichtendienst das Material gegen die Atombewaffnungspolitik von Strauß lanciert hatte[27].

Der bereits erwähnte BND-Spitzel für die Hamburger Presseszene, Günther Heysing, hatte in seinem *SPIEGEL*-Dossier für Franz Josef Strauß vom November 1962 vergeblich versucht, in Augsteins Vergangenheit dunkle Flecken zu finden: »Angeblich besuchte er eine national-politische Erziehungsanstalt (Napola) und war während des Krieges Leutnant in einer Artillerie-Einheit. Doch sind darüber keine näheren Einzelheiten bekannt. Vielleicht war er auch nur Offiziersanwärter, also zukünftiger Leutnant. Ob A. einen Abitur-Schulabschluß besitzt, ist auch nicht bekannt. Eine Erwähnung seines kleinbürgerlichen Herkommens scheint A. jetzt peinlich zu sein. Jedenfalls geht er im Gespräch darüber hinweg. Sein Leben beginnt erst mit seinem Auftreten als Lizenzträger des *SPIEGEL*[28].«

Noch ein Vierteljahrhundert nach der *SPIEGEL*-Affäre gab es Versuche, seinem Herausgeber durch redaktionelle Hilfestellung aus dieser rechten Ecke, wo inzwischen längst pensionierte Mitarbeiter des Bundesnachrichtendienstes zusammenstehen, Schaden zuzufügen. Der BND-Vertrauensjournalist Gerhard Baumann (BALLY) war vom Regierungsdirektor a.D. des Bundesnachrichtendienstes Kurt Weiß gebeten worden, eine rechte Kampfschrift gegen Rudolf Augstein auf ihre Nützlichkeit hin zu beurteilen. Baumann, seit 1940 Spezialist für psychologische Kriegsführung, teilte dem hochgestellten BND-Veteranen jedoch am 20. Januar 1989 mit, daß der Schuß nach hinten losgehen könne: »Manuskript über den *SPIEGEL* von Hans Wagner. Ziel der Veröffentlichung soll doch sein, es (das Nachrichtenmagazin, d. Verf.) aus den Angeln zu heben. Das wird mit dieser Arbeit aus folgenden Gründen nicht erreicht: Die Diktion bewegt sich überwiegend auf der Ebene der Kolportage, der Stil ist unernst, gelegentlich schnoddrig. Der Versuch, Augstein in die NS-Ecke zu stellen, weil er einmal einen kleinen Beitrag in *DAS REICH* veröffentlichte, ist läppisch. Dazu bedürfte es ganz anderer Fakten, die überdies auch nichts bewirken (siehe Nannen oder Globke). – Insgesamt erweckt das Manuskript einen doppelten Eindruck: A. ist ein machtbewußter, zielstrebiger und erfolgreicher Organisator und Publizist – und darauf ist der Autor neidisch. Das Manuskript enthält derart viele intime Einzelkenntnisse, daß der Autor sie unmöglich allein recherchiert haben kann. Also fragt der kritische Leser: Wo sprudelte die Quelle? Wenn sich dann noch herausstellen sollte (und in Bonn bleibt nichts verborgen), daß ›jemand‹ die Publikationen fördert, ist ihr Zweck verfehlt.«

Auch daß *SPIEGEL*-Redakteure zu Unrecht der Zusammenarbeit mit dem BND bezichtigt wurden, ist nicht ausgeblieben. Das Münchner Magazin *Focus* meldete im Herbst 1993, daß Volkhard Windfuhr, der Kairoer Korrespondent des Hamburger Nachrichtenmagazins, »inoffiziell für den Bundesnachrichtendienst gearbeitet habe. In Pullach bei München schätzte man seine Analysen aus der arabischen Welt[29].« *Focus* war anschließend nicht nur zu einer Gegendarstellung gezwungen, sondern mußte auch Schmerzensgeld an Windfuhr zahlen.

David Schoenbaum berichtete 1968, der BND habe mindestens zweimal versucht, Mitarbeiter des Hamburger Nachrichtenmagazins für eine nachrichtendienstliche Nebenbeschäftigung zu gewinnen[30]. Im *SPIEGEL* – von Franz Josef Strauß gern als bester deutscher Nachrichtendienst bezeichnet – erweckte ein Redakteur besonders dann das Interesse des BND, wenn er als herausragender Fachmann im Bereich der Pullacher Aufklärungsprioritäten hervortrat.

So wurde Adel S. Elias, ein ausgewiesener Arabien-Experte, zu Anfang der achtziger Jahre aus dem BND-Referat Nah-/Mittelost angesprochen und um Zusammenarbeit gebeten. Die Initiative dazu war von Cornelis Hausleiter (HAGEMANN) ausgegangen, der zuvor eine Sondergenehmigung seines Abteilungsleiters Albrecht Rausch einzuholen hatte.

Am Telefon hatten sich bei Elias angebliche Industrievertreter mit der Bitte gemeldet, ihnen doch bei der Anbahnung von Geschäften behilflich zu sein. Da er ohnehin einen Termin in München hatte, traf sich der Journalist wenig später im Luxushotel »Vier Jahreszeiten« mit den beiden Herren. Gleich nach der Begrüßung lotsten sie ihn in das gegenüberliegende Schwarzwald-Restaurant, wo ein Tisch reserviert worden war.

Schon beim Aperitif gaben sie sich als Abgesandte Pullachs zu erkennen, präsentierten ihren Dienstausweis und offerierten ihm eine Telefonnummer in Pullach, unter der ihre Identität nachprüfbar sei. Dann kamen sie zur Sache. Elias habe doch besonders guten Zugang zu arabischen Staatsoberhäuptern und könne deshalb zur Stärkung der deutsch-arabischen Freundschaft beitragen. Eine erste Aufgabenbeschreibung hatten die Herren auch gleich zur Hand, 18 Punkte, auf die er bei seinen Begegnungen mit Monarchen und Regierungschefs achten solle. Ob sein Gesprächspartner beispielsweise ein aufgedunsenes Gesicht habe, ob er unsicher gehe oder sein Hals geschwollen sei, interessierte den BND zum Beispiel. Auch zur Gemütsverfassung der Zielpersonen sollte er Auskünfte sammeln, Nervosität oder Niedergeschlagenheit registrieren. Für seine Berichte erhielte er ein Honorar von bis zu 10000 DM, absolut steuerfrei, wie die BND-Leute wiederholt betonten. Je nach Wertigkeit wurden damals Einzelmeldungen von Journalisten mit Summen zwischen fünfzig und fünfhundert DM honoriert. Elias hätte schon ausgesprochen fleißig sein und besonders wertvolle Informationen liefern müssen, um auf einen Nebenverdienst in dieser Höhe zu kommen.

Zugleich fühlte sich der *SPIEGEL*-Redakteur subtil erpreßt. Er komme doch aus einem Bürgerkriegsland, und es wäre doch bedauerlich, wenn er irgendwann gezwungen sein würde, in den Libanon zurückzukehren. Zu dieser Zeit lief gerade das Einbürgerungsverfahren für den Journalisten, und ihm wurde suggeriert, der Bundesnachrichtendienst könne den Ausgang in dieser oder jener Hinsicht beeinflussen. Als besonders beredsam entpuppte sich dabei der anscheinend ranghöhere BND-Mann, der sich, mit hochgezwirbelten Bartspitzen geschmückt und einem Schottenkaro-Jackett angetan, eine englische Note zugelegt hatte. Sein Kollege im gedeckten dunklen Anzug hielt sich auch sonst bedeckt und griff nur gelegentlich ein.

Doch weder Zuckerbrot noch Peitsche verfingen bei Elias. Die BND-Beamten ließen nicht locker und versuchten ihm erneut Honig um den Bart zu schmieren. Bundeskanzler Helmut Schmidt fiele es schwer, sich ein Bild von den Vorgängen im Nahen Osten zu machen. Elias könnte doch als anerkannter Experte Hintergrundberichte für ihn schreiben und so gewissermaßen zum Kanzlerberater aufsteigen. Es sei gewiß nicht unehrenhaft, für den Nachrichtendienst seines Gastlandes zu arbeiten, wurde er belehrt. Und, wenn er einmal eine teure Recherchereise in den arabischen Raum vorhabe, übernähme man gern die Kosten für Flugticket und Hotel. Insgesamt ließen sich pro Jahr schon 50000 bis 70000 DM mit der Arbeit für den Bundesnachrichtendienst nebenbei verdienen, die Steuerbefreiung würde man gern mit seinem Finanzamt regeln.

Der *SPIEGEL*-Redakteur reagierte ziemlich barsch auf diesen zweiten Anlauf. Die Bundesrepublik habe doch 21 Botschafter in den arabischen Staaten, ihre BND-Residenturen und nicht zuletzt Informationen von Mossad und CIA. Die beiden BND-Mitarbeiter hätten diese Staatsdiener doch gerade ausnahmslos zu Ignoranten gestempelt, und er ließe sich nicht auf diese Weise verarschen. Überdies müßte er fürchten, seine Quellen zu verlieren, wenn ein Deal mit dem BND durchsickern würde. Ohne das Essen abzuwarten, erinnert sich Elias heute, sei er aufgestanden, habe seinen Campari-Soda selbst bezahlt und das Restaurant verlassen.

Von München flog er unverzüglich zu seiner Redaktion nach Hamburg und unterrichtete Erich Böhme von dem Anbahnungsversuch des BND. Der *SPIEGEL*-Chefredakteur wiederum griff zum Telefonhörer, um Hans-Dietrich Genscher anzurufen. Klopfen sie diesen Leuten gehörig auf die Pfoten, forderte er den Außenminister auf, *SPIEGEL*-Redakteure sind für Geheimdienstaufträge tabu.

Als etwa zehn Jahre später ein promovierter BND-Mitarbeiter im Bodensee-Presseclub in Friedrichshafen, wo Elias zu Hause ist, unter seinem Decknamen RABENSTEIN einen Vortrag zur politischen Entwicklung in Europa hielt und kühn behauptete, die westlichen Verbündeten der Bundesrepublik unterstützten die Wiedervereinigung ohne Vorbehalte, konnte Elias es sich nicht verkneifen, ihn über die wirkliche Lage aufzuklären. Der Geheimdienst sollte doch eigentlich wissen, daß Margaret Thatcher keine ruhige Nacht mehr gehabt habe, seit die Wiedervereinigung Deutschlands sich abzeichnete: Alliierte seien die Natoverbündeten in dieser Frage allenfalls auf dem Papier.

Die Veranstaltung im Presseclub fand im Vorfeld des Golfkriegs statt. Und da ließ es sich RABENSTEIN, bürgerlich Günter Haendley und damals Leiter der BND-Unterabteilung Politische Auswertung, nicht nehmen, stolz ein Stückchen vom Geheimwissen seiner Behörde vorzuführen. Saddam Hussein, ließ er das Publikum wissen, versuche gerade einen Teil seiner Lang- und Mittelstreckenraketen in Mauretanien zu parken. Da platzte Elias der Kragen. Wenige Tage zuvor hatte er – gestützt auf Quellen in der irakischen Baath-Partei– diese Information in einer kuwaitischen Zeitung unter seinem Namen publiziert und bekam sie nun unverfroren als Perle aus der Arbeit Pullachs serviert. Einmal in Fahrt warf er dem BND-Mann vor, der Bundesnachrichtendienst erpresse zahlreiche Libanon-Flüchtlinge und Palästinenser zur Zusammenarbeit. Einige von ihnen übersetzten aus arabischen Zeitungen, was Pullach dann als Geheimbericht nach Bonn schicke, andere bespitzelten hier ihre Landsleute, und mehr als einer habe sich schon bei ihm über diese Praktiken beklagt.

Argumentativ hatte der BND-Beamte dem nichts entgegenzusetzen, dafür schrieb er hinterher einen Bericht über die Attacke des *SPIEGEL*-Mannes an seinen Vorgesetzten. Das führte zu einem wütenden Anruf des BND bei Elias. Wir werden uns, drohte ein Geheimdienstoberer, bei ihrer Chefredaktion über Sie beschweren; der Vorfall wird Konsequenzen für Sie haben. Mit keinem all dieser verdammten und schmutzigen Geheimdienste der Welt möchte er jemals zu tun haben, gab Elias zurück, dem bei diesem Anruf ein Landtagsabgeordneter aus Baden-Württemberg als Zeuge zur Seite stand. Und von da an ließ ihn der BND in Ruhe[31].

Bei Berichten, die den Beifall seiner Oberen nicht fanden, konnte es der BND nicht lassen, wenigstens im nachhinein bei *SPIEGEL*-Redakteuren zu intervenieren. Unter der Überschrift »Alles im Ohr« hatte der *SPIEGEL* am 28. März 1993 über die massive Aufrüstung einer Horchstation in Schleswig-Holstein berichtet und den Verfasser dieses Buches als Zeugen dafür genannt, daß das »Objekt KASTAGNETTE« bei Husum nicht der Bundeswehr, sondern dem BND zuzurechnen sei. Der verantwortliche Redakteur erhielt wenige Tage später Post aus Pullach. Absolut falsch sei, was er über den BND-Bezug geschrieben habe, hieß es in dem Brief, und er wäre klug beraten, in Zukunft keiner Information mehr zu trauen, die von Schmidt-Eenboom käme. Das Mahnschreiben aus dem Isartal hat den *SPIEGEL*-Mann gehörig amüsiert. Hatte er von dem Friedensforscher doch nur zitierfähig bestätigt bekommen, was ihm aus einem Geheimakt des BND, der ihm zugespielt worden war, ohnehin bekannt war.

9

Sir Henri – ein Josephsgrenadier greift nach den Sternen

Das geheime BND-Dokument vom März 1970 wies zur Hamburger Illustrierten *stern* nur eine einzige stabile Pressesonderverbindung aus[1], doch die war ganz oben angesiedelt: Der Chefredakteur des Blattes, Henri Nannen (Deckname NEBEL), wurde vom BND-Abteilungsleiter Kurt Weiß (WINTERSTEIN) als »voll tragfähige, regelmäßige Verbindung« – so die Pullacher Klassifikation – geführt.

Daß es langjährige Beziehungen Nannens nach Pullach gab, hatte 1971 bereits Reinhard Gehlen in dem Abschnitt »Der Dienst und die Presse« seines Buches »Verschlußsache« angedeutet: »Wenig Verständnis konnte ich, auch nach anfangs korrekten Beziehungen, vom ›Stern‹ erwarten, nachdem Chefredakteur Henri Nannen Amt und Wirkungsbereich in geradezu dominierender Weise ausgeweitet hatte. Nannen hatte sich in den letzten Jahren meiner Amtszeit unentwegt um ein persönliches Gespräch mit mir bemüht. Daß er sich später an seine wiederholten Anfragen nicht mehr erinnern wollte, ist sicher als ›taktische Vergesslichkeit‹ zu werten. Als ich ihn schließlich dann doch in Pullach empfing, entwickelte sich eine interessante Unterhaltung. Mein Hamburger Gesprächspartner hat sie dann freilich in seinem ›Pardon‹-Interview vom Februar 1975 gänzlich falsch wiedergegeben. Nannen erklärte wörtlich: ›Das Gespräch drehte sich im wesentlichen darum, ob unsere Rechercheure und Reporter nicht gelegentlich BND-Aufträge ausführen könnten. Ich habe Gehlen klar geantwortet ›Nein‹, Journalismus und Nachrichtendienst sind zweierlei Paar Stiefel‹ … Im übrigen war in unserem Pullacher Gespräch Herr Nannen derjenige, der recht konkrete Wünsche vorbrachte[2].«

Ganz allgemein hat Manfred Bissinger 1986 über das Verhältnis von Chefredakteuren zum BND berichtet: »In den fünfziger und sechziger Jahren gehörte es zur Ehre eines jeden Chefredakteurs, von dem ›legendären‹ Reinhard Gehlen empfangen worden zu sein. Ich erinnere mich gut, wie einer der ›Stern‹-Chefs immer wieder voll Freude von einer solchen Begegnung berichtete: Wie er in einem Auto mit Gardinen, von einem Mann mit Decknamen gesteuert, am Flughafen abgeholt wurde, wie der Adjutant salutierte, wie er die Stufen heraufgeführt wurde und wie er schließlich in der großen Eingangshalle Patschhändchen geben durfte. Bei Gehlen eingeladen, das war so etwas wie ein Adelsprädikat im Nachkriegsjournalismus[3].« Im Oktober 1997 erläuterte Manfred Bissinger, daß es sich bei dieser plastischen Beschreibung um einen kürzlich verstorbenen Chefredakteur handelte, nicht um den *stern*-Gründer. Aber auch Henri Nannen war – so Bissinger, heute Chefredakteur der *WOCHE* – »als Journalist einoder zweimal bei Gehlen in Pullach und konnte dies auch sehr farbig erzählen«[4]. Daß das BND-Dokument aber regelmäßige Beziehungen zu Nannen behauptet, mag daran liegen, daß ein Abgesandter Gehlens im Hamburger Pressehaus nicht nur regelmäßig bei der *Zeit* einkehrte, sondern auch die benachbarten Redaktionsstuben des *stern* aufsuchte.

Henri Nannen, der im Dezember 1913 in Emden geborene Sohn eines Polizisten, hatte an der Universität München Kunstgeschichte studiert und schon zu dieser Zeit beim *Reichssender München* erste journalistische Erfahrungen machen können. 1935 wurde er – nach eigenem Bekunden – wegen »Widerstandes gegen die Staatsgewalt« in ein Verfahren verwickelt. Es kam zwar nicht zur Anklage, doch wurde er von der Universität relegiert und mit einem Arbeitsverbot als Journalist belegt. Dank der Fürsprache des Münchener Kunstverlegers Hugo Bruckmann – einem frühen Parteigänger Hitlers in München – wurden Arbeitsverbot wie Relegation wieder aufgehoben, Nannen zum

Schriftleiter der Zeitschrift *Kunst* ernannt. Ab 1937 schrieb er für eine neue Kunstzeitschrift des Verlages, die zuletzt unter dem Titel *Kunst im Reich* erschien. Drei »Bewährungsartikel« (Munzinger-Archiv), in denen er zum Beispiel den Expressionismus als die »Kunst des vom Führer erneuerten Deutschlands« pries, wurden ihm nach dem Krieg vorgehalten, aber letztlich als Jugendsünden verbucht. Selbst, daß sie im Presseverlag der NSDAP, dem Eher-Verlag, erschienen waren, den Max Amann, Reichsleiter der NSDAP und Hitlers Feldwebel im Ersten Weltkrieg leitete[5], spielte keine große Rolle. Nach der Rezension einer Rembrandt-Monographie aus der Feder eines jüdischen Autors durfte Nannen 1940 jedoch nicht mehr als Kulturberichterstatter publizieren. Dabei hatte er noch im Juli 1939 in *Kunst im Volk* zur »Grossen Deutschen Kunstausstellung« ein Loblied auf Adolf Hitler gesungen: »Die Erneuerung des deutschen Menschen aber ist das Werk des Führers, er hat ihm den neuen und doch ewig alten Glauben an sich selbst und an das Schicksal seines Volkes zurückgegeben, er allein hat sein Volk wieder zum Erleben und damit auch zur Darstellung seines eigenen Wesens geführt ... Er hat den Mythos geschaffen, und es ist das erste und einzige Mal, daß der Wille und die Schöpferkraft eines einzelnen Menschen hierzu imstande waren.«

An den Berufswunsch, Journalist zu werden, knüpfte »Sir Henri«, wie er später gern genannt wurde, auch im Nachkriegsdeutschland bald wieder an, ab 1946 als Herausgeber und Chefredakteur der *Hannoverschen Neuesten Nachrichten* und zugleich bei der im Februar 1947 lizensierten *Abendpost,* einer FDP-nahen Zeitung in der niedersächsischen Hauptstadt[6]. Dort wagte er mit der Gründung der Illustrierten *stern,* die er aus der Jugendzeitschrift *Zickzack* entwickelte, im August 1948 den großen Wurf, der ihn zu einem der bedeutendsten Blattmacher der Nachkriegsgeschichte machen sollte. Aus der Seilwinderstraße 9–11 zog der *stern* jedoch Anfang 1949 nach Duisburg um, weil sich dort mit einem Radiogroßhändler und einem Essener Bankhaus Geldgeber für das aufstrebende Blatt ohne ausreichende Kapitaldecke gefunden hatten. Innerhalb eines Jahres wechselte der *stern* erneut den

Standort, zog in das Hamburger Pressehaus ein, nachdem *Zeit*-Verleger Gerd Bucerius Nannens Finanziers ausgezahlt hatte, die vergeblich auf schnellen Profit gehofft hatten[7]. 1951 erwarb der *Zeit*-Verlag dann die letzten Anteile – 37,5 Prozent – des Verlages Henri Nannen GmbH für etwa 500000 DM. Nannen blieb jedoch bis 1980 als Chefredakteur des *stern* die bestimmende Persönlichkeit der Illustrierten und avancierte auch zum Vorstandsmitglied von Gruner + Jahr, eine Position, die er bis 1983 innehatte.

Lapidar notiert das Munzinger-Archiv in Nannens Biographie zum Zweiten Weltkrieg: »1940 – 45 leistete er Kriegsdienst, zuletzt als Leutnant der Reserve bei der Luftwaffe[8].« Eingezogen wurde Nannen zum 3. April 1939, absolvierte im Herbst eine Vollausbildung zum Funker und stieg zum 1. April 1941 zum Unteroffizier auf. Doch da war der Absolvent der Fliegerschützenschule in Colberg längst nicht mehr gewöhnlicher Soldat im Imperium von Reichsluftmarschall Hermann Göring, sondern seit dem 5. April 1940 stand er als Kriegsberichter im journalistischen »Ehrendienst« des Reichs[9]. Um nicht als gewöhnlicher Frontsoldat verwendet zu werden, muß er linientreue Fürsprecher gefunden haben, denn Kandidaten für einen Einsatz als Kriegsberichter wurden durch das Reichspropagandaamt vorgeschlagen, das am Sitz des Generalkommandos angesiedelt war, und letztlich vom Reichsverteidigungsreferat des Propagandaministeriums bestätigt[10].

Hans Ulrich Freiherr von Wangenheim, ehemaliger SS-Untersturmführer in einem Propagandaverband, hat im März 1951 in einem Interview mit Jürgen Thorwald die schwierige Lage geschildert, in die ein kriegsverpflichteter Journalist zunächst geriet: »Der eingezogene Berichter, meist ein Journalist von Format, musste als Schütze A. beginnen, war den ungebildeten oder halbgebildeten Unteroffizieren untergeordnet, wurde entsprechend zu allen möglichen Diensten eingeteilt, – andererseits sollte er grosse Leistungen vollbringen. Selbstverständlich setzten sich die meisten auf Grund ihrer Persönlichkeit durch, aber es kostete viel unnütze Reibung und Zeit. Die als Soldaten verkleideten Journalisten hatten es anfänglich auch in der Truppe sehr schwer. Jüngere Chargen sahen sie nur als Schützen A. und mit dem gebührenden Misstrauen, das dem Kriegsberichter anfänglich überall entgegengebracht wurde (in der Wehrmacht kam schon im Frieden der Name ›Josephsgrenadiere‹ auf[11]), wurde er empfangen und behandelt. Höhere Offiziere sahen in dem Mann die Persönlichkeit und behandelten ihn entsprechend. Es war dann peinlich, in der Uniform des einfachen Soldaten so bevorzugt zu werden[12].«

Vom »Schützen A.« stieg Nannen zunächst zum Gefreiten auf und machte sich bald reichsweit einen Namen. Im *Großdeutschen Rundfunk* war er als engagierter Kriegsberichterstatter der Luftwaffe zu hören. Zwei seiner Propagandaberichte von der Heimatfront sind im Deutschen Rundfunkarchiv in Frankfurt erhalten[13]. Im Frühjahr 1941 wird Nannen zum Flugzeughersteller Junkers geschickt, um eine Reportage von gut zwölf Minuten über Werkspiloten bei Junkers zu machen, die er den Hörern als »Soldaten« vorstellt, die ein »tägliches Vorpostengefecht gegen die Gefahr einer möglichen technischen Unzulänglichkeit« führen[14].

Für die *Sendung für Zeitgeschehen* ist der PK-Gefreite am 28. März 1941 erneut bei Junkers. Als Kriegsberichter der Kompanie VI (Luftwaffe)[15] bereitet der Josephsgrenadier einen 15minütigen Beitrag über die Fertigung des neuen Bombers Ju-88 vor. Und diesmal hat Nannens Reportage auch eine außenpolitische Stoßrichtung: »Eines Tages, es ist nur schon einige Zeit her, da mußte sich doch die Londoner *Times* sehr wundern. Man hatte seinen Lesern längst erzählt, es ginge nun zuende mit der deutschen Flugzeugreserve. Und da tauchte auf einmal auf Englands Himmel ein neuer deutscher Flugzeugtyp auf … das wesentlichste Merkmal dieses Flugzeuges war, daß es über dem äußersten Norden von Schottland mit einer verhältnismäßig großen Bombenlast auftauchte, daß es also eine große Reichweite hatte, daß es groß war wie die üblichen Kampfflugzeuge und schnell wie ein Jäger, und daß es Punktziele auch im Sturzflug in einem fast senkrechten Sturzflug angreifen konnte. Das war die JU-88. England hat inzwischen gespürt, was es heißt, daß wir diese Maschine in der Hand haben, die fast alle Flugzeugtypen in sich verkörpert ... Das ist der Pulsschlag des deutschen Lebens der arbeitenden deutschen Rüstungsbetriebe und jeder Schlag ist ein Schlag gegen England, und jeder Takt ist ein neues Schwert in der Hand der deutschen Luftwaffe[16].«

Als Autor des Kriegsheftes 144 »Störfeuer von ›M 17‹. Ein Flaksoldat besteht seine Feuerprobe« hat Nannen – wie so mancher Karrierejournalist der späteren Bundesrepublik[17] – dann 1943 zur Kriegsbücherei der deutschen Jugend ein Stück Wehrertüchtigungsliteratur beigetragen. Und 1943 konnte er auch von der Unteroffiziers- in die Offizierslaufbahn wechseln, absolvierte in Berlin seinen Fahnenjunkerlehrgang. Otto Köhler, als Zehnjähriger »ein kleiner Fanatiker, der für Hitler schwärmte«, mochte Nannen damals nicht: »Er machte mir, wo ich tote Feinde sehen wollte, zuviel Lyrik (›Die Luft flimmert unter der heißen Mittagssonne, in der Ferne scheinen die Auen zu brennen, aber es ist nur das Leuchten des wilden Mohns ... ‹). Und wenn der den toten Franzosen endlich lieferte, dann – Gefühlsduselei – war der wie ein Mensch (›Es ist der erste Gefallene, den Pleschke sieht. Der Tote hat ein schmales, bleiches Gesicht und schwarze Haare. Der Helm ist im Fallen nach hinten gerutscht. Auf der Oberlippe sitzt ein kleines Bärtchen. Er mag an die fünfunddreißig Jahre zählen‹). Doch das war die Ausnahme. Und auch Nannens Bemühen um etwas weniger unmenschliche Töne änderte nichts an dem höheren Sinn der Hefte, dem Wehrmachts-Aufruf auf der letzten Seite: ›Aus der Erzählung, die Ihr soeben gelesen habt, könnt Ihr erkennen, daß ein rechter Kerl überall seinen Einsatz finden und sich dabei bewähren kann[18].‹«

Henri Nannen, hoch gelobt und hochdekoriert für seine Verdienste um das Pressewesen in Westdeutschland, starb 1996 im heimischen Emden, wo er sich mit der Stiftung der Kunsthalle ein zweites Denkmal gesetzt hatte. Heinrich Jaenecke, 30 Jahre Reporter beim *stern,* war ausersehen, den Nachruf des Verlages zu verfassen, und hob dabei ein Ereignis aus den Zeiten der sozialliberalen Regierungskoalition besonders hervor: »Im Lager der Rechtskonservativen war Nannen in diesen Jahren der meistgehaßte Publizist in Deutschland. Doch das focht ihn nicht an. ›Ich bin am besten, wenn ich angegriffen werde‹, sagte er einmal von sich. Der *ZDF*-Moderator Gerhard Löwenthal, der Nannen ... denunzierte, bekam es zu spüren. Vor 20 Millionen Zuschauern – ein bis dahin noch nicht erlebter Rekord – kämpfte Nannen um seine Ehre – und ging als unumstrittener Sieger von der Bühne[19].«

Löwenthal hatte den Vorwurf erhoben, Nannens leitender Mitarbeiter Hans Weidemann sei als SS-Offizier an der Ermordung von zwei Partisanen in Italien beteiligt gewesen, die im Frühjahr 1944 in Bevilaqua gehängt worden waren. Er erlitt beim Fernsehduell mit Nannen am 16. Dezember 1970 die empfindlichste Blamage seiner Laufbahn. Am 27. Oktober 1971 mußte der Nachrichtensprecher des *ZDF* Löwenthals Sendung gar ein journalistisches Armutszeugnis ausstellen: »Da Henri Nannen die Schuld seines Mitarbeiters Weidemann so entschieden in Abrede stellte, gebot es die journalistische Sorgfaltspflicht, auch nach den Sendungen noch weiterzurecherchieren. Diese sorgfältigen Recherchen, die neu aufgetauchten Zeugen und die inzwischen aufgefundenen Dokumente haben die Vorgänge von Bevilacqua aufgeklärt. Tatsächlich hat sich herausgestellt, daß weder Weidemann noch ein Angehöriger seiner Einheit für Verhöre, Todesurteile und Hinrichtungen verantwortlich oder daran beteiligt waren.« *ZDF*-Intendant Karl Holzammer, Magazin-Chef Löwenthal und *ZDF*-Redakteur Jürgen R. Meyer mußten überdies die Kosten des Verfahrens vor dem Landgericht Hamburg voll und vor dem Landgericht Mainz zu Dreivierteln tragen. Ein Körnchen Wahrheit in Löwenthals Anwürfen lag nur darin, daß Weidemann und seit Frühjahr 1944 auch der Luftwaffenoffizier Nannen bei einer SS-Propagandaeinheit eingesetzt waren, die ihr Quartier am Ort des Geschehens aufgebaut hatte.

Obwohl der Hamburger Chefredakteur die Fernsehschlacht siegreich bestanden hatte, brachte er ein Bauernopfer. Hans Weidemann, der die *stern*-Aktion »Jugend forscht« aufgebaut hatte, mußte sich – fürstlich abgefunden – in Seevetal zur Ruhe setzen. Er nämlich hatte tatsächlich im »Orden unter dem Totenkopf« – so der Titel der maßgeblichen Studie von Heinz Höhne über die SS – gedient, war SS-Obersturmführer[20] und Nannens Vorgesetzter im letzten Kriegsjahr. Und der Rückzug in den Ruhestand, die Trennung vom langjährigen Weggefährten Henri, schien ihm angesichts der Anfang der siebziger Jahre wieder neu entflammten Holocaust-Debatte in beiderseitigem Interesse zu liegen.

Im Dritten Reich nämlich hatte Weidemann eine exponierte Stellung in der SS, die er sich auch als Verfasser der Denkschrift »Propagandaschlacht an allen Fronten« zunutze machte. »Die unangefochtene Monopolstellung, die die Propagandatruppen der Wehrmacht auf dem Gebiet der Aktivpropaganda bis zum Sommer 1943 besaßen, sollte in der Folgezeit durch die SS-Standarte ›Kurt Eggers‹ erschüttert werden ... Weidemann wurde als Rundfunkberichter zum ersten Mal im Winter 1941/1942 mit der Praxis der Aktivpropaganda konfrontiert[21].« Seine Vorschläge fielen auf fruchtbaren Boden, und so begann – unter der Führung des späteren SS-Standartenführers Gunther d'Alquen – eine SS-Einheit ihren Propagandafeldzug an der Ostfront, zunächst als Kompanie, ab 1941 als Abteilung und ab 1943 als Standarte Kurt Eggers[22]. »Das Sonderkommando ›Wintermärchen‹, das in Abwesenheit von d'Alquen im März 1944 beendet wurde, hatte trotz der militärischen Rückschläge seine Bewährungsprobe bestanden. Über den Ablauf des Unternehmens hatte d'Alquen in regelmäßigen Abständen Tätigkeitsberichte in das Führerhauptquartier geschickt, die Himmler bei Gelegenheit Hitler vorlegte, der ... anerkennend bemerkte, hier seien offenbar ›echte Spezialisten‹ am Werk. Die unmittelbare Folge dieser Einschätzung war die Abkommandierung d'Alquens nach Italien, um das Unternehmen Südstern«[23] zu starten, das gegen die polnischen Truppen des Anders-Korps gerichtet war.

»Eine Notiz vom 8. März 1944 an den Reichsaußenminister Ribbentrop läßt Auftrag und Zielsetzung dieses Unternehmens erkennen: ›Auf Befehl des Führers hat die Reichsführer-SS eine Aktion im italienischen Kampfraum mit der Bezeichnung ›SÜDSTERN‹ eingeleitet, die die Aufgabe hat, die an der Südfront auf anglo-amerikanischer Seite zum Einsatz gelangten polnischen Divisionen durch Kampfpropaganda so zu beeinflussen, zu zersetzen und zum Überlaufen zu bewegen, daß die polnischen Divisionen aus der Kampflinie herausgezogen werden müssen‹«[24], hat der Historiker Ortwin Buchbender 1985 dokumentiert.

Die SS-Propaganda sah nach Churchills Anerkennung der von den Sowjets geforderten Westverschiebung Polens und nach dem Massenmord an polnischen Offizieren in Katyn gute Anknüpfungspunkte für eine Demoralisierung der polnischen Soldaten. Sie stützte sich vor allem auf den Propagandasender WANDA, der seinen Betrieb Anfang März 1944 in Rom aufnahm, und auf Flugblattaktionen. Seinen Namen verdankte der Sender einer eigentlich als Stenotypistin eingestellten Polin gleichen Namens, die sich mit ihrer Komm-und-Küss-mich-Stimme zu einer ausgezeichneten Ansagerin entwickelte, so daß auch die von ihr vorgetragenen Nachrichten und Kommentare zwischen polnischer Marschmusik und heimatlichen Liedern Beachtung fanden.

Nach dem in der SS rasch aufsteigenden d'Alquen, der schon mit 25 Jahren Chefredakteur des SS-Organs »Das schwarze Korps«[25] war, übernahm zunächst Hans Damrau, dann Hans Weidemann die Führung des SS-Propagandaverbandes. Und es war Weidemann, Jahrgang 1904, der den späteren Freund Sir Henri vor weit größerem Schaden bewahrte, als die 1970 aufgebrochene Debatte um Nannens Kriegsverwendung hätte anrichten können. Gunter D'Alquen, schon 1928 mit 18 Jahren in die NSDAP eingetreten, gab gegenüber Jürgen Thorwald den Hintergrund dieser Geschichte zu Protokoll, wie er ihm von Eugen Dürksen, Oberleutnant der Reserve bei der Wehrmachtspresse im Oberkommando der Wehrmacht (OKW/WPr.), überliefert worden war. Anfang Juni 1944 wurde der spätere BND-Mitarbeiter Dürksen nach seiner Rückkehr vom Frontabschnitt am Fluß Dnjestr in seine Dienststelle in der Berliner Vinetastraße »durch die geheimnisvolle Mitteilung bei OKW/WPr. ueberrascht, dass Oberst Martin nicht mehr da sei. Es stellte sich in internen Gespraechen heraus, dass er im Zusammenhang mit der Graf-Monts-Affaere verhaftet war und sich in

Untersuchungshaft befand. Graf Monts, ein loser Mitarbeiter des Prop. Ministeriums bezw. des Staatssekretaers Gutterer hatte Verfuegungs- und Verteilungsgewalt ueber grosse Mengen von Marketenderwaren und Sprit fuer die Truppe, besonders fuer die Truppe im Osten. Es handelte sich hier im wesentlichen um Bols-Likoere, die in Mengen zur Verfuegung standen und offenbar auf nicht ganz klarem Wege aus Holland kamen … Monts war verhaftet worden wegen ihm vorgeworfener Unregelmaessigkeiten, und Martin sollte ihn durch irgendein Schriftstueck bewusst oder unbewusst gedeckt haben. Diese Affaere wirbelte ueberall viel Staub auf, und es erwies sich, dass es eigentlich kaum eine militaerische oder zivile Dienststelle gab, die nicht in irgendeiner Weise darin verwickelt war[26].«

Oberst Hans Martin wurde in dem folgenden Wehrgerichtsverfahren zum gemeinen Soldaten degradiert, doch wenig später begnadigt und als Kommandeur eines Infantrieregiments an die Westfront geschickt. Mit seinem Abtritt aus der Leitung der Wehrmachtspresse waren zugleich die Weichen dafür gestellt, daß anstelle der Wehrmacht künftig die SS die dominierende Rolle bei der Aktivpropaganda übernahm.

Beteiligt am Alkoholschmuggel waren insbesondere Kriegsberichterstatter und unter ihnen Henri Nannen. Der hatte in diesem Frühsommer 1944 anstelle von Infanteriemunition Liköre und andere Luxusgüter in einem Bahnwaggon untergebracht. Der Mißbrauch des Wehrmachtstransports kam ans Licht, und ihm drohte angesichts der rigiden Militärgerichtsbarkeit im letzten Kriegsjahr[27] eine drakonische Strafe.

In dieser Situation intervenierten leitende SS-Propagandisten für ihn: Gunther d'Alquen, der erste Leiter der SS-Standarte Kurt Eggers, und sein Nachfolger Hans Weidemann, der wie Nannen früher Rundfunkberichter war. Der Wehrmachtsgerichtsbarkeit wurde er durch eine Versetzung nach Rom zum Unternehmen »Südstern« entzogen, zwangsläufig mit Zustimmung des Reichspropagandaministeriums, das jeden Einsatz in einer PSK-Kompanie absegnen mußte.

So stieß Nannen als leitender Redakteur für die Flugblattpropaganda zu dem SS-Unternehmen in Rom, das in der Villa Doria Pamphili auf dem Janicolo in unmittelbarer Nachbarschaft zur Radiostation des Vatikan logierte. Zu dieser Zeit nahm die »Südstern«-Truppe gerade ein neues Propagandaziel ins Visier. Ab dem 1. Juli 1944 führte Hans Weidemann[28] auf Befehl des Oberkommandos der 10. Armee mit dem Unternehmen »Südstern II« den Kampf gegen die Köpfe der angelsächsischen Invasionstruppen, britische Korps mit indischen Verstärkungen, einige Portugiesen, aber vor allem US-Amerikaner.

Nach ihrer Landung an der italienischen Mittelmeerküste hatten die Allierten zunächst an einen schnellen Vormarsch durch ein sonniges Italien geglaubt. Tatsächlich jedoch kamen ihre Verbände nur langsam voran und erlitten schwere Verluste. Die »Südstern«-Flugblätter der Serie »The Po is waiting for you«, die auf der Vorderseite eine hübsche Italienerin vor einer fruchtbaren, friedlichen Landschaft und auf der Rückseite einen im Hagel der Granaten watenden Totenmann mit amerikanischem und britischem Stahlhelm in den knöchernen Händen zeigten, griffen diese Desillusionierung plakativ auf. Weit subtiler jedoch war das Flugblatt vom Februar 1945 »Gentlemen prefer Blondes«, das vorne einen Mann zeigt, der einer vollbusigen Blondine die Schulter küßt, und hinten denselben Mann beinamputiert auf Krücken – Unterschrift »but Blondes don't like Cripples«. »Die lang entbehrte oder unterdrückte Befriedigung der Sexualität wird der ständig drohenden Lebensgefahr auf dem Gefechtsfeld gegenübergestellt. Durch die Bewußtmachung und Intensivierung dieses Widerspruchs soll der Soldat in einen inneren Konfliktzustand versetzt und seine Kampfbereitschaft gelähmt werden«, analysierten Horst Schuh und Ortwin Buchbender 1974 die psychologische Stoßrichtung der Blätter[29], die in ihrem Buch dokumentiert sind. In dieselbe Richtung gingen auch die Drucke der Serie »Life – Death« des Propagandaabschnittsoffiziers Italien. Ein Exemplar vom Oktober 1944 zeigt beispielsweise auf dem Cover der Zeitschrift *LIFE* eine unbekleidete Frau beim Abtrocknen. Beim Umdrehen des Flugblatts starrte den GI unter dem Titel DEATH dann ein grausiger Totenschädel unterm Stahlhelm an, datiert auf Doomsday 1944, dem Tag der alliierten Invasion auf dem Kontinent.

Vor den vordringenden alliierten Divisionen mußten die deutschen Großverbände schrittweise nach Norden zurückweichen und mit ihnen die Einheit der SS-Standarte Kurt Eggers, die zunächst nach Florenz und schließlich nach Oberitalien verlegt wurde. Die Front war ruhig um Castell Bevilaqua bei Verona, nur vereinzelte Tiefflieger bedrohten die Etappe, aus der die Propagandaspezialisten routinemäßig ihre Flugblätter zum Einsatz brachten.

Doch im März 1945 wies sie das SS-Standartenhauptquartier in Zehlendorf – angeblich im Auftrag von Rüstungsminister Albert Speer – an, Flugblätter zu drucken, die den Vormarsch des Gegners zwei bis drei Wochen aufhalten sollten, bis die deutschen Wunderwaffen einsatzbereit wären[30]. Nur in einer SS-Standarte war es möglich, bei der Umsetzung des Auftrages ein gehöriges Maß an Defätismus ins Spiel zu bringen. Denn die von Nannen und seinen SS-Kameraden entworfene Serie »STOP, watch your step. It's five minutes to twelve« war nichts anderes als der dringliche Appell an die GIs, sich angesichts des bevorstehenden Kriegsendes nicht noch sinnlos zu opfern. 1944, als jeder Zweifel am Endsieg zu einer Anzeige wegen Wehrkraftzersetzung führen konnte – in über 6000 Fällen wurden deshalb Todesurteile verhängt[31] –, durfte das SS-Unternehmen Südstern ungestraft verbreiten, daß Deutschland bereits am Boden lag. »Luftwaffe down and out. German war industry smashed. Russians threatening Berlin«, wagten die SS-Propagandisten zu drucken. Nannen selbst redigierte in diesen letzten Kriegswochen überdies noch drei Zeitungen für die US-Soldaten auf der anderen Seite der Front, einen Mix aus Unterhaltung und Propaganda.

Das Markenzeichen des Blattes, das er und das ihn ab 1948 groß gemacht hatte, ist der sechszackige Stern, der bis heute die linke obere Ecke des Titelblatts ziert. Daß Nannen sich das SS-Propagandaunternehmen »Südstern« gewissermaßen als Taufpaten ausgewählt hat, zeugt von eigenartigem Geschmack. Der sechseckige Stern jedenfalls diente – nach Aussage eines Militärhistorikers – in nur wenig anderer Form als taktisches Zeichen der SS-Einheit. Nannen selbst erzählte, dieses Signet sei nach der Taufe des Blatts von einer Grafikerin schnell »hingekritzelt« worden.

Gert von Paczensky, ab August 1963 Stellvertreter Nannens, erinnert sich heute, daß sein Chefredakteur einen weiteren Kriegskameraden, den PK-Leutnant Victor Schuller, im *stern*-Team hatte. Kennengelernt hatte er ihn 1943, und nach Kriegsende war er ihm bei der *Abendpost* in Hannover wiederbegegnet. Schuller war nicht der einzige Kriegsberichterkamerad, wichtiger noch in Nannens Umfeld war wohl Günter Radtke. Sir Henri habe sich sogar erfreut gezeigt, wenn er auf seine Vergangenheit als fliegender Kriegsberichter angesprochen wurde, zeigte Fotos von sich als strahlendem Leutnant herum, aber auf das Stichwort SS habe er allergisch reagiert. Lang hielt es von Paczensky nicht bei der Hamburger Illustrierten, das Verhältnis zum Chef war ständig angespannt, weil der »Sonnenkönig« *(Berliner Zeitung)* – so von Paczensky heute – niemanden neben sich dulden wollte[32].

Nannen war gewiß kein Kriegsverbrecher, als junger Soldat aber sicherlich ein eifriger Propagandist der Hitler-Wehrmacht und zeitweise auch in Diensten der SS. Und gegen diese Wahrheit kämpfte er mit allen Mitteln. Der Militärhistoriker Ortwin Buchbender war bei seinen Vorarbeiten zu einem Buch über die Flugblattpropaganda der Wehrmacht auch auf das Unternehmen »Südstern« und seine Produkte gestoßen. Seine Recherchen ergaben, daß das Flugblatt-Team unter Weidemann zum Beispiel die Flugblattserie »The girl you left behind« konzipiert hatte, von Sammlern in den USA heute als blaue Mauritius unter den Weltkriegsflugblättern hochbegehrt.

Diese Flugblätter waren besonders perfide: Während er sein Leben fern der Heimat riskiere, suggerierte der erotische Druck dem amerikanischen Landser, würde ihm zu Hause die Freundin abspenstig gemacht. Und die Gesichtszüge der schmierigen Verführer ähnelten in fataler Weise den rassistischen Stereotypen, die Zeitungskarikaturisten zur Illustrierung antisemitischer Vorurteile bemüht hatten[33]. Auch textlich schlug der Autor in dieselbe Kerbe. Auf der Rückseite eines Blatts der Serie vom November 1944 wird dem GI die Kurzgeschichte der Joan Hopkins erzählte, der Braut des in Europa kämpfenden Bob Harrison. Während sie ein halbes Jahr lang nichts von ihm hörte, war sie von der Fleischverkäuferin in New York City zum »sugar daddy's darling« eines Kriegsgewinnlers mit dem jüdischen Namen Sam Levy aufgestiegen. Beinamputiert und auf Krücken traf der kriegsversehrte Bob sie überraschend wieder – beim Shopping mit Sam Levy in der Fifth Avenue (siehe Abbildung gegenüberliegende Seite).

Buchbender hatte auch den Feldwebel des Druckereizuges der Einheit Wolfgang Leonhard ausfindig gemacht, der im Nachkriegsitalien technischer Direktor des Verlages in Mailand geworden war, wo das Unternehmen »Südstern« im Kriege seine Farbdrucke hatte herstellen lassen. Dessen Erinnerung zufolge stammten diese Flugblätter mit der eindeutig antisemitischen Tendenz von Henri Nannen. Das heißt, die Idee dazu hatte der Luftwaffenleutnant, und zwei Zeichner standen dem Team zur Umsetzung der Ideen zur Verfügung. Bekannt geworden ist einer von ihnen: der damalige Unteroffizier Manfred Schmidt, den seine Comic-Serie um den Detektiv Nick Knatterton in der *Quick* ab 1950 zum Publikumsliebling der Nachkriegszeit werden ließ.

Der Kölner Militärhistoriker reiste zu Nannen nach Wellingsbüttel im Alstertal, um ihn zum »Südstern« zu befragen, doch der ließ ihn wie bei allen folgenden Kontaktversuchen abblitzen. Buchbender hatte es versäumt, sich die Aussagen des Druckereifeldwebels schriftlich geben oder sogar an Eides statt versichern zu lassen. So zog er gegenüber dem Pressemagnaten den kürzeren, der ihm einstweilige Verfügungen androhen und signalisieren ließ, seine Macht reiche aus, das Erscheinen seines Buches im Stuttgarter Seewald-Verlag notfalls ganz zu verhindern. Und so erschien »Heil Beil. Flugblattpropaganda im II. Welt-

It was a rude awakening for her......

The moment she dreaded

Forgotten are the days when shapely Joan Hopkins was still selling ribbons in a 5 and 10 cts. store in New York City. As private secretary to slick Sam Levy, big money maker in the war business, she rose to be a sugar daddy's darling.

Sam didn't have any cash when he got started, and he doesn't like to be reminded of his early days on the lower East Side. The war was just the right thing for him. Like many other home-warriors he made the grade piling up dough and growing fat on the sacrifices of those young American boys fighting on foreign battlefields.

At heart Joan is not a bad woman. For over two years she has not seen her fiancé, clean-cut Bob Harrison, whom she cares for very much. Bob was shipped to Europe to fight for the cause of Sam Levy and his kind.

Two years is a long time for any girl.

For more than half a year she had not heard from Bob. He seemed to be among the missing.

One sunny afternoon, however, just when Joan and Sam were stepping out of fashionable Bonwit Teller's shop on Fifth Avenue, she was struck speechless by the sight of a man in uniform.

It was a rude awakening for her. And it was also a dreadful blow to Bob, for it was he who suddenly stood opposite her - on crutches, one leg amputated.

Two lives - lost to one another forever.

Have you seen the other pictures of «The Girl You Left Behind»?

AI-164-11-44

krieg« 1974 ohne jegliche Erwähnung des Hamburger Chefredakteurs[34].

Noch größere Unbill drohte Nannen von Günther Heysing, einst Höherer Heeresberichter, der an keine Kompanie gebunden von den jeweiligen Kriegsschwerpunkten des Zweiten Weltkriegs berichtete. Seine Reportagen wurden im *Völkischen Beobachter* abgedruckt. Da sie dort von Hitler selbst gelesen und goutiert wurden, hatte der PK-Mann großen Einfluß. Zu seinem Erbe aus Kriegstagen zählten auch Fotos, mit der Leica der Kriegsreporter im Format 18 × 24 aufgenommen, auf denen der strahlende Kriegsberichterstatter Nannen mit »deutschem Gruß« posierte. In seinem Alterssitz im Tessin, der Casa Grillo in Brisagio-Piodina, hütete er diese und andere Unterlagen über den *stern*-Chef wie einen Schatz.

Der CSU-Journalist Hans Wüst aus Starnberg hatte Heysing im September 1963, als dieser noch aktiver Agent des BND – Deckname HECHT – in Hamburg war, gebeten, ihm Unterlagen zur Verfügung zu stellen, aus denen »eine pornographische Tätigkeit von Nannen ersichtlich wird«. Wüst wollte gegen den Hamburger Pressezaren gerichtlich vorgehen und hatte von einem Nachrichtenbeschaffer von Franz Josef Strauß erfahren, daß Heysing sexistische Kriegsflugblätter aus Nannens Feder besitze. Doch Gehlens Lauscher am Medienplatz Hamburg gab die Drucke nicht aus der Hand. Per *SPIEGEL*-Interview ließ er Nannen im November 1974 jedoch eine unmißverständliche Drohung zukommen: »Aber diese Unterlagen gebe ich dem Wüst natürlich nicht. Die Munition liegt für wichtigere Gelegenheiten bereit. Außerdem steckt ihr aufsehenerregender Wert nicht im Sex-Akzent, sondern in der Beimischung antisemitischer Tendenzen[35].«

Als ein Bittsteller aus der Bundesrepublik Heysing vier Jahre später am Lago Maggiore besuchte, um seinen Nachlaß zu kaufen, riet er ihm, doch »das Zeug aus der Kiste« in bare Münze zu verwandeln. Doch der BND-Pensionärwehrte den Vorschlag ab. »Der Nannen ist immer fair zu mir gewesen!« ließ er seinen Besucher wissen. Weniger fair behandelt fühlte sich Heysing allerdings vom Bundesnachrichtendienst, weil der ihm nur DM 80000 an Abfindung gezahlt hatte, nachdem er anfangs der siebziger Jahre als Prototyp des Gehlenschen Inlandsaufklärers geoutet worden war. Gedroht hatte er dem Dienst im August 1975 mit einer Klage über DM 150000 an Schmerzensgeld und Schadenersatz. Und er glaubte zu wissen, wem er diese verhältnismäßig niedrige Abfindung zu verdanken hatte: Über seinem Schreibtisch hingen zwei von ihm selbst ausgegrabene Totenschädel, die er mit einem Filzstift beschriftet hatte. Auf den einen hatte er »Ehmke« gekritzelt, auf den anderen den Namen des sozialdemokratischen BND-Vizepräsidenten Blötz. Bis zu dessen Tod blieb Heysing dem Pensionär Gehlen verbunden, der ihn noch 1978 als »braves Schlachtroß« lobte.

Reinhard Gehlen wußte von Nannens Verwendung beim Unternehmen »Südstern«. Im BND war Günther Heysing nicht der einzige frühere Kriegskamerad Nannens. Auch Dr. Wolfgang Steinbichler, BND-Resident in Bonn bis 1970, hatte als Sendeleiter von WANDA beim »Südstern« eine leitende Funktion innegehabt[36]. Und lange bevor Gerhard Löwenthal den *stern*-Chef in seinem *ZDF-Magazin* zu Unrecht verdächtigte, hatte ein anderer BND-Vertrauensjournalist Nannen wegen seiner Vergangenheit angegriffen. Über Giselher Wirsing hatte Nannen in der *Panorama*-Sendung vom 18. Februar 1962 irrtümlich behauptet, der Chefredakteur von *Christ und Welt* sei 1938 von derselben SS-Dienststelle nach Palästina geschickt worden wie Adolf Eichmann. »Vielleicht sind das die Methoden der Psycho-Kampfkompanie ›Südstern‹ – einer SS-Propagandaabteilung, der Nannen 1944 als Oberleutnant angehörte«[37], schlug Wirsing zurück, der in Wahrheit nicht 1938, sondern bereits 1937 im Geheimdienstauftrag in Palästina unterwegs war[38].

Ob Gehlen oder Nannens Verbindungsführer Kurt Weiß Nannen je mit ihren Detailkenntnissen seiner Kriegsverwendung konfrontierten, ist nicht überliefert. Die PK-Truppe lag aber auch im Blickfeld der östlichen Dienste, ihre ehemaligen Mitarbeiter wurden registriert und zum Teil instrumentalisiert, da doch ein erheblicher Teil in der Bundesrepublik entweder beim BND oder im Journalismus wieder auftauchte[39]. Intensiver noch hatte sich zuvor bereits der KGB um die einstigen Gegner auf dem Schlachtfeld gekümmert. Das bewog konservative Mitarbeiter im BND anzunehmen, Henri Nannen sei von Moskau aus erpreßbar. Ein Indiz, das dies gelungen oder wenigstens versucht worden wäre, können sie allerdings nicht liefern. Und so wertet Manfred Bissinger dieses Vorurteil zu Recht als »groteske Annahme« und betont: »Der stern hatte Interesse an interessanten Geschichten und war dabei sicher offener, mutiger und manchmal vielleicht auch leichtsinniger als andere Blätter, aber er war niemandem verpflichtet.«

In rechtskonservativen Zeitungen wurde Nannen gleich dem doppelten und damit unsinnigen Verdacht ausgesetzt, williger Verbreiter von KGB-Desinformationen und zugleich mit dem britischen Geheimdienst verbandelt zu sein. Im Sommer 1979 schrieb das *Deutschland-Magazin* zur Verteidigung Reinhard Gehlens[40]: »Warum hatten ihn der seinerzeit bekannte englische Journalist, Geheimdienstmann und Deutschenhasser Sefton Delmer schon 1952 und in späteren Jahren ›Spiegel‹ und ›Stern‹ und ähnliche, häufig auf der Linie der KGB-Desinformationsarbeit operierende Publikationsorgane mit Verleumdungskampagnen überzogen?«[41] Der Herausgeber des Magazins, Kurt Ziesel – die BND-Pressesonderverbindung ZÖLLNER –, hatte bereits im September 1964 nebulöse Andeutungen über das Verhältnis Nannens zu Delmer gemacht, und im gleichen Zug den früheren Verfassungsschutzchef John angegriffen: »Zu den Kreaturen Delmers in London gehörte während des Krieges auch Otto John[42].«

Bis zum Heft 41/1949 druckte der *stern* den obligatorischen Hinweis »veröffentlicht unter Zulassung Nr. 109 der Militärregierung«, dann ließ Nannen ihn eigenmächtig weg: »Die englischen Controller schluckten es – oder hatten es nicht bemerkt. Nannen kam mit denen gut zurecht. Irgendwie schienen sie – ein Major und zwei Sergeants – sogar auf den STERN stolz zu sein[43].«

Tatsächlich besaß Nannen einen einflußreicheren Freund im Umfeld der britischen Militärregierung: Sefton Delmer, für den auch *stern*-Kolumnist Sebastian Haffner im Zweiten Weltkrieg gearbeitet hatte. Delmer war damals Leiter der britischen Abteilung für Psychologische Kriegsführung, dem auch der Soldatensender Calais unterstand[44]. Als Autor ist er mit einigen Büchern hervorgetreten: zunächst 1961 sein autobiographischer Bericht über die Zeit als britischer Kriegsberichterstatter bis zu seiner Flucht aus Frankreich 1940, dann 1962 die spektakuläre Geschichte der britischen Rundfunkpropaganda gegen Deutschland im Zweiten Weltkrieg und schließlich 1971 die bis dahin geheime Geschichte einer Phantom-Armee, die Hitler täuschte[45]. Im Nannen-Verlag erschien 1962 »Die Deutschen und ich«, Ausweis einer lang anhaltenden Verbindung zum Chefredakteur des *stern.*

Daß die britischen Freunde Nannen aus einer ähnlichen, allerdings weniger gefahrvollen Notlage retten mußten wie im Frühjahr 1944 seine Schutzengel bei der SS, geht als – kaum zu bestätigende – Anekdote um. Ende der vierziger Jahre soll der »Hans Albers des deutschen Journalismus« (*Süddeutsche Zeitung*) sich wieder einmal dem Alkoholschmuggel gewidmet haben, mit einem Segelboot auf der heimischen Elbe und fatalerweise wieder nicht unentdeckt. Doch das Aufbringen der Prise durch die britische Militärpolizei soll ohne Folgen für ihn und die Lizenz des *stern* geblieben sein.

Oberstes Ziel der westlichen Besatzungsmächte nach dem Krieg war erklärtermaßen die Re-education, die Umerziehung der Deutschen zu Demokraten. Da muß es rätselhaft erscheinen, daß die Alliierten prominente Kriegsberichterstatter der Wehrmacht und der ab 1944 bei der Kriegspropaganda federführenden SS nicht kategorisch von der Vergabe einer Zeitungslizenz ausschlossen. Doch manches wird klarer, wenn man das Arrangement betrachtet, das führende Köpfe des SS-Verbandes nach Kriegsende im amerikanischen Gewahrsam mit den US-Nachrichtendiensten eingegangen waren. Mit einem Salonwagen per Eisenbahn in letzter Miaute aus Berlin geflüchtet, war die Führungsmannschaft von »Kurt Eggers« nach Österreich gelangt und hatte im Gailtal bei Villach eine Kiste mit sensiblen Unterlagen vergraben, bevor sie in alliierte Kriegsgefangenschaft ging. Wolfgang Steinbichler und andere leitende Mitarbeiter der SS-Standarte stellten sich der CIA dann in den Geburtsjahren des kalten Krieges als Propagandaspezialisten gegen die Sowjetunion zur Verfügung. Und damit besaßen sie die Möglichkeit, aus dem US-Camp in Oberursel für die früheren Mitarbeiter, zumeist gestandene Journalisten, ein gutes Wort bei den für die Lizensierung zuständigen Stellen einzulegen.

Eberhard Quadflieg beispielsweise, der an der Westfront im SS-Unternehmen Skorpion West Flugblattpropaganda gegen die auf das Ruhrgebiet vorrückende US-Army gemacht hatte, nahm nach seiner Entlassung aus der Kriegsgefangenschaft 1947 eine leitende Position bei den *Aachener Nachrichten*[46] ein, deren Verleger Heinrich Hollands am 24. Januar 1945 die englische und amerikanische Lizenznummer 1 erhalten hatte[47]. Auch Kriegsberichter der SS-Standarte Kurt Eggers konnten im Nachkriegsdeutschland Medienkarriere machen: Am ganz rechten Flügel Waldemar Schütz bei der NPD-nahen *Deutschen Wochenzeitung,* aber auch SS-Obersturmführer Joachim Fernau, der im Hitlerdeutschland bis zuletzt zu den erfolgreichsten Verfechtern eines Endsieges durch neue Wunderwaffen zählte und in seinem 1952 erschienenen – bis 1967 allein 740000 Mal verkauften – Hauptwerk »Deutschland, Deutschland über alles ... « quasi das »Testament des Dr. Joseph Goebbels«[48] schrieb.

Der Wiedereinstieg der Kriegsberichter von Wehrmacht und SS in den Journalismus, für den auch einige der im vierten Kapitel behandelten Medienmänner stehen, kam um so besser voran, als mit Sefton Delmer auf britischer oder Shepard Stone und Melvin Lasky auf amerikanischer Seite in der Frankfurter High Commission Geheimdienstoffiziere Einfluß auf die Presseangelegenheiten nahmen. Von dem guten Verhältnis zwischen ehemaligen Kriegsberichtern und den Lizenzgebern der Besatzungsmächte hatte auch Henri Nannen profitiert, der seine Lizenzen der Anregung des ehemaligen PK-Mannes Gert Schulte zu verdanken hatte. Schulte war bei der Information Division der britischen Besatzungsstreitkräfte in Hannover beschäftigt und hatte ihn darüber informiert, daß die Briten auf der Suche nach Lizenznehmern seien[49].

Die Lizenzvergabe der Besatzer glich einem Lotteriespiel, bei dem sich letztlich die Stärksten und einige Genies durchsetzten, meinte Herbert Riehl-Heyse 1995[50]. Doch einige Träger der »Lizenz zum Gelddrucken« (Gerd Bucerius) konnten dabei auf angelsächsische Nachrichtendienste als Glücksfee im Hintergrund vertrauen.

Am 25. Oktober 1973 startete der *stern* einen Angriff auf den Redaktionsdirektor der *Quick*, Heinz Losecaat van Nouhuys. Der Vorwurf lautete, Nouhuys habe jahrelang als Doppelagent für das MfS (Deckname »Nante«) und für den BND (Deckname HANDWERKER) gearbeitet. Laut *stern*, der seine monatelangen Recherchen auf Materialien des BND und des MfS stützte, auf deren Existenz ihn führende Sozialdemokraten hingewiesen hatten, erhielt Nouhuys für 123 Treffs und ca. 100 Berichte von seinem MfS-Führungsoffizier Oberst Wagner 200000 DM und lancierte gleichzeitig im BND-Auftrag geheime Regierungsdokumente in die Illustrierte.

Der Redaktionsdirektor der *Quick* konterte, er sei nie BND-Agent gewesen. Von 1960 bis 1963 habe er nur journalistische Kontakte zum BND gepflegt und dem Bundesnachrichtendienst Material aus seiner Arbeit gegen Spesen überlassen.

Erst nach vierzehnjähriger Prozeßdauer urteilte das Oberlandesgericht München 1988 abschließend, die *stern*-Enthüllungen hätten die journalistische Sorgfaltspflicht nicht verletzt, die Aktivitäten von Nouhuys in den fünfziger Jahren seien aber nicht mehr mit letzter Sicherheit aufzuklären[51]. Vorsorglich hatte die *stern*-Spitze den Angriff mit den führenden Sozialdemokraten in Pullach abgestimmt. Dabei kam es in Hamburg des öfteren zu mehrstündigen Besprechungen Nannens mit BND-Vizepräsident Dieter Blötz und Abteilungsleiter Herbert Rieck (HEINE), wie sein Redakteur Josef Ebelseder sowie Dr. Heinrich Senfft, Anwalt von Gruner + Jahr im Rechtsstreit mit der *Quick*, übereinstimmend aussagten[52].

Im Juni 1975 geriet Henri Nannen selbst wegen der Verwendung nachrichtendienstlichen Desinformationsmaterials ins Kreuzfeuer der Kritik und mußte auf Betreiben von Helmut Kohl und Kurt Biedenkopf sogar eine Rüge des Presserats einstecken. Im *stern* war nämlich am 19. Juni 1975 die Abschrift eines am 3. Oktober 1974 abgehörtes Telefongesprächs zwischen dem CDU-Vorsitzenden und seinem damaligen Generalsekretär veröffentlicht worden, die der Hamburger Illustrierten anonym zugestellt worden war. Das Lauschprotokoll aus der Fälscherwerkstatt des MfS, das Einblick in Kohls Führungsschwäche geben sollte, war auf ein Formular der amerikanischen Military Intelligence Group kopiert worden und suggerierte so, die US-Nachrichtendienste überwachten bundesrepublikanische Spitzenpolitiker. Offensichtlich stammte der Mitschnitt aber aus der Giftküche des DDR-Geheimdienstes, der *stern* hatte ihn ahnungslos ins Blatt genommen[53].

Den vom Ost-Berliner Geheimdienst inszenierten Angriff gegen den am 1. Juli 1959 zum Bundespräsidenten gewählten Heinrich Lübke, den Dokumente aus Ost-Berliner Archiven als KZ-Baumeister belasten sollten, nahm Nannen nicht nur persönlich und exklusiv im *stern* auf, sondern er vertrat die Story am 1. März 1969 auch offensiv in Werner Höfers »Internationalem Frühschoppen«. Das Presse- und Informationsamt der Bundesregierung (BPA) hatte in der Annahme, daß es sich um eine publizistische Kampfmaßnahme der DDR handelte, beim *WDR* die Teilnahme Nannens an der renommierten Fernsehrunde erfolglos zu hintertreiben versucht und geriet wegen dieser Einmischung in die Arbeit der unabhängigen Presse im Bundestag und einigen Medien unter Beschuß[54], erinnerte 1994 der damalige Leiter des BPA, Günter Diehl. In ihrem Buch »Auftrag: Irreführung« schrieben sich die beiden MfS-Offiziere Herbert Brehmer und Günter Bohnsack von der HVA-Hauptabteilung X (Aktive Maßnahmen) 1992 auf die Fahnen, die Akten der Baugruppe Schlempp so durch Fälschungen ergänzt zu haben, daß sie den »von uns geschaffenen ›KZ-Baumeister Lübke‹«[55] zweifelsfrei belasteten. Dr. Heinrich Senfft – seinerzeit Anwalt des *stern* – hatte zusammen mit einem Experten die Echtheit der

Unterschriften Lübkes in der Ost-Berliner Humboldt-Universität geprüft. Dabei stieß er überdies auf das Protokoll einer Sitzung vom 5. September 1944, bei der in Anwesenheit Heinrich Lübkes ungeschminkt Bauplanungen für Konzentrationslager erörtert worden waren. Das MfS hatte offensichtlich einige in der Reproduktion nur schwer lesbare Deckblätter von Bauzeichnungen nachgebessert – und damit den Kritikern des *stern* zugleich Munition geliefert –, aber im Kern belegten die unverfälschten Originalakten die Geschichte des Hamburger Magazins[56]. Von *stern*-Redakteur Sepp Ebelseder nach der Veröffentlichung seines Buches auf seine Darstellung angesprochen, räumte Herbert Brehmer ein, er kenne die Rolle des MfS bei der Aktion gegen Lübke nur vom Hörensagen[57].

Lübke war wissentlich am KZ-Bau beteiligt. Doch blieb im Bewußtsein der Öffentlichkeit der Eindruck, er sei Opfer einer Fälschung des MfS geworden. In ähnlicher Weise hat Hans Karl Filbinger, der 1978 als Ministerpräsident von Baden-Württemberg zurücktreten mußte, 1995 versucht, seine Todesurteile als NS-Marinerichter als »Werke des Stasi« ins Reich der Fabel zu verweisen.[58]

In den achtziger Jahren mußte die Abteilung X der HVA den *stern* nicht mehr anonym mit Informationen versorgen, sondern mit den Besuchen von Thomas Walde in der DDR bestand ein stabiler Kanal zwischen den *stern*-Journalisten und einem Herrn »Buchner« vom MfS, der Walde auf den Decknamen »Kiefer« taufte. Die CSU hatte Walde deshalb im Visier. »Zur vorsorglichen Information« schickte der oberste bayerische Staatsschützer, Hans Langemann, im Februar 1980 eine Warnung an seinen Staatsminister: »Thomas Walde habe ›anscheinend sehr tragfähige Kontakte nach Ost-Berlin‹ und sei ›offenbar mit Recherchen zum Thema »Die Geheimdienste des FJS« befaßt, was der STERN demnächst als »Bericht« bringen will‹[59].«

Unter den BND-Pressesonderverbindungen der weitschweifigen Kategorie III rangierte im März 1970 auch Thomas M. Walde (Deckname WURZEL), damals an der Universität in Hamburg. Walde hat 1971 den »ND-Report« zur Rolle der Nachrichtendienste im Regierungssystem der Bundesrepublik veröffentlicht[60], den wohl ersten seriösen akademischen Anlauf, sich mit der Materie auseinanderzusetzen.

Seine Aufnahme in die BND-Presseliste unter der Kategorie III führt Thomas Walde auf einen Besuch bei der BND-Pressestelle in Laim zurück, den er zur Vorbereitung seiner Diplom- und seiner Doktorarbeit dort abgestattet hatte, wo ihm zwei BND-Beamte anhand seiner vorher eingereichten Frageliste Rede und Antwort standen.

Als Reserveoffizier wurde Walde dann nach einer Wehrübung in Münster anläßlich eines Studienseminars in Hamburg von einem Werber des BND angesprochen. Da er sich durchaus bereit zeigte, nach Studienende in den Dienst Pullachs zu treten, wurde er in der Münchner Gaststätte Donisl von zwei BND-Beamten examiniert, entschied sich aber schließlich für die journalistische Karriere.

Stern-Chefredakteur Felix Schmidt setzte die Kontakte zwischen der Illustrierten und dem BND fort, nachdem Klaus Kinkel dort im Dezember 1978 – zwei Jahre bevor Nannen in den Ruhestand ging – den Chefsessel besetzt hatte. Schmidt war, als »Kinkel hier war oder ich einmal bei ihm«, Gesprächspartner des BND-Präsidenten, als es um die Frage nach der möglichen Agententätigkeit Martin Bormanns für die Sowjets ging. Das geht aus Tonbandprotokollen zur internen Aufklärung der Affäre um die Hitler-Tagebücher hervor, die Manfred Bissinger anhören konnte. Der heutige Außenminister klärte Schmidt auch darüber auf, daß seine Redakteure Thomas Walde und Gerd Heidemann bei ihren Recherchereisen in die DDR vom Verfassungsschutz beobachtet worden waren[61].

Deals zwischen *stern*-Redakteuren und dem BND hat es zu Zeiten Nannens offensichtlich auch gegeben. Manfred Bissinger, elf Jahre lang Mitarbeiter von Nannen, hat dies 1986 aufgedeckt. Nachdem Redakteure eine große Geschichte über die Postüberwachung des Ost-West-Briefverkehrs recherchiert hatten, machte sich Gerhard Wessel selbst auf den Weg, um sie zu entschärfen: »Der Präsident persönlich flog in Hamburg ein, denn die Sache war ihm sehr wichtig. Er wollte ganz offen (in einem italienischen Lokal an der Alster) die Redakteure einschüchtern. Mit Erfolg. Der Bericht wurde immer weiter hinausgezögert und schließlich nur in stark gekürzter und total entschärfter Fassung veröffentlicht. Ich kann das beurteilen, denn mir lagen später beide Fassungen vor. Als ich einen der verantwortlichen Redakteure draufhin ansprach, erklärte der nur lakonisch: ›Hab' dich doch nicht so, dafür kriegen wir von denen wieder andere gute Geschichten‹[62].«

10

Illustrierte im Focus der Nachrichtendienste

In seiner *3sat*-Talkshow *neunzehn Zehn* traf Helmut Markwort am 6. Juni 1997 auf Manfred Such. Der grüne Bundestagsabgeordnete wollte dabei gern über das Verhältnis des *Focus* zum BND reden. Doch dessen Chefredakteur Markwort blockte den parlamentarischen BND-Kritiker schnell ab: »Sie wollen also auch den *Focus* abschaffen.« Dabei hatte er doch im Editorial des Münchner Magazins – in einer Auseinandersetzung mit dem *stern* – im Oktober 1996 eindeutig gegen jede Kungelei von Journalisten mit den Sicherheitsbehörden Stellung bezogen.

Der *stern* hatte drei Jahre zuvor nämlich fälschlich behauptet, erst durch die staatsanwaltliche Durchsuchung der *Focus*-Redaktion sei der BKA-Beamte, der vertrauliche Dokumente aus seiner Behörde über den Einsatz gegen die RAF in Bad Kleinem der Presse zugespielt hatte, enttarnt worden. 1996 konnte Markwort endlich mit der Hamburger Konkurrenz ins Gericht gehen: »Ein Redakteur des ›stern‹ betritt die Bühne und agiert als Schuft. Er hatte Post und Unterlagen aus derselben Quelle (wie der *Focus,* d. Verf.) erhalten und lieferte seine Umschläge samt Briefmarken und Spucke brav beim Bundeskriminalamt in Wiesbaden ab. Dort wurde der feine Mann dafür unter der seltsamen Kategorie ›Vertrauensjournalist‹ geführt[1].« Aber zu diesem Zeitpunkt wußte Helmut Markwort bereits, daß er im Glashaus sitzt. Damit ist nicht gemeint, daß in seinem Blatt Berichte aus dem BND als solche gekennzeichnet recht häufig Platz finden – zum Beispiel über den Kampf gegen den Drogenhandel, was dem Bundesnachrichtendienst bei der Eroberung neuer Aufgabenfelder dienlich sein mag[2] –, das ist auch in anderen Blättern üblich. Nein, es geht um die »seltsame Kategorie« der Vertrauensjournalisten von Nachrichtendiensten bzw. einzelner Pullacher Fraktionen in seinem Magazin.

Als Autor zahlreicher Geheimdienstbücher neueren Datums[3] fällt da zunächst *Focus*-Redakteur Wilhelm Dietl ins Auge, der vor der Gründung dieses Magazins für die verschiedensten Medien tätig war. Spätestens als 1997 sein Buch »Staatsaffäre« erschien, wurde anhand der verwendeten Unterlagen deutlich, daß es »Hinter den Kulissen der Geheimdienste«[4] Pullacher Kulissenschieber gab, die eng mit ihm kooperiert hatten. Insidern zeigt er gern eine umfangreiche Liste von Telefonnummern führender BND-Mitarbeiter, zu denen er am offiziellen Pressesprecher des BND vorbei Zugang hat. Doch Wilhelm Dietl ist, was die nachrichtendienstlichen Kontakte betrifft, ein kleiner Fisch im Hause Markwort. Zwei kapitale Hechte dagegen sind im Impressum als »Redakteure mit besonderen Aufgaben« ausgewiesen: Heiner Emde und Paul Limbach.

In der *Focus*-Redaktion wird kolportiert, Markwort habe auf einem Empfang zum Jahreswechsel 1992/93 vom damaligen Leiter des Rowohlt-Verlags Michael Naumann den freundlichen Hinweis erhalten, in dem demnächst erscheinenden Buch »Schnüffler ohne Nase« von Erich Schmidt-Eenboom würden diese beiden verdächtigt, allzu eng mit den deutschen Nachrichtendiensten zusammenzuarbeiten. Wenige Tage nach dem Erscheinen des Buchs wurde der auch vom BND gegen Schmidt-Eenboom eingeschaltete Münchner Anwalt Georg Romatka aktiv. Er verlangte am 14. Juli 1993 im Namen des *Focus*-Redakteurs Emde in einer mit 10000 DM strafbewehrten Verpflichtungserklärung, diesen nicht weiter »als Hofberichterstatter und Legendenschreiber des Bundesnachrichtendienstes zu bezeichnen«. Das entsprach jedoch nicht dem Buchtext, der viel vorsichtiger »im Stile einer Hofberichterstattung« formuliert hatte. Im Originalmanuskript vom Herbst 1992 allerdings findet sich die Formulierung »Kurzfassung der Hofberichterstattung«, und eben dieses Manuskript hatte sich in Teilen unter anderem *Focus*-Kollege Wilhelm Dietl besorgt und sogar ohne Wissen des Verfassers dem *stern* angeboten. So falsch wäre jedoch auch »Legendenschreiber des BND« nicht gewesen. 1992 war nämlich durch die Aussagen des 1979 übergelaufenen MfS-Oberleutnants Werner Stiller im *SPIEGEL* und anderen Medien deutlich geworden, daß Emde sich seinerzeit nicht an die Tatsachen gehalten, sondern eine vom BND ersonnene Legende über die Umstände des Überlaufens von Stiller verbreitet hatte[5].

Zu den Merkwürdigkeiten zählt auch, daß Emde eine Bestätigung des Lübbe-Verlages vom 1. Juli 1993 vorlegen wollte, welche die in dem erst am 2. Juli erschienenen Buch »Schnüffler ohne Nase« aufgestellte Behauptung widerlegen sollte, Emdes eigenes Buch »Die geheimen Nachrichtendienste der Bundesrepublik Deutschland« sei in den siebziger Jahren mit 4000 DM aus dem Etat des Bayerischen Verfassungsschutzes subventioniert worden.

Beim *Talk im Turm* mit Erich Böhme sang Kanzleramtsminister Bernd Schmidbauer am 21. Mai 1995 im deutschen Fernsehen angesichts der Affäre um den Plutoniumschmuggel des BND ein altes Klagelied aller Nachrichtendienstler[6]: In die Öffentlichkeit gelangten stets nur Pannen und Skandale, operative Erfolge hingegen blieben notwendigerweise geheim. Dadurch entstehe in der Öffentlichkeit das schiefe Bild von der mangelnden Effizienz des Dienstes. Und beim Nachtarocken im Kaminzimmer im Anschluß an die Sendung versuchte er die Runde wenigstens ein bißchen von der Leistungsfähigkeit Pullachs zu überzeugen. »Wir hatten sogar einen DDR-Minister«, ließ er die Gäste und Mitarbeiter von Erich Böhme wissen.

Das Trauma des stummen Dieners, der für Fehlschläge öffentlich gerügt, für Glanztaten aber allenfalls im verborgenen gelobt wird, sitzt tief bei den Vollstreckern der verdeckten Außenpolitik, und so hat mancher auf Abhilfe gesonnen. Führende BND-Beamte machten sich schon mal daran – teils ohne Wissen des Dienstes –, mit bestimmten Journalisten zusammen Erfolgsstorys zu verfassen. Schon aus Gründen der Konspiration konnte die volle Wahrheit nicht ans Licht gebracht werden, allenfalls der Kern einer Geschichte, in den Einzelheiten aber mit falschen Angaben verschleiert. Und da man sich schon ans Glätten der Wahrheit machte, durfte der Erfolg auch ein bißchen geschönt werden.

In »Die geheimen Nachrichtendienste der Bundesrepublik Deutschland« veröffentlichte Heiner Emde 1979 solche seinerzeit unüberprüfbaren Rührstücke und Heldenlieder aus den westdeutschen Diensten. In dem Kapitel zum Einmarsch sowjetischer Truppen in die ČSSR 1968 suggeriert er einen spektakulären Aufklärungserfolg des BND: »Die Uhrzeit des Einmarsches der Russen, der Ungarn und der DDR-Truppen in die ČSSR, die Stärke weiterer aufmarschierter Bataillone in Sachsen und Polen sowie die exakten Grenzübergänge kamen auf Umwegen von Drescher«[7], laut Emde einem Uran-Ingenieur aus der DDR. Nur einen einzigen Schönheitsfehler habe der Bericht des Topagenten gehabt: Das Datum fehlte noch.

Emdes Bericht selbst weist einige Schönheitsfehler mehr auf. DDR-Truppen waren nie in die ČSSR einmarschiert, und die Uhrzeit wird in militärischen Planungsdokumenten in einer Datum-Zeit-Gruppe angegeben, so daß genaue Zeitangaben ohne Nennung des Tages unmöglich sind. Doch das größte Defizit der kosmetischen Operation liegt wohl darin, daß der BND nur durch Randerkenntnisse des israelischen Partners Mossad vom bevorstehenden Einmarsch unterrichtet war. Emde macht jedoch ein virtuoses Zusammenspiel aller anderen nachrichtendienstlichen Zugänge außer der entscheidenden Partnerdienstmeldung für den vorgeblichen Erfolg verantwortlich: »Ein Heer moderner Geheimdienstmänner hatte diese Lage aus einem Bündel bunter, ungeordneter Steinchen zu einem klaren Mosaik zusammengesetzt: Satelliten hatten gespäht, diplomatische und Zeitungsberichte waren geprüft worden, der Funkverkehr abgehört und sogar der Nationalcharakter der beteiligten Völker ins Kalkül gezogen worden[8].«

Der Held eines weiteren Kapitels ist der Schäfer Moll, der für den BND sowjetische Militärflugzeuge neuester Bauart von den saftigen Wiesen eines Fliegerhorstes in der DDR aus beobachtet haben soll.

Mit einer winzigen Kamera im oberen Ende seines Hirtenstabs fotografierte er Starts und Landungen der Kampfflugzeuge. Der später in die Bundesrepublik übergesiedelte Schäfer Moll ist bei Emde nicht unbedingt ein James Bond, aber ein mutiger Legionär der Pullacher Militäraufklärung. In direkter Rede schildert der *Quick*-Redakteur einen Dialog des überraschten Spähers mit einem Wachtposten über die Echtheit des Hirtenstabs[9].

In den wegen ihrer Wahrhaftigkeit vom Bundeskanzleramt unterdrückten Memoiren des ehemaligen BND-Referatsleiters Waldemar Markwardt (MARX) begegnet uns 1996 dieser Schäfer wieder, diesmal aber auf einem sowjetischen Militärflugplatz in Ungarn. Und anstelle der Mikrokamera benutzt dieser BND-Agent, der kaum des Schreibens und Lesens mächtig war, primitive Strichzeichnungen, um Starts, Landungen und Baumaßnahmen auf dem Fliegerhorst zu registrieren[10]. Obwohl eigentlich »zu blöd« – so Markwardt –, habe der Hirte Mosaiksteinchen zum Pullacher Lagebild beigetragen.

In seinem Buch »BFV, BND, MAD. Spionage und Abwehr in der Bundesrepublik« schilderte Emde 1986 auch in einem ganzen Kapitel den Fall des Fregattenkapitäns Wilhelm Reichenburg. Der war zu sechs Jahren Haft verurteilt worden, weil er über einen Mittelsmann Material an das MfS geliefert hatte. Nur, daß Reichenburg bis zu seiner Festnahme als Agent des BND gearbeitet hatte, wie BND-Präsident Eberhard Blum vor Gericht aussagte, kommt bei Emde nicht vor[11].

Ernsthaft verfolgt hat der »Hofberichterstatter« Emde das von seinem Anwalt vorgebrachte Unterlassungsbegehren gegen »Schnüffler ohne Nase« dann nicht mehr. Auf das kurze, ablehnende Anwortschreiben erfolgte keine Reaktion. Seinem Chefredakteur Markwort aber konnte er wahrheitsgetreu melden, er habe juristische Schritte eingeleitet.

Auch Paul Limbach setzte Staranwalt Romatka am 14. Juli 1993 in Marsch, um die Aussage verbieten zu lassen, das Emde-Buch, das »Recherche und Dokumentation dem Quickjournalisten Paul Limbach verdankt«, sei »mit DM 4000,– aus dem Etat des Bayerischen Verfassungsschutzes, Abteilung ›Positiver Verfassungsschutz‹ subventioniert« worden. Dabei war die Information über die nachrichtendienstliche Unterstützung des Buches bereits vor Jahren so publiziert worden. Sie stammte aus den Papieren, die der oberste bayerische Staatsschützer und frühere leitende BND-Mitarbeiter Hans Langemann an Journalisten geliefert hatte. Doch den Autor des diesbezüglichen *konkret*-Artikels vom November 1982, John Mittelstras, aufzuspüren, war deshalb nicht einfach, weil es sich um ein Pseudonym handelte – ein Pseudonym, das der heutige Chef des *SPIEGEL,* Stefan Aust, seinerzeit benützte. Auch Limbach begnügte sich mit einer abschlägigen Antwort auf sein Unterlassungsbegehren. Der Empfehlung seines Anwalts, vor Gericht zu gehen, mochte er nicht folgen.

Die Rolle, die Limbach bei Emdes Büchern als Rechercheur im Sinne des Verfassungsschutzes gespielt hat, steht in einer gewissen Kontinuität, wenn man seinen Lebenslauf betrachtet. Schon in den fünfziger Jahren hatte er eines der ersten Gehlen-Interviews in der *Quick* veröffentlicht. Als sein Blatt 1980 seitenweise aus Gehlens Buch »Verschlußsache« zitierte und das Material zu einer Serie über den »erfolgreichsten Geheimdienstchef, den Deutschland je hatte«, verarbeitete, sahen sich diejenigen bestätigt, die ihn schon immer am Rockzipfel Pullachs gesehen hatten.

Etwas später tauchte sein Name in einschlägigen Zusammenhängen wieder auf. Es ging um die Langemann-Affäre, die durch die Enthüllungen des damaligen obersten bayerischen Staatsschützers ins Rollen gekommen war. Hans Langemann selbst und Dr. Hans Kolmar, ein ehemaliger BKA-Direktor, der eine staatlich finanzierte Terrorristen-Truppe zur Bekämpfung des Terrors aufbauen wollte, standen im Zentrum einer »schwarzen Seilschaft ehemaliger Angehöriger von Geheimdiensten, der rechten Presse und gewisser CDU/CSU-Kreise. Eine Art privater Geheimdienste der CSU und des Herrn Strauß«[12]. So das Urteil von Karlheinz Hiersemann, dem stellvertretenden Vorsitzenden des Untersuchungsausschusses des Bayerischen Landtags zur illegalen Vernetzung von BND und CSU. Die Rolle Limbachs in dieser Seilschaft beleuchtet ein Vermerk Langemanns über ein Gespräch mit Kolmar, das am 24. September 1977 stattfand: »Zeitweise nahm H. Limbach an dem Gespräch teil. Die neue Ausgabe der ›Quick‹ wurde festgelegt, soweit Themen des ›Sympathisantenfeldes usw.‹ betroffen waren. Limbach regte an, die Entlassungstermine der jetzt einsitzenden Terroristen zusammenzustellen, und dieses Material im Hinblick auf deren sichere ›Rückfalltendenz‹ polemisch-publizistisch aufzubereiten (Sicherungsverwahrung).«

Limbachs Name war schon in den ersten Jahren der sozialliberalen Koalition in Umlauf gewesen. Damals gelangten gleich stapelweise BND-Geheimberichte und kompromittierende Dossiers über die Kontakte zwischen deutschen Sozialdemokraten und westeuropäischen Kommunisten sowie Papiere von Egon Bahr, dem Unterhändler mit Moskau, auf dunklen Kanälen in die Münchner Illustrierte. »Der Bonner Quick-Chef Paul Limbach ist nämlich der einzige, der die Informationen und Quellen der zahlreichen Quick-Veröffentlichungen kennt – van Nouhuys wollte sie, wie Limbach versicherte, nie wissen«[13], schrieb 1981 der Kollege von der *Welt,* Manfred Schell. So findig Limbach bei der Beschaffung geheimer Unterlagen war, so wenig lag ihm die sprachliche Umsetzung. Er publizierte fast ausschließlich mit einem Partner, in der *Quick* Nr. 40/1970 beispielsweise mit Wilfried Ahrens »Wenn es knackt im Telefon ... «, oder er lieferte den schreibenden Kollegen Vorlagen und Kontaktpersonen für ihre Artikel.

In der Aufstellung der BND-Dienststelle 923 vom 17. März 1970 war Paul W. Limbach als voll tragfähige und regelmäßig genutzte Verbindung LIMES des Bundesnachrichtendienstes in das Bonner Büro der *Quick* registriert. Mit einem Schreiben vom 19. November 1997 bat der Verfasser dieses Buches Limbach, doch innerhalb eines Monats diese Tatsache zu kommentieren oder ein Interview zu gewähren. Limbach bestreitet den Zugang dieses Schreibens.

Ein Geheimbericht des BND aus dem Jahre 1973 läßt ahnen, warum er sich nicht äußern wollte. Als der Dienststellenleiter von 923,

ELZE, im November 1973 zu einem halbstündigen Rapport beim BND-Vizepräsidenten Dieter Blötz antreten mußte, erläuterte er, Quick-Redaktionsleiter Heinz van Nouhuys habe immer nur eine untergeordnete Rolle gespielt, alle übrigen Kontakte zur *Quick* seien über die Pressesonderverbindung LIMES, also Paul Limbach, gelaufen. Die Akten dazu lägen bei Frau STURM und seien dann auf Herrn HELLMANN übergegangen. HELLMANN war Heinrich Rosenlehner, der es im BND noch bis zum heutigen Residenten in Washington bringen sollte. Damals diente er als persönlicher Referent von BND-Präsident Gerhard Wessel[14].

Der BND-Beamte ELZE bestritt gegenüber seinem Vizepräsidenten, Limbach Material insbesondere über die Pläne Ehmkes zur Reform des BND übergeben zu haben. Das war nicht etwa eine Schutzbehauptung, denn die regelmäßige Verbindung zu LIMES (V-Nr. 56210) hielt nicht er, sondern seine Mitarbeiterin Frau DR. REUTER. Diese firmierte auch unter dem Decknamen DR. RINDEL und war bis zu ihrer Heirat mit BND-Oberst Müller hauptamtliche BND-Mitarbeiterin gewesen. 1966 hatte sie wieder Kontakt zu ihrem Dienst gesucht und war nebenamtlich als Pressesonderverbindungsführerin beschäftigt worden. Unter ELZES Außendienstlern spielte sie bald eine wichtige Rolle, betreute 15 Sonderverbindungen quer durch die Republik, darunter gleich elf erstrangige. Bei der Münchner *Quick* führte Frau DR. REUTER mit dem Chefredakteur Siegfried Agthe (ACHERN) eine weitere voll tragfähige Sonderverbindung. Die Münchner Illustrierte beschäftigte in den siebziger Jahren mit Armin Haas überdies einen ehemaligen BND-Mitarbeiter.

Die feste Verankerung der *Quick* im rechtskonservativen Lager verwundert nicht, wenn man auf ihre Wurzeln schaut. Die ersten Pläne für das Blatt gehen auf den Frühsommer 1945 zurück. Der Ort: Wattenberg bei Bamberg. »In dem Dorfe entfaltete sich damals eine rege Tätigkeit. Von den Zurückgebliebenen wurde ein Zeitschriftenprojekt entwickelt, eine der heute großen Illustrierten, bei der ich dann einige Jahre später weiterarbeitete«[15], erinnerte sich 1977 Hans Liska, Zeichner einer Propagandakompanie und nach Kriegsende Illustrator der *Quick.* Bei den »Zurückgebliebenen« handelte es sich um den Mitarbeiterstab von *SIGNAL,* der Zeitschrift der Wehrmacht für die Propaganda im Ausland. Deren Chef, Giselher Wirsing, hatte – nachdem im März 1945 die letzte Ausgabe erschienen war – in Berlin einen Sonderzug requiriert und sein Team im Fränkischen in Sicherheit gebracht. »Da *SIGNAL* ja immer den Kampf gegen den Bolschewismus propagiert hatte, wollte man sich natürlich vor dem Zugriff der Roten Armee in Sicherheit bringen. Wenige Tage später, am 13. April 1945, kamen die Amerikaner. Die Ära von *SIGNAL* war zu Ende«[16], hieß es im Vorwort zu einem 1969 erschienenen Reprint von *SIGNAL*-Artikeln. Die Ära *Quick* schloß sich fast nahtlos an und ermöglichte auch zahlreichen Kriegsberichtern – darunter den Zeichnern Hans Liska und Manfred Schmidt – eine Fortsetzung ihrer Karrieren.

»Die BND-Führung hatte immer klare Zielvorstellungen, wie sie Journalisten gefügig machen konnte. Vor allem spekuliert sie mit deren Informationsbedürfnis. Ich möchte den Journalisten der BRD nichts Unrechtes nachsagen, aber sie sind eine Hauptreserve des BND«[17], warf der KGB-Spion im Bundesnachrichtendienst, Heinz Felfe, seinem ehemaligen Brotherrn 1988 vor. Gefügig machen mußten die PR-Strategen Pullachs aber kaum einen der Journalisten, die sich als Wasserträger des Bundesnachrichtendienstes engagierten. Viele mußten nicht einmal konspirativ angeworben werden, sondern wandten sich aus eigenem Antrieb an den BND. Nur wenige erhielten ein regelmäßiges monatliches Entgelt für ihre Kooperation, und nur einige wurden von ihrem Verbindungsführer mit Gratifikationen von der goldenen Uhr bis zum Schmuckstück für die Gattin oder eher bescheidenen Geldprämien bedacht. Ebenso wenige begnügten sich allerdings mit solchen Präsenten und dem Dank des Vaterlands. In den allermeisten Fällen erfolgte die Vergütung durch die Ware Information. Vom einzelnen BND-Geheimbericht über das ertragreiche Hintergrundgespräch bis zur kompletten Materialsammlung für gewogene Buchautoren reichte die Palette der Zuwendungen, die ihren Empfängern oft genug erlaubten, sich journalistische Meriten zu verdienen. Die echten Lohnschreiber des Dienstes, die für ihre Zeilen in barer Münze entlohnt wurden, sind in einer Liste des BND vom Juni 1970 aufgeführt, Einsatzausgaben in einem Dokument vom August desselben Jahres. Die Angaben in diesen beiden Aufstellungen werden im vorliegenden Buch jeweils zur Beurteilung des Einzelfalles herangezogen.

Frau DR. REUTER erhielt 1970 ein monatliches Salär von DM 600,– und zusätzlich DM 400,– für ihre Unterquellen. Paul Limbach bestreitet, vom BND jemals geldwerte Leistungen erhalten zu haben. Das Landgericht München I sah in der BND-Aufstellung vom Juni 1970, die an Einsatzausgaben für LIMES im ersten Halbjahr 1970 DM 250,– auswies, auch keinen hinreichenden Beweis für eine solche Behauptung. Angewiesen wäre der Nachrichtenhändler auf ein solches Zubrot ohnehin nicht gewiesen.

»Bonner Steuerfahnder stolperten über Limbachs Nachrichtengeschäfte, als sie in seiner Wohnung und im ›Quick‹-Büro Belastungsmaterial wegen zwielichtiger Geldgeschäfte suchten. Sie fanden Listen, auf denen seine Schmiergeldzahlungen säuberlich vermerkt waren, teilweise mit dem Zusatz ›Informant kann aus Sicherheitsgründen nicht genannt werden‹ ... Limbach verfügte in Bonn über ein Netz von Informanten, das vom Zimmermädchen bis zum Minister reichte. Geld war genügend da«[18], enthüllte 1978 der *stern* und vermeldete gleich noch ein pikantes Detail: »Wer so viele Interessen hat, für den interessieren sich freilich auch die anderen. Zum Beispiel die Krankenschwester Christa Fritzsching, die erst Limbachs kranke Mutter pflegte und dann Mädchen für alles war bei Limbach. Eines Tages tauchte sie einfach nicht mehr auf. Erst schickte sie eine Ansichtskarte aus Korfu, dann rief sie aus Kopenhagen an, und schließlich schrieb sie von dort, wo sie vor 20 Jahren hergekommen war: aus der DDR[19].«

Das Mädchen für wirklich alles hatte den Journalisten offensichtlich gründlich ausgespäht. Das erfuhr *stern*-Reporter Gerd Heidemann, der am 30. Juni 1980 zu Recherchen über den Fall der in den

Osten geflüchteten Sekretärin des CDU-Abgeordneten Werner Marx, Inge Goliath, in Ost-Berlin weilte. MfS-Offizier »Buchner« wollte ihm bei dieser Gelegenheit »etwa 100 Reproduktionen von Visitenkarten und Adressen der Besucher Limbachs in Bonn«[20] ins Gepäck stecken, doch Heidemann hatte angesichts der Grenzkontrollen am Bahnhof Friedrichstraße Bedenken. Bei diesem Treffen erfuhr er überdies, daß sich Paul Limbach am 22. März 1979 brieflich vergebens mit dem Wunsch an Ost-Berlin gewandt hatte, ein Interview mit Markus Wolf zu führen. Der MfS-Offizier zeigte sich überzeugt, daß Limbach für den BND arbeitete, woraufhin *stern*-Reporter Heidemann von gleichlautenden Informationen berichtete, die er von dem früheren Söldnerführer Rolf Steiner erhalten habe.

Pullach hielt auch Kontakt zu anderen Illustrierten. Zu den Exoten im Medienreservoir Pullachs zählte sicherlich die in Hamburg erscheinende *Praline,* wo der Ressortleiter Nachrichten Hartmut Doerk (DIRKSEN) nach BND-Angaben dem Mitarbeiter BOGENER als Ansprechpartner für Formalkontakte diente. Hinter dem Decknamen BOGENER verbarg sich Herr Boje, der als Presseverbindungsführer DM 600,– monatlich für die Führung von fünf Quellen erhielt. In die in München ansässige Frauenzeitschrift *Freundin* pflegte DR. HEIDEGGER eine IIer-Verbindung zu Karin Görlitz (GISELA), einen losen Kontakt hielt dieser Paul Münstermann zu dem Münchner Uwe-Jens Schumann (SCHUSTER) von der *Bunten Illustrierten* aus Offenburg, der nach eigenen Angaben jedoch nie Kontakte zum BND hatte, aber von einer schrillen Kollegin in einer Redaktion berichtet, die »unter größter Geheimhaltung« kundtat, daß ihr Mann beim Geheimdienst arbeitete.

In der Rubrik Illustrierte überrascht in der Pullacher PR-Holding auch die Zeitschrift *Jasmin,* das »unterkühlt erotische Magazin« (Michael Jürgs), 1964 von Axel Springer gegründet, aber 1968 unter dem Eindruck der Debatte um die wachsende Pressekonzentration im Paket mit *Eltern, Bravo* und *twen* an den Stuttgarter Drucker Hans Weitpert verkauft. 1970 gab es in »diesem Fickblatt« (Axel Springer) gleich vier BND-Konfidenten der Kategorie II. An erster Stelle stand der Redakteur Mainhardt Graf Nayhauß (NIENBURG). Der Berliner, Jahrgang 1926, begann seine journalistische Karriere 1947 als Volontär der *Nachrichten für Außenhandel* und war von 1948 bis 1955 Presseattaché des Schwedischen Generalkonsulats in Berlin mit einem Nebenjob beim *RIAS.* Zunächst Bonner Korrespondent verschiedener Magazine, machte er 1956 beim *SPIEGEL* fest.

Im März 1958 dokumentierte er dort in dem Artikel »Eine Frau schrie« einen der »wenigen erfolgreichen Fälle der westlichen Spionageabwehr« (Louis Hagen 1969), der ein aus der ČSSR eingeschleustes Agentenpaar ins Netz gegangen war. Der *SPIEGEL*-Reporter »beschrieb detailliert die rücksichtslosen Versuche der CIA, die Cebotarews ›umzudrehen‹ und dazu zu bringen, in dem Land, aus dem sie gerade geflohen waren, Spionage zu betreiben. Er schilderte, wie alle diese Bemühungen fehlgeschlagen waren und wie der deutsche Verfassungsschutz seinerseits illegale Methoden anzuwenden versucht hatte, um die Cebotarews über die Zonengrenze nach Ostdeutschland zu schaffen[21].« Unabhängig von den Beweggründen des Autors fällt auf, daß die doppelte Stoßrichtung des *SPIEGEL*-Artikels, nämlich gegen CIA-Aktivitäten in Deutschland und gegen die Kölner BND-Konkurrenz ganz im Interesse Gehlens lag. Die Ermittlungen gegen die BfV-Beamten wurden 1959 wegen erwiesener Unschuld eingestellt, aber auch der Graf Nayhauß hatte Glück. Das vom Generalbundesanwalt gegen ihn wegen Geheimnisverrat angestrengte Verfahren verlief ebenso im Sande.

Doch da war er längst zum *stern* gewechselt, wo er von 1958 bis 1963 blieb, arbeitete dann bis 1966 für die *Quick* und wirkte schließlich von 1967 bis 1972 als Redakteur bei *Jasmin* und zugleich als journalistischer Wegbegleiter von Rainer Barzel. 1972 rückte Graf Nayhauß zum Chefredakteur z.b.V. und Bonner Repräsentanten von Gruner + Jahr auf. Von 1974 bis 1978 war er Bonner Korrespondent der *Wirtschaftswoche,* und ab 1975 wirkte er als Kolumnist und Serienautor für die

Welt, die *Welt am Sonntag*, die *Quick* und *BILD*, wo er heute seine Kolumne »Bonn intim« veröffentlicht.

Als Graf Nayhauß im November 1959 im *stern* fragte »Wer schützt uns vorm Verfassungsschutz?«[22], wurde auf Antrag des BfV-Präsidenten Schrübbers gegen die Hamburger Illustrierte ein gerichtliches Verbreitungsverbot verhängt[23]. »Ich habe in meiner ganzen Laufbahn keinen Journalisten mehr getroffen, der mit soviel Geschick – manchmal auch unter Anwendung von Tricks – an seine Informationen herangekommen ist«[24]. Dieses Lob, auf Nayhauß' intime Kenntnis der Bonner Politikszene bezogen, stammt von einem Mann, der sich wie kaum einer im deutschen Journalismus auskennt: Eduard Ackermann, 24 Jahre Sprecher der CDU/CSU-Bundestagsfraktion und ab 1982 im Bundeskanzleramt für Kommunikation und Öffentlichkeitsarbeit verantwortlich.

Geführt wurde Graf Nayhauß von Dr. Paul Münstermann, der bei der *Jasmin* auch Michael Redepennig (RELING) betreute. Der dritte im Bunde war Karl-Heinz Hagen (HASPE), der vom BND-Mann CASSEL geführt wurde. Vollzählig machte das Kleeblatt Heinz van Nouhuys (Deckname NAUKE), der stellvertretende Chefredakteur des Blatts, den sein Verbindungsführer, BND-Dienststellenleiter ELZE, allerdings im März 1970 mit dem Vermerk »gesperrt« führte.

Insider nennen drei mögliche Gründe für einen Sperrvermerk bei Journalisten, den die Abteilung Sicherheit ohne weitere Angaben verhängt. Erstens, es handelt sich um eine angemeldete nachrichtendienstliche Verbindung eines konkurrierenden Referats, zweitens, um eine abgeschaltete Verbindung, oder drittens um eine erkannte Beziehung zu einem fremden Dienst, sei es ein gegnerischer oder ein Partnerdienst. Bei van Nouhuys kommen gleich mehrere Gründe in Betracht.

Im Oktober 1973 veröffentlichte der *stern* auf der Basis von Materialien des MfS, daß Heinz van Nouhuys, nunmehr Redaktionsdirektor der *Quick*, jahrelang als Doppelagent für das MfS (Deckname »Nante«) und für den BND (Deckname HANDWERKER) gearbeitet habe. Laut *stern* erhielt Nouhuys für 123 Treffs und ca. 100 Berichte vom MfS 200 000 DM und lancierte gleichzeitig im BND-Auftrag geheime Regierungsdokumente in die Illustrierte.

Nouhuys hatte sich bereits in den frühen fünfziger Jahren mit der Organisation Gehlen befaßt, am 7. April 1954 beispielsweise in dem Artikel »General Manteufel und der weitere Ausbau der Gehlenorganisation zum zentralen Geheimdienst« oder am 2. Oktober 1954 mit der »Reorganisation des Westberliner Spionage- und Sabotagedienstes«. Die Tochter des Generals von Gersdorff, der mit Gehlen befreundet war, soll van Nouhuys an den BND herangeschleust haben; dieser habe dann sowohl Spielmaterial als auch nicht freigegebene BND-Informationen an das MfS geliefert. Sein Ost-Berliner Führungsoffizier, Oberst »Wagner«, schöpfte ihn überdies von der Berliner Außenministerkonferenz 1954 bis zu seinem letzten Kontakt mit dem MfS fünf Jahre später, anläßlich der Genfer Außenministerkonferenz, zu außenpolitischen Fragen ab.

Nach den Recherchen des Generalbundesanwalts hatte es 1954 beim BND erste Hinweise auf nachrichtendienstliche Ostkontakte van Nouhuys' gegeben und 1957 sogar eine diesbezügliche Anfrage des Landeskriminalamtes Baden-Württemberg in Pullach. Aber erst im Januar 1960 habe Gehlen eine Abklärung veranlaßt, und Ende Mai nahm der BNDler STEFFEN persönlich Verbindung zu dem Journalisten auf. Ab Juli 1960 übernahm sein Kollege SOOST die Führung des *Quick*-Journalisten, und in dieser Zeit habe es eine »Schaltung Gegenspionage«, d.h. ein Ansetzen auf einen gegnerischen Geheimdienst, gegeben, obwohl die Beziehungen zum MfS da bereits erloschen waren. Soweit van Nouhuys' Karriere als HANDWERKER des Bundesnachrichtendienstes. »Die östliche Agentenarbeit von Nouhuys war in der Vergangenheit dreimal Gesprächsgegenstand von Ermittlungsverfahren und Gesprächen im Bonner parlamentarischen Vertrauensmännergremium. In allen Fällen seien die Verdachtsgründe durch den Bundesnachrichtendienst ›abgewürgt‹ worden«[25], berichtete die *Westfälische Rundschau* im Oktober 1973. Dieses »Abwürgen« wäre aus gutem Grunde erfolgt, wenn van Nouhuys vom BND in der Gegenspionage eingesetzt war.

Am 31. Oktober 1966 stimmt van Nouhuys dann mit dem BND-Pressereferat einen Artikel über »Abwehrdienste« für eine englische Zeitschrift ab. Die Ära als NAUKE beginnt. Der gelte in Pullach zwar als unseriös, zugleich aber als wichtiger Mann bei der *Quick,* ermittelt der Generalbundesanwalt. »Eine kontinuierliche Verbindung ist danach auszuschließen, die Ära HANDWERKER längst abgeschlossen«, folgert der oberste Ankläger der Republik und irrt im ersten Punkt. NAUKE war bei 923 als voll tragfähige regelmäßige Sonderverbindung eingestuft.

Laut Generalbundesanwalt hat es drei aufeinanderfolgende Stadien der nachrichtendienstlichen Aktivitäten – zunächst für das MfS als »Nante«, dann in der BND-Gegenspionage als HANDWERKER und letztlich als Pressesonderverbindung NAUKE – gegeben. Der *stern* konnte jedoch »Der Doppelagent« titeln, weil van Nouhuys von 1954 bis 1960 sowohl für das MfS als auch für den BND gearbeitet hatte.

Auf der ganzen Linie allerdings irrte Reinhard Gehlen, der bestritt, daß van Nouhuys je als BND-Agent gearbeitet hatte. Und dies war nicht die einzige Fehlinformation, die er in der »Verschlußsache« zu dem Fall verbreitet hatte, wie die beteiligten MfS-Offiziere Günter Bohnsack und Herbert Brehmer nach dem Ende des Kalten Krieges herausstellten: »Gehlen irrte auch in einem weiteren Punkt: Der stern stützte sich nicht nur auf Fotokopien. Wir legten auch Originale vor, etwa Quittungen von Zahlungen, die wir an Nouhuys alias ›Nante‹ geleistet hatten. Abgesehen davon überreichten wir so viele Fotokopien, daß ein späteres hundert Seiten starkes Gutachten amerikanischer Experten zu dem Schluß kam, daß ein Geheimdienst seine ganze Fälscherwerkstatt blockieren müßte, wenn er soviel Material aus dem Stand zusammentragen wollte[26].«

Markus Wolf hat 1997 in seinen Memoiren erläutert, warum van Nouhuys gegen alle Regeln des Gewerbes geoutet wurde: »Trotz des ungeschriebenen Gesetzes, niemals einen Agenten preiszugeben –

auch wenn er seit ewigen Zeiten nicht mehr aktiv war –, ließ ich mir schließlich das Einverständnis abringen, daß dem Stern eine Quittung mit van Nouhuys' Unterschrift ausgehändigt wurde, anhand deren das Hamburger Magazin ihn beweiskräftig bezichtigen konnte. So problematisch ich es noch heute finde, einen solchen Schritt zu tun, der an Vertrauensbruch grenzt, so unumgänglich erschien es mir damals zu handeln, um van Nouhuys mundtot zu machen. In seinem Blatt hetzte er unermüdlich gegen die Ostverträge, so daß wir zu fürchten begonnen hatten, die Verträge könnten torpediert werden[27].«

Seinen öffentlichen Angriff auf den Redaktionsdirektor der Konkurrenz wollte der *stern* jedoch nicht ausschließlich auf das MfS-Material stützen. Der sozialdemokratische BND-Vizepräsident Dieter Blötz und BND-Abteilungsleiter Herbert Rieck unterstützten die Hamburger Illustrierte auf Weisung des SPD-geführten Kanzleramts bei ihren Auseinandersetzungen mit der *Quick* und dem Heinrich-Bauer-Verlag. Einer der Autoren, *stern*-Redakteur Sepp Ebelseder, und der G + J-Anwalt Dr. Heinrich Senfft haben vor Gericht ausgesagt, wie dieser Abstimmungsprozeß seit dem 21. Oktober 1973 vonstatten ging. Danach haben BND-Vizepräsident Dieter Blötz und BND-Abteilungsleiter Herbert Rieck (HEINE) in Hamburg den Artikel Zeile für Zeile geprüft, nach telefonischer Rücksprache mit Pullach Änderungen vorgenommen und ihn zuletzt mit dem zuständigen Staatssekretär im Bundeskanzleramt, Horst Grabert, abgestimmt. Blötz habe überdies mit Henri Nannen und leitenden Redakteuren ein langes Gespräch in der Redaktion in Hamburg geführt, bei dem der BND-Vizepräsident dem Chefredakteur versprach, für den Fall einer gerichtlichen Auseinandersetzung für entsprechende Aussagegenehmigungen zu sorgen[28]. Originalakten des BND brachte der BND-Vize jedoch nie zu den Gesprächen mit, sondern er stützte sich – wie sich Heinrich Senfft 1998 erinnert – stets auf Exzerpte.

Ein zweiter Artikel über van Nouhuys erschien 14 Tage später, nachdem Ebelseder erneut in der DDR gewesen war. Wieder fand vorher im Büro Henri Nannens eine Abstimmung mit Blötz, Rieck und telefonisch mit Grabert statt. »Nach diesem Zusammentreffen mit Herrn Blötz hatten Herr Bissinger und ich laufend Kontakt mit leitenden und sachkundigen Herren des Bundesnachrichtendienstes«, gestand Sepp Ebelseder ein.

Blötz hatte – wie das Bundeskanzleramt in den parlamentarischen Debatten zu dem Fall – stets behauptet, nur wegen sicherheitsrelevanter Gesichtspunkte eingegriffen zu haben, keinesfalls um Rache an der *Quick* für ihren regelmäßigen Geheimnisverrat zu nehmen. Und wie sich Manfred Bissinger erinnert, hätten die beiden aus Harnburg stammenden Spitzen des BND den *stern* nicht mit voller Kraft unterstützen dürfen, vielmehr »nur mit eingeschränkter Aussagegenehmigung« assistiert.

Eine andere Aktivität von Blötz hatte wohl kaum mit »sicherheitsrelevanten Gesichtspunkten« zu tun. Der zweite Mann des BND forschte für den *stern* in seiner Behörde nach Akten über die Kontakte zu van Nouhuys, wurde aber nicht fündig. Daraufhin wurde der BND-Beamte ELZE, Dienststellenleiter von 923, im November 1973 zu seinem Vizepräsidenten vorgeladen. Doch bei dem halbstündigen Gespräch gab er sich ahnungslos. Bis 1968 habe er überhaupt keine Verbindung zu dem *Quick*-Mann gehabt, sei aber dann von Kurt Weiß gebeten worden, ihn zusammen mit einem Unterabteilungsleiter aufzusuchen. Anlaß des Gesprächs in den Redaktionsräumen der *Quick* seien die Selbstmorde von Admiral Lüdcke und BND-Vizepräsident Wendland gewesen. Natürlich habe er über »eine so wichtige Sache« einen Vermerk angelegt, aber der sei leider nicht mehr auffindbar. Im übrigen habe er van Nouhuys nur einmal gesehen, nie mit ihm telefoniert und nie Akten über ihn in Besitz gehabt[29]. Damit war der Versuch gescheitert, irgendein BND-Schriftstück über die Connection in die Hand zu bekommen. Der erfolglose Vorstoß von Blötz war symptomatisch für seinen Mangel an Durchsetzungsvermögen in Pullach. Herbert Wehner und andere führende Sozialdemokraten sparten daher nie mit dem Vorwurf, er habe »die mit seiner Einsetzung verbundenen Erwartungen nicht erfüllt und den BND nicht in den Griff bekommen«, wie Kurt Weiß in einer Aufzeichnung zur »Situation des BND im 1. Halbjahr 1974« vermerkte. Warum ELZE seine eigene dienstliche Beziehung zu van Nouhuys dann im März 1970 allerdings als »voll tragfähige Verbindung mit häufigen oder regelmäßigen Kontakten« eingestuft hat, hätte Blötz sich möglicherweise erklären lassen sollen.

Das Duell zwischen *stern* und *Quick* entwickelte sich zum Dauerbrenner und wurde nicht nur mit juristischen oder publizistischen Mitteln ausgetragen. Ein in Wien tätiger deutscher Journalist war Ende November 1975 zur *Quick* nach München gefahren und hatte den Quick-Redakteuren van Nouhuys und Bruno Bandulet dort im Auftrag des MfS das »Angebot der anderen Seite zur gelegentlichen journalistischen Zusammenarbeit unterbreitet«. Nouhuys habe »sich bereit erklärt, sich mit den Leuten auf neutralem Boden zu treffen, zumal er ja – so sagte er – bis 1968 gute Kontakte zu Müller (Ost) beim Ministerrat gehabt hätte«, berichtet ein Fernschreiben an die *stern*-Redaktion vom 13. Februar 1976 dazu. Als der als Kurier eingesetzte Journalist jedoch im Hotel Berlin im Ostteil der Stadt seine beiden Gastgeber vom MfS über die Gesprächsbereitschaft von Nouhuys unterrichtete, stieß er dort auf wenig Begeisterung. »Sie hätten nun den Schwerpunkt ihres Interesses auf Möglichkeiten gerichtet, Nachrichten aus dem Heinrich-Bauer-Verlag, den wichtigsten CSU-Arbeitskreisen zu beschaffen, vor allem im Hinblick auf Strategien für den kommenden Wahlkampf. Man sei auch bereit, für Informationen zu bezahlen.«

Zurück bei der *Quick* registrierte der Kurier zwar ein abgekühltes, aber prinzipiell noch vorhandenes Interesse und konnte mit einer Empfehlung von Bandulet zur CSU-Landesleitung vorstoßen, wo dieser vor seinem Job bei der *Quick* beschäftigt war. Doch der ihm als Gesprächspartner zugewiesene Herr von Hassel reagierte »indifferent«, und so zog es der Kurier vor, sich dem zuständigen BND-Mann an der deutschen Botschaft in Wien zu offenbaren. Dem *stern* war damit die Chance genommen, mitten in dem laufenden Verfahren erneut nachrichtendienstliche Ost-Kontakte der *Quick* aufzuspüren und zu veröffentlichen[30].

Nach vierzehnjähriger Prozeßdauer urteilte das Oberlandesgericht München erst Ende 1987, die *stern*-Enthüllungen hätten die journalistische Sorgfaltspflicht nicht verletzt, van Nouhuys' Aktivitäten in den fünfziger Jahren seien aber nicht mehr mit letzter Sicherheit aufzuklären. Länger noch beschäftigte sich das Ministerium für Staatssicherheit mit van Nouhuys, denn die Lauscher seiner Hauptabteilung III hörten das Telefon des Journalisten bis zur Wende ab.

Am 24. Januar 1974 schrieb van Nouhuys, der sich zu seiner journalistischen Kooperation mit dem BND offen bekannt hatte, in seiner »Klatsch- und Popo-Illustrierten« (Manfred Bissinger), es seien mehr als zehn Dutzend Kolleginnen und Kollegen, die auf diese Weise mit dem Bundesnachrichtendienst zusammenarbeiten würden. Das entspricht in etwa der Anzahl der Medienleute, die in der BND-Liste vom März 1970 in die Kategorien I und II eingestuft worden waren. Doch die Liste selbst kann der *Quick*-Mann nicht gesehen haben. Daß sein ärgster Widersacher, *stern*-Chef Henri Nannen, darin als erstrangige Verbindung NEBEL firmierte, wäre ihm sonst wohl mehr als nur einen publizistischen Seitenhieb wert gewesen.

Den ersten Hinweis auf die MfS-Aktivitäten des *Quick*-Mannes und entsprechende Akten in Ost-Berlin hatte der *stern* von zwei Bonner Abgeordneten und einem hochgestellten Funktionsträger des Regierungslagers erhalten. Johann Georg Reißmüller tadelte in der *FAZ* vom 11. Juni 1976 scharf das gegen die *Quick* gerichtete Zusammenspiel von *stern*-Journalisten, dem Ministerium für Staatssicherheit, sozialdemokratischen BND-Spitzen und hochrangigen Beamten in Bonn: »Aber sich mit einer Bildergazette zusammenzustecken, um eine andere durch persönliche Enthüllungen in politische Unglaubwürdigkeit zu ziehen – das ist einer demokratischen Regierung nicht gestattet. Es sei alles zur Förderung oder Rettung der Ostpolitik geschehen? Da käme ein weiterer Bärendienst an der 1969 begonnenen Ostpolitik zutage, einer Politik, die im Ansatz richtig war, nur durch die streckenweise miserable Art ihrer Ausführung so viel Zweifel auf sich zog und die es zu keiner Zeit vertrug, von üblen Manövern begleitet zu werden[31].«

Arnulf Baring hat in seiner Darstellung der Ära Brandt-Scheel den außenpolitischen Schaden für die Bundesrepublik bilanziert, der 1969 und 1970 durch die Veröffentlichung von 54 Verschlußsachen innerhalb von 18 Monaten – vornehmlich in der *Quick* und in der Springer-Presse – angerichtet wurde. Der Historiker beschreibt die Notwehrsituation, in die der Regierungsapparat gewissermaßen geraten war, weil Teile seiner sensibelsten Instrumente – konservative Mitarbeiter im Bundesnachrichtendienst und Auswärtigen Amt – ihr berufliches Geheimwissen im Zusammenwirken mit konservativen Presseorganen gegen den Dienstherrn einsetzten: »Gewiß: So etwas hatte es auch vor 1969 gegeben, hatte schon damals die Regierungen verdrossen. Aber erst jetzt wurde der Umfang der Enthüllungen besorgniserregend. Paul Frank, der am 1. Juni 1970 Staatssekretär des Auswärtigen Amtes wurde, glaubte nicht an Einzelaktionen. Er vermutete ein systematisches, organisiertes Ausspionieren des Regierungsapparates, zumal des Auswärtigen Amtes. Als er sich aus gegebenem Anlaß Anfang August 1971 öffentlich zu Wort meldete und in der F.A.Z. sowie im Fernsehen scharf diejenigen verurteilte, die aus Haß, Habgier, Opportunismus oder extremistischer politischer Gesinnung mit der Weitergabe und Veröffentlichung von Geheimpapieren Waffen gegen die eigene Regierung lieferten, bewertete er ein solches Verhalten ebenso wie das Werfen von Molotow-Cocktails oder das Inbrandsetzen eines Warenhauses als Angriffe, die darauf abzielten, diese Gesellschaft zu beseitigen[32].«

Egon Bahr war nicht der einzige Politiker, der sich durch eine reißerische und unzutreffende Berichterstattung in der *Quick* getroffen fühlte. Eduard Ackermann, einer der engsten Vertrauten von Helmut Kohl, erinnert sich, daß ihm anläßlich einer Moskaureise 1973 mit van Nouhuys ähnliches widerfuhr. Und er nahm Gelegenheit, den Chefredakteur der *Quick* zu fragen, warum der »einen solchen Blödsinn« geschrieben habe: »Er antwortete mir kurz und trocken, das Material stamme vom Bundesnachrichtendienst (BND), und er habe es aus einer CSU-Quelle bekommen[33].« Nachdem BND-Präsident Gerhard Wessel die klandestine Pressearbeit Anfang der siebziger Jahre eingegrenzt hatte, gelangten geheime Informationen aus Pullach tatsächlich häufig auf dem Umweg über die Christlich-Soziale Union in die Medien.

Wer wie van Noukuys als Journalist soviel mit MfS und BND gekungelt habe, der müsse ja berufen sein, »nach der Wiedervereinigung in den eigens für die neuen Bundesländer erfundenen Boulevardpostillen als Experte über die Stasi und die HVA das große Wort« zu führen, höhnte Markus Wolf 1997, auch wenn er das »nur als Witz am Rande dieses finsteren Gewerbes auffassen«[34] konnte. Detailliert hat sich Jörg Gfrören mit der publizistischen Praxis des Heinz van Nouhuys und seiner Mitstreiter nach der Wende befaßt, als der frühere Agent Chefredakteur der *Super!* war – jener Berliner Zeitung, die in den fünf neuen Ländern eine Leserschaft zu gewinnen suchte, der die *BILD*-Zeitung zu intellektuell ist.

Van Nouhuys nahm in dem Burda-Blatt die Tradition des Springer-Verlages auf, den Kölner Schriftsteller Günter Wallraff unter Berufung auf Geheimdienstinformationen zu diffamieren. Er bediente sich dabei allerdings nicht des Bundesnachrichtendienstes, sondern ließ einen abgehalfterten MfS-Rentner anheuern und zu Falschaussagen verleiten. Ziel der Kampagne war es, Wallraff eine Tätigkeit als IM des MfS anzudichten und sein publizistisches Lebenswerk in den Geruch kommunistisch gesteuerter Propaganda zu bringen. Im Februar 1992 startete van Nouhuys dazu eine Serie von Artikeln. Nachdem bereits die *BILD*-Zeitung Aussagen des MfS-Offiziers Peter Eberlein, die ihm das Bundeskriminalamt entlockt hatte und die sich später als falsch erwiesen, zum erneuten Angriff auf Wallraff genutzt hatte, griff *Super!* die Vorlage auf. Obwohl Eberlein seine Aussage beim BKA längst richtiggestellt hatte, verbreiteten *Super!*-Reporter die Ente nun mit dem aus der Luft gegriffenen Hinweis, Eberlein habe beim Verfassungsschutz ausgesagt. Die Kampagne gipfelte am 26. Februar in dem Artikel »Guten Morgen, Herr Wallraff« mit dreizehn unwahren, dem MfS-Offizier Eberlein für DM 3000 entlockten Punkten zur vorgeblichen MfS-Verstrickung Wallraffs, nachdem die ersten beiden Artikel den Gegendarstellungen des Kölner Publizisten nicht standgehalten hatten.

Bis zu diesem Zeitpunkt hatte van Nouhuys' Truppe keinen Kontakt zu Eberlein, doch nun versuchten sie den arbeitslosen Journalisten mit einer Festanstellung bei *Super!* zu ködern. Akteure der Schmierenkomödie waren Thomas Reinicke und ein Kollege, der die Aktion später bereute und am 25. Juni 1993 an Eides statt versicherte: »Die Aussage von Eberlein zu Wallraff wurde in der Redaktion vorformuliert. Dabei war uns klar, daß diese Aussage in wesentlichen Teilen nicht der Wahrheit entsprach ... Als eine Vernehmung von Eberlein in dessen Wohnung im März 1992 durch die Bundesanwaltschaft anstand, haben wir ihn genau instruiert, was er gegenüber dem Ermittlungsrichter Siegmund aussagen soll. Eberlein hat das gemacht, was wir von ihm wollten. Dafür ist er bezahlt worden. Bundesanwalt (geschwärzt) wußte von uns, daß wir den Zeugen Eberlein in Richtung auf eine bestimmte wahrheitswidrige Aussage vorbereiteten, und daß er in der offiziellen Vernehmung eine entsprechend wahrheitswidrige Aussage bekommen würde[35].«

11

Schnittstellen – das politisch-gesellschaftliche Umfeld

Politische Skandale der Bonner Republik werden meist in Untersuchungsausschüssen des Deutschen Bundestags beerdigt. Dieser Eindruck drängt sich auf, wenn man feststellt, daß sie nur in den seltensten Fällen zur Klärung der Fragen führen, denen sie über Monate nachspüren. Dieses theoretisch schärfste Instrument des Parlaments, mit den Rechten eines Gerichts ausgestattet, Zeugen zu befragen und Akten einzusehen, um einen skandalverdächtigen Sachverhalt aufzuklären, wird – in der Regel – durch die gegenseitige Blockade von Abgeordneten der Opposition und der Regierung schnell stumpf, sobald der erste Pressewirbel vorbei ist. Wie das Hornberger Schießen endete auch der 1973 tagende Untersuchungsausschuß, der auf Antrag der CDU/CSU-Opposition klären sollte, ob der parlamentarische Geschäftsführer der SPD-Bundestagsfraktion Karl Wienand den CDU-Abgeordneten Julius Steiner bestochen hatte, beim Mißtrauensvotum gegen Kanzler Willy Brandt am 27. April 1972 dem eigenen Kandidaten Rainer Barzel die Stimme zu verweigern[1].

Der *Quick* hatte der Baden-Württemberger, nachdem er 1970 nicht wieder für den Bundestag nominiert wurde, in dem Artikel »ICH, Julius Steiner gestehe« die Version berichtet, Wienand habe ihm – nach der Abstimmung – das erste von insgesamt zwei mit Bestechungsgeldern gefüllten Kuverts übergeben. Doch die Details der Aussagen des als Alkoholiker bekannten Hinterbänklers stimmten in mehrfacher Hinsicht nicht mit den Fakten überein.

Ein Rest von Unklarheit bleibt selbst nach dem kalten Krieg, obwohl DDR-Spionagechef Markus Wolf 1997 erstmals enthüllte, daß der CDU-Mann über Jahre hinweg MfS-Agent war, »der sich zu einer mittelmäßigen Informationsquelle entwickelt hatte. Ich stellte aus unserer Kasse 50000 DM zur Verfügung, um Steiner zur Stimmabgabe gegen das Mißtrauensvotum zu bewegen. Später behauptete Steiner, von Wienand 50000 DM erhalten zu haben. Der Sachverhalt wurde nie geklärt, und deshalb ist auch die Frage nicht zu beantworten, ob der CDU-Mann möglicherweise zweimal kassiert hat[2].«

Doch wenigstens kam bei den parlamentarischen Nachforschungen zutage, daß Julius Steiner nicht nur dem Mfs nachrichtendienstlich verbunden war, sondern auch den heimischen Diensten, und so seine Diäten gar aus drei Geheimdienstkassen aufgebessert hatte. Er wurde dem Bundesnachrichtendienst 1958 vom Landesamt für Verfassungsschutz in Baden-Württemberg als Agent überlassen und bis 1964 mit Unterbrechungen als nachrichtendienstliche Verbindung des BND geführt und bezahlt. Dreieinhalb Jahre lang erhielt er sowohl Honorare aus Stuttgart wie aus Pullach, stellte der Untersuchungsausschuß 1973 fest[3].

Die politische Aufsicht im Kanzleramt und der Bundesnachrichtendienst zogen aus dem Fall Steiner jedoch keineswegs die Lehre, die nachrichtendienstliche Tätigkeit eines Abgeordneten – schon wegen seiner verfassungsrechtlich geforderten Unabhängigkeit – nun kategorisch zu verbieten. Vielmehr wurde die Anbahnung von Berufspolitikern nur unter den üblichen Vorbehalt für heikle Zielgruppen gestellt. In der oben erwähnten geheimen BND-Verfügung zur Personenanfrage für die Anbahner ist unter Ziffer VII geregelt, bei welchen Personen die nachrichtendienstliche Verwendung Einschränkungen unterliegt und auf welcher Ebene im Bundesnachrichtendienst Ausnahmeregelungen getroffen werden müssen, wenn dennoch eine geheimdienstliche Beziehung zu einer solchen Zielperson aufgebaut werden soll. Im politischen Bereich sind dies vor allem Abgeordnete des Bundes und der Länder.

Seit Fritz Erler im Sommer 1955 mit Reinhard Gehlen die Übernahme der Organisation Gehlen in den Bundesdienst diskutierte, gab es Vertrauenspersonen in der Politik, die in Kenntnis der Führungsgremien ihrer Partei spezielle Kontakte nach Pullach pflegten. Siegfried Zoglmann, Redakteur des *Fortschritt* und FDP-Abgeordneter in Bonn, war daher bei weitem nicht der einzige Politiker, der auf der BND-Liste der Pressesonderverbindungen vom März 1970 auftauchte.

Weitere fünf Parlamentarier hatte der BND gegenüber dem Kanzleramt als Sonderverbindungen ausgewiesen – mit nur einer Ausnahme alle in der Kategorie III und sämtlich geführt von DANKERS. Dieser BND-Mann, bürgerlich Dauscher, war 1970 noch neu im Geschäft. Er hatte einen ausgeschiedenen Pressesonderverbindungsführer ersetzt. Im Januar 1970 erhielt er noch 800,–, ab Februar bereits 1500 DM monatlich, um neun lose Sonderverbindungen zu führen; drei weitere standen in der Planung. Über die namentlich bekannten Kontakte hinaus unterhielt er Verbindungen in die *Schwäbische Zeitung* in Leutkirch und zu *Der Abend* in Berlin.

Zu den herausragenden BND-Kontakten von DANKERS zählte der FDP-Abgeordnete Friedrich Wilhelm Schultz (Deckname SCHÜTTE), Wehrbeauftragter des Deutschen Bundestags von 1970 bis 1975. Schon zu seinen beiden Vorgängern in diesem Amt, den SPD-Abgeordneten Helmut Grolmann und zu Helmut Heye, hatte Gehlen Personendossiers führen lassen[4]. Selbst Parlamentarier wie Herbert Wehner, die zum illustren Club der Geheimdienstaufseher zählten, waren bei Gehlen in der Sonderkartei verzeichnet. Diese Verkehrung der Wächterkontrolle veranlaßte Steinmüller zu der Frage, »warum die Bonner Abgeordneten sich durch Geheimdienste überwachen lassen, statt umgekehrt«[5].

Wer als Sonderbotschafter seines Kanzlers im Ausland in sensiblen politischen Missionen unterwegs war, wie Kurt Birrenbach[6] für Konrad Adenauer oder Hans-Jürgen Wischnewski für Willy Brandt und Helmut Schmidt, hatte zwangsläufig Kontakte mit den entsprechenden Experten in Pullach, ohne daß man sie dort als Agent einstufte. Anders jedoch der CDU-Abgeordnete Rudolf Werner, Jahrgang 1920. Der katholische Unternehmer saß von 1959 bis 1965 und erneut von

1969 bis 1972 für die Christdemokraten im Bundestag. Er galt aufgrund seiner geschäftlichen Aktivitäten im arabischen Raum als guter Kenner des Nahen und Mittleren Ostens und reiste 1965 – mit Billigung des Auswärtigen Amtes – nach Ägypten, um die Wogen der Empörung wegen der beabsichtigten Anerkennung Israels durch die Bundesrepublik zu glätten. Schon im Frühjahr 1964 hatte Werner die Bundesregierung vor einem Flirt Kairos mit der DDR gewarnt und im Januar 1965 als erster vom bevorstehenden Besuch Walter Ulbrichts in der ägyptischen Hauptstadt erfahren. Beim Bundesnachrichtendienst wurde der Parlamentarier unter dem Decknamen WEST als lose Sonderverbindung geführt.

Gleich zwei BND-Kontakte der Kategorie III reichten in die SPD-Bundestagsfraktion. Dr. Herbert Hupka, Jahrgang 1915, wurde unter dem Decknamen HUNGER geführt. Hupka kam aus dem Journalismus. 1945 hatte er bei *Radio München* gearbeitet, dann als Leiter der Abteilung Kultur/Erziehung und Ostfragen beim *Bayerischen Rundfunk.* 1957 stieg er zum Programmdirektor bei Radio Bremen auf. Seine Hausmacht hatte der Politiker jedoch bei den Vertriebenenverbänden. In der Landsmannschaft Schlesien, die er 1948 mitbegründet hatte, übernahm er 1954 den stellvertretenden, 1968 den Bundesvorsitz. Und von 1959 bis 1964 fungierte er überdies als Pressechef des Kuratoriums Unteilbares Deutschland. 1972 verließ der Vizepräsident des Bundes der Vertriebenen der Ostverträge wegen die SPD, wechselte zur CDU und brachte es dort zum Mitglied im Bundesvorstand der Partei.

Die zweite lose Sonderverbindung in der sozialdemokratischen Bundestagsfraktion war der Abgeordnete Martin Hirsch (HORCH), Jahrgang 1913, 1970 seit zwei Jahren Mitglied des Parteivorstands. Als junger Rechtsanwalt hatte er 1948 seine Parteikarriere im Stadtrat von Marktredwitz begonnen, saß von 1954 bis 1961 für die Sozialdemokraten im bayerischen Landtag, um schließlich bis 1971 im Bundestag zu arbeiten. Die letzten zehn Jahre seines beruflichen Lebens verbrachte er dann als Richter am Bundesverfassungsgericht in Karlsruhe.

Selbst auf Landes- und Bezirksebene »betreute« der Bundesnachrichtendienst Politiker, 1970 beispielsweise Bolko von der Heyde (HALDEM), den Geschäftsführer der FDP-Geschäftsstelle in Bielefeld. Und er blieb nicht der einzige Politiker, der unterhalb der Ebene Bundestag geführt wurde. Vor allem die Christlich-Soziale Union in Bayern konnte regelmäßig auf Schützenhilfe aus Pullach rechnen. Franz Josef Strauß erhielt BND-Berichte auch in Zeiten, als er kein öffentliches Amt bekleidete. Die »normative Kraft des Faktischen« – erklärte der frühere BND-Mann und (von 1971 bis März 1982) oberste bayerische Staatsschutzbeamte Hans Langemann – habe sich dabei ausgewirkt. Die Ausschußminderheit im Langemann-Untersuchungsausschuß des Bayerischen Landtags stufte es vorsichtig als »unüblich« ein, daß Kultusminister Huber, bei dem Langemann kurzzeitig gearbeitet hatte, »rege Kontakte zu Auslandsagenten des BND unterhält«[7].

Eine wichtige Rolle im CSU-BND-Netzwerk spielte Hans Dieter Raethjen. Der Fallschirmjägeroffizier war am 1. Oktober 1967 als Major in den BND eingetreten und bekam dort den Decknamen HATON. 1970 wurde die für den illegalen Waffenhandel zuständige Dienststelle 906 aufgelöst, wo der CSU-Mann seine ersten konspirativen Aktivitäten entfaltet hatte. Raethjens Anschlußverwendung kam durch einen Treff mit WÖRNER, dem Leiter des Referats IF, in einer konspirativen Wohnung am Münchner Harras zustande.

Die Dienststelle IF residierte im Wienerwald-Hochhaus in der Garmischer Straße, ihr Leiter war bis 1970 WÖRNER, anschließend DR. SCHINDLER. Das unterstellte Referat IF3 in der Barer Straße war legendiert als Wirtschafts- und Börsenberatung. Raethjen führte dann neben Quellen in Afghanistan und im Libanon auch den Leiter eines Landesamtes für Verfassungsschutz. Der nahm für seine Informationen zwar kein Geld, allenfalls gelegentlich ein Geschenk entgegen, aber mit ihm hat Raethjen oft gesellig zusammengesessen. Die heimliche Kooperation eines LfV-Präsidenten mit dem Bundesnachrichtendienst war ein klarer Verstoß gegen die gesetzlich verankerte Trennung der Geheimdienstbehörden.

Auch die zweite Quelle von HATON gehörte zu einer Berufsgruppe, die für den BND-Agentenführer eigentlich Tabu war: Professor Friedrich August Freiherr von der Heydte, Jahrgang 1907, von der Reiter-SS zum Kommandeur eines Fallschirmjägerregiments der Wehrmacht aufgestiegen, war ab 1954 Professor für Öffentliches Recht an der Universität Würzburg. Seiner Truppengattung blieb der Ritterkreuzträger nur als Reservist treu, wurde 1963 zum Brigadegeneral der Reserve befördert. Dem Dienstherrn auf der Hardthöhe aber diente er ab 1962 auch im nachrichtendienstlichen Bereich als Gutachter in Fällen von Landesverrat. Als CSU-Abgeordneter im Bayerischen Landtag war der Leiter des Instituts für Wehrtechnik der Universität Würzburg zugleich Verbindungsmann seiner Partei zur HIAG, der Hilfsorganisation ehemaliger Angehöriger der Waffen-SS. Und diesen CSU-Landtagsabgeordneten, zugleich Ritter vom Heiligen Grabe, führte Raethjen anfangs der siebziger Jahre als Agenten des BND. Von der Heydte gehörte nicht allein in den Bereich der verbotenen Inlandsaufklärung, sondern war für den BND überdies interessant, weil er über gute Verbindungen zu den griechischen Obristen verfügte, die im April 1967 die Macht in Athen an sich gerissen hatten, und überdies Kontakt zu irakischen Wissenschaftlern pflegte. Der Freiherr stellte – wie sich Raethjen 1994 erinnerte – dem Auslandsnachrichtendienst dieses Wissen nicht allein aus staatspolitischer Verantwortung zur Verfügung, erhielt er doch bei jedem Treff 1000 DM Agentenlohn. Bei den Zusammentreffen mit seinem Verbindungsführer HATON bevorzugte er ein gutes Essen im Münchner Restaurant Roma, wo er häufig Franz Josef Strauß, dem Raethjens Profession bekannt war, am Nebentisch zuzwinkern konnte.

Zu Gefallen war der CSU-Abgeordnete seinem Parteivorsitzenden auch bei der *SPIEGEL*-Affäre 1962. Von der Heydte nämlich war es, der bei der Bundesanwaltschaft den Strafantrag wegen Landesverrat gegen die Redakteure des Hamburger Magazins gestellt hatte[8].

Der CDU-Abgeordnete Dr. Werner Marx (Deckname MANGL)

nimmt in der Aufstellung des BND vom März 1970 in zweifacher Hinsicht eine Sonderrolle ein. Als einziger Politiker wurde er von ELZE in der Kategorie I geführt, und zugleich war er 1970 als nachrichtendienstliche Sonderverbindung gesperrt. Marx, Jahrgang 1924, war seit 1965 Bundestagsabgeordneter und von 1969 bis 1980 Vorsitzender des Arbeitskreises für Außen-, Deutschland-, Verteidigungs-, Europa-, Entwicklungs- und Außenwirtschaftspolitik der CDU/CSU-Fraktion. Der »rechte Wadenbeißer« (Horst Ehmke) spielte eine Schlüsselrolle bei den Hetzkampagnen aus der Unionsfraktion gegen Willy Brandt. Propaganda war sein Handwerk, und das hatte er als Referatsleiter bei der Abteilung für Psychologische Kriegsführung im Verteidigungsministerium gelernt. »Weil das Verteidigungsministerium einen eigenen Abgeordneten haben wollte, kam Marx in den Bundestag«, kommentiert sein langjähriger Weggefährte, Wilhelm Reichenburg, den Aufstieg des kalten Kriegers in die Bundespolitik.

1977 fertigte der CDU-Abgeordnete für Franz Josef Strauß eine Namensliste von Kandidaten mit »nicht wankelmütiger außenpolitischer Linie« für einen Beraterkreis der CDU/CSU, auf der er selbst einen gewichtigen Platz einnahm. Die Rolle, für die ihn FJS bereits 1976 nach einem Wahlsieg der Union vorgesehen hatte, war die des BND-Präsidenten – möglicherweise sogar eines Staatssekretärs für die Koordination der Nachrichtendienste, denn zum Bundesnachrichtendienst hatte Marx gute Drähte. Sein engster Vertrauter aus dem Dienst war Kurt Weiß. Der Kopf der Pullacher CSU-Seilschaft belieferte ihn regelmäßig mit geheimen Informationen und gewichtigen Ratschlägen, wie man die konservativen Kräfte im Dienst stärken und den spärlichen SPD-Einfluß neutralisieren könne.

Marx bestritt 1980 gegenüber dem *stern* nicht, Weiß gut zu kennen, und auch ein weiterer BND-Spitzenmann ging bei ihm im Büro ein und aus: Günter Baltutis (UTRECHT) aus der Kölner Dependance des BND, von Weiß als »gemeinsamer Freund Bal.« avisiert. »Ich bin ein uraltes Mitglied der Union. Das sind meine alten Freunde, die ich besucht habe … Wissen Sie, ich führe mit meinen Freunden häufig sehr persönliche Gespräche über persönliche familiäre Angelegenheiten«[9], erklärte Baltutis im Juli 1980 gegenüber dem *stern.* Daß er getarnt als »Karl-Heinz« den außenpolitischen Experten und wichtigsten Drahtzieher Straußscher Einflußpolitik in Bonn zum Zweck der Familienberatung aufgesucht hat, darf jedoch bezweifelt werden.

Ähnliche Zweifel hatte BND-Präsident Kinkel 1981, als er in der *Welt* wegen seiner Entscheidungen im Fall des schnell in die DDR zurückgekehrten Überläufers Klaus Dieter Rauschenbach angegriffen wurde. Er verhängte am 14. Oktober 1981 eine Disziplinarmaßnahme gegen Baltutis, weil der die Informationen über den CDU-Abgeordneten Vogel in der Springer-Presse lanciert hatte. Doch der Generalinspekteur der Bundeswehr – oberster Disziplinarvorgesetzter auch der Offiziere im BND – hob Kinkels Verfügung wieder auf[10].

Inge Goliath hatte Marx zehn Jahre lang gedient, als sie am 10. März 1979 mit ihrem Mann Wolfgang in die DDR übertrat. Das MfS verbreitete wenig später eine Broschüre, in der die Sekretärin zwei Journalisten gegenüber aus dem Nähkästchen plauderte und das Zusammenspiel von BND-Spitzen, Unionspolitikern und konservativen Journalisten hinter den Kulissen der Bonner Politik schilderte. Daß die langjährige Mitarbeiterin von Marx nicht – wie sie öffentlich glaubhaft zu machen versuchte – aus blankem Entsetzen über die politischen Praktiken ihres Arbeitgebers in den anderen deutschen Staat übersiedelte, sondern langfristig als MfS-Agentin im Bonner CDU-Büro eingesetzt war, hat Markus Wolf 1997 in seinen Erinnerungen dargelegt: »›Herta‹, als Sekretärin Quelle beim CDU-Rechtsaußen Werner Marx, informierte uns über das Zusammenspiel der konservativen Kräfte mit den Medien, vor allem mit dem Springer-Konzern. Durch Zuspielen und Veröffentlichung angeblicher oder tatsächlicher geheimer Dokumente, verbunden mit Meinungsmache, wurde eine regelrechte Hysterie angefacht«[11]. Inge Goliath selbst zählte den Fernsehjournalisten Gerhard Löwenthal, der häufiger im Büro Marx als im *ZDF* zu finden war, den Nachrichtenbeschaffer der *Quick* Paul Limbach, seinen Kollegen Wilfried Ahrens und Heinz Vielain vom Springer-Inlandsdienst zu den Schleusentoren, durch die MANGL angeblich Staatsgeheimnisse in die rechten Medien fließen ließ[12].

Besonders spektakulär waren die Pauls-Telegramme und das Gromyko-Papier. Der deutsche Botschafter in Moskau, Rolf Pauls, hatte im April 1971 geheime Fernschreiben über den Stand der deutsch-sowjetischen Verhandlungen nach Bonn gesandt. Marx soll sie – laut Goliath – von der Koordinationsstelle im AA, die auch die Verbindung zum BND hält, bekommen haben; sie wurden in der *Quick* und im *ZDF* publiziert. Marx bestritt gegenüber dem *stern* im Juli 1980, die Pauls-Telegramme je in Händen gehabt zu haben und den als Lieferanten verdächtigten Leiter der Koordinierungsstelle im Auswärtigen Amt, Georg Merten, überhaupt zu kennen.

Mindestens soviel Staub wie die geheimen Telegramme aus Moskau hatte 1970 die Veröffentlichung des Gromyko-Papiers aufgewirbelt, des Vertragsentwurfs des sowjetischen Außenministeriums zu den Ostverträgen. Den russischen Originaltext hatte Marx übersetzen lassen und streute ihn wiederum im *ZDF-Magazin* und in der Münchner Illustrierten – »Bonn will Berlin verschenken«, titelte die *Quick*. Eigentliche Quelle der Indiskretion – die Sozialdemokraten sprachen von Landesverrat – war diesmal jedoch nicht Werner Marx, sondern der CSU-Abgeordnete Baron von Guttenberg.

Zunächst hatte die für die Desinformationsarbeit des MfS zuständige Abteilung der DDR-Auslandsaufklärung (HVA) ein Buch über Inge Goliath in Auftrag gegeben, um die involvierten Unionspolitiker erneut an den Pranger zu stellen. Doch, da Skandale kurzlebig sind, wurde die Veröffentlichung des fertigen Manuskripts im August 1985 von der HVA gestoppt und der Autor, Klaus Huhn, mit 3000 Mark Anerkennungshonorar abgefunden[13].

Die Debatte um die Ostverträge und die Entspannungspolitik spalteten nicht nur die Nation, sondern auch die SPD. Nicht nur Herbert Hupka, sondern auch ein Referent in der SPD-Parteiführung, Helmut Bärwald, kündigte im Januar 1971 und kam einem Parteiordnungsverfahren durch den Austritt aus der SPD im September 1971 zuvor. Im Springer-Inlandsdienst (ASD) lancierte er die Mitteilung, der SPD-Vorstand habe auf sowjetische Anregung hin die Arbeit seines Referats für Gesamtdeutsche Fragen stillegen lassen, und in der *Quick* vom 17. Februar 1971 klang es theatralisch: »Genossen, ich kann nicht länger schweigen.«

Bis in die jüngste Zeit hinein treibt ihn das Thema seines Bruchs mit der Sozialdemokratie um. Noch 1994 schildert er sein Schicksal in einem Sammelband über »Die SPD und die Opfer des Kommunismus«. Der vieldeutige Titel des rechten Readers: »Verratene Treue.«

»Im Januar 1975 wurde deutlich, daß nicht nur BNDler die ›Sonderakte SPD‹ gefüttert hatten, sondern viele Informationen über die Genossen vom langjährigen Leiter des Ostbüros der SPD, Helmut Bärwald, an Gehlen gelangt waren«[14], konstatierte die *FAZ* im Februar 1975. Horst Ehmke aber muß schon im März 1970 geahnt haben, daß Bärwald nicht nur seiner Partei diente. In der dem Kanzleramt vorgelegten Liste firmierte er als Sonderverbindung BASSUM, geführt vom BND-Mitarbeiter DANKERS. Zur Gewißheit wurde der Verdacht, daß Bärwald ein Maulwurf des BND in der Bonner SPD-Baracke war, nachdem Ehmke die Akten der Münchner BND-Außenstelle, die offensichtlich politische Inlandsaufklärung betrieb, hatte sichern lassen: »So hatte beispielsweise eine ›Sonderverbindung‹ offensichtlich Interna aus der SPD-›Baracke‹ berichtet, ohne daß die BND-Zentrale diese Berichte je zu Gesicht bekommen hätte. Die Zentrale beschaffte sich daher Zugang zu der Münchner Außenstelle, die die Verbindung ›führte‹, und wurde fündig«[15], schildert Horse Ehmke in seinen politischen Memoiren den Auslöser für den Abgang Bärwalds. Dazu kam, daß Bärwald als Sicherheitsbeauftragter des Parteivorstandes »den ihm bekannten, bewaffneten NPD-Sympathisanten Bernd Hengst als Nachtwächter beim SPD-Vorstands-Domizil eingesetzt hatte«[16].

Helmut Bärwald war 1928 in Leipzig geboren worden und trat dort 1947 einer sozialdemokratischen Widerstandsgruppe bei, die von den im Mai 1946 von Kurt Schumacher gegründeten Ostbüros der SPD geführt wurde. Im Mai 1948 mußte Bärwald aus der DDR fliehen, ein Jahr später trat er als Mitarbeiter in dieses Ostbüro der SPD ein und fungierte ab 1951 als rechte Hand seines Leiters Stephan Thomas. Der Nachkriegsvorsitzende der Sozialdemokraten hatte dem Ostbüro in Hannover drei Hauptfunktionen überantwortet: Die Betreuung von Flüchtlingen aus der Sowjetisch Besetzten Zone, Propaganda gegen das Ulbrichtregime und die Sowjets sowie den Aufbau eines Nachrichtendienstes, der konspirativ Informationen aus der SBZ zusammentragen sollte. Gute Beziehungen unterhielt Schumachers Organisation dabei von Anfang an zu den alliierten Geheimdiensten, zum britischen Field Security Service und zum amerikanischen Office of Strategic Service (OSS). Auch organisatorische und finanzielle Unterstützung von den angelsächsischen Diensten genoß das Büro in seinen Anfangsjahren, bis das Gesamtdeutsche Ministerium die Kosten übernahm. Es handelte jedoch nicht – wie die SED-Propaganda häufig unterstellte – im Auftrag von CIA und MI-6, sondern pflegte eine bedarfsorientierte Zusammenarbeit[17].

Bärwald selbst hat 1991 eine Monographie zum Ostbüro der SPD vorgelegt. Die nachrichtendienstlichen Bindungen der SPD-Frontorganisation treten dabei deutlich zutage[18]. So berichtet er über die Weiterleitung von Informationen über »Maßnahmen gegen Westberlin« im August 1961 an BND-Präsident Gehlen sowie über Archivarbeiten von Nato-Geheimdienstlern in der Zentrale des Ostbüros und lobt die »guten Kontakte des Ostbüros zum 14. Kommissariat der Kriminalpolizei in Bonn, zum Staatsschutz-Kommissariat der Hamburger Kripo, zum Staatsschutz-Bereich des Bundeskriminalamtes und zur Sicherungsgruppe Bonn des BKA, zum Bundesamt für Verfassungsschutz und zu den Landesämtern für Verfassungsschutz«[19]. Als besonderes Verdienst des Ostbüros reklamiert BASSUM, auf der Liste der in der DDR freizukaufenden politischen Häftlinge »Mitarbeiter des Bundesnachrichtendienstes (nach meiner Erinnerung erfolgreich)« plaziert zu haben[20].

Ab Juni 1966 war Bärwald Leiter des in »Referat für gesamtdeutsche Fragen« beim Parteivorstand der SPD umbenannten Ostbüros. Da schwelte längst der Konflikt mit Herbert Wehner und dessen deutschlandpolitischen Plänen, denen der »Agentenschuppen« (Wehner) im Wege war. »Nicht aus Loyalität zu einer sich stetig verändernden Partei, die Ende der sechziger Jahre schon nicht mehr meine ›politische Heimat‹ war, vielmehr aus Treue zu einer selbstgewählten, aus eigenem Willen und aus Überzeugung übernommenen Aufgabe, etwas für mein Vaterland, für dessen Einheit und Freiheit zu leisten«[21], rechtfertigt er die innere Emigration innerhalb der Sozialdemokratie. Bezahlen ließ sich Bärwald die selbstgewählte Aufgabe aber weiterhin vom SPD-Parteivorstand, nur seine Loyalität wechselte in Richtung Pullach. Bei seinem sozialdemokratischen Arbeitgeber sah er eine fünfte Kolonne auf dem Vormarsch: »1970 kamen die Dummschwätzer, die Naivlinge, die Kollaborateure und auch die ›Einflußagenten‹ immer mehr ans Licht[22].«

Bärwald war beim SPD-Parteivorstand für innere und äußere Sicherheit zuständig – »in enger Zusammenarbeit mit den staatlichen Sicherheitsorganen«, wie er selbst betonte. BND-Abteilungsleiter Kurt Weiß hielt in einem Bericht über »Die Situation des BND zu Beginn des Jahres 1975« für führende Unionspolitiker fest, Bärwald habe »eine von der SPD-Spitze gebilligte offizielle Verbindung zum BND« unterhalten[23].

Doch die Aktenfunde Ehmkes zerstörten die Legende, der Leiter des Referats für gesamtdeutsche Fragen habe nur im Parteiauftrag, sozusagen von Amts wegen, gehandelt, als er die BND-Kontakte pflegte. Der BND-Offizier Hoeffer von Loewenfeld (Deckname RAVEN), Leiter der Münchner Außenstelle, die Ehmke durchforsten ließ, bekundete im Dezember 1974 in seiner – mit Helmut Bärwald vorbesprochenen – Aussage vor dem Untersuchungsausschuß des Bundestages: »Für die einzelne Person beruht diese Sonderverbindung auf ideeller Grundlage und der Möglichkeit der Wahrung beiderseitiger Interessen ... Die entscheidenden Sonderverbindungen zwischen dem

Bundesnachrichtendienst und der SPD in meiner Dienststelle wurden jeweils auf Wunsch und mit Hilfe von Vorstandsmitgliedern der SPD hergestellt … Es gab niemals Meldungen über irgendwelche Vorgänge in der ›Baracke‹, sondern Aufzeichnungen von vertraulichen Gesprächen anläßlich sog. Treffs. Wenn jemand unter seelischem und wirtschaftlichem Druck steht und zum Gesprächspartner Vertrauen hat … erzählt er von seinen Nöten und seinen Hoffnungen, seinen Freunden und Gegnern, von für ihn positiven und negativen Entwicklungen. Daß der ND -Partner später über seine Gespräche für die Quellenakte Aufzeichnungen macht, ist nicht nur legitim, sondern seine Pflicht[24].« Kurz: Der BND fertigte Aufzeichnungen über innerparteiliche Querelen und persönliche Nöte eines politisch frustrierten und in Geldschwierigkeiten befindlichen Referenten im SPD-Parteivorstand. Dennoch blieb der BND-Oberstleutnant unbeirrt bei der Auffassung: »Es gab keine innenpolitische Aufklärung«, wie auch Reinhard Gehlen und Gerhard Wessel vor demselben Untersuchungsausschuß übereinstimmend erklärten.

Aber Hoeffer von Loewenfeld, der schon seit 1957 von den Streitkräften zum BND delegiert war, stand nach der Durchforstung der von ihm geleiteten Außenstelle nicht mehr lange in Diensten Pullachs. RAVEN wurde zum 1. Juli 1971 zunächst zur Bundeswehr zurückversetzt und landete schließlich als Sicherheitschef bei der Siemenstochter KWU[25]. Für sein Ausscheiden aus dem BND-Dienst dürfte seine führende Rolle bei der illegalen Inlandsaufklärung ausschlaggebend gewesen sein.

1970 war Helmut Bärwald sogar als BND-Vizepräsident ins Gespräch gebracht und in diesen Ambitionen vom Vorsitzenden des Arbeitskreises Inneres der SPD-Bundestagsfraktion, Hermann Schmitt-Vockenhausen, unterstützt worden. In die engere Wahl geriet er als »Kalter Krieger« jedoch nicht. Vielmehr wurde der Hamburger Verwaltungsjurist Dieter Blötz zum 1. Mai 1979 zum zweiten Mann in Pullach bestimmt. Doch auch der war nicht erste Wahl. Glaubt man Hans Josef Horchem, dem ehemaligen Leiter des Hamburger Verfassungsschutzes, so war er es, der Horst Ehmke drei Kandidaten vorschlug, unter denen der Kanzleramtsminister dann Blötz favorisierte[26]. Ehmke jedoch erinnert sich, daß die Personalauswahl noch weit schwieriger war. Er hatte »mehr als drei Dutzend« Vorschläge ventiliert und erst, als eine ganze Reihe von Spitzengenossen es abgelehnt hatte, »sich in Pullach verheizen zu lassen«, auf Blötz zurückgegriffen[27].

Das Nachfolgereferat des Ostbüros wurde nach der Kündigung Bärwalds endgültig aufgelöst: »Von den 18 nicht sogleich pensionierten Mitarbeitern, deren weiterer Lebensweg bekannt ist, wurden acht im Bereich Journalismus und politische Bildung tätig, vier arbeiteten in den bundesdeutschen Geheimdiensten, vier blieben Angestellte der SPD oder wechselten zu den Gewerkschaften«[28], ermittelte Wolfgang Buschfort 1991. Bärwald war nicht wie erhofft als »BND-Vize« ins Isartal gelangt, wechselte aber dennoch nach München, um seinen Kampf gegen die Ostpolitik der SPD »als freiberuflicher Publizist« fortzusetzen. Er konnte dabei an seine in Bonn begonnene publizistische Arbeit zum politischen Extremismus, zur Inneren Sicherheit und zur politisch-psychologischen Kriegsführung der Kommunisten anknüpfen[29]. Als Buchautor behandelte er zum Beispiel die »Kommunistische Bündnispolitik in Deutschland« oder den kommunistischen Einfluß auf die bundesdeutsche Friedensbewegung[30]. Dabei ging es ihm weniger um die in Westdeutschland bedeutungslosen Kommunisten als darum, den linken Flügel von Sozialdemokratie und Gewerkschaften in die Nähe von staatssozialistischen Gedanken und Abhängigkeiten zu rücken. Als Publizist erhielt Bärwald nicht nur Honorare vom Springer-Verlag, sondern auch – wie BfV-Präsident Heribert Hellenbroich einräumen mußte – monatlich 300 bis 700 DM vom Verfassungsschutz.

Propaganda war schon seit 1951 Bärwalds Domäne gewesen. Die »Psychokampfschule Alfter« besuchte er 1965 und wurde zum Reserveoffizier der PSK (Psychologische Kriegsführung)[31]. Doch da hatte er bereits entsprechende Erfahrungen bei den Flugblatt-Ballonaktionen gegen die DDR gesammelt. Aus diesen frühen Kampftagen des kalten Krieges kannte Bärwald Wilhelm Reichenburg, Jahrgang 1921. Reichenburg, Oberfähnrich zur See der Kriegsmarine, hatte ab 1946 eine bayerische Journalistenschule besucht und bis 1950 als freier Journalist im Raum Nürnberg gearbeitet. Nach drei Wehrübungen bei der Marine erhielt er 1963 eine Einberufung nach Rengsdorf zur PSK-Truppe. Von Mitte April 1963 bis Ende Mai 1967 agierte er als freier Journalist – zugleich beim Verteidigungsministerium mit Hauptmannsrang im Sold – bei erneuten Flugblattaktionen gegen die DDR. In Zusammenarbeit mit Bärwald und dessen im bayerischen Hof stationierter Truppe ließ er antikommunistische Flugblätter über die Grenze in Ulbrichts Machtbereich flattern. Und die aus Bärwalds Apparat waren weit besser als die aus dem gleichfalls anliefernden Ostbüro der CDU, erinnert sich Reichenburg heute.

Nachdem die Aktionen aufgrund deutsch-deutscher Vereinbarungen eingestellt worden waren, wurde Reichenburg 1967 als Kapitänleutnant in Andernach übernommen und wechselte 1970 als PSV-Stabsoffizier des Wehrbereichskommandos nach München, wo er Bärwald in CSU-Kreisen wiederbegegnete.

Mittlerweile auch Vorsitzender des Wehrpolitischen Arbeitskreises der CSU, wurde Wilhelm Reichenburg Ende Juli 1984 unter dem Verdacht der Spionage für das MfS verhaftet und im Herbst 1985 auch verurteilt. Das Gericht sah es als erwiesen an, daß er wissentlich und willentlich seit 1970 als Agent für die HVA gearbeitet hatte – Reichenburg machte geltend, nur fahrlässig gehandelt zu haben und auf den unter falscher Flagge segelnden »Amerikaner« Dr. Schneider hereingefallen zu sein. Die Ermittlungen führten auch zu Bärwald. Reichenburg hatte – ehrenamtlich in der von Bundeswehr und BND finanzierten Deutschen Gesellschaft für Sozialbeziehungen in Bonn tätig – nicht nur den Vorsitzenden dieses Vereins, Oberst a. D. Rudolf Rothe, in »amerikanische« Dienste eingespannt, sondern seinen MfS-Instrukteur »Schneider« auch an den alten PSK-Kameraden herangeführt. Als das Trio im Mai 1983 in Estoril in Portugal über eine Übernahme von Bärwalds Archiv verhandelte, hatte der eingefleischte Antikommunist über Reichenburg bereits regelmäßig an den DDR-Geheimdienst geliefert[32]. In seinen Erinnerungen macht Markus Wolf deutlich, daß Bärwald über seinen Agenten zum unfreiwilligen Zuträger des DDR-Geheimdienstes wurde: Es »gelang ihm sogar, einen einstmaligen leitenden Mitarbeiter des SPD-Ostbüros anzuwerben, einen Mann, der zum ultrarechten Flügel der CDU gewechselt war, weil er Brandts Entspannungspolitik nicht verkraften konnte. So kassierten eingefleischte Gegner unseres Systems unser Geld und beschafften uns Informationen, ohne sich etwas Böses dabei zu denken[33].«

Reichenburg gab bei seinen Vernehmungen an, Bärwald habe ihm für die »Amerikaner« bestimmte, »nicht klassifizierte Unterlagen übergeben und ca. 900,– bis DM 1000,–« monatlich erhalten. Der ehemalige Ostbüro-Chef behauptete jedoch, es seien auch Verschlußsachen darunter gewesen[34]. Laut *SPIEGEL* handelte es sich dabei um Verfassungsschutzakten des BfV-Regierungsdirektors Werner Hoch. Mit seiner Aussage belastete sich Bärwald eigentlich selbst. Doch das beim Generalbundesanwalt gegen ihn anhängige Ermittlungsverfahren wegen des Verdachts geheimdienstlicher Agententätigkeit (Az. 4 BJs 105/84) wurde eingestellt, weil der von der SPD zur CSU gewechselte Antikommunist einflußreiche Freunde hatte. Franz Josef Strauß hatte ihn bis zur Aufdeckung seiner Kooperation mit einem als CIA-Mann getarnten MfS-Agenten als künftigen Chef des bayerischen Landesamts für Verfassungsschutz ins Auge gefaßt[35].

Wie im ersten Kapitel ausgeführt, unterliegen bestimmte Berufsgruppen Einschränkungen, was die Werbung als Agenten oder Quellen des BND angeht. Dazu zählen zum Beispiel kirchliche Amts- und Würdenträger, Angehörige von Einrichtungen der Entwicklungshilfe, Wissenschaftler an Universitäten und Instituten oder Organisationen wie der DAAD, der ADAC oder die Lufthansa. Ohne Sondergenehmigung des zuständigen BND-Abteilungsleiters sollten auch Angehörige des öffentlichen Dienstes nicht als nachrichtendienstliche Verbindung geworben werden. Bei »Bediensteten der Deutschen Bundesbahn ist die Einschaltung von 57A/157 erforderlich«, regelt zum Beispiel die BND-Dienstanweisung.

Zu den herausragenden Organisationen des öffentlichen Dienstes zählt das Bundespresseamt (BPA), das wegen seines Einflusses auf die öffentliche Meinung im In- und Ausland von großer Bedeutung für den BND war. Ruth Müller vom BPA teilte Thomas Walde im Juni 1969 mit, daß der BND »auch Informationen über das Presse- und Informationsamt in die Öffentlichkeit bringt«[36] – eine Information, die Graf Moltke vom BPA Walde gegenüber bestätigte. Die Zusammenarbeit zwischen BND und BPA fand sowohl auf der Arbeitsebene der Referenten wie auch in der Spitze statt.

Zu dieser Zeit leitete Staatssekretär Günter Diehl, Jahrgang 1916, als Regierungssprecher das BPA, das er seit 1950 – vom Springer-Konzern in den Staatsdienst gewechselt – maßgeblich mit aufgebaut hatte. Diehl war ein erfahrener Nachrichtendienstler, 1939 im Kölner Einsatzstab des OKW-Amtes Ausland/Abwehr und anschließend in der wegen ihrer brutalen Einsätze gegen die Zivilbevölkerung berüchtigten Division Brandenburg tätig. In seinen Erinnerungen schrieb Diehl 1994 über seine Funktion im NS-Staat nach dem Abitur 1935 nur, was er nicht erreichte: »Der fortschreitende Verfall des Berufs in der nationalsozialistischen Gewaltherrschaft und der Ausbruch des Krieges machten die Pläne zunichte, als Gehilfe von Heinrich Baron in Paris zu arbeiten[37].«

Von 1962 bis 1966 war Diehl Leiter der Abteilung für Auslandspropaganda des Presse- und Informationsamtes und konnte auch in dieser Funktion an Erfahrungen aus dem Dritten Reich anknüpfen: Er hatte 1940 die Funkeinsatzstelle der Rundfunkpolitischen Abteilung des Auswärtigen Amtes geleitet, war 1942 als Kulturreferent für die Propaganda der französischen Marionettenregierung in Vichy zuständig und koordinierte schließlich den Agitpropsender *Concordia* des Auswärtigen Amtes.

Schulungsunterlage
VS-Nur für den Dienstgebrauch

5BND/LehrgrpND-Lfb

Betr.: Schulungsunterlage Anbahnung:
Personen, deren ND-Verwendung Einschränkungen unterliegt

Bezug: 1.) Verfügung Personen-Anfrage (PA), Ziff. VII (= Pkt.A)
2.) I A 3(c), Tgb.Nr. 238/72, vom 25.02.1972 (= Pkt.B)

A. Die nachrichtendienstliche Verwendung von Angehörigen bestimmter personenkreise kann erheblichen politischen, rechtlichen und anderen Gefahren und Risiken unterworfen sein und bedarf nach vorliegendem PA-Bescheid der Genehmigung des Abteilungsleiters der anfragenden Dienststelle.

Zu diesem Personenkreis, der sich auf Grund der jeweiligen politischen, rechtlichen oder sonstiger Lage vergrößern oder vermindern kann, gehören zur Zeit:

1) Abgeordnete des Bundes und der Länder.

2) Vorstandsmitglieder von Parteien und Gewerkschaften.

3) Kirchliche Amts- und Würdenträger aller Konfessionen.

4) Angehörige des Internationalen Roten Kreuzes und der ihm angeschlossenen nationalen Einrichtungen bei Ausübung der damit verbundenen Tätigkeiten.

5) Angehörige des öffentlichen Dienstes der BRD (Beamte, Angestellte, Arbeiter).
Bei Bediensteten der Deutschen Bundesbahn ist die Einschaltung von 57A/157 erforderlich.

6) Angehörige von Einrichtungen der deutschen Entwicklungshilfe.

7) a) Angehörige der Bundeswehr

b) Reservisten der Bundeswehr
Auslandseinsätze von Soldaten der Reserve im östlichen Machtbereich bedürfen einer zusätzlichen Bearbeitung von IV D 2.

- 2 -

Schulungsunterlage
VS-Nur für den Dienstgebrauch

8) Wissenschaftler
an Hochschulen der BRD und deren Instituten
an Max-Planck-Instituten
bei der Deutschen Forschungsgemeinschaft.

Kontaktaufnahme und ND-Arbeit sind nur nach besonderer Forschung statthaft.

9) Studenten und Wissenschaftler der BRD im Rahmen des Kulturaustausches (z.B. DAAD).

10) Angehörige von Presse, Funk und Fernsehen mit deutscher Staatsangehörigkeit.

11) Angehörige der Lufthansa

12) Hauptberufliche Angehörige des ADAC

13) Ehem. Polizeibeamte von 1933 - 1945

14) Angehörige des österreichischen öffentlichen Dienstes (zur Zeit grundsätzlich gesperrt).

B. Zu Anbahnungsversuchen in den DAAD ist festzustellen:

a) Anbahnungen im DAAD sind grundsätzlich nicht gestattet. Der BND hat sich gegenüber der Leitung des DAAD hierzu verpflichtet.

b) Sollte sich unter besonderen Umständen eine realisierbare Einzelverbindung abzeichnen, ist mit 51C unmittelbar Verbindung aufzunehmen.

c) Eine Ansprache von Bundesdeutschen Austausch-Studenten oder -Wissenschaftlern ist vor ihrem OBL-Aufenthalt grundsätzlich nicht gestattet und bedarf nach ihrer endgültigen Rückkehr der Genehmigung des UAL 51.

Als regelmäßige Pressesonderverbindung führte der BND-Dienststellenleiter ELZE 1970 – unter dem Decknamen ALBERT – ausgerechnet den Staatssekretär und BPA-Chef Conrad Ahlers, der im Oktober 1962 mit dem Artikel »Bedingt abwehrbereit« die *SPIEGEL*-Affäre ausgelöst hatte. Noch bevor der Staatssekretär im Kanzleramt, Manfred Schüler, vom BND-Präsidenten genaue Auskünfte über Ausmaß und Gegenstand der Zulieferungen von Journalisten erhalten hatte, konnte der 1972 in den Bundestag gewählte frühere Presseamtschef Einblick in seine BND-Akte nehmen. Dabei stellte Ahlers fest, daß dort »Informationen und Wertungen enthalten waren, die er Journalisten vertraulich mitgeteilt hatte«[38]. Und so stimmte auch er in den Chor der Kritiker ein, der für die Zukunft verboten wissen wollte, daß »Bonner Journalisten« vom BND angeworben werden. Offensichtlich enthielten die Akten in Pullach nicht nur die von der Quelle selbst gelieferten oder abgeschöpften Informationen, sondern auch – gewissermaßen als Querverweise – Angaben, die andere Konfidenten zu diesem BND-Kontakt gemacht hatten.

Verärgert war Ahlers auch deshalb, weil er sich persönlich getäuscht sehen mußte. Sein Verbindungsführer ELZE, der seine Akte führte, war nämlich zugleich ein Schulfreund. Und Anfang 1971 hatte der ihn noch um Hilfestellung bei der nachrichtendienstlichen Ansprache eines französischen Journalisten bei der ILO (International Labor Organization) gebeten.

Auch der stellvertretende Pressesprecher, Rüdiger von Wechmar, Jahrgang 1923, wurde 1970 unter dem Decknamen WEGA vom BND-Mann DANKERS – als loser Kontakt – geführt. Nach einer steilen journalistischen Karriere vom *dpa*-Reporter 1946 bis zum *ZDF*-Studioleiter in Wien ab 1963 war er erst 1969 in das BPA gekommen, das er dann – von der FDP in den Koalitionsverhandlungen als Regierungssprecher durchgesetzt – von 1973 bis 1974 als Staatssekretär leiten sollte. Später diente er dann als Botschafter und Ständiger Vertreter der Bundesrepublik bei den Vereinten Nationen und anschließend als Botschafter in Italien. Wie intensiv sich der Bundesnachrichtendienst um das Bundespresseamt bemühte, läßt sich daran ablesen, daß nahezu alle führenden Köpfe in Pullach 1970 als BND-Sonderverbindungen registriert waren.

Zu den nur unter Vorbehalt anzubahnenden BND-Zuarbeitern zählen auch Angehörige und Reservisten der Bundeswehr – mit Ausnahme der Militärattachés an den deutschen Botschaften natürlich, die vom Bundesnachrichtendienst ausgebildet werden und ihm nach Amtsantritt zuarbeiten. Selbst Auslandseinsätze von Soldaten der Reserve im östlichen Machtbereich mußten zusätzlich sicherheitsmäßig abgeklärt werden.

Welches Handicap die Sperrung von Soldaten für BND-Anbahner bedeuten konnte, zeigte sich, als Ende der achtziger Jahre irakische Offiziere zur Ausbildung an die Universität der Bundeswehr in München kamen. Allzu gerne hätten westdeutsche Nachrichtendienstler Kontakt mit ihnen aufgenommen, um potentielle Quellen in den Streitkräften Saddam Husseins zu gewinnen. Da es dazu aber des Einsatzes von sogenannten Zugangspersonen aus dem Personal der Bundeswehrhochschule bedurft hätte, wurde eine solche Operation nicht durchgeführt.

Im Verteidigungsministerium saßen nach BND-Angaben 1970 aber gleich sechs wichtige Sonderverbindungen des BND, die alle von ELZE geführt wurden: der Brigadegeneral Karl Friedrich (Deckname FRANKENHEIM), Unterabteilungsleiter im BMVg; der Referent Oberst Manfred Gerber (GUSTAV); der frühere *SZ*-Redakteur Armin Halle (HERFORD), ziviler Sprecher des Presse- und Informationszentrums; der Pressereferent Oberstleutnant Helmut Siegel (SILBERMANN); der Hilfsreferent Major Werner Rumpel (RUPPRECHT), bis Oktober 1966 noch PSV-Offizier; und der Referent Major von Natzmer (NATHAN).

Luftwaffengeneral Friedrich,Jahrgang 1918, beim Führungstab der Streitkräfte (Fü S VII – Psychologische Kriegsführung), befaßte sich keineswegs nur mit militärpolitischen Belangen. Vom BND-Vertrauensjournalisten Gerhard Baumann wollte er beispielsweise wissen, ob Dr. Gerhard Frey für die NPD zum Bundestag kandidiere. Und der schrieb ihm das Ergebnis seiner Erkundigungen am 22. Mai 1968: »Tatsächlich wollte er kandidieren; deshalb schickte er den Chef vom Dienst der DNZ (*Deutsche National-Zeitung,* d. Verf.), Mages, zum Bezirksgeschäftsführer Oberbayern der NPD Joani, und ließ diesem drei Vorschläge unterbreiten: 1. Burgfrieden zwischen DNZ und NPD; 2. die NPD gibt laufend vertrauliche Informationen an die DNZ, die diese publizistisch im Interesse der NPD auswertet; 3. nach den Wahlen in Baden-Württemberg (die Besprechung fand im Februar statt) solle die NPD überlegen, ob sie bereit sei, Frey einen sicheren Platz für den Bundestag auf der Landesliste einzuräumen. – Der Geschäftsführer hatte keine Ahnung vom Verhältnis NPD : DNZ und unterbreitete die Vorschläge dem Landesvorstand, der sofort ablehnte. Wir haben in Bayern einige vernünftige Leute in der NPD, so den Senatsrat am Patentamt, Hermannsdörfer, den Amtsgerichtsrat Kosczian und den Rechtsanwalt Pöhlmann, der auch zum Bundesvorstand der NPD gehört. Sie halten Frey für ein Schwein, empfinden seinen hemmungslosen Ehrgeiz als suspekt und wollen vor allem nichts mit ihm zu tun haben, weil der Staatsanwalt gegen ihn untersucht und er schon deshalb eine untragbare Belastung für die NPD wäre. Frey aber will in den Bundestag wegen des staatsanwaltschaftlichen Drucks, dem er mit Hilfe der Immunität zu entgehen hofft.«

In der Truppengattung PSK (Psychologische Kriegsführung) wurden alle wichtigen Kommandeure als Sonderverbindungen der Kategorien I und II von ELZE geführt: der Kommandeur des Sendebataillons 701 in Andernach, Oberst Kurt Jäger (Deckname JANNEK); der damalige Kommandeur der PSK-Schule in Euskirchen, der später als hauptamtlicher Mitarbeiter zum BND wechselte, Oberst Ohme (OBERHOFER); der dort eingesetzte Hauptmann Jörg Peter Mentzel (MICHELS) sowie Jägers Chefredakteur Oberstleutnant Reinhard Hauschild (HÜTTNER). Hauschild, Jahrgang 1921, rückte später zum Oberst und Kommandeur der PSV-Truppenschule auf. Neben dem Soldatenberuf wurde er 1984 Präsident des Wirtschaftspolitischen Clubs in Bonn sowie Geschäftsführender Vizepräsident des FDA

(Freier Deutscher Autorenverband), dem er als Autor von Kochbüchern und publizistischer Chronist bundeswehreigentümlicher Sprachschöpfungen (Ich glaub', mich knutscht ein Elch) verbunden war.

Wissenschaftler an Hochschulen der Bundesrepublik und deren Instituten, an Max-Planck-Instituten und bei der Deutschen Forschungsgemeinschaft zählten ebenfalls zu den tabuisierten Zielpersonen. »Kontaktaufnahme und ND-Arbeit sind nur nach besonderer Forschung statthaft«, regelt der BND. Ausgenommen von einer Anbahnung scheinen auch deutsche Studenten und Wissenschaftler zu sein, die im Rahmen des Kulturaustausches ins Ausland gehen.

Im Februar 1972 wurde für die Agentenwerbung des BND in den Deutschen Akademischen Austauschdienst (DAAD) hinein eine Regelung festgeschrieben, die auf den ersten Blick rigoros erscheint: »Anbahnungen im DAAD sind grundsätzlich nicht gestattet. Der BND hat sich gegenüber der Leitung des DAAD hierzu verpflichtet ... Eine Ansprache von bundesdeutschen Austausch-Studenten oder -Wissenschaftlern ist vor ihrem Ostblockland-Aufenthalt grundsätzlich nicht gestattet und bedarf nach ihrer endgültigen Rückkehr der Genehmigung des UAL 51 (Unterabteilungsleiter Grundsatz- und zentrale Angelegenheit der Sicherheit, d. Verf.)[39].« Doch auch hier hielt sich der Bundesnachrichtendienst entgegen aller Vereinbarungen mit dem DAAD in einem Geheimdokument vom 25. Februar 1972 ein Schlupfloch offen: »Sollte sich unter besonderen Umständen eine realisierbare Einzelverbindung abzeichnen, ist mit 51 C (Referat Zentrales Personenauskunftswesen, d. Verf.) unmittelbar Verbindung aufzunehmen.« Ein Brief an den Generalsekretär des DAAD vom September 1997 mit der Frage, ob die zitierte Regelung noch gilt und welche Erfahrungen die Organisation damit gemacht hat, blieb auch nach Monaten unbeantwortet.

Aus der Sorge, daß der Ruf des BND als Hort ehemals dem Dritten Reich dienender Geheimdienstler weiteren Schaden nehmen könnte, war es den Verbindungsführern untersagt, ehemalige Polizeibeamte von 1933 bis 1945 anzusprechen. Und selbst hauptberufliche Angehörige des ADAC und der Lufthansa zählen in Pullach zu den verbotenen Früchten. Doch die Fluglinie mit dem Kranich wurde sowohl als Tarnfirma für den Einsatz eines illegalen BND-Residenten in Moskau genutzt wie über ihren anfangs der achtziger Jahre für den BND aktiven Stationsleiter Herbert R. Gruschke, der weltweit ein Netz von Kurierstationen für Pullach aufbaute[40].

Auf der BND-Liste der Pressesonderverbindungen stehen auch einige ehemalige Journalisten, die nun in anderen gesellschaftlichen Bereichen von nachrichtendienstlichem Nutzen sein konnten, wie der Formalkontakt Willi Bukow (BRÜGGEMANN), Direktor aus Mettmann, an der Angel von ELZE. Zu diesen »alten« Verbindungen zählte auch Dr. Hans Hellwig (HERDER) aus Durbusch/Köln, von 1965 bis 1982 Geschäftsführer des Instituts zur Förderung des industriellen Nachwuchses in Rodenkirchen. Der promovierte Volkswirt, Jahrgang 1913, war von 1959 bis 1964 Chefredakteur der *Deutschen Zeitung* und der *Wirtschaftszeitung* in Köln, ab 1965 Geschäftsführer, seit 1982 Kuratoriumsmitglied der Gesellschaft zur Förderung des Unternehmensnachwuchses und ab 1974 Vorstandsmitglied, seit 1980 Förderndes Mitglied der Deutschen Vereinigung zur Förderung der Weiterbildung von Führungskräften (Wuppertaler Kreis) e.V.

Mit Zugangsbeschränkungen belegt der BND auch Werbeversuche seiner Anbahner bei Vorstandmitgliedern von Gewerkschaften. Den Leiter der Bonner Verbindungsstelle des DGB zur Bundesregierung und zum Parlament, Walter Böhm, konnten die DDR-Autoren Albrecht Charisius und Julius Mader jedoch unter die Spitzenagenten des BND einreihen, nachdem die in Frankfurt erscheinende *Die Tat* 1973 die Geheimdienstkontakte des Spitzenfunktionärs enthüllt hatte[41]. Den Geschäftsführer des Berufsverbands der Hamburger Journalisten, Dr. Alfred Frankenfeld, führte Pullach im März 1970 unter dem Decknamen FILCHNER als losen Kontakt.

Der Name Frankenfeld begegnet uns auch im Umfeld der Bestrebungen rechtskonservativer Medienleute, die Mitte der sechziger Jahre mit berufsständischen Organisationen und Zirkeln einer liberaler werdenden Presse Paroli bieten wollten. Im Februar 1966 hält der Münchner Publizist Gerhard Baumann fest, daß sein Freund Winfried Martini (Deckname MARK) schon seit anderthalb Jahren am Aufbau eines neuen Presseverbandes arbeite und dazu bereits Industriespenden akquiriert habe.

Für den 29. und 30. Januar 1966 und ein zweites Mal im März desselben Jahres hatte der BND-Vertrauensjournalist MARK zahlreiche prominente Verleger, Publizisten und Intendaten ins Hotel »Sonnenhof« nach Königstein im Taunus eingeladen – überdies Hans Küffner vom Bundespresseamt und Heinrich Tötter, den Pressechef des Deutschen Beamtenbundes. Das Spektrum der Medienleute, die er für einen auf Staatstreue verpflichteten Presseclub zu gewinnen suchte, reichte von General a.D. Carl Ulrich Gersdorff, einem persönlichen Freund Gehlens und Chefredakteur der *Wehrkunde,* über Heinz Pentzlin vom Springer-Konzern und Horst Mahnke (KLOSTERMANN) vom Verband der deutschen Zeitschriftenverleger bis zu Hans Schuster und Hans Heigert (HOLTKAMP) von der *Süddeutschen Zeitung.* Aus den elektronischen Medien waren unter anderen die BND-Vertrauensjournalisten Burkhard Freudenfeld (FRICK) vom *Bayerischen Rundfunk,* August Hoppe (RATTAY) vom *WDR,* Gerhard Starke (STOLZE), damals in der Programmdirektion des *NDR,* und *ZDF*-Intendant Karl Holzammer (HUPPERZ) vertreten. Insgesamt waren es 60 Verleger und Journalisten, die Martini in dem dann in München als Verein gegründeten »Bund Deutscher Publizisten« (BDP) versammeln wollte. Und exakt ein Drittel davon, nämlich 20, zählten zu den Vertrauensjournalisten Pullachs. »An der Namensauswahl erkennen Sie schon die Tendenz: Es geht um den Zusammenschluß rechtskonservativer Journalisten, die sich verpflichten, die ethische Verantwortung des Journalismus und die Staatsräson zu bejahen. Es wird Front gemacht gegen das, was wir unter dem Linksintellektualismus verstehen«, hält die BND-Pressesonderverbindung BALLY, Gerhard Baumann, dazu am 4. Februar 1966 fest.

In seinem Exposé zur Gründung des Bundes Deutscher Publizisten (BDP) – »Streng Vertraulich!« – hatte Martini die Stoßrichtung angedeutet. Er beklagte dort, die Massenmedien seien »nur wenig von dem journalistischen Verantwortungsgefühl geprägt«, und in der Berichterstattung über die Methoden der Geheimdienste werde »das Sicherheitsbedürfnis des Staates entweder überhaupt nicht gesehen oder nicht hinreichend gegenüber dem Grundrecht des Art. 10 GG abgewogen«. Und im besonderen geißelt er, daß in der »Abhöraffäre ... durch die massive Propaganda die Überwachung verfassungsfeindlicher Aktivitäten erheblich erschwert« wurde. »Hamburger Organe« – »Zeit« und »Stern« – hätten, »auf z. T. honorierte Aussagen« von zwei Angestellten des Bundesamts für Verfassungsschutz gestützt, geheimhaltungspflichtige Vorgänge publiziert und die »beiden Figuren« als »Helden und Märtyrer des Gewissens« präsentiert.

»Kritische Stellungnahmen zu Veröffentlichungen der Presse, des Rundfunks und des Fernsehens« sollten laut § 23 der Satzung auch im Mitteilungsblatt des BDP erscheinen, allerdings – wie die verbandsinternen Vorgänge – »streng vertraulich« bleiben. Der elitäre Verein war auch als Seilschaft gedacht, wie Martinis Kollege Baumann betonte: »Die Gründung ist gesichert und dürfte im Laufe der Zeit zu einer Umstrukturierung des Pressewesens führen, da die bisher in Aussicht genommenen Mitglieder alle in einflußreichen Stellungen sitzen. Sie werden natürlich als Mitarbeiter nur diejenigen heranziehen, die dem Bund angehören und dafür sorgen, daß auch der richtige Nachwuchs ausgesucht wird[42].«

Der BND mußte diese Kerngruppe überwiegend sehr eng an Pullach gebundener Medienleute nicht zu einem Zusammenschluß motivieren, bei dem das Sicherheitsbedürfnis der Bundesrepublik vor die Wächterfunktion der Presse gegenüber den Geheimdiensten gestellt wurde. Entsprechende Überzeugungen waren sozusagen die persönliche Eintrittskarte in den Kreis der Pullacher Konfidenten.

Mit der »Gesellschaft zur Förderung Öffentlicher Verantwortung e.V. – AKTION FUNK UND FERNSEHEN« agierte 1971 ein weiterer Verein, der gegen den »Machtmißbrauch der Verfügungsberechtigten über die Medien« antrat. »Einseitige Darstellungen vornehmlich politischer, gesellschaftlicher und kultureller Vorgänge sowie häufige Verletzungen der Objektivität und Ausgewogenheit meinungsbildender Sendungen erregen die Empörung jener, die diesen zunehmenden Tendenzjournalismus finanzieren müssen«, beklagt seine Arbeitsordnung. Unter den Mitgliedern des fünfköpfigen Aktionsausschusses finden sich wiederum mit Lothar Lohrisch eine bezahlte und hochrangige BND-Sonderverbindung sowie mit Margarete Buber-Neumann und Caspar Freiherr von Schrenck-Notzing zwei weitere Publizisten, deren Kontakte zu westlichen Nachrichtendiensten vielfach berichtet sind.

»Keine Freigabe« hatte BND-Verbindungsführer DR. WILHELM 1970 mehr für Kurt Ziesel (Deckname ZÖLLNER), den Geschäftsführer der 1966 gegründeten Deutschland-Stiftung in Breitbrunn am Chiemsee. Der gebürtige Österreicher hatte im Nazideutschland zunächst als Journalist gearbeitet und auch ein kurzes Gastspiel beim *Völkischen Beobachter* gegeben. Bei Kriegsbeginn wurde er zur Panzertruppe einberufen, durfte der Wehrmacht aber schon bald in seinem angestammten Beruf, als Kriegsberichterstatter, dienen. In den sechziger Jahren fungierte Ziesel als Herausgeber des *Europäischen Kulturdienstes* in München. Er hatte zu der Zeit schon mehrere Bücher vorgelegt, u.a. den Versuch, die Nachkriegskarriere einiger NS-Journalisten unter die Lupe zu nehmen. Angefeindet hat er dort besonders W. W. Süsskind von der *Süddeutschen Zeitung,* der sich nach dem Krieg als unerbittlicher Verfolger von Kollaborateuren des Dritten Reichs hervortat und selbst – laut Ziesel – vor 1945 über das Notwendige hinaus braunes Gedankengut ausformuliert haben soll. Zu den umstrittensten Schriften von ZÖLLNER zählt jedoch »Der rote Rufmord«[43], eine Verteidigungschrift für den Bundesvertriebenenminister Theodor Oberländer, der 1959 wegen seiner Vergangenheit als Reichsführer des Bundes Deutscher Osten, als Cheftheoretiker des Herrenmenschentums und Offizier in der Todesschwadron »Nachtigall« in die Schlagzeilen geraten war[44].

Als Vorsitzender der Deutschland-Stiftung, die ausweislich eines Urteils des Oberlandesgerichts München als demokratiefeindlich bezeichnet werden darf, gab Ziesel das *Deutschland-Magazin* heraus, das in den Memoiren von Horst Ehmke nur Verachtung erntet, »zumal die völkisch-antisemitischen Ergüsse seines Herausgebers Ziesel aus der Nazi-Zeit ebenso bekannt waren wie die Ausfälle seiner Zeitschrift gegen alles, was er für links hielt«. Scharf verurteilte der Ex-Minister jedoch die Wertschätzung, die Pullachs ZÖLLNER aus der CDU-Spitze erfuhr: »1986 gratulierte fast die gesamte Unionsprominenz Herrn Ziesel zum 75. Geburtstag. Kanzler Helmut Kohl lobte Ziesels ›angeborenen, ungestümen Sinn für Gerechtigkeit‹, und Wolfgang Schäuble dankte dem Jubilar für sein ›literarisches und journalistisches Schaffen über fünf Jahrzehnte‹[45].«

Nach dem kalten Krieg scheint auch in dieser Schmiede des inneren und äußeren Feindbilds das Feuer zu erlöschen. Überhöhte Altersbezüge für den mittlerweile 86jährigen Ziesel hatten zu Konflikten geführt. Und Ende 1997 verließ ihr stellvertretender Vorsitzender, Hans Graf Huyn, die »rechte Gilde« (*Focus*), nachdem zuvor bereits prominente Vorstandsmitglieder – wie Ex-Springer-Chef Peter Tamm – ihr den Rücken gekehrt hatten. Selbst Gerhard Löwenthal bekundete, nicht mehr für das *Deutschland-Magazin* schreiben zu wollen[46].

Einen HAUPTMANN führte der BND 1970 nicht etwa in den Streitkräften, sondern in einer überregional bedeutenden Bildungs- und Begegnungsstätte, dem Haus Rissen. Dessen Leiter, Gerhard Merzyn, war unter diesem Decknamen beim BND registriert. Und sein Nachfolger in der Führung des Hauses stand – ebenso wie seine Gattin – noch 1989 bei der HVA im Verdacht, Agent des Bundesnachrichtendienstes zu sein.

Als »Internationales Institut für Politik und Wirtschaft« wird die

Hamburger Bildungsstätte von der »Gesellschaft für Politik und Wirtschaft e.V.« getragen. In deren Beirat war mit George A. Glass auch ein US-Geheimdienstler vertreten, der später in die Moskauer CIA-Residentur und 1991 nach Berlin wechselte[47].

Da die vorgebliche Pressestelle des BND eine Beschaffungsdienststelle war, unterhielt sie auch konspirative Beziehungen zu Archiven und Bibliotheken, bezahlte zum Beispiel ihrer Sonderverbindung WANKEL (V-Nr. 46507) monatlich 500,– DM, um so von Herrn von Witzendorf-Rhediger regelmäßig Material aus dem *Schlesier-Archiv* zu bekommen.

Als Pressesonderverbindungsführer war DR. WILHELM – weiterer Deckname DR. ROTOR – auf dieses Feld spezialisiert. Dr. Wanke, wie er bürgerlich hieß, erhielt dafür 1970 noch gut 500,– DM im Monat. Er führte dazu sechs nachrichtendienstliche Verbindungen, die nicht im Journalismus, sondern im wissenschaftlichen Bereich zu Hause waren. Als lose Verbindung betreute er Dr. Hopf (HOLST), den Direktor des Bundesarchivs in Koblenz, oder als Formalkontakt Dr. Wilhelm Arenz, dessen Deckname ARCHIVAR schon seine Funktion im Militärgeschichtlichen Forschungsamt in Freiburg dokumentierte.

Unter den Bibliothekaren von DR. WILHELM fand sich in der Kategorie II auch Dr. Berber (BUSONI), der den Buchbestand der Münchner Hochschule für politische Wissenschaften e.V. verwaltete. Und ebenso hoch angesiedelt war der BND-Kontaktmann Dr. Alfred Jüttner (Deckname JAGO), Geschäftsführer dieser Hochschule. Jüttner, Jahrgang 1917, war auch Ordentliches Mitglied der Sudetendeutschen Akademie der Wissenschaften und Künste. Der mit dem Bundesverdienstkreuz am Bande geehrte Syndikus des Hochschulvereins trat in den sechziger Jahren auch häufig als Referent bei der Arbeitsgemeinschaft Demokratischer Kreise (ADK) auf.

Bei der ADK selbst war auf der BND-Liste vom März 1970 als Zufallskontakt ihr Bibliothekar in Bad Godesberg registriert, Dr. Robert Thevoz (Deckname TÜRKE). Die im März 1951 gegründete Arbeitsgemeinschaft Demokratischer Kreise galt Beobachtern aus der DDR als scharf rechtsgerichtete Organisation, die sich der »Befreiung der Sowjetzone« mit »ideologischen, politischen und wirtschaftlichen Mitteln« verschrieben hatte. Der langjährige Weggefährte von Konrad Adenauer und Helmut Kohl, Eduard Ackermann, lobte in seinen Erinnerungen, die ADK sei »jahrelang erfolgreich als Interpret der von der CDU/CSU getragenen Regierungspolitik tätig gewesen, besonders, was die Verteidigungspolitik anbetraf«[48].

Auch die *Zeit* machte im November 1992 als Lebenselixier der ADK den Antikommunismus aus: »Jahrelang bediente sich eine demokratisch legitimierte Regierung unerkannt einer Organisation, die mit demokratiefeindlichen Mitteln arbeitete«[49], zunächst, um alle Gegner der Wiederbewaffnung als »Handlanger Moskaus« zu verteufeln, ab 1956 als klandestine Hilfstruppe der CDU in Wahlkämpfen. »Zumindest indirekte Kontakte zu Geheimdiensten sind nachweisbar«, konstatierte *Zeit*-Autor Stefan Stosch 1992, und die erschöpften sich keineswegs in der losen Beziehung des BND zu ihrem Bibliothekar. 1952 bekleidete Erich Dethleffsen[50] eine leitende Funktion in der ADK. Dethleffsen war, wie rund fünfhundert andere ADK-Mitarbeiter, Wehrmachtsoffizier gewesen, 1945 Divisionskommandeur in der 9. Armee und zuletzt Chef der Führungsabteilung im Wehrmachtsführungsstab des OKW. Nach Kriegsende fand Dethleffsen Unterschlupf in der Organisation Gehlen, kehrte aber 1956 nicht, wie die meisten im Geheimdienst versammelten Offiziere, zu den Streitkräften zurück, sondern diente dem Bundesnachrichtendienst, zuletzt als Brigadegeneral und Leiter der Auswertung unter dem Decknamen DEGENHARDT.

Gründer und Motor der ADK war jedoch Hans Edgar Jahn, der für die CDU im Bundestag und Europaparlament saß, 1979 jedoch zurücktreten mußte, als seine frühen Tiraden über die »Erbärmlichkeit der jüdischen Rassenseele« und seine Verdammung der Sowjets als »Bastarde zwischen Mensch und Tier« bekannt geworden waren. »Mit acht hauptamtlichen Mitarbeitern begann er, 1967 standen fast hundert Mitarbeiter bei ihm in Lohn und Brot, darunter ein Vizepräsident, ein Geschäftsführer, Referatsleiter, Sachbearbeiter, Sekretärinnen, Arbeiter, Portier, Chauffeur und Hausmeister. Binnen Monaten war die Bundesrepublik mit einem Netz von ADK-Landesstellen überzogen. Das Heer der freien Mitarbeiter zählte bereits im März 1953 über 6000 Männer und Frauen, 1967 waren es über 100000. Bis ›in die kleinste Ortschaft hinein‹ waren ADK-Leute bei Versammlungen, Tagungen, Filmvorführungen und Diskussionen zugegen und versuchten, dem ›Wehrwillen‹ der Zuhörer auf die Sprünge zu helfen ... Zweimal wöchentlich traf sich Jahn mit dem Staatssekretär des Bundeskanzleramtes – erst Otto Lenz, dann Hans Globke (dem einstigen Kommentator der Nürnberger Rassengesetze von 1935). Dem Staatssekretär war die ADK direkt unterstellt[51].« Finanziert wurde die ADK aus einem Reptilienfonds Konrad Adenauers. Ohne parlamentarische Kontrolle flossen ihr so 1950 erstmals 450000 DM zu, ab 1959 erhielt die Arbeitsgemeinschaft für die politische Vorfeldarbeit der Regierung jährlich etwa 13 Millionen.

Als Nationalsozialistischer Führungsoffizier hatte Hans Edgar Jahn Gespür für Propaganda entwickelt. In der Schriftenreihe zur Wehrpolitik der ADK erschien 1956 die Broschüre »Psychologische Kampfführung« von Heinz Reuth, für die Jahn verantwortlich zeichnete. Dort findet sich im Abschnitt »Psychologische Rüstung« auch das Glaubensbekenntnis der Organisation: »Der psychologische Kampf bedarf wie der militärische einer planvollen Rüstung ... Ziel bleibt der Feind hüben und drüben ... Psychologischer Kampf ist die geistig-seelische Führung des eigenen Volkes und zugleich der Kampf gegen die Bedrohung durch eine andere Lebensordnung mit allen Mitteln außer der Anwendung von Gewalt[52].«

Und zum Feind hüben zählte die ADK auch die SPD. Das Ende der so fürstlich alimentierten Arbeitsgemeinschaft war folglich gekommen, als Sozialdemokraten und Christdemokraten 1966 über eine Große Koalition verhandelten. Helmut Schmidt – so berichtet es BND-Konfident Gerhard Baumann im Dezember 1968 ins Bundespresseamt – soll gegenüber Bruno Heck und Rainer Barzel in den entscheidenden Verhandlungen, die zum Entzug der Unterstützung führten, geäußert haben, »sie müsse verschwinden, weil sie der SPD doppelt soviel geschadet habe wie die CDU«[53]. Baumann selbst hatte sich im Juli 1967 in einem Brief an Helmut Schmidt für die weitere Förderung der ADK eingesetzt, doch der damalige SPD-Fraktionsvorsitzende teilte ihm am 24. August nur mit, er wolle die ADK keineswegs »verschwinden« lassen, sei aber »dafür eingetreten, ihr ab 1. Januar 1968 keine Bundesmittel mehr zur Verfügung zu stellen«.

12

Nachrichtenfabriken – Rohstoffe aus Pullach

»Ende der sechziger Jahre arbeitete die CIA in der einen oder anderen Weise weltweit mit mehr als 800 Medienunternehmen zusammen. Über 50 Zeitungen, Nachrichtendienste, Zeitschriften, Rundfunksender und andere Arten von Massenkommunikationsmitteln waren im Besitz der CIA oder wurden zu irgendeinem Zeitpunkt von der CIA finanziell unterstützt«[1], erklärte CIA-Dissident Philip Agee 1986. Berufen konnte er sich nicht nur auf eigene Erfahrungen im Dienste der Agency, sondern auch auf eine 1978 in der *New York Times* (NYT) erschienene Serie zur Unterwanderung der Medien durch den US-Auslandsnachrichtendienst[2]: »Der ›NYT‹-Bericht enthielt außerdem eine Liste von Nachrichtenagenturen, die entweder vollständig im Besitz des Geheimdienstes waren oder stark von ihm subventioniert wurden. Darunter befand sich die … Londoner Agentur ›Forum World Features‹. Eine andere war der ›Foreign News Service‹, der seine Artikel an bis zu 300 Zeitungen, einschließlich der ›NYT‹, verkaufte. ›Continental Press Service‹ war ein weiterer, in Washington D.C. ansässiger Dienst, der ›offiziell aussehende Presse-Ausweise für Geheimdienstleute zur Verfügung stellte, wenn diese dringend eine Tarnung benötigten‹. Die New Yorker Agentur ›Editors Press Service‹ gehört ebenfalls zu dieser Liste«[3]. Zu den dienstbaren Geistern der CIA in den siebziger Jahren wurden in der Serie der *New York Times* auch die damals britischen Agenturen *Reuters* und *upi* (heute in saudiarabischem Besitz) gezählt, die jedoch nicht nur für den großen Bruder in Übersee arbeiteten. »Die britische Nachrichtenagentur Reuters verhalf in den fünfziger Jahren den Agenten ihrer Majestät zu Legenden, also konstruierten Biographien. Man müßte sich wundern, wenn der BND den Spitzeln Ihrer Majestät einen Wissensvorsprung zubilligen und sich nicht ebenfalls dieser Methoden bedienen würde«[4], spekulierte Udo Ulfkotte 1997.

Das Bundeskanzleramt Konrad Adenauers ließ anläßlich der *SPIEGEL*-Affäre mitteilen: »Der Präsident des BND ist sich immer darüber im klaren gewesen, daß die amtliche Unterrichtung der Öffentlichkeit über Fragen des Bundesnachrichtendienstes ausschließlich Sache der Bundesregierung ist und daß es nicht zu den Aufgaben des BND gehört, Informationspolitik zu treiben«[5]; eine hanebüchene Verzerrung der wirklichen Verhältnisse, wenn man das weite Feld betrachtet, das die BND-Dienststelle 923 bestellte.

Die Arbeitsgemeinschaft ehemaliger Offiziere behauptete jedoch in ihrem im Ostteil der Stadt erscheinenden *Berliner Mitteilungsblatt* vom Januar 1963, der BND verfüge über eigene Informationsstellen, die als Presseagenturen getarnt seien[6]. Die Informationen des BND für einen ausgewählten Kreis von Journalisten und Politikern seien inzwischen eingestellt worden, teilten die BND-Mitarbeiter Decker (DÖLLNER) und CASTORFF Thomas Walde 1970 mit. Das streng vertrauliche Informationspapier aus Pullach »Nachrichtendienstliche Führungsorientierung«, dessen Informationsgehalt Egon Bahr schlicht als »Quatsch« abqualifizierte, sei aber mindestens bis zur Bundestagswahl 1969 in 30 Exemplaren gezielt an höchste Partei- und Regierungskreise verteilt worden, erfuhr der Hamburger Journalist vertraulich[7].

Der vom Innenministerium herausgegebene, 1994 eingestellte Pressedienst *Innere Sicherheit* wurde – so Thomas Walde 1971 – »in Pressekreisen als parteilich und nur scheinbar unabhängig empfunden«[8]. Dennoch konnte er gelegentlich bei der publizistischen Gegensteuerung Erfolge verbuchen. Im Dezember 1968 wurde beispielsweise über diesen Pressedienst kurz nach den mißglückten BND-Werbungsversuchen an Universitäten, die über die Professoren Theodor Eschenburg und Michael Freund laufen sollten, die Meldung verbreitet, DDR-Nachrichtendienste würden »westdeutsche Studenten als ›Perspektiv-Agenten‹ anwerben«. Die *Frankfurter Rundschau, Die Welt* und die *Süddeutsche Zeitung* griffen diese Meldung am gleichen Tag auf[9].

Auch im wirtschaftlichen Bereich versuchte der BND offenbar, die öffentliche Meinung zu beeinflussen. Heinz Felfe, der KGB-Mann im BND bis 1961, erkannte in dem von Friedrich Wilhelm Voss herausgegebenen Mitteilungsblatt *Vereinigter Wirtschaftsdienst* ein entsprechendes Pullacher Instrument: »Nachdem ich das Blatt wiederholt zufällig gelesen hatte, verblüffte mich der Kenntnisreichtum des Herausgebers geradezu. Meine Recherchen bei ›Winterstein‹ ergaben, daß es sich um den V-Mann ›Viersen‹ handelte, der mit dem Blatt einflußreiche Wirtschaftskreise im Auftrag des BND informierte«[10]. Dieser VIERSEN, also Friedrich Wilhelm Voss, wurde damals gerade zum Dr. jur. promoviert, sollte aber in der CSU noch große Karriere machen, erst als persönlicher Referent des damaligen Wirtschaftsministers Franz Josef Strauß 1969, dann als Parlamentarischer Staatssekretär (1982) und Parteivorstandsmitglied der Christsozialen. Nachdem er 1976, »ohne jemals Wahlveranstaltungen im Bayerischen bestritten zu haben« (*DER SPIEGEL*), als Mitglied des Finanzausschusses in den Bundestag eingerückt war, nahm er vielfach Sonderaufgaben für Strauß wahr. Obwohl Finanzfachmann, der 1990 aus dem Kabinett in den Vorstand der Kreditanstalt für Wiederaufbau wechselte, blieb Voss dem nachrichtendienstlichen Milieu verbunden. Bei der parlamentarischen Untersuchung des Spionagefalles Ehepaar Lutze/Wiegel, dreier DDR-Agenten im Umfeld des Verteidigungsministeriums, machte er als Berichterstatter der Minderheit auf sich aufmerksam, und im Untersuchungsausschuß des Bundestags zum Fall des im Juni 1982 übergelaufenen, dann aber zurückgekehrten Oberstleutnants der DDR-Grenztruppen, Klaus-Dieter Rauschenbach, übernahm er den Vorsitz[11].

Auch die Osteuropa-Forschung in der alten Bundesrepublik hatte Pullach weitgehend unter Kontrolle. Sowohl an den Universitäten als auch in den einschlägigen Instituten standen führende Wissenschaftler auf der Pay-roll des BND[12]. Und natürlich suchte der Bundesnachrichtendienst auch Einfluß auf die Periodika in diesem Feld zu nehmen. Als Formalkontakt führte ELZE deshalb Edmund von Gordon (GILLE) aus Dierdorf bei Koblenz, der 1966 noch in München als Chefredakteur von *Der europäische Osten* fungierte.

Die Erfahrung, daß Vertrauensleute des BND in Agenturen auch als Tipper tätig wurden, machte ein Münchner Journalist 1964. Der Geschäftsführer der *Katholischen Nachrichten-Agentur,* »ein heimlicher Kontaktmann zwischen Kirche und BND«, hatte ihm nämlich den BND-Werber geschickt, der ihn für eine Korrespondententätigkeit im Ausland für ein monatliches Salär von 4000 DM gewinnen wollte. Der Journalist lehnte damals ab. Zehn Jahre später scheiterte er, nunmehr frei arbeitend, bei seiner Selbstbewerbung im BND, laut *stern* seiner SPD-Mitgliedschaft wegen[13].

Für die Einschleusung von BND-Leuten in die Auslandsbüros deutscher Agenturen gibt es nur wenige Belege. Aber der erste Nachkriegskorrespondent von *dpa* in China machte im Kollegenkreis gar keinen Hehl daraus, daß er aus Peking auch spezielle Drahtberichte für Pullach absetzte[14].

Auch, welche Auslandskorrespondenten als Nachrichtenlieferanten für den BND tätig waren, verrät die Aufstellung vom März 1970 nicht, da operativ tätige Medienleute dem Kanzleramt aus Gründen der Konspiration verschwiegen wurden. Ablesbar ist dort nur, wer aus der Perspektive des Dienstes im Inland zur Pullacher PR-Holding gerechnet wurde. Denn erfolgreicher, weil glaubwürdiger, als die PR-Arbeit über eigene Miniatur-Agenturen ist es für den BND, wenn er genehme Informationen über die großen Nachrichtenfabriken selbst verbreiten kann. 1970 waren allein im Inland ein rundes Dutzend Mitarbeiter von Nachrichtenagenturen mehr oder weniger eng mit dem BND verbandelt.

Der Zufallskontakt des BND im Büro München von *upi* hieß gleich mit Decknamen ZUFALL, bürgerlich Werner Zwick. Im Stuttgarter Büro der Agentur gab es eine lose BND-Verbindung zu Julius Cay Graf Brockdorff-Ahlefeld (Deckname BALINGEN), heute als Kommentator für die *BILD*-Zeitung tätig.

In der *Deutschen Presseagentur* (*dpa*) führte BND-Dienststellenleiter ELZE Fritz Bucher (BUHNKE), Redakteur im *dpa*-Büro München, während BOGENER mit Dr. Hans Benirschke (BEPPO) einen ebensolchen Formalkontakt zum Leiter des *dpa*-Büros Hamburg pflegte. Der promovierte Historiker war von 1952 bis 1962 als Redakteur bei *dpa,* ab 1958 Leiter des Büros in London und von 1963 bis 1965 London-Korrespondent der *Süddeutschen Zeitung,* bevor er wieder in die Nachrichtenagentur zurückkehrte.

Losen Kontakt hielt DR. HEIDEGGER zu Richard Hofer (HUPPER), Redakteur im Münchener Büro der Agentur. Pressesonderverbindungsführer KLAIS, bürgerlich Klasing, der 1970 für die Betreuung von acht Journalisten monatlich DM 600,– aus Pullach erhielt, zählte zu seinen acht Kontakten auch, in Kategorie III, Manfred Hellmann (HAROLD), den Leiter des Bielefelder *dpa*-Büros.

Wenn man bedenkt, daß die *dpa* 1970 allein in Bayern etwa 70 Mitarbeiter hatte, von denen nur zwei an der Angel des BND hingen, so kann man wohl kaum von einer nachrichtendienstlichen Kontrolle der Agentur sprechen. Aber sowohl, was die Beschaffung eingehender Informationen, als auch, was die Steuerung von Meldungen angeht, die im eigenen Interesse liegen, ausmacht, zielte der Bundesnachrichtendienst immerhin auf Schlüsselpositionen.

Nachrichtenagenturen eröffnen dem BND auch den Zugang zu den Informationsdiensten ausländischer Agenturen, die aus Gründen der Konspiration nicht direkt bestellt werden. Die Meldungen mancher Ostblock-Agentur hatte der BND – wie ein Insider berichtet – im kalten Krieg einfach mitgehört, manch andere über die US-Sender *Radio Free Europe/Radio Liberty* erhalten, die im bayerischen Höhenkirchen eine entsprechende Empfangsanlage aufgebaut hatten.

Nach dem Ende der Blockkonfrontation abonniert der BND indirekt osteuropäische Informationsdienste, doch offensichtlich nicht problemlos. So teilte der BNDler mit dem Decknamen BÜNZ aus einer getarnten Außenstelle des BND in München der Finanzverwaltung von *dpa* am 16. März 1995 mit, »nebst anderen Diensten osteuropäischer Nachrichtenagenturen hat die Bundesvermögensverwaltung – Abt. Sondervermögen – bisher über die Deutsche Presse-Agentur GmbH den tschechisch- und den englischsprachigen Dienst der Nachrichtenagentur CTK bezogen. Aus haushaltsrechtlichen Gründen bin ich gehalten, wegen der nicht gelieferten Dienste in Übereinstimmung mit dem Vertrag zwischen der Deutschen Presse-Agentur GmbH und der Bundesvermögensverwaltung – Abt. Sondervermögen – vom 15. Januar 1992 – Abzüge von den Rechnungen geltend zu machen[15].«

Zwei erstrangige Verbindungen führte Frau DR. REUTER in der Agentur *Deutsche Korrespondenz:* deren Geschäftsführer in Bonn Helmut Führing (Deckname ZÜGEL) sowie den 1970 ausgeschiedenen Mitarbeiter Dr. Albert Komma (KONRAD) aus Hangelar. BND-Konfident Gerhard Baumann steuerte schon 1958 für die *Deutsche Korrespondenz* einige Beiträge zu der »Überfülle von Sowjetzonenartikeln« – so Dr. Komma am 30. August 1958 – bei.

BND-Dienststellenleiter ELZE hielt eine weitere voll tragfähige Verbindung zu Rolf Vogel (SCHOLZ), ausgewiesen als Redakteur der *deutschland-berichte* in Bonn. Vogel, Jahrgang 1921, hatte Anfang der vierziger Jahre Journalismus bei Emil Dovifat studiert und sich dann dem Widerstand gegen Hitler angeschlossen, den er mit illegaler Arbeit in katholischen Organisationen in Berlin und Süddeutschland unterstützte. Nach Kriegsende fand er den Einstieg in den Journalismus bei der *Stuttgarter Zeitung* und den *Stuttgarter Nachrichten* und wechselte dann als Korrespondent des *Saarländischen Rundfunks* in seine Geburtsstadt Berlin. Den Posten als stellvertretender Leiter des EEC-Büros in Bonn übernahm er 1958. Parallel berichtete er für die

Deutsche Zeitung 1960 vom Prozeß gegen Adolf Eichmann in Jerusalem. Dem Staat Israel galt ohnehin seine Leidenschaft. 35 Reisen unternahm er dorthin; sein Buch »Der deutsch-israelische Dialog« machte ihn einer breiten Öffentlichkeit bekannt. Ab Januar 1965 fungierte er dann als Herausgeber der *deutschland-berichte.*

Aus der Hitler-Wehrmacht nach fünf Monaten wegen Dienstunfähigkeit entlassen, bekleidete Vogel bei der neugegründeten Bundeswehr dennoch den Rang eines Hauptmanns der Reserve. Dieser VIP-Dienstgrad war ihm von der Truppengattung für Psychologische Kriegsführung verliehen worden, die ihn folglich für den Fall eines Krieges als Propagandaoffizier eingeplant hatte.

Der BND-Vertrauensjournalist – V-Nr. 55212 – hat offensichtlich auch operativ als Nachrichtenbeschaffer für westdeutsche Sicherheitsbehörden gearbeitet. Im Nachlaß des früheren CDU-Bundestagsabgeordneten Kurt Birrenbach nämlich, der von Bundeskanzler Ludwig Erhard als Sonderbotschafter in Fragen der Atombewaffnung der Bundeswehr in die USA oder zur Abstimmung der deutschen Militärhilfe nach Israel entsandt worden war[16], findet sich inmitten zahlreicher Geheimakten ein Schriftstück von Vogels Hand vom 28. November 1966. Dabei handelt es sich um den »Streng Vertraulich« gekennzeichneten »Bericht über meine Reise nach Mexico City und New York vom 16.–17. 11. 66«. Vogel zeichnet hier »mit voller Offenheit in diesen streng vertraulichen Darlegungen« Persönlichkeitsprofile führender mexikanischer Persönlichkeiten und Politiker und skizziert ihre politischen Einstellungen. »Mein Bericht soll eine Hilfestellung sein und damit die Erfüllung meines Auftrages«, läßt Vogel den ungenannten Adressaten seines Berichts wissen. Daß es sich bei seinen Recherchen nicht um Abfallprodukte einer Journalistenreise handelt, zeigt auch Vogels Bitte um die Erstattung seiner Reisekosten.

Heute ist der *Springer-Auslands-Dienst* (*SAD*), die hauseigene Nachrichtenagentur des Springer-Verlags, mit seinen 27 Redakteuren relativ unbedeutend, eine Versetzung dorthin gilt im Verlagsimperium als

Degradierung[17]. Zu Lebzeiten Axel Cäsar Springers allerdings hatten seine hauseigenen Agenturen als Informationsdrehscheibe insbesondere zu den Geheimdiensten erhebliche Bedeutung. In der Agentur *ASD* (*Axel-Springer-Dienst*) in Berlin führte der BND-Mann HERBART 1970 Karl-Heinz Luther (Deckname LORY) als enge Verbindung.

Als Kanzleramtsminister Horst Ehmke eine neue Lebensgefährtin aus der ČSSR gefunden hatte, wurde er nicht nur vom Bundesnachrichtendienst argwöhnisch beobachtet, sondern einige seiner Intimfeinde witterten auch die Chance, ihn mit Hilfe der Presse als potentielles »Sicherheitsrisiko« aus dem Amt als Geheimdienstaufseher zu entfernen: »Entschlossene BND-Köpfe drohten intern mit offener Rebellion: Es existierten genügend Journalisten zwischen Flensburg und München, die dieses Thema ›kurz mal anreißen‹ würden. Das würde einen Skandal geben, den Ehmke nicht überleben könne.« Bei der Frage, welches Medium für diesen Vorstoß vor den Karren der BNDler gespannt werden sollte, fiel die Wahl auf den *Springer-Inland-Dienst,* dem die Informanten aus Pullach damit jedoch keinen Gefallen erwiesen: »Zwar waren die Pullacher sehr fleißig, Irrtümer aber ließen sich – wieder einmal – nicht vermeiden: Horst Ehmkes Freundin hieß nicht Kozakowa, sondern angeblich Maria Hlavacova. Und schon hatte der BND sich wieder verraten: Nach der Hochzeit Ehmkes mit seiner Maria meldete der Berliner Axel-Springer-Inland-Dienst noch ›Kozakowa‹. Die geheimdienstlichen Rädelsführer haben aus Hlavacova nämlich Kozakowa gemacht. Ein BND-Mann gab denn zu: ›Da haben wir uns selbst in die Pfanne gehauen und und demaskiert‹[18].«

Der bekannteste *SAD*-Leiter im Umfeld der Nachrichtendienste war Heinz Vielain. Er war er häufig zum Essen bei BND-Präsident Wessel im Pullacher Doktorhaus. »Daß besonders Vielain gern BND-Erkenntnisse in die ›Welt‹ trägt, hat jedenfalls dem Geheimdienst-Chef bisher nicht geschadet. Statt seiner wird im Kanzleramt immer noch eine Ex-Charge des Wessel-Vorgängers Gehlen verdächtigt«[19], also Kurt Weiß, berichtete der *stern* Anfang 1978. In der Amtszeit von

Wessel schrieb Vielain in der *Welt am Sonntag* regelmäßig über nachrichtendienstliche Fragen, insbesondere über den DDR-Auslandsnachrichtendienst[20]. Sein zusammen mit Welt-Redakteur Manfred Schell 1978 bei Ullstein publiziertes Buch »Verrat in Bonn«[21], auch als Serie in der *Welt* abgedruckt, nahm die spektakulärsten Spionagefälle während der sozialdemokratischen Regierungszeit ins Visier – den Kanzleramtsspion Guillaume, den Fall der Außenamtssekretärin Helge Berger und den Verrat der DDR-Spione im Verteidigungsministerium, Lutze und Wiegel[22].

Im PR-Geschäft für Pullach war Vielain auch nach dem kalten Krieg, so räumte er im September 1993 dem BND-Vizepräsidenten in der *WamS* einen großen Artikel ein, in dem Paul Münstermann für den BND für die Befugnis zum Großen Lauschangriff kämpfte und die besondere Wichtigkeit seiner Behörde angesichts von 70 virulenten Konflikten auf der Welt auch nach dem Ende des Ost-West-Konflikts hervorhob[23].

Als einer der fragwürdigsten »Affärenmacher« (*stern*) streute Vielain 1978 auch die Verdächtigungen gegen den SPD-Bundestagsabgeordneten Uwe Holtz und den Bahr-Referenten Joachim Boudré-Gröger, die Ion Pacepa, der zur CIA übergelaufene stellvertretende Leiter des rumänischen Geheimdienstes, sich aus den Fingern gesogen hatte, um in den Genuß einer CIA-Pension zu bekommen.

BILD machte mit »Spione in Bonn« auf. Vielain gab in der *Welt* die dubiosen Andeutungen Pacepas für bare Münze aus und berichtete, die deutschen Abwehrbehörden seien bereits auf der Suche nach einem Maulwurf in Bahrs engstem Mitarbeiterstab, der geheime Pläne in den Osten geliefert habe. »Alles Qualm«, hatte Kanzleramtschef Manfred Schüler analysiert, und tatsächlich stellte sich heraus, daß der Rumäne gewöhnliche politische Gespräche von Holtz und Boudré-Gröger zur Agententätigkeit aufgebauscht hatte. Aber im Vorfeld der hessischen Landtagswahl 1978 lieferte Vielain der CDU Munition; Oppositionsführer Helmut Kohl nahm die Steilvorlage der *Welt* dankbar auf: »Wir wollen schon wissen, ob Helmut Schmidt die offensichtlichen

Aktivitäten des Herrn Bahr deckt und ob es einen neuen Bahr-Plan gibt. Das ist eine der zentralen Fragen der deutschen Politik[24].«

»Vielains Name stand auch am Anfang jener spektakulären Pressekampagne gegen die ›neue Ostpolitik‹, die gegen Ende der Großen Koalition und in den ersten Jahren der sozialliberalen Koalition SPD- und FDP-Politiker schier verzweifeln ließ. Wer damals Neues aus den Panzerschränken der Regierung erfahren wollte, brauchte keinen Schweißbrenner, sondern zwanzig Pfennig für die ›Bild‹, fünfzig für die ›Welt‹, einszwanzig für Bauers ›Quick‹ und einen Fernsehapparat für Löwenthals ›ZDF-Magazin‹«[25], resümierte der *stern* im September 1976. Ein richtiger Stachel im Fleisch der sozialliberalen Regierung war der *Welt*-Mann, aber nicht im Sinne einer legitimen Wächterfunktion der Presse gegenüber dem staatlichen Machtapparat, denn Vielain verspritzte nur allzu oft das böse Gift der Desinformation. Am 23. November 1968 machte er sich im *Bayernkurier* »Sorgen um Bahr«, weil der – so »westliches Geheimmaterial« – mit hohen SED-Funktionären verhandele. Am 6. Januar 1969 vertiefte er im *Magazin 2000* die Mär, »zwei früher mit Geheimdienstaufgaben betraute Staatsdiener« sollen von Tonbandaufnahmen des britischen Auslandsnachrichtendienstes erfahren haben. Doch die angeblichen Geheimgespräche Bahrs entpuppten sich als Bruchstücke eines Partygeplauders, das der Minister 1964 beim Empfang einer sowjetischen Exportfirma in West-Berlin geführt hatte[26].

Die gezielten Indiskretionen einzelner, konservativer BND-Mitarbeiter gegen die sozialliberale Regierung beschäftigten die BND-Spitze und das Kanzleramt über Jahre hinweg. Am 13. Oktober 1975 abends beispielsweise besprach BND-Vizepräsident Dieter Blötz mit Staatssekretär Schüler in Bonn einen »Geheimnisverrat durch Journalist Heinz Vielain« und nahm damit Bezug auf dessen Namensartikel in der *Welt* vom 3. Oktober.

Eine der Hauptfiguren der Seilschaft aus rechten Medien und BND-Spitzen war Dr. Erwin Hauschildt. Er spickte nach 1969 Opposition und rechte Kampfpresse mit Geheiminformationen. Bis dahin diente er als leitender Regierungsdirektor im Bundesnachrichtendienst mit der Hauptaufgabe, den illegalen Waffenhandel des Gehlenapparats zu organisieren. Drehscheibe dieser Connection war das Gut Buschhof in Heisterbachrott bei Königswinter, wo Hauschildt Vielain, aber auch den Nachrichtenbeschaffer der *Quick,* Paul Limbach, und *ZDF*-Moderator Gerhard Löwenthal traf. Gastgeber der Runde war der Waffenexporteur Gerhard Georg Mertins, den bis zu seinem Tod im März 1993 eine enge Freundschaft mit Vielain verband. Dieser lud am 28. März 1993 auch zu einer Gedenkstunde für den verstorbenen Händler von Kriegsgerät in den Kurfürstensaal von Mertins' Anwesen ein – pikanterweise zusammen mit Klaus Michel, einem Vertreter des Bundesministeriums für wirtschaftliche Zusammenarbeit.

Mertins, Jahrgang 1919, war im Zweiten Weltkrieg Fallschirmjäger-Major und von 1951 bis 1955 Leiter der Beratergruppe für Luftlandetruppen im ägyptischen Verteidigungsministerium. So im arabischen Raum heimisch geworden, gründete er 1962 eine deutsche Exportfirma für den Mittleren Osten, die ab 1963 in der Schweiz als MEREX AG mit einem Kapital von 10 Millionen DM firmierte. 1964 kam die MEREX AG Bonn mit einem Stammkapital von 1,5 Millionen DM hinzu. Seinem zu Werbezwecken verfaßten Curriculum vitae[27] zufolge pflegte er ab 1965 eine dauerhafte Kooperation mit dem berüchtigten Schah-Geheimdienst SAVAK und arbeitete bis 1969 eng mit dem BND und auf dessen Veranlassung auch mit anderen westlichen Diensten zusammen. Der Organisation Gehlen hatte er unter dem Decknamen URANUS in seiner Zeit als Militärberater in Ägypten gedient.

In die Schlagzeilen geriet Mertins, als die Staatsanwaltschaft in Bonn wegen illegalen Waffenhandels Anklage gegen ihn erhoben hatte. *DER SPIEGEL* enthüllte, daß er Kriegsgerät in Krisengebiete geliefert hatte: ausgemusterte Kampfflugzeuge der Bundeswehr nach Indien und Pakistan, Raketen und anderes Wehrmaterial an Saudi-Arabien. Doch statt verurteilt zu werden, erhielt Mertins 1980 eine Entschädigung des Bundes in Höhe von fünf Millionen DM, weil er vor

Gericht nachweisen konnte, daß die Exportaufträge aus Pullach gekommen waren und höchste staatliche Rückendeckung genossen hatten[28].

»Waffenschmuggel im Staatsauftrag« also, und so hieß auch ein Buch, das Heinz Vielain 1986 vorlegte, um die unter verschiedenen deutschen Regierungen vom BND angeleitete illegale Ausfuhr von Waffen in Kriegs- und Krisengebiete zu verteidigen. Seinem Spezi Mertins bescheinigt er darin, dieser habe die Waffensysteme aus reinem Patriotismus in die arabischen Krisenregionen exportiert, nachdem er im Sommer 1964 in seinem Schweizer Domizil von den leitenden BND-Mitarbeitern Schwenninger alias STURM und Hauschildt alias HERMSDORFF darum gebeten worden sei. Das Buch schildert auch die regierungsamtlichen Waffentransfers in den ersten fünf Jahren der Kanzlerschaft von Helmut Schmidt. Auch dessen Regierung hatte für 1,6 Milliarden DM Waffen in Staaten außerhalb der NATO exportieren lassen, wie Vilain anhand eines Geheimpapiers nachweisen konnte – für ihn ein weiterer Beleg für die angebliche »Normalität« gesetzeswidriger Rüstungsausfuhren. Beiläufig verleiht er seinem Freund Mertins noch die höheren Weihen als Gehilfe des selbsternannten Weltpolizisten Gehlen: »Nebenher rechnet der General noch mit Informationen über illegale Waffenhändler als Beitrag des BND zur internationalen Verbrechensbekämpfung[29].«

Selbst Kanzleramtsminister Horst Ehmke hatte bei der Aufklärung der Affäre gemauert; er verweigerte der Staatsanwaltschaft Akteneinsicht und erteilte den involvierten BND-Beamten keine Aussagegenehmigung. Die Rolle des Bundesnachrichtendienstes beim Waffenschmuggel blieb daher weitgehend unaufgeklärt. Der ohnehin zur Waffenhandelsfirma Dobbertin & Co. freigestellte BND-Spitzenbeamte HERMSDORFF spielte das Bauernopfer und mußte den Dienst quittieren. So wenig die Dienststelle 923 zur operativen Pressearbeit seinerzeit bekannt wurde, erfuhr die Öffentlichkeit auch von der Dienststelle 906, die die Waffendeals anschob und organisieren half. Insider Vielain verlor in seinem Buch ebenfalls kein Wort über dieses

Referat im Gehlen-Apparat und nannte nur die ohnehin pressebekannten BND-Chargen beim (Deck-)Namen.

Der BND-Offizier Hans Dieter Raethjen (HATON), der 1968 zu dieser Dienststelle 906 gehörte, die in einer Münchener Villa an der Wolfratshausener Straße untergebracht war, ist heute erstmals bereit, die Details preiszugeben. Geleitet wurde dieses BND-Referat zur Organisation des – von Staats wegen verbotenen – Waffenhandels mit Kriegs- und Krisengebieten von BND-Oberstleutnant Schneider (SCHWABACH). Der führende Kopf des Unternehmens war allerdings Dr. Erwin Hauschildt (HERMSDORFF). Bei 906 saßen – neben Raethjen – vier weitere BNDler des höheren Dienstes: Günther Baltutis (UTRECHT), Wolbert Smit (SANDMANN), Siegfried Barth (IMHORST) und ein Beamter, von dem Raethjen nur den Decknamen WOLFGANG im Gedächtnis behielt. Neben einigen weiblichen Verwaltungsangestellten zählte auch das Ehepaar Harz zu den Waffenschmugglern im gehobenen Dienst, und der Mann, Ludwig Harz (HOTTER), saß gleich direkt bei Gerhard Mertins in der Firma MEREX[30].

Die Verwicklung in den illegalen Waffenhandel hat der Karriere der beteiligten BND-Mitarbeiter nicht geschadet: Harz wurde als HAGEMEISTER Verbindungsführer des BND im Referat 12B DDR; Schneider, 1969 BND-Resident in Kairo, wurde in den achtziger Jahren sogar zum Oberst befördert und zum Personalchef des BND gemacht. Wolbert Smit und Siegfried Barth haben es in Pullach inzwischen bis zum Unterabteilungsleiter bzw. Abteilungsleiter gebracht.

Heinz Vielain scheute sich nicht, in seinem Buch selbst für die Observation der Kontakte führender Sozialdemokraten mit der Kommunistischen Partei Italiens und mit der DDR, die BND-General Wolfgang Langkau (HOLTEN) veranlaßt hatte, Verständnis zu wecken: »Leute wie Willy Brandt und Egon Bahr, das ist jedermann klar: Sie scheuen den BND-Chef Gehlen wie der Beelzebub das Weihwasser[31].« Mit Langkau, der »Hofschranze Gehlens« (*stern*), und dem CSU-Funktionär Hauschildt hatte Vielain zugleich zwei Nachrichtendienstler aus der fünften Kolonne der CSU in Pullach als Partner. »Holten, der als Vertrauter Gehlens und politischer Kopf dieses Geheimen Nachrichtendienstes bezeichnet wird, soll ein besonders mitteilsames Verhältnis zu prominenten Mitgliedern der Unionsparteien unterhalten haben, während die SPD vermutlich vorwiegend Gegenstand seiner ›Strategischen Aufklärung‹ war«, konstatierte Thomas Walde 1971[32].

Zur »Publizistischen Gegensteuerung« hatte Langkau in seinem Strategischen Dienst in den sechziger Jahren sogar ein gleichnamiges Referat eingerichtet, das die BND-Mitarbeiterin Frau Straimer (STEPHANIE) leitete.

Für die Nachrichtendienste und die Medien gleichermaßen gefährlich sind Quellen, die vermeintlich geheime, oft genug aber getürkte Informationen – gelegentlich aus dem schwer zu durchdringenden Feld gegnerischer Dienste – anbieten. Im Berlin der fünfziger und sechziger Jahre hatten solche dubiosen Nachrichtenhändler Hochkonjunktur. Der Berliner Rudolf Prall beispielsweise – so das Amt Blank, der Vorläufer des Verteidigungsministeriums, im Januar 1954 – habe mit der Organisation Gehlen in Verbindung gestanden und Informationen zugleich auch an deren Konkurrenten im Amt Blank, den Friedrich-Wilhelm-Heinze-Dienst, verkauft[33]. Zu den »Dienstleistungen« der »Publizistischen Gegensteuerung« des BND für befreundete Redaktionen zählte angesichts solcher Geheimnis-Krämer auch, in Zweifelsfällen zu prüfen, ob das angebotene Material seriös und nicht bereits anderweitig verhökert worden war. Als es im Januar 1968 beispielsweise um die Überprüfung von Informationen eines Hugo Volkheimer ging, teilte der BND dem Chef des Bundeskanzleramts mit, daß das Bundesamt für Verfassungsschutz eine Warnliste »Nachrichtenschwindler« führe[34].

Nach dem Verlust der Regierungsmacht am Rhein und dem Einzug sozialdemokratischer »Kontrolleure« in Pullach stellte Wolfgang Langkau, der Ende Juni 1968 beim BND ausgeschieden war, Überlegungen an, einen CSU-eigenen Geheimdienst aufzubauen. Einerseits sollte diese Organisation die weltpolitischen Ambitionen von Franz Josef Strauß unterstützen, andererseits konspirativ innenpolitische Informationen gewinnen. Als Verbindungsoffizier Gehlens zur CDU/ CSU hätte der Brigadegeneral a. D. die besten Voraussetzungen für diese Aufgabe mitgebracht, doch zu einem echten Geheimdienst kam es dann doch nicht. Dafür gelang es den CSU-Spitzen, ein verzweigtes System informeller Gruppen aus Parteipolitikern, Nachrichtendienstlern und Wirtschaftsführern aufzubauen. Dazu gehörten auch »Nachrichtendienste« – im Sinne exklusiver Periodika –, die im Umfeld von Christsozialen und höheren, teils pensionierten BND-Chargen gediehen.

Den fränkischen Freiherrn Karl Theodor von und zu Guttenberg hatte Langkau in seinem Strategischen Dienst des BND bereits in den sechziger Jahren als Sonderverbindung DRUCKER oder SCHRIFTSETZER geführt[35]. Der Ritter vom Heiligen Grabe, am rechten CSU-Flügel angesiedelt, wurde schon im Januar 1967 als künftiger Staatssekretär im Bundeskanzleramt gehandelt, und im April stand sein Platz an der Seite Kurt-Georg Kiesingers fest[36]. Der 1972 verstorbene Politiker bekannte im August 1970, daß ihm das Gromyko-Papier, das er seinerzeit öffentlich gemacht hatte, aus der DDR zugespielt worden war[37]. Gefüttert mit Insiderwissen aus Pullach gab der CSU-Mann jahrelang einen Hintergrunddienst für konservative Medien und Parteifreunde heraus.

Einen weiteren Informationsdienst aus der bayerischen Staatspartei etablierte Christoph Graf von Stauffenberg. Der CSU-Politiker, Jahrgang 1911, ein Vetter des Hitler-Attentäters vom 20. Juli 1944, war in den fünfziger Jahren Mitbegründer der Deutschen Union, die später in der CDU/CSU aufging. Wie die MfS-Offiziere Günter Bohnsack und Herbert Brehmer in ihrem Buch »Auftrag Irreführung« berichten, »trafen sich bei einer Frau Rosemarie Beier in München ehemalige BND-Mitarbeiter mit dem rechtsgewirkten Nachrichtenbeschaffer Dr. Steinkamm und dem CSU-Bundestagsabgeordneten Graf Christoph von Stauffenberg, der einen internen Informationsdienst herausgab. Da diese Leute in ihrem Haß gegen die Ostverträge auch weniger feine Indiskretionen nicht scheuten, nahmen wir keine Rücksichten bei ihrer Enttarnung[38].«

Verbunden waren die beiden Adeligen nicht nur über die Christlich-Soziale Union. Der Vetter Stauffenbergs, Franz Ludwig Schenk Graf von Stauffenberg, war seit 1965 verheiratet mit der Tochter des Freiherrn von Guttenberg. Als Angestellter der Rüstungsschmiede Krauss-Maffei rückte dieser 1972 selbst – mit dem Arbeitsschwerpunkt Sicherheits- und Außenpolitik – in den Bundestag ein.

Woher der Ex-BNDler Graf Christoph von Stauffenberg die finanziellen Mittel für seinen »streng geheimen Informationsdienst mit kleinstem Verteiler (u. a. Strauß/Tandler etc.)«[39] bezog, konnte *konkret* im November 1982 im Zuge der Langemann-Affäre nachweisen. Er war vom Bayerischen Verfassungsschutz alimentiert worden, 1978 allein mit 60000 DM.

In einem Interview, welches das Ost-Berliner Ministerium für Staatssicherheit 1979 als Broschüre veröffentlichte, gab Inge Goliath, die übergelaufene Sekretärin des CDU-Bundestagsabgeordneten Werner Marx, Einzelheiten über den Stauffenberg-Dienst preis. Zwei- bis dreimal wöchentlich wurde er in einem neutralen DIN-A5-Umschlag an einen je nach Brisanz wechselnden Verteilerkreis verschickt. Die Geheimhaltungsstufen reichten von »NUR PERSÖNLICH-Eingeschränkter Verteiler«, beispielsweise am 21. Januar 1977 zu dem Vorschlag McNamaras, Willy Brandt im Einvernehmen mit Moskau zum Vorsitzenden einer Nord-Süd-Kommission zu machen, über »NUR PERSÖNLICH – Stark eingeschränkter Verteiler«, beispielsweise am 3. Februar 1977 zu einem möglichen Koalitionswechsel der FDP zur CDU/CSU, bis zu »NUR PERSÖNLICH – Engster Verteiler«, zum Beispiel am 2. Februar 1977 über die neue ostpolitische Dynamik, die Willy Brandt als Vorsitzender der Sozialistischen Internationale anstrebe. Als Quellen dienten Unionsanhänger im Auswärtigen Amt, die CSU-Seilschaft im Bundesnachrichtendienst und selbst illegale Tonmitschnitte, zum Beispiel einer angeblichen Besprechung zwischen Willy Brandt, Bertold Beitz und Sowjetbotschafter Valentin

Falin im März 1977 im Bonner Restaurant Maternus[40]. Dieser Artikel entpuppte sich allerdings als Zeitungsente, denn der Industrielle Beitz weilte zum Zeitpunkt des Herrenessens zur Kur in Bad Gastein. Gegenüber dem *stern* räumte von Stauffenberg ein, in diesem Fall einem Gelegenheitsinformanten aufgesessen zu sein[41].

Sogar operativ war der damals 66jährige noch tätig, suchte in Paris im November 1977 den ehemaligen BND-Agenten Simon Malley (SIMON) auf, um Informationen über den internationalen Terrorismus zu beschaffen. SIMON lieferte ihm nicht nur Fakten über palästinensische Organisationen, sondern auch Vorschläge zu ihrer Bekämpfung, die über einen geeigneten deutschen Politiker lanciert werden sollten. Sie gipfelten in der Forderung, die dem *konkret*-Artikel die Überschrift lieferte: »Einfach liquidieren.«

Die Geschichte eines anderen CSU-nahen Informationsdienstes soll ausführlicher dargestellt werden, weil sie einen tiefen Einblick in die Pullacher Medien-Holding gewährt. Es geht um den *Roten Brief* von Franz Handlos, der zwar nur rund 60 Bezieher hatte, aber stets hochkarätige Insiderinformationen aus dem Kreis ehemaliger BND-Führungskräfte verbreitete. Die Abonnentenliste reichte vom *SPIEGEL* über die *Welt* und die *Deutsche Welle* bis zum *Bayerischen Rundfunk*, von Einrichtungen der Bundeswehr und der Rüstungsindustrie – darunter AEG, Krauss-Maffei und Daimler-Benz – über Büros der CDU/CSU bis zu Bonner Vertretungen zahlreicher Länder. Als verantwortlicher Redakteur des Blatts, das in unregelmäßigen Abständen Handlos' zweiwöchentlichen *Wehrpolitischen Informationen* beigelegt wurde, fungierte der uns schon bekannte BND-Vertrauensjournalist Gerhard Baumann (BALLY). Ein Themenschwerpunkt des Dienstes war die Militärpolitik, und da konnte Handlos selbst die Arbeit seines Chefredakteurs unterstützen. Als CSU-Abgeordneter im Verteidigungsausschuß des Bundestages lieferte er ihm unter anderem mit »VS-Vertraulich« eingestufte Protokolle des Verteidigungsausschusses.

Daneben konzentrierte sich der *Rote Brief* auf die Außenpolitik und die geheimen Aktivitäten in diesem Feld.

Am 9. Mai 1982 gewann Baumann einen Mann als neuen Autor, der künftig der entscheidende Nachrichtenlieferant des exklusiven Blattes werden sollte: BND-Regierungsdirektor a. D. Kurt Weiß. Er bat WINTERSTEIN, so dessen Deckname, »daß sich im kommunistischen Block so etwas wie eine Solidarisierung der Militärs abzeichne, in einem Hintergrundbericht für den Roten Brief zusammenzufassen. Mit Herrn Handlos habe ich sowohl hierüber wie auch über ein Treffen mit Ihnen gesprochen; er wird sich über mich mit Ihnen in Verbindung setzen. Herr Handlos hat zunächst einmal ›ausholzen‹ müssen, denn ein erheblicher Teil der Abonnenten war kostenlos eingewiesen worden. – Zur Information: Er hat sämtliche Abonnements der Ostblockstaaten, die gezahlt haben, gestrichen; man hat sich von dort bereits wieder an ihn gewandt, aber er hat eine Lieferung abgelehnt. Seine Begründung: Er gehöre dem Verteidigungsausschuß an und könne es sich nicht leisten, vertrauliche Informationen an Ostblockstaaten zu verkaufen, auch wenn der Vorgang eines Abonnements juristisch in Ordnung gehe (was ihm das Verteidigungsministerium bestätigt hat)[42].« Indem Baumann so den Eindruck erweckt, die Publikation sei strikt um Abschottung nach Osten bemüht, wollte er mögliche Bedenken bei Weiß zerstreuen, die aus dem Pullacher Geheimwissen gespeisten Artikel könnten direkt der Information des Gegners dienen. Doch damit täuschte er sich – und seinen Briefpartner –, denn die Abo-Liste zählte nicht nur die Schweizer oder die indonesische Botschaft, sondern auch die Vertretung Ungarns in Bonn zu den Kunden von Handlos' Nachrichtendiensten.

Was dem pensionierten Regierungsdirektor des BND aber wohl kaum je in den Sinn kam, brachte erst der Zusammenbruch der DDR und die Auflösung des Ministeriums für Staatssicherheit ans Licht. Baumann selbst hatte seit 1956 für den Ost-Berliner Auslandsnachrichtendienst spioniert – nicht wissentlich, sondern vom MfS unter der falschen Flagge des »Büros des französischen Präsidenten« angeworben. Am 21. Dezember 1994 erhob der Generalbundesanwalt (GBA) Anklage und begründete auf 67 Seiten mit 202 Fußnoten, wie der Angeschuldigte bis zum März 1990 »für den Geheimdienst einer fremden Macht eine geheimdienstliche Tätigkeit gegen die Bundesrepublik Deutschland ausgeübt« hatte. Auch auf Weiß selbst, der eine herausragende Rolle in der Geschichte des Bundesnachrichtendienstes gespielt hatte, fiel ein schwerer Schatten. »Informationsquelle des Angeschuldigten über Vorgänge im Bundesnachrichtendienst war von Anfang der 80er Jahre bis Ende 1989 der ehemalige, im Januar 1994 verstorbene BND-Mitarbeiter Dr. Kurt Weiß«[43], stellte der GBA nüchtern fest, und führte aus: »Der Bundesnachrichtendienst geht von einem ›Originalabfluß von ND-Arbeitsunterlagen‹ in erheblichem Umfang aus, die zur aktuellen Zeit ›VS-Vertraulich‹, nicht selten ›VS-Geheim‹ eingestuft waren[44].« Aber noch bevor die geforderte Hauptverhandlung in München eröffnet werden konnte, verstarb auch Gerhard Baumann.

Das Verhältnis zwischen Baumann und Weiß hatte sich nach dem ersten Kontakt im Mai 1982 rasch zu einer engen Freundschaft entwickelt. »Selbst durch und durch Aktivist, verfolge ich mit wachsender Bewunderung Ihren vielfältigen Einsatz, der allerhöchste Würdigung verdient«, schmeichelt der Leitende Regierungsdirektor a. D. seinem neuen Partner zum siebzigsten Geburtstag am 19. September 1982. Und am 28. Dezember resümiert er: »Auch ich bin sehr froh darüber, daß sich unser Zusammenwirken 1982 so außerordentlich positiv entwickelt hat. Bei der so eindeutigen Übereinstimmung in allem eigentlich kein Wunder!«

Die Freundschaftsdienste von Weiß erschöpften sich nicht in Artikeln für den *Roten Brief*. Er unterstützt mit »sehr herzlichen Grüßen und allen guten Wünschen« im Oktober 1983 beispielsweise auch Baumanns Arbeiten durch »einige einschlägige Artikel zu Ihrem Argentinien-Beitrag. Die Experten meiner alten Dienststelle halten die Entwicklung schon länger unter Beobachtung. Sie halten es für nahezu ausgeschlossen, daß Argentinien mit Hilfe des von der deutschen KWU erbauten, unter scharfer Kontrolle der Atombehörde stehenden Kernkraftwerks eine militärisch nutzbare A-Bombe herstellen kann.«

Am 23. Juni 1982 wandte sich der CSU-Abgeordnete Handlos direkt an seinen Autor Kurt Weiß: »Über Herrn Dr. Baumann habe ich die beiden Meldungen von Ihnen für den ›Roten Brief‹ erhalten. Ich würde mich freuen, wenn wir in Zukunft zusammenarbeiten könnten. Ich habe Herrn Dr. Baumann bereits einmal vorgeschlagen, daß wir uns vielleicht gelegentlich in München treffen, um weitere Einzelheiten zu besprechen.« Der BND-Pensionär fand schnell Gefallen an der Rolle als Ghostwriter des Informationsblattes aus der CSU; am 19. Januar 1983 zeigte er sich gegenüber Chefredakteur BALLY stolz, daß seine letzten Beiträge »gut brauchbar« waren.

1985 trat Franz Handlos – bis dahin CSU-Abgeordneter und Mitglied des Verteidigungsausschusses im Bundestag – bei den Christsozialen aus und gründete die »Republikanische Partei« (REP), deren erster Vorsitzender er wurde. Bereits 1986 trennte er sich wieder von dieser Gruppierung und schuf die Freiheitliche Volkspartei (FVP). Angesichts der politischen Turbulenzen beim zweifachen Parteiwechsel fand er wohl nicht genügend Zeit für sein Nebenamt als Verleger.

Am 10. Februar 1986 kommt es zum Krach zwischen Handlos und seinem Chefredakteur. Gerhard Baumann schreibt ihm am 17. Februar 1986 erbost: »Lieber Franz, daß Du mit Deinem Brief vom 10. 2. unsere Zusammenarbeit beenden wolltest, lag wohl in Deiner Absicht; weshalb Du es mit einem solchen Affront und so provozierend tatest, mag Dein Geheimnis bleiben. – Einen Tag nach Gründung Deiner ursprünglichen Partei habe ich Dir schriftlich vorausgesagt, was passieren wird, weil sich das am Verhalten des Charakterschweins Schönhuber ablesen ließ. Damit war die Erfolglosigkeit vorprogrammiert, die beim Zusammenhalten nicht eingetreten wäre. – Eine Durchschrift dieses Briefes gebe ich Herrn Weiss; ob er daraus Konsequenzen zieht und welche, weiß ich nicht. Sollte er die Mitarbeit ebenfalls einstellen, kannst Du den Roten Brief begraben. Er ist inhaltlich gut (aber nur durch ihn), und man könnte etwas mit ihm anfangen, wenn man sich um ihn kümmern würde«.

Manfred Sadlowski, wehrpolitischer Verleger aus Koblenz[45], zeigte sich im Sommer 1985 an einer Übernahme des Blattes interessiert. Nach einem Vorgespräch mit Baumann meldet er mit einem Brief vom 16. September sein Interesse am *Roten Brief* an, den er, gedeckt vom BND-Präsidenten Wieck und vom Bundespresseamt, als – auch künftig von Weiß unterstützten – Informationsdienst weiterführen will: »Mit dem Herrn, der den ›Roten Brief‹ mit Informationen stützt, würde ich gerne demnächst in München oder Bonn ein Gespräch führen wollen. – Mit Herrn Dr. Wieck würde ich nach meinem Gespräch mit Ihrem Vertrauensmann dann sehr klar sprechen. Ein weiterer Vorteil liegt auch darin, daß ich einen Kontakt mit dem neuen stellvertretenden Chef des Presse- und Informations-Amtes, Herrn Norbert Schäfer, unterhalte. Ich könnte mir vorstellen, daß über die Achse Dr. Wieck – Schäfer etwas gemacht werden kann.«

Baumann schickt den »recht selbstbewußten« Brief am 18. September an seinen Gesinnungsfreund weiter und äußert die Sorge, der Bonner Verleger verbinde mit dem *Roten Brief* offenbar andere Vorstellungen als er und Weiß. Doch der sieht noch eine andere Gefahr. Sadlowski könne »durch allzu forsches Vorgehen – z. B. bei dem überaus vorsichtigen Diplomaten Wieck – soviel ›Porzellan zerschlagen‹, daß wir keine Hintergrundberichte mehr bekommen. Und mit mehr oder minder ›offenem‹ Material ist uns kaum gedient«, läßt Weiß Baumann am 19. September wissen, bevor er zum Traditionstreffen der 132. Infantrie-Division der Wehrmacht aufbricht. Er weiß nur zu genau, daß sein wichtigster Nachrichtenlieferant, BND-Vize Paul Münstermann, in Zusammenarbeit mit Weiß den Informationsabfluß aus Pullach hinter dem Rücken von BND-Präsident Wieck organisiert.

Dennoch rät Baumann am 10. Oktober 1985 seinem Freund Handlos, den *Roten Brief* und die *Wehrpolitischen Informationen* an Manfred Sadlowski zu verkaufen. Doch Handlos kann sich offenbar nicht von seinem Blatt trennen, spielt mit dem Gedanken, sich nach einem

Rückzug aus der Politik ganz auf den Beruf als Verleger zu konzentrieren. Und so hält er am *Roten Brief* fest, frustriert seine Mitstreiter Baumann und Weiß aber ständig durch sein gebremstes Engagement.

Erst im September 1989 sieht Gerhard Baumann erneut eine Möglichkeit, einen neuen Verleger zu finden. Am 9. September schlägt er Kurt Weiß den Herausgeber des *IAP-Dienstes,* Oberst a.D. Gerhard Hubatschek, vor: »Aus derzeitiger Sicht glaube ich jedenfalls, daß der RB nur mit seiner Hilfe zu retten ist.« Mit der Suche nach einem neuen Herausgeber will Baumann zwei Fliegen mit einer Klappe schlagen, denn das MfS ist längst auf der Suche nach einem Nachfolger für den mittlerweile 74jährigen, die »Franzosen« bitten BALLY selbst um Mithilfe bei der Rekrutierung eines neuen Agenten.

In der Frage, ob Baumann oder das MfS den Herausgeber des IAP-Dienstes, der zugleich auch Chefredakteur bei *Soldat und Technik* und bei der *Wehrkunde* ist, als neuen ahnungslosen Zuträger des DDR-Nachrichtendienstes ins Auge gefaßt haben, widerspricht sich der Generalbundesanwalt in der Anklageschrift selbst. Einerseits formuliert er: »In den letzten Jahren seiner nachrichtendienstlichen Tätigkeit war der Angeschuldigte schwerpunktmäßig damit beauftragt, einen Nachfolger für sich für das ›Büro‹ zu gewinnen. Der von ihm seiner Führungsstelle als sein Nachfolger vorgeschlagene Oberst Gerhard Hubatschek wurde vom MfS unter dem Decknamen ›Speyble‹ geführt.« Auf der anderen Seite unterstellt der Generalbundesanwalt, die Initiative sei Anfang 1989 von BALLY ausgegangen: »Er selbst hatte seiner Führungsstelle Oberst Hubatschek aufgrund dessen vielfältiger Kontakte in die Bonner Ministerien als seinen Nachfolger vorgeschlagen[46].«

Auf jeden Fall machte Baumann Hubatschek mit seinem »politischen Freundeskreis« vertraut, erzählte von seinem langjährigen, in Paris lebenden Freund, der ihn über die militärpolitische Entwicklung in Frankreich auf dem laufenden halte. Denn für das Jahresende 1989 plante das MfS seinen Mitarbeiter »Veit«, der den Kontakt zu BALLY hielt, endgültig an Gerhard Hubatschek heranzuschleusen. »Um sich das Vertrauen von Hubatschek und damit auch dessen Bereitschaft zur Mitarbeit bei seinen ›politischen Freunden‹ zu sichern, bot der Angeschuldigte ihm im Juli 1989 an, den Roten Brief verantwortlich zu übernehmen«, warf ihm die Anklage vor. Bei der Vernehmung im Landeskriminalamt München verteidigte sich Baumann gegenüber den Beamten mit der Notlüge, er habe Hubatschek den *Roten Brief* schon deshalb nicht anbieten können, weil er ihm gar nicht gehöre[47].

Doch im September 1989 war er ihm de facto bereits zugefallen. Baumann hatte sich das Blatt von seinem alten Freund zum 77. Geburtstag gewünscht; und am 26. September kann er Kurt Weiß mitteilen, daß sein Wunsch in Erfüllung gegangen ist: »Herr Handlos ist bereit, mir den RB zu schenken ... Sämtliche Unterlagen gehen an Herrn Hubatschek.« Selbst die organisatorischen Details sind geklärt: In der Dezemberausgabe 1989 sollte der Besitzerwechsel angekündigt werden, im November bereits die Übergabe der Versandkartei erfolgen. Und in einer Kostenaufstellung ermittelt Baumann, daß er monatlich – ohne Texterfassung und Honorare – für den *Roten Brief* 318,74 DM und für die *Wehrpolitischen Infomationen* 668,95 DM aufwenden müßte[48].

Um Hubatschek zu überzeugen, wie wertvoll seine eigene redaktionelle Arbeit auch nach der Übernahme sein könne, bemühte sich Gerhard Baumann lebhaft, sich als Vertrauter des BND darzustellen. Am 17. März 1988 schickt er ihm eine unveröffentlichte Analyse der sowjetischen Agitation gegen die deutsch-französische Zusammenarbeit: »In der Hand haben sie nur zwei MdB und der Chefin Pullach, der mir dafür einige nette Streicheleinheiten verpaßte.« Und in seinem Schreiben an Hubatschek vom 11. September 1989 läßt BALLY die Katze endgültig aus dem Sack und offenbart dem Bonner Interessenten, daß er ein echtes BND-Produkt erwerben könne: »Ins Leben gerufen hat den RB vor 29 Jahren Herr Weiss aus seiner damaligen Position heraus als exklusive politische Informationsquelle; bis heute enthält er Hintergrundmaterial, das in anderen Medien nicht zu finden ist. Woher die Informationen kommen, wissen Sie.«

Aus den Augen gelassen hatte der Bundesnachrichtendienst den *Roten Brief*, der schon 1960 von Kurt Weiß als Mediendienst des BND ins Leben gerufen worden war, allerdings nicht. Sein Pressesonderverbindungsführer Hermann (HILLIGER) hielt 1970 Verbindung in den *Roten Brief* und zum IDW (Informations- und Dokumentationszentrum West e.V.) – keine zufällige Kombination, denn bei der BND-Einrichtung IDW ist offenbar die Quelle des Informationsdienstes auszumachen.

Das IDW in Köln gibt »eine internationale Probleme behandelnde politische Korrespondenz«[49] heraus, informierte *DIE NACHHUT*, das Verbandsorgan der ehemaligen Angehörigen der Abwehr, seine Leser im Juni 1968. Sie könnten diesen *Roten Brief* für den ermäßigten Preis von 50,– DM anstelle von 100,– DM beziehen. Im IDW-Vorstand saßen mit dem Verleger Lothar Lohrisch und dem *WDR*-Redakteur August Hoppe zwei bezahlte Pullacher Pressesonderverbindungen, die nicht nur Tagungen für ausgewählte Multiplikatoren organisierten, sondern mit ihrem Verein auch das Dach für einen Presse- und Informationsdienst aus dem BND bildeten.

Im Herbst 1989 zeigte Baumann Hubatschek überdies eine Perspektive auf, wie der *Rote Brief* zu seinen Wurzeln zurückkehren könnte. Weiß – so Baumann am 11. September – bittet Hubatschek um absolute Vertraulichkeit gegenüber dem BND, mit dem eine materielle Zusammenarbeit nicht ausgeschlossen sei. Konkreter wird BALLY in seinem Folgeschreiben vom 18. Oktober: WINTERSTEIN habe »ein Argument, mit dem es gelingen könnte, den BND zur Abnahme einer Teilauflage zu veranlassen«. Was den Bundesnachrichtendienst bewegen könnte, das aus seinem Bestand stammende Wissen recycelt noch einmal anzukaufen, ließ Baumann allerdings offen.

Die mit dem Fall der Mauer im November 1989 einhergehende Zeitenwende trifft auch Herausgeber und Chefredakteur des ehemaligen BND-Blatts. Am 7. Dezember 1989 gibt Baumann den langjährigen Kampf um den *Roten Brief* endgültig auf. An Handlos – Kopie an Hubatschek und Weiß – schreibt er resigniert: »Trotz aller Bemühungen ist es Herrn Weiss und mir nicht gelungen, die unverzichtbaren Grundlagen und Voraussetzungen für die Fortsetzung des Roten Briefes und der WI zu beschaffen. Wir können ihn daher nicht übernehmen und fortführen. Es wird daher notwendig sein, daß Du den Abonnenten in der letzten, von Dir zu redigierenden Ausgabe mitteilst, daß der Rote Brief und die WI ihr Erscheinen einstellen.«

Das Schicksal des *Roten Briefs* symptomatisch für die Entwicklung der Pullacher PR-Holding insgesamt. Zunächst wurde er von der Führung des BND selbst 1960 als Informationsdienst gegründet. Bis Anfang der siebziger Jahre war es auch der Bundesnachrichtendienst als Behörde, der die für die ideologische Auseinandersetzung wichtigen Informationen über verschlungene Wege zur Verfügung stellte. Nachdem Gerhard Wessel verlangt hatte, die klandestine Pressearbeit zu beenden, wurde sie auf der Ebene von Vizepräsidenten, Abteilungsleitern und Referenten – überwiegend aus der CSU-Seilschaft in Pullach – »inoffiziell« weitergeführt, vielfach in den alten Bahnen und mit denselben Medienleuten. Erst seit Mai 1996, unter Hansjörg Geiger, sind auch alle Mitarbeiter in Pullach vergattert, den Begriff »Nachrichtendienst« nicht so auszulegen, daß befreundete Journalisten mit BND-Geheimnissen versorgt werden. Ein Blick in die Medienlandschaft zeigt jedoch, daß sich nicht alle Geheimdienstbeamten von der lieben Gewohnheit verabschiedet haben, ihre ganz persönliche Pressearbeit zu machen.

13

Die achte Großmacht – Hörfunk

Das Fernsehen steckte in den dreißiger und vierziger Jahren noch in den Kinderschuhen. Radio war das moderne Massenmedium der Zeit, und in Deutschland sorgten die Nationalsozialisten dafür, daß bald jeder Haushalt seinen »Volksempfänger« besaß. Hörfunk und Regierungspropaganda waren damals nahezu eins: »Unter allen Propagandamitteln nahm während des Dritten Reiches und namentlich im Kriege der Rundfunk die erste Stelle ein. Er verfügte über den weitesten Aktionsradius, bot Gewähr für die schnellste Nachrichtenverbreitung und besaß durch seine unmittelbare suggestive Wirkung die größte Durchschlagskraft. In Anlehnung an einen Ausspruch Napoleons, der von der ›Presse als der siebenten Großmacht‹ sprach, nannte Goebbels, angewandt auf seine Zeit, den ›Rundfunk die achte Großmacht‹[1].« Von ihr machte er im Innern wie mit den Sendern, die ins befreundete, neutrale oder feindliche Ausland gerichtet waren[2], wirkungsvollen Gebrauch. Daß die Reichsrundfunk GmbH einen eigenen »Abwehrbeauftragten« hatte, ist nur ein Indiz für den Einfluß, den die Nachrichtendienste des Hitlerregimes im Rundfunk besaßen. Quellensammlungen zur Rundfunkgeschichte im Dritten Reich[3] dokumentieren in zahlreichen Einzelheiten das nachhaltige Einwirken der Geheimdienste auf den Hörfunk in den Kriegs- und in den Vorkriegsjahren. Und auch bei dieser Einflußnahme auf die Radiosender knüpfte der BND an eingespielte Geheimdienstmethoden an.

Die *Deutsche Welle* in Köln wurde 1953 als Auslandsrundfunksender der Bundesrepublik gegründet; sie ging aus dem *Westdeutschen Rund-*

funk (*WDR*) hervor, mit dem sie bis 1960 noch organisatorisch verbunden war. In einem Leserbrief an die *FAZ* vom 15. September 1993 wies der damalige und heutige Intendant der *Deutschen Welle,* Dieter Weirich, die in dem Buch »Schnüffler ohne Nase« publizierten Informationen scharf zurück, sein Sender sei nicht nur Alterssitz verbrannter Spione des BND und damit ein Hort von Einflußagenten, sondern auch über das internationale Ausbildungszentrum als Journalistenschmiede für die Dritte Welt ein Rekrutierungspool Pullachs[4]. Der »Verbreitung eines solchen programmierten Schwachsinns« und »blühenden Unsinns« setzte Weirich die Forderung entgegen, »Roß und Reiter« zu nennen. Dem Wunsch kann heute entsprochen werden. Denn nicht nur spionierende Journalisten wie der 1974 in der ČSSR als BND-Agent enttarnte Werner Gengenbach waren im Laufe ihres Berufslebens in dieser oder jener Funktion bei der *Deutschen Welle* untergebracht, der Dienst besaß auch, ausweislich der Liste von 1970, gleich sieben Verbindungen im Sender. Roß und Reiter entpuppen sich als ganze Schwadron. An vorderster Stelle ritt offenbar der damalige – der SPD nahestehende – Intendant, Walter Steigner (STEFFEL), als Formalkontakt des BND-Dienststellenleiters ELZE. Steigner, zuvor Intendant des *Senders Freies Berlin,* war zum 1. März 1968 an die Spitze der *Deutschen Welle* getreten.

Drei Bedarfskontakte in den Sender hatten je ihren eigenen BND-Verbindungsführer. DR. HEIDEGGER betreute so Werner Schwips (Deckname SCHWALM) im Referat Programmüberwachung, der BND-Angestellte HERBART den Chef vom Dienst des deutschen Programms, Herbert Scheffler (SCHULTHEIS), der 1966 noch im Studienbüro für politische Dokumentation Bonn wirkte, und DR. WILHELM die Redakteurin Eva Jentsch (JETTNER). Die Görlitzerin weilte nach ihrem Abitur zwei Jahre in England und Frankreich und studierte später Germanistik, Zeitungswissenschaft und Theaterwissenschaft in Berlin. Zunächst arbeitete Eva Jentsch als Redaktionsassistentin bei der amerikanischen Rundfunk- und Fernsehgesellschaft *National Broadcasting Company,* dann für mehrere Zeitungen. Nach ihrer Übersiedlung nach Bonn war sie zehn Jahre lang Nachrichtenredakteurin im Bonner Büro der amerikanischen Rundfunk- und Fernsehgesellschaft *Columbia Broadcasting System.* Ab 1964 arbeitete Jentsch in der Nordamerika-Redaktion der *Deutschen Welle.* Obwohl sie kein Arbeitsfeld mit erkennbaren nachrichtendienstlichen Bezügen hatte, veröffentlichte sie 1966 ihr Buch »Agenten unter uns. Spionage in der Bundesrepublik«[5] im Econ-Verlag, dessen Gründer, Erwin Barth Ritter von Wehrenalp, dem Metier durch seine Kriegsverwendung bei Fremde Heere Ost – 1940 auch als Buchautor[6] – besonders gewogen war. Die Rundfunkredakteurin illustrierte hier »die Gefährdung unserer staatlichen Ordnung durch den von Deutschen gegen Deutsche geführten Kampf im Dunkel« und sang zugleich ein Heldenlied auf den noch amtierenden BND-Präsidenten Reinhard Gehlen. Auf offenes, allgemein zugängliches Material hat Eva Jentsch bei ihrer Darstellung offenbar kaum zurückgegriffen. Das Literaturverzeichnis führt gerade mal zwei Bücher und drei Zeitungsartikel auf, darunter Jürgen Thorwalds »Tatsachenbericht über General Gehlen und seine Organisation« in der *Welt am Sonntag* vom Dezember 1955. Zur Rolle von Journalisten gegenüber Geheimdiensten trifft sie zwei Aussagen, die ganz im Sinne Pullachs lagen: Angesichts der »delikaten Aufgabe der Sicherungsorgane der Bundesrepublik dürfte es jedoch von Vorteil sein, wenn nicht vorzeitig Namen oder unter Umständen unrichtige, sensationelle Einzelheiten über die Verhaftungen (von Ost-Agenten) bekanntgegeben werden«[7]. Und, wo es um die »feindselige Einstellung der Öffentlichkeit zu der Arbeit der Geheimdienste« geht, sieht sie erste Fortschritte, die Autoren wie ihr zu verdanken sind: »Ganz vereinzelt und nur zögernd scheint sich, unterstützt durch Presseberichte und Fernsehsendungen, bei uns die Erkenntnis Bahn zu brechen, daß diese Abwehrorganisationen nicht nur ein notwendiges Übel, sondern daß sie darüber hinaus wichtig sind[8].«

Der Monitordienst der *Deutschen Welle* beobachtet im Zusammenwirken mit anderen Auslandsrundfunksendern und dem Presse- und

Informationsamt der Bundesregierung zahlreiche ausländische Hörfunk- und Fernsehprogramme »und leitet das Ergebnis entweder unmittelbar oder über den schriftlichen Monitorbericht den interessierten Stellen zu«[9], erläuterte Intendant Weirich 1993. Besonders interessiert zeigt sich stets der Bundesnachrichtendienst. Karl-Heinz Treyss (TRIAS), Leiter dieses Monitordienstes, bis er 1985 von Werner Reuter in dieser Funktion abgelöst wurde, wurde zu den Zufallskontakten des BND bei der *Deutschen Welle* gezählt, ebenso der Redakteur Kaltenborn-Stachau (KELTERBAUM) im Hauptstadtstudio des Senders.

Eine voll tragfähige Verbindung hingegen führte Frau DR. REUTER mit Günther Scholz (Deckname FINK) im Studio Bonn. Der Jurist, Jahrgang 1919, war von 1945 bis 1948 Ressortleiter Innenpolitik beim *Deutschen Kurier* in seiner Geburtsstadt Berlin, dann Bonner Korrespondent der *Süddeutschen Zeitung* und für den *Weser-Kurier,* bis er zur *Deutschen Welle* kam. Als Biograph machte sich Scholz in den achtziger und neunziger Jahren einen Namen mit seinen Büchern über Herbert Wehner, Kurt Schumacher und Rainer Barzel sowie mit seinen Porträts der Bundespräsidenten[10].

Mit Mitarbeitern der Organisation Gehlen war Günther Scholz schon in den frühen fünfziger Jahren durch sein Engagement in der Deutschen Union (DU) oder dem Laupheimer Kreis in Kontakt gekommen[11]. In der seit 1950 in Stuttgart ansässigen DU traf er beispielsweise auf das Vorstandsmitglied der Organisation, Hans Christoph Freiherr Schenk von Stauffenberg (SCHEFFEL), der aus der Division Brandenburg kommend bei Reinhard Gehlen gelandet war und später Spitzenpositionen im BND bekleidete. Und im Schloß des württembergischen Städtchens Laupheim hatte sich in den fünfziger Jahren ein Kreis von etwa dreißig führenden Persönlichkeiten aus Wirtschaft und Politik, darunter Adenauers Staatssekretär Otto Lenz, zusammengefunden. Der BND war in diesem informellen Gremium durch zwei seiner Mitarbeiter aus dem Hochadel vertreten.

Von Amts wegen arbeitete Günther Scholz dann eng mit dem Bundesnachrichtendienst zusammen, als er 1963 zur *Deutschen Welle* ging, um dort als Personal- und Organisationsleiter den Sender mit aufzubauen. Für die fremdsprachigen Programme, insbesondere im neuen Schwerpunkt Osteuropa, mußte er geeignete Redakteure rekrutieren, in der Regel im Zielgebiet der Sendungen aufgewachsene Journalisten. Der erste Intendant der *Deutschen Welle* schlug ihm häufig entsprechende Kandidaten vor.

»Gründungsintendant der Deutschen Welle war ein profilierter Wirtschaftsjournalist, der Chefredakteur Dr. Dr. h.c. Hans Otto Wesemann«[12], skizzierte 1993 sein Nachfolger Dieter Weirich den Mann, der am 12. Oktober 1961 Chef des Auslandsrundfunks geworden war, nachdem er 1953 zunächst nicht als Chefredakteur durchgesetzt werden konnte. So kümmerte sich Wesemann zunächst als Leiter der Wirtschaftsredaktion vor allem um die Rekrutierung neuer Mitarbeiter des expandierenden Senders. »Benötigt wurden Fachleute, die auch (wegen der später geplanten Fremdsprachensendungen) Auslandserfahrung oder doch zumindest Sprachkenntnisse besaßen, und sie mußten verfügbar sein. Dr. Wesemann knüpfte im Spätsommer alte Verbindungen wieder an, die auch Erfolg versprachen«[13], schildert eine frühe hauseigene Publikation seine Rolle im Jahre 1953.

Um welche »alten Verbindungen« des »profilierten Wirtschaftsjournalisten« es sich dabei handelte, verschwieg der Kölner Sender dabei. Wesemann war im Dritten Reich Leiter des Wirtschaftsressorts der Goebbels-Zeitschrift *Das Reich* gewesen. So kamen die von ihm vorgeschlagenen Kandidaten häufig aus dem Umfeld des Reichspropagandaministeriums, aber auch aus den Reihen der Osteuropäer, die im Zweiten Weltkrieg für Gehlens Wehrmachtsabteilung Fremde Heere Ost nachrichtendienstlich tätig waren. Daß Wesemann Personal nicht nur aus dem NS-Medienverbund, sondern auch aus dem Geheimdienstbereich gewinnen konnte, hat einen dunklen Hintergrund. SPD-Mitglied Wesemann, in der Weimarer Republik als Journalist für den *Vorwärts* und den *Sozialdemokratischen Pressedienst* tätig, war

1933 nach London emigriert. Als das Geheime Staatspolizeiamt die deutsche Botschaft in der britischen Hauptstadt um die Suche nach einem geeigneten Agenten zur Infiltration der Exilgruppen bat, meldete die Londoner Vertretung schnell Vollzug. Dr. Hans Wesemann hatte sich am 28. Juni 1934 zur Zusammenarbeit mit der Gestapo verpflichtet. Im Herbst reiste er nach Berlin, um erste Aufträge entgegenzunehmen. »Ich begriff, daß ich die deutsche Sache verraten hatte, und legte mir Sühne auf«, bekannte er später.

Seine Wiedergutmachung bestand in dem Versprechen, der Gestapo deutsche Oppositionelle ans Messer zu liefern. Bei dem Versuch, sich an den kommunistischen Propagandaspezialisten Willy Münzenberg heranzumachen, scheiterte er an dessen Routine. Aber der von Straßburg aus agierende Pazifist Berthold Jacob war ein argloses Opfer. Der Mitarbeiter von Carl von Ossietzky setzte im französischen Exil im *Unabhängigen Zeitungsdienst* seine Enthüllungen über die deutsche Aufrüstung fort – sehr zum Zorn von Gestapochef Reinhard Heydrich. Jacob kannte Wesemann aus Weimarer Zeiten, er war Trauzeuge gewesen, als der Sozialdemokrat die Jüdin Herta Meyer aus Leipzig geheiratet hatte. Wesemann gewann das Vertrauen seines alten Freundes Jacob durch die Lieferung von Informationen, Spielmaterial der Gestapo, und lockte ihn schließlich mit dem Versprechen, eine englische Ausgabe seines Informationsdienstes zu organisieren und ihm die erbetenen falschen Pässe auszuhändigen, am 9. März 1935 im Auftrag von zwei Trierer Gestapobeamten nach Basel. Mit Hilfe eines Lörracher Gestapokommissars entführte er dann seinen ehemaligen Trauzeugen im Taxi über die Grenze nach Deutschland, schon am 12. März saß der Mitarbeiter Ossietzkys zum Verhör in der Berliner Zentrale des Heydrich-Dienstes. Die Schweizer Behörden waren 1935 noch entschlossen genug, nun ihrerseits den sofort geständigen Wesemann zu verhaften und mit Erfolg auf der Auslieferung von Berthold Jacob zu bestehen, der am 18. September freigegeben wurde[14]. Für den operativen Einsatz bei der Gestapo nicht Manns genug und in der Schweiz als geheime Verbindung in die Exilgruppen überdies verbrannt, durfte Wesemann dann in seinen angestammten Beruf als Journalist zu Joseph Goebbels wechseln.

Das englische Programm der *Deutschen Welle* war 1958 in den USA gestartet worden, 1959 kam der Nah-/Mittelost-Bereich hinzu, Lateinamerika ab 1962, und die zahlreichen Programme für Ost- und Südosteuropa wurden ab August 1962 aufgebaut. Der heutige Intendant weist ihnen in der Rückschau die größte politische Wirkung zu: »Die ›Deutsche Welle‹ als Sinnvermittler, Sinndeuter und Sinngeber – so ließe sich die Rolle beschreiben, welche die Programme aus Köln bei der Herausbildung einer Art Gegenöffentlichkeit in den totalitär beherrschten Ländern Ost- und Südosteuropas gespielt haben – ob in der früheren Sowjetunion, in Rumänien, Bulgarien oder auf dem Balkan. Unabhängig von der Kommunistischen Partei und der staatlichen Zensur haben sie die Handlungen der Mächtigen stärker beeinflußt, als das nach außen immer sichtbar wurde.« Und gerade für diese Aufgabe der Propaganda in den Osten Europas hinein rekrutierte die *Deutsche Welle* bewußt Geheimdienstleute, die dort schon im Zweiten Weltkrieg gegen Moskau gearbeitet hatten.

Die Sicherheitsüberprüfung neuer Mitarbeiter oder Bewerber oblag Günther Scholz, der dabei eng mit dem BND kooperierte. Alle drei bis vier Wochen, erläuterte Scholz im August 1997, hätten sich Vertreter Pullachs mit ihm in einer Kölner Außenstelle des BND getroffen, um ihm die Ergebnisse ihrer Personenabklärung zu übermitteln. Oft war die Beschaffung dieser Informationen für den Geheimdienst nicht einfach, obwohl er auch die Auslandsresidenten einspannte. Besonders schwierig gestaltete sich zum Beispiel Mitte der sechziger Jahre die Überprüfung von Journalisten aus Griechenland, das von einer Militärjunta beherrscht wurde.

Öffentlich Schiffbruch erlitt Scholz mit der Einstellung der von Wesemann vorgeschlagenen Redakteure aus dem Umfeld des NS-Propaganda- und Geheimdienstapparats nur ein einziges Mal. Als einige

Zeitungen 1965 berichteten, der erste Leiter der Ostprogramme der *Deutschen Welle* sei im Zweiten Weltkrieg Gestapochef von Athen gewesen, mußte FINK in Pullach um schnelle Hintergrundinformation nachsuchen. Kurt Weiß stellte ihm einen ganzen Stapel belastender Dokumente aus dem Pullacher Archiv zur Verfügung. Nachdem Scholz seinem Intendanten dieses Material auf den Schreibtisch gelegt hatte, blieb Wesemann nichts anderes übrig, als den ehemaligen Gestapomann vor die Türe zu setzen.

Als Leiter des Studios Bonn hielt FINK ab 1966 weiterhin engen Kontakt nach Pullach. Seine Verbindungsführerin, die er unter ihrem Klarnamen Dr. Müller kannte, spielte dabei nur eine untergeordnete Rolle. Gelegentlich hysterisch sei sie gewesen – erinnert sich der heute 77jährige – und bei weitem nicht von dem intellektuellen Niveau, das er bei seinen Diskussionen mit BND-Spitzenleuten oft vorgefunden hat. Mit WINTERSTEIN (Kurt Weiß) blieb er im Gespräch, mit BND-Präsident Wessel – »ein ordentlicher Mann, aber ein bißchen hölzern« – speiste er häufiger im Camp Nikolaus, aber am meisten schätzte er Hans-Georg Wieck, der bis September 1990 auf dem Chefsessel in Pullach saß.

In seine journalistische Arbeit, die in die Tausende gehenden Kommentare und Interviews für zahlreiche Medien, hat sich der Bundesnachrichtendienst nie eingemischt, betont Scholz. Selbst die Dokumente aus der Debatte zur Übernahme der Organisation Gehlen in den Dienst der Bundesrepublik, die er in seiner Schumacher-Biographie verarbeitet hat, kamen keinesfalls aus Pullach, sondern vom ersten Nachkriegs-Vorsitzenden der SPD persönlich. Einer Beeinflussung hätte es auch gar nicht bedurft, weil der Berliner sich als publizistischer Frontsoldat des kalten Krieges verstand. »Warum«, fragt er 1997, »bekommen die Kalten Krieger heute eigentlich keine Orden, nachdem der Westen doch mit ihrer Hilfe gesiegt hat?« Dabei kam Scholz, der schon in den fünfziger Jahren redaktionell an Flugblättern gegen die »SBZ« mitgewirkt hatte, nicht etwa aus dem konservativen Lager, sondern zählte zum antikommunistisch engagierten Flügel der

Sozialdemokratie und war mit Kurt Schumacher ebenso befreundet wie später mit Helmut Schmidt.

Mit den beginnenden Eingriffen in die Inlandsaufklärung erlitt FINK einen finanziellen Rückschlag: Unter der V-Nr. 7425 waren ihm bis zum Mai 1970 noch monatlich DM 700,– angewiesen worden, ab Juni waren es nurmehr steuerfreie DM 500,– aus dem Etat des Auslandsnachrichtendienstes. Eine besondere Gratifikation des BND erhielt er jedoch in den siebziger Jahren nach einer schweren Operation. Der Bundesnachrichtendienst stellte ihm ein ansehnliches Haus am Tegernsee als Erholungsdomizil zur Verfügung. Als Scholz gut ein Dutzend Jahre später im Fernsehen die Bilder vom neuen Westwohnsitz des DDR-Devisenbeschaffers Alexander Schalck-Golodkowski sah, erkannte er sein früheres Genesungsquartier wieder. Zugleich konnte er den Nachrichten entnehmen, daß der 1989 übergelaufene MfS-Oberst dort von einem Geschäftsfreund aus der CSU beherbergt würde, während der BND dementierte, Schalck-Golodkowski nach seiner Flucht betreut zu haben. Konrad Porzner hatte vor dem Untersuchungsausschuß des Bundestages sogar zu Protokoll gegeben, der BND habe keine Integrationsunterstützung gewährt, und auch Geheimdienstkoordinator Lutz Stavenhagen verbreitete die Formel »Befragung ja – Betreuung nein«[15].

Beim BND hatte man 1970 sogar die Möglichkeit einer Festanstellung von Scholz ins Auge gefaßt. Als BND-Vizepräsident Dieter Blötz im Sommer 1979 wegen der Affäre mit seiner Sekretärin Frau NELKE nicht mehr im Amt zu halten war, lud er FINK nach München ein, um ihn persönlich als seinen Nachfolger zu rekrutieren. Doch auch nach langer Diskussion konnte er den Rundfunkmann nicht überzeugen. Scholz war bei der *Deutschen Welle* inzwischen längst im Direktorenrang, und der Posten des zweiten Manns im BND hätte für ihn einen deutlichen finanziellen Rückschritt bedeutet.

Obwohl der Bundesnachrichtendienst ihm lebhaft davon abriet, reiste Scholz schon in den siebziger Jahren regelmäßig in die DDR, um die Familiengrabstätte und dort lebende Verwandte zu besuchen. Ins

Visier der DDR-Staatssicherheit geriet er dabei nie, wie seine Anfragen in der Gauck-Behörde gleich nach der Wende ergaben.

Selbst in den Aufsichtsgremien der *Deutschen Welle* saßen Kontaktleute des BND. 1993 beispielsweise als stellvertretender Vorsitzender des siebzehnköpfigen Rundfunkrats der frühere Bundestagsabgeordnete Herbert Hupka, 1970 als lose BND-Sonderverbindung HUNGER geführt. Den Vorsitz im siebenköpfigen Verwaltungsrat hatte 1993 Johannes Gerster, Vorsitzender der Parlamentarischen Kontrollkommission des Bundestags für die Geheimdienste und langjähriger Förderer nachrichtendienstlicher Interessen. In den sechziger Jahren war der Abgeordnete Siegfried Zoglmann in diesem Gremium[16] vertreten, die BND-Verbindung ZENTGRAF von 1970, zusammen mit dem für Geheimdienstangelegenheiten zuständigen Ministerialdirektor im Bundeskanzleramt, Karl Hohmann.

Direkt neben dem Doppelturm der *Deutschen Welle* in Köln steht das Hochhaus des *Deutschlandfunks* (heute *Deutschland Radio*), der im Januar 1962 aus dem Langwellensender des *NWDR* hervorgegangen war. Dort führte Frau DR. REUTER zwei engere Kontaktleute: Günther Lehnigk (Deckname LORCH), den Leiter des Referats Zeitfunk, und Klaus Peters (PANTER), einen politischen Redakteur.

Auch auf die Aufsichtsgremien des *Deutschlandfunks* hielt der Bundesnachrichtendienst ein waches Auge. Als Thomas Kosta, Geschäftsführer des *Bund*-Verlages, 1976 neues Mitglied im Rundfunkrat wurde, da startete der BND im Juli eine Anfrage im Nachrichtendienstlichen Informationssystem NADIS über ihn.

BND-Dienstellenleiter ELZE pflegte zwei losere Beziehungen zu Dr. Kurt Wagenführ (WARTENBERG), dem Leiter der Pressestelle, und zu dem Redakteur Jasser (JAGEL), während auf Stephan Thomas (TÖLZ), Kategorie III, der BND-Mann DANKERS angesetzt war. Thomas alias Stefan Greczkowiak wurde im November 1961 von der *Berliner Zeitung* aus dem Ostteil der Stadt in einem Artikel, der das »Zusammenspiel des Gehlen-Geheimdienstes und des Ostbüros der SPD« entlarven sollte, als »Spionagehäuptling« der SPD angegriffen[17]. Hintergrund der wiederholten Attacken war seine seit dem 1. November 1948 wahrgenommene Funktion als Leiter des Ostbüros der SPD, die er bis Mitte 1966 bekleidete. Vom Ostbüro wechselte er zur Friedrich-Ebert-Stiftung, nachdem Herbert Wehner den »Agentenschuppen«, der erst 1971 endgültig aufgelöst wurde, zunehmend entmachtet hatte. In den ersten zwanzig Nachkriegsjahren war diese von Kurt Schumacher 1946 in Hannover ins Leben gerufene Einrichtung »als Instrument der Partei für die kommende Auseinandersetzung mit dem kommunistisch-stalinistischen Machtanspruch in Deutschland«[18] – streckenweise in Zusammenarbeit mit den angelsächsischen Geheimdiensten – sowohl geheimdienstlich als auch propagandistisch und in der Flüchtlingsbetreuung tätig.

Der westdeutschen DDR-Forschung warf Friedrich Wilhelm Schlomann 1993 vor, das Thema des Staatssicherheitsdienstes der DDR sträflich vernachlässigt zu haben: »Der Büchermarkt kannte allerdings zwei Bücher, die sogar in mehreren Auflagen erschienen: Einmal primär über die Arbeit des Staatssicherheitsdienstes innerhalb der DDR und zum anderen gegen den Westen; beide Autoren handelten indes aus eigenem Antrieb, nicht auf Empfehlung irgendeiner staatlichen Stelle[19].« Die rühmlichen Ausnahmen waren laut Schlomann Karl Wilhelm Frickes 1982 publiziertes Buch »Die DDR-Staatssicherheit«[20] und das eigene Werk »Operationsgebiet Bundesrepublik«[21], Was die Autoren überdies eint, ist ihre jahrelange Tätigkeit für den *Deutschlandfunk,* aber auch die *Deutsche Welle.*

Was Fricke betrifft, ist, wenn nicht der Antrieb, so doch die Förderung durch staatliche Stellen durchaus feststellbar. Denn die unter Frickes Federführung entstandene Broschüre »Der Staatssicherheitsdienst. Ein Instrument der politischen Verfolgung in der Sowjetischen Besatzungszone Deutschlands« war 1962 vom Bundesministerium für gesamtdeutsche Fragen publiziert worden.

Fricke, der sich 1978 zum exklusiven Kreis der Tischgäste des BND-Präsidenten Wessel zählen durfte[22], hat bis in die Nachwendezeit hinein zahlreiche Arbeiten zum Repressionsapparat der DDR[23] und zu nachrichtendienstlichen Themen vorgelegt, 1972 beispielsweise in der Schriftenreihe des *Deutschlandfunks* die Broschüre »Ein Mann namens Linse« zum Spionagefall Bialek, 1993 die *Deutschlandfunk*-Features »Verrätern den Tod« und »Schild und Schwert: Die Stasi« sowie 1991 eine neue Publikation zum MfS, in der er ältere Einsichten teilweise revidiert[24].

Im Juli 1973 bestand sogar die Absicht, daß Fricke gemeinsam mit dem BND-Vizepräsidenten Dieter Blötz ein Sachbuch über den BND herausgeben und zugleich eine Sendung im *Deutschlandfunk* produzieren solle. In dem Werk sollten alle Abteilungsleiter des BND ihre Arbeitsbereiche darstellen, Blötz über die parlamentarische Kontrolle des Dienstes und sein Verhältnis zur Presse schreiben. Obwohl BND-Präsident Wessel und Staatssekretär Schüler ihr Einverständnis mit dem Projekt erklärt hatten, wurde dieses Buch nie veröffentlicht.

Sämtliche ostpolitischen Redaktionen des *Deutschlandfunks* galten beim MfS als Zentren der »ideologischen Diversion«. Das Ministerium für Staatssicherheit der DDR zählte im März 1984 in seinem Lesematerial »Imperialistische Geheimdienste und Massenmedien« vier Mitarbeiter des *Deutschlandfunks* zu den BND-Vertrauensjournalisten: den Historiker Gero Buchheit und den Publizisten Jürgen Thorwald, deren BND-Kontakte an anderer Stelle in diesem Buch behandelt werden, Günter Lincke und nicht zuletzt Karl Wilhelm Fricke[25].

Informationen über all diese Redakteure wurden in dem streng geheimen Informationsverbund der Nachrichtendienste der Warschauer Vertragsstaaten SOUD – im MfS-Deutsch: System der vereinigten Erfassung von Daten über den Gegner – erfaßt. Folglich existiert auch über Karl Wilhelm Fricke – unter der Personenkategorie 2 – ein EDV-Dossier, das für alle östlichen Geheimdienste zugänglich war[26]. In den MfS-Akten sind diese und andere Unterlagen über Fricke[27] theoretisch verfügbar, allerdings für die wissenschaftliche Forschung wie journalistische Recherche unzugänglich.

Welcher Insider dem Kölner Publizisten Schlomann – neben Dutzenden von Nachrichtendienstlern, die nur anonym in den Anmerkungen auftauchen – beim Abfassen seines Buchs »Operationsgebiet Bundesrepublik« mit Rat und Tat zur Seite standen, hat er dort so eingekleidet, als habe sich der PR-Profi Gehlen in einer Notwehrsituation befunden: »General Reinhard Gehlen, der Vater des Bundesnachrichtendienstes, klagte dem Autor einmal verbittert, wie sehr ihn Kanzleramts-Minister Horst Ehmke wegen seiner Warnungen gegenüber den Unterminierungsbestrebungen des Sowjetblocks bedrängte; schließlich sah er sich gezwungen, sein Wissen über verläßliche Journalisten zu verbreiten«[28].

Schlomann hat auch andere einschlägige Arbeiten vorgelegt: Im März 1998 porträtierte er in seinem Beitrag »Der verdeckte Kampf um Information« für die *Deutsche Welle* die größten Geheimdienste der Welt, im Dezember 1981 befaßte er sich mit der »Ostblock-Spionage gegen die Bundesrepublik Deutschland«. Seine »Analyse der nachrichtendienstlichen Offensive des Warschauer Paktes – insbesondere der ›DDR‹ – gegen das freie Deutschland« erschien als Information zur Deutschlandpolitik der CSU im Arbeitskreis Deutschland- und Außenpolitik der Christsozialen.

In dem anderen großen Funkhaus der Domstadt und zugleich der größten *ARD*-Sendeanstalt, dem *Westdeutschen Rundfunk,* hielt Frau DR. REUTER eine voll tragfähige Verbindung zum Chef vom Dienst der Hauptabteilung Politik, August Hoppe (Deckname RATTAY). In der Kategorie III rangierten ferner Pasche (PAUKER) geführt von DR. HEIDEGGER –, der Redakteur des Mittagsmagazins, Werner Höcker (HARMSEN), der Leiter des Studios Bielefeld unter KLAIS, der als freier Journalist für den *WDR* tätige Voges (VOGT), dazu im Fachgebiet Politik Günther Müggenburg (MUCKE). Müggenburg, Jahrgang 1926, war seit 1948 bei der *Westdeutschen Allgemeinen Zei-*

tung gewesen und ging dann 1960 zum *WDR*, für den er aus der Bundeshauptstadt und aus Asien berichtete. 1984 wechselte er dann mit einer Vielzahl von Funktionen ins Lager des Privatfernsehens[29]. Als im Herbst 1974 die Journalistenliste in der Bonner Gerüchteküche zirkulierte, weilte er gerade als *ARD*-Korrespondent in Washington. Von dort sandte er ein Fernschreiben an die Kölner *WDR*-Zentrale, »in dem er beteuerte, er habe nie für den BND gearbeitet«[30]. Müggenburg bestritt eine echte Kooperation mit dem BND wohl zu Recht. Als Zufallskontakt oder Opfer einer Planung des BND, die ihm nicht bekannt sein mußte, sowie ohne eigenen »Presseverbindungsführer« konnte er im guten Glauben sein, er gehöre zu den Journalisten, die im Klima der ausschweifenden Verdächtigungen in Bonn von böswilligen Kollegen als BND-Kontakt verleumdet worden seien.

Wie er jedoch den Status einer Pressesonderverbindung erhielt, ist im ersten Memoirenband Reinhard Gehlens nachlesbar. Zusammen mit dem Kollegen Rudolf Rohlinger hatte Müggenburg nämlich im Zusammenwirken mit dem BND den Fernsehfilm »Von der Organisation Gehlen zum Bundesnachrichtendienst« gedreht, der am 26. Juni 1964 mit hoher Einschaltquote über den Bildschirm flimmerte. »Mit dem Fernsehfilm verfolgten ich und meine Mitarbeiter den Zweck, mehreren bereits angekündigten Einzeldarstellungen mit z.T. undurchsichtigen Hintergründen und bedenklicher Tendenz zuvorzukommen … Es ist meine Überzeugung, daß dieser Fernsehfilm über den Dienst wesentlich dazu beigetragen hat, falsche Vorstellungen zu beseitigen und die Arbeit des Dienstes mit dem Zusammenwirken seiner verschiedenen Teilbereiche einem breiten Publikum verständlich zu machen«[31], lobte Gehlen Müggenburgs Beitrag 1971. Mit diesem »Werksfilm« hatte der Redakteur BND-Kritikern den Wind aus den Segeln genommen und sich so nach Einschätzung des Bundesnachrichtendienstes als Vertrauensjournalist qualifiziert.

August Hoppe, der sich 1964 mit dem ersten Band der Buchreihe »Tagebuch des Weltkommunismus« als Gegner des östlichen Systems profiliert hatte[32], war wohl eher ein typischer Vertreter von Pullacher

Interessen. 1970 trug der Chef vom Dienst beim *WDR* (V-Nr. 2697) mit RATTAY schon den zweiten Decknamen, nachdem er vorher in Pullach unter MANZEL firmiert hatte. Hoppe zählte 1970 mit einem monatlichen Salär von DM 300,– nicht nur zu den wenigen Journalisten im Inland, die ein regelmäßiges Zubrot beim BND verdienten, er erhielt überdies als einzige Pressesonderverbindung DM 700,– pro Monat für Unterquellen.

Zusammen mit den beiden BND-Konfidenten Gert Buchheit und Hendrik van Bergh sowie dem BND-Pressesonderverbindungsführer Walter Wanke (DR. WILHELM) bestritt August Hoppe am 19. Dezember 1970 die Hörfunksendung »Das Wissen der Mächtigen« auf *WDR III.* Gegenstand des mit O-Tönen von Innenminister Hans-Dietrich Genscher und Kanzleramtsminister Horst Ehmke angereicherten Beitrags waren alle deutschen Geheimdienstbehörden vom MAD der Bundeswehr über den Verfassungsschutz bis hin zum Bundesnachrichtendienst, dessen integrierte Auswertung besonderes Lob erfuhr: »Denn ohne auf längere Zeit abgestellte Forschungen und die damit verfügbar gemachten Grundlagen würde das für die Interpretation der aktuellen Ereignisse erforderliche Wissen lückenhaft bleiben, wie umgekehrt ohne genügende Kenntnis der Beurteilung aktueller Ereignisse die langfristige Forschung schnell bedeutungslos werden würde.«

Augenfällig wird die nachrichtendienstliche PR-Arbeit Hoppes bei einer internen Arbeitstagung, zu der er in seiner Eigenschaft als Vorstandsmitglied des IDW (Informations- und Dokumentationszentrum West e.V.) im September 1966 einlud. Gesamtthema der auf den 1. und 2. Oktober des Jahres terminierten Versammlung im Jagdschloß »Gotisches Haus« in Dornholzhausen bei Bad Homburg war die »Sorge um Deutschland«. Am Samstag vormittag stand die Innenpolitik im Mittelpunkt, das Eingangsreferat hielt Bundesinnenminister Dr. Bruno Heck. Ergänzende Diskussionsbeiträge kamen von Heinrich Tötter, Winfried Martini, Wolfgang Höpker und Walter Wanke. Mit Martini und Höpker waren also zwei hochrangige Pressesonderverbindungen Pullachs als Koreferenten beteiligt, mit Oberst a. D. Wanke ein weiterer BND-Verbindungsführer, der zugleich seit Mitte der sechziger Jahre die IDW als BND-Frontorganisation im Medienbereich im süddeutschen Raum repräsentierte[33]. Zum nachmittäglichen Schwerpunkt Außenpolitik ergänzten wiederum vier Diskussionsredner den Hauptvortrag des Leiters des Planungsstabes im Auswärtigen Amt, Günter Diehl, nämlich Hans Lehmann, Armin Mohler, Theo M. Loch[34] und Günther Scholz – zwei von ihnen, Mohler und Scholz, ebenfalls Konfidenten des BND. Als dann am Sonntagvormittag der Vorsitzende des Bundessicherheitsrats, Minister Heinrich Krone, zur Sicherheitspolitik sprach, waren mit dem Abgeordneten Werner Marx und dem Journalisten Wolfram von Raven erneut zwei Redner aufgeboten, die im März 1970 auf der Liste der BND-Presseverbindungen registriert waren. Außerdem ergriff der Militärschriftsteller Ferdinand Otto Miksche das Wort, der dem deutschen Geheimdienst als ehemaliger Angehöriger der Abwehr über die AGEA (Arbeitsgemeinschaft Ehemaliger Abwehrangehöriger) verbunden war[35].

Im Verlauf des erbitterten Rechtsstreits zwischen *stern* und *Quick* über die 1973 von der Hamburger Illustrierten öffentlich gemachte Doppelagententätigkeit des *Quick*-Redaktionsdirektors Heinz van Nouhuys spielten hochgestellte BND-Mitarbeiter dem *stern* unter anderem eine Liste mit 63 Sonderverbindungen Pullachs zu. Diese maschinenschriftliche Aufstellung ohne jeden Herkunftsvermerk und ohne Angabe von Decknamen bzw. V-Nummern hatte jedoch wenig Beweiskraft und diente eher als Grundlage für weitere Recherchen. Zudem umfaßte diese Liste nicht nur Pressesonderverbindungen des BND, sondern überdies zahlreiche angebliche nachrichtendienstliche Zugänge Pullachs in andere gesellschaftliche Bereiche. Und alle, ausnahmslos alle der dort aufgeführten Personen waren 1966 Teilnehmer der IDW-Tagung im Jagdschloß »Gotisches Haus«. Dabei kamen sieben Beamte aus Ministerien und Behörden[36], zehn Tagungsteilnehmer stammten aus Industrie und Wirtschaft – vom Vorstandsvorsitzenden des international tätigen Kölner Tiefbauunternehmens STRABAG, Albert Löhr, über acht Freiberufler[37] bis zum damaligen Leiter des Allensbacher Instituts, Erwin Wickert. Neben 20 Vertretern aus Bildungseinrichtungen und politischen Vereinen[38] weilten die Schriftstellerin Margarete Buber-Neumann sowie die Verleger Heinrich Seewald aus Stuttgart und Hans-Joachim Schilling aus Düsseldorf in Dornholzhausen. Als Medienvertreter waren dort die Publizisten Horst Hohensee aus Bonn; Heinz Judeich aus Rhöndorf; Hans Lehmann aus Stockdorf und Hans-Jürgen Eitner vom Frankfurter »Forschungsdienst China e.V.«[39] versammelt sowie die Journalisten Helmut Alscher, Redakteur *Der aktuelle Osten* in Bonn; Friederich Fritsch, Chefredakteur *Stimme der Freiheit* in Saarbrücken; Gero Gisart, Vorsitzender des »Arbeitskreises für ostpolitische Publizistik e.V.« in Bonn; Karl Willy Beer, Chefredakteur *Die politische Meinung* in Bonn; Rudolf Fiedler, Leiter der Feature-Redaktion des *Deutschlandfunks;* Erich Haack, Journalist aus Ingolstadt; Rudolf Heizler, Chefredakteur der *Kölnischen Rundschau,* und sein Redakteur Walter Schmid; Konrad W. Kraemer, Chefredakteur der *Katholischen Nachrichtenagentur* in Bonn; der Tübinger Wissenschaftsredakteur Dieter Lindenlaub; Theo M. Loch, stellvertretender Chefredakteur des *Rheinischen Merkur;* Erich Maier, Chefredakteur der Münchener *Demokratisch-Konservativen Korrespondenz;* der Bonner Journalist Basil O. Mathiopoulus; der stellvertretende Chefredakteur des *Bayerischen Rundfunks* Josef H. Maurer sowie Ernst-Christoph Schepky, Stuttgarter Chefredakteur des Verlags der *Internationalen Presseschau.* Mit Alfred Frisch, Korrespondent deutscher Zeitungen in Paris; Eberhard Gelbe-Haussen, Auslandskorrespondent des *Süddeutschen Rundfunks;* Franz Utek, Journalist beim Londoner *Foreign Affairs Circle;* und Rudolf Meyer, Korrespondent der *Basler Nachrichten* in Bonn, waren vier Auslandskorrespondenten unter den Gästen des Wochenendseminars.

Die am häufigsten vertretene Berufsgruppe unter den Tagungsteilnehmern waren Journalisten, obwohl die Tagung nicht nur »vertraulichen Charakter« trug, sondern überdies in der Einladung kategorisch festgelegt war: »Eine Berichterstattung in der Presse wird und darf nicht erfolgen[40].« Eigens für diese Veranstaltung wurde am 23. September 1966 eine rigide Tagungsordnung erlassen: »Jeder Teilnehmer verpflichtet sich deshalb mit der Eintragung in die Teilnehmerliste zur Wahrung völliger Vertraulichkeit. Nach der Tagung wird eine zusammenfassende Niederschrift des Gesamtergebnisses (ohne Zitierung der Namen) den Teilnehmern und den an der Teilnahme verhinderten Interessenten zugestellt. Diese Niederschrift kann als Arbeitsunterlage ausgewertet werden. Eine (numerierte) Teilnehmerliste erhalten Sie bei der Anmeldung im Tagungsbüro. Diese ist vertraulich und nur für Ihren persönlichen Gebrauch bei der Tagung bestimmt. Sie darf nicht an Dritte weitergegeben werden.«

Die 144 Personen umfassende Gästeliste war nicht nur mit Ministern, Spitzenbeamten und PSK-Offizieren (Psychologische Kriegsführung) hochkarätig bestückt, sondern umfaßte auch etliche führende Vertreter des westdeutschen Geheimdienstmanagements: die BND-Generale Erich Dethleffsen und Gerhard Engel, Oberst a.D. Rolf Geyer von der dem BND verbundenen Deutschen Arbeitsgruppe für West-Ost-Beziehungen e.V. in München, den Ministerialrat Paul Kolb und Oberregierungsrat Phillip Jenninger vom Bundesministerium für Angelegenheiten des Bundessicherheitsrats sowie Oberst Gerd Stamp aus dem Kanzleramt.

Neben verschiedensten Vertriebenenverbänden waren auch aus Pullach betreute Führer verschiedener Exilanten-Organisationen ins »Gotische Haus« eingekehrt: Ferdinand Durcansky (Slowakischer Befreiungsrat, München), Ctibor Pokorny und Slawa Stetzko (Antibolschewistischer Block der Nationen[41], München), Gustav Hennyey (Generaloberst und Außenminister a.D. Ungarns sowie Vorsitzender der Assemblee der versklavten europäischen Nationen), Siegfried Keiling und Hans Groh von der »Deutsch-Rußländischen Gesellschaft« und Gleb Rahr, ausgewiesen als Journalist, Insidern aber als Vertreter des exilrussischen NTS (Nationales Zentrum der Solidaristen) geläufig, das von der CIA unterstützt und kontrolliert wurde[42].

Insgesamt standen auf der vertraulichen Gästeliste der von August Hoppe geleiteten Tagung zwanzig Personen, die auch in der BND-

Kanzleramtsvorlage vom März 1970 zu finden sind. Und zu diesen Pressesonderverbindungen und den (halb)offiziellen BND-Vertretern gesellten sich dort auch andere, sehr viel enger den Geheimdiensten verpflichtete Medienvertreter wie der an CIA und BND angebundene Verleger Karl Prochazka, dessen Wirtschaftsdienst des Informationsbüros West sich bis 1966 in West-Berlin auf die Auswertung und Archivierung der »Presseerzeugnisse der Sowjetzone« stützte, dann aber nach Bonn umgesiedelt wurde[43]. Der *Schweizer-Dienst* schrieb am 27. November 1966 über die illustre Runde im Jagdschloß, der BND »war der eigentliche Veranstalter dieser Tagung«. Damit lag er wohl nicht falsch.

In die norddeutsche Hörfunklandschaft an der Spree, der Leine und der Weser unterhielt der BND nach eigener Aussage im März 1970 nur drei Pressesonderverbindungen: Formalkontakte über HERBART zu Hans-Dieter Baade (Deckname BELOW), leitender Redakteur des *RIAS* in Berlin, über ELZE zu Günther Pipke (PIRSCHER) im Funkhaus Hannover des *Norddeutschen Rundfunks,* und lose Kontakte zu Horst Mücher (MONK) bei *Radio Bremen.* Pipke, der später in eine leitende Position im Funkhaus Kiel aufstieg, war sicherlich – schätzt ein *NDR*-Kollege – ein Überzeugungstäter, einer, der über VIP-Wehrübungen auf der Hardthöhe zum Reserveoffizier aufgestiegen und auch der PSV-Truppe der Bundeswehr eng verbunden war.

Gegenüber vom BND nicht betreuten Medienvertretern herrschte in Pullach von vornherein Argwohn. Am 26. April 1976 hatte der *NDR*-Redakteur Lutz Lehmann beim Vizepräsidenten des BND angerufen und um Hilfe für eine Dokumentation über den 13. August 1961 nachgesucht. Insbesondere an möglichen Vorinformationen und Warnungen Pullachs vor dem Bau der Mauer zeigte er großes Interesse. Da Lehmann kein Vertrauensjournalist des BND war, wurde er beim zuständigen Landesamt für Verfassungsschutz und in der Datenbank NADIS überprüft. Dort lagen ebensowenig nachrichtendienstlichen Erkenntnisse vor wie beim BND. Die Eil-Personenanfrage im

Pullacher Datenbestand förderte jedoch zutage, daß Lehmann etwa sechszehn Jahre zuvor, am 19. Oktober 1960, in Bonn Angehörige einer Bundeswehrdienststelle fotografiert hatte und daß die daraufhin über ihn eingezogenen Erkundigungen einen ausschweifenden Lebenswandel ergaben. Die Akte des BND enthielt überdies ein Fernschreiben aus dem Jahre 1967, dem zufolge der NDR-Redakteur »ein stark links orientierter Fernsehreporter« sei.

Besondere Wertschätzung genossen die Journalisten aus den Hamburger Funkhäusern beim BND ohnehin nicht. Sein Agent für Medienspionage in Hamburg, Günter Heysing, war Anfang 1961 von der BND-Dienstelle 181/IVb gebeten worden, »eine Übersicht über die dubiosen Gestalten im Hamburger Funkhaus und im Fernsehen« vorzulegen. »Ein hoffnungsloser Wunsch bei rund 1200 Angestellten. Man könnte bestenfalls die Handvoll Leute aufzählen, die man dort kennt, denn alle anderen sind mehr oder weniger ›schräge Vögel‹ – bis auf die Techniker und die Raumpflegerinnen«[44], meldete er daraufhin am 23. Februar 1961 nach Pullach.

Auch in den kleineren Sendeanstalten des Südwestens gab es nur wenige Sonderverbindungen der unverbindlichen Kategorie III: Werner Ernenputsch (Deckname ELLERHOF), Redakteur für Politik beim *Hessischen Rundfunk* in Frankfurt, Gisela Mahlmann (MICHAELA) beim *Südwestfunk* Baden-Baden – geführt von Frau DR. REUTER – sowie Otto Klinkhammer (KIEKUT) von der Hauptabteilung Tagesgeschehen und Landespolitik beim *Saarländischen Rundfunk* in Saarbrücken.

Weit stärker noch als den *Westdeutschen Rundfunk* hatte der BND aber die zweitgrößte Sendeanstalt der *ARD* im Visier, den *Bayerischen Rundfunk* in München, der den Konservativen im Dienst nicht nur geographisch näher lag. Hier gab es gleich fünf Konfidenten. ELZE, der Verbindungsführer und Chef von 923, betreute als erstrangige Verbindungen Burkhard Freudenfeld (Deckname FRICK), den Leiter der Hauptabteilung Politik. Der Berliner, Jahrgang 1918, war von 1952 bis

1958 Redaktionsmitglied der *Süddeutschen Zeitung,* von 1954 bis 1962 Lehrbeauftragter an der Münchner Hochschule für politische Wissenschaft und von 1958 bis 1962 politischer Redakteur beim *Bayerischen Rundfunk,* wo er bis 1970 dann als Chefredakteur und Leiter der Hauptabteilung Politik und Wirtschaft fungierte. Von 1971 bis 1983 war der Rotarier dann Direktor am Institut der deutschen Wirtschaft. In der Gesellschaft für Auslandskunde engagiert, wurde er überdies als Mitglied der Deutschen Unesco-Kommission berufen.

Des weiteren führte der BND dort – als voll tragfähigen Kontakt eingestuft – Günther Millbrandt (MITTHEIM), Redakteur für Ostfragen, den Redakteur Dr. Franz Josef Rappmannsberger als Bedarfskontakt (RANDOLF) und seinen Kollegen Josef Maurer (MAUS) als lockere Verbindung. Maurer hatte sich im Frühsommer 1956 vom Posten des Chefredakteurs der *Bayerischen Staatszeitung* auf die Position des stellvertretenden Chefredakteurs beim Rundfunk verändert, nachdem der dort als links eingestufte Robert Lembke ganz zum Fernsehen gewechselt war. Politische Beobachter sahen seinerzeit diese Umbesetzung und die Plazierung eines weiteren CSU-Mannes beim Zeitfunk als Beginn der CSU-Einflußnahme auf den *BR*[45].

Erich Helmensdorfer (Deckname HEUBEL) war dem Leiter der Abteilung I WINTERSTEIN selbst vorbehalten. 1970 war die erstrangige Verbindung zwar nurmehr als freier Mitarbeiter des *Bayerischen Fernsehens* registriert, in der Spalte »Bemerkungen« jedoch als früherer Chefredakteur der Münchener *tz* ausgewiesen. Der Jurist, Jahrgang 1920, hatte seine journalistische Karriere 1947 als Reporter bei der *DENA* (Deutsche Nachrichtenagentur) begonnen, arbeitete für die *dpa* in Nürnberg, Bonn, Berlin, München und Kairo, wurde 1961 Chef vom Dienst der *Deutschen Presse* in Wien und kaum ein Jahr später zum Redaktionsleiter der Münchner *Abendzeitung* berufen, die gerade vom gestürzten Chefredakteur der *Süddeutschen Zeitung,* Werner Friedmann, gegründet worden war. Die Registrierung Helmensdorfers auf der BND-Liste ist eine Momentaufnahme des Jahres 1970. Wie in so manchen Fällen bleibt unklar, an welcher Station seines journalistischen Lebensweges der BND aufsprang. Geriet er bereits als Inlandsmitarbeiter der Agenturen *DENA* und *dpa* oder erst in Kairo, wo er auch um die deutschen Nachrichtendienstler in Nassers Diensten wußte, ins Visier des Geheimdienstes? War es die erstrangige BND-Verbindung Udo Flade, mit der gemeinsam er 1962 die *Abendzeitung* übernahm, durch die Kurt Weiß auf ihn aufmerksam wurde? Oder wurde HEUBEL tatsächlich erst als *tz*-Chefredakteur 1968, als er zugleich als freier Mitarbeiter der *ARD* einige Fernsehsendungen moderierte, von Pullach zum Vertrauensmann gemacht?

14

Die neunte Großmacht – Fernsehen

Wenn Napoleon die Presse als siebte Großmacht bezeichnet und Goebbels die achte im Rundfunk ausgemacht hatte, mag man das Fernsehen als die neunte Großmacht bezeichnen. Das elektronische Medium eroberte mit seiner bildlichen Suggestivkraft und konkurrenzlos raschen Nachrichtenübermittlung in der Nachkriegszeit bald die bundesdeutschen Wohnzimmer. Auch in dieser neuen Medienlandschaft gewann der Bundesnachrichtendienst neue Partner. In manchen Fällen waren es jedoch nur die alten, die in das neue Medium gewechselt hatten.

Beim Ersten Deutschen Fernsehen setzte Pullach nur wenige Schwerpunkte. Im Norden führte der BND-Referatsleiter ELZE mit Bernd C. Hesslein (Deckname HIRSE) in der Redaktion Politik des *NDR* in Hamburg nur eine einzige erstrangige Verbindung, im Süden mit Dr. Richard Dill (DORTMANN) lediglich den Programmdirektor der *ARD*-Eurovision des bayerischen Fernsehens als Formalkontakt.

Bernd Hesslein (BND-V-Nr. 56214) wird nichts dagegen haben, wenn man ihn als linksliberalen Journalisten bezeichnet, der sich gegen die Folgen der Notstandsgesetze ebenso engagierte wie für die Friedensbewegung. »Als 1990 die Debatte um die Informellen Mitarbeiter der Stasi begann«, gesteht Bernd Hesslein im Juni 1997 freimütig, »da wollte ich schon die Glosse schreiben ›Auch ich war ein IM‹.« Zum »IM« war Hesslein im Sommer 1965 geworden. Da hatte sich bei dem damaligen Redakteur des politischen Fernsehmagazins *Panorama* eine junge Frau gemeldet, die als Sudetendeutsche häufig die

ČSSR besuchte. Von ihren Reisen zurückgekehrt, erhielt sie regelmäßig Vorladungen zu einer »Hauptstelle für Befragungswesen« in der Hansestadt. Sie fürchtete, durch diese Befragungen in der Tschechoslowakei in Gefahr zu geraten, und bat den Fernsehmann, der Sache doch einmal nachzugehen.

Bernd Hesslein stattete der Hamburger Innenbehörde am Johanniswall, wo diese Befragungsstelle untergebracht war, einen Besuch ab. Auskunft wollte man ihm dort nicht geben. Aber Heinz Ruhnau, damals Innensenator, erklärte ihm, es habe alles seine Ordnung und in der Sache sei journalistisch nichts zu holen. Bald darauf erhielt Hesslein einen Anruf: Man könne ihm den Hintergrund der Hauptstelle für Befragungswesen durchaus erläutern und sei auch gerne bereit, ihm ein Flugticket nach München zukommen zu lassen. Auf Hessleins Nachfrage bekannte sich der Anrufer als Mitarbeiter des Bundesnachrichtendienstes. »Wenn ich nach München komme, dann nur auf Kosten der Redaktion«, beschied ihn Hesslein, worum sein Gesprächspartner sogleich dringend bat.

Am 2. September 1965, in München angekommen, traf Hesslein vereinbarungsgemäß am Flughafenkiosk seinen Kontaktmann, den als Erkennungszeichen ausgemachten *Bayernkurier* in der Hand. Ein gut vierzigjähriger Herr im grauen Anzug begrüßte ihn, verfrachtete seinen Besucher in einen ebenso grauen Opel und fuhr mit ihm hinaus nach Pullach. Dort parkte er den Wagen, ging mit Hesslein um zwei Ecken, um dann in einem Gebüsch einen Klingelknopf zu betätigen. Der BND-Mann flüsterte einen Namen in die Sprechanlage, und eine Gartentür zum Allerheiligsten des Bundesnachrichtendienstes sprang auf.

Wenige Minuten später saß der Hamburger Fernsehredakteur an der festlich gedeckten Mittagstafel des BND-Vizepräsidenten. Der hatte sich ihm als WOLTER vorgestellt; tatsächlich traf Hesslein auf Hans-Heinrich Worgitzky, Jahrgang 1907, seit Dezember 1946 im Stab der Organisation Gehlen und bereits seit Mai 1957 Gehlens Stellvertreter. WOLTER räumte bei Tisch ein, daß es in der Handhabung des

Befragungswesens in den letzten Jahren einige Pannen gegeben habe und daß der seit vier Jahren verwendete Formbrief zur Vorladung der Übersiedler »nicht ganz korrekt« sei. Von den mitspeisenden leitenden Herren des BND führte WINTERSTEIN, also Kurt Weiß, das große Wort. Er erläuterte dem Panorama-Redakteur, daß die Befragungsstellen einen wichtigen Beitrag zum Nachrichtenaufkommen des Geheimdienstes leisteten und deshalb nicht ins Rampenlicht gehörten. Als Anwalt seiner Informantin wandte Hesslein ein, die Lecks beim BND seien doch bekannt, Informationen aus den Befragungen könnten leicht nach draußen dringen, überdies ginge die dritte Kopie des Befragungsprotokolls an die alliierten Partnerdienste. Die junge Sudetendeutsche sei also einem unvertretbar großen Risiko ausgesetzt. Bei Wiedereinreise in die ČSSR könne sie verhaftet und mehr oder minder zu Recht wegen Spionage verurteilt werden. Kurt Weiß und Karlheinz Worgitzky wiesen die Vorwürfe zurück und versuchten Hesslein zu überzeugen, die Befragungsstelle auf keinen Fall ins Fernsehen zu bringen. Der Journalist lehnte das Ansinnen ab.

In der Hausmitteilung, die Hesslein am 8. September 1965 an seinen Redaktionsleiter Walter Menningen schickte, dokumentierte er, welchem weiterführendem Zweck die Einladung nach Pullach offensichtlich gedient hatte: »Herr WOLTER offerierte der Panorama-Redaktion im Rahmen der Möglichkeiten die Dienste des BND für Recherchen und Auskünfte über Ostblockländer. Er brachte abschließend zum Ausdruck, daß General Gehlen, der zur Zeit abwesend war, bei nächster Gelegenheit gern mit einem leitenden Redakteur der Panorama-Redaktion zusammentreffen würde.«

Daß der Fernsehbeitrag zu der Hauptstelle für Befragungswesen nicht erschien, erweckte in Pullach den Eindruck, daß sich die Kontaktaufnahme ausgezahlt hatte. Jedenfalls wurde Hesslein in der Folgezeit zu Gesprächen mit DR. ELZE eingeladen. Einmal traf er ihn in einer Tarnfirma des BND in der Nähe des Stuttgarter Hauptbahnhofs, ein anderes Mal in Bonn, insgesamt – erinnert sich Hesslein – mögen es vier oder fünf solcher Treffs gewesen sein. Der BND-Mann habe dabei niemals fachliche Informationen von ihm verlangt oder ihm etwa Materialien an die Hand gegeben, sondern sein besonderes Interesse galt stets den Interna der Redaktion: Was würde *Panorama* demnächst senden, an welchen Themen arbeiten die Redakteure des Hamburger Magazins?

Am 19. November 1968 besuchte Hesslein die Zentrale des BND ein zweites Mal. Diesmal war es der BND-Präsident Gerhard Wessel selbst, der ihn im Kreis enger Mitarbeiter bewirtete. Der Hamburger Fernsehredakteur hat einen Eintrag in sein NDR-Tagebuch bewahrt, der die dort erörterten Themenkomplexe dokumentiert. Dem Journalisten ging es zunächst darum, den seit Mai des Jahres pensionierten Ex-Präsidenten für ein *Panorama*-Gespräch zu gewinnen: »Die Frage eines Gehlen-Interviews ist soweit gediehen, daß WINTERSTEIN – seit Wendlands Tod amtierender Vize von Wessel – den alten Knochen zu einem Vorgespräch mit Peter Merseburger und mir bewegen will. Vielleicht noch vor Weihnachten. Das Fossil – mißtrauisch gegen Presse und Publizität wie alle alten Militärs – hat Ärger mit Bonn wegen einer Gehlenstory ›eines amerikanisch-ungarischen Juden‹, der in seinen Angeboten an stern – Quick andeutete, sie sei von Gehlen autorisiert. Quellen-Studium eines eigens abgestellten Mannes ergab, der Mann hat alles ab- und zusammengeschrieben, gut geschrieben, wie W. beteuerte. Wendungen wie: ›dazu sagte, meinte Gehlen‹ geben die Authenzität (Hinweise auf Cookridge)[1], Angeblich sollen Photos aus dem Gehlenleben – von Kindesbeinen an – vorhanden sein. Angebot von Bild – Text: 40000,– DM. Beim Panorama-Interview gäbe es noch immer Schwierigkeiten mit dem Bild. Der olle Hase ist noch immer stolz auf seine Anonymität.«

Ausgesprochen freimütig informierte Kurt Weiß seinen Gast aus Hamburg über die Hintergründe des bis heute ungeklärten Freitods von BND-Vizepräsident Horst Wendland, der damals erst einen Monat zurücklag, sowie über die Querelen zwischen Gehlen und seinem Nachfolger: »Ursache für Suizid scheint tatsächlich ein handfester Krach zwischen Präsident und seinem amtierenden Vize Wendland am

Vortag zu sein. Wendland war in Behandlung, und ein neuer Kuraufenthalt schien notwendig. Loswerden mochte Wessel seinen Vize nicht, abgesehen von den Ambitionen Nollaus und der ungelösten Frage nach einem zivilen Stellvertreter. Wessel hat Wendland klargemacht, daß dieser nicht sein Mann sei. Vom Personalamt der Bundeswehr hörte der Gen. Mey.[2], dass man seiner nicht bedürfe. Er sei zu lange von der Truppe fort. Die Karriere schien zu Ende. Der Depressionsschub erfuhr eine Auslösung. Familie Wendland ist auf Wessel nicht gut zu sprechen, da der Alte zu Hause wohl sein schlechtes Verhältnis angedeutet hatte. Hier möglicher Ansatzpunkt. Im BND hat man Angst, dass diese Querelen bekannt werden und Wessel der Freitod bös angehängt wird. In dem Selbstmord im Büro sieht man ohnehin einen letzten Schlag Wendlands gegen Wessel … Der neue Präsident ist auch nicht mehr genau d'accord mit dem alten, dessen Ia in ›Fremde Heere Ost‹ – Zögling er war. Wessel reorganisiert den Laden, macht ihn effektiver mit dem gleichen Geld, hat alte Leute ausgekämmt (70jährige und älter). Gehlen sieht in jeder Änderung eine Kritik an seiner bisherigen Geschäftsführung. Nimmt übel – redet nicht mehr so mit Wessel. Er ist das Opfer seiner eigenen Legende. Urteil in der Spitze: es war Zeit, dass der Alte in Pension ging. Sein Antikommunismus gilt selbst bei diesen eingefleischten Antikommunisten antiquiert.«

Unter »Miszellen« notierte Hesslein abschließend noch allgemeine Probleme, die WINTERSTEIN beschäftigten: »Arbeit in der DDR (hier noch immer ›Zone‹) ist schwieriger geworden. W. meinte: ›Früher hätten sich die Leute in der Zone danach gedrängt für den ND zu arbeiten, nur um Ulbricht eins auszuwischen‹. Das sei heute vorbei. – Anwerbung an Hochschulen: Wo sollen wir denn unsere Leute hernehmen? Andere machen das auch. Im Allgemeinen: Noch viel Misstrauen – Geheimniskrämerei. Von Öffentlichkeit und Presse fühlen sie sich falsch verstanden und nicht gewürdigt. Sie leiden unter der Geheimhaltung, die sie selber fordern.«

Zu guter Letzt erhielt Hesslein selbst eine Einladung des Landesverbindungsreferenten des BND in Hamburg. Und auch bei dem Plausch mit dem Ex-Oberst der Wehrmacht in seiner Wohnung in den Grindelhochhäusern ging es nur um Belanglosigkeiten. Um 1970 etwa schliefen seine Kontakte zum BND dann ein, ELZE meldete sich nicht wieder, erinnert der Hamburger Journalist sich heute. Offensichtlich wurden die Beziehungen zu ihm mit der Auflösung der BND-Dienststelle 923 und dem Wechsel von ELZE in eine andere Verwendung eingefroren.

»Geradezu idiotisch« fand Hesslein seinen Decknamen HIRSE, den er beim Interview 1997 erstmals erfuhr, und wollte wissen, ob auch andere Kolleginnen und Kollegen vom BND mit Decknamen aus dem Nahrungsmittelbereich bedacht worden seien. Doch mit einem Blick in die Liste konnte er feststellen, daß sich die Wiedertäufer des BND quer durch deutsche Telefonbücher gearbeitet hatten[3].

Ende Oktober 1974 hatte Regierungssprecher Klaus Bölling dem BND-Präsidenten Gerhard Wessel heftige Vorwürfe gemacht, weil der BND Bonner Journalisten angeheuert hatte, und ihn aufgefordert, eine Aufstellung dieser Verbindungen zu veröffentlichen. Der Kanzler selbst sei schließlich der Auffassung, daß anderenfalls das Vertrauensverhältnis zwischen Politikern und Journalisten beeinträchtigt sei. Wessel jedoch verweigerte die Freigabe der Liste mit der Begründung, der Bundesnachrichtendienst gefährde seine Funktionstüchtigkeit, wenn er seine V-Leute preisgäbe[4].

Bölling, Jahrgang 1928, hatte als Journalist eine steile Karriere gemacht, war nach verschiedenen Presse- und Hörfunkstationen Chefredakteur des *NDR* und Fernsehmoderator der Sendung *Weltspiegel* sowie 1973/74 Intendant von *Radio Bremen,* bevor er dann 1974 Staatssekretär, Regierungssprecher und Leiter des Presse- und Informationsamtes der Bundesregierung wurde. Gewiß hat den in so vielen Redaktionen herumgekommenen Journalisten auch die Neugier geplagt, welche Kolleginnen und Kollegen vom BND geführt werden. Bei vielen Weggefährten hätte er wohl aufgemerkt, richtig gestutzt aber, wenn er auf den folgenden Eintrag gestoßen wäre: III Klaus Bölling (Deckname BARMBECK), Chefredakteur *Norddeutscher Rundfunk* Hamburg[5]. Bei genauerer Betrachtung hätte der Regierungssprecher feststellen können, daß er weder einen ihm zugeordneten Verbindungsführer noch eine V-Nummer hatte. Als er 1957 als Auslandkorrespondent des *NDR* nach Belgrad gehen sollte, erinnerte Klaus Bölling im August 1998, suchte ihn in einem Hamburger Hotel ein BND-Mann auf, um ihn als Quelle zu werben. Gerade das, was Journalisten an Informationen in den Papierkorb werfen würden, sei für den Nachrichtendienst häufig von Interesse, erklärte der Werbeträger Pullachs ihm seine Wünsche. Da die diplomatischen Beziehungen zum Tito-Staat gerade abgebrochen worden waren, residierte in Belgrad nurmehr ein bundesdeutscher Geschäftsträger in der französischen Botschaft. Dem, versicherte Bölling dem BND-Mann, würde er sicherlich berichten, wenn er tatsächlich Geheiminformationen aus dem Politbüro erhielte. Eine deutlichere Ablehnung schien dem damals 25jährigen Journalisten zu gefährlich, da seine jugoslawische Frau noch nicht eingebürgert war und da er ein Junktim zwischen seiner Bereitschaft, für Pullach zu arbeiten, und der Staatsbürgerschaft für seine Frau fürchtete.

Vorsichtshalber bat er Herbert Wehner um Rat, der ihm versicherte, er würde bei einer Zurückweisung der Anwerbung gar nichts riskieren. Notfalls solle er sich erneut an ihn wenden. So gewappnet reiste Bölling zum zweiten Treff nach München, wo er den BND-Mann vereinbarungsgemäß im »Königshof« traf – bei seiner Ankunft branchenüblich hinter einer Zeitung versteckt. Oberst Krause vom Bundesnachrichtendienst, wie sich sein Gegenüber nunmehr vorstellte, appellierte gleich eingangs an den Familiensinn Böllings. »Ihr Herr Vater war doch ein national gesinnter Mann«, und solchen Patriotismus erwartete er auch vom Sohn. Tatsächlich war Böllings Vater in dem rechtsintellektuellen Kreis um den *Tat*-Herausgeber Hans Zehrer aktiv gewesen und zugleich preußischer Regierungsbeamter, aber nur bis er seiner jüdischen Frau wegen 1935 aus dem Staatsdienst ausscheiden mußte. Bölling erteilte dem BND-Offizier ohne große Umschweife nunmehr eine klare Absage an jede Spionagetätigkeit, ohne anschließend jemals Nachteile für sich verspürt zu haben.

In den achtziger Jahren hatte der BND mit Joachim Wagner wieder einen stabilen Kontakt im NDR-Fernsehen. Bei dem Redaktionschef des TV-Magazins *Panorama* ging – nach den Erkenntnissen der MfS-Funkaufklärung – der Kontakt nach Pullach sogar so weit, daß er seine Beiträge dem BND zur Abstimmung vorlegte. »Wir hatten ihn, den Chef des ARD-Politikmagazins, oft genug auf unseren Abhörbändern. Immer dann, wenn er, meistens morgens, seine Zuträger beim Bundesnachrichtendienst (BND) in Pullach oder beim Kölner Bundesamt für Verfassungsschutz anrief«[6], berichtete ein MfS-Offizier über den 1997 als *ARD*-Korrespondent nach London gewechselten Redaktionschef. Wagner – so der Ostberliner Abhörspezialist weiter – »bestätigte eine damals im MfS weitverbreitete Meinung: Westliche Geheimdienste und einige einflußreiche politische Journalisten arbeiten Hand in Hand. Die einen stecken heiße Informationen, die anderen präsentieren sie einem Millionenpublikum.« Daß Joachim Wagner auch zu anderen Sicherheitsbehörden einen guten Draht hatte, erfuhr die Öffentlichkeit, als die *taz* eine Aufstellung aller Telefonate dokumentierte, die er im Laufe eines Arbeitstages mit Landeskriminalämtern und dem BKA geführt hatte. Kenner der Hamburger Szene behaupten jedoch, daß er sich beim sonntäglichen Sektumtrunk mit Christian Lochte, dem früheren Hamburger Verfassungsschutzchef, mehr Anregungen für sein Programm holte. »Das war ein Geben und Nehmen«, wertet ein früherer Kollege Wagners Programmgestaltung, »er hatte immer wieder journalistische Perlen im Magazin, und verkauft hat er sie eben staatstragend.«

Mit zwei IIer-Verbindungen hatte der BND-Beamte Paul Münstermann (DR. HEIDEGGER) seine Finger in der Fernsehanstalt des *Bayerischen Rundfunks.* Er führte in München den später zum *NDR*-

Magazin *Panorama* übergewechselten Redakteur Dr. Horst Hano (HASPER) und im Nürnberger Studio Winfried Böhm (BÜRGER). Fernsehchefredakteur Rudolf Mühlfenzl stand 1970 nicht auf der Liste der BND-Konfidenten. 1978 aber tafelte er regelmäßig mit dem BND-Präsidenten Wessel im sogenannten Doktorhaus im Pullacher Geheimdienstzentrum[7].

Beim *Zweiten Deutschen Fernsehen* lag mit sieben Vertrauensleuten, von denen keiner in die dritte Kategorie der Zufallskontakte fiel, der Fernsehschwerpunkt Pullachs. BND-Verbindungsführer DERNBERG, mit bürgerlichen Namen von Dallwitz, betreute hier nicht nur Wolf Posselt (Deckname PONGART), den Leiter des Studios Bayern des *ZDF*, sondern mit Frau HOLLE und Frau ELFE auch zwei weibliche Spitzenkräfte. Anne Heufelder (HOLLE), war Leiterin des Referats Eurovision, und Rosemarie von Oertzen (ELFE) arbeitete in der Auslandsabteilung. Die drei *ZDF*-Leute waren zugleich die einzigen Verbindungen von DERNBERG, der bei der Dienststelle 923 als Geschäftsführer eines Kontaktbüros geführt wurde und zum 30. April 1970 aus den Diensten Pullachs ausschied.

Der fleißigste Verbindungsführer ELZE hatte mit dem Redakteur Albrecht Heise (HARPER) als Bedarfskontakt und mit Gerhard Löwenthal (LOEBEN[8]) zwei Meinungsbildner aus Wiesbaden an der Angel. Zu dem Moderator des Wochenmagazins des *ZDF* (BND-V-Nr. 56241) bestand eine intensive Verbindung der Kategorie I. Löwenthal, Jahrgang 1922, hatte seine journalistische Karriere 1945 beim *DIAS,* dem Drahtfunk im amerikanischen Sektor begonnen und beim Nachfolger *RIAS* in Berlin fortgesetzt. Er stieg dort vom Reporter bis zum stellvertretenden Programmdirektor auf. Von 1954 bis 1957 amtierte er als stellvertretender Programmdirektor beim *SFB,* und von 1959 an sammelte er in Paris Auslandserfahrung als Leiter der Abteilung für wissenschaftliche Information bei der OECD. Von 1963 an war LOEBEN – »ständiger Vertreter der CSU beim *Zweiten Deutschen Fernsehen«* (*stern*) – zunächst Leiter des *ZDF*-Studios in Brüssel und ab 1969 bis 1987 Chefredakteur des *ZDF-Magazins.* Löwenthal war überdies Kuratoriumsmitglied der IGFM (Internationale Gesellschaft für Menschenrechte), Kuratoriumsmitglied der nationalistischen »Konservativen Aktion« und 1970 Mitbegründer des konservativen Bundes »Freiheit der Wissenschaften«. Im März 1977 wurde der enge Freund von Franz Josef Strauß Vorsitzender der Deutschland-Stiftung e.V. und im Januar 1988 Präsident der Organisation »Hilferufe von drüben«.

Regelmäßig erhielt der Betreiber des schwarzen Kanals West, der in der DDR zeitweise mehr als ein Drittel aller Fernsehzuschauer erreichte, die BND-Handbücher über die Lage in der DDR[9], und gelegentlich – beispielsweise am 14. Dezember 1973 – las er seinem Publikum daraus vor. Im Juni 1974 präsentierte er in seinem *ZDF-Magazin* vier BND-Berichte über konspirative Kontakte zwischen Sozialdemokraten und Kommunisten, die als Löwenthal-Papiere auch Eingang in den Guillaume-Untersuchungsauschuß des Bundestags fanden. Der BND-Kontakt zu Löwenthal endete auch nicht, nachdem seine Rolle als Sprachrohr Pullachs offensichtlich geworden war. Vielmehr empfing ihn – ebenso wie den Kollegen Dieter Kronzucker vom *ZDF-Journal* – BND-Präsident Wessel 1978 regelmäßig in Pullach[10].

Ernst Martin war in den siebziger Jahren Mitarbeiter des *ZDF-Magazins* und trug gelegentlich dafür Sorge, daß Überläufer der NVA dem Publikum vor den *ZDF*-Kameras ihr Herz ausschütten konnten. Die Kontakte zu den geflüchteten DDR-Soldaten verschaffte ihm Fregattenkapitän a.D. Wilhelm Reichenburg, Mitarbeiter der »Gesellschaft für Sozialbeziehungen« in Bonn. Der Leiter dieses vom BND unterstützten Vereins, Oberst a.D. Rudolf Rothe, hatte jeweils die Auswahl getroffen. Daß der Marineoffizier über gute Drähte zum BND verfügte, habe man natürlich gewußt, so Martin gegenüber dem *SPIEGEL*[11].

Als Reichenburg dann Ende Juli 1984 unter dem Verdacht der Spionage für das MfS verhaftet worden war, gerieten weitere Lieferanten Löwenthals in Schwierigkeiten. BfV-Präsident Heribert Hellenbroich mußte in der Geheimdienstlage im Bundeskanzleramt zugeben, daß ein frisch suspendierter BfV-Beamter und der freie BfV-Mitarbeiter Helmut Bärwald in den Fall verwickelt waren[12]. Die *ZDF*-Connection allerdings ließ der Kölner Amtschef unerwähnt. Löwenthal hatte nämlich BfV-Papiere vom Regierungsdirektor im Verfassungsschutz Werner Hoch erhalten, die Helmut Bärwald in seinem Haus in Grafschaft-Esch einlagerte, um sie für entsprechende Sendungen aufzubereiten. Als die Alarmmeldung von der Verhaftung Reichenburgs eintraf, wurden die geheimen Papiere schnellstmöglich in Sicherheit gebracht, da auch bei dem ebenfalls verdächtigten Bärwald eine Hausdurchsuchung zu befürchten stand[13].

1972 hatte Löwenthal eine Kampagne gegen Gehlens Intimfeind Günter Nollau, den Präsidenten des Bundesamts für Verfassungsschutz, gestartet, dem er seine Mitgliedschaft in der NSDAP zum Vorwurf machte[14]. Nollau revanchierte sich 1976 publizistisch bei dem »Angstmachermagazin« und seinen Schwestermedien: »In der Springer-Presse, in der Illustrierten Quick und in Blättern wie der Passauer Neue Presse erschienen fortgesetzt Informationen aus geheimen Berichten, die der Bundesregierung von ihren Nachrichtendiensten geliefert worden waren. Da wurden Auszüge aus den sogenannten Führungsinformationen des BND ebenso abgedruckt wie aus den monatlichen Lageberichten des Bundesamtes für Verfassungsschutz. Der sich als Hüter der Demokratie gebärdende ZDF-Löwenthal ließ in seinem Mittwochsmagazin einen Quick-Redakteur aus geheimen Telegrammen des Botschafters Pauls an das Auswärtige Amt zitieren.«

Nollau wagte sogar einen dezenten Seitenhieb auf die Geheimdienstkollegen in Pullach: »Derartiger Geheimnisverrat ist nicht möglich ohne Mithilfe von gewissen Beamten. Wes Geistes Kind derartige Leute sind, hatte ich einmal Gelegenheit anzuhören: ›Diese Regierung richtet unser Land zugrunde. Deswegen bin ich berechtigt, alles zu tun, um zu ihrem Sturz beizutragen.‹ Das ist die Widerstandsmentalität eines Staatsdieners, der einer aus freien Wahlen hervorgegangenen Regierung seines Landes Loyalität schuldet[15].«

Das Sprachrohr Pullachs zog naturgemäß auch das Interesse des

Ministeriums für Staatssicherheit auf sich. Und so fand Gerhard Löwenthal nach der Wende in Erfurt etwa zwanzig Ordner, in denen der DDR-Geheimdienst seine Arbeit im *ZDF* registriert hatte. Ein wichtiger Teil der Akten war jedoch vernichtet worden. Deshalb fand der *ZDF*-Moderator dort vielfach Banalitäten wie eine Lageskizze seiner Mainzer Büroräume. »Aus der Vertrautheit mit den Gegebenheiten, Detailtreue und anderem muß ich auf den Verrat eines Mitarbeiters meiner ehemaligen Redaktion schließen«[16], teilte er 1993 einem ehemaligen Gegenspieler, dem MfS-Oberstleutnant Günter Bohnsack mit. Die MfS-Operationen gegen die Aktion »Hilferufe von drüben« half Löwenthal 1993 in Buchform aufzuarbeiten[17] und im November 1992 wandte er sich mit spitzer Feder gegen die Zusammenarbeit von gesellschaftlichen Funktionsträgern mit dem Geheimdienst. Doch das waren »Dokumente zum Fall Stolpe«, die der BND-Vertrauensjournalist in der rechtskonservativen Monatsschrift *MUT* veröffentlichte, gerichtet gegen den brandenburgischen Ministerpräsidenten Manfred Stolpe, der als IM »Sekretär« mit dem MfS kooperiert haben soll.

Der BND-Angestellte HELFER sollte Sorge tragen, daß die von Rudolf Woller (WOLLWEBER) moderierten *Bonner Perspektiven* des *ZDF* auch Pullacher Blickwinkel berücksichtigten. Woller, Jahrgang 1922, unter anderem für die *Quick* in München, den *Weser Kurier* in Bremen sowie für die *Badischen Neueste Nachrichten* in Karlsruhe journalistisch tätig, übernahm 1962 die Studioleitung und die Chefredaktion des Mainzer Senders. 1970 publizierte er im Seewald-Verlag »eine realistische Wehrkonzeption« unter dem Titel »Der unwahrscheinliche Krieg«. Von 1969 bis 1978 war der Oberst der Reserve überdies Präsident des Verbandes der Reservisten der Bundeswehr.

Die hochrangigste Verbindung der Kategorie I – und damit WINTERSTEIN selbst vorbehalten – war jedoch der Intendant der Sendeanstalt selbst. Karl Johannes Holzamer (HUPPERZ), Jahrgang 1906, wurde 1931 Assistent der Pädagogischen Abteilung beim *Westdeutschen Rundfunk,* dem späteren *Reichssender Köln.* Politisch engagierte er sich 1931 bis 1933 in dem vom Reichstagsabgeordneten Dr. Heinrich

Krone geleiteten »Reichsjugendausschuß der Zentrumspartei«. Mit Krone, der 1945 die CDU mitbegründete, hatte Holzamer im Nachkriegsdeutschland einen politischen Ziehvater, der an der politischen Spitze des Geheimdienstwesens Karriere machte: Als Vorsitzender der CDU/CSU-Bundestagsfraktion und Mitglied des interfraktionellen Vertrauensmännergremiums des Bundestags stimmte er 1955 der Eingliederung der Organisation Gehlen in das Bundeskanzleramt zu. Von 1961 bis 1966 fungierte er als Bundesminister für besondere Aufgaben, amtierte parallel ab 1964 als Vorsitzender des Bundesverteidigungsrates und war ab 1965 Geschäftsführer des Vertrauensmännerausschusses des Bundestags für die Geheimdienste.

Im Zweiten Weltkrieg diente Holzamer ab 1939 zunächst als Bordschütze, dann im Rang eines Oberleutnants als Kriegsberichterstatter bei der Luftwaffe. Aus heutiger Sicht – bekannte Holzamer im Januar 1988 im *Monitor*-Interview – bedaure er, »manches im Augenblick nicht so überblickt« zu haben. »Aber man kann eben nur sagen, es hätte viel, viel mehr geschehen müssen zur Überwindung überhaupt des nationalsozialistischen Regimes in den Anfängen. Wenn es einmal da war … dann war die Stunde nicht mehr da, um noch zu retten, was zu retten ist.« Offensichtlich so rettungslos verloren hatte Holzamer im Reichsrundfunk kommentiert: »Nachdem Jahrhunderte abendländischer Größe in ihren edelsten Baudenkmälern getroffen und Tausende von Unschuldig-wehrlosen getötet wurden, brauchten wir nicht erst die Feindbestätigung, daß Mördervereine von drüben am Werk waren und eine der verbrecherischsten Seiten der Weltgeschichte mit Feuer und Phosphor schrieben[18].«

Bei Kriegsende geriet Holzamer in französische Gefangenschaft. Nach seiner Rückkehr wurde er 1946 a.o. Professor für Philosophie, Psychologie und Pädagogik an der neugegründeten Universität Mainz; von 1952 bis 1962 war er dort Ordinarius. Von 1949 an war Holzamer Vorsitzender des *Südwestfunk*-Rundfunkrates. 1960 trat er von diesem Posten zurück, als ihn die Adenauer-Regierung für den Intendantenposten des damals geplanten *Freien Fernsehens* benannte, das später am Einspruch der Länder scheiterte. Als die Länderfernsehanstalt in anderer Rechtsform schließlich in Mainz aktionsfähig wurde, wählte der Fernsehrat 1962 Holzamer zum Intendanten des *Zweiten Deutschen Fernsehens* in Mainz, das nach einem Jahr Aufbauarbeit am 1. April 1963 den Sendebetrieb aufnehmen konnte. Als *ZDF*-Intendant wurde Holzamer im Dezember 1966 und im Februar 1971 für jeweils weitere fünf Jahre bestätigt.

Der vielfach geehrte[19] Intendant war überdies Ritter vom Heiligen Grabe und Mitglied zahlreicher, vorwiegend kulturell wirkender Gremien wie der Deutschen Unesco-Kommission. Mitglied war Holzamer – wie Löwenthal – auch im Kuratorium der IGFM in Frankfurt, der 1974 der peinliche *ZDF*-Bericht erspart blieb.

Als Ritter vom Heiligen Grabe war Holzamer Mitglied eines weltweiten Geheimzirkels aus Politikern, Professoren, Bischöfen, Bankiers und Unternehmern, dem gute Kontakte zu verschiedenen westlichen Nachrichtendiensten nachgesagt werden[20]. Zutritt zu dieser den Freimaurern ähnlichen Organisation haben nur wenige Auserwählte. »Mit Adenauer, Filbinger, Abs, ZDF-Intendant Holzamer und Streibl sind hier nur wenige Namen genannt ... Die auf 18000 geschätzten Ritter vom Heiligen Grab zu Jerusalem sind international organisiert, stark in Amerika und in Italien, vor allem in Sizilien. Viele Hintermänner der großen italienischen Finanzskandale sind Ritter vom Heiligen Grab«[21], stellte Regine Igel 1997 in ihrem Buch über »Andreotti. Politik zwischen Geheimdienst und Mafia« fest.

Bei ihren fortgesetzten Bemühungen, *ZDF*-Fernsehredakteure für eine Kooperation mit dem Bundesnachrichtendienst zu gewinnen, stießen BND-Beamte jedoch nicht immer auf Gegenliebe. Am 27. Januar 1988 traf der BND-Verbindungsführer HAGEMEISTER in einem West-Berliner Steakrestaurant die Mutter seiner besten Quelle in Ost-Berlin. Die Dame arbeitete – wie ihr Sohn – aber als Doppelagentin des MfS gegen den BND. Und so liegt aus der MfS-Abteilung II/2 ein Auswertungsbericht zu diesem Treff vor. Begeistert von den Ausspähungsergebnissen eines NVA-Geländes an der Köpenicker Straße in Biesdorf und von den überlassenen Stadtplänen von Rostock und Jena sowie drei Ausgaben der russischen Fachzeitschrift ›Der sowjetische Schachtarbeiter‹ plauderte HAGEMEISTER, bürgerlich Ludwig Harz, nach der Erteilung von zwölf neuen Beschaffungsaufträgen mit seiner nachrichtendienstlichen Verbindung über allgemeine politische Fragen. Bei diesem Mittagessen ging er auch auf die öffentliche Diskussion über die Arbeit westdeutscher Journalisten für den Verfassungsschutz ein, denn auch der BND arbeite mit Medienleuten. Der Auswertungsbericht der MfS-Abteilung II/2 vom 12. Februar 1988 dokumentiert aber auch, daß der BND-Mann mit dem MfS-Decknamen »Förster« nicht immer zufrieden mit der Kooperationsbereitschaft der Medienleute war: »Die Medien zahlen gut und werden zuerst beliefert mit neuesten Informationen aus der DDR, der BND und ›Förster‹ erhalten sie im günstigsten Falle schon 2 Tage später. Es ist sehr ärgerlich, daß die Journalisten die Materialien zurückhalten. ›Förster‹ will am 26. 01. 1988 mit dem Fernseh-Journalisten Wiesner gesprochen haben, weil er von diesem die beiden neuesten Ausgaben des *Grenzfalles* und *Umweltschutz* aus der DDR haben wollte. Wiesner sah keinen Grund, mit dem BND zusammenzuarbeiten und empfahl dem ›Förster‹, doch die im Westen eintreffenden Übersiedler ganz brandaktuell zu befragen. ›Förster‹ erklärte, daß er sich persönlich sehr darüber ärgert, daß die Journalisten machen, was sie wollen. Nach einigem Hin und Her hat er dann doch angeblich vom Journalisten Wiesner die beiden Exemplare erhalten.«

Von einem gescheiterten Versuch nachrichtendienstlicher Fühlungnahme berichtete auch Dagobert Lindlau. Der Film- und Buchautor im Bereich der Organisierten Kriminalität ließ es sich nicht nehmen, im Januar 1996 im *SPIEGEL* einen mehr als vier Jahre zurückliegenden Anbahnungsversuch des BND offenzulegen. Der BND-Referatsleiter im Bereich der Organisierten Kriminalität Merker war ihm vom scheidenden BND-Pressechef bei einem Essen in Pullach vorgestellt worden; weil Lindlau damals die *ARD*-Talkshow *Veranda* moderierte, diente Merker ihm gleich den Decknamen BALKON an. Am 29. August 1991 fand dann ein konspirativer Treff im Münchner »Hotel Vier Jahreszeiten« statt, bei dem der Journalist zum Schein auf die BND-Offerte einging: »Ich stellte in Aussicht, Kollegen zu denunzieren, Freunde zu verraten und jedes journalistische Ethos in hohem Bogen über Bord zu werfen. Herr Merker war nicht beeindruckt. Er schien das für ganz selbstverständlich zu halten. Eine seiner Formulierungen ist mir bis heute im Kopf geblieben. Man muß halt, sagte er, ›ein bisserl rumspionieren‹[22].«

15

Gute Bücher, schlechte Bücher – der BND als Zensor und Mäzen

Über Jahrzehnte galt Reader's Digest als Inbegriff sauberer Familienunterhaltung. Das änderte sich schlagartig, als 1995 in New York die Geschichte des Großverlags publiziert wurde[1]. Die Analyse von Publikationen, Büchern und Autoren des Hauses ergab, daß enge Verbindungen zur CIA bestanden; ein Teil des Verlagsprogramms wird sogar den »media operations« der CIA zugerechnet. Die Agency hatte ihre Finger auch in vielen anderen amerikanischen und ausländischen Verlagen. Ein internes Memorandum aus dem Jahre 1961 weist aus, daß der Dienst dem Medium Buch eine besonders nachhaltige Wirkung beimaß: »Bücher unterscheiden sich von den anderen Propaganda-Medien vor allem dadurch, daß ein einziges Buch die Haltung und Handlungen eines Lesers deutlich in einem Maße verändern kann, wie dies durch kein anderes einzelnes Medium möglich ist[2].«

In der Pariser Dependance von Reader's Digest war es ein offenes Geheimnis, welche Publikationen vom US-Geheimdienst gesteuert waren. Die betreffenden Bücher wurden nämlich nicht wie alle übrigen französischen Ausgaben in Paris lektoriert, sondern bis zur Drucklegung direkt von der CIA betreut[3]. Zu dieser Kategorie dürfte beispielsweise der 1965 aufgelegte Sammelband mit 58 Kurzbeiträgen zur Geschichte der Geheimdienste von 1939 bis 1945 zählen, in dem FBI-Chef J. Edgar Hover ebenso vertreten war wie Gehlens Gefolgsmann Hermann J. Giskes[4].

Auch der BND nutzte vielfach Verlage als Tarnfirmen für seine Außenstellen, zum Beispiel in den sechziger Jahren das Unternehmen

Terrapress in Hamburg oder den Wiesbadener Verlag Sport und Mode. Drucken allerdings ließ Pullach andernorts. Der Bopparder Harald Boldt Verlag[5] etwa soll tonnenweise Propagandamaterial für den Einsatz in der DDR hergestellt und unter dem Tarn-Imprint Severus[6] Bücher für den BND produziert haben[7]. Doch Pullachs Lieblingsadresse im deutschen Verlagswesen war in Mainz zu finden.

HEROLD lautete der treffende Deckname für Volker Hansen, den Geschäftsführer des Verlages von Hase & Koehler, den der BND-Mann CASSEL als wichtigen Formalkontakt führte. Das Mainzer Unternehmen war gewissermaßen der Hausverlag des BND. Hier veröffentlichte Reinhard Gehlen seine drei Bücher, ließ der Überläufer vom MfS Werner Stiller 1986 sein in Pullach redigiertes Buch »Im Zentrum der Spionage«[8] publizieren und tauchte manch anderes rechtsgewirktes »Fachbuch« zum zweitältesten Gewerbe der Welt in den Katalogen auf[9].

Als 1971 Gehlens erstes Buch herauskam, vom Verlag als »Memoiren des Jahrhunderts« beworben, erklärte Volker Hansen Gehlens Verlagswahl damit, daß man als kleinerer Verlag dem General eher die verlangte Geheimhaltung in der Vorbereitungsphase des Buches habe garantieren könne. Daher habe er Gehlen bei mehreren Besuchen am Starnberger See für von Hase & Koehler gewinnen können, obwohl natürlich viele Konkurrenten versucht hätten, mit dem Ex-BND-Präsidenten ins Geschäft zu kommen[10].

Mag an Büchern des geheimnisumwitterten BND-Gründers auch verlegerisches Interesse bestanden haben, so ist zumindest ein Fall dokumentiert, in dem der Mainzer Verlag dem BND als publizistischer Nothelfer dienen sollte. Im Bundesnachrichtendienst befürchtete man 1970 nämlich, der KGB-Mann Heinz Felfe wolle in der DDR seine Memoiren publizieren und peinliche Interna aus dem BND ausplaudern, wo er bis August 1961 in leitender Funktion tätig gewesen war: »Pullach ließ sich sodann zu einem Verzweiflungsakt hinreißen: In aller Eile erstellt es ein Anti-Felfe-Manuskript, das vom Verlag Hase & Koehler in Mainz gesetzt wurde (Titel: ›Moskau ruft Heinz Felfe‹), und wartete nun darauf, daß Felfe mit seinen Erinnerungen auf dem

Markt erschien. Doch der BND hätte wissen müssen, daß dieses in den Wiesbadener Graphischen Betrieben unter strengen Sicherheitsvorkehrungen hergestellte BND-Rehabilitierungs-Buch eine nutzlose Mehrarbeit war, denn Felfe mußte nur so tun, als ob er wettern wollte[11].« Ein anonymer Kampfschreiber aus dem rechten Geheimdienstmilieu hatte 1974 in seinem Buch zum Fall Guillaume offenbar richtig eingeschätzt, daß auch die DDR-Regierung kein besonderes Interesse an der Publikation der Felfe-Memoiren besaß.

Tatsächlich hatte der Rechtsanwalt Jürgen Stange im Juni 1970 im Auftrag der Bundesregierung bei DDR-Anwalt Wolfgang Vogel interveniert, nachdem die *Münchener Abendzeitung* unter der reißerischen Überschrift »Der Spion, der in der Wärme lebt« eine Autobiographie des BND-Maulwurfs angekündigt hatte. Stange bezog sich dabei auf die bei dem Agentenaustausch – durch den Felfe freikam – getroffenen Vereinbarungen, denen die Publikation widersprochen hätte[12]. Erst 16 Jahre später erschien Felfes Autobiographie zuerst beim Hamburger Verlag Rasch und Röhring im Westen und im gleichen Jahr im Ost-Berliner Verlag der Nation[13].

Der Verleger der Edition E in Köln, Dr. Lothar Lohrisch (LAURENTIUS), war einer der gutbezahlten BND-Agenten, die Frau DR. REUTER als voll tragfähige Verbindung führte. Allein im ersten Halbjahr 1970 fielen für ihn DM 2809,07 an Einsatzausgaben an. LAURENTIUS war Herausgeber der *WEHRpolitischen Informationen,* zugleich im Vorstand der nachrichtendienstlichen Drehscheibe IWE (Informationsbüro West), aber auch im Coordinierungs-Collegium der »Gesellschaft zur Förderung öffentlicher Verantwortung e.V.« und bei der rechtskonservativen Publizistengruppierung »Aktion Funk und Fernsehen« aktiv.

Nachdem Horst Ehmke die Namen der Journalisten und Verleger erfahren hatte, die eng an Pullach gebunden waren, wurden offenbar auch Konsequenzen in der Förderpraxis des Bundespresseamtes gezogen. Lohrisch jedenfalls beklagte am 14. März 1971 in einem Brief an

Gerhard Baumann den Schlag, den ihm »das BPA im vorigen Jahr versetzt hat. Das Ziel, mich aus der Front zu schiessen, wurde zwar nicht erreicht, aber ich hinke noch ... Leider müssen wir jetzt – mitten im Entscheidungskampf – alle den Riemen eng schnallen, um durchzustehen«. Trotz der Finanzmisere des Verlegers kamen die beiden BND-Konfidenten ins Geschäft, als Baumann ihm zwei Wochen später einen Beitrag für seine *WEHRpolitischen Informationen* zum Thema Devisenausgleich mit den USA und Großbritannien anbietet, »nur darf eben niemand wissen, woher die Quellen fließen«. Am 8. April 1971 akzeptierte Lohrisch den Artikel, womit eine langjährige Zusammenarbeit beginnen sollte.

Die *Wehrkunde* gilt als die meinungsführende Fachzeitschrift der westdeutschen Militärpublizistik. Doch der Mann, der sie vierzig Jahre lang bis 1991 herausgab, Ewald Heinrich von Kleist, Jahrgang 1912, gehörte nicht zu den Pressesonderverbindungen Pullachs. Von Kleist, Offizier der Wehrmacht, zählte zu den Männern des 20. Juli um Graf Stauffenberg, kam ins Konzentrationslager Ravensbrück und wurde nur durch den Zusammenbruch des Hitlerregimes vor der drohenden Hinrichtung gerettet[14]. Sein Verleger in München hingegen, Vollrath von Hellermann (Deckname HORNSCHUH), General der Hitlerwehrmacht, wurde als Formalkontakt von DR. WILHELM geführt, ebenso – als erstrangige Verbindung – der Chefredakteur der Militärzeitschrift Wilhelm Meyer-Detring (MÄRKER), der vor seinem Eintritt in die *Wehrkunde* am 1. April 1967 im Range eines Generalleutnants das I. Korps der Bundeswehr kommandiert hatte. 1976 übernahm dann Generalleutnant Hans Hinrichs, kommandierender General des I. Korps von 1970 bis 1974, die Leitung der einflußreichen Zeitschrift, wiederum ein Mann mit deutlicher Affinität zum Geheimdienst. 1944 hatte er als Major i.G. in der OKW-Abteilung Fremde Heere Ost bei Gehlen gedient und war seinem FHO-Chef auch nach Kriegsende bis zu seinem Eintritt in die Bundeswehr im Jahre 1955 im »Amt für Militärkunde« der OG treu geblieben.

Als Militärschriftsteller aktive Ex-Generale wie Otmar Hansen hatten einen besonderen Stellenwert in der Pullacher PR-Holding. Zu dem im September 1964 pensionierten Generalmajor a.D. aus Wiesbaden, Deckname HARBECK, hatte BND-Verbindungsführer CASSEL, ein Generalskamerad, eine voll tragfähige Dauerverbindung.

Vor den Toren Pullachs in München pflegte DR. WILHELM Formalkontakte zu Dr. Gerhard Baumann (BALLY), der seit 1961 als Chefredakteur des in Bonn erscheinenden Organs des Verbandes der deutschen Soldaten (VdS) *Soldat im Volk* amtierte. Baumann war nicht nur in verteidigungspolitischen Fragen außerordentlich sachkundig, sondern auch Spezialist für Psychologische Kriegsführung, und das bereits vor 1945. Sein 1941 erschienenes Buch »Grundlagen und Praxis der internationalen Propaganda«[15] fand besonderes Lob im *Völkischen Beobachter,* dem Kampfblatt der NSDAP.

In *Soldat im Volk* hat Baumann im Sommer 1979 in zweifacher Weise zugunsten Gehlens interveniert. Zunächst bezieht er Stellung gegen den »infamen Nachruf«, den der SZ-Redakteur Claus Heinrich Meyer Gehlen am 11. Juni 1979 hatte zuteil werden lassen, um dann als Ergebnis eines »vielstündigen Gesprächs mit dem berühmten Pensionisten« die Leistungen Gehlens unter dem Titel »Das Geheimnis des ›Hexers‹« zu würdigen, dem »respektvollen Prädikat der Sowjets« für den Generalmajor a.D. der Wehrmacht[16].

Selbst mit 67 Jahren schon im Pensionistenalter, war BALLY beim Interview mit dem BND-Präsidenten dem Mann wiederbegegnet, dem er schon bis zum 25. November 1948 als »gelegentlicher Hinweisgeber« der Organisation Gehlen ausgeholfen hatte[17]. Im Deutschland der Nachkriegszeit war Baumann Diener so vieler Herren, von der Hardthöhe über die CSU bis zu BND-Kreisen, von der OG über den Bayerischen Verfassungsschutz bis – unfreiwillig, wenn auch besonders fleißig – zum DDR-Ministerium für Staatssicherheit, daß ihm ein eigenes, das abschließende Kapitel gewidmet wird.

Einer der bekanntesten Militärpublizisten der Bundesrepublik wurde vom BND-Beamten ELZE vorgeblich als Anwärter auf eine engere

BND-Bindung geführt. Doch Wolfram von Raven, Journalist aus Hoholz bei Bonn, trug in der BND-Aufstellung vom März 1970 den Vermerk »gesperrt«. ROSELIUS, so sein Deckname, war von 1947 bis 1956 und wiederum ab 1964 als Journalist tätig, unter anderem als Chefredakteur der *Europäischen Wehrkunde.* In der Zwischenzeit diente er, Jahrgang 1924, als Offizier der Bundeswehr, zuletzt als Oberstleutnant und stellvertretender Pressereferent des Bundesverteidigungsministeriums. Für Franz Josef Strauß versuchte er sich im Oktober 1962 als Zuarbeiter des Gutachters Dr. Wunder an dem Nachweis, daß viele Informationen aus dem Artikel »Bedingt Abwehrbereit« – dem Auslöser der *SPIEGEL*-Affäre – nicht aus öffentlichen Quellen stammen konnten. »Am 17. Oktober lag der Bericht der Presseabteilung vor, eine einzige Schreibmaschinenseite: Die von Wunder in dem Artikel beanstandeten 50 Stellen enthielten 28 Geheimnisse, die aller Wahrscheinlichkeit nach – auf Grund der vorhandenen Vergleichsmöglichkeiten – niemals veröffentlicht worden waren. Dieser Bericht war von Major von Raven unterschrieben, er stützte sich auf spärliche Unterlagen[18].« Der Kontakt zu Strauß ist nie abgerissen, denn publizistisch wirkte von Raven als Herausgeber militärpolitischer Schriften des CSU-Vorsitzenden[19].

Gerhard Baumann teilte seinem vermeintlich dem französischen Geheimdienst zuarbeitenden Kontaktmann Erich Richter am 7. Juli 1965 mit: »Staatssekretär Gumbel bemüht sich, den vor gut einem Jahr ausgeschiedenen Oberstleutnant v. Raven zurückzuholen, um ihn zum Pressereferenten des Bundesverteidigungsministeriums zu machen. Mit dem derzeitigen Pressechef, Oberst Viebig, ist niemand zufrieden ... Dafür steht er charakterlich weit über Raven, dessen Verbindungen jedoch in alle Pressekreise hineinreichen«.

Doch Wolfram von Raven blieb Publizist und veröffentlichte in den folgenden Jahrzehnten Hunderte von verteidigungspolitischen Artikeln und Kommentaren; über Jahre galt er als »Militärpapst« von *Welt* und *WamS.* Auch seiner *Wehrkunde,* die später als *Europäische Sicherheit* firmierte, hielt er noch lange die Treue.

Den Handel mit *Vertraulichen Verteidigungsinformationen* hat von Raven selbst in hohem Alter nicht aufgegeben. Unter diesem Titel nämlich vertreibt er seit 1964 einen zweiwöchentlich erscheinenden Hintergrunddienst. Äußerlich – als Schreibmaschinentext mit handschriftlichen Korrekturen – eher antiquiert, sind seine Meldungen exklusiv und häufig brandaktuell. Ganz offensichtlich schöpft er aus geheimen Quellen,wenn er im Juni 1997 beispielsweise über russische Initiativen berichtet, die USA zur Aufgabe ihrer Radar- und Satellitenbasis im grönländischen Thule zu bewegen. Diese Quellen aber verdankt er – nach eigenem Bekunden – nicht dem Bundesnachrichtendienst, sondern seinen guten, über Jahre gewachsenen Beziehungen zu hohen Nato-Offizieren. Den Sperrvermerk vom März 1970 könnte von Raven diesen Zugängen zu Nato-Geheimkreisen verdanken, da eine Sperrung häufig dann vorgenommen wurde, wenn Partnerdienste bereits Kontakte pflegen.

Mit dem Bundesnachrichtendienst ist er nur in den acht Jahren, als er in der Bonner Hermekeil-Kaserne diente, gelegentlich dienstlich in Berührung gekommen, sagt der 73jährige. Als Journalist habe er nie Kontakt mit dem BND gehabt. Gehört hatte der Journalist auch den »baren Unsinn«, daß ihn der MfS-Autor Julius Mader[20] in seinem Werk »Nicht länger Geheim« mit dem Leiter der BND-Dienststelle zur innenpolitischen Aufklärung, Friedrich Wilhelm Hoeffer von Löwenfeld, gleichgesetzt hatte[21]. Mader hatte schlicht den bürgerlichen Namen von Raven mit dem Decknamen RAVEN verwechselt, unter dem Hoeffer von Löwenfeld[22] firmierte.

Einfluß auf die militärpolitischen Debatten zu nehmen, war für Gehlens Truppe, die bis 1956 das personelle Reservoir für die Wiederbewaffnung gestellt hatte, von großer Wichtigkeit. Zum einen taten im BND auch immer einige hundert Offiziere Dienst, zum anderen war Pullach deutscherseits für die Lagebeurteilungen innerhalb der NATO zuständig. Im ureigensten Interesse Pullachs jedoch lag, die Publikationen über Geheimdienstangelegenheiten zu steuern. Eine wichtige Zielgruppe war dabei die Arbeitsgemeinschaft ehemaliger Abwehrangehöriger (AGEA), der Franz Seubert ab 1950 als Geschäftsführer und Herausgeber ihres Vereinsorgans *DIE NACHHUT* vorstand. Seubert hatte als Geheimdienstmann eine bewegte Vergangenheit. Unter dem Decknamen »Angelo« war er 1939 Major im OKW-Amt Ausland-Abwehr, als Spionageexperte für Nordafrika und den Nahen Osten wurde er Mitinitiator der Arabischen Legion, und 1945 diente er als Verbindungsoffizier seines OKW-Amts zum militärischen Geheimdienst Italiens. Beim BND firmierte »Angelo« unter dem Decknamen SIPP und lieferte in Pullach bis weit in die achtziger Jahre hinein auch historische Analysen. Bis Mai 1970 erhielt er dafür monatlich eintausend Mark, ab Juni des Jahres jedoch nur noch nur die Hälfte. Bis 1960 war der Generalleutnant a.D. der Hitler-Wehrmacht überdies Sektionsleiter der »Gesellschaft für Wehrkunde« in Würzburg.

Während Seubert über die AGEA nur auf die Meinungsbildung von Insidern einwirken konnte, diente ein anderer Aktivist der AGEA dem Bundesnachrichtendienst als »voll tragfähige« Pressesonderverbindung zur Beeinflussung einer breiteren Öffentlichkeit. Dr. Gert Buchheit (Deckname GERO) aus Landstuhl in der Pfalz wurde vom BND-Mann CASSEL als einer von acht Vertrauensjournalisten geführt. In den sechziger und frühen siebziger Jahren trat Buchheit als Verfasser zahlreicher Fachbücher zu den deutschen Nachrichtendiensten vor 1945 hervor, die zum Teil im ausgesprochen rechtslastigen Landshuter Verlag politisches archiv[23] erschienen[24].

In seinem publizistischen Wirken konzentrierte sich der Wissenschaftler, der im Zweiten Weltkrieg im Generalstab des Militärbefehlshabers in Frankreich gedient hatte[25], besonders auf die Aufarbeitung der jüngsten Geschichte, die er als braune Ein-Mann-Diktatur darzustellen versuchte. Doch 1974 ging der »Historiker der Abwehr« (*DIE NACHHUT*) zum tagespolitischen Angriff über, als er den aktuellen »Geheimkampf der Geheimdienste«[26] aufs Korn nahm. »Im Würgegriff der Politik« lautete der Titel seines Buchs und markierte zugleich die politische Botschaft. Nach dieser Lesart wurde der BND durch eine rigoros parteibuchorientierte Personalpolitik Horst Ehmkes in seiner Effizienz beschädigt und das Bundesamt für Verfassungsschutz unter dem Wehner-Vertrauten Günter Nollau verschlissen. Selbst der langjährige AGEA-Kamerad Alfred Schickel kritisierte in einer Rezension, daß Buchheit hier nicht etwa eine von ihm zu erwartende »seriöse Abhandlung über nachrichtendienstliche Tätigkeit«, sondern in Teilen einen »Polit-Krimi« vorgelegt und statt der gewohnten distanzierten Sachlichkeit und abwägenden Reflexion nun engagierte Parteinahme demonstriert habe[27]. Gert Buchheit erhielt ab Juni 1970 aus dem BND-Etat 250,– DM monatlich, d.h. der Bundesnachrichtendienst finanzierte indirekt die gegen seinen Dienstherrn in Bonn gerichtete Tätigkeit mit.

Thomas Walde mochte Buchheit 1971 nicht in die Kategorie der »inoffiziellen Sprecher« des BND einreihen, hatte allerdings aus vertraulicher Quelle erfahren, daß sein 1969 vorgelegtes Buch »Die anonyme Macht« als Auftragsarbeit des BND gilt[28].

Nach Aussage von Heinz Felfe, bis 1961 Spitzenagent des KGB im Bundesnachrichtendienst, war Gert Buchheit auch konzeptionell am Aufbau der Pullacher PR-Holding beteiligt. Der Leiter des militärischen Nachrichtendienstes der Weimarer Republik, Oberst Walter Nicolai, stand seinerzeit auf dem Standpunkt, daß es gegen die Konspiration verstieße, die Presse nachrichtendienstlich zu unterwandern. »Gehlen, der Geheimdiensthistoriker Buchheit und vor allem ›Winterstein‹ haben diese Lehren sehr kritisch bewertet und gingen nach eingehender Beratung dann den Weg des Einschleusens in alle möglichen Redaktionen«[29], resümierte Felfe.

Die Kehrseite der konspirativen Unterstützung nützlicher Publikationen ist die Torpedierung solcher Werke, die einem Geheimdienst gefährlich erscheinen. Tradition hat dies im BND, seit Gehlen für 30000 DM aus einer norddeutschen Druckerei ein mißliebiges Manuskript über Hans Globke, Adenauers Staatssekretär und ehemaliger Kommentator der NS-Rassengesetze, herausschmuggeln ließ, um es seinem Mentor im Kanzleramt zu überbringen[30].

Zunächst versucht ein Nachrichtendienst die Publikation als schädlich erachteter Bücher – wie 1997 im Fall von Udo Ulfkotte[31] – schlicht zu verhindern. Wo das erfolgreich durch die Einwirkung auf Verlag oder Autoren gelingt, wird es kaum jemals öffentlich. Nur im Ausnahmefall findet man beispielsweise ein brisantes Werk bereits angekündigt, das dann jedoch nicht erscheint. So fragt sich der interessierte Leser, warum das vom Bertelsmann-Verlag für 1994 annoncierte Buch von Charles Fenyvesi »Heißer Draht: das geheime Bündnis zwischen Israel und Jordanien« nie auf den Markt kam. Aber selbst, wenn das Kind aus Sicht der geheimen Zensoren bereits in den Brunnen gefallen ist, lassen sie nichts unversucht, wenigstens die weitere Verbreitung zu unterbinden. Der Öffentlichkeit entgeht leicht, wenn beispielsweise das Buch von Benjamin Beit-Hallahmi[32] über die operative Außenpolitik Israels flugs vergriffen ist. Nur Insider berichten von einem anonymen Großaufkäufer.

Der spätere Verleger und Literaturagent Josef von Ferenczy (FLACHSMANN) wurde 1970 als Zufallskontakt bzw. Perspektivagent unter den Münchener Journalisten geführt. Im Februar 1981 hatte der gebürtige Ungar, Jahrgang 1919, anscheinend schon einen besseren Draht nach Pullach. Da nämlich lieferte er das Exposé zu einem Schlüsselroman über den BND beim persönlichen Referenten des CSU-Innenministers Gerold Tandler ab und erklärte, der BND habe bereits interveniert, das Buch werde nicht erscheinen. Zugleich bat er, von einer Befragung des Autors abzusehen. Im November 1982 legte er dann im bayerischen Innenministerium ein 560 Seiten starkes Manuskript vor, das als Unterhaltungsroman mit Ausflügen in die Welt der Geheimdienste unterschätzt wurde[33]. Kaum ein Jahr später publizierten der Journalist Jürgen Saupe und der Nachrichtenhändler Frank Peter Heigl dieses Material im *konkret* Literaturverlag unter dem Titel »Operation Eva«[34], das Hans Langemann (BND-Deckname LÜCKRATH) während seiner Zeit als Staatsschutzchef in München zusammengestellt hatte. Im Kern hatte der »Mann mit dem Kopfschuß«

(Franz Josef Strauß), der von 1957 bis zum November 1970 eine leitende Funktion im BND bekleidete, den operativen Bereich Pullachs in den sechziger Jahren preisgegeben.

Das Langemann-Material erblickte jedoch weder in diesem Buch noch in der parallelen Serie von *konkret,* die mit einer vom Generalbundesanwalt veranlaßten Hausdurchsuchung unter Druck gesetzt wurde, komplett das Licht der Öffentlichkeit. Der BND-Präsident rief Manfred Bissinger, den Chefredakteur in der Redaktion, fast täglich an, um mit Strafverfahren zu drohen, wie sich Bissinger 1986 erinnerte: »Er sprach auch davon, was ja immer das beste Argument ist, es seien Menschenleben in Gefahr. Wer wollte und konnte sich schon auf eine solche Diskussion einlassen. Tatsächlich mußte deshalb auch einiges unveröffentlicht bleiben, denn welcher Redakteur geht schon sehenden Auges in den Knast. Oder wer will sich anhängen lassen, er habe mit seinem Artikel Menschenleben gefährdet[35].« BND-Präsident Klaus Kinkel belehrte Bissinger in Zusammenhang mit den Langemann-Unterlagen auch, daß Journalisten im Westen doch lieber freiwillig tun sollten, wozu sie in östlichen Diktaturen gezwungen seien: »Wenn Sie in Moskau wären, dann müßten Sie auch für die arbeiten. Und hier wollen Sie uns nicht mal zugestehen, etwas nicht zu drukken«[36], verteidigte Kinkel das vermeintliche Recht des BND auf Zensur.

»Der Bundesnachrichtendienst nimmt zu Vorgängen, die auf ihn bezogen werden, in der Öffentlichkeit nicht Stellung«, versprach eine Pressemitteilung aus Pullach. Anlaß der einseitigen Erklärung vom 30. Juni 1993 war das Buch »Schnüffler ohne Nase. Der BND – die unheimliche Macht im Staate«, erschienen am 2. Juli 1993. Doch als die Münchener *tz* »Spione made in München: Versoffene Dilettanten« titelte, brach der BND sein Schweigen: Das Werk von Erich Schmidt-Eenboom sei eine »Mischung aus Gerüchten und Vermutungen«.

Die jahrelang geübte Vogel-Strauß-Taktik ließ sich in Pullach nicht länger durchhalten. Zwar hatte das Bundeskanzleramt fürs schwarze

Brett in Pullach ein Schreiben geschickt, das den BNDlern den Rücken stärken sollte; selbst »rechtliche Schritte« aus Bonn wurden in Aussicht gestellt, aber die Geheimdienstler trauten dem Offensivgeist aus der Noch-Hauptstadt nicht. »Wenn die vor Gericht ziehen, müßten sie schon sagen, was an dem Buch stimmt, sonst wär's kein Landesverrat«, analysierten einige Pullacher richtig, »und das tun sie im Leben nicht.«

Vom *stern,* der ein Interview mit dem Buchautor veröffentlicht hatte, verlangte BND-Anwalt Georg Romatka am 28. Juli 1993 per Fax ultimativ, eine Gegendarstellung abzugeben. Innerhalb eines Tages sollte der *stern* erklären, daß er sich die Aussagen Schmidt-Eenbooms nicht zu eigen mache und »in der nächsten zum Druck anstehenden Ausgabe« in sechs Punkten eine Gegendarstellung Porzners abdrucke. Diese erreichte die Redaktion am 29. Juli 1993, unterschrieben vom BND-Präsidenten selbst. Und sie landete im Papierkorb, nicht nur, weil sie juristisch nicht ganz »mängelfrei« war. Das Hamburger Presserecht sieht eine vierwöchige Frist vor, innerhalb derer eine Gegendarstellung geltend gemacht werden kann. Diese Frist hatte der BND um einen Tag überschritten. Bei einer Behörde, »deren Zweck das Sammeln von Nachrichten ist«, ließ der Justitiar von Gruner + Jahr den BND-Anwalt wissen, müsse man den *stern* »am Erscheinungstag gelesen« haben. Die Frist sei so auf jeden Fall nicht gewahrt worden.

Künstlerpech eines Topanwalts oder die Absicht, den unliebsamen Buchautor nun ohne den Rechtsschutz von G +J oder seines Verlages, der nicht parallel wegen der entsprechenden Buchinhalte um Unterlassung ersucht wurde, angehen zu können? Jedenfalls wandte sich Romatka am 5. August – Fax voraus – direkt an den Autor. Er wollte ihn nötigen, bis zum 10. August, 11 Uhr, eine Unterlassungserklärung in sechs Punkten zu unterzeichnen. »Wegen der außerordentlichen Schwere der Vorwürfe« hatte er den Gegenstandswert auf 300 000 DM angesetzt und folglich mit einer Forderung von 2200 DM nebst Mehrwertsteuer für sich selbst verbunden.

Schnelle Hilfe gewährte Anwalt Andreas von Bülow. Der Bundesminister a. D. konstatierte noch am selben Abend, daß die Drohung des BND, den Rechtsweg zu bestreiten, eine leere Drohung war. Nach Paragraph 50 (I) der Zivilprozeßordnung ist die Bundesbehörde im Isartal nicht so ganz rechtsmündig. Nur das Kanzleramt könnte diesen Rechtsweg beschreiten.

Mit einem Schreiben vom 9. August an Romatka erklärte von Bülow – neben dem Hinweis, daß nichts zurückzunehmen sei – dem Münchner Staranwalt dann die Rechtslage. Eine Reaktion auf die Nachhilfe erhielt er nie. *Vertrauliche Mitteilungen aus Politik und Wirtschaft* allerdings berichteten im September 1993, es gäbe eine Bitte an das Justizministerium, die Prozeßaussichten des BND zu prüfen. Doch FDP-Ministerin Sabine Leutheusser-Schnarrenberger habe »sich bedeckt gehalten«. Nun müsse Bundeskanzler Kohl entscheiden, »ob jemand unbehelligt behaupten darf, der deutsche Auslandsnachrichtendienst arbeite mit illegalen Methoden«.

Das Zeitungsecho auf den juristischen Angriff war für Porzner wiederum ein Desaster. »Bonns Spione klagen um ihren guten Ruf« titelte die *taz* am 10. August 1993, auch der *dpa*-Bericht »Die Geheimdienstler aus Pullach fühlen sich falsch ausspioniert« vom Tag darauf wurde von vielen Tageszeitungen aufgegriffen[37]. Auch *DER SPIEGEL* bescheinigte dem Buch im Heft 33/93 »erstaunliche Detailkenntnisse« und berichtete ausführlich über die amtlichen und halbamtlichen Angriffe gegen den Autor sowie über die Bemühungen des Kanzleramts, die undichten Stellen im Dienst aufzuspüren. Dem Verkauf des Buches waren die Reaktionen aus dem Dienst nur förderlich, und eigentlich mußte der Autor dem BND für die unfreiwillige PR-Kampagne dankbar sein.

Am genüßlichsten breitete die Presse den ersten Punkt von Porzners Unterlassungsbegehren aus. Da widersprach der BND-Präsident der Aussage, es gäbe beim BND so viele Alkoholiker, daß sie in einer eigenen Abschiebestation untergebracht werden mußten. Das sei »schlicht unwahr«. Abgesichert waren die Erkenntnise in diesem Punkt nicht nur durch Interviews mit Dissidenten im Dienst, es lag auch das Gründungsdokument dieses Referats 49F vor, das zum 1. Januar 1982 von Kinkel eingerichtet worden war. Um ganz sicher zu gehen, suchte der Autor nach ladungsfähigen Zeugen und fand sie in Gestalt von zwei ehemaligen Leitern dieser Diensteinheit des Bundesnachrichtendienstes. In den Archiven des Deutschen Museums ruhen alle Telefonbücher, die in der Bundesrepublik je gedruckt wurden. In mühevoller Kleinarbeit ließen sich dort die beiden vormaligen Chefs des »Elefantenfriedhofs« (Dienstjargon) mit ihren ladungsfähigen Anschriften ausfindig machen: der BND-Beamte STECK, ein enger Freund der Familie Kiesinger, in München und sein Nachfolger bei 49F mit dem Decknamen DR. SCHIMMER am Chiemsee. Auf mehrere Anrufe reagierte SCHIMMER nicht, aber man durfte sicher sein, daß er den BND über die Kontaktversuche unterrichten würde.

Im Pullacher Camp Nikolaus, wie die BND-Zentrale wegen des Einzugstermins am 6. Dezember 1947 intern heißt, sahen sich allzu viele Schlapphüte aus den oberen Rängen in dem Buch porträtiert, doch von den Spitzenleuten wollte keiner seine Geheimdienstkarriere in der Öffentlichkeit diskutiert sehen. So ließ Konrad Porzner einen Rundbrief an das Schwarze Brett heften. Betroffene Mitarbeiter – so der BND-Chef – könnten auf die Hilfe der Rechtsabteilung des Hauses bauen, wenn sie gegen Schmidt-Eenboom vorgehen würden. Und drei BNDler fühlten sich bemüßigt, ihre Anwälte in Marsch zu setzen.

»Zu den Schmonzetten gehört« – so Ulrich Chaussy seinerzeit im »Kritischen Tagebuch« des *WDR*-Hörfunks – »daß der ehemalige Leiter des BND-Sprachendienstes mit dem Decknamen FRISCH aufgrund von Vetternwirtschaft ohne jegliche Sprachausbildung zum Leiter des BND-Sprachendienstes avancierte. Doch erst Herrn FRISCHs Dementi und Schmerzensgeldklage läßt uns die Posse ganz auskosten. Als Gegenbeweis vor Gericht dient er nun ein Sprachenschulzeugnis an, auf dem sowohl der Name wie auch die Noten geschwärzt sind.«

Der Anwalt von FRISCH kannte die bürgerliche Identität seines Mandanten und war verblüfft, daß auch der Weilheimer Friedensforscher mit dem Klarnamen, den er nicht preisgeben wollte, aufwarten konnte. Letztlich machte der Rechtsvertreter von FRISCH einen Rückzieher und bat im Interesse seines Mandanten, bei einer Neuauflage den ihn betreffenden Abschnitt wegzulassen.

Massiver war eine Attacke aus Moskau. Nicht etwa von russischen Geheimdienstlern, sondern vom dortigen Verkaufsleiter der Lufthansa, Hans-Joachim Barakling. Von dessen Anwalt aus dem heimatlichen Jever, Heinz Behrends, kam am 8. August 1993 ein Schreiben, in dem er die Unterlassung der Aussage, sein Mandant sei Resident des BND in Moskau, forderte, natürlich Gebühren aus einem Gegenstandswert von 10 000 DM geltend machte und sich Schadenersatz vorbehielt, falls Barakling Nachteile bei seinem Arbeitgeber haben sollte. Wie alle instrumentalisierten Rechtsbeistände hatte auch Behrends es eilig: Termin für die Abgabe der Unterlassungserklärung sei der 16. August 1993. Schon am 12. August bekam er Antwort aus Weilheim. Neben dem Hinweis, sein Mandant sei seit der Aufnahme von Partnerdienstbeziehungen zwischen den deutschen und den russischen Geheimdiensten im Jahre 1991 nicht mehr BND-Resident, wurde die Feststellung aufrechterhalten, daß der ehemalige Militärattaché 1988, getarnt als Lufthansa-Manager, als BND-Resident in Moskau plaziert worden sei. Zum Beweis lag eine eidesstattliche Versicherung bei. In der erklärte ein ehemaliger Oberst aus dem Ministerium für Staatssicherheit der DDR, daß einer der Spione von Markus Wolf im BND Baraklings Anwerbung für den deutschen Geheimdienst an das MfS verraten habe und daß der darüber informierte KGB ihn seit seinem Eintreffen in der russischen Hauptstadt entsprechend observiert habe. Erst am 30. August 1993 ging im Forschungsinstitut die Antwort aus Jever ein. Heinz Behrends teilte mit, er werde »frühestens nächste Woche auf die Sache zurückkommen«. Seitdem war von ihm nichts mehr in dieser Sache zu hören. Auch eine Einladung zu dem Vortrag »Agenten des BND auch bei uns in Jever« im September 1993 im Gasthof Zur Schlachte mochte er nicht annehmen.

Dem Bundesnachrichtendienst war zu diesem Zeitpunkt längst bekannt, daß sein Mann bei der Lufthansa in Moskau enttarnt war; denn MfS-General Harry Schütt hatte 1991 einen Fragenkatalog beantwortet und bestätigt, daß der frühere Starfighter-Pilot überdies im Visier der DDR-Spionageabwehr gestanden habe, weil er sich gegenüber einer Freundin als BND-Mann geoutet hatte. Die HVA habe noch im Oktober 1989 ernsthaft überlegt, Barakling wegen interessanter Persönlichkeitsmerkmale (»z.B. Kontakte in der Privatsphäre, einschließlich Frauenbekanntschaften«) zu überwerben.

Auf kurzem Wege in München galt es, eine Klage des ehemaligen BND-Obersten Günter Baltutis abzuwehren. Der 1981 von BND-Präsident Klaus Kinkel wegen seiner Konspiration mit CDU-Bundestagsabgeordneten geschaßte BND-Offizier verwahrte sich gegen den Vorwurf, von Amts wegen die Evangelische Akademie in Tutzing ausspioniert zu haben. Sein Anwalt hatte gleich eine ganze Liste ungewöhnlicher Forderungen: nicht nur den Widerruf von Aussagen, die so gar nicht im Text standen, sondern auch – bis zum 23. Juli 1993 – eine Liste aller Firmen, Personen und Organisationen, an die das Buch versandt worden sei, die sofortige Rückholung aller ausgelieferten Bücher sowie einen Brief an alle bisherigen Bezieher mit einer Rücknahme der Behauptungen. Vielleicht hätte er sich kundig machen sollen, daß der herausgebende Verlag keine Versandbuchhandlung ist und daß es in deutschen Buchläden nicht üblich ist, die Adressen der Kunden zu registrieren. Vor Gericht sah sich Baltutis dann am 4. August mit einer Versicherung an Eides Statt konfrontiert, in der weit mehr zu den Aktivitäten von UTRECHT, so der Deckname des BNDlers, dargelegt wurde, als im Buch öffentlich geworden war. Von dem Antrag, das Buch zu verbieten, rückten Baltutis und sein Anwalt in der Gerichtsverhandlung schon nach wenigen Minuten ab und unterbreiteten den Vergleich, bei einer eventuellen Neuauflage des Buchs den »mißverständlichen« Text neu zu fassen. Überdies wünsche Herr Baltutis eine Art Ehrenerklärung vom Autor gegenüber der Evangelischen Akademie, als UTRECHT habe er diese Einrichtung nie persönlich ausgespäht. Auf die Frage des Vorsitzenden Richters, wem bei der Akademie ein solches Schreiben zuzustellen sei, wußte er jedoch keine Antwort. Sein Prozeßgegner mußte den Vorschlag unterbreiten, den amtierenden Leiter und seinen Vorgänger anzuschreiben, und der ehemalige BND-Oberst stimmte erleichtert zu.

Wenn abtrünnige Geheimdienstmitarbeiter ihre Memoiren veröffentlichen, fürchten ihre früheren Arbeitgeber die besondere Authentizität der so zutage tretenden Enthüllungen. Die Überläufer-Literatur ehemaliger Nachrichtenoffiziere der Warschauer Vertragsstaaten vom GRU-Mitarbeiter Viktor Suworow[38] bis zum KGB-Oberst Oleg Gordiewsky[39] fällt in diese Kategorie. Aber auch westliche Staaten hatten – wie die USA mit Phillip Agee[40] oder Großbritannien mit Kim Philby[41] – mit solchen Maulwurf-Memoiren zu kämpfen. Der Israeli Victor Ostrowski[42] mußte seine beiden Bücher aus dem kanadischen Asyl schreiben, und der Verfasser von »Spycatcher«, Peter Wright[43], konnte sich dem Zugriff der britischen Behörden nur durch die Übersiedlung nach Australien entziehen.

Der Bundesnachrichtendienst kam 1986 mit Heinz Felfes Erinnerungen – 25 Jahre nach dessen Enttarnung – kaum noch in die Klemme, auch wenn KGB und MfS bei der Redaktion des Buches entsprechende Pläne verfolgt hatten[44]. Ansonsten blieb der BND von Dissidenten-Memoiren bisher verschont. In Pullach ertönt der Ruf nach Repressionen jedoch schon, wenn ein langgedienter Mitarbeiter ein ziemlich harmloses Erinnerungswerk als »Kritisches Plädoyer eines Insiders« in einem wenig bekannten Kleinverlag herausbringt[45].

Der Litauer Waldemar Markwardt, Jahrgang 1922, war im Zweiten Weltkrieg Flugzeugführer der Wehrmacht und studierte nach Kriegsende in Freiburg Geschichte sowie Staats- und Völkerrecht. 1952 trat er in die Organisation Gehlen ein und bekam den Decknamen MARX. Als Regierungsrat im BND absolvierte er ab 1956 dann die »Ochsentour« als Verbindungsführer und Anbahner. Erst 1969 rückte er zum Referatsleiter in der Ostaufklärung auf und wechselte dann auf die attraktive Auslandsverwendung als Resident in Teheran, wo er bis

1976 verblieb. Anschließend leitete er bis zu seiner vorzeitigen Pensionierung 1985 das BND-Referat für die Zusammenarbeit mit den westlichen Diensten.

»Im Gegensatz zu den oberflächlichen ›Verrissen‹ von Journalisten basiert die Analyse unseres Autors auf eigenen Erfahrungen innerhalb der ›Org. Gehlen‹ und des späteren BND«, wirbt der Anita-Tykve-Verlag für das 1996 erschienene Buch. Markwardts Erinnerungen zählen wohl zu den zahmsten Geheimdienstmemoiren, die je veröffentlicht wurden, nur ganz selten wird in der überaus positiven Darstellung des BND leise Kritik laut. Dennoch wollte das Kanzleramt den leitenden Regierungsdirektor a. D. unter Androhung eines Disziplinarverfahrens zur Rücknahme von 69 Passagen zwingen. Das Buch müßte eingezogen werden, wenn der BND-Pensionär nicht einen Teil seiner Altersbezüge aberkannt bekommen wolle.

Zu den absurden Forderungen aus der Abteilung VI des Kanzleramts zählt das Verlangen, bereits das wegzulassen, was Kritiker mißverstehen oder woraus sie falsche Schlüsse ziehen könnten. Wo Markwardt – basierend auf 34jähriger Erfahrung im Dienst – stolz darauf verweist, der BND könne »in weitem Umfang auf Kenntnisse anderer Behörden zurückgreifen«, korrigiert Bonn, daß sei »jedenfalls seit dem Inkrafttreten BND-Gesetz nicht mehr so«. Gravierender ist der Vorwurf, MARX erwecke den Eindruck, daß der BND »den Tod seiner Quellen billigend in Kauf« nähme. Mit ein bißchen Haarspalterei kommt das Kanzleramt im Kern jedoch zu derselben Erkenntnis: »Obwohl es häufig nicht ausgeschlossen werden kann, daß eine Quelle wegen ihrer Tätigkeit für den BND von den Behörden des Einsatzlandes getötet wird, ist es andererseits nicht so, als kalkuliere der BND Todesfälle von vornherein ein.« Besondere Bauchschmerzen machten dem Bonner auch die Ausführungen von MARX zu den Partnerdienst-Beziehungen Pullachs ins Ausland. Aber in dem nicht als Verschlußsache eingestuften Aussageverbot begeht er einen viel deutlicheren »Geheimnisverrat« als der gescholtene Autor – nämlich dort, wo es um die Frage geht, ob von Pullach aus auf eigene Faust Außenpolitik gestaltet wird: »Auch bei genereller Kenntnis der Bundesregierung, daß eine Partnerdienstbeziehung besteht, kann es vorkommen, daß der BND in Einzelheiten den Auftrag der Bundesregierung überschreitet.« Hätte Markwardt diesen Satz geschrieben, wäre er sicherlich unter die Strafandrohung gefallen.

Daß Angehörige eines BND-Observationskommandos untereinander in Funkkontakt stehen und von einem Einsatzleiter dirigiert werden, hätte MARX ebensowenig schreiben dürfen wie über den fehlgeschlagenen Einbau von Wanzen in eine DDR-Botschaft, weil solche nachrichtendienstlichen Methoden und Mittel noch heute zum Repertoire des BND gehören. Und da, wo Markwardt sich über die Ausnutzung rezeptiver Quellen ausläßt – also das Thema, das uns im vorliegenden Buch beschäftigt –, will der Zensor gleich drei Druckseiten streichen: »Solche Informanten waren Geschäftsleute, Repräsentanten großer Firmen, Banker, die schon lange im Lande tätig waren. Aber auch Journalisten aller Nationalitäten und auch Bürger des Landes, zu denen man als Resident privaten Kontakt pflegte, gehörten dazu … es ist für einen Geheimdienst sinnlos, Informationen seines journalistischen Gesprächspartners nach Pullach zu funken, wenn diese Informationen am nächsten Tag schon in dessen Zeitung zu lesen sind. Geheim sind sie ja sowieso nicht, da auch der gewiefteste Journalist kaum einem Interviewpartner auf hoher Regierungsebene ein Geheimnis entlocken kann. Wir haben daher in der schon erwähnten Arbeitsgruppe für die Neuordnung der Beschaffung die Aufklärung mit Informanten als ein untaugliches Mittel im geheimen Nachrichtendienst verworfen. Nicht aber die Zusammenarbeit mit ihnen als sog. operative Beschaffungshelfer! In Teheran hat mir ein Informant aus dem Medienbereich sehr wertvolle Hilfe geleistet, um zum Beispiel die Nachrichtenbeschaffungslage (NBL) im Lande stets auf neuestem Stand halten zu können. Wir tauschten unsere Erfahrungen über Reisen in der Provinz aus, über die weit verbreitete Bestechlichkeit im Iran und bastelten auch ›Psychogramme‹ uns persönlich bekannt gewordener Funktionäre. Kurz, wir halfen uns gegenseitig, wo wir nur konnten, denn wir hatten ja auch das fast gleiche Arbeitsgebiet: – die Jagd nach Informationen[46].«

Diese Jagdgemeinschaft von BND-Leuten und Journalisten durfte Markwardt 1996 keineswegs öffentlich machen; denn »die dort beschriebene Praxis betrifft einen auch heute noch möglichen Einsatz nachrichtendienstlicher Mittel, welcher der Geheimhaltung bedarf«.

Die Verdunkelungsvorschriften aus Bonn lesen sich in zahllosen Einzelpunkten wie die Hausordnung eines Mädchenpensionats. Einem Abteilungsleiter ausreichende Menschenkenntnis abzusprechen, verstößt – so das Kanzleramt – gegen die Loyalitätspflicht des Beamten, vom Eingriff eines Abteilungsleiters in Beurteilungen zu berichten, »gehört als ein Internum nicht an die Öffentlichkeit«; »interne Konflikte vor der Öffentlichkeit auszubreiten, kann das Ansehen der Behörde schädigen«. Richtig zornig reagierte der Zensurbeamte auf Markwardts Anmerkung, daß Abteilungsleiter bei Besprechungen »ihr Schläfchen« hielten: »Derartige despektierliche Äußerungen sind dem Ansehen Ihrer früheren Dienststelle abträglich.«

Dabei war der Pensionär bei seinem Gang in die Öffentlichkeit überaus loyal gewesen. Zunächst hatte er Anfang 1996 im Kanzleramt die vollständigen Druckfahnen eingereicht, erhielt aber über zwei Monate hinweg nicht einmal eine Eingangsbestätigung. Als er dann nach Ablauf der neun Wochen nachfragte, beschied man ihn, er könne innerhalb von drei Wochen mit einer Antwort rechnen. Als auch nach dieser Frist keine Reaktion aus Bonn kam, gab er grünes Licht für die Rotationsmaschinen. Erst als das Buch auf dem Markt war, fast ein halbes Jahr nach der Vorlage der Fahnen, ging das umfassende »Aussageverbot« vom Bundeskanzleramt bei ihm ein. Verlangt wurde nun, die Restauflage müsse unter Aufsicht von Bundeskanzleramt und Bundesnachrichtendienst vernichtet werden und der Verlag dürfe weder rechtlich noch tatsächlich die jetzige Fassung neu auflegen, wenn Markwardt disziplinarische Maßnahmen vermeiden wolle[47].

Der entscheidende unter den 69 Punkten der Mängelliste war für das Kanzleramt wohl Markwardts Behauptung, der Bundesnachrichtendienst habe frühzeitig vor den deutschen Zulieferungen für die libysche Giftgasfabrik in Rabta gewarnt. Bundeskanzler Kohl habe öffentlich behauptet, nicht informiert gewesen zu sein, obwohl seit Jahren entsprechende BND-Berichte vorgelegen hätten. Gegenüber Markwardt bezog sich das Kanzleramt auf eine Dokumentation zum Fall Rabta, welche die Regierung für den Bundestag gefertigt hatte und in der sämtliche Vorwürfe abgewehrt wurden, und konstatierte: »Dazu steht Ihre Äußerung in einem nicht hinnehmbaren Widerspruch.« Zwar hatten auch die *Süddeutsche Zeitung*, die *Frankfurter Allgemeine Zeitung* und *DER SPIEGEL* Zweifel an der Darstellung im Bericht der Bundesregierung angemeldet, doch wenn ein BND-Referatsleiter die Aufrichtigkeit des Kanzlers in Frage stellt, ist das offenbar ernster zu nehmen.

Auf dem Buchmarkt angelsächsischer Länder wimmelt es nur so von detailfreudigen Geheimdienst-Memoiren[48], und selbst im Staat Israel mit den vormals strengsten Zensurbestimmungen der westlichen Hemisphäre herrscht in jüngster Zeit größere Offenheit als in der Bundesrepublik[49]. Von dem BND-Pensionär verlangte das Bundeskanzleramt unter anderem, daß auch jetzt noch geheim bleiben muß, »welchen Erfolg die Aktiv-Einsätze der 50er Jahre hatten«. Von Erfolg ist in Markwardts Buch dabei gar nicht die Rede, sondern nur von dem Desaster, in dem jene Einsätze endeten, an denen er in den fünfziger Jahren beteiligt war. Die 18 Druckseiten zur »Brechstangen«-Methode bei der Einschleusung von Agenten in osteuropäische Staaten, deren Verheizen Markwardt »Schuldgefühle« verursachte, sollten komplett verboten werden.

Der heute 75jährige Markwardt hält – allen amtlichen Zweifeln an seiner Loyalität zum Trotz – seinem Ex-Arbeitgeber die Treue. Vor den Fernsehkameras des *MDR*-Magazins *Fakt* wollte er an seinem Altersruhesitz in Bad Wiessee nicht zu den Attacken des Kanzleramts Stellung nehmen.

Markwardts Berliner Verleger, der Chinese Xing-Hu Kuo, fand hingegen vor den Kameras des *MDR* deutliche Worte[50]: »Diese Reaktionen hätte ich eigentlich von einem demokratischen Rechtsstaat gar nicht erwartet, daß man ein Buch verbieten will ohne gesetzliche Grundlage und ohne daß der ordentliche Rechtsweg beschritten worden ist. Mit massivem Druck wird unser Autor erpreßt, oder man versucht ihn zu erpressen.« BND-Präsident Geiger verweigerte ein Fernsehinterview zu den Vorwürfen. Nur schriftlich ließ der BND wissen, es habe weder Zensur noch eine Bedrohung von Informanten gegeben. Doch die offensichtlich als ein Exempel für literarisch ambitionierte BND-Pensionäre gedachte Drohgebärde aus dem Kanzleramt gegen MARX ist mit Geigers Anspruch, von übertriebener Geheimhaltungsmanie endlich abzurücken, kaum in Einklang zu bringen. Wenige Tage nach der *Fakt*-Sendung waren die Erinnerungen von MARX nicht mehr im Buchhandel erhältlich.

Trösten mag sich der BND-Pensionär damit, daß weitaus ranghöhere Geheimdienstbeamte wegen des Verrats von Dienstgeheimnissen angeklagt wurden, nachdem sie ihre Erinnerungen veröffentlich hatten. Der ehemalige Leiter des Hamburger Landesamts für Verfassungsschutz, Hans Josef Horchem, war in diese Lage geraten, als er 1993 sein Buch »Auch Spione werden pensioniert« publiziert hatte. Das Hamburger Amtsgericht sprach ihn jedoch im November 1994 frei, weil er weder vorsätzlichen Geheimnisverrat begangen noch eine bewußte Gefährdung von Personen in Kauf genommen habe[51].

16

Kulturelle Freiheit – Publizisten für die CIA

Die CIA wurde am 18. September 1947 als zentraler Nachrichtendienst der USA gegründet. Schon gut zwei Jahre zuvor, im Sommer 1945, hatten die Vereinigten Staaten im geteilten Berlin ein Geheimdienstbüro etabliert. Diese Dienststelle begann bald – gegen Widerstände in der eigenen politischen Administration –, Informationen über die Sowjetische Besatzungszone zu sammeln.

Als sich die Konfrontation mit dem früheren Kriegsverbündeten Josef Stalin immer deutlicher abzeichnete, erließ der Nationale Sicherheitsrat in Washington am 18. Juni 1948 eine neue Direktive zur Schaffung einer Abteilung für verdeckte Operationen in Friedenszeiten. Leiter dieses Büros für Politische Koordination (OPC), das seine Arbeit am 1. September 1948 aufnahm, wurde Frank Wisner, der 1952 zum stellvertretenden CIA-Direktor aufrückte: »Bis Oktober hatte er eine Liste künftiger OPC-Projekte aufgestellt, darunter Medienoperationen, die Unterstützung von Widerstandsbewegungen, Wirtschaftskriegführung, die Gründung antikommunistischer Tarnorganisationen und die Schaffung verdeckter Organisationen im Hinterland[1].« Von einem Jahresbudget in Höhe von 4,7 Millionen US-Dollar und 302 Mitarbeitern im Jahre 1949 wuchsen Finanzmittel und Personal dieses Vorpostens des kalten Krieges auf 2812 CIA-Mitarbeiter und 200 Millionen US-Dollar im Jahre 1952[2] an.

David E. Murphy, langjähriger CIA-Chef in Berlin, und sein Gegenspieler im KGB, Sergej Kondraschew, haben 1997 gemeinsam mit George Bailey aus ihrer dienstlichen Kenntnis und durch Auswertung freigegebener Geheimdienstakten erhärtet, daß die in München gegründeten Radiostationen *Radio Free Europe* und *Radio Liberty* Kernstücke der Medienoperationen Richtung Osten waren[3]. Von Anfang an hielt auch der Bundesnachrichtendienst enge Verbindungen zu den Sendern, zunächst durch seinen Mitarbeiter Peter Fischer. Als SA-Bannführer hatte er in den besetzten Niederlanden unter dem Decknamen Major FIEDLER in Heydrichs Sicherheitsdienst gearbeitet.

Überdies unterhielt die Berliner Operationsbasis (BOB) der CIA von 1948 an ein umfangreiches Netz von Agenten in den internationalen Medien, um die Berlin-Berichterstattung in ihrem Sinne zu lenken. Bald war BOB jedoch gezwungen, vor der eigenen Haustür zu kehren, weil der KGB Anfang 1958 eine Kampagne zum »Spionagesumpf West-Berlin« startete und die massive Präsenz westlicher Geheimdienste anprangerte. Die Amerikaner mußten dies kontern und machten mit Hilfe des Berliner Senats die illegalen kommunistischen Aktionen in West-Berlin zum Medienthema.

Im Oktober 1947 tagte im zerstörten Berlin der erste deutsche Schriftstellerkongreß. 280 Publizisten, Kritiker und Verleger waren zum Zwecke der Aussöhnung zwischen Ost- und Westdeutschland zusammengekommen: Emigranten wie Anna Seghers oder Ludwig Renn und – mit Peter Huchel, Gustav Kiepenheuer oder Ernst Rowohlt – auch solche, die im faschistischen Deutschland gelebt und gearbeitet hatten. Drei Tage lang verliefen die Frontlinien mehr zwischen den aus dem Ausland zurückgekehrten Literaten und denen, die bei manchen Emigranten im Verdacht eines Arrangements mit den NS-Machthabern standen. Am vierten Tag sprengte ein amerikanischer Redner die Veranstaltung mit einer Rede über kulturelle Freiheit, über die Segnungen der Demokratie in den USA und schließlich über die Zensurpolitik und den Unterdrückungsapparat in der Sowjetunion. Ein Teil des Publikums klatschte Beifall, ein anderer war entrüstet, und der nachfolgende Redner, Valentin Katajew, nannte die Rede eine einzige Lüge, nur vergleichbar mit der Hetze eines Joseph Goebbels. Der kalte Krieg hatte die offene Bühne betreten.

Zum Auftritt des Amerikaners war starke westliche Medienpräsenz aufgeboten, erstmals waren in den Kammerspielen Scheinwerfer und Kameras präsent[4]. Der Brand-Redner, den keiner kannte, wie Hans Mayer geäußert hat, war Melvin Joseph Lasky vom American Information Service, der eine führende Rolle im Congress for Cultural Freedom spielen sollte.

Auf Druck des sowjetischen Stadtkommandanten bei seinem amerikanischen Counterpart Lucius D. Clay mußte Lasky die Stadt kurz darauf verlassen, wechselte nach Frankfurt und entwickelte dort im August 1949 mit dem CIA-Offzier Michael Josselson, der zuvor Kulturoffizier des US-Außenministeriums in Berlin gewesen war, das Konzept für eine publizistische Kampfgruppe gegen den Stalinismus. Die Blockade West-Berlins durch die Sowjets 1948 hatte als erster Höhepunkt der Blockkonfrontation die deutliche Gegnerschaft der beiden Supermächte gezeigt. In Korea zeichnete sich überdies die erste offene Feldschlacht der Stellvertreterkriege im Ost-West-Konflikt ab. Rücksichten auf Proteste sowjetischer Diplomaten und Militärs wegen Laskys Aktivitäten mußte nun keine US-Dienststelle mehr nehmen.

Der kalte Krieg wurde von der ersten Stunde an auch auf dem Feld der Publizistik ausgetragen. Das Büro der US-Militärregierung verbot Mitte Mai 1948 von den Sowjets lizensierte Medien in den Westsektoren, weil diese zuvor die Verbreitung von westlichen Presseprodukten stark eingeschränkt hatten. Ende Juli verfügte die Sowjetische Militäradministration wiederum das endgültige Verbot aller Lizenzprodukte der drei Westalliierten in ihrem Machtbereich, woraufhin die US-Dienststellen ihrerseits größere Schmuggeloperationen vorbereiteten, um die Menschen in Ostdeutschland mit alternativen Informationen zu versorgen[5].

Der Kongreß für kulturelle Freiheit (CCF) war die bedeutendste antikommunistische Tarnorganisationen der CIA in Europa[6]. Michael Josselson, ein OSS-Mann (Office of Strategic Service) des Zweiten Weltkriegs, der als Vernehmungsoffizier der Abteilung für Psychologische

Kriegsführung nach Deutschland gekommen war, hatte die Organisation seit Herbst 1949 zusammen mit Lasky in Berlin aufgebaut. Im Juni 1950 hielt der CCF seine erste Konferenz in der geteilten Stadt ab. Josselson, 1908 in Rußland geboren und aufgewachsen in Deutschland, war als konvertierter Kommunist mit dem Denken des Feindes bestens vertraut und hatte die Frontstadt Berlin mit Bedacht als Gefechtsfeld der ersten geistigen Konfrontation gewählt.

Doch schon 1952 wurde das Zentralbüro des CCF in Paris eingerichtet, das weltweit 280 Mitarbeiter beschäftigte. Aus der sicheren Etappe ließen sich die globalen Aktivitäten weit besser steuern. Bis Mai 1967 sollte der 1978 verstorbene Exekutivdirektor Josselson die Geschicke des CCF von Paris aus lenken; von CIA-Chef Allen Dulles wurde er dafür mit der Ehrenmedaille des US-Geheimdienstes ausgezeichnet[7]. In der französischen Hauptstadt begann auch die Zusammenarbeit mit einer weiteren vom US-Geheimdienst gesteuerten Gruppierung[8]: Ernst Tillich, der Leiter der Berliner Kampfgruppe gegen Unmenschlichkeit, bot im November 1950 dem CCF dort sein geheimes Netz hinter dem Eisernen Vorhang an[9].

Nach dem Ende des kalten Krieges ist eine Flut von Veröffentlichungen über den Congress for Cultural Freedom und seinen CIA-Hintergrund erschienen. Der CCF finanzierte demnach ein multinationales Netz von Medien, förderte in Frankreich die Zeitschriften *Preuves, Mundo Nuevo* und *Aportes,* in Italien *Tempo Presente,* in Großbritannien *Encounter, China Quarterly, Censorship, New African, Minerva* und *Survey,* in Österreich *Forum,* in Dänemark *Perspektiv* und außerhalb Europas weitere zehn Periodika. Laut Pierre Grémion und Philip Agee finanzierte der Congress for Cultural Freedom in der Bundesrepublik die in Berlin erscheinende Zeitschrift *Der Monat*[10]. Der Haushalt der Pariser Zentrale betrug 1966 etwa zwei Millionen US-Dollar, und die in Berlin verlegte Zeitschrift erhielt davon 60000[11].

Im *Monat* publizierten überwiegend Autorinnen und Autoren, die dem CCF auch anderweitig verbunden waren, überdies die Creme der westlichen Linksintellektuellen von Hannah Arendt über Theodor W.

Adorno bis zu Helmut Gollwitzer, aus dem Ausland Literaturnobelpreisträger Albert Camus oder der britische Schriftsteller George Orwell[12], Der Schwerpunkt der Beiträge lag bis zur Mitte der fünfziger Jahre auf den Entwicklungen in den totalitären Staaten in Osteuropa[13]. Der Exilrusse Nicolas Nabokov schrieb im August 1950 über den »Künstler im totalitären Staat«, und Günther Birkenfeld befaßte sich im März mit dem »NKWD-Staat« UdSSR[14]. Die Februarausgabe 1953 berichtete u. a. über die Massenflucht aus der DDR, »Die verlorenen Bataillone«, und im September und Oktober 1953 widmete sich Stefan Brandt dem »Aufstand im Juni«. Boris Meißner nimmt im Juni 1953 im *Monat* das »Das Generationsproblem im Kreml« unter die Lupe. Richard Löwenthal konstatiert im September 1953 »Das Ende einer Epoche« in der UdSSR, nachdem er im April 1953 erstmals »Stalins Vermächtnis« betrachtet hatte.

Der Blick wurde jedoch nicht nur nach Osten gerichtet, Themen westlicher Kultur und Politik spielten ebenfalls eine große Rolle. Zu der Frage, »Warum ich Europäer bin«, äußerte sich im Mai 1958 Klaus Harpprecht und im darauffolgenden Heft Pierre Emmanuel. Auch die Europa-Debatte lag durchaus im Sinne des Geldgebers. Denn die (west)europäische Einigung war in den ersten Nachkriegsjahren ein vorrangiges Ziel amerikanischer Außenpolitik und damit der CIA-Einflußpolitik. Ab 1948 steckte die Agency zwischen drei und vier Millionen Dollar in diese Kampagne, unterstützte auf Weisung von Allan Dulles über das American Committee on United Europe sogar Werbeauftritte für den europäischen Gedanken von Konrad Adenauer und Winston Churchill[15].

Nur ab und an erschienen im *Monat* politikwissenschaftliche Beiträge US-amerikanischer Autoren über die Sowjetunion. George F. Kennan hatte 1947 als Mister X den programmatischen Artikel in den *Foreign Affairs* veröffentlicht, der zur Eindämmung der sowjetischen Hegemonialpolitik aufrief; nur wenig später, am 12. März 1947, verkündete US-Präsident Harry S. Truman diese Doktrin des Containment vor dem Kongreß[16]. Im *Monat* schlug Kennan im April 1958 mit dem Aufsatz »Lieber tot als rot« in die gleiche Kerbe. Und Zbigniew Brzezinski, damals beim Research Institute on Communist Affairs der Columbia University und später als entschiedener »Falke« Sicherheitsberater von US-Präsident Reagan, schrieb ab 1962 regelmäßig im *Monat*[17].

»Die in seinen Spalten wiedergegebenen Gedanken entsprechen weder in jedem Fall der Ansicht der Redaktion, noch sind die Beiträge einzelner Autoren Ausdruck irgendeiner offiziösen Haltung«, beteuerte das Impressum der CIA-gesponserten Zeitschrift – durchaus zutreffend, was manchen überraschen mag. Laienhafte Vorstellungen – und das ist oft auch die Position kommunistischer Kritiker, die es aus ihrem eigenen Lager nicht anders kennen – gehen dahin, die westlichen Nachrichtendienste hielten die Meinungsmacher, die sie beeinflussen oder sogar führen, am kurzen Zügel und wirkten unmittelbar auf deren Arbeit ein. Doch das Erfolgsrezept der PR-Arbeit aus Langley bestand gerade darin, daß die Autorinnen und Autoren in ihrer geistigen Arbeit völlige Freiheit besaßen, in ihrer Summe eine große Bandbreite unterschiedlicher Meinungen repräsentierten und sich der Absicht der Hintermänner in den seltensten Fällen bewußt waren. Nur durch die Zwanglosigkeit der Bindungen, durch die getarnte Schaffung eines unverbindlichen Forums und durch leise Anstöße zur Bildung von Zirkeln und Diskussionsforen konnte sich das Potential der antikommunistischen Linken für die CIA mobilisieren lassen. Viele herausragende Individualisten hätten sich nicht in den Dienst der antikommunistischen Sache gestellt, wenn ihnen Direktiven erteilt worden wären oder wenn sie die lenkende Hand eines Geheimdienstes im Hintergrund gewußt hätten.

Selbst Malvin Lasky hatte 1952 im Berliner Lokal Volle Pumpe eine despektierliche Rede gegen die CIA gehalten und mußte sich, nachdem anwesende US-Geheimdienstoffiziere ihn denunziert hatten, beim Stadtkommandanten verantworten. Als geschickter Rhetoriker stellte er die hintertragenen Schmähungen seines Geldgebers in andere Zusammenhänge und rettete sich so vor drohenden Schwierigkeiten mit der Agency[18].

Im Juli 1950 hatte *Der Monat* auch den über ihn finanzierten ersten Kongreß für kulturelle Freiheit gefeiert. Ihre höheren Weihen erhielt die auch von Eleanor Roosevelt gesponserte CIA-Gründung 1950 bei der Auftaktveranstaltung in der Frontstadt Berlin durch die Begrüßungsrede des Regierenden Bürgermeisters Ernst Reuter, der die Marschrichtung zur Auflösung des Ostblocks vorgab: »Unsere Brüder, die zu uns gehören, leben nicht nur in Amerika, in Australien, in Afrika und Asien, sie leben genauso in dem großen Reich der Tyrannei, das von der Elbe bis Wladiwostok vorübergehend errichtet worden ist.« Ernst Reuter, ein Nachbar von Melvin J. Lasky in Zehlendorf-West, repräsentierte – wie Carlo Schmid – die wichtigste Zielgruppe der CIA. Wollte sie eine breite Front gegen die Sowjetunion und die von ihr gelenkten Medien und Organisationen bilden, so mußte sie vor allem antikommunistische Sozialisten und Sozialdemokraten auf ihre Seite ziehen.

Willy Brandt stand in späteren Jahren in ebenso enger Beziehung zum CCF wie Reuter und Schmid. Möglicherweise liegt da eine Quelle für die nie verstummten Gerüchte, der spätere Bundeskanzler sei – mit einem aktuellen Terminus – »IM« der CIA gewesen. Mit den Methoden der Nachrichtendienste wenig vertraute Verehrer Brandts haben dies immer als böswillige Unterstellung abgetan. Doch der ehemalige SPD-Staatssekretär im Kanzleramt und langjährige Vertraute Brandts, Egon Bahr, hat sie Ende Oktober 1996 bei einer Debatte in der Akademie der Künste in Berlin eines Besseren belehrt. Seine 30jährige Erfahrung mit den Geheimdiensten zeige ihm, daß alle Bundeskanzler von Adenauer bis Kohl »IMs der CIA« gewesen seien, selbst abgeschöpft und zugleich auch abschöpfend[19].

Als der *stern* zwei Wochen später bei dem SPD-Politiker nachfragte, ob er mit dieser Behauptung nicht den Mund zu voll genommen habe, sagte Bahr: »Quatsch. Es hat zu allen Zeiten besondere Mitarbeiter des amerikanischen Geheimdienstes CIA in die einzelnen Parteien und ins Kanzleramt hinein gegeben[20].«

Die erste Redaktionsadresse des *Monat* in Berlin war die Saargemünder Straße 25, ein Seiteneingang zu dem großen US-Komplex an der Clayallee, nur wenige Gehminuten von der CIA-Dienststelle entfernt. Als Organ der Information Services Division verfügte er zudem über ein Armeepostfach (APO 742). Mit dem Umzug in die Schorlemer Allee 28 rückte die Redaktion 1957 noch näher an den Sitz des CIA-Residenten in der Kurfürstenstraße heran. Als Herausgeber firmierte nun die »Gesellschaft für Internationale Publizistik mbH«, eine weitere Tarnorganisation der CIA, die über vier vorgeschobene US-Stiftungen finanziell ausgestattet wurde[21].

Zunächst fungierte der Ex-Kommunist Melvin Lasky als Herausgeber des *Monat,* bis er 1958 nach Großbritannien ging, um dort mit der Zeitschrift *Encounter* antiamerikanische Tendenzen zu bekämpfen. Hellmut Jaesrich hatte er bereits 1954 als Mitherausgeber eingestellt. Für die Mitarbeit gewann *Der Monat* nun profilierte deutsche Publizisten und Verlagsmitarbeiter. Klaus Harpprecht, der als Fernsehkorrespondent in den USA war und später über sechzig Dokumentarfilme drehte, war nicht nur Leiter des Frankfurter S. Fischer Verlages, sondern auch Herausgeber des *Monat.* Und Walter Hasenclever, der als 26jähriger in die USA ausgewandert war und es dort bis zum Leiter der deutschen Abteilung der Phillips Academy in Andover gebracht hatte, war von 1957 bis 1960 Mitarbeiter im *Monat,* bevor er Cheflektor des Cotta-Verlages wurde[22].

Der großen Mehrheit der Mitarbeiter waren die Finanzquellen der Zeitschrift unbekannt, allenfalls von amerikanischen Regierungsgeldern hatten sie gewußt. Erst Ende der sechziger Jahre erfuhren Autorinnen und Autoren, wer ihre Honorare tatsächlich aufgebracht hatte. Otto Köhler beispielsweise gestand 1995 ein: »Hatte ich nicht schon als Student Anfang der sechziger Jahre zugleich CIA-Geld als Mitarbeiter des *Monat* und des RIAS empfangen«[23], Als durch einen Artikel in der *New York Times* am 27. April 1966 der CIA-Hintergrund des CCF öffentlich wurde, ging ein Aufschrei durch die Medien, weil mit dem CCF führende Intellektuelle auf der ganzen Welt verbunden wurden. Von da an wurde die Finanzierung des Kongresses mit etwa einer

Million Dollar jährlich vollständig von der Ford-Stiftung übernommen[24]. Im Mai 1967 legte der ehemalige CIA-Mitarbeiter Thomas Brader in der *Saturday Evening Post* erneut dar, daß seine Behörde den CCF und die von ihm hervorgebrachten Medien finanziert hatte, und löste eine zweite Welle der Scham unter europäischen Intellektuellen aus[25].

Mit einem neuen Mann an der Spitze, einem neu besetzten internationalen Exekutiv-Komitee und ohne die Dollars aus Langley versuchte der Congress die Krise zu überwinden und war – laut Peter Coleman – nun augenscheinlich »CIA-free«[26]. Zur Schlüsselfigur beim Congress wurde Shepard Stone, Jahrgang 1908. Der frühere Chefredakteur der *New York Sunday Times* war ab dem Ende der vierziger Jahre Leiter der Presseabteilung der U.S. High Commission in Frankfurt[27] und wurde im September 1967 zum Leiter des Kongresses für kulturelle Freiheit bestellt. Zuvor hatte Stone die Abteilung für Internationale Angelegenheiten der Ford-Stiftung geleitet, die den CCF nun finanzierte, wenn auch weniger üppig als bisher die CIA.

Da die Gelder aus den USA fortan nicht mehr so reichlich flossen, wurde 1968 auch die Unterstützung des *Monat* eingestellt. In dieser finanziell prekären Lage reiste ein Bittsteller aus dem Pariser Büro quer durch Westeuropa, um Geldgeber für die Publikationen des CCF zu suchen. In Harnburg steuerte er die Redaktion der Zeit an, um die Beziehungen zum Mitglied des neuen Exekutivkommittees Marion Gräfin Dönhoff zu festigen und finanzielle Unterstützung zu erbitten[28]. Dönhoff gehörte bereits 1960 zu den 44 deutschen Teilnehmern einer Tagung zum 10. Jahrestag des CCF in Berlin und wurde 1966, wie auch der damalige CDU-Bundestagsabgeordnete Richard von Weizsäcker, in das neue Exekutivkomitee aufgenommen.

Der Besucher aus Paris hatte offensichtlich Erfolg. Denn ab 1970 wurde *Der Monat* – ausweislich des Impressums – von der Gesellschaft für Internationale Publizistik in Verbindung mit dem CCF in Paris und dem *Zeit*-Verlag herausgegeben, überlebte in dieser Konstellation aber nur bis 1971. *Zeit*-Verleger Gert Bucerius stand dem Projekt, das so viele illustre Autoren um sich scharte, sehr aufgeschlossen gegenüber, doch nachdem ein Verlust von mehreren Millionen DM entstanden war, trennte er sich von dem Periodikum[29].

Solange die Zeitschrift direkt von der CIA bezahlt wurde, kam im *Monat* nur ein einziger Autor, der vom Bundesnachrichtendienst als wichtige Pressesonderverbindung geführt wurde, zu Wort: Günther Scholz mit seinem Artikel »Macht Wohlstand unpolitisch?« von 1964. Nachdem der *Zeit*-Verlag einen Teil der verlegerischen Verantwortung übernommen hatte, wurde dort 1970 auch Reinhard Appel (BND-Deckname ALTHANS) mit den »Anmerkungen eines Betroffenen« gedruckt oder Wolfgang Höpkers (Deckname HOLZER) Text »Im wilden, rauhen Kurdistan«. Selbst operativ tätige BND-Agenten – wie der Berliner Politologe Alexander Korab mit seinem Artikel »Proletarier aller Länder trennt Euch!« oder der BND-Tipgeber und Canaris-Agent im Zweiten Weltkrieg, Professor Klaus Mehnert aus Aachen mit dem Beitrag »Ostasien – Zerfall oder Weltreich« –, zählten nun zum Autorenkreis der Zeitschrift. Während der US-Geheimdienst mehr auf profilierte Linke gesetzt hatte, gab es 1970 nach einem gewissen Rechtsruck im *Monat* auch Raum für etablierte deutsche Publizisten, deren Bindung an den BND der Redaktion wohl nicht bekannt war.

Der Bittsteller, der bei Gräfin Dönhoff um verlegerische Unterstützung für den *Monat* nachgesucht hatte, war nicht etwa ein Vertreter der neuen Mannschaft in Paris, sondern der CCF-Gründer Michael Josselson selbst, »der CIA-Mann, wie er im Buche steht« (George Bailey). Und dies ist nicht der einzige Hinweis darauf, daß der Kongreß für kulturelle Freiheit in Paris nach dem Eklat der Jahre 1966/67 keineswegs frei von Einflüssen der Agency war.

Richard Bisell hatte als leitender Mitarbeiter der Ford-Stiftung, die nun den CCE finanzierte, bereits 1953 mit CIA-Chef Allen Dulles Projekte wie die Gründung einer »Brückenkopf-Universität« in Deutschland für den Kampf um die Köpfe diskutiert und ab 1948 als Leiter der ECA (Economic Cooperation Administration) die US-Hilfe für europäische Politiker über so geheime Kanäle fließen lassen, daß die sich nicht über Gebühr von den Vereinigten Staaten beeinflußt sahen. »Das war genau das Modell für die CIA – eine kleine, elitäre Gruppe, die die Welt privat mit amerikanischen Geldern und Machtmitteln manipuliert«[30], analysierte Evan Thomas 1995. Und Jason Epstein resümierte bereits 1967: »CIA, die Ford-Stiftung und andere Institutionen haben einen ganzen Apparat Intellektueller geschaffen und finanziert, die aufgrund ihrer orthodoxen Stellung im Kalten Krieg ausgesucht wurden[31].«

Ein weiteres, schwerwiegendes Indiz für den anhaltenden Einfluß der CIA auf den CCF liefert Shepard Stone, der bis 1974 in Paris an seiner Spitze stand. Als er dann die Leitung des Aspen-Instituts in Westberlin übernahm, überwachte das Ministerium für Staatssicherheit der DDR, das vermutete, er habe von der französischen Hauptstadt aus für den US-Geheimdienst gearbeitet, Stone auch in dieser Rolle[32]. Jedoch erst 1994 wurde bei einem Spionageprozeß in Karlsruhe deutlich, daß er 1974 »in einer ziemlich gewichtigen Gegenspionage-Operation der CIA als Führungsoffizier operierte«[33]. Stone, der 1990 verstorben ist, war offensichtlich in all seinen Funktionen eng mit der CIA liiert und hat auch zeitweise direkt für die Agentur gearbeitet.

Neben Publizisten und Philosophen waren es vor allem Verleger, die sich im Congress for Cultural Freedom engagierten. Franz Josef Schoeningh, dessen katholische Zeitschrift *Hochland* von den Nazis verboten wurde, war bereits im November 1950 Mitglied im internationalen Komitee. Bei Piper erschien 1965 – ausweislich der bei Peter Coleman abgedruckten Liste von CCF-finanzierten Büchern – das Werk von Fritz Rene Allemann »25 Mal die Schweiz«[34].

Mit Wolf-Jobst Siedler, dem langjährigen Chef des Ullstein-Verlages und heutigem Leiter des von ihm gegründeten und nun zum Bertelsmann-Konzern gehörenden Siedler Verlages, war eine weitere Persönlichkeit aus dem Verlagswesen zeitweise Generalsekretär des Congress for Cultural Freedom. George P. Mill und Michael Opperskalski führen die große Zahl von Büchern sowjetischer Dissidenten, die bei Ullstein erschienen, auf diese Funktion zurück.

Von 1947 bis 1977 habe die CIA mehr als 1000 Titel in zahlreichen Sprachen publizieren lassen, geben Mill und Opperskalski an. Als Ronald Reagan für das Project Democracy, einer außenpolitischen Offensive zur vorgeblichen Förderung des westlichen Demokratieverständnisses, 1983 beim US-Kongreß 65 Millionen Dollar beantragt hatte, waren allein 4455000 Dollar für Buchsubventionen vorgesehen. Eingebettet war das Buchprogramm in eine konservative Gegenoffensive gegen die wachsende Friedensbewegung. Und bereits im September 1983 waren Glen Campbell von der Hoover-Foundation on War, Revolution and Peace, Edwin Feuler von der Heritage Foundation und Robert Reilly, Direktor des Office of Private Sector Programs, mit Hans-Joachim Maitre vom Axel-Springer-Konzern in West-Berlin zusammengetroffen, um ein transatlantisches Netzwerk konservativer Gruppen aufzubauen[35]. Maitre hatte Zugang selbst zum Weißen Haus, besuchte als Abgesandter Springers die Präsidenten Richard Nixon und Ronald Reagan[36].

Doch die These von Mill und Opperskalski ist nicht zu halten, denn tatsächlich war Wolf-Jobst Siedler nicht mit der verlegerischen Betreuung der Dissidenten befaßt. Die Schlüsselrolle spielte vielmehr George Bailey, im Zweiten Weltkrieg Verbindungsoffizier im Stab Eisenhowers zur Roten Armee, zeitweise Geheimdienstoffizier des Militärgeheimdienstes DIA (Defense Intelligence Agency) und anschließend Journalist. 1956 hatte er erstmals Axel Springer interviewt und sich im Januar 1961 den Respekt des Pressezaren erworben, als er als Redakteur von *The Reporter* den Bau der Mauer in Berlin prognostiziert hatte. Die Analyse der DDR-Wirtschaftsdaten und der Flüchtlingsströme hatte ihn zu dieser Erkenntnis geführt, die auch in der *BILD*-Zeitung ihren Niederschlag fand. Nachdem er in die Verlegerfamilie von Karl Ullstein eingeheiratet hatte, die ihren Verlag wegen familiärer Streitigkeiten an Springer verkauft hatte, wurde Bailey von dem Großverleger angeworben. Der schickte ihn zunächst als Sonderberichterstatter für sechs Monate nach Athen, ließ ihn dann letztlich erfolglose Kooperationsverhandlungen mit dem *Wall Street Journal* führen und setzte ihn anschließend – wegen seiner exzellenten Russischkenntnisse – als Verbindungsmann zu den sowjetischen Exilliteraten ein. »An Solschenizyn bin ich über Wladimir Maximow herangekommen. Drei Jahre hat es gedauert, bis Axel eine Audienz bei ihm erhielt«, erinnert sich George Bailey heute.

Victor Marchetti und John D. Marks hatten bereits 1974 publiziert, daß viele Verlage und Verlagskonzerne mit antikommunistischer Ausrichtung in Deutschland, Italien und Frankreich nach dem Zweiten Weltkrieg finanziell unterstützt und ermutigt worden waren[37]. Doch bisher gab es nur wenige Hinweise, wer in der Bundesrepublik vom Förderprogramm des amerikanischen Nachrichtendienstes profitiert hatte.

Unter den deutschen Verlegern im CCF spielte Joseph C. Witsch die wichtigste Rolle. 1950 wohnte er der Gründung in Berlin bei, rückte zusammen mit dem Theologen Josef Pieper 1957 in den neu eingeführten Beirat des CCF ein und vertrat ab Juni 1960 zusammen mit Carlo Schmid die Bundesrepublik im Internationalen Komitee in Paris[38].

Am 19. Juli 1960 wurde eine deutsche Sektion des CCF unter dem Namen »Kongreß für die Freiheit der Kultur« in Köln als Verein etabliert. Den ersten Vorstand stellten – ausweislich des Vereinsregisters Professor Carl Liefert, der Chefredakteur Franz Wördemann und der Oberregierungsrat Friedrich Maier-Bode[39]. Die CCF-Dependance in der Domstadt lag in der Goltsteinstraße 185, dem späteren Sitz des Verlags Wissenschaft und Politik.

Sabine Brandt war bis 1962 geschäftsführende Vorsitzende des eingetragenen Vereins. Sie schrieb auch gelegentlich im *Monat*[40] und verarbeitete dort u. a. die Erfahrungen mit dem Unterdrückungsapparat in der DDR, die sie als Mitarbeiterin beim Aufbau-Verlag und in der

Berliner Zeitung gemacht hatte. Doch der Spiritus rector der CCF-Aktivitäten in Deutschland war Joseph C. Witsch. Nachdem Sabine Brandt 1962 aus dem Büro des Kongresses für die Freiheit der Kultur ausgeschieden war, erlahmten die Aktivitäten des Vereins. Als dann die Sekretärin, eine Frau von Trotha, am 20. Juli 1964 wegen einer unglücklichen Liebschaft im Kölner Büro des CCF Selbstmord beging, war die deutsche Außenstelle endgültig verloschen. Witsch unternahm keine Anstrengungen mehr, das deutsche CCF-Büro wiederzubeleben. Juristisch liquidiert wurde der Verein allerdings erst im April 1973. Die Mittel für die deutsche Sektion flossen – wie alle Gelder für den CCF – aus dem US-Geheimdienstetat, ohne daß es jede Mitarbeiterin und jeder Mitarbeiter gewußt haben muß[41].

Melvin J. Lasky galt vielen Kolleginnen und Kollegen unter den deutschen Publizisten nur als bewundernswerter Literat, der mit ihnen gemeinsam die schweren Jahre von der Berlin-Blockade 1948 über die Niederschlagung des Aufstands am 17. Juni 1953 bis zum Mauerbau am 13. August 1961 durchlitten hatte. Daß er im Osten den Ruf eines »Kriegshetzers« genoß und vom *Neuen Deutschland* als »Vater des Kalten Krieges in Berlin« angegriffen wurde, wußten sie wohl. Doch damals wie heute vertritt er entschieden den Standpunkt: »Aber ich war's nicht; Stalin ist es gewesen[42].«

Daß Lasky jedoch auch mit Josselson 1949 eine CIA-Tarnorganisation aus der Taufe hob, scheint heute noch vielen Weggefährten undenkbar. So erhebt sich die Frage, wer überhaupt in den Geheimdiensthintergrund eingeweiht war. »Melvin Lasky hat es natürlich gewußt«, gibt jedenfalls George Bailey zu Protokoll, der mit Josselson wie mit Lasky über Jahrzehnte befreundet war. »Und bei Männern, die im internationalen Kommitte in Paris waren, gehe ich einfach davon aus«, schätzt er die Rolle von Joseph C. Witsch und Carlo Schmid ein.

In Jena hatten Gustav Kiepenheuer, der 67jährige Gründer des angesehenen Gustav Kiepenheuer Verlages in Weimar, und der Bibliotheksdirektor Joseph Caspar Witsch 1947 vereinbart, im Westen gemeinsam einen Verlag zu gründen. Im November 1948 erteilten die britischen Besatzungsbehörden Witsch die Verlagslizenz. Kiepenheuer erlebte das erste Buch unter dem gemeinsamen Imprint nicht mehr, er starb im April 1949, und so führte sein Kompagnon den Verlag in Köln erfolgreich bis zu seinem Tode im April 1967. Dabei hatte Witsch nach der Währungsunion »nur geringes Startkapital und keine überkommenen Verlagsrechte«[43].

1950 gründete Joseph C. Witsch den Tochter-Verlag der Roten Weißbücher, in dem bis 1953 acht Titel erschienen[44]. 1950 kommt als erster Band der Reihe »Die freie deutsche Jugend. Stoßtrupp des Kommunismus in Deutschland« von Gerd Friedrich heraus, 1951 u.a. von O. E. H. Becker »Der perfekte Sklavenstaat. Die Ausbeutung des Arbeiters im staatskapitalistischen System der Sowjetischen Besatzungszone«, 1952 beispielsweise die Lebenserinnerungen von Margarete Buber-Neumann »Als Gefangene bei Stalin und Hitler«[45] und 1953 u.a. von Gerd Friedrich und Heinrich von zur Mühlen »Die Pankower Sowjetrepublik und der deutsche Westen«.

Besondere Aufmerksamkeit verdient das Rote Weißbuch von 1952 »Ein Gott, der keiner war«. Dort nämlich schildern Arthur Koestler, André Gide, Ignazio Silone, Louis Fischer, Richard Wright und Stephen Spender »ihren Weg zum Kommunismus und ihre Abkehr«. Vier der Autoren – Koestler, Silone, Fischer und Spender[46] – waren auch Mitglieder des Congress for Cultural Freedom[47]. Der renommierte Schriftsteller Ignazio Silone war Gründungsmitglied der Kommunistischen Partei Italiens und brach im Moskauer Exil mit dem Stalinismus. Er veröffentlichte bei Kiepenheuer & Witsch zwischen 1957 und 1974 acht Romane und Essays, die ab 1984 zahlreiche Neuauflagen erlebten.

Peter Coleman hat eine Liste der direkt vom CCF finanzierten Bücher veröffentlicht, in der sich einige in deutscher Übersetzung herausgebrachte Titel von K&W wiederfinden[48] und als originäres Werk des Kölner Verlags das 1960 erschienene Buch »Der Fall Imre Nagy«[49], die Geschichte des im Juni 1958 hingerichteten ungarischen

Ministerpräsidenten, der sich 1956 an die Spitze des Volksaufstands gestellt hatte.

In der Bewertung des damaligen Engagements der Intellektuellen darf man nicht übersehen, daß die CIA anfangs der fünfziger Jahre in der Öffentlichkeit noch ein unbeschriebenes Blatt war. Keine ihrer schmutzigen Operationen, die gerade in Indochina anliefen, war bekannt, und Kritik an der seit 1953 von einem Bruder des US-Außenministers geführten Organisation kam allenfalls aus dem sowjetischen Lager. Selbst der britische Auslandsnachrichtendienst war 1952 bei gemeinsamen Beratungen mit den gerade fünf Jahre im Geschäft befindlichen US-Kollegen der Auffassung, deren offene Art, das zweitälteste Gewerbe der Welt zu betreiben, müsse in die Katastrophe führen. Wer in Langley das nicht zu übersehende Hauptquartier mit dem Türschild »Central Intelligence Agency« versehe und seine Chiefs öffentlich auftreten lasse, der wäre kein Secret, allenfalls ein Civil Service, erinnert sich George Bailey, seinerzeit Teilnehmer dieses Treffens. Anfang der achtziger Jahre allerdings, als Ralf Dahrendorf für die Mitarbeit in einer Nachfolgegruppierung des CCF, dem Komitee für die Freie Welt, gewonnen werden sollte, in dem neben italienischen Journalisten wiederum Melvin Lasky sowie Günther Zehm vom Springer-Konzern saßen, lehnte der Liberale unter Verweis auf den CCF, der »im Sumpf der CIA-Enthüllungen ein wenig aromatisches Ende gefunden«[50] habe, jedes Engagement ab.

Autoren von K&W verfaßten häufig zugleich Artikel für das 1950 gegründete *SBZ-Archiv* des Kölner Verlagshauses, das von April 1968 bis September 1969 als *Deutschland Archiv* weitergeführt wurde. Heinrich von zur Mühlen, der im Juni 1942 als Regierungsrat des Auswärtigen Amts beim 4. Armeeoberkommando als Propagandaspezialist an der Ostfront eingesetzt war[51], steuerte zum *SBZ-Archiv* bereits 1953 und 1954 Beiträge über den neuen DDR-Geheimdienst und die Kasernierte Volkspolizei bei, den Vorläufer der Nationalen Volksarmee[52]. Wie Heinz Höhne 1985 enthüllt hat, hat von zur Mühlen für den NS-Geheimdienst gearbeitet und im Nachkriegs-Berlin im Auftrag des

US-Militärgeheimdienstes ein Büro Hoffmann zur Beschaffung von Informationen aus dem Osten betrieben[53]. Auch Gerd Friedrich trug mit Artikeln zum *SBZ-Archiv* bei, in dem auch andere nachrichtendienstlich angebundene Autoren publizierten[54]. Am 5. August 1952 sah er beispielsweise Ostdeutschland »Auf dem Wege zur Volksdemokratie«, und am 20. März 1953 berichtete er über die Personalpolitik der SED, »Die permanente Säuberung«.

Dieses seit 1950 erscheinende *SBZ-Archiv* – Unterzeile: »Dokumente, Berichte, Kommentare zur gesamtdeutschen Frage« –, das Joseph C. Witsch bis Mai 1967 herausgibt, ist zum einen – ausweislich der Fußnoten in den Roten Weißbüchern – eine der wichtigsten Material- und Quellensammlungen zur Entwicklung in Ostdeutschland. Es publiziert auch Biographien führender SED-Köpfe, am 5. Mai 1953 von Walter Ulbricht oder am 25. Mai 1953 von Erich Honecker, veröffentlicht Gesetze und Verordnungen der DDR und am 14. Oktober 1953 sogar das Protokoll einer Funktionärsversammlung der SED-Kreisleitung Gera. Zahlreiche Autoren tragen Namensartikel zu den wirtschaftlichen, politischen und kulturellen Entwicklungen in der DDR bei – darunter auch Behrend von Nottbeck[55]. Auf der anderen Seite dient das *SBZ-Archiv* für zahlreiche Journalisten aus dem Umfeld der US-Nachrichtendienste offenbar als Plattform, um ihre Recherchen auch öffentlich zu machen. Berend von Nottbeck, häufiger Besucher der Tagungen des CCF, war von September 1952 bis September 1960 verantwortlicher Redakteur des *SBZ-Archivs* und führte es nach der Trennung vom Verlag Kiepenheuer & Witsch als *Deutschland Archiv. Zeitschrift für Fragen der DDR und der Deutschlandpolitik* aus der Kölner Goltsteinstraße 185 weiter.

Der Verlagsalmanach von Kiepenheuer & Witsch verzeichnet acht Rote Weißbücher. Tatsächlich erschienen in Köln – jedoch ohne Verlagsangabe – weitere Bände der Reihe. Im Jahre 1955 kam beispielsweise der Band 15 von Horst Duhnke: »Stalinismus in Deutschland. Die Geschichte der Sowjetischen Besatzungszone«, geschrieben in Berkeley, USA, und gefördert vom Ministerium für Gesamtdeutsche

Fragen, das in den fünfziger Jahren Millionen in die Propaganda gegen die »SBZ« steckte. Möglicherweise wurden die weiteren Roten Weißbücher in einem Tochterunternehmen von Joseph Witsch produziert, dem Verlag für Politik und Wirtschaft, der 1960 verkauft wurde. Berend von Nottbeck, der die Firma von Witsch erwarb, war zwar kein herausragender Verleger, aber er hatte gute persönliche Beziehungen zu dem Mann im Gesamtdeutschen Ministerium, der für den Ankauf von Büchern zuständig war, und das garantierte ihm den geschäftlichen Erfolg.

In dem Verlag, der seit 1953 Heimat von Heinrich Böll, seit 1969 unter seinem neuen Verleger Reinhold Neven Du Mont Forum für Günter Wallraff ist, erschienen einige Bücher, die sich vom übrigen Programm deutlich abheben. 1956 beispielsweise das Werk von David Dallin: »Die Sowjetspionage« oder im Folgejahr Jan Valtins »Tagebuch der Hölle«, das als Originalausgabe bereits 1941 unter dem Titel »Out of the Night« in den USA herausgekommen war. Der BND-Vertrauensjournalist Winfried Martini (Deckname MARK) publiziert bei Kiepenheuer & Witsch 1960 »Freiheit auf Abruf. Die Lebenserwartung der Bundesrepublik«. Günther Wagenlehner, der Leiter der Studiengesellschaft für Zeitgeschichte, die von Verteidigungsministerium und BND finanziert wurde, analysiert 1960 »Das sowjetische Wirtschaftssystem und Karl Marx«, und DDR-Dissident Fritz Schenk berichtet 1962 über 12 Jahre Pankow, »Im Vorzimmer der Diktatur«, in einer Sonderausgabe für das Bundesministerium für Gesamtdeutsche Fragen.

Und selbst als die deutsche Mitbegründerin von amnesty international, Carola Stern, 1960 politische Lektorin bei K&W wurde, erschienen Titel mit klarer antikommunistischer und antistalinistischer Tendenz. Der spätere Verfassungsschutzpräsident Günter Nollau, bereits 1959 mit dem Buch »Die Internationale. Wurzeln und Erscheinungsformen des proletarischen Internationalismus« hervorgetreten, ließ 1963 sein Buch »Zerfall des Weltkommunismus. Einheit oder Polyzentrismus« folgen.

Zbigniew Brzezinski, entschiedener Antikommunist und 1966 in den Planungsstab des US-Außenministeriums berufen, veröffentlicht 1962 und 1966 bei K&W[56], und mit Denis de Rougemont, deren Roman »Die Liebe und das Abendland« 1966 erscheint, hatte der Verlag eine französische Literatin unter Vertrag genommen, die 1951 am CCF-Kongreß in Indien teilgenommen und fortan ständig herausragende Funktionen in dem CIA-Tarnverein innehatte.

Das politische Programm von Kiepenheuer & Witsch hat Carola Stern von 1960 bis 1970 zweifellos entscheidend mitgeprägt. Sie war bis 1951 Lehrerin an der Parteihochschule der SED gewesen, studierte danach in Westberlin politische Wissenschaften und arbeitete anschließend als wissenschaftliche Assistentin an der FU Berlin[57]. Ihre ersten Bücher über die verhaßte SED veröffentlichte sie 1954 und 1957 bei Kiepenheuer & Witsch[58]. Vorher hatte sie bereits kleinere Beiträge für das *SBZ-Archiv* des Kölner Verlages verfaßt[59]. 1963 publiziert sie bei ihrem Arbeitgeber die erste westdeutsche Ulbricht-Biographie[60]. Als *WDR*-Redakteurin läßt sie 1975 eine Willy-Brandt-Monographie folgen, und ab 1976 gibt sie zusammen mit Günter Grass und Heinrich Böll die Vierteljahreszeitschrift »Für Demokratie und Sozialismus« heraus.

Die Roten Weißbücher, das *SBZ-Archiv* und einige Werke von CCF-Autoren bei Kiepenheuer & Witsch weisen eine nachhaltige Beeinflussung des Lebenswerks von Joseph C. Witsch durch westliche Nachrichtendienste aus. Haben die Nachrichtendienste versucht, auch die politische Lektorin des Verlags wegen ihrer profunden DDR-Kenntnisse zu vereinnahmen?[61] Mit Carola Stern war er direkt nie befaßt, erklärt Herbert Brehmer, einst MfS-Oberstleutnant für Desinformation, im Interview[62], allerdings habe es eine »gepflegte Feindschaft« zwischen seiner Abteilung und der Publizistin gegeben, wo sie auch auftauchte, galt sie als »Feindesfrau«. Doch das will schon deshalb nichts heißen, weil zahlreiche DDR-kritische Publizisten beim Ministerium für Staatssicherheit fast automatisch in den Geruch kamen, die Mißstände in dem anderen deutschen Staat im Zusammenwirken mit westlichen Diensten zu thematisieren.

Carola Stern, die 1996 für ihr journalistisches und publizistisches Lebenswerk den Siebenpfeiffer-Preis »wegen der Förderung des demokratischen Bewußtseins in unserer Zeit« erhielt[63], war nicht nur Mitbegründerin von amnesty international (ai) in Deutschland, sondern publizierte auch auf diesem Sektor: 1980, wieder bei Kiepenheuer & Witsch, »Strategien für Menschenrechte« und ein Jahr später als Herausgeberin »Wer schweigt, wird mitschuldig – 20 Jahre Amnesty International«[64]. Bis in die achtziger Jahre hat sie die deutsche Sektion von ai maßgeblich mitbestimmt.

Der Generalsekretär der deutschen Sektion von amnesty international, Volkmar Deile, schrieb am 25. November 1996 einen geharnischten Brief an BND-Präsident Hansjörg Geiger. Ein aktives Mitglied von ai – ein Experte für einen Staat, dem schwere Menschenrechtsverletzungen vorgeworfen werden – war im September 1996 von einem BND-Mitarbeiter unter der Legende des Amts für Militärkunde um Zuarbeit für den Bundesnachrichtendienst gebeten worden. Mehrere ai-Vertreter hätten bereits Beziehungen zum BND, erklärte ihm der Anwerber aus München. »Eine Beziehung eines Mitarbeiters von amnesty international zum Bundesnachrichtendienst im Rahmen der Aufgaben, die dieses Mitglied bei amnesty international hat, ist mit der Unabhängigkeit unserer Organisation unvereinbar«, konstatierte Deile und forderte Geiger unmißverständlich auf, »mir möglichst bald zu versichern, daß Mitarbeiter Ihrer Dienststelle Kontaktaufnahmen wie die oben genannte vom September 1996 unterlassen werden«.

In seiner Antwort vom 29. November 1996 betonte der BND-Präsident zunächst, daß die Informationsgewinnung über das betreffende Land außerordentliche sicherheitspolitische Bedeutung habe, und deshalb sei an den Experten in seiner Eigenschaft als wissenschaftlicher Mitarbeiter einer Universität herangetreten worden. Das habe sich nicht gegen die Menschenrechtsorganisation gerichtet; ai – so Geiger – sei nicht »Ziel einer nachrichtendienstlichen Informationsgewinnung«[65].

Deiles Protest entsprang vielleicht nicht nur der augenblicklichen

Betroffenheit, sondern fiel möglicherweise so scharf aus, weil es in den vergangenen Jahrzehnten immer wieder Verdächtigungen gegeben hatte, Geheimdienste machten sich das weltweite ai-Netz von Fachleuten und Aktivisten vor Ort zu Nutze. Darüber hinaus gab es 1989 Hinweise, westliche Geheimdienste hätten bereits bei der Gründung der Menschenrechtsorganisation Pate gestanden[66].

Peter Benenson selbst, der Gründungsvater von amnesty, hatte nämlich bereits 1966 eine heftige Debatte mit seiner Behauptung nachrichtendienstlicher Einflüsse auf sein geistiges Kind ausgelöst. In der 1978 erschienenen ai-Darstellung von Egon Larsen wurde das Thema noch mit dem Hinweis auf die Einschätzung von Benensons Mitarbeitern abgewehrt, er sei seinerzeit »das Opfer eines Anfalls von geistiger Verwirrung«[67] geworden. Doch Leo A. Müller kam 1989 in seiner Monographie der Menschenrechtsorganisation zu dem Schluß: »Die Gründung dieser Organisationen ist als ein Teil des propagandistischen Kampfes in der damaligen Hochphase des Kalten Krieges zwischen Ost und West zu verstehen. Die westlichen Regierungen, allen voran die amerikanische mit ihren mächtigen Geheimdiensten, setzten alles daran, den ideologischen Kampf gegen die Kommunisten mit größter Härte auf möglichst vielen gesellschaftlichen Ebenen zu forcieren. Auch die Menschenrechtsfrage wurde zum Vehikel des Kalten Krieges gemacht[68].«

Erste Spuren des Geheimdiensteinflusses hatte Müller im Ursprungsland von amnesty entdeckt. Der spätere Rechtsanwalt Peter Benenson hatte im Zweiten Weltkrieg als britischer Geheimdienstoffizier gedient. Das ai-Symbol – die stacheldrahtumkränzte Kerze – schuf Diana Redhouse, die bekannteste englische Agentin im besetzten Frankreich. Doch diese Indizien verdichteten sich erst im sechsten Lebensjahr von amnesty zu handfesten Beweisen. Der von Benenson ausgelöste Hauskrach offenbarte im Frühjahr 1966, daß die drei führenden Köpfe der inzwischen weltumspannenden Organisation unterschiedliche Geheimdienstanbindungen hatten.

Der erste Vorwurf richtete sich gegen Sean MacBride. Der irische

Freiheitskämpfer und Gründer der Sektion auf der grünen Insel war Vorsitzender des internationalen Exekutivkomitees von ai. Benenson forderte seinen Rücktritt mit der Begründung, MacBrides Rolle als Generalsekretär der CIA-finanzierten Internationalen Juristenkommission sei mit der Neutralität von amnesty unvereinbar. MacBride wiederum leugnete, daß sein Verein CIA-Gelder erhalten habe. Doch Experten sind sich sicher, daß diese in Genf ansässige Organisation sehr wohl über die zwischengeschalteten US-Stiftungen mit Dollars aus Langley gefüttert worden war[69].

Zum zweiten ging es um Robert Swann, der von Benenson als erster ai-Generalsekretär geholt worden war. Zuvor stand er in der thailändischen Hauptstadt Bangkok im Dienst des britischen Außenministeriums. Benenson outete auch Swann 1966 als Verbindungsmann eines Nachrichtendienstes. Er habe ihm offenbart, daß er noch immer für den britischen Intelligence Service Erkundigungen einziehe. Überdies werde die ai-Zentrale in der britischen Hauptstadt abgehört, im März 1966 sei eine Akte über den Jemen aus dem Büro gestohlen worden, und einzelne ai-Delegierte würden vom Nachrichtendienst Londons überwacht.

Schließlich traf Benenson selbst, nachdem er das Tabu gebrochen hatte, der Vorwurf, er habe auf einer amnesty-Mission in Rhodesien 1966 britische Regierungsgelder zu Geheimdienstzwecken eingesetzt. Schließlich übernahm der CCF-nahe Eric Baker im März 1967 kommissarisch das Amt des Generalsekretärs, bis es schließlich im Juli 1968 an Martin Ennals übertragen wurde. Doch da hatte amnesty international seine Unschuld längst verloren. Allerdings zog die Organisation Konsequenzen und verlangte anläßlich einer Versammlung in der Nähe von Kopenhagen von allen Funktionsträgern eine schriftliche Erklärung, auf gar keinen Fall mit Geheimdiensten zusammenzuarbeiten.

Doch darf man aus der Tatsache, daß Mitarbeiter der CIA und des britischen Intelligence Service 1961 bei der ai-Gründung in Großbritannien Pate standen und ihr Kind mindestens bis zum Ende des Jahrzehnts betreuten, auch Schlüsse für die anderen nationalen Sektionen ziehen? Waren die angelsächsischen Geheimdienste beispielsweise auch Geburtshelfer des deutschen Ablegers, der heute zu den wichtigsten Stützen der weltweiten Organisation zählt?

Für die schnelle Verbreitung von ai über Großbritannien hinaus zeichnet David Astor verantwortlich, der Herausgeber des *Observer*, der den Gründungsaufruf weltweit verbreitete und für Nachdrucke beispielsweise in Springers *Welt* sorgte. »Der Observer und sein Herausgeber David Astor waren wohl der entscheidendste Faktor für den erfolgreichen Start der Kampagne. Er sorgte dafür, daß die Titelseite der Weekly Review, eines Magazinteils der Zeitung, für einen Artikel Peter Bensons freigemacht wurde. Dieser Artikel leitete die Kampagne ein und wurde somit praktisch der amnesty-Gründungsaufruf. Über die Kontakte des Observer wurde der amnesty-Aufruf in über 30 Zeitungen der westlichen Welt veröffentlicht[70].« David Astor war zwar nicht Mitglied der CIA-Tarnorganisation Congress for Cultural Freedom, sympathisierte aber mit der Organisation und ihren Zielen und wurde 1966 vom CIA-Offizier Josselson um Finanzhilfen für die Organisation gebeten[71].

Als Initialzündung zur Gründung einer deutschen ai-Sektion reichte Benensons Appell nicht aus. François Bondy, Herausgeber der *Preuves* – des französischen Pendants zum *Monat* –, schickte den Appell an die Kölner Journalistin Sabine Brandt. Die nahm über den *Encounter*-Herausgeber Melvin Lasky Kontakt zu Benenson auf – so die offizielle Version. Erst nach dem kalten Krieg weiß man, daß es sich hier um das Zusammenspiel des britischen Geheimdienstmannes Benenson mit zwei Vertretern der CIA-Tarnorganisation handelt, denn Bondy war ebenso CCF-Funktionär wie Lasky, der geistige Vater und Chefpilot des Unternehmens.

Der amnesty-Mann Erik Baker, so Leo Müller, reiste nach Köln, um die CCF-Mitglieder von der Idee einer Menschenrechtsorganisation zu begeistern: »Die Satzung des Kongresses wurde kurzerhand übernommen, der Name importiert: ›Amnestie-Appell‹«[72], und die deutsche amnesty-Sektion adoptierte ihre beiden ersten Fälle, den DDR-Dissidenten Wolfgang Harich und den ebenfalls inhaftierten Gewerkschafter Heinz Brandt, von der CIA-Tarnorganisation, die sich zuvor für die beiden Oppositionellen eingesetzt hatte. Auf jener Liste, die dem *stern* Anfang der siebziger Jahre von einem Spitzenbeamten des BND zugespielt wurde, taucht Heinz Brandt wieder auf: als eine von 63 dort dokumentierten Sonderverbindungen des Bundesnachrichtendienstes.

Schließlich waren es die Lektorin Carola Stern, der Fernsehjournalist Gerd Ruge als Vorsitzender und sein WDR-Kollege Felix Rexhausen, die amnesty in der Bundesrepublik aus der Taufe hoben. Anerkannt wurde die Sektion dann auf dem ersten internationalen ai-Kongreß in Luxemburg im Juli 1961.

Die These, die ai-Gründung sei vom CIA angestoßen worden, stößt bei ehemaligen und aktiven Funktionären der Menschenrechtsorganisation auf – teilweise empörte – Ablehnung; das habe der KGB auch immer behauptet. Doch die Vorwürfe des sowjetischen Geheimdienstes waren anderer Art: Man unterstellte, amnesty würde direkt von westlichen Geheimdiensten *gelenkt.* Tatsächlich ist, mit Ausnahme der geschilderten Ereignisse in der britischen Sektion der sechziger Jahre, kein Fall irgendeiner Steuerung von ai-Aktivitäten durch westliche Geheimdienste bekannt.

Das war bei der Internationalen Gesellschaft für Menschenrechte in Frankfurt (IGfM) anders. Daß die Organisation überwiegend von Exilrussen des von der CIA und dem BND finanzierten NTS (Nationalnij Trudojno Sojus)[73] gegründet wurde und von daher mit den Geheimdiensten liiert war, schlug sich auch in der einseitig antikommunistischen Politik der Organisation bis hin zur propagandistischen Unterstützung der Contras in Nicaragua nieder. Den Nachweis enger Beziehungen des NTS zum amerikanischen Auslandsnachrichtendienst CIA führte Wolfgang Wehner[74] bereits 1960, und durch die Aufarbeitungsliteratur des kalten Krieges in West und Ost ist der Tatbestand mehrfach erhärtet worden.

Bei amnesty international stehen die Dinge anders. Daß die renommierte Menschenrechtsorganisation auf Ideen aus CIA-Kreisen fußen soll, macht Mitglieder und Sympathisanten der eher als links eingestuften Gruppierung betroffen. Mit mehr als einer halben Million Mitglieder und Förderer in über 160 Staaten und einem global ausgerichteten Kampf für die Menschenrechte war amnesty aber schon in den siebziger Jahren weit davon entfernt, die auf antikommunistische Aktionen konzentrierte Stoßrichtung der Gründer fortzusetzen. Mit dem weltweiten Engagement, das die Todesstrafe in den USA ebenso geißelte wie westliche Marionettenregime in der Dritten Welt, war ai einerseits aus diesem Ruder gelaufen. Anderseits traf der Einsatz für politisch Verfolgte natürlich die kommunistischen Diktaturen weit empfindlicher. Nicht zuletzt die Kampagnen von US-Präsident Ronald Reagan und die westliche Schwerpunktsetzung im Korb 4 der KSZE (Konferenz für Sicherheit und Zusammenarbeit in Europa) machen deutlich, daß die Frage der Menschenrechte ein wesentlicher Hebel zur inneren Destabilisierung osteuropäischer Zwangssysteme war.

Gesichert bleibt, daß die allem Anschein nach in den nachrichtendienstlichen Hintergrund eingeweihte Führung des Congress for Cultural Freedom nicht nur Medienprojekte unterstützt, sondern auch die Gründung der deutschen Sektion von amnesty international angestoßen hat. CIA- und andere Geheimdienst-Verbindungen konnten bei einer ganzen Reihe von Personen nachgewiesen werden, die mit den Aktivitäten des CCF wie von ai zu tun hatten. Aber es bleibt auch festzuhalten: So wenig die Autoren des *Monat* vom Wirken und den Absichten der CIA wußten, so wenig war den ai-Gründungsmitgliedern und den vielen Menschenrechtsaktivisten dieser Organisation bewußt, daß sie mit ihrer verdienstvollen Arbeit auch im Sinne – nicht im Auftrag! – des US-Nachrichtendienstes handelten. Diese Differenzierung zwischen Lenkung einerseits und Anstoß und behutsamer Begleitung andererseits macht den ganzen Unterschied zwischen erfolgloser und erfolgreicher Geheimdienstarbeit in der intellektuellen Welt aus.

17

Diener vieler Herren – Der Fall des Gerhard Baumann

Die CSU war stets besonders gut informiert über geheime Vorgänge des BND – das Ministerium für Staatssicherheit auch. Daß die Christsozialen in Pullach viele Kontakte pflegten, wird in diesem Buch vielfach nachgewiesen. Daß das MfS der DDR dieselben Informationskanäle anzapfte, kam erst Mitte der neunziger Jahre heraus. Die ganze Geschichte dieses nachrichtendienstlichen Super-GAUs wird hier zum erstenmal erzählt.

Da gab es zwei Herren, die regelmäßig vertrauliche Rundschreiben an Spitzenpolitiker der CSU versandten: Paul Münstermann (DR. HEIDEGGER), bis August 1994 acht Jahre lang Vizepräsident des BND, und sein pensionierter Ziehvater Kurt Weiß (WINTERSTEIN). Ohne es zu ahnen, fütterten sie auf diese Weise auch jahrelang den Ost-Berliner Nachrichtendienst mit Geheimmaterial aus Pullacher Amtsstuben. Sinn für Ironie muß man deshalb dem MfS-Mitarbeiter zugestehen, der seinen hochrangigen Kollegen vom BND, Kurt Weiß, auf den Stasi-Decknamen »Berater« taufte. Der Umfang des Verrats war weit größer als bei zahlreichen wissentlichen MfS-Agenten, die dafür ab 1990 mit langjährigen Haftstrafen büßten.

Ein Vorermittlungsverfahren gegen den zweiten Mann in Pullach hatte die Münchner Staatswaltschaft eingeleitet, nachdem ihr der BND selbst am 19. Juni 1995 einen Anzeigenvorgang zugeleitet hatte. Der Leitende Oberstaatsanwalt Dieter Emmrich betonte, er wolle dem Vorwurf, Münstermann habe die Amtsverschwiegenheit verletzt, »mit großem Ernst und Nachdruck« prüfen[1]. Bereits im November 1993 besagten Gerüchte aus Pullach, daß diesbezügliche Ermittlungen des Generalbundesanwalts – geleitet von Joachim Lampe – liefen. Aus Kantinengesprächen im Bundesnachrichtendienst drang überdies die Vermutung, die Untersuchung solle bis zu der im Spätsommer 1994 anstehenden Pensionierung von DR. HEIDEGGER verschleppt werden[2]. Während Kanzleramtsminister Bernd Schmidbauer im Februar 1994 noch abwiegelte: »Da ist nach bisherigen Erkenntnissen nichts dran«, vermutete der *Focus* bereits »Durchstechereien in Deutschlands verschlossenster Behörde«[3]. Und die Meldung des Bundesnachrichtendienstes an das Kanzleramt vom 18. August 1994, Münstermann treffe kein Vorwurf, lag ganz im Sinne des Bonner Geheimdienstkoordinators.

BND-Präsident Konrad Porzner lähmte mit »redaktionellen Korrekturen« des Abschlußberichts der Unterabteilung Sicherheit 52 D die Untersuchung so lange, bis BND-Juristen die Verjährungsfrist erreicht sahen. Doch der Leiter des Kanzleramts, Minister Friedrich Bohl, mochte die Vertuschung des Falles nicht dulden, da der zweite Mann des BND gegen die Kernpflicht verstoßen habe, »wonach der Beamte dem ganzen Volk, nicht einer Partei zu dienen hat«. Und so ordnete die Münchner Staatsanwaltschaft in dem Verfahren 115 Js 4965/95 Ende März 1997 sogar eine Hausdurchsuchung von Münstermanns Villa in Berg am Starnberger See an[4], wo auch Reinhard Gehlen lebte und seine letzte Ruhestätte fand.

Der späte Versuch der Beweissicherung galt dem, was interne Untersuchungen des BND bereits zutage gefördert hatten: Zweimal vierteljährlich forderte Münstermann über das hinaus, was im normalen Geschäftsgang auf seinem Schreibtisch landete, größere Informationspakete bei seinen Untergebenen an. Selbst streng geheime Verschlußsachen stufte er mit der Schere herab und ließ sie in seinem Vorzimmer kopieren. Weiß holte sich das Material entweder selbst ab, nahm es bei den regelmäßigen gemeinsamen Mittagessen mit dem Vize in Empfang, oder es wurde ihm durch Münstermanns Chauffeur nach Hause gebracht[5]. WINTERSTEIN verstand sich als letzte Nachhut Gehlens in Pullach: »Ich stehe allmählich als der einzige ›Verbliebene‹, der dem engsten Kreis um unseren alten legendären Chef angehörte, gegenüber einem neuen Umfeld auf verlorenem Posten«, formulierte er am 15. März 1981[6]. Aus dem alten Umfeld konnte er jedoch auf Paul Münstermann, Jahrgang 1932, zählen, der in Gehlens letztem Amtsjahr 1967 in die Reihen der Pullacher Beamten eintrat.

Der Anwalt Münstermanns betonte in seiner Reaktion auf den *SPIEGEL*-Bericht, schon das vorläufig eingestellte Disziplinarverfahren hätte ergeben, daß sein Mandant die CSU-Granden nur mit offenem Material versorgt habe[7]. Richtig daran ist nur, daß seine Postwurfsendungen an die hochrangigen Parteifreunde nicht etwa Originalakten des BND enthielten, sondern eigens gefertigte Dossiers. Der äußeren Form nach waren die von Münstermann jahrelang an die Ministerpräsidenten Strauß und Streibl sowie an die CSU-Minister Theo Waigel, Wolfgang Bötsch, Carl-Dieter Spranger und Otto Wiesheu verschickten Hintergrundberichte keine Verschlußsachen, ihr Inhalt gab jedoch geheimhaltungsbedürftige BND-Erkenntnisse wieder. DR. HEIDEGGER beschaffte im Dienst das Rohmaterial dafür, und sein Ziehvater WINTERSTEIN schrieb – wie er am 11. Juli 1990 seinem Freund Gerhard Baumann (BALLY) mitteilte – »für den ›Vize‹ Berichte, die an pol. Verbindungen gehen (ohne Honorar – aber vielleicht läßt sich was entwickeln)«.

»Eine Kopie seiner Ausarbeitungen ließ Weiss häufig seinem Kumpel Baumann zukommen«, berichtete der *SPIEGEL* im April 1997 weiter. Doch BALLY erhielt nicht etwa nur dieselbe Post wie die CSU-Politiker. Der BND geht von einem »Originalabfluß von BND-Arbeitsunterlagen in erheblichem Umfang aus, die zur aktuellen Zeit ›VS-Vertraulich‹, nicht selten ›VS-Geheim‹ eingestuft waren«, aus – so der Generalbundesanwalt im Dezember 1994. Vom Anfang der achtziger Jahre »bis Ende 1989« habe der im Januar 1994 verstorbene BND-Mitarbeiter Dr. Kurt Weiß Baumann mit Informationen versorgt: »Dr. Weiß war … auch nach seiner Pensionierung stets über die aktuellen Vorgänge im Bundesnachrichtendienst sowie über Standpunkte und Einschätzungen seiner ehemaligen Dienststelle zu aktuellen innen- und außenpolitischen Fragen auf dem laufenden[8].« Doch tatsächlich war das Loch im Pullacher Sicherheitszaun bis zum Frühsommer 1991 weit geöffnet.

Seit 1981 hatte sich eine arbeitsintensive und herzliche Beziehung zwischen Baumann und dem pensionierten BND-Abteilungsleiter entwickelt. Zum Jahreswechsel 1986/87 beteuert Kurt Weiß noch gegenüber Gerhard Baumann: »Was immer geschehen mag mit dem Roten Brief und den Wehrpolitischen Informationen – wir werden unser enges Zusammenwirken mit den auch für mich so wertvollen und inzwischen unverzichtbaren Gesprächen und Beratungen fortsetzen.« Bei diesem Treueschwur ahnte WINTERSTEIN noch nicht, auf welche harte Probe die Freundschaft gesteilt werden würde.

Im Mai 1991 besuchten zwei Beamte des Verfassungsschutzes Baumann in seinem Pasinger Kellerbüro und eröffneten ihm, daß seine langjährigen Auftraggeber und »Gesprächspartner« nicht – wie er stets angenommen hatte – Beamte aus dem Büro des französischen Ministerpräsidenten, sondern Informelle Mitarbeiter des Ministeriums für Staatssicherheit waren. Von sich aus unternimmt der Geschockte nichts, um mit seinen Partnern aus Politik und Geheimdienst ins reine zu kommen. Am 8. Juli 1991 erfüllt er Kurt Weiß mit dem Vermerk, daß er einem »grandiosen Täuschungsmanöver zum Opfer gefallen« ist, eine letzte Bitte. Er übersendet ihm – offensichtlich zur Schadensabschätzung durch Paul Münstermann – eine Liste aller BNDler, zu denen er Kontakt hatte, weist im Anschreiben daraufhin, daß er dabei den Duzfreund Prinz Hugo Thurn und Taxis ebenso vergessen habe wie den Freiherrn Walrab von Butlar.

Offiziell erfährt der BND angeblich erst im August vom Verfassungsschutz von Baumanns Verstrickungen. Am 18. des Monats schreibt ihm Kurt Weiß, dem der Bundesnachrichtendienst gerade den langjährigen Werkvertrag gekündigt hatte, eine barsche Briefkarte: »Nachdem Sie in beispiellos perfider Weise unsere persönlichen Gespräche, um die Sie gebeten hatten, fortgesetzt mißbraucht haben (dies trifft auch auf angeblich ›westliche Auftraggeber‹ zu!), sehe ich mich gezwungen, jede Verbindung zu Ihnen endgültig abzubrechen.« Den zweiten Satz verwendet er auf die Bitte, sein langjähriger Spezi möge ihm die DM 50,– überweisen, die er ihm auf dem »Preussenabend« – einem Pullacher Zirkel, zu dem BND-General a. D. Udo Ritgen regelmäßig konservative Geister zum Vortrag bat – geliehen hatte.

Gerhard Baumann war tief gefallen. Aus ihm bricht die ganze Verzweiflung hervor, dreißig Jahre dem publizistisch so heftig bekämpften Feind gedient zu haben, als er Weiß zehn Tage später erwidert: »Es geht nicht mehr, ich bin psychisch fertig, inzwischen gesundheitlich angeschlagen … Ursache ist Ihr Brief vom 18. 8., den ich nach Rückkehr aus dem Urlaub vorfand, er hat mich zutiefst erschüttert und meinen Lebensnerv getroffen. Nicht wegen der Affäre, in die meine Naivität und Unbedarftheit mich in die Machenschaften des Mielke-Gesindels verstricke, sondern ausschließlich wegen der menschlichen Dimension«.

Wiederum einen Monat später ist die menschliche Bindung endgültig zerrüttet. »Bei allem Grübeln über die Quelle Ihrer Information kann ich mir nur die Mielke-Kloake vorstellen«, wirft BALLY Weiß vor: »In der Bewertung der Stasi-Aussagen … scheint ein gravierender Unterschied zwischen mir und dem Dienst (und damit auch zu Ihnen) vorzuliegen. Der Dienst sieht in ihnen eine schätzenswerte, hemmungslos sprudelnde Nachrichtenquelle von hohem Informationswert, der weitgehend geglaubt wird. Ich sehe in den sogenannten Informanten vorwiegend ein Gesindel, das – wie in meinem Fall – mit kriminellen Methoden gearbeitet und keine Skrupel empfunden hat, wenn dabei ein Mensch in seiner Persönlichkeit zerstört wurde. In ihrer jetzigen Aussagefreudigkeit geht es ihnen doch nur darum, ihre Haut zu retten.« Am 4. November 1991 lenkt WINTERSTEIN ein, ohne auf die Vorwürfe Baumanns auch nur mit einem Satz einzugehen: »Sie – von mir gleichfalls über viele Jahre sehr verehrt – sollten doch wissen, in welche Schwierigkeiten Sie mich gestürzt haben. Daß Sie über mich nur Gutes gesagt haben, bezweifle ich nicht. So war ich Ihnen ein ›Guter Informant‹. – Oder wollen Sie bestreiten, aus den persönlichen Gesprächen mit mir ›berichtet‹ und auch ›Geschriebenes‹ weitergeleitet zu haben? Das meinte ich mit ›perfide‹.« Zehn Tage später antwortet ihm Gerhard Baumann ein letztes Mal mit der Bitte um Vergebung.

»Ich habe zu keiner Zeit erkannt, daß meine Gesprächspartner einem östlichen Geheimdienst angehörten; hätte ich das durchschaut, wäre es nie zu einer Zusammenarbeit gekommen. Sie fiel in die Zeit des Kalten Krieges, und wo ich stand, beweist mein Buch ›Sicherheit Deutsche Friedenspolitik im Bündnis‹ (besonders die Kapitel IX und X)«, beteuert Gerhard Baumann in seiner Erwiderung auf die Anklageschrift des Generalbundesanwalts, der ihm wissentliche Spionage für Ost-Berlin unterstellte. Auch in zahlreichen Briefen an Freunde aus der CSU und in den Medien versichert er, in seiner »Arglosigkeit« den »Stasi-Strolchen« auf den Leim gegangen zu sein.

Geworben worden war Baumann als IM »Schwarz« unter fremder Flagge, einer Tarnkappe, die ganz auf ihn zugeschnitten schien. »Die Werbung unter fremder Flagge ist eine spezifische Methode, um Personen mit reaktionärer Grundhaltung unter Täuschung über den Beziehungspartner für die Lösung operativer Aufgaben des MfS zu gewinnen«[9], erläuterte die Richtlinie Nr. 2/79 für die Arbeit mit Inoffiziellen Mitarbeitern im Operationsgebiet (GVS MfS 0008-2/79) dazu.

Was die Glaubwürdigkeit der MfS-Akten betrifft, mißt die Bundesanwaltschaft mit zweierlei Maß. Für bare Münze nimmt sie alle Erfolgsmeldungen und Bewertungen der Leipziger MfS-Bezirksverwaltung über IM »Schwarz«. Völlig ignoriert dagegen wird die Wertung, die Horst Findeisen, Baumanns Führungsoffizier von 1974 bis 1990, im Oktober 1982 vornahm: »Es gab in der bisherigen Zusammenarbeit mit dem IM keine Phase, in welcher Zweifel an der Flagge geäußert oder deutlich wurden. Durch den laufenden Mitschnitt (Tonband) der bisherigen gesamten Gesprächsführung wurde dies bestätigt.«

Zwar räumt der Generalbundesanwalt ein, daß Baumann anläßlich eines Treffs in Zürich 1986 einen »hohen französischen Orden« erhielt, 1982 ein Geburtsgeschenk »aus Paris«, eingepackt in Papier mit französischer Beschriftung und – so der Sprachgebrauch des MfS – mit ›Pariser Chic‹ überreicht«, aber ein Indiz für Baumanns Festhalten an der Illusion, im Dienste der Grande Nation zu stehen, sieht er darin nicht. Dabei gab sich das MfS bis zuletzt große Mühe, die Trikolore hochzuhalten.

Sein Agentenführer bestärkte ihn in dem Glauben, indem er jahrelang überzeugend die Rolle eines führenden französischen Geheimdienstlers spielte. Zum 75. Geburtstag des IM am 19. September 1987 konnte MfS-Oberst Claus Brüning – Deckname »Motor« – jedoch nur telefonisch gratulieren und sein Fernbleiben von der Feier am 24. September entschuldigen. Dafür reisten der langjährige Instrukteur von »Schwarz«, IM »Trautmann« alias Werner Trommer, und der Werber »Veit« alias Dr. Priem zusammen mit einem weiteren MfS-Mitarbeiter, der als »Motor III« die Begegnung absichern sollte, zu der Geburtstagsfeier nach Österreich. Im Blauen Salon des Schloßhotels von Igls bei Innsbruck war eine intime Jubiläumsfeier arrangiert worden, deren Ablauf das MfS akribisch geplant hatte: »Geburtstagsgratulation im Namen des ›Chefs‹ und persönliche Übergabe der Geschenk-Prachtausgabe Th. Storm, 2 Bd. in Leder gebunden (IM ist ein großer Verehrer dieses Schriftstellers). Dank für die jahrzehntelange gedeihliche Zusammenarbeit … verbunden mit einer Sonderprämie von 5000,– DM. Das alles verbunden mit der Würdigung seines Wirkens besonderer Art für ein ›ausgewogenes und gedeihliches deutsch-französisches Verhältnis‹, das noch in der heutigen Zeit seine Früchte zeigt und seinen besonderen Stellenwert hat[10].«

In der Beweisführung glaubte der GBA leichtes Spiel zu haben, weil Baumann, neben den »für eine nachrichtendienstliche Tätigkeit typischen konspirativen Verhaltensweisen«, gegenüber dem IM »Trautmann« im März 1985 »selbst seine Tätigkeit für das ›Büro‹ als nachrichtendienstliche Tätigkeit« bezeichnet hatte, mit den Worten:

»Na, daß wir nachrichtendienstliche Arbeit machen, ist ja nun kein Geheimnis.« Doch auch wenn Baumanns Darstellung in seiner Anklageerwiderung, das Zitat sei ihm in den Akten des MfS möglicherweise untergeschoben worden, nicht zutrifft, würde ihn das noch nicht im Sinne der Anklage belasten. Daß seine Tätigkeit stark konspirativen Charakter trug, wußte er, doch den Nutznießer konnte er auch in Paris wähnen.

Daß sein Gesprächspartner »Trautmann« einen unverkennbar sächsischen Dialekt gesprochen und die französische Sprache nicht beherrscht habe, galt in Karlsruhe als weiteres untrügliches Zeichen dafür, daß IM »Schwarz« die falsche Flagge hätte erkennen müssen. Doch »Trautmann« war als Deutscher in französischen Diensten legendiert. Möglicherweise hat »Trautmann« bei seinen Vernehmungen durch die Bundesanwaltschaft mit seinem Dialekt auch weniger hinter dem Berg gehalten, als er es bei den konspirativen Treffs mit IM »Schwarz« tat. Der Generalbundesanwalt hielt Baumann vor allem vor, er hätte schon aus den Aufträgen erkennen müssen, daß sie von einem Geheimdienst eines kommunistischen Landes ausgingen: »Im wesentlichen hatte er Meinungen und Einschätzungen von Insidern der westlichen Sicherheitspolitik im Hinblick auf den Ost-West-Konflikt abzuklären. Das Interesse eines Geheimdienstes einer westlichen Macht an solchen Eigeninformationen ist nicht nachvollziehbar[11].«

Doch das trifft nicht zu. Zur Vorbereitung eines Gesprächstermins mit Kurt Weiß im November 1982 bittet BALLY beispielsweise um Informationen zur »Beurteilung der Lage in Südamerika«, im Südatlantik und im Nahen Osten: »Für Afrika sollte ich etwas wissen über Tschad (Einfluß Libyens), Ägypten (Zusammenarbeit mit Somalia, gespanntes Verhältnis zu Israel), Angola (gewinnen die USA dort – übrigens auch in Mocambique – an Einfluß?), Äthiopien (was ist mit dem Kampf um Eritrea? Was steht dort an Truppen bzw. Militärberatern aus der UdSSR, Kuba, DDR?).« Gegenüber Weiß hat Baumann auch nie einen Hehl daraus gemacht, daß er auch für »französische Freunde« arbeitet. Am 12. September 1987 teilt er ihm beispielsweise mit, daß er über das SPD/SED-Verständigungspapier arbeite, den Besuch Honeckers in der Bundesrepublik reflektiere und ein Papier zu diesem Themenkomplex von »einigen französischen Freunden« mitbringe, für dessen Beantwortung er mit Weiß diskutieren und dessen Kontakte er dazu nutzen möchte. Dem MfS ging es darum, die interne Einschätzung des BND dazu in Erfahrung zu bringen, und dem alten Nachrichtenfuchs Weiß kamen diese Fragen aus »Paris« keineswegs verdächtig vor.

Aus der Bandbreite der ihm aufgetragenen Fragen konnte Baumann keineswegs auf einen östlichen Geheimdienst schließen. Nachrichtendienstliche Insider wissen überdies – offensichtlich im Gegensatz zu den Fachanklägern des GBA –, daß westliche Dienste keinem geschlossenen Block angehören, der freizügig alle Eigeninformationen austauscht, sondern daß die Nato-Staaten sich sehr wohl untereinander ausspähen. Das gilt insbesondere für Frankreich, das 1966 die militärische Integration der westlichen Militärallianz verließ und deutsch-amerikanischer Zusammenarbeit in militärpolitischen Fragen stets besonders skeptisch gegenüberstand.

Mit aller Vorsicht geurteilt – und nicht in der Absicht, hier den nicht stattgefundenen Prozeß zu ersetzen –, ist Gerhard Baumann im Sinne der Anklage nicht schuldig. Sein ganzer nicht zur Veröffentlichung bestimmter Briefverkehr, seine durchgängig rechtskonservative Grundhaltung und das spürbar verinnerlichte Feindbild gegenüber der Sowjetunion und ihren »Satelliten« sprechen eher für Baumanns Version. Daß der Diener vieler Herren im Nachrichtengeschäft zu wenig Mißtrauen entwickelt hatte, mag auch daran liegen, daß er als unermüdlicher Workaholic und unter dem pausenlosen Zwang, als Freiberufler finanziell über die Runden zu kommen, nie die Ruhe und Distanz für ein sorgfältiges Überdenken seiner Situation fand. Doch nun ist es Zeit, seine bewegte Geschichte von Anfang an zu erzählen.

Am 19. September 1912 in Upgant bei Jever geboren, zog es den Friesen Gerhard Folkert Baumann 1935 nach München zum Studium der

Geschichte und vor allem der Zeitungswissenschaft. Seine Doktorarbeit über den »organisatorischen Aufbau der deutschen Presse« wurde 1937 mit summa cum laude bewertet. Praktische Erfahrungen im Journalismus hatte er da bereits während eines Volontariats an einer Wochenzeitung gesammelt, 1936 legte er die Schriftleiterprüfung ab. Zum 1. Januar 1939 wurde er Pressechef im Reichsdozentenbund.

Da hatte er bereits eine nationalsozialistische Bilderbuchkarriere hinter sich. In der Hitler-Jugend seit 1931 war er Ortsgruppenführer, dann Unterbannführer gewesen, Mitglied der NSDAP schon vor der sogenannten Machtergreifung 1933 und nach der Immatrikulation in München Amtsleiter Presse in der Gaustudentenführung.

In den Zweiten Weltkrieg zog Baumann 1940 nach dem Tod seiner ersten Frau freiwillig als Panzerjäger und brachte es, zweimal verwundet, zum Leutnant der Reserve, bis er am 4. Mai 1945 in Miesbach in amerikanische Gefangenschaft geriet, die ein Jahr dauern sollte. Seinen Dr. habil. erwarb er 1943 während eines Aufenthaltes in der Genesendenkompanie mit einer Arbeit über den »Kampf um die Pressefreiheit 1813–1819«. Daß sein sechsjähriges Wirken als offensiver Propagandist der »nationalsozialistischen Revolution« ihm manchen Stein in den Weg legte, auch wenn in der jungen Bundesrepublik »Persilscheine« sonst recht großzügig verteilt wurden, hielt er in einem Brief an Dr. Rolf Acker vom Bundespresseamt am 3. Mai 1954 fest: »Am meisten verschnupft sein dürfte man über meine Publikationen ›Jüdische und völkische Literaturwissenschaft‹ und ›Grundlagen und Praxis der internationalen Propaganda‹, wobei hinzuzufügen wäre, daß das erste Buch geschrieben wurde, als ich im dritten Semester war, während das zweite Buch eine wissenschaftliche Arbeit ist. Für diesen ganzen Komplex ist festzustellen, daß ich alles der Spruchkammer gegenüber angegeben habe, die sowohl 1948 als auch im vorigen Jahr das Verfahren eingestellt hat. Es wurde mir sogar bescheinigt, daß ich nicht aggressiv gewesen sei in meinen Schriften«. Der Spruchkammer muß sowohl die wohlwollende Besprechung des zweiten Buchs im *Völkischen Beobachter* entgangen sein wie das 1941 in der Essener Verlagsanstalt erschienene Werk überhaupt. »Angriff auf Angriff wurde gegen das geeinte Volk vorgetragen, alle Schlagworte der Weltkriegspropaganda feierten Wiederauferstehung, und die berufsmäßigen Hetzer ... gingen, unterstützt von jüdischen Emigranten, daran, im Verein mit Staatsmännern und Wissenschaftlern ein Deutschlandbild zu entwerfen, das früher oder später einen Krieg rechtfertigen sollte«[12], versucht Baumann dort den Aggressor Hitler reinzuwaschen. Antisemitische Passagen finden sich quer durch das gesamte Buch.

Beruflich Fuß zu fassen versuchte Baumann nach Kriegsende in München mit zahlreichen Projekten und Posten. Ab 1947 baute er ein wissenschaftliches Archiv auf, das die Währungsreform jedoch nicht überstand. Von 1948 bis 1950 fungierte er als Verlagsleiter des *Christlichen Nachrichtendienstes,* und 1949 gründete er den 1952 verkauften Verlag Heimatpresse, in dem 14 Tageszeitungen erschienen. Von 1949 bis 1959 fungierte der Multifunktionär überdies als Geschäftsführer im Verband der Heimkehrer und von 1960 bis 1971 als Chefredakteur der Zeitschrift *Soldat im Volk.* In finanziell gesicherte Bahnen geriet er damit nie, und 1955 scheiterte der Plan, einen wehrpolitischen Fachverlag zu gründen, schlicht an Kapitalmangel.

»Das Material ist geradezu einzigartig, weil die Operativakten der HVA vernichtet sind«, schwärmte der Generalbundesanwalt in einem Aktenvermerk vom 31. Januar 1994 über das Belastungsmaterial im Fall des Gerhard Baumann. Daß eine deutsch-deutsche Agentengeschichte dergestalt ausführlich erhalten blieb, verdankte er dem Glücksfall, daß Baumann nicht aus der MfS-Zentrale in der Ost-Berliner Normannenstraße geführt wurde, sondern von der für »Aufklärung der Bundesrepublik« zuständigen Abteilung XV der Bezirksverwaltung Leipzig des MfS. Die Leipziger Dokumente waren auch zur Vernichtung vorbereitet, doch bevor diese Pläne umgesetzt werden konnten, gelang es, 6500 Seiten aus Operativakten sicherzustellen. Doch damit gelangte nur die Hälfte des Quellenvorgangs »Schwarz« nach Karlsruhe. Von 1956 bis 1989 hatte die Bezirksverwaltung (BV) in der sächsischen Messestadt insgesamt 31 Bände Arbeitsakten angelegt. Die Bände 1 bis 15 waren jedoch noch vor Auflösung des MfS archiviert und vernichtet worden. So konnte die Anklageschrift die erste Phase seiner Agententätigkeit nur grob rekonstruieren: »Führungsoffizier war 1956 zunächst der damalige Leiter der Abteilung Oberst Werner Witzel. 1957 wurde der MfS-Hauptmann Dr. Rolf Rahner, operativer Mitarbeiter der Abteilung XV der BV Leipzig, in die nachrichtendienstliche Führung des Vorganges eingeschaltet ... Mitte der 50er Jahre kam der Angeschuldigte mit einem namentlich nicht bekannten, in Westdeutschland lebenden Ehepaar in Kontakt. Die Eheleute waren Inoffizielle Mitarbeiter des Ministeriums für Staatssicherheit (MfS) der ehemaligen DDR Da der Angeschuldigte für seine äußerst rechte, national-politische Einstellung bekannt war, gaben sie sich nicht als Mitarbeiter des MfS zu erkennen; sie spiegelten vor, im ›Büro des französischen Ministerpräsidenten‹ direkt unterstellten politischen Informationsdienst – tätig zu sein[13].«

»Das angeführte Ehepaar ist eine Mystifikation, weder meine Frau noch ich wissen davon«, hält Baumann in seinem Kellerbüro in seiner Stellungnahme zur Anklageschrift fest. »Ich erinnere mich nicht, jemals einen Vertrag unterzeichnet zu haben.« Und das formulierte er inmitten der zahllosen Ordner mit seiner sorgfältig gehüteten Korrespondenz aus über vierzig Jahren. In der jedoch ruhte dieser Vertrag, der am 3. Juni 1956 in Mannheim aufgesetzt worden war:

»Zwischen den Herren Dr. G. Baumann, München, einerseits, und Jacques Bassereau, ständiger Sekretär der Ministerpräsidentschaft, and erseits, wurde folgendes vereinbart:

1.) Herr Dr. Baumann ist bereit, auch weiterhin Nachrichten über die deutsche Wiederaufrüstung, über politische, wirtschaftliche und militärische Fragen im Rahmen der von ihm bereits bisher gegebenen Auskünfte zu liefern.
2.) Diese Auskünfte werden in Form einfacher Protokolle gegeben, bei denen lediglich der Name der in Frage kommenden Personen,

ihre Aussagen und Meinungen zu einem bestimmten Problem sowie das persönliche Urteil des Herrn Dr. Baumann zum Sachverhalt erwähnt zu werden brauchen.

3.) Gleichzeitig wird Herr Dr. Baumann von Zeit zu Zeit, sobald sich die Notwendigkeit hierzu ergibt, vollständige Artikel liefern. Das Thema dieser Artikel, die entweder von Herrn Bassereau erbeten oder von Herrn Dr. Baumann vorgeschlagen werden, wird im voraus im gegenseitigen Übereinkommen festgelegt.

4.) Herr Dr. Baumann erhält für seine Mitarbeit für den Anfang einen Betrag von DM 250,– (zweihundertfünfzig), der im voraus zahlbar ist. Diese Summe wird entsprechend erhöht, sobald das gelieferte Material dies rechtfertigt. Die Sonderartikel werden getrennt hiervon honoriert.«

Am 25. Juni 1956 mahnte ein Dr. Erich Richter bei Baumann den unterschriebenen Vertrag unter einem Vorwand an: »Ich wäre Ihnen dankbar, wenn Sie bald etwas von sich hören lassen würden. Bitte schicken Sie mir möglichst umgehend den Vertrag, da ich am Freitag morgen nach Paris fahre, wir hatten ja alles Nähere besprochen.« Doch Baumann schickt ihm nicht die gemeinsam erarbeitete Fassung nach Mannheim, sondern eine Vereinbarung, die er selbst am 28. Juni 1956 aufgesetzt hatte. Das erste Abkommen lag noch 1997 in gleich vier Exemplaren, je zwei in deutsch und französisch, in seinem Büro – unterschrieben zwar, aber niemals abgeschickt. Die Unterschiede zum »französischen« Entwurf machen deutlich, daß er wußte, auf welch gefährliches Gleis er sich begeben hatte: »Herr Dr. Baumann ist bereit, im Rahmen seiner journalistischen Tätigkeit Aufsätze und Nachrichten über allgemein politische, wirtschafts-, wehr- und sozialpolitische Themen zu liefern, die im Rahmen der pressepolitischen Aufgaben des Herrn Bassereau Verwendung finden. Eine rein nachrichtendienstliche Tätigkeit bleibt ausgeschlossen … Der Vertrag erlischt, wenn rein nachrichtendienstliche Aufträge erteilt werden sollten, wenn die grundsätzlich antibolschewistische Haltung verlassen wird oder wenn die vereinbarte Honorarzahlung ausbleibt.« Der MfS-Instrukteur wird sich zum Antibolschewismus seinen Teil gedacht haben und dankt Baumann am 20. Juli 1956 artig »für Brief und Vertrag. Beides traf noch rechtzeitig vor meiner Abreise ein.«

Für das MfS gab es – so im März 1983 festgehalten – eine doppelte Motivation des Münchner Publizisten für seine nachrichtendienstliche Tätigkeit »auf materieller Grundlage, kombiniert mit gemeinsamen politisch ›rechten‹ Interessen«. »Ich weise mit Nachdruck die Unterstellung zurück, ich sei aus materiellen Erwägungen nachrichtendienstlich tätig gewesen; Antrieb meines Handelns war ausschließlich die Förderung des deutsch-französischen Verhältnisses; der Ankläger redet wie der Blinde von der Farbe, weil er mich und mein Verhältnis zum Geld nicht kennt«, giftet Baumann jedoch in seiner Anklageerwiderung, für den das Nebengeschäft mit den französischen Auftraggebern durchaus lukrativ war. Bis Anfang der siebziger Jahre stieg sein fester Agentensold auf monatlich 750,– DM zuzüglich 60,– DM für Telefonkosten. »Nach den Angaben des ehemaligen Führungsoffiziers Dr. Rahner wurden dem Angeschuldigten in der Zeit von 1956 bis 1974 insgesamt etwa 100 000,– DM ausbezahlt«, ermittelte der GBA.

Baumanns finanzielle Situation in den fünfziger Jahren spricht jedenfalls für die Stimmigkeit der MfS-Akte. »Ich leugne nicht, daß ich mir Sorgen um meine Zukunft zu machen beginne. Unter den heutigen Voraussetzungen würde ich jede Stellung annehmen, um aus dem Freiberuflichen herauszukommen«, teilt er seinem Freund und Verleger Wilhelm Reissmüller verbunden mit der vergeblichen Bitte um einen Job im April 1955 mit. Bereits im Januar 1954 hatte er Reissmüller geklagt, er habe »schließlich drei Kinder, und den ganzen Verein halte ich nur mühsam durch Gutachter- und Skribententätigkeit aufrecht«. Geld, d.h. Zusatzhonorare für einzelne Artikel oder die Weiterzahlung der Pauschale im Urlaub, spielt in den ersten Jahren der Zusammenarbeit mit dem MfS eine wichtige Rolle in Baumanns Korrespondenz.

Das Ehepaar, das Baumann zum Herbst 1968 nachrichtendienstlich betreuen sollte und das er selbst zur »Mystifikation« erklärt hatte, begegnet uns als Dr. Erich Richter und Frau in seinem Nachlaß wieder. Dort liegen einige hundert Briefe, in denen er die an ihn herangetragenen Fragen akribisch und faktenreich beantwortet. Bis zum Oktober 1962 schickt er seine Analysen und Mitteilungen nach Mannheim, wo Richter als Konrektor am Eliteinternat Salem wohnte. Inhaltlich beackert Baumann ein sehr weites Feld: die Auflagenentwicklung rechtsradikaler Publikationen ebenso wie Rüstungsvorhaben der Bundeswehr, Vertrauliches aus seinen Bonner Hintergrundgesprächen in Verteidigungsministerium und Bundespresseamt sowie Interna der CDU/CSU-Bundestagsfraktion, gibt aber auch zum Beispiel Positionen des wehrpolitischen SPD-Experten Karl Wienand wider.

Zunehmend fließt Persönliches in den Schriftwechsel, Urlaubsimpressionen ebenso wie Krankengeschichten, und gelegentlich trifft man sich auch in Jagsthausen oder auf der Durchreise auf dem Mannheimer Bahnhof. Die persönlichen Begegnungen werden häufiger, nachdem Richter Ende 1962 eine neue Stelle als Konrektor auf Schloß Schwarzfels im fränkischen Scheinfeld annimmt. Nun fährt er an so manchem Samstag mit dem Schnellzug »Hans Sachs« zum Münchener Hauptbahnhof, wo Baumann ihn vom 14.22-Uhr-Zug abholt.

Was hinter den Kulissen der Bonner Regierung vorgeht, wie Baumann einzelne Persönlichkeiten aus dem rechten Lager einschätzt, aber auch Themen der bundesdeutschen Außenpolitik zählen weiterhin zum Anforderungsprofil an den IM »Schwarz«. Doch in keinem Fall übermittelt Richter, der seinem Agenten stets den rechtskonservativen Gesinnungsfreund vorspielt, plumpe Anforderungen. Er pflegt bei allen Fragen die Legende, äußert Bitten und gibt Anregungen, auf die Baumann, unter ständigem Stöhnen über die hohe Arbeitsbelastung, fast ohne Ausnahme ausführlich eingeht. »Was Paris angeht, so interessiert man sich natürlich lebhaft für die Bonner Reaktion auf die Äußerungen de Gaulles in Polen«, lockt Richter ihn beispielsweise am 9. September 1967.

Ein einziges Mal reagiert Baumann während seiner über dreißigjährigen Kooperation mit dem MfS alarmiert, als ein von DR. RICHTER geschickter Herr Breuer ihm im Februar 1965 ein finanziell unterfüttertes Angebot macht, ihn »für andere als die ursprünglich angegebenen Zwecke einzuspannen ... Eins muß bei unserer Zusammenarbeit klar bleiben: Ich arbeite als Publizist und nicht als Nachrichtenmann. Ich war noch nie in einem Nachrichtendienst tätig und werde es auch nie sein, denn einmal eigne ich mich dafür nicht, zum andern könnte mich niemand dafür bezahlen, denn wenn man mich etwa für den Bundesnachrichtendienst oder den Verfassungsschutz werben wollte, müßte man mir vorher eine runde Million DM auf den Tisch legen, weil meine berufliche Existenz zum Teufel wäre, wenn jemand dahinter käme.«

In Wahrheit hatte Baumann, indem er sich 1956 mit dem »französischen« Nachrichtendienst arrangierte, bereits den dritten Geheimdienstjob innerhalb eines Jahrzehnts übernommen. Zunächst war er bis Ende November 1948 »gelegentlicher Hinweisgeber für die Vorläuferorganisationen des Bundesnachrichtendienstes« – so der Generalbundesanwalt –, dann ab Januar 1955 für Jahrzehnte inoffizieller Mitarbeiter des Bayerischen Landesamtes für Verfassungsschutz. Als erstrangige Pressesonderverbindung des BND wurde er überdies 1970 unter BALLY geführt.

Im Vordergrund seiner Arbeit stand jedoch die Kombination von Journalismus, Engagement in Verbänden und Propaganda, die er bereits im Dritten Reich so erfolgreich erprobt hatte. Der BND-Vertrauensjournalist schrieb für *Wehrkunde, Wehrwissenschaftliche Rundschau, Die Politische Meinung, Bundeswehr, Bundeskorrespondent, Deutsche Korrespondenz, Rheinischer Merkur* und andere Medien; in den Anfangsjahren des kalten Kriegs diente er auch dem Propagandaapparat von Verteidigungsministerium und Bundespresseamt. In einer Aktennotiz hielt Baumann am 9. April 1958 fest: »Ich bin vom Bundespresseamt gebeten worden, einen kleinen eingetragenen Verein zu gründen, der etwa meine zweijährige Arbeit in Vorträgen, Sonntags- und Wochenendgespräche fortsetzen kann. Die Mittel, die mir zur Verfügung gestellt werden sollen, kommen aus dem Fond für Öffentlichkeitsarbeit in Verteidigungsfragen. Referenten stehen zur Verfügung, doch kann dieser Kreis auch erweitert werden. Sie brauchen sich nicht in engstem Sinne an wehrpolitische Fragen zu halten, es geht vielmehr um das Sicherheitsproblem schlechthin. Neben den rein wehrpolitischen Themen kommen in Frage Themen über den Bolschewismus, die demokratische Grundordnung, die europäische Zusammenarbeit, Zeitgeschichte usw.« Die weiteren Gründungsmitglieder des Vereins hatte er in München bald beisammen: Oberregierungsrat Dr. Rudolf Samper, der rechtskonservative Publizist und BND-Vertrauensmann Winfried Martini, Hans Momma von der Volkshochschule, Dr. Traut-Welset »für alle Fragen des Bolschewismus«, Archivrat Dr. Bernhard Zittel, aus der Gesellschaft für Wehrkunde General Ratcliffe, Leiter der Münchener Sektion, und mit Generalmajor Gerhard Engel einen Mann, dessen Vita wiederum eng mit dem Bundesnachrichtendienst verbunden ist. Engel war 1942 als Oberstleutnant militärischer Adjudant Adolf Hitlers und im letzten Kriegsjahr Generalmajor und Kommandeur der 12. Volksgrenadierdivision. 1948 trat er in die Organisation Gehlen ein, wurde 1956 in den BND übernommen und spielte Ende der sechziger Jahre als Geschäftsführer der Werkzeug-Außenhandels GmbH eine entscheidende Rolle beim illegalen Waffenhandel des Bundesnachrichtendienstes. Anfang Mai konnte Baumann zur Gründung eines staatspolitischen Bildungsvereins in die Münchener Gaststätte »Scholastika« einladen[14].

Rechtskonservatives Sendungsbewußtsein trieb ihn in den folgenden Jahren zu Vorträgen quer durch die Bundesrepublik. Im Auftrag der CDU-nahen Arbeitsgemeinschaft Demokratischer Kreise hielt er beispielsweise den Bürgern im ostfriesischen Aurich im Oktober 1962 in seinem Referat »Der psychologische Krieg als Lebensfrage« vor, die »gemeinschaftsfeindliche Haltung« und der fehlende »Willen zur unbedingten Selbstbehauptung« seien schuld daran, daß ihnen die Bereitschaft zum äußersten Risiko – gemeint war ein Krieg gegen die Sowjetunion – fehle. »In ungewöhnlich polemischer Form« – so die *Ostfriesenzeitung* zum Stil des Referats – griff er überdies den »unterentwickelten westlichen Widerstandswillen« als Folge eines »korrupten Journalismus« an. *SPIEGEL*-Herausgeber Rudolf Augstein mußte dabei als Zielscheibe für Formulierungen wie »niederträchtiger Freiheitsverrat«, »Bösartigkeit« oder »ans Kriminelle grenzend« herhalten[15].

Regelmäßige Einkünfte – monatlich 1300 DM – garantierte ihm jedoch im selben Jahr die mit dem Presse- und Informationsamt der Bundesregierung getroffene Vereinbarung, derzufolge Baumann seine Zeitschrift *Kriegsgeneration in unserer Zeit* monatlich in 2500 Exemplaren kostenlos an einen mit dem BPA abzustimmenden Kreis verteilen sollte. Zugleich gründete er mit Frid Muth im Juni 1962 den *Wehrpolitischen Digest,* ein sicherheitspolitisches Kompendium mit monatlichem Schwerpunktthema. Zum Auftakt des kurzlebigen Periodikums wählten die beiden rechtskonservativen Herausgeber dafür das Thema »Brudermord im Dienste des Sozialismus«[16].

Schon seit 1958 hatte das Verteidigungsministerium Baumann durch die Vergabe von Analyseaufträgen alimentiert. Am 26. September sollte er über »Die Situation der Intelligenz in der SBZ nach dem Ungarn-Aufstand und ihre Auswirkung auf die Siegeszuversicht des militanten Bolschewismus« schreiben, und gleich anschließend bestellte das Strauß-Ministerium mitten in der Debatte um eine westdeutsche Atombewaffnung eine wissenschaftliche Analyse über »Die Propagierung der eigenen Atombewaffnung in der sowjetischen Publizistik«. Baumanns Arbeiten wurden nicht unter seinem Namen veröffentlicht, die Verträge sicherten ihm vielmehr »Vertraulichkeit« zu, die auch für die Studie »Die Propagierung der Betriebskampfgruppen der SED« und andere Arbeiten galt[17], für die der Verfasser 1400,– DM in Rechnung stellen durfte.

Bei der Analyse der politischen und militärischen Bedeutung der Betriebskampfgruppen verlangte das BMVg von Baumann die »Berücksichtigung der Ansatzpunkte für eine Einwirkung in ihr inneres Gefüge«. Auftraggeber von Baumann war also offenbar die PSK-Abteilung des Strauß-Ministeriums; nicht zufällig war der BND-Konfident Werner Marx, Referatsleiter für die Psychologische Kriegsführung, sein Verhandlungspartner.

Inoffizieller Mitarbeiter des Landesamts für Verfassungsschutz (LfV) in München war Gerhard Baumann schon seit 1955. »Da er Kontakt zu nahezu allen rechtsstehenden Vereinigungen hatte, hatte er den Auftrag, das Bayerische Landesamt für Verfassungsschutz über ›rechtsradikale Bewegungen‹, so u. a. in der ›Deutschen Union‹, in der ›Gesellschaft für Wehrkunde‹, in der ›Deutschen Partei‹ und der ›Deutschen Reichspartei‹ zu unterrichten«, summierte der Generalbundesanwalt im Dezember 1994 das Aufgabenspektrum des V-Mannes. Im Auge behalten sollte Baumann für das LfV auch die rechtsextremistische »Gesellschaft für freie Publizistik« (GfP). Gegründet und um »einen gleichgesonnenen Verlegerkreis erweitert«[18] hatte die GfP Helmut Sündermann, vor Kriegsende SS-Sturmbannführer und stellvertretender Reichspressechef, der gemeinsam mit seinem Vorgesetzten Otto Dietrich 1940 im Zentralverlag der NSDAP seine »Erlebnisse mit dem Führer in Polen«[19] veröffentlicht hatte.

1964 setzten die bayerischen Verfassungsschützer ihren V-Mann ins rechtskonservative Lager auf das »Deutsche Kulturwerk europäischen Geistes« (DKEG) an. Baumann engagierte sich dort in einer Schlüsselstellung als Pressereferent. Er war nicht der einzige Funktionär, der in dem Kuratorium im Auftrag von Inlandsgeheimdiensten tätig war. Lisbeth Grolitsch, die Präsidentin des Deutschen Kulturwerkes Österreich, einer Schwesterorganisation des DKEG, schrieb in ihrer Antwort auf einen Offenen Brief von Konrad Windisch am 8. November 1975: »Seit ungefähr 10 Jahren gehen in nationalen Kreisen Gerüchte über Sie um, Zuträger für die österreichische Staatspolizei zu sein. Dies führte vor etwa 7 Jahren zu einem Ehrengerichtsverfahren unter Vorsitz von Dr. Fritz Stüber in Wien. Sie gaben im Verlaufe des Verfahrens zu, der StaPo sogenanntes ›Spielmaterial‹ zu liefern, und begründeten damit Ihre Kontakte … Eigenartigerweise wurden in Ihrer unmittelbaren Umgebung und im ständigen Umgang mit Ihnen in der weiteren Folge Personen beobachtet, bei denen sich jedem Eingeweihten in volktreuen Kreisen die Haare sträuben, darunter Rischkowsky, CIC-Agent, später Verfassungsschutzamt Köln oder Bundesnachrichtendienst (BND).« Den Hinweis, daß N.J. Rischkowsky, der in den sechziger Jahren in Mainz die »Gesellschaft zum Studium von Zeitfragen« leitete, ein Spitzel sei, hatte Grolitsch im Oktober 1975 von Norbert Burger, dem ersten Bundessprecher der NPD, erhalten, der sich sicher war, daß Rischkowsky ihn beim Verfassungsschutz denunziert hatte.

Baumann jedoch genoß das uneingeschränkte Vertrauen von Lisbeth Grolitsch. Im März 1971 sprach er im Gasthof »Wilder Mann« in Graz zum Thema »Deutschland und die Ostverträge«, von Frau Grolitsch als Information über »den Verrat der Bonner Regierung an den Lebensinteressen des deutschen Volkes« angekündigt.

Das Bundesamt für Verfassungsschutz in Köln wurde erst rund zehn Jahre später auf Baumanns rechtsextremes Engagement aufmerksam, wie im Verfassungsschutzbericht für 1981 nachzulesen ist: »›Deutsches Kulturwerk Europäischen Geistes‹ (DKEG). Am stärksten vom Mitgliederschwund ist 1981 wieder das DKEG betroffen gewesen. Die Vereinigung ist nur halb so groß wie die GFP und darüber hinaus völlig überaltert. Die jährlichen Veranstaltungen wie die ›Kulturtage der norddeutschen Pflegestätten‹ in Lüneburg im März und die ›Tage deutscher Kultur‹ in Planegg im Oktober dokumentierten mit jeweils nur etwas über 100 Teilnehmern ihren Niedergang. Der ›Goldene Ehrenring der deutschen Literatur‹ wurde dem rechtsextremistischen Schriftsteller Dr. Gerhard Baumann (69) verliehen[20].«

Entrüstet wandte sich Baumann am 8. November 1982 an den FDP-Innenminister Gerhard Baum: »Die Bemerkung über mich ist eine niederträchtige Verleumdung – und (um mit bayerisch zu sprechen) eine hinterfotzige dazu, weil ich mich dagegen nicht wehren kann. Wäre ich jünger, würde sie mich in meiner Existenz bedrohen ... Ich ersuche Sie, die ebenso hinterhältige wie verleumderische und wahrheitswidrige Charakterisierung meiner Person korrigieren zu lassen.«

Von Innenminister Baum erhielt er keine Antwort, aber dessen Nachfolger, CSU-Minister Fritz Zimmermann, teilte dem rechten Gesinnungstäter am 25. Januar 1983 mit, »daß Ihre Erwähnung im Verfassungsschutzbericht 1982 nicht beabsichtigt ist«. Die gute Nachricht kam für Baumann nicht ganz überraschend, denn er hatte parallel zum Vorstoß bei Baum einige Hebel in Bewegung gesetzt. Seinem Freund, dem CSU-Bundestagsabgeordneten Franz Handlos, schreibt er am 23. November 1982: »Ich habe eine Durchschrift (des Briefs an Baum; S-E.) dem Herrn Bundesinnenminister Dr. Zimmermann zugehen lassen. – Falls es Dir möglich ist, wäre ich dankbar, wenn Du bei Herrn Staatssekretär Spranger intervenieren könntest, dem ich nur einmal begegnet bin. Er ... kennt ebenfalls einen der höchsten Beamten – inzwischen pensioniert – des hiesigen Landesamtes für Verfassungsschutz. Da ich früher engen Kontakt zu ihm hatte, habe ich ihn von dem Vorgang unterrichtet. – Es gäbe nur die Möglichkeit, daß Herr Staatssekretär Spranger die Passage löschen läßt.«

Sechs Tage später wendet sich Handlos an seinen Amigo Carl-Dieter Spranger: »Herrn Dr. Baumann bleibt theoretisch nur der Klageweg. Dieser ist jedoch dann ausgeschlossen, wenn der jetzige Bundesinnenminister den Bericht unterschreibt. Daher gibt es nur eine einzige Möglichkeit, nämlich die, daß die betreffende Passage gelöscht wird. – Darf ich, lieber Carl-Dieter, die Bitte an Dich richten, für eine Löschung der Passage Sorge zu tragen ? Ich wäre hierfür sehr dankbar.«

Auch dem Jagsthausener Kreis, auf den die bayerischen Verfassungsschützer ihren V-Mann frühzeitig angesetzt hatten, gehörte Baumann an. Im Burggasthof Jagsthausen versammelte sich regelmäßig ein rechtkonservativer Kreis von Militärs und Beamten, Journalisten und Wirtschaftsführern aus vier Ländern. Die Anschriftenliste vom April 1985 umfaßt 30 bundesdeutsche Mitglieder – darunter Manci Schacht, die Frau des NS-Bankpräsidenten Hjalmar Schacht, der selbst noch mit 91 Jahren im Sommer 1967 im Jagsthausener Kreis vorgetragen hatte. Mindestens vier – vermutlich sechs – der westdeutschen Jagsthausener gehörten, neben den BND-Pressesonderverbindungen

Baumann und Rochus Hoffer, einem westdeutschen Geheimdienst an: Norbert Wingerter, Regierungsdirektor im Landesamt für Verfassungsschutz Bayern, sowie vom BND Ludwig Hauswedell, Herbert Kukuk und Prinz Karl von Thurn und Taxis.

In Österreich hatte der Zirkel 24 Mitglieder, in der Schweiz drei und in Italien fünf – darunter Johannes Gehlen, ein Halbbruder des BND-Gründers und ab 1947 sein Statthalter in Rom. Und auch Reinhard Gehlen tauchte gelegentlich im Jagsthausener Kreis auf, ebenso sein leitender Mitarbeiter Wilfried Strik-Strikfeldt[21].

Den nachrichtendienstlich unterwanderten Kreis überwachte Baumann nicht nur für die Münchner Verfassungschützer, sondern auch für das MfS. Schon in den sechziger Jahren hatte er seinen Agentenführer dorthin eingeladen; im März 1982 erhielt IM »Schwarz« von seinen Instrukteuren den Auftrag, Kurt Weiß, der dort bereits referiert hatte, als ständiges Mitglied für den Jagsthausener Kreis zu gewinnen.

»Aufgrund seiner langjährigen Tätigkeit für das Bayerische Landesamt für Verfassungsschutz unterhielt der Angeschuldigte regelmäßige Kontakte zu Mitarbeitern dieses Dienstes. Ab 1984 wurde er durch den LfV-Mitarbeiter mit dem Arbeitsnamen ›Walter Gastl‹ verantwortlich geführt; er traf mit ihm durchschnittlich einmal im Monat zusammen und unterhielt sich mit ihm über aktuelle politische Ereignisse«, resümiert der Generalbundesanwalt und wirft Baumann vor, in der zweiten Hälfte der achtziger Jahre seinen LfV-Gesprächspartner ›Gastl‹ zur Entwicklung der Republikaner, zur Person des neuen Präsidenten des Bayerischen Landesamtes für Verfassungsschutz, Mehler, abgeschöpft zu haben und im Auftrag des MfS die regelmäßigen »VS-Monatsberichte« für Bayern, die »VS-Berichte« des Bundes und die »Verfassungsschutzinformationen« des Bayerischen Innenministeriums beschafft zu haben. »Die Verfassungsschutzberichte sind offen, ich habe sie nicht auf ›Anordnung‹ der Stasi angefordert, sondern auf Wunsch von K. G. Stempel, der wissen wollte, ob das ›Deutsche Kulturwerk europäischen Geistes‹, dessen Präsident er ist, in den Berichten auftaucht«, wehrt sich Baumann gegen diesen Vorwurf. Vor Gericht hätten seine Unschuldsbeteuerungen keinen Bestand gehabt. Wenn ihn sein Instrukteur »Trautmann« alle sechs bis acht Wochen in seinem Kellerbüro aufsuchte, hatte dieser die »Techniktasche« stets dabei und zeichnete so alle Gespräche auf. Die Tonbandabschriften lagen dem GBA vor. Im November 1983 beispielsweise entschuldigte er sich bei »Trautmann«, er habe die VS-Monatsberichte nur bis Juli geliefert, da sein Kontaktmann beim LfV, Seidlitz, noch nicht aus dem Krankenhaus zurück sei. Folglich habe er auch die erwünschte Einschätzung des Verfassungsschutzes zum »Heißen Herbst« und die Übersicht über die Maßnahmen des Inlandsnachrichtendienstes zur Absicherung der Stationierung amerikanischer Atomraketen gegen die Massenproteste noch nicht beibringen können.

Das Landesamt für Verfassungsschutz in München beendete die Zusammenarbeit mit Baumann erst am 25. Juni 1991, nachdem das Strafverfahren gegen ihn eröffnet worden war. Doch es dauerte noch bis Anfang August, ehe die bayerischen Verfassungsschützer den Bundesnachrichtendienst informierten, daß BALLY für das Ministerium für Staatssicherheit gearbeitet hatte[22]. Und so wie weder BND noch Verfassungsschutz von der Agententätigkeit Baumanns für das MfS wußten, so hätte der Vielfachagent auch seine »französischen« Partner über seine inoffizielle Tätigkeit für das Bayerische Landesamt für Verfassungsschutz im unklaren gelassen[23], schrieb der Generalbundesanwalt einen weiteren Irrtum fest. Bei gründlicher Durchsicht der ihm von der Gauckbehörde übersandten Akten hätte der GBA in dem Aktenstück vom 8. März 1983 feststellen können, daß Baumann mit Wissen des MfS »selbst Agent des Verfassungsschutzes« war.

Das Bundesamt für Verfassungsschutz in Köln geriet nicht in den Strudel, den Baumanns Enttarnung im Münchner *LfV* und beim BND ausgelöst hatte. Doch auch dorthin hatte Baumann seine Verbindungen, namentlich zu Lorenz Bessel-Lorck, Jahrgang 1914, seit 1962 Leitender Regierungsdirektor und Leiter der Abteilung II (Rechtsradikalismus). Am 27. Juli 1966 sendet Baumann mit dem Dank »für die offene Aussprache und die Informationen« eine Ausgabe des *Stürmer* an den BfV-Beamten zurück. Beigefügt hat er auch einen Artikel zum 25. Jahrestag der Unterzeichnung der Atlantikcharta: »Das Thema steckt ja voller Ressentiments und unerfreulicher Erinnerungen. Sie selbst würden es vielleicht anders abhandeln, aber wenn ich die faulen Stellen unterschlage, verliere ich den Einfluß auf unsere Leser und kann kein Gegengewicht gegen rechtsextreme Tendenzen aufbauen.«

Rechtsextremen Bestrebungen etwas entgegenzusetzen, lag wohl nie im Interesse Baumanns, dessen politische Heimat am rechten Rand der CSU lag. Als sich dieser rechte Rand der bayerischen Staatspartei verselbständigte und Baumanns Freund und Verleger Franz Handlos die Republikaner gründete, waren MfS und Verfassungsschutz gleichermaßen an Spitzelberichten aus diesem Umfeld interessiert. Beide Geheimdienste interessierten sich auch für den CSU-Dissidenten Harald Rüddenklau, den der IM »Schwarz« gelegentlich zum Meinungsaustausch traf, Ende November 1988 beispielsweise im Schloßparkhotel in Bonn zum Mittagessen. Rüddenklau gründete seine eigene Gruppierung Neuer Deutscher Nationalverein. Baumann trat dem Verein Ende 1989 im Auftrag des MfS bei[24] und unterbreitete dem Rechtsaußenpolitiker im Auftrag des DDR-Geheimdienstes, der ihn als »Kontaktperson« unter dem Decknamen »Rübe« führte, den Vorschlag, gegen Einzelhonorar Berichte für seine »französischen« Freunde zu schreiben.

Daß auch der pensionierte BND-Abteilungsleiter Kurt Weiß den Republikanern näher stünde als der CSU und sich in »heftiger Distanz« zu Franz Josef Strauß befinde, erläuterte Baumann seinem MfS-Führungsoffizier bei einem Treffen im November 1983. WINTERSTEIN sei zwar immer noch Mitglied der CSU, »in einem Ortsverband, in dem sehr viele Leute drin sind, die gar nicht in dem Ort wohnen«, aber er sei Handlos bei der Ausarbeitung des Parteiprogramms der Republikaner behilflich gewesen.

»Als nicht erheblich stuft die CSU den Fall des Informellen Mitarbeiters ›Schwarz‹ ein … Als Handlos und Vogt im September 1983 zu den

Republikanern wechselten, sei er ›kaltgestellt‹ worden, hieß es in der CSU. Zugang zu vertraulichen Informationen habe er nicht gehabt«[25], schrieb die *Süddeutsche Zeitung* am 19. Februar 1992. Zufrieden mit dem Artikel war »nach ruhiger Überlegung« auch Gerhard Baumann, der sich von *SZ*-Redakteur Michael Stiller fair behandelt fühlte, weil der »Verfasser (übrigens ein SPD-Mitglied)« – wie Baumann seinem Freund Peter Dehoust, dem Herausgeber der rechtskonservativen Zeitschrift *Nation Europa,* mitteilte – im Text nie seinen Klarnamen genannt habe. Gern hätte Baumann auch Stillers Schlußbemerkung vertraut, dem Vernehmen nach hätten die Verfassungsschützer ihm gesagt, »er werde straflos aus der Affäre herauskommen«. Immerhin sollte der GBA da noch knapp zwei Jahre für die Fertigstellung der Anklage benötigen, der auf zwölf Verhandlungstage angesetzte Prozeß vor dem 3. Strafsenat des Bayerischen Obersten Landesgerichts erst am 21. Juni 1995 beginnen[26]. Doch da war der 82jährige Gerhard Baumann wegen eines Lungenkarzinoms, an dem er 1996 verstarb, nicht mehr verhandlungsfähig[27].

Zufrieden konnte die CSU gewiß mit Stillers SZ-Beitrag sein, weil fahrende Christsoziale so aus der Schußlinie gerieten. Die Hanns-Seidel-Stiftung hatte Baumann nämlich keineswegs im September 1983 kaltgestellt, wie Stiller berichtet. Vielmehr ging er dort weiter ein und aus; Dieter Schmidt, Leiter des Instituts für Auswärtige Beziehungen, nahm ihm Studien und Analysen ab, im Juli 1986 beispielsweise, um sie in den Wehrpolitischen Arbeitskreis der Christsozialen einzubringen[28]. Noch im Februar 1990 teilte ihm Schmidt mit, daß die CSU-Parteistiftung seine Ausarbeitung »SPD und Wiedervereinigung« für ein Honorar von DM 350,– gern übernehme und außerdem prüfe, ob man für DM 1000,– seine Ausarbeitung »Die deutsche Einheit im internationalen Widerstreit« publiziere[29].

»In den Jahren 1981 bis 1989 lag ein weiterer Schwerpunkt der nachrichtendienstlichen Informationsbeschaffung des Angeschuldigten in der Abschöpfung ihm bekannter Personen aus den Kreisen der CSU und CDU«, konstatierten die Karlsruher Ankläger und hoben namentlich die heutige Vizepräsidentin des Deutschen Bundestags, Michaela Geiger, CSU-Minister Hans Klein und die Verteidigungsexpertin Ursula Krone-Appuhn hervor. Die besonders begehrten Studien der vom Kanzleramt finanzierten »Stiftung für Wissenschaft und Politik« in Ebenhausen erhielt IM »Schwarz« – so der GBA unter Berufung auf MfS-Akten – »zunächst durch den damaligen Bundestagsabgeordneten Zimmermann und ab 1982 über den damaligen Landesvorsitzenden der CSU Dr. Theo Waigel«. Waigel sei er »nur ein einziges Mal zwecks Vorstellung begegnet, ich habe nie etwas von ihm erhalten oder angefordert«, suchte Baumann den CSU-Vorsitzenden in Schutz zu nehmen. Doch wiederum strafen ihn seine protokollierten Gespräche mit dem MfS-Instrukteur Lüge.

Baumann konnte jedoch nicht nur konservative Sicherheitspolitiker, wie seit den siebziger Jahren den damaligen verteidigungspolitischen Sprecher der CDU/CSU-Fraktion Manfred Wörner, zu den Abschöpfkontakten zählen, die ihm »in alter Verbundenheit« (Wörner im Dezember 1976) regelmäßig Informationen zukommen ließen. Auch zu führenden Sozialdemokraten pflegte Baumann über Jahre hinweg gute Beziehungen. Im März 1965 besuchte er beispielsweise den damaligen Hamburger Innensenator Helmut Schmidt zu einem mehrstündigen Gespräch in der Hansestadt[30], wie er seinem MfS-Instrukteur brieflich berichtete. Als Schmidt Verteidigungsminister geworden war, führten beide einen lebhaften und durchaus vertrauten Briefwechsel. Auch Karl Wienand zählte in den siebziger Jahren zu den regelmäßigen Gesprächspartnern, die er in der Bundeshauptstadt aufsuchte, und Ende der achtziger Jahre diente ihm Oberst Heinrich Buch, Mitarbeiter der Bundestagsfraktion der SPD, als Abschöpfkontakt für wehrpolitische Fragen.

Um seine Informationsstränge nicht zu gefährden, benutzte Baumann für seine Kampfschriften gegen die Sozialdemokratie ein Pseudonym. Im Vowinkel-Verlag veröffentlichte er beispielsweise 1976 das Buch »Volksfront droht! Die Verschwörung der Linken« unter dem Namen Wilhelm Anders.

Ein regelrechtes Doppelspiel vollführte Baumann mit Mitgliedern im Arbeitskreis »Sicherheitspolitik« des SPD-Bezirks Südbayern. Bis er sich dort am 30. Mai 1990 brieflich abmeldete, hatte er das Forum regelmäßig besucht – am 21. Februar 1988 beispielsweise, als nach der Eröffnung durch den kommissarischen Vorsitzenden Wolfgang Nippel der Referent der Arbeitsgruppe Sicherheitspolitik der SPD-Bundestagsfraktion, Oberstleutnant i.G. Heinrich Buch, einen Vortrag über »Sicherheitspolitische Perspektiven nach dem INF-Abkommen« hielt; oder im September 1986, als Matthias Schönborn vom Sozialwissenschaftlichen Institut der Bundeswehr dort von einem Besuch beim Nato-Kommando Süd in Neapel berichtete.

Was Baumann bei diesem SPD-Arbeitskreis ausspähte, war dem MfS auch aus anderer Quelle en detail bekannt, denn dessen Vorsitzender Wolfgang Nippel, Journalist beim *Bayerischen Rundfunk*, war selbst Agent des Ministeriums für Staatssicherheit. Die Bildung dieses Arbeitskreises selbst ging auf den Auftrag aus Ost-Berlin zurück, auf diese Weise Offiziere der Bundeswehr, Mitarbeiter des Sozialwissenschaftlichen Instituts der Bundeswehr, der Hochschule der Bundeswehr und der Stiftung Wissenschaft und Politik in Ebenhausen mit sozialdemokratischem Parteibuch abzuschöpfen.

Neuigkeitswert hatten die sozialdemokratischen Debatten in München jedoch für die Christlich Soziale Union. Baumann sandte mehrseitige Aktennotizen über seine Ausspähung der Münchner Sozialdemokraten an Dieter Schmidt von der Hanns-Seidel-Stiftung und Dr. Johanny, Referent des Arbeitskreises Außen-, Deutschland-, Verteidigungs- und Entwicklungspolitik in der CSU-Landesgruppe der CDU/CSU-Fraktion des Deutschen Bundestages. 1985 konstatierte Baumann unter anderem: »Seit der Übernahme des SPD-Landesvorsitzes durch Schöfberger agiert der Arb.-Kreis nicht mehr so einheitlich wie bisher … Der Eindruck ist nicht von der Hand zu weisen, daß sich die Linkskräfte mehr hervorwagen.«

Johanny übermittelte ihm am 10. Dezember 1985 seinen »herzlichen Dank für die Übersendung Ihres ›Lageberichts‹ zur SPD Südbayerns. Ich kann nur wiederholen, daß diese Ihre Papiere hier von großem Wert für mich sind.« Karl Johanny, Jahrgang 1940, war auch dem MfS kein Unbekannter. Das überwachte sein Telefon im Bonner Kannheideweg, weil er von dort aus häufig den Regierungsdirektor im Bundesamt für Verfassungsschutz, Werner Hoch, anrief.

In der Schwesterpartei CDU bediente sich Baumann in den achtziger Jahren bei Dr. Hans-Joachim Veen, dem damaligen Leiter des Forschungsinstituts der Konrad-Adenauer-Stiftung. Den Kontakt zu ihm hatte ihm dessen Vorgänger Dr. Hans Rühle verschafft, der Baumann unter anderem mit Materialien des Dokumentationszentrums der Bundeswehr und aus der NATO versorgte. Zu den Stärken von BALLY zählte – neben immensem Fleiß – die Beharrlichkeit, mit der er seine Kontakte in Medien und Politik pflegte. Das zahlte sich aus, wenn langjährige Verbindungen Karriere machten. Mit Rühle beispielsweise korrespondierte er regelmäßig privat und dienstlich, als dieser an der Spitze der CDU-Parteistiftung stand. Der beauftragte ihn regelmäßig mit Studien für die Adenauer-Stiftung – 1982 beispielsweise zum Traditions- und Geschichtsbewußtsein im geteilten Deutschland – und traf oft in Bonn mit ihm zusammen. Als Rühle dann unter Verteidigungsminister Wörner Chef des Planungstabs auf der Hardthöhe wurde, hatte Baumann einen direkten Draht ins Verteidigungsministerium[31]. Die Beziehungen zur Adenauer-Stiftung liefen weiterhin parallel, Baumann besuchte Veen ein- bis zweimal im Jahr in seinem Büro, diskutierte mit ihm über Entwicklungen in der Innen-, Außen- und Sicherheitspolitik und verfaßte in seinem Auftrag das Buch »Die Blockfreien-Bewegung«.

»Neu, überraschend und für das Büro fast undenkbar«, schrieben Baumanns MfS-Betreuer in den Reiseplan Nr. 109 für ein Treffen mit ihrem Agenten im März 1982, sei Rühles Interesse, als Nachfolger von Klaus Kinkel Präsident des Bundesnachrichtendienstes zu werden. Baumann wußte es schon, seit er Rühles Interesse an einem persönlichen Gespräch mit Kurt Weiß übermittelt hatte. So formulierten die Leipziger MfS-Offiziere den Auftrag an den IM »Schwarz«, doch in

Erfahrung zu bringen, ob Gönner im amerikanischen Senat hinter Rühles Ambitionen stehen könnten. Und auch auf Interna der CDU-Stiftung sollte Baumann erneut angesetzt werden. Das MfS interessierte, wie es um den internen Streit zwischen Rühle und dem Stiftungsvorsitzenden, Bundesminister a. D. Bruno Heck, stehe.

Im September 1982 feierte Baumann seinen siebzigsten Geburtstag. Das hohe Alter des IM und seine häufig angegriffene Gesundheit bereiteten den MfS-Betreuern Sorge. Leicht wäre das Allroundtalent nicht zu ersetzen. So setzten sie Baumann selbst auf die Suche nach geeigneten Nachfolgern für jedes Segment seiner weitgefächerten Kontakte an. Für den militärischen Bereich sollte er Oberst a. D. Gerhard Hubatschek, den Herausgeber des *IAP*-Dienstes, gewinnen, der beim MfS bereits unter dem IM-Vorlauf »Speyble« lief.

Um auch über Baumanns aktive Zeit hinaus Interna aus der CSU in Erfahrung zu bringen, sollte IM »Schwarz« den Leitenden Ministerialdirigenten in der bayerischen Staatskanzlei, Dietrich Pause – wiederum »unter französischer Flagge« –, werben. Der tat, wie ihm geheißen, und kümmerte sich intensiv um die »Kontaktperson Spitze«, bis die Wende 1989 eine über das Abschöpfen hinausgehende Bindungverhinderte. »Der Angeschuldigte suchte bis Juni 1989 Dietrich Pause durchschnittlich einmal monatlich in dessen Büro auf und unterhielt sich mit ihm entsprechend den Vorgaben seiner Auftraggeber vorrangig über die deutsch-französische Zusammenarbeit, über die Lage in der CSU und über die bayerische Landesregierung«, hält die Anklageschrift gegen Baumann dazu fest.

In Leipzig war eine ganze Crew der MfS-Bezirksverwaltung für Baumann eingespannt: »Trautmann« – bürgerlich Werner Thümmler, für Baumann hingegen: Werner Trommer –, seit Anfang der siebziger Jahre sein Instrukteur; Horst Findeisen, seit 1974 sein Führungsoffizier; und ab 1986 der Hauptamtliche Inoffizielle Mitarbeiter »Veit«, Arbeitsname Dr. Priem, der bis heute nicht identifiziert ist. Selbst der Leiter der Leipziger MfS-Dependance, Oberst Claus Brüning, reiste Ende Mai 1989 nach Stockholm, um Baumann persönlich zu danken und die heikle Frage seiner Nachfolge anzusprechen. Von 1981 bis 1989 gab es 62 Treffs zwischen IM »Schwarz« und »Trautmann«, die entweder in Baumanns Kellerbüro stattfanden oder im Restaurant Möwenpick im Münchner Rundfunkhaus. Die letzte aktenkundige Begegnung fand im Oktober 1989 statt; am 26. März 1990 erklärte »Trautmann« Baumann gegenüber die Zusammenarbeit für beendet, weil er in den Ruhestand trete und »Dr. Priem« nach Amerika versetzt worden sei. Ob der für den 17./18. November 1989 in Wien geplante Führungstreff noch zustande gekommen war, konnte der GBA nicht ermitteln. Nur Baumanns Unterlagen verraten, daß er in der österreichischen Hauptstadt neun Tage nach dem Fall der Mauer noch einmal MfS-Mann »Hörnig«, der in den Akten nirgendwo auftaucht, begegnet war.

Mit den »Einzelinformationen« des IM »Schwarz« konnte die Bezirksverwaltung Leipzig in der Berliner Zentrale der HVA Staat machen. Die Abteilung VII stufte die militärpolitischen Erkenntnisse im Durchschnitt mit der Note 3 ein, in einzelnen Fällen mit 2 (wertvoll); in der Abteilung IX wurden die Meldungen über die westlichen Nachrichtendienste in der Regel mit der Note 2 bewertet, vereinzelt sogar mit der Note 1 (sehr wertvoll).

Bei der Ausspähung des BND, seiner Schwerpunktaufgabe, lieferte Baumann nicht nur Qualität, sondern auch Quantität – nicht etwa nur bei Weiß abgestaubte oder von ihm umgeschriebene BND-Berichte, sondern auch brandaktuelle Nachrichten zur inneren Lage im Bundesnachrichtendienst und dem Gerangel um Führungspositionen sowie – laut GBA – »Standpunkte des Bundesnachrichtendienstes zu aktuellen innenpolitischen Ereignissen und zu der allgemeinen Regierungssituation«.

Nebenbei zog Baumann Erkundigungen zu diesen Fragen bei seinem Kameraden aus dem Jagsthausener Kreis, dem BND-Mitarbeiter Herbert Kukuk, ein. Im März 1982 war er beispielsweise darauf angesetzt, Kukuk Informationen zur inneren Lage im BND, zu dessen Rolle in Nahost und Polen sowie Pullachs Einschätzung der Entwicklung in Griechenland und der Türkei zu entlocken. Den größten Ertrag fuhr er jedoch regelmäßig von Kurt Weiß ein, der ihn anläßlich eines Symposiums der Hanns-Seidel-Stiftung auch mit BND-Präsident Eberhard Blum bekanntgemacht hatte. Zu den Perlen, die IM »Schwarz« nach Leipzig lieferte, zählten sicherlich der »Geheimplan« des BND zur »Untersuchung der Infiltration der internationalen Organisationen«, eine 1983 von WINTERSTEIN handschriftlich gefertigte Niederschrift zu den Führungskräften des Bundesnachrichtendienstes einschließlich einer Beschreibung ihres Werdeganges und ihrer politischen Ausrichtung, aber auch eine »VS-Vertraulich« eingestufte Studie von 1988 zu den Kampfgruppen der DDR.

Besonders erpicht war das MfS auf das Buch zur »Geschichte des BND«, an dem Weiß seit Anfang der achtziger Jahre im Auftrag seines früheren Arbeitgebers arbeitete. Auch die MfS-Zentrale in Berlin war gespannt, was einer der wichtigsten Operateure Gehlens aus dem Nähkästchen plaudern würde. Doch Weiß gab seinem Freund nur Teile dieses Werks, so das »VS-Vertraulich« eingestufte Manuskript zum »Krisenjahr 1956«.

Wie geschickt die MfS-Instrukteure Baumann darauf vorbereiteten, seinen Freund Weiß auszuhorchen, dokumentiert der Tonbandmitschnitt des Treffens vom November 1983. Nachdem Baumann seinem Instrukteur vier Ausarbeitungen von WINTERSTEIN übergeben hat, bringt dieser das Gespräch auf zwei im September und Oktober in der *Welt* und in der *FAZ* erschienene Artikel. Die beiden Tageszeitungen hatten berichtet, daß Norbert Klusak, Vizepräsident des BND von April 1980 bis zu seinem Tode am 27. Februar 1986, als Resident nach Washington gehen sollte, und Spekulationen über die Nachfolge Blums an der Spitze des Dienstes angestellt. »Und wenn das hier so offen in der Presse geschrieben wird, da gibt es doch einen guten Anlaß«, ermuntert der MfS-Offizier den IM »Schwarz«, bei Weiß in dieser Richtung weiter zu bohren. »Ja! Natürlich! Natürlich! Da haben wir einen guten Anstoß. Jaaa, jaa!«, springt Baumann enthusiastisch an und macht sich eine Vornotiz für die nächste Begegnung mit dem BND-Pensionär.

Natürlich sollte Baumann – sicherlich die schwierigste Aufgabe – für das MfS auch in seinem Schwerpunktgebiet BND für einen Nachfolger sorgen. Nur zu gerne hätte der DDR-Geheimdienst über Gabriele Gast und Alfred Spuhler hinaus über eine weitere Innenquelle im Herzen des Gegners verfügt. Mit dem IM-Vorlauf »Zange« schien Baumann Mitte der achtziger Jahre tatsächlich auf dem besten Wege, auch dieses hochgesteckte Ziel zu erfüllen. Wer sich hinter diesem MfS-Decknamen verbarg, war der Sicherheitsabteilung des BND – laut *Focus* vom Februar 1994 – zu diesem Zeitpunkt noch nicht bekannt. Doch da sich Baumanns MfS-Betreuer in den Vernehmungen durch die Bundesanwaltschaft auskunftsfreudig zeigten, konnten die Karlsruher Ankläger dem Bundesnachrichtendienst mitteilen, welcher Mitarbeiter einer so großen Gefährdung ausgesetzt gewesen war: »1984 geriet Dr. Günther Schmid – damals Mitarbeiter bei dem Geschwister-Scholl-Institut – als Zielperson in das Blickfeld des MfS. Zu dieser Zeit zeigte sich Dr. Schmid gegenüber dem Angeschuldigten an einer Einstellung in den Bundesnachrichtendienst interessiert, woraufhin der Angeschuldigte ihm seine Hilfestellung anbot und Dr. Weiß einschaltete.«

Der GBA konstruierte aus dem allgemeinen Auftrag des MfS für Baumann und dem späteren Umwerben des BND-Mitarbeiters Schmid, er habe den Hochschullehrer im Auftrag des MfS in Pullach eingeschleust. Dem widersprach Baumann energisch: »Es ist unwahr, daß ich dafür einen Auftrag von den Stasi-Gangstern hatte.« Diesmal hätte er seine Version durch Rückgriff auf die eigenen Akten stützen können, denn die weisen aus, daß die Initiative von Schmid ausging, den er seit Anfang der achtziger Jahre kannte und der ihm am 15. Juni 1984 schreibt: »Was den von mir erbetenen Gesprächskontakt mit den leitenden Herren aus Pullach (Blum/Weiss) betrifft, so möchte ich Sie herzlich bitten, hier am Ball zu bleiben und die Sache voranzutreiben! Ich bin an einer raschen Gesprächsführung sehr interessiert und bitte Sie, meinen Datenbogen an Ihre Gesprächspartner weiterzugeben.« Am 11. Juli 1984 drängt er erneut: »Nachdem ich trotz meiner Bitte nach einer kurzen umgehenden Benachrichtigung (mündlich oder schriftlich) wegen der Pullach-Geschichte nichts mehr von Ihnen gehört habe, möchte ich Sie noch einmal bitten, mir den Draht nach dorthin (in die oberen Etagen, die Sie ja gut kennen!) zu schalten,«

Schmids Beharrlichkeit zahlte sich aus, denn Weiß setzte sich für ihn bei BND-Präsident Blum ein; im April 1985 wurde er als Oberregierungsrat im Bundesnachrichtendienst eingestellt. IM »Schwarz« hatte Schmid als sicherheitspolitischen Experten allerdings schon 1983 ins Blickfeld des MfS gerückt. Ausweislich des Tonbandmitschnitts des MfS antwortete Baumann auf die Frage »An welcher politischen Front kämpft denn der?« mit der Einschätzung: »Ja, eigentlich ganz auf dem rechten Flügel ist er.«

Nachdem Schmid im Dienst des BND stand, sollte IM »Schwarz« ihn unter der gewohnten Flagge »Büro des französischen Ministerpräsidenten« für eine nachrichtendienstliche Zusammenarbeit werben. Er berichtete ihm regelmäßig von den Partnern in Paris, mit denen er in »ständigem Gedankenaustausch« stehe. Selbst bei dem Festakt zu Baumans fünfundsiebzigsten Geburtstag am 19. September 1987 bei Innsbruck wurden weitere Details der Anwerbung von »Zange« besprochen. Als Zuckerbrot sollte Baumann dem in der Westaufklärung tätigen BNDler »Informationen aus Frankreich« überlassen und ein erstes Treffen mit einem »Freund aus Paris«, dem MfS-Offizier »Veit«, arrangieren, um sich einen Eindruck von Schmid zu verschaffen und »mögliche andere Reaktionen im Gefolge« zu studieren.

Schon bald ließ Baumann den frischgebackenen BNDler spüren, daß er ihm den Weg in den Bundesnachrichtendienst gebahnt hatte und dafür doch mehr Entgegenkommen erwartet hätte: »Da offenbar – ich kenne den Grund nicht, würde ihn aber gerne wissen – die Verbindung zwischen uns abgerissen ist, lasse ich Ihnen meine Aktennotiz nebst der anhängenden Dokumentation per Post zugehen«, teilte er ihm im Herbst 1985 mit.

»Pensionär Weiss, ausgestattet mit einer Dauergenehmigung für das Betreten der Zentrale, sicherte sich, was er kriegen konnte. Referatsleiter, die ihm Aktenstücke verweigerten, beschimpfte er als illoyal und drohte mit Beschwerden nach oben: ›Das Motto des Herrn Kurt Weiss *ist* dann immer gewesen, daß er sich notfalls über Dr. Münstermann bedienen werde‹«, zitierte der *SPIEGEL* im April 1997 den BND-Ermittlungsbericht.

Auch Günter Schmid wurde, wenn er sich Baumann gegenüber nicht dienstbeflissen genug zeigte, Opfer einer solchen Intervention. Im Januar 1986 konnte Weiß seinem Spezi auf einer Grußkarte mitteilen: »Übrigens meldete mir Dr. Sch.: ›Befehl ausgeführt, alles in Ordnung‹. Er hat wenigstens gespurt.« Schmid bittet Baumann zu dieser Zeit sogar erneut, seinen Einfluß geltend zu machen, um für einen früheren Kollegen eine Stelle bei der Konrad-Adenauer-Stiftung oder der Hanns-Seidel-Stiftung zu besorgen. Doch Baumann muß ihn am 19. Juni 1986 mit einer Absage enttäuschen.

Ein knappes Jahr später knirscht es erneut zwischen Baumann und Günther Schmid, verbittert schreibt IM »Schwarz« dem Mann, der ihm seine Einstellung in Pullach zu verdanken hatte, am 11. April 1987: »Lieber Herr Schmid, da wir uns ja doch nicht mehr treffen und die Verbindung offenbar abgebrochen ist, schicke ich Ihnen meine Analyse Friedenssicherung durch Menschenrechte .... Die erforderlichen Unterlagen sind mir bereits in Aussicht gestellt worden – ich muß meine Kontakte halt umpolen und werde Sie nicht mehr belästigen.« Elf Tage später besinnt er sich eines Besseren und unternimmt einen neuen Anlauf, um sich den Kontakt warmzuhalten: »Um aber seriös und stichfest zu bleiben, brauche ich den Kontakt zu solchen Personen, die erstens mehr wissen als ich und die zweitens urteilsfähig sind. Von ihnen brauche ich neben Informationen über ein mich beschäftigendes Problem ein Urteil, ggf. eine Korrektur über meine Aussagen ... Drei Wochen hintereinander steht in meinem Terminkalender, wann ich Sie auf Ihre Veranlassung hin anrufen sollte. Ich verstehe durchaus, daß bei Ihrer Belastung kein Treffen zustande kam. Aber, lieber Herr Schmid, verstehen Sie nicht umgekehrt auch, daß mir dieses vergebliche Antichambrieren schlicht peinlich ist? Nur deshalb, nicht um die Beziehungen zu Ihnen abzubrechen, habe ich Ihnen geschrieben, daß ich Sie nicht wieder anrufen werde.«

Günther Schmid antwortet ihm am 25. April prompt mit einer Erklärung, die jeder Staatsanwalt als Eingeständnis des Verrats von Dienstgeheimnissen werten muß: »Im übrigen haben wir uns zu oft gesehen, als daß Sie mir mit Ihrem – wie nennen Sie es? – ›Antichambrieren‹ auf den Wecker gehen könnten, eine solche Denkkategorie gibt es für mich nicht! Allerdings: Ich kann sicherlich nichts dafür, daß ich in einem engen beruflichen Terminkorsett stecke und bei Gott nicht immer (auch oft nicht nach mehreren vergeblichen Treffversuchen!!) wie gewünscht abrufbar bin. So ist es nun mal! Daß Sie für Ihre Arbeit Hinter-/Grund-Informationen brauchen, ist mir schon klar, daß andererseits ich zu vielen Punkten noch etwas mehr weiß – falls ich etwas wüßte – Ihnen etwas sagen dürfte ... sollte Ihnen eigentlich klar sein. Daß ich es dennoch in den letzten 2 1/2 Jahren fast konstant tue (gegen eine sehr strikte Verbotsregel in meiner Firma!), müßte, wie ich meine, Vertrauensbeweis und Interesse ausreichend dokumentieren ... Fazit: Gesprächsbereitschaft und Interesse nach wie vor ungebrochen, allerdings durch eine umfangreiche Reisetätigkeit (Westeuropa, Skandinavien, USA – alle in diesen Wochen und Monaten) ›in praxi‹ limitiert.«

Hätte der Generalbundesanwalt, der den BNDler vernommen hatte, diesen Brief gekannt, wäre die Einschätzung seines Verhaltens in der Anklageschrift möglicherweise anders ausgefallen. Dort wird nämlich eher die angebliche Ablehnung und Zurückhaltung Schmids gegenüber der Seilschaft Münstermann-Weiß-Baumann betont: »Nachdem Dr. Schmid 1987 mehrfach Treffen mit dem Angeschuldigten abgesagt hatte und auch nicht bereit war, ihm wesentliche Informationen und Analysen aus dem Bundesnachrichtendienst zukommen zu lassen, schaltete der Angeschuldigte Dr. Weiß ein und ließ über ihn an das ›Dankbarkeits- und Anstandsgefühl‹ von Dr. Schmid appellieren. Dr. Weiß wies Dr. Schmid auf das hohe Ansehen des Angeschuldigten in der Führungsspitze des Bundesnachrichtendienstes hin; Treffs mit ihm könne er vorbehaltlos wahrnehmen. Nachdem auch dieses ›Anstandsgespräch‹ – so der Sprachgebrauch des MfS – ohne Erfolg blieb, wurde eine neue Strategie eingeschlagen. Der Angeschuldigte sollte gegenüber Dr. Schmid seine Beziehungen zum Bundesnachrichtendienst, speziell zur Führungsspitze, in den Vordergrund stellen und sich ihm als ›Berater und Einflußperson in politisch gleichgesinnten Kreisen‹ darstellen. Auch diese Maßnahme führte nicht zum Erfolg. Mitte 1988 brach der Kontakt zwischen dem Angeschuldigten und Dr. Schmid ab[32].«

Gerhard Hubatschek, Dietrich Pause und Günter Schmid waren nicht die einzigen Eisen, die Baumann in den achtziger Jahren für das MfS im Feuer hatte. »Seit Jahren hat ›Schwarz‹ den Auftrag, entweder einen Mitarbeiter des BND zur Werbung vorzubereiten oder eine Einschleusungsmöglichkeit zu entwickeln. Dafür wurde ihm auch eine größere Geldsumme in Aussicht gestellt«, resümiert BV Leipzig am 8. März 1983. Für die »französischen« Freunde sollte er nun Dieter Farwick umwerben, der in seiner Zeit als Bataillonskommandeur im Saarland eine besondere Affinität für das Nachbarland Frankreich entwickelt hatte. Inzwischen war der Bundeswehroffizier, Jahrgang 1940 – gefördert von der CDU –, in den Planungsstab der Streitkräfte aufgestiegen, spielte aber auch mit dem Gedanken, zum Bundesnachrichtendienst zu wechseln.

Zu Baumanns Abschöpfkontakten in Bonn zählte Dieter Farwick spätestens seit Anfang 1982. Der MfS-Instrukteur hatte während der Reise 109 seinen IM »Schwarz« im April 1982 beauftragt, das von Farwick mitverfaßte Konzept des Weißbuchs – »insbesondere Hintergrundinformation und Ausgangsmaterial« – zu beschaffen. Die beim vorangegangenen Treff übermittelten Informationen des Offiziers aus dem Planungsstab seien dem »Büro« leider bereits bekannt gewesen, beklagte »Trautmann«. Bei der Reise 121 im November 1993 erhielt Baumann vom IM »Trautmann« den Auftrag, von Farwick Schlußfolgerungen der Hardthöhe zu den Aktivitäten der Friedensbewegung, die Synopse zum Weißbuch sowie die Vorstellungen zur Vervollkommnung des Mobilmachungssystems bis 1990 zu beschaffen.

Wie gut sich Farwick als Abschöpfquelle eignete, läßt sich daraus ablesen, daß er Baumann mit vertraulichen und sehr persönlichen Informationen sowie einem vernichtenden Urteil über seinen Gegenspieler in der SPD-Bundestagsfraktion, den sicherheitspolitischen Berater Oberst Heinrich Buch, versorgte, die Baumann im Januar 1987 umgehend an Dieter Schmidt von der Hanns-Seidel-Stiftung weiterleitete.

Am 8. März 1983 unterbreitete die Abteilung XV der Leipziger MfS-Bezirksverwaltung einen Vorschlag »für den Einsatz des ›IM Schwarz‹ zur Einschleusung des ›IM Becker‹ der HVA IX in den BND«. Anstelle eines allmählichen Heranführens von Farwick an Weiß entschied sich MfS-Hauptmann Findeisen für den direkten Weg: »IM ›Schwarz‹ teilt ›Berater‹ mit, daß er einen zuverlässigen Menschen, der aktiv in der wehrpolitischen Arbeit tätig ist, persönlich gut kennt und dieser sich arbeitsmäßig verändern möchte. Frage an ›Berater‹, ob er nicht etwas für diesen jungen Menschen tun könnte.« Die Voraussetzungen schienen gut, da Weiß Baumann bereits versprochen hatte, sich bei BND-Präsident Eberhard Blum für Farwick zu verwenden.

Auch wenn langfristig angelegte MfS-Operationen in der Regel höchst erfolgreich waren, eine plötzliche Änderung der Verhältnisse konnte alles zum Scheitern bringen. Nach einem dreiwöchigen Intermezzo von Heribert Hellenbroich wurde am 4. September 1985 Hans-Georg Wieck neuer Präsident des Bundesnachrichtendienstes. Der stand dem alteingessenen Protektionismus der CSU-Seilschaft skeptisch gegenüber. Möglicherweise reichte der Einfluß von Weiß, der grauen Eminenz unter den BND-Veteranen, da nicht mehr aus, um einen Generalsposten in Pullach zu besetzen.

Zum BND gelangte er also nicht, aber Geheimdienstkarriere machte Farwick dennoch: Vom 1. April 1991 bis zum 30. September 1994 amtierte er als Leiter des ANBw (Amt für Sicherheit und Nachrichtenwesen der Bundeswehr) in Bad Neuenahr-Ahrweiler. Dann rückte der Brigadegeneral zum stellvertretenden Chef des Stabes im Nato-Hauptquartier in Brunsum auf. Möglicherweise hat nur die Auflösung des Ministeriums für Staatssicherheit infolge des Zusammenbruchs der DDR die Bundeswehr davor bewahrt, daß der Chef ihrer Funkspionage Vertrauliches vermeintlich nach Paris, in Wahrheit aber nach Leipzig übermittelte.

Anmerkungen

1 Verbotene Früchte

1 Vgl. *stern* 52/1993: Eine Offerte aus Pullach
2 Vgl. Deutscher Bundestag, 12. Wahlperiode, Drucksache 6814
3 *stern* 53/1993: Eine Offerte aus Pullach
4 Die Decknamen beim BND nachrichtendienstlich registrierter Personen werden im folgenden in Versalien gesetzt.
5 Vgl. *SZ* vom 19. 7. 1996: CIA will weiter Journalisten und Missionare anwerben
6 Vgl. *Zeit für Mission* 3/1996: Keine »Missionare auf der Lauer«
7 Vgl. CNN – U.S. *News Briefs* vom 23. 2. 1996: CIA director defends using journalists as spies
8 Vgl. *taz* vom 16. 4. 1997: Kirche: Pfarrer dürfen nicht spionieren
9 Vgl. *Menschen Machen Medien* 5/1997, S. 4
10 Ritter, Falko: Die geheimen Nachrichtendienste der Bundesrepublik Deutschland, Heidelberg 1989, S. 36
11 Bissinger, Manfred: Bundesnachrichtendienst: Warum so viele Journalisten für den Geheimdienst arbeiten, in: Jürgens, Ekkehard und Eckart Spoo (Hrsg.): Unheimlich zu Diensten, Göttingen 1987, S. 64
12 Ehmke, Horst: Mittendrin. Von der Großen Koalition zur Deutschen Einheit, Berlin 1994, S. 122
13 Wallraff, Günter: Akteneinsicht, Göttingen 1987, S. 16
14 Definition nach: ND-Begriffsbestimmungen für den Bundesnachrichtendienst, Pullach 1974
15 Vgl. van Berg, Hendrik: Bonner Krankheiten, Landshut 1975, S. 119f.
16 Bissinger, Manfred: a.a.O., S. 63
17 Vgl. Kapitel 13
18 Vgl. Fax Manfred Bissinger vom 27. 10. 1997

19 Vgl. Anonym: Guillaume, Landshut 1974, S. 412

20 Mitteilung eines leitenden BND-Mitarbeiters

21 Ulfkotte, Udo: Verschlußsache BND, Berlin/München 1997, S. 100

22 Vgl. Deutscher Bundestag: Drucksache 7/3246, S. 58 (SPD-Abschlußbericht). Im sozialdemokratischen *Vorwärts* vom 24. Oktober 1974 beschrieb Ulrich Wickert das Spektrum der BND-Konfidenten in den Medien: »Parteikollegen von Willy Brandt und Walter Scheel waren darunter, Chefredakteure, Rundfunkstars wie auch zweitklassige Nachrichtenlieferanten. Doch die große Mehrzahl der Freizeitspione kam aus dem Lager der Konservativen und der Kampfpresse.«

23 Deutscher Bundestag, Drucksache 7/3246, S. 90

24 Vgl. *DER SPIEGEL* 47/1994: Agent 12619: »Im Farn, auf Moos, in der Pfütze«

25 Vgl. Buchbender, Ortwin: Das tönende Erz. Deutsche Propaganda gegen die Rote Armee im Zweiten Weltkrieg, Stuttgart, 1978, S. 12

26 Vgl. Department of State. Division of Library and Reference Services (Hrsg.): Psychological Warfare in Support of Military Operations. A Bibliography of Selected Materials with Annotations, Washington D.C., 30. April 1951, S. 9

27 Im Zweiten Weltkrieg war Otto zunächst als PK-Mann Wortberichterstatter, dann Untersturmbannführer der SS-Standarte Kurt Eggers.

28 Deutscher Bundestag: Drucksache 7/3246, S. 60

29 Zitiert nach *DER SPIEGEL* VOM 28. 10. 1974

30 *DER SPIEGEL* VOM 28. 10. 1974: Chance zum Rufmord

31 August Hoppe vom *WDR;* Fritz Bucher, *dpa* München; Horst Zimmermann, *Münchner Merkur* Bonn; Gerhard Tomkowitz, *stern;* Werner Zwick, *upi* München; Thomas Walde, Hamburg; Nils von der Heyde, *Die Welt* Hamburg; Günther Scholz, *Deutsche Welle Studio* Bonn; Herbert Leicher, *Rhein Zeitung* Koblenz; Ludwig Wildermuth, *Süd-West Presse* Ulm.

32 Interview mit Hans-Dieter Raethjen am 24. 10. 1995

33 Vgl. Vereinsregister beim Amtsgericht Köln VR 6882

34 Vgl. Protokoll der Mitgliederversammlung der IADM am 23.3.1979 in Bonn

35 Bissinger, Manfred: a.a.O., S. 64ff.

36 Vgl. *SZ* vom 25. 10. 1974: Namen werden nur geflüstert

37 Bissinger, Manfred: a.a.O.

38 Im einzelnen waren dies Ertel DM 280,–; Manzel 9900,–; Meise 500,–; Schell 190,–; Schiffer 1200,–; Schlohm 150,–; Scholz 1080,–; Steinebach 1050,–; Werder 130,– und Wolke 400,– sowie Imhof mit DM 150,– Monatssalär.

39 Hirsch, Alexander: Die Kontrolle der Nachrichtendienste, Berlin 1996, S. 105

40 Zugrunde liegen dabei – neben Informationen aus Interviews und der Literatur – drei BND-Dokumente: BND–IV A3, Az. 76–82 VS Geheim vom 5. Juni 1970, Kassenaufsicht über 923; BND – 923 vom September 1970 VS Geheim, Aufstellung der Mitarbeiter und Pressesonderverbindungen; sowie BND – 923, Aufschlüsselung der Ausgaben bei Titel 532 10/2 (Einsatzausgaben) vom 3. September 1970 VS Geheim.

41 Vgl. Plötzl, Norbert F.: Basar der Spione, Hamburg 1997, S. 324 f.

42 Vgl. Grigorenko, Pjotr: Erinnerungen, München 1981, S. 461 und 561

43 Vgl. Larsen, Egon: amnesty international. Im Namen der Menschenrechte, München 1978, S. 120 f.

44 Vgl. Coleman, Peter: The Liberal Conspiracy. The Congress for Cultural Freedom and the Struggle for the Mind in Postwar Europe, New York 1989, S. 217

45 Diesen Hinweis verdanke ich Galina Dursthoff

46 Vgl. Interview mit George Bailey am 5. 11. 1997; Wehner selbst lehnte Markus Wolf als Gesprächspartner ab und wollte nur mit dem ihm bekannten MfS-Minister Erich Mielke sprechen.

47 Telefoninterview mit Gerhard Rein am 9. Februar 1998

48 Information von Klaus Eichner, MfS-Oberst und stv. Leiter der HVA IX, vom 21. April 1998

49 Telefoninterview mit Victoria Schäfer am 9. Februar 1998

50 *Capital* 2/1968: Bonn und sein Geheimdienst

51 Mitteilung Klaus Bednarz am 24. 9. 1997

52 Im Oktober 1989 – so Schütt für den BND – habe es in Budapest ein Gespräch mit dem Leiter der äußeren Abwehr des KGB gegeben, dessen Leute alle Journalisten und Korrespondenten aus westlichen Ländern operativ unter Kontrolle hatten. Dieser habe ihn um ergänzende Informationen aus der HVA zu von Seydlitz gebeten, doch wegen der politischen Entwicklungen sei es nicht mehr zu einer Überprüfung gekommen.

53 Vgl. *FAZ* vom 19. 4. 1990: Die Schraubwurmfliege hat die Neue Welt verlassen

54 Telefoninterview mit Rudolf Gallus am 16. 9. 1997

55 Vgl. die Zitate in Charisius, Albrecht und Julius Mader: Nicht länger Geheim, Berlin 1978, S. 288

56 Vgl. *UZ – unsere Zeit* vom 6. 12. 1974: Geständnis in Prag: »Ich war BND-Spion«

57 Vgl. *Neues Deutschland* vom 10. 1. 1978: Auch Rullmann vom »Spiegel« war BND-Agent

58 Vgl. Möchel, Kid: Der geheime Krieg der Agenten. Spionagedrehscheibe Wien, Hamburg 1997, S. 243

59 Vgl. *FR* vom 30. 7. 1963: Mitarbeiter Gehlens vor Gericht

60 Vgl. Walde, Thomas: ND-Report, München 1971 S. 315

61 Interview mit dem Kunstverleger, der anonym bleiben möchte, im Dezember 1997

62 Vgl. *Neues Deutschland* vom 6. 7. 1980: Erneut subversive Aktionen des BRD-Geheimdienstes entlarvt

63 Vgl. Berg, Hermann von: Vorbeugende Unterwerfung, München 1988, S. 194f.

64 Vgl. Auswertungsbericht der Polizeidirektion Dir VB S I 2, Berlin 30. 12. 1993

65 Als Prototypen für solche Journalisten, die im Dunstkreis von KGB und Politbüro den geheimen Kanal zwischen Moskau und Bonn spielten, können Walerij Lednew und Keworkow gelten, dessen Beziehungen zu Egon Bahr publiziert sind (Vgl. Keworkow, Wjatscheslaw: Der geheime Kanal. Mit einem Nachwort von Egon Bahr, Berlin 1995). Lednews nächste Verbindung zu Kohl-Intimus Eduard Ackermann hat jener in seinen Erinnerungen erwähnt (Vgl. Ackermann, Eduard: Mit feinem Gehör, Bergisch Gladbach 1996, S. 95)

66 Interview mit dem ehemaligen Abwehrchef des Kabuler Ministeriums für Staatssicherheit im Mai 1996

67 Vgl. Deacon, Richard: Truth Twisters, London 1987

68 Vgl. US-Erstausgabe Bittmann, Ladislav:. The Deception Game, Syracuse 1972

69 Christmann, Jahrgang 1905, war mit der französischen Sprache bestens vertraut, weil er von 1926 bis 1932 in der Fremdenlegion in Tunesien gedient hatte. Über weitaus mehr an Erfahrung verfügte er jedoch im

Geheimdienst: 1937 war er aus Frankreich wegen Spionage ausgewiesen worden, kehrte aber im Zweiten Weltkrieg als Abwehrmann ins besetzte Paris zurück. Ab Juni 1945 hielt er sich an der Côte d'Azur unter dem Namen Cholet versteckt, wurde jedoch am 15. Mai 1946 durch den französischen Nachrichtendienst verhaftet. Verurteilt wurde Christmann jedoch nie, und 1953 stellte Paris seine Strafverfolgung endgültig ein, offiziell weil er den Franzosen bei der Verfolgung ehemaliger SS-Angehöriger behilflich gewesen war. Nach der Bewährung an der deutsch-französischen Heimatfront 1954/55 machte Christmann Karriere im Bundesnachrichtendienst. Im Juli 1956 wurde er Resident des BND in Tunis und organisierte ein tunesisches Spionagenetz zur Unterstützung der algerischen Befreiungsbewegung FLN. Ende August 1961 schied er zwar offiziell aus dem BND aus, doch am 27. November 1965 wurde er durch die Sicherheitspolizei in Algier wegen Spionage zugunsten der NATO festgenommen, irrtümlich, wie er später behauptete.

70 Vgl. Faligot, Roger: Markus. Espion Allemand, Paris 1984, S. 145 ff.

2 Zu Gast beim Rabenwirt – *FAZ* und *SZ*

1 Ulfkotte, Udo, Verschlußsache BND, München/Berlin 1997, S. 159
2 Brief Udo Ulfkotte an Rudolf Rothe vom 5. September 1997
3 Generalmajor a.D. Johannes Gerber, Brigadegeneral a.D. Winfried Vogel, Prof. Dr. E. Opitz und Regierungsdirektor a.D. Günther Wagenlehner
4 Diese – wie die folgenden, nicht näher ausgewiesenen – Informationen stammen aus einem Interview mit Dr. Udo Ulfkotte am 29. 9. 1997 in Frankfurt
5 Vgl. *FAZ* vom 8. 9. 1993: Halbwahrheiten über Pullach, Besprechung des Buches von Erich Schmidt-Eenboom, Schnüffler ohne Nase. Der BND, Düsseldorf 1993
6 *FAZ* vom 22. 8. 1996: Gaddafi baut in einem Bergstollen bei Tarhuna die größte Giftgasfabrik der Dritten Welt
7 Vgl. *Focus* vom 9. 10. 1995: Auf falscher Fährte
8 Vgl. *dpa* vom 10. 7. 1997: Wirbel um Buch über den BND
9 Vgl. *SZ* vom 15. 9. 1997: Zwei Mitarbeiter des BND verhaftet
10 Vgl. *taz* vom 22. 7. 1997: Verseuchtes Haschisch
11 *DER SPIEGEL* 29/1997: Aus dem Ruder gelaufen
12 Die von Ulfkotte übermittelten Informationen faßte das Bundeskanzleramt wie folgt zusammen: » – Unter Einschaltung der KINTEX sollen 40 kg Plutonium (es können auch 150 kg sein) über Varna (Bulgarien) nach Athen geliefert werden. Die Transportpapiere seien derzeit noch in Athen. – U. nannte 4 Namen irakischer Staatsbürger, die in das geplante Geschäft verwickelt sein sollen (alle nur phonetisch): + Ein Iraker namens Schafra (oder Schachra), der in London und Bahrein einen Wohnsitz habe und in der Vergangenheit geschäftlichen Kontakt zu der italienischen ›Banco Nazionale del Lavoro‹ gehabt habe. Dessen Bruder sei Nuklearwissenschaftler. + Abdel Hadi. Dieser wohne in Hamburg, An der Alster 30, und habe auch noch eine Adresse am Haldesloher Weg. + Mufti und Al Gabri. Diese beiden Letztgenannten unterhalten laut U. jeweils ein Konto bei der Züricher Filiale der auf Jersey residierenden ›Banco Exterior‹. Über diese Konten soll die finanzielle Seite des Plutoniumgeschäftes abgewickelt werden.«
13 Bundeskanzleramt Referat 622, Bonn 26. 7. 1994, Az. 622–15121–Nu2,

Betr. »Irakisch-bulgarische Spur« im Fall des Plutoniumfundes in Tengen
14 Vgl. *DER SPIEGEL* 39/1997, S. 20
15 Vgl. *DER SPIEGEL* 42/1997, S. 20
16 Vgl. *stern* 49/1962: Geheimdienste sind unter uns
17 Vgl. *National-Zeitung* Nr. 42/80: Wer steckt hinter dem mörderischen Terror?
18 Vgl. *FAZ* vom 1. 7. 1964
19 Vgl. *FAZ* vom 21. 5. 1969: Bilder ohne Tiefenschärfe
20 Interview mit Ernst-Otto Maetzke am 11. 11. 1997
21 In diesem Verlag erschien 1960 das Buch von Wolfgang Wehner »Geheim. Ein Dokumentarbericht über die deutschen Geheimdienste«. Laut Hermann Zolling und Heinz Höhne zählte der *SZ*-Redakteur Wehner zu den »literarischen V-Männern« Reinhard Gehlens.
22 Vgl. *SZ* vom 4. 12. 1996: Rezension von Markwardt, Waldemar: Erlebter BND, Berlin 1996
23 Vgl. u.a. *SZ* vom 22. 8. 1968: Der Gewaltakt gegen Prag, *SZ* vom 4.9.1968: Wie es in Prag jetzt weitergehen soll, oder *SZ* vom 14.9.1968: Die enttäuschten Kommunisten
24 Vgl. *SZ* vom 23. 8. 1968: Die 14 Divisionen der Tschechoslowakei
25 Vgl. *SZ* vom 17. 1. 1968: Seit »Fremde Heere Ost« im Spionage-Geschäft
26 Vgl. Brief Gerhard Baumann vom 1. 11. 1980 an Hans Rühle
27 Vgl. *SZ* vom 22. 12. 1967: In Seoul spricht man von deutscher Mitwisserschaft in der Entführungsaffäre
28 *SZ* vom 15. 6. 1968: Das Anzapfen geht jetzt störungsfrei
29 *SZ* vom 14. 11. 1968: Spionageausschuß – ein nützlicher Club?
30 *SZ* vom 25. 10. 1974: Geschenke für den Gegner
31 Vgl. *SZ* vom 6. 5. 1970: Neuer BND-Vizepräsident Blötz im Amt
32 *SZ* vom 26. Juni 1970: James Bond ist in Pullach nicht gefragt
33 Ritter war im Zweiten Weltkrieg Leiter IIc der Generalstabsabteilung Fremde Heere Ost, 1948/49 Agentenführer Gehlens und anschließend Leiter der Unterabteilung Gegenspionage im »Winterstein-Dienst« der OG, bis 1962 dann Abteilungsleiter III im BND.
34 *SZ* vom 10./11. Juli 1993: Nach dem Kalten Krieg: Braucht Bonn überhaupt noch Pullach?
35 *SZ* vom 5. 12. 1991: Bonn und sein »Dienst«

36 *SZ* vom 23. 8. 1989: Statistiker lösen Grenzschützer ab

37 Agee, Philip: Central Intelligence Agency. Massenmedien als Transportmittel für US-Interessen, in: Jürgens, Ekkehardt und Eckart Spoo (Hrsg.): Unheimlich zu Diensten, Göttingen 1987, S. 45f.

38 Vgl. zum Beispiel *SZ* vom 7. 2. 1994: Der Helfer mit dem großen Ohr, oder *SZ* vom 14. 9. 1994: Der Geheimdienst als Zulieferer der Polizei

39 Vgl. *SZ* vom 26. 5. 1997: BND hört weniger als ein Prozent aller Auslandstelephonate ab

40 Bentivegni war Anfang der siebziger Jahre in der BND-Residentur in Paris, 1979 an der Teheraner BND-Residentur maßgeblich beteiligt an der Ausschleusung von Nachrichtendienstlern der Natostaaten in den Revolutionswirren, Resident in Washington bis 1989, dort wegen eines angeblichen Sexskandals abgelöst (er war vom FBI in der Herrentoilette eines Schwulenlokals festgenommen worden), anschließend rehabilitiert und in der Pullacher Zentrale als Leiter der Unterabteilung 14 (Befragungswesen, Grenzmeldenetz, Post- und Fernmeldekontrolle) zu deren Abwicklung zum Referat Befragungswesen verwendet worden.

41 Vgl. *SZ* vom 26. 6. 1997: Eine Allergie gegen alte Hüte

3 Springer auf die Sprünge helfen

1 Vgl. Jürgs, Michael: Der Fall Axel Springer, München 1995, S. 159
2 Zitiert nach Agee, Philip: Central Intelligence Agency: Massenmedien als Transportmittel für US-Interessen, in: Jürgens, Ekkehard und Eckart Spoo (Hrsg.): Unheimlich zu Diensten, Göttingen 1987, S. 27
3 Zitiert nach Jürgs, Michael: a.a.O., S. 329
4 Vgl. Jürgs, Michael: a.a.O., S. 314f. und 109
5 Vgl. Köhler, Otto: Unheimliche Publizisten. Die verdrängte Vergangenheit der Medienmacher, München 1995, S. 193
6 Die 1998 in München erschienene Biographie von Franz Alfred Six, Lutz Hachmeisters Buch »Der Gegnerforscher«, widmet der Frühgeschichte des *SPIEGEL* einen Exkurs, der in dem Hamburger Nachrichtenmagazin neben Mahnke »ein gutes Dutzend Redakteure und Mitarbeiter mit eindeutiger NS-Zuordnung« ausmacht.
7 Zitiert nach Longerich, Peter: Propagandisten im Krieg. Die Presseabteilung des Auswärtigen Amtes unter Ribbentrop, München 1987, S. 88. Bei Longerich findet sich eine detaillierte Darstellung der Tätigkeit Schmidts.
8 Vgl. Jürgs, Michael: a.a.O., S. 313 und 316ff.
9 Vgl. Jürgs, Michael: a.a.O., S. 352
10 Interview mit Wilhelm Reichenburg am 5. 9. 1997
11 Vgl. *DER SPIEGEL* vom 20. 8. 1984: Sehr, sehr offen
12 Vgl. *Neues Deutschland* vom 24./25. 6. 1995: Wehrmachtskult unter Stoibers Schirmherrschaft
13 Mitteilung Günter Wallraff am 10. 11. 1997
14 Vgl. Wallraff, Günter und Heinrich Böll: Berichte zur Gesinnungslage der Nation/Bericht zur Gesinnungslage des Staatsschutzes, Köln 1975, S. 48f.
15 Vgl. Wallraff, Günter: Akteneinsicht, Göttingen 1987, S. 39
16 Vgl. Wallraff, Günter a.a.O., S. 69ff. und 82. Während die BND-Lauscher unbehelligt blieben, verurteilte das Kölner Amtsgericht die beiden Nutznießer bei *Bild* zu Bußgeldern von 8000 bzw. 10000 DM. Aufgrund einer Beschwerde Wallraffs beim Bundeskanzleramt mußte das Gefälligkeitsfernschreiben vernichtet werden.
17 Vgl. *Focus* 5/1994, S. 36
18 Mitteilung eines ehemaligen BND-Verbindungsführers 1996

19 *Die Zeit* vom 13. 2. 1981
20 Vgl. *Munzinger-Archiv* 9/1992
21 Vgl. Ackermann, Eduard: Mit feinem Gehör, Bergisch Gladbach 1994, S. 200 und 239 f.
22 Unter dem Decknamen KLEIN tauchte 1981 der Leiter des BND-Referats Emigration, Dr. Diethelm Keil, wieder auf, der 1962 in den BND eingetreten war.
23 Schlomann, Friederich W.: Die Maulwürfe, München 1993, S. 203
24 Vgl. Bohnsack, Günter: Die Legende stirbt, Berlin 1997, S. 99
25 Vgl. Ehmke, Horst: Mittendrin. Von der Großen Koalition zur Deutschen Einheit, Berlin 1994, S. 123
26 Ein loser BND-Kontakt in die *Welt* bestand zu ihrer Bildredaktion, wo ELZE Peter Japp (JÜRGENSEN) führte.
27 Charisius, Albrecht und Julius Mader: Nicht länger geheim, Berlin (Ost) 3. Auflage 1978, S. 252 und 702
28 Vgl. *Die Welt* vom 23. 8. 1968: Die westlichen Geheimdienste sahen Moskau in die Karten
29 Vgl. *Welt am Sonntag* vom 1. 2. 1970: Forscher für Frieden; *Welt am Sonntag* vom 3. 5. 1970: Für Deutschlands Spione eine rote Fassade
30 Vgl. *Die Welt* vom 12. 12. 1968
31 Vgl. *Welt am Sonntag* vom 4. 3. 1971: Strauß klagt Ehmke an: Deutscher Geheimdienst nicht funktionsfähig.
32 Vgl. *Welt am Sonntag* vom 21. 3. 1971 Bekam Wischnewski BND-Personalakte?
33 Vgl. Scharnhorst, Gerd: Spione in der Bundeswehr. Ein Dokumentarbericht, Bayreuth 1965
34 U.a. 1979 Theodor-Wolff-Preis, 1984 Konrad-Adenauer-Preis der Deutschland Stiftung und 1988 Bundesverdienstkreuz I. Klasse
35 *Die Welt* vom 19. 9. 1971: Läßt Bonn die Memoiren Gehlens verbieten?
36 Nollau, Günther: Wie sicher ist die Bundesrepublik?, München 1976, S. 49
37 Horchern, Hans Josef: Auch Spione werden pensioniert, Herford 1993, S. 223
38 Zitiert nach *Deutschland-Magazin* 7/79, S. 12
39 *DER SPIEGEL* 47/1974, S. 92
40 Vgl. Cycon, Dieter: Es geht um die Bundesrepublik. Eine kritische Wertung der Außenpolitik Willy Brandts, Stuttgart 1971, S. 294

41 Rühl erhielt 1966 und 1971 den Theodor-Wolff-Preis, 1980 das Bundesverdienstkreuz I. Klasse. Er ist u.a. Mitglied des Instituts für Strategische Studien in London und der deutschen Gesellschaft für Auswärtige Politik in Bonn. 1986 habilitierte er sich an der Kölner Universität.

42 Höhne, Heinz und Hermann Zolling: Pullach intern, Hamburg 1971, S. 311

43 Vgl. *Die Welt* vom 11. 11. 1967 (Wochenendbeilage)

44 Vgl. *Die Welt* vom 19. 2. 1966: Braucht die Bundesrepublik drei Geheimdienste?

45 Vgl. *Die Welt*, 22. 1. 1968: Deutschlands geheimnisvollster Mann geht

46 Vgl. *stern* 8/1978, S. 17

47 Martini, Winfried: Der Geheimdienst als englische Tradition, in: *Deutschland-Magazin* 9/10 1970, nachgedruckt in *DIE NACHHUT* vom 15. 9. 1971

48 Vgl. *Munzinger-Archiv* vom 26. 4. 1973

49 Die französische Rechte. Vom Kampf um Frankreichs Ideologienpanzer, München 1958; Die Fünfte Republik. Was steht hinter de Gaulle?, München 1963

50 Was die Deutschen fürchten, Stuttgart 1965

51 Vgl. *stern* vom 20. 4. 1989: Feind-Bilder

52 Thüringer Innenministerium: Verfassungsschutzbericht 1996, Erfurt Mai 1997, S. 91

53 Vgl. Gregor-Dellin, Martin und Elisabeth Endres: P.E.N.-Schriftstellerlexikon Bundesrepublik Deutschland, München 1982, S. 128

54 Mit der Geschichte des Kolonialismus »Die Weißen kommen«, 1970, zum Nahostkonflikt mit »Unser Volk am Jordan«, 1971, oder »Faustrecht am Jordan«, 1978

55 Telefoninterview mit Gert von Paczensky am 20. 11. 1997

56 Ministerium für Staatssicherheit/Juristische Hochschule: Lesematerial: Imperialistische Geheimdienste und Massenmedien, Potsdam, 6. März 1984, S. 79

4 Alte Kameraden – Nachkriegskarrieren wie bei *Christ und Welt*

1 Köhler, Otto: Unheimliche Publizisten, München 1995, S. 294

2 Zitiert nach Köhler, Otto: a.a.O., S. 297

3 Köhler, Otto: a.a.O., S. 296

4 Longerich, Peter: Propagandisten im Krieg. Die Presseabteilung des Auswärtigen Amtes unter Ribbentrop, München 1987, S. 264

5 Wirsing, Giselher: Der maßlose Kontinent. Roosevelts Kampf um die Weltherrschaft, Jena, 2. Auflage (16 000 bis 60 000 Tausend) 1942, S. 23; insgesamt wurden rund 140 000 Exemplare des Buches aufgelegt.

6 Wirsing, Giselher: a.a.O., S. 432

7 Wirsing, Giselher: a.a.O., S. 433 f.

8 So 1949 das Drama »Scarone«, 1950/51 »Forschung bringt Arbeit und Brot« und »Schritte aus dem Nichts«, 1954 »Die Rückkehr des mondo mogo. Afrika von morgen«

9 Vgl. Mader, Julius: Die Karriere des Agenten Mehnert, in: Mitteilungsblatt der Arbeitsgemeinschaft ehemaliger Offiziere 10/1961, S. 13

10 Vgl. *stern* 28/1982: Die schwarze Kapelle

11 Interview mit Wilhelm Reichenburg am 18. 9. 1997

12 Vgl. *Christ und Welt* vom 18. 10. 1968

13 Studnitz, Hans-Georg von: Seitensprünge. Erlebnisse und Begegnungen 1907–1970, Stuttgart 1975, S. 253 f.; zitiert nach Köhler, Otto: a.a.O., S. 208

14 Vgl. Köhler, Otto: a.a.O., S. 217 ff.

15 Kriegsverdienstkreuz II. und I. Klasse, Medaille de las Jons für Verdienste im Spanischen Bürgerkrieg und Ritterkreuz Isabella la Catolica (Spanien), 1966 Heinrich-von-Kleist-Preis des Bundes der Vertriebenen und schließlich das Bundesverdienstkreuz.

16 Studnitz, Hans-Georg von: Bismarck in Bonn. Bemerkungen zur Außenpolitik, Stuttgart 1964, S. 216

17 Studnitz, Hans-Georg von: Seitensprünge. Erlebnisse und Begegnungen 1907–1970, Stuttgart 1975, S. 82

18 Studnitz, Hans Georg von: Warum brauchen wir Geheimdienste, in: *Deutschland-Magazin* August/September 1970, S. 26

19 Vgl. Thorwald, Jürgen: Der Fall Pastorius, Stuttgart 1953

20 Reese, Mary Ellen: Organisation Gehlen, Berlin 1992, S. 285

21 Vgl. Simpson, Christopher: Der amerikanische Bumerang. NS-Kriegsverbrecher im Sold der USA, Wien 1988, S. 164 und 274f.

22 Zuletzt erschien noch 1995 eine ergänzte Fassung; vgl. Thorwald, Jürgen: Die Illusion. Rotarmisten gegen Stalin. Die Tragödie der Wlassow-Armee, München 1995

23 Mitteilung George Bailey am 17. 12. 1997

24 Vgl. Murmann, Heinz: »Mit ›C‹ ist es feiner«. Der Deutsche Presseclub Bonn. Von 1952 bis heute, Bonn 1997

25 Telefoninterview mit Heinz Murmann am 17. 10. 1997

26 Vgl. dazu ausführlicher Gansel, Norbert: Waffenschmuggel im Staatsinteresse, in: Hafner, Georg M. und Edmund Jacoby (Hrsg.): Die Skandale der Republik, Reinbek 1994, S. 301 ff.

5 Im Unterholz der Presselandschaft – Regionalzeitungen

1 Nach Auskunft der Redaktion verstorben

2 Telefoninterview mit Carl Moritz Lankau am 9. 7. 1997

3 Vgl. Anonym: Guillaume »---, der Spion«, Landshut 1974, S. 135 f.

4 Nach Auskunft der Redaktion verstorben

5 Telefoninterview mit Jürgen Bettmann am 1. 10. 1997

6 Die Verbindungen der Kategorie III waren: A. Hildebrandt (Deckname HAUER), stellvertretender Chefredakteur der *Hannoverschen Allgemeinen Zeitung;* der verstorbene Peter Raunau (RIEPE), Redakteur der *Hannoverschen Presse;* Konrad Joachim Schaub (SCHWARMSTEDT), Chefredakteur der *Hannoverschen Rundschau;* und H. Schüdener (SCHANZE), Herausgeber der *Kasseler Post.*

7 Nach Auskunft der Redaktion verstorben

8 Nach Auskunft der Redaktion verstorben

9 Feddersen, Jahrgang 1928, war nach dem Besuch der Hochschule für Politik in seiner Geburtsstadt Berlin ab 1946 als Journalist tätig, unternahm als Journalist zahlreiche Auslandsreisen (u. a. USA, Asien, Sowjetunion) und wurde 1975 mit dem Bundesverdienstkreuz I. Klasse ausgezeichnet.

10 Telefoninterview mit Josef Terharn am 17. 7. 1997

11 Der Rotarier erhielt 1963 das Große Bundesverdienstkreuz, 1983 Stern und Schulterband dazu und 1986 den Verdienstorden des Landes Nordrhein-Westfalen.

12 Vgl. Buschfort, Wolfgang: Das Ostbüro der SPD. Von der Gründung bis zur Berlin-Krise, München 1991, S. 61

13 Buschfort, Wolfgang: a.a.O., S. 67

14 Nach Auskunft der Redaktion verstorben

15 Lojewski und Rathert sind nach Auskunft der Redaktion verstorben.

16 Jagla, Jahrgang 1930, war von 1954 bis 1957 Redakteur und Korrespondent bei der *Welt der Arbeit,* beim Mittag und im Reuter-Büro, ab 1967 bei der *Kölnischen Rundschau.* 1975 erhielt der inzwischen verstorbene Rotarier den Theodor-Wolff-Preis.

17 Vgl. Longerich, Peter: Propagandisten im Krieg, München 1987, S. 235 und 238

18 Vgl. Plötzl, Norbert: Basar der Spione, Hamburg 1997, S. 265

19 Vgl. *stern* 8/1978, S. 17

20 Vgl. Bissinger, Manfred: Bundesnachrichtendienst. Warum so viele Journalisten für den Geheimdienst arbeiten, in: Jürgens, Ekkehardt und Eckart Spoo (Hrsg.), Unheimlich zu Diensten, Göttingen 1986, S. 42

21 Vgl. *Pietät,* München Oktober 1985 (erste und letzte Ausgabe der Fachschaft Kommunikationswissenschaft): Der doppelte Doktor

22 Vgl. Spoo, Eckart: Verfassungsschutz: Schutz der herrschenden Meinung, in: Jürgens, Ekkehard und Eckart Spoo (Hrsg.): a.a.O, S. 58

23 *Rheinischer Merkur* vom 8. 11. 1968

24 Telefoninterview mit Edmund Els junior am 8. 7. 1997

25 Telefoninterview mit Herbert Leicher am 17. 7. 1997

26 Kampmann, Jahrgang 1921, war ab 1946 zunächst beim *Osnabrücker Tagblatt*, dann bei der *Welt*, dem *Bonner Generalanzeiger* und dem *Kölner Stadt-Anzeiger*, stieg zum stellvertretenden Chefredakteur beim *Express* auf, bevor er Chefredakteur bei der *Rhein-Zeitung* wurde.

27 Telefoninterview mit Helmut Kampmann am 17. 7. 1997

28 Telefoninterview mit Klaus Rein am 8. 7. 1997

29 Dexheimer, Jahrgang 1930, begann seine journalistische Laufbahn 1950 als Lokalredakteur beim *Alzeyer Beobachter*, wechselte zwei Jahre später zum *Alzeyer Anzeiger* und stieg letztlich bei der *Allgemeinen Zeitung* in Mainz ab 1956 bis 1964 zum stellvertretenden Chefredakteur auf. Zugleich engagierte er sich als Mitglied der Publizisten-Kammer der Evangelischen Kirche in Deutschland, als Vorsitzender des Kuratoriums der Johann-Gutenberg-Universität Mainz und im Vorstand der Gutenberg- Gesellschaft. 1972 erhielt er das Bundesverdienstkreuz am Bande, 1976 das Bundesverdienstkreuz I. Klasse.

30 Schmidt-Eenboom, Erich: Schnüffler ohne Nase. Der BND, Düsseldorf 1993, S. 351 ff.

31 Vgl. *FR* vom 24. 1. 1968: Vertrauensleute kommen zusammen

32 Vgl. *FR* vom 4. 12. 1969: Bundestag kontrolliert V-Leute

33 Vgl. *FR* vom 6. 1. 1970

34 Telefoninterview mit Volkmar Hoffmann am 9. 7. 1997

35 Vgl. *FR* vom 30. 5. 1974: SPD wünscht Untersuchung, *FR* vom 10. 10. 1974: Schwere Vorwürfe gegen den BND, *FR* vom 23. 10. 1974: BND betrieb Rüstungsgeschäfte in Millionenhöhe, und *FR* vom 24. 10. 1974: Presserat will Namen von journalistischen BND-Mitarbeitern

36 Vgl. Winkelmann, Mechthild: Berichterstattung aus dem Dunkel der Geheimdienste. Journalisten auf verlorenem Posten?, Münster 1993, S. 334f.

37 Vgl. Winkelmann, Mechthild: a.a.O., S. 341 und 343

38 Vgl. *FR* vom 29. 7. 1954: Drei Schritte zur Reform des Verfassungsschutzes

39 Vgl. *FR* vom 12. 1. 1956: Gehlen-Dienst wird übernommen

40 Zitiert nach *SZ* vom 25. 10. 1974: Namen werden nur geflüstert

41 Schon früh hatte Appel Fernsehkontakte geknüpft. Er moderierte ab 1963 nebenberuflich die politische *ZDF*-Fernsehrunde »Journalisten fragen – Politiker antworten«, die er nach rund 120 Sendungen 1973 zunächst aufgab. Im August 1972 nominierten die Vertreter von SPD und FDP im Verwaltungsrat des *Deutschlandfunks* den parteilosen Appel überraschend für das Amt des Intendanten, im Januar 1973 wählte ihn der Rundfunkrat im zweiten Wahlgang in dieses Amt. Knapp drei Jahre später holte ihn der *ZDF*-Verwaltungsrat im Dezember 1975 als Chefredakteur nach Mainz, wo Appel am 1. April 1976 seine neue Aufgabe übernahm: Er zeichnete für alle politischen Sendungen von »heute« bis »Kennzeichen D« verantwortlich. 1977 führte er das »heute-journal« als Nachrichten- und Themensendung ein. Seit 1977 neben seinen Aufgaben als *ZDF*-Chefredakteur auch ständiger Vertreter des *ZDF*-Intendanten, schied Appel mit Auslaufen seines Dienstvertrages zum 1. April 1988 aus allen Verantwortungen aus. Appel blieb auch nach 1988 regelmäßig auf Sendung und moderierte weiterhin die sogenannte »Appel-Runde«: »Journalisten fragen – Politiker antworten«, die am 5. September 1991 zum letzten Mal ausgestrahlt wurde. Als Hörfunkbeauftragter von *ZDF* und *ARD* betreute Appel in Zusammenarbeit mit Lothar Loewe seit Anfang 1992 den ehemaligen Ostberliner Sender »Deutschlandsender-Kultur«. 1976 erhielt er das Bundesverdienstkreuz I. Klasse, 1985 das Große Bundesverdienstkreuz. Appel war mehrere Jahre im Vorstand der Bundespressekonferenz, 1962/63 als 1. Vorsitzender, und des Deutschen Presseclubs Bonn vertreten.

42 Vgl. Walde, Thomas: ND-Report, München 1971, S. 310

43 Vgl. *Stuttgarter Zeitung* vom 7. 7. 1967: Bundesbehörde – beim Bund unbekannt

44 Helmut Cron ist 1981 verstorben.

45 Nach Auskunft der Redaktion verstorben

46 Telefoninterview mit Wilhelm Greiner am 17. 7. 1997

47 Dabei handelt es sich um den damaligen Leiter der BND-Hauptabteilung 4 (Verwaltung) Herbert Rieck (HEINE).

48 Telefoninterview mit Ludwig Wildermuth am 17. 7. 1997

49 Nach Auskunft der Redaktion sind beide verstorben.

50 Nach Auskunft der Redaktion verstorben

51 Telefoninterview mit Udo Flade am 15. 7. 1997

52 Vgl. Programm und Teilnehmerlisten des 6. und 8. Strategieforums der Hanns-Seidel-Stiftung vom November 1985 bzw. November 1987

53 *DER SPIEGEL* 10/1980, S. 26

6 Hauspostille – der *Münchner Merkur*

1 Die folgenden Informationen stammen aus einem Interview mit Rudolf Lambrecht am 27. 6. 1997

2 Vgl. Meulen, Michael van der: Cryptology in the Early Bundesrepublik, in: Cryptologia July 1996, S. 207

3 Buttersack war bereits 1947 bei dem von der US-Militärregierung in Bayern lizensierten Münchner Mittag (Lizenz 21/121) Verlagsdirektor und im *Münchner Merkur* zusammen mit Andreas M. Huck und Ludwig Vogl Herausgeber

4 *Münchner Merkur* vom 18. 11. 1967: Die Bonner Anhörung

5 *Münchner Merkur* vom 21. 5. 1968: Kurt Wessel zum 60sten Geburtstag

6 *DER SPIEGEL* 47/1974, S. 99

7 Vgl. Brief Gerhard Baumann an Hans Küffner im BPA vom 8. 7. 1966

8 Vgl. Dossier Ministerium für Staatssicherheit in: *Die Zeit* vom 23. 2. 1979

9 Siehe das *Zeit*-Dossier mit Josef Joffe am 9. 11. 1979: Dreieck im Dunkeln, oder in *Die Zeit* vom 28. 3. 1980: Operation »Großes Ohr«

10 Altmaier, Jacob: Die deutsche Presse und das Ausland, in: Handbuch Deutsche Presse 1947, Reprint des Zeitungsteils Düsseldorf 1996, S. 61

11 *Münchner Merkur* vom 9. 1. 1967: Sturmzeichen über Rotchina

12 Vgl. Meurer, Fritz: Die Frau hinter Mao, Bergisch Gladbach 1974

13 Vgl. *DIE NACHHUT* 6/1969 In Memoriam

14 Der Journalist ist inzwischen verstorben.

15 *Münchner Merkur* vom 29. 5. 1968: Ruhe – Hochseilakt!

16 Tantzscher, Monika: Maßnahme Donau und Einsatz Genesung. Die Niederschlagung des Prager Frühlings 1968/69 im Spiegel der MfS-Akten, Dokument 2: Ausarbeitung der ZAIG vom 14. 6. 1968: Fakten zu den westdeutsch-tschechoslowakischen Beziehungen, Berlin 1994, S. 78

17 Wallraff, Günter: Der Aufmacher. Der Mann, der bei BILD Hans Esser war, Köln 1977

18 Mitteilung Günter Wallraff am 10. 11. 1997; vgl. ausführlich dazu die Darstellung im dritten Kapitel

19 Vgl. *Münchner Merkur* vom 28. 8. 1967: Am Tage »X« beginnt die große Verbrecherjagd

20 *Münchner Merkur* vom 5. 11. 1967: Agentenjäger mit der Sherlock-

Holmes-Pfeife. Gespräch mit Verfassungsschutzleiter Hubert Schrübbers – Weltzentrum sowjetischer Spionage in Karlshorst

21 *Münchner Merkur* vom 16. 5. 1968: Mit Mini-Spion und Nachschlüssel zum Geheimschrank. In aller Stille setzt Karlsruhe die Sowjetagenten Marggraf und Pieschel auf freien Fuß – Die Memoiren des Überläufers Runge

22 *Welt am Sonntag* vom 3. 11. 1968: »Sand im Getriebe« der Spionageabwehr

23 Vgl. *Münchner Merkur* vom 11./12. 9. 1971: Werden Gehlens Enthüllungen gestoppt?

24 Vgl. *taz* vom 7. 11. 1994: Die Ohnmacht der Kundschafter

25 *Welt am Sonntag* vom 6. 5. 1973: Pullach sucht Wissenschaftler

26 Der Tagesspiegel vom 14. 9. 1978: Keine Nachwuchssorgen mehr bei den deutschen Geheimdiensten

27 Interview mit Richard Meier am 11. 1. 1994; vgl. auch Schmidt-Eenboom, Erich: Der Schattenkrieger. Klaus Kinkel und der BND, Düsseldorf 1995, S. 65

28 Vgl. *Münchner Mittag* vom 8. 12. 1947: Abdullah vor den Toren Palästinas

29 Genosse Feind, Bonn 1962, und ABC der Spione, Pfaffenhofen a. d. Ilm 1965

30 Unter anderem: Bonner Krankheiten. Ein Bericht zur Lage der Republik, Landshut 1975; Der Fall Tiedge. Aus den Akten des Untersuchungsausschusses, Berg 1987; Die Überläufer, Würzburg 1979; Köln 4713, Würzburg 1981; Staatsfeinde. Aus den Akten der Geheimdienste, Berg 1987

31 *Münchner Merkur* vom 18. 11. 1980: Aus Gehlens letztem Blick zurück wurde ein Testament mit Sprengstoff

32 Zitiert nach *DIE NACHHUT* vom 6. 5. 1972, S. 21 ff.

33 *Münchner Merkur* vom 12. 7. 1967: »Die Menschenräuber geraten unter schweren Beschuß. Bonns Sicherheitsbehörden fordern harte Reaktion des Auswärtigen Amtes auf die südkoreanischen Entführungen«

34 *Die Welt* vom 12. 1. 1968: Gehlens Zentrale hat nichts gewußt

35 *Münchner Merkur* vom 30. 9. 1967: Der Mann ohne Gesicht verläßt die Bühne. Die Ära Gehlen geht zu Ende – Favorit Wessel scheut Kamera und Öffentlichkeit nicht – neuer Wind für alte Kameraden

36 Vgl. Hurwitz, Harold: Die Stunde Null der deutschen Presse. Die

amerikanische Pressepolitik in Deutschland 1945–1949, Köln 1972, S. 244 ff.

37 Der Strauß-Artikel und die CSU-Anzeige sind abgedruckt in: Grosser, Alfred und Jürgen Seifert: Die Spiegel-Affäre, Freiburg 1966, S. 496 f. und 503 ff.

38 Vgl. *Abendzeitung* vom 23. 11. 1962: SPD: Jetzt zeigt Strauß sein wahres Gesicht

7 *Zeit*-Sprünge – die liberale Wochenzeitung im Visier des BND

1 Zitiert nach Schwarzer, Alice: Marion Dönhoff. Ein widerständiges Leben, Köln 1996, S. 169

2 Schwarzer, Alice, a.a.O., S. 196

3 Telefoninterview mit Theo M. Sommer am 23. 10. 1997

4 Zitiert nach Dietl, Wilhelm: Staatsaffäre, Stuttgart 1997, S. 51

5 Vgl. *Die Zeit* vom 26. Juli 1963: Gehlens Geheimdienst

6 Reile, Oscar: Der deutsche Geheimdienst im II. Weltkrieg. Westfront, Augsburg 1990, S. 398f.

7 Vgl. Wilhelm, Hans-Heinrich: Die Prognosen der Abteilung Fremde Heere Ost 1942–1945, Schriftenreihe der Vierteljahreshefte für Zeitgeschichte Nr. 28, München 1974

8 Reile, Oscar: a.a.O, S. 397

9 Interviews mit zwei ehemaligen Beschäftigten des BND 1996 sowie Bericht des Sohnes des betreffenden Ehepaars im Oktober 1996

10 Vgl. Reile, Oscar: a.a.O., S. 392ff.

11 Vgl. *FAZ* vom 15. 7. 1963

12 Achmeteli, geb. 1887 in Borjom, kämpfte im russischen Bürgerkrieg auf der Seite der Weißgardisten und zählte im Wannsee-Institut zum Führungspersonal der Operation Zeppelin (Sabotageakte im Osten); Angaben zu nachrichtendienstlich bedeutsamen Personen stammen – sofern nicht anders ausgewiesen – aus der Datenbank des Verfassers.

13 Augsburg, geboren 1904 in Lodz, wurde 1938 SS-Sturmführer, dann SS-Standartenführer in Himmlers Stab, zunächst Leiter einer der S-4-Abteilung Adolf Eichmanns zugeordneten Sektion. Anschließend diente er als SS-Hauptsturmführer im Wannsee-Institut des SD. 1944 wurde der Ostexperte des Reichssicherheitshauptamtes SS-Sturmbannführer. Mit Hilfe vatikanischer Kreise war er vor Kriegsende nach Italien geflüchtet, kehrte als Dr. Althaus nach Deutschland zurück und arbeitete 1946 zunächst im US-Geheimdienst CIC, anschließend bei Gehlen.

14 Walde, Thomas: ND-Report, München 1971, S. 299

15 Als Ironie des Schicksals kann man werten, daß Christoph Graf Dönhoff, der um drei Jahre ältere Bruder, von 1946 bis 1948 ebenfalls Redakteur bei der *Zeit*, von 1940 bis 1945 Vizekonsul des Dritten Reichs in Zürich war, wo er der Schweizer Verbindungsmann dieses SS-Obersturmführers Heinz Felfe gewesen sein soll, dem Chef des Referats 3 B

im Amt IV des Reichssicherheitshauptamtes. Ausweislich des Berner Bundesblatts 17/46 verwiesen die Schweizer den Grafen Dönhoff im Juni 1945 des Landes wegen des Werdachts der Zugehörigkeit zum deutschen Sicherheitsdienst«. Vgl. Koch, Peter Ferdinand: Die feindlichen Brüder, München 1994, S. 358

16 Gehlen, Reinhard: Verschlußsache, Mainz 1980, S. 51

17 Vgl. *Die Zeit* vom 16. 4. 1953: Die Aktion Vulkan, und *Die Zeit* vom 30. 4. 1953: Vulkan-Fieber

18 Walde, Thomas: a.a.O., S. 296

19 Vgl. *Deutsche Nationalzeitung* vom 2. 4. 1982: Zum 80. Geburtstag von Reinhard Gehlen

20 Brandt, Willy: Begegnungen und Einsichten. Die Jahre 1960–1975, Hamburg 1976, S. 14f.

21 Bailey, George, Sergej A. Kondraschow und David E. Murphy: Die unsichtbare Front, Berlin 1997, S. 479ff.

22 Gehlen, Reinhard: Der Dienst, Mainz 1971, S. 268

23 Interview mit George Bailey am 7. 11. 1997

24 Vgl. dazu auch Dönhoff, Marion: Um der Ehre willen, Berlin 1997

25 Vgl. dazu Schwarzer, Alice; a.a.O., S. 131 bis 142

26 Vgl. Schwarzer, Alice: a.a.O., S. 175

27 Institut für Zeitgeschichte München, Depositum Jürgen Thorwald, Niederschrift Heinz Danko Herre, S. 31

28 Vgl. Douglas, Gregory: Geheimakte Gestapo-Müller, Berg 1995, S. 210

29 Institut für Zeitgeschichte München, Depositum Jürgen Thorwald, ZS 406

30 Vgl. Walde, Thomas: a.a.O., S. 299

31 Hagen, Louis: Der unheimliche Krieg auf deutschem Boden, Düsseldorf 1969, S. 36

32 Vgl. *SZ* vom 19. 7. 1997: Die Helden der Nation

33 Stähle, Peter, Wer wird der neue Spionage-Chef?, in: *stern* 40/1967

34 Gehlen, Reinhard: Verschlußsache, a.a.O., S. 26

35 Mitteilung eines beteiligten MAD-Mitarbeiters

36 Vgl. Boveri, Margret: Der Verrat im XX. Jahrhundert, Bde. I und II., Hamburg 1956

37 *FAZ* vom 4. 1. 1972: Der Feind ist immer gleichgeblieben

38 Zundel, Rolf: Gerüstet zur Gratwanderung, in: *Die Zeit* vom 24. 11. 1978

39 Vgl. *Die Welt* vom 3. 1. 1975: Kopien von Geheimakten des BND über Prominente aufgetaucht
40 Definition nach: ND-Begriffsbestimmungen für den Bundesnachrichtendienst, Pullach 1974
41 Diese Akten waren – laut Aussage von Loewenfelds – »zum Zweck der Zusammenarbeit bei Sonderverbindungen, zum Zweck der Quellenführung geführt. Und da werden alle Details an Erkenntnissen, die zu dieser Person und im Zusammenhang mit dieser Person anfallen, alle Äußerungen, wenn sie überhaupt ein gewisses Gewicht haben, festgehalten.«
42 Vgl. Deutscher Bundestag: Stenographisches Protokoll über die 26. Sitzung des 2. Untersuchungsauschusses am Mittwoch, dem 4. Dezember 1974 (Öffentliche Sitzung), S. 293
43 Vgl. Deutscher Bundestag: a.a.O. S. 266ff.
44 Bohnsack, Günter und Herbert Brehmer: Auftrag: Irreführung. Wie die Stasi Politik im Westen machte, Hamburg 1992, S. 86
45 Vgl. *Die Zeit* vom 6. 9. 1963: Sagte Höcherl die Wahrheit?
46 Berg, Hendrik van: Bonner Krankheiten, Landshut 1975, S. 114
47 Mitteilung Theo M. Sommer am 23. 10. 1997
48 Vgl. *Die Zeit* vom 5. 9. 69.
49 Vgl. *Die Zeit* vom 13. 12. 1963
50 *Die Zeit* vom 13. 12. 1963: Widersprüche im Abhörausschuß
51 Vgl. *Die Zeit* vom 31. 1. 1964
52 Vgl. *Die Zeit* vom 24. 1. 1964
53 *stern* 31/1964: Alle Fäden enden bei Strauß
54 Vgl. *stern* 40/1967: Wer wird der neue Spionagechef?
55 Vgl. *Die Zeit* vom 20. 11. 1970: Reisebegleiter für den »Bund«
56 Vgl. Walde, Thomas: a.a.O., S. 93

8 Der beste Nachrichtendienst – *SPIEGEL*-Affären

1 Die beste Darstellung der *SPIEGEL*-Affäre schrieb Schöps, Joachim: Die SPIEGEL-Affäre des Franz Josef Strauß, Hamburg 1983

2 Albrecht Charisius und Julius Mader (Nicht länger Geheim, Berlin 1978, S. 683) weisen den aus der OKH-Abteilung »Fremde Heere Ost« stammenden Generalstabsoffizier Wicht als Leiter einer BND-Filiale in Hamburg – Tarnung als Terrapress-Verlag – von 1960 bis 1962 aus.

3 Vgl. *Neues Deutschland* vom 10. 1. 1978: Auch Ruffmann vom »Spiegel« war BND-Agent

4 *Der Tagesspiegel* vom 10. 1. 1978: ADN beschuldigt »Spiegel«-Verlagsdirektor Becker

5 Vgl. Potthoff, Heinrich (Hrsg.): Bonn und Ost-Berlin 1969–1982. Dialog auf höchster Ebene und vertrauliche Kanäle. Darstellung und Dokumente, Bonn 1997, S. 411

6 Vgl. Schöps, Joachim: a.a.O., S. 144

7 Vgl. Nachwort von Hans Detlev Becker in Hagen, Louis: Der heimliche Krieg auf deutschem Boden, Düsseldorf 1969, S. 320 und 327

8 *DER SPIEGEL* 45/1980: Nachrede aus dem Grab

9 *DER SPIEGEL* 47/1974, S. 101

10 Das Lesematerial der juristischen Hochschule des MfS, in Potsdam vom 6. März 1984 »Imperialistische Geheimdienste und Massenmedien« führte neben Becker, Wicht und Rullmann auch die *SPIEGEL*-Korrespondenten Ullrich Schwarz und Romain Leick in der Anlage »Personelle Kontakte imperialistischer Geheimdienste zu Massenmedien« auf. Da die MfS-Abteilung Agitation die Studie erstellt hatte, mag die regimekritische Berichterstattung der beiden *SPIEGEL*-Redakteure dafür ausschlaggebend gewesen sein.

11 *DER SPIEGEL* 47/1974, S. 93

12 Telefoninterview mit Theo Sommer am 23. 10. 1997

13 Zolling, Hermann und Heinz Höhne: Pullach intern, Hamburg 1971

14 U.a. Kennwort Direktor. Die Geschichte der Roten Kapelle, Frankfurt/M. 1970; Canaris, Patriot im Zwielicht, München 1976, oder Krieg im Dunkeln. Macht und Einfluß der deutschen und russischen Geheimdienste, München 1985.

15 Vgl. auch *Die Zeit* vom 26. 3. 1971, die denselben Sachverhalt meldete.

16 Zolling, Hermann und Heinz Höhne: a.a.O., S. 342

17 Stenographisches Protokoll über die 26. Sitzung des 2. Untersuchungsausschusses am Mittwoch, dem 4. Dezember 1974, S. 193
18 Vgl. Koch, Peter-Ferdinand: Das Schalck-Imperium lebt. Deutschland wird gekauft, München 1992; ders.: Kain und Abel – die deutsch-deutsche Spionage, München 1993; ders.: Die feindlichen Brüder. DDR contra BRD. Eine Aufarbeitung von Quellen und bislang geheimen Dokumenten der letzten 50 Jahre, München 1994
19 Vgl. Koch, Peter-Ferdinand. a.a.O., S. 449
20 Telefoninterview mit Peter-Ferdinand Koch am 5. 12. 1997
21 Bailey, George, Sergej A. Kondraschow und David E. Murphy: Die unsichtbare Front, Berlin 1997, S. 562, 257 und 543
22 Vgl. *Die Zeit* vom 5. 11. 197: Gehlen und die Mercker-Kommission
23 Wallraff, Günter: Akteneinsicht, Göttingen 1987, S. 17
24 Vgl. *DER SPIEGEL* 15/1995. Panik made in Pullach; *DER SPIEGEL* 16/1995: Parole: »Keine Ahnung«, und *DER SPIEGEL* 17/1995: Die Hand im Feuer
25 Crozier, Brian: Free Agent: The unseen War between 1941–1991, New York 1993, S. 222 f.
26 Vgl. Bailey, George, Sergej A. Kondraschow und David E. Murphy, a.a.O., S. 414
27 Vgl. Grosser, Alfred und Jürgen Seifert: Die Spiegel-Affäre, Freiburg 1966
28 Zitiert nach *DER SPIEGEL* 47/1974, S. 92
29 *Focus* 43/1993: Der Stasi-Schatz, S. 20
30 Vgl. Schoenbaum, David: Ein Abgrund von Landesverrat, Wien, München, Zürich 1968, S. 62
31 Telefoninterview mit Adel S. Elias am 28. 7. 1997

9 Sir Henri – ein Josephsgrenadier greift nach den Sternen

1 Im Münchner Büro des *stern* hatte der Bundesnachrichtendienst im März 1970 mit Gerhard Tomkowitz (Deckname TOMMY) im übrigen nur einen Zufallskontakt. Den PSV-Reserveoffizier führte der BND-Dienststellenleiter ELZE selbst.

2 Gehlen, Reinhard: Verschlußsache, Mainz 1980, S. 71 f.

3 Bissinger, Manfred: Bundesnachrichtendienst: Warum so viele Journalisten für den Geheimdienst arbeiten, in: Jürgens, Ekkehardt und Eckart Spoo (Hrsg.): Unheimlich zu Diensten, Göttingen 1987, S. 45

4 Telefax Manfred Bissinger vom 27. 10. 1997

5 Vgl. Hagen, Walter: Die Geheime Front. Organisation, Personen und Aktionen des deutschen Geheimdienstes, Linz 1950, S. 30 und 483

6 Vgl. Handbuch deutsche Presse 1947. Reprint des Zeitungsteils, Düsseldorf 1996, S. 247

7 50 Jahre das Beste vom *stern*, Nr. 2/1997, S. 34

8 Vgl. *Munzinger-Archiv/Internationales Biographisches Archiv* – Personen aktuell

9 Die Hinweise auf Nannens militärischen Werdegang verdanke ich Hermann Schreiber, der zur Zeit an einer Nannen-Biographie arbeitet.

10 Vgl. Longerich, Peter: Propagandisten im Krieg, München 1987, S. 117

11 Anspielung auf Joseph Goebbels

12 Institut für Zeitgeschichte München: Depositum Jürgen Thorwald, Aussagen von Hans Ulrich von Wangenheim

13 Nannen hat überdies zahlreiche Rundfunkkommentare und -berichte live gesendet. Im Rundfunkarchiv jedoch finden sich nur die vorproduzierten Beiträge.

14 Deutsches Rundfunkarchiv: Band-Nr. 83 U 3968, DRA-Nr. C 8933-36

15 Die Marine- und Luftwaffenkompanien wurden Ende 1942 aufgelöst und weitestgehend in die Kompanien I–IV eingegliedert

16 Deutsches Rundfunkarchiv: Band-Nr. 81 U 3853, DRA-Nr. C 8298-8302

17 Jupp Müller-Marein, Chefredakteur der *Zeit*, Ludwig von Danwitz, Leiter des Bonner *WDR*-Studios, sowie Walter Henkels und Jürgen Eick von der *FAZ*; vgl. *taz* vom 25. 10. 1995: »Ich war ein kleiner fanatischer Nazi«

18 Köhler, Otto: Unheimliche Publizisten, München 1995, S. 14

19 Jaenecke, Heinrich: Eines Mannes Leben, in: Henri Nannen. 1913 bis 1996, Hamburg 1996, S. 36

20 Untersturmführer seit dem 20. April 1943 und zum Obersturmführer befördert am 21. Juni 1944; vgl. Bundesarchiv/Militärarchiv: RS 4/47 Dienstrangliste der SS-Standarte »Kurt Eggers« vom 2. Mai 1944

21 Buchbender, Ortwin: Tönendes Erz, Stuttgart 1978, S. 247

22 Institut für Zeitgeschichte München: Depositum Jürgen Thorwald, Aussagen Gunther D'Alquen

23 Buchbender, Ortwin: a.a.O., S. 254f.

24 Buchbender, Ortwin: Die Vierte Waffe, in: Deutsche Studien 90/1985, S. 194f.

25 Vgl. Deschner, Günther: Reinhard Heydrich, Esslingen 1977, S. 79

26 Institut für Zeitgeschichte München: Depositum Jürgen Thorwald, Aussagen Günter D'Alquen

27 Vgl. Wüllner, Fritz: Die NS-Militärjustiz und das Elend der Geschichtsschreibung, Baden-Baden 1991, S. 116

28 Mit einem Vorbefehl vom 21. Februar 1944 war er zum »Führer des Stützpunkts« bestimmt worden; vgl. Bundesarchiv/Militärarchiv: a.a.O.

29 Schuh, Horst und Ortwin Buchbender: Heil Beil. Flugblattpropaganda im II. Weltkrieg, Stuttgart 1974, S. 182

30 Albert Speer hat dementiert, jemals einen solchen Auftrag erteilt zu haben, so daß man den Befehl des SS-Untersturmbannführers Wilhelm Kriegbaum wohl als »Beschäftigungstherapie« werten muß.

31 Vgl. Wüllner, Fritz: a.a.O., S. 504

32 Telefoninterview mit Gert von Paczensky am 20. 11. 1997

33 Der erste Hinweis auf antisemitische Elemente in den SS-Flugblättern bei Linebarger, Paul: Schlachten ohne Tote, Frankfurt 1960, S. 158f.

34 Bericht Dr. Ortwin Buchbender im September 1979, zu weiterführenden Auskünften war er 1997 nicht bereit.

35 *DER SPIEGEL* 47/1974, S. 94

36 Steinbichler, Jahrgang 1912, war 1938 in die NSDAP eingetreten, 1939 persönlicher Referent des Abteilungsleiters der Presseabteilung des Auswärtigen Amtes, ab 1944 als Obersturmführer der Waffen-SS Sendeleiter in der SS-Propagandaeinheit in Italien, und bis 1970 Leiter der BND-Verbindungsstelle Bonn. Wegen seiner SS-Vergangenheit wurde er unter Horst Ehmke in den Ruhestand versetzt.

37 *Christ und Welt* vom 2. 3. 1962

38 Vgl. Köhler, Otto: a.a.O., S. 298ff.

39 Den ehemaligen PK-Mann Medo aus West-Berlin zum Beispiel setzte das MfS jahrelang als Doppelagenten gegen den BND ein. Und als Blickfeldmaßnahme wurde dessen Stiefsohn aus Ost-Berlin anläßlich einer Reise nach Ungarn an Pullach herangespielt und zum erfolgreichsten Doppelagenten der Hauptabteilung II des MfS.

Als prominentestes Beispiel für die Bemühungen des sowjetischen Nachrichtendienstes, die ehemaligen Kriegsberichter und die vielfach mit ihnen verbundenen Geheimdienste der Bundesrepublik zu infiltrieren, kann Vera Schwarte gelten. Die 1893 geborene einzige Tochter von Generalleutnant Max Schwarte, dem herausragenden Wehrtechniker der kaiserlichen Streitkräfte, diente Hitlers langjährigem Chef der Auslandsspionage, Admiral Wilhelm Canaris, als Chefsekretärin (vgl. Deutsches Soldatenjahrbuch 1985, München 1985, S. 399f., sowie Höhne, Heinz: Canaris. Patriot im Zwielicht, München 1976, S. 164). Als die Rote Armee Berlin 1945 im Häuserkampf einnahm, geriet Vera Schwarte in russische Gefangenschaft. Nach ihrer Entlassung arbeitete sie für den bekannten zeitgeschichtlichen Autor Curt Riess, der im Zweiten Weltkrieg »Pressesoldat« gewesen war. Doch 1947 kam es zu Differenzen zwischen den beiden. Die Canaris-Witwe Erika holte sie nach Bonn und verschaffte ihr 1948 beim Bundesamt für Verfassungsschutz in Köln eine Anstellung. Zwanzig Jahre stand Vera Schwarte dann im Dienst der bundesdeutschen Spionageabwehr, bis sie im Januar 1969 an den Folgen eines Unfalls starb. »Nach ihrem Tod entdeckte man, dass sie Inhaberin eines beträchtlichen Nummernkontos auf einer Schweizer Bank war. Als Beamtin wäre sie verpflichtet gewesen, diese Tatsache bei ihrem Eintritt ihrer Dienststelle zu offenbaren, was sie unterlassen hat … Der Fall Schwarte ist ein Musterbeispiel an schizophrener Verwicklungsmystik, wie er in turbulenten Zeiten häufig vorkommt«, hielt ein Nachrichtenauswerter in Bern im Juni 1993 in einem Kommentar zu dem Artikel der Weltwoche vom 20. Mai 1993 »Zum Tod von Curt Riess« fest.

40 Ausgelöst hatte diese Reaktion der Artikel »Hitler-General spioniert jetzt für Dollars«, den Delmer am 17. März 1952 im *Daily Express* veröffentlicht hatte. Er stellte »das Startsignal für einen von den Sowjets gelenkten ostdeutschen Angriff auf die Organisation Gehlen« dar (Reese, Mary Ellen: Organisation Gehlen, Berlin 1992, S. 194).

41 *Deutschland-Magazin* 7/1979, S. 12
42 *National-Zeitung* vom 4. 9. 1964: Die Moritat von Zech-Nenntwich
43 50 Jahre das Beste vom *stern*, Nr. 2/1997, S. 34
44 Vgl. Bailey, George, Sergej Kondraschow und David E. Murphy: Die unsichtbare Front, Berlin 1997, S. 234 und 240
45 Vgl. Delmer, Sefton: Trail Sinister, London 1961; ders.: Black Boomerang, New York 1962; ders.: The Counterfight Spy, New York 1971
46 Mitteilung eines Neffen von Eberhard Quadflieg im Oktober 1997
47 Vgl. Handbuch Deutsche Presse 1947. Reprint des Zeitungsteils, Düsseldorf 1996, S. 240
48 Köhler, Otto: a.a.O., S. 112f.
49 Den Hinweis verdanke ich Hermann Schreiber.
50 Vgl. die Rezension seines Buches Götterdämmerung. Die Herren der öffentlichen Meinung in der *taz* vom 1. 12. 1995
51 Vgl. die detaillierte Darstellung im zehnten Kapitel
52 Vgl. Schell, Manfred: Protokoll eines Komplotts, Mainz 1980, S. 55ff.
53 Vgl. Schwan, Heribert: Erich Mielke. Der Mann, der die Stasi war, München 1997, S. 164
54 Vgl. Diehl, Günter: Zwischen Politik und Presse. Bonner Erinnerungen 1949–1969, Frankfurt 1994, S. 507f.
55 Bohnsack, Günter und Herbert Brehmer: a.a.O., S. 60
56 Mitteilung von Dr. Heinrich Senfft am 23. April 1998
57 Mitteilung von Dr. Heinrich Senfft im Mai 1998
58 Vgl. *DER SPIEGEL* 17/1995: »Sauber die Ume«. Filbinger legte dazu ein von ihm so getauftes »Bohnsack-Protokoll« vor, das er selbst aufgesetzt und dem früheren MfS-Oberstleutnant Günter Bohnsack zur Unterschrift vorgelegt hatte. Aus Bohnsacks Meinung, daß es seitens des MfS möglicherweise Verfälschungen gab, liest der Ex-Marinerichter einen Persilschein für sich heraus, in Wahrheit hatte er, als Rolf Hochhuth 1978 die Dokumente ans Licht brachte, sie nicht als Fälschungen beanstandet, sondern sich auf den Standpunkt gestellt, heute könne nicht Unrecht sein, was gestern rechtens war. Markus Wolf wertete 1995 im *SPIEGEL* dieses Vorgehen als »lächerlich und empörend«. Hier versuche einer, »der Blut an den Händen hat«, sich »hinter dem Rauchvorhang der Stasi-Hysterie reinzuwaschen«.
59 Vgl. Faksimile des Briefs in: Bissinger, Manfred: a.a.O., S. 41
60 Walde, Thomas: ND-Report: Die Rolle der Geheimen Nachrichten-

dienste im Regierungssystem der Bundesrepublik Deutschland, München 1971

61 Bissinger, Manfred: a.a.O., S. 48f.

62 Bissinger, Manfred: a.a.O., S. 47

10 Illustrierte im Focus der Nachrichtendienste

1 *Focus* 42/1996: Der Schuft von »*stern*« ist entlarvt
2 Vgl. zum Beispiel *Focus* 38/1996: Machtlos gegen Rauschgiftkartelle
3 U.a. Dietl, Wilhelm: Die Agentin des Mossad – Operation Roter Prinz, Düsseldorf 1993; ders.: Carlos. Das Ende eines Mythos. Die Jagd nach dem Top-Terroristen, Bergisch Gladbach 1995; Aharoni, Zvi und Wilhelm Dietl: Der Jäger. Operation Eichmann: Was wirklich geschah, Stuttgart 1996
4 Vgl. Dietl, Wilhelm: Staatsaffäre. Hinter den Kulissen der Geheimdienste, Stuttgart 1997
5 Vgl. Schmidt-Eenboom, Erich: Der Schattenkrieger. Klaus Kinkel und der BND, Düsseldorf 1995, S. 168ff.
6 Vgl. dazu auch die Dissertation von Hirsch, Alexander: Die Kontrolle der Nachrichtendienste, Berlin 1996, S. 60: »Da aufgrund des Geheimhaltungsbedürfnisses des Dienstes in erster Linie Skandale hohe Wellen schlagen, die alltägliche, rechtlich einwandfreie Arbeit hingegen nicht dargestellt werden kann, wirkt sich dieses hier (in der öffentlichen Meinung, der Verf.) besonders aus.«
7 Emde, Heiner: Die geheimen Nachrichtendienste der Bundesrepublik Deutschland, Bergisch Gladbach 1979, S. 16
8 Emde, Heiner: a.a.O., S. 17
9 Vgl. Emde, Heiner: a.a.O., S. 60ff.
10 Vgl. Markwardt, Waldemar: Erlebter BND, Berlin 1996, S. 188ff.
11 Vgl. Emde, Heiner: BFV, BND, MAD. Spionage und Abwehr in der Bundesrepublik. Von 1979 bis heute, Bergisch Gladbach 1986, S. 247ff.
12 *konkret* 11/1982: Einfach liquidieren
13 Schell, Manfred, a.a.O., S. 33
14 Rosenlehner stieg dann auf zum Leiter des Grundsatzreferats in der Abteilung IV, wurde Unterabteilungsleiter und bekam ab 1973 zahlreiche Auslandsverwendungen als Resident in Ankara, London und Washington. Im September 1986 rückte der Regierungsdirektor dann zum Leiter der BND-Unterabteilung 16 auf, wechselte Anfang 1994 jedoch erneut auf den Residentenposten in Washington.
15 Liska, Hans: Kriegs-Skizzenbuch. Limitierter Faksimile-Nachdruck vom Original 1944, 1977, Einleitung

16 Dollinger, Hans (Hrsg.): Facsimile. Querschnitt durch Signal, München – Bern – Wien 1969, S. 14

17 Felfe, Heinz: Im Dienst des Gegners, Berlin 1989, S. 309

18 *stern* vom 30. 9. 1976: Die Affären-Macher

19 Ebenda

20 Bohnsack, Günter und Herbert Brehmer. Auftrag Irreführung: Wie die Stasi Politik im Westen machte, Hamburg 1992, S. 113f.

21 Hagen, Louis: Der heimliche Krieg auf deutschem Boden, Düsseldorf 1969, S. 271

22 Vgl. Nayhauß, Graf Mainhardt: Wer schützt uns vorm Verfassungsschutz?, in: *stern* 8/1959

23 Vgl. Walde, Thomas: a.a.O., S. 303

24 Ackermann, Eduard: Mit feinem Gehör, Bergisch Gladbach 1994, S. 210

25 *Westfälische Rundschau* vom 25. 10. 1973: DDR zahlte »Nante« 200000 Mark

26 Bohnsack, Günter und Herbert Brehmer: a.a.O., S. 99

27 Wolf, Markus: Spionagechef im geheimen Krieg. Erinnerungen, München 1997, S. 350f.

28 Vgl. Schell, Manfred: Protokoll eines Komplotts, Mainz 1980, S. 55f.

29 Vgl. Vermerk aus dem Bundesnachrichtendienst vom 13. 11. 1973

30 Fernschreiben 2472 vom 13. 2. 1976 von Peter Neuhauser an Thomas Walde, *stern*-Redaktion

31 Zitiert nach Schell, Manfred: a.a.O., S. 159

32 Baring, Arnulf: Machtwechsel. Die Ära Brandt-Scheel, Stuttgart 1982, S. 273

33 Ackermann, Eduard: a.a.O., S. 98

34 Wolf, Markus: a.a.O., S. 351

35 Gförer, Jörg: Günter Wallraff, die Stasi und die Bundesanwaltschaft, in: Bohnsack, Günther, Hauptverwaltung Aufklärung: Die Legende stirbt, Berlin 1997, S. 174f.; in diesem Beitrag wird die gesamte Geschichte des versuchten Rufmords dargestellt.

11 Schnittstellen – das politisch-gesellschaftliche Umfeld

1 Zum Ablauf vgl. Lotze, Gerd: Karl Wienand. Der Drahtzieher, Köln 1995, S. 94ff.
2 Wolf, Markus: Spionagechef im geheimen Krieg, München 1997, S. 261
3 Vgl. Rieger, Thomas: Der Bundesnachrichtendienst im demokratischen Rechtsstaat, Ellwangen 1986, S. 27
4 Vgl. Süddeutsche Zeitung vom 10. 10. 1974
5 Vgl. Rieger, Thomas: a.a.O., S. 98
6 Vgl. ausführlich Birrenbach, Kurt: Meine Sondermissionen, Düsseldorf 1984
7 Vgl. Rieger, Thomas, a.a.O., S. 116 und 125
8 Vgl. Seifert, Jürgen: Die Spiegel-Affäre, in: Hafner, Georg M. (Hrsg.): Die Skandale der Republik, Reinbek 1994, S. 69
9 Vgl. *stern* vom 17. 7. 1980: Ein Maulwurf wird gesucht
10 Vgl. Schmidt-Eenboom, Erich: Der Schattenkrieger, Düsseldorf 1995, S. 243
11 Wolf, Markus: a.a.O., S. 254
12 Vgl. Das Interview. Inge Goliath enthüllt Geheimnisse des Dr. Werner Marx, Berlin o. J., S. 30f.
13 Vgl. Zentrale Auswertungs- und Informationsgruppe Bereich 6: Vermerk über ein Gespräch mit dem Leiter der HVA/X, Gen. Oberst Wagenbreth vom 19. 8. 1985; abgedruckt in Bohnsack, Günter: Die Legende stirbt, Berlin 1997, S. 186f.
14 Vgl. *FAZ* vom 18. 2. 1975: Enthüllungen über den Bundesnachrichtendienst
15 Ehmke, Horst: Mittendrin. Von der Großen Koalition zur Deutschen Einheit, Berlin 1994, S. 122
16 Walde, Thomas: ND-Report, München 1974 S. 358
17 Vgl. Buschfort, Wolfgang: Das Ostbüro der SPD, München 1991, S. 57ff.
18 Vgl. dazu auch Eichner, Klaus und Andreas Dobbert: Headquarters Germany, Berlin 1997, S. 154f.
19 Bärwald, Helmut: Das Ostbüro der SPD, Krefeld 1994 S. 51f. und 104
20 Bärwald, Helmut: a.a.O., S. 113
21 Bärwald, Helmut: in: Löw, Konrad (Hrsg.): Verratene Treue. Die SPD und die Opfer des Kommunismus, Köln, 1994, S. 146

22 Bärwald, Helmut, in: Löw, Konrad: a.a.O., S. 149
23 Abgedruckt in: Das Interview, a.a.O., Dokument 2
24 Deutscher Bundestag: Stenographisches Protokoll über die 26. Sitzung des 2. Untersuchungsauschusses am Mittwoch, den 4. Dezember 1974, S. 168f.
25 Vgl. Heigl, Frank P. und Jürgen Saupe: Operation Eva, Hamburg 1982, S. 167
26 Vgl. Horchem, Hans Josef: Auch Spione werden pensioniert, Herford 1993, S. 103
27 Mitteilung von Horst Ehmke am 22. 5. 1995
28 Buschfort, Wolfgang. a.a.O., S. 126
29 Vgl. zum Beispiel Bärwald, Helmut und Herbert Scheffler: Partisanen ohne Gewehr. Funktion, Methoden und Argumente kommunistischer Infiltration, Köln 1967
30 Vgl, Bärwald, Helmut: DKP – Kommunistische Bündnispolitik in Deutschland, Köln 1974 ders.: Mißbrauchte Friedenssehnsucht, Bonn/Düsseldorf 1983
31 Bärwald, Helmut: Das Ostbüro der SPD, a.a.O., S. 73
32 Vgl. *DER SPIEGEL* vom 20. 8. 1984: Sehr, sehr offen; und *DER SPIEGEL* vom 10. 9. 1984: Freunde auf dem Hals
33 Wolf, Markus, a.a.O., S. 348
34 Schlußbericht des Landeskriminalamtes Bayern zum Fall Reichenburg, München 1985, S. 9 und 16
35 Interview mit Wilhelm Reichenburg am 5. 9. 1997
36 Walde, Thomas: a.a.O., S. 335
37 Diehl, Günther: Zwischen Politik und Presse. Bonner Erinnerungen 1949–1969, Frankfurt 1994, S. 12
38 Vgl. *DER SPIEGEL* vom 28. 10. 1974: Chance zum Rufmord
39 Vgl. BND I A 3 (c), Tagebuchnummer 238/72 vorn 25. 2. 1972
40 Vgl. Schmidt-Eenboorn, Erich: a.a.O., S. 41
41 Vgl. Charisius, Albrecht und Julius Mader: Nicht länger Geheim, Berlin 1978, S. 289
42 Brief Gerhard Baumann an Erich Richter vom 4. 2. 1966
43 Ziesel, Kurt: Der rote Rufmord an Bundesminister Oberländer. Die braunen und kommunistischen Westen seiner Ankläger, Tübingen 1961
44 Auslöser war u. a. das vom Ausschuß für Deutsche Einheit in Ost-Berlin herausgegebene »Braunbuch über die verbrecherische faschistische

Vergangenheit des Bonner Ministers, Die Wahrheit über Oberländer«; aus neuerer Sicht siehe *taz* vom 16. 7. 1993: Die blutigen Schatten deutscher Vergangenheit

45 Ehmke, Horst: a.a.O., S. 152

46 Vgl. *Focus* 1/1998, S. 11

47 Vgl, Schmidt-Eenboom, Erich: Schnüffler ohne Nase, Düsseldorf 1993, S. 357

48 Ackermann, Eduard: Mit feinem Gehör. Vierzig Jahre in der Bonner Politik, Bergisch Gladbach 1994, S. 56

49 Stosch, Stefan: Im Wahlkampf führt der Angriff zum Sieg, in: *Die Zeit* vom 20. 11. 1992

50 Vgl. Teller, Hans: Der kalte Krieg gegen die DDR. Von seinen Anfängen bis 1961, Berlin (Ost) 1979, S. 147

51 Stosch, Stefan: a.a.O.

52 Reuth, Heinz: Psychologische Kampfführung, Heft 10 der Schriftenreihe zur Wehrpolitik der ADK, Bonn 1956

53 Brief von Gerhard Baumann an Hanns Küffner vom BPA VOM 22. 12. 1968

12 Nachrichtenfabriken – Rohstoffe aus Pullach

1 Agee, Philip: Central Intelligence Agency: Massenmedien als Transportmittel für US-Interessen, in: Jürgens, Ekkehardt und Eckart Spoo (Hrsg.), a.a.O., S. 23

2 Deutsche Übersetzung in: *Blätter für deutsche und internationale Politik* 2/1978

3 Agee, Philip: a.a.O., S. 32

4 Ulfkotte, Udo: Verschlußsache BND, München 1997, S. 100

5 Bulletin des Presse- und Informationsamtes der Bundesregierung Nr. 218 vom 27. 11. 1962: Versuch planmäßiger Irreführung

6 Zitiert nach Charisius, Albrecht und Julius Mader: Nicht länger Geheim, Berlin 1978, S. 258

7 Vgl. Walde, Thomas: ND-Report, München 1971, S. 103f.

8 Walde, Thomas: a.a.O., S. 194

9 Vgl. *FR* vom 13. 12. 1968: Osten wirbt Studenten; *Die Welt* vom 13. 12. 1968: Ost-Berlin wirbt Agenten unter den Studenten, und *SZ* vom 13. 12. 1968: Benda: Spionageabwehr koordinieren

10 Felfe, Heinz: Im Dienst des Gegners, Berlin 1989, S. 304f.

11 Vgl. *Munzinger-Archiv* 34/1991

12 Vgl. Schmidt-Eenboom, E.: Schnüffler ohne Nase, Düsseld. 1993, S. 358

13 Vgl. *stern* vom 30. 9. 1976: Falsches Parteibuch

14 Mitteilung von Bernd C. Hesslein am 23. 7. 1997

15 Vertraglich vereinbart waren für den Ticker eine technische Pauschale von 1250,– DM pro Monat und insgesamt über 30000,– DM monatlich. Einbehalten wollte der geheime Verwaltungsmann 3000 DM für den im März 1995 fehlenden englischen Dienst sowie 800 DM je Monat für die seit Januar ausstehende tschechische Ausgabe von CTK.

16 Vgl. Birrenbach, Kurt: Meine Sondermissionen, Düsseldorf 1984

17 Vgl. *DER SPIEGEL* 32/1997, S. 60

18 Anonym: Guillaume. Der Spion, Landshut 1974, S. 138f.

19 *stern* 8/1978, S. 17

20 Vgl. u.a. *WamS* vom 31. 5. 1981: Geheimbefehle für die Spione der DDR, *WamS* vom 9. 5. 1982: Die erste Nahaufnahme des Spionagechefs der DDR, und *WamS* vom 23. 4. 1980: Überläufer Stiller legte die Industriespionage der »DDR« nahezu lahm.

21 Vielan, Heinz und Manfred Schell: Verrat in Bonn, Berlin 1978

22 Vgl. *DER SPIEGEL* 36/1978, S. 26
23 Vgl. *WamS* vom 5. 9. 1993: Bundesnachrichtendienst fordert für seine Arbeit neue Gesetze
24 Zitiert nach *DER SPIEGEL* 36/1978: Agentenjagd in Bonn: »Alles Qualm«
25 Vgl. *stern* vom 30. 9. 1976: Die Affärenmacher
26 Ebenda
27 Vgl. Heller, F. Paul: Colonia Dignidad. Von der Psychosekte zum Folterlager, Stuttgart 1993, S. 298
28 Im Besitz des Verfassers
29 Vgl. Schmidt-Eenboom, Erich: a.a.O., S. 396 ff.
30 Vielain, Heinz: Waffenschmuggel im Staatsauftrag, Herford 1986, S. 14
31 Interview mit Hans Dieter Raethjen am 24. Oktober 1995
32 Vielain, Heinz: a.a.O., S, 75
33 Walde, Thomas: a.a.O., S. 310
34 Vgl. Bundesarchiv-Militärarchiv Freiburg, Amt Blank, BW 9/2117, Bl. 24, Az. II/1/4 vom 20. 1. 1954
35 Vgl. Bundesarchiv Koblenz Bestand B 136/4883, Mitteilung BND an Bundeskanzleramt vom 15. 1. 1968
36 Vgl. *stern* 28/1982, S. 48
37 Vgl. *Münchner Merkur* vom 3. 1. 1967: Unruhe in der Gewerkschaft der Staatssekretäre, und *Münchner Merkur* vom 11. 4. 1967: Guttenberg wird Staatssekretär
38 Vgl. *Munzinger-Archiv* 18. 11. 1972; Karl Theodor Freiherr von und zu Guttenberg
39 Bohnsack, Günter und Herbert Brehmer: Auftrag Irreführung: Wie die Stasi Politik im Westen machte, Hamburg 1992, S. 90 f.
40 *konkret* 11/1982: Einfach Liquidieren
41 Vgl. Das Interview. Inge Goliath enthüllt Geheimnisse des Dr. Werner Marx, Berlin o. J., S. 24 f., sowie Dokument 5 – Auszüge aus dem Stauffenberg-Dienst
42 Vgl. *stern* vom 17. 7. 1980: Ein Maulwurf wird gesucht
43 Die zitierten Briefe stammen aus dem Nachlaß von Gerhard Baumann, der seit 1947 jedweden Schriftverkehr aufhob. Um das Private und das Banale bereinigt umfaßt dieser Nachlaß vier Ordner, die sich im Besitz des Verfassers befinden.
44 Der Generalbundesanwalt beim Bundesgerichtshof: Anklageschrift

vom 21. Dezember 1994, Az. 3 Bjs 820/91-4, S. 31; im folgenden zitiert als Anklageschrift

45 Anklageschrift S. 33 f.

46 U. a. Herausgeber des periodisch erscheinenden Handbuchs der Bundeswehr bzw. ab 1983 des Handbuchs der Bundeswehr und der Verteidigungsindustrie

47 Anklageschrift S. 21 f. und S. 44

48 Vgl. maschinenschriftliche Stellungnahme von Gerhard Baumann zur Anklageschrift des GBA vom 21. 12. 1994, S. 6

49 Aktennotiz von Gerhard Baumann vom 18. 10. 1989

50 *DIE NACHHUT* vom 15. 6. 1968

13 Die achte Großmacht – Hörfunk

1 Boelcke, Willi A.: Kriegspropaganda 1939–1941. Geheime Ministerkonferenzen im Reichspropagandaministerium, Stuttgart 1966, S. 88

2 Vgl. Cole, J. A.: Her spricht der Großdeutsche Rundfunk, Wien/Hamburg 1965. Cole stellt die Wirkung des englischsprachigen Senders des Deutschen Reichs und seine Wirkung in Großbritannien dar.

3 Vgl. zum Beispiel Schnabel, Reimund: Mißbrauchte Mikrophone. Deutsche Rundfunkpropaganda im Zweiten Weltkrieg, Wien 1967

4 Vgl. Schmidt-Eenboom, Erich: Schnüffler ohne Nase, Düsseldorf 1993, S. 351

5 Jentsch, Eva: Agenten unter uns. Spionage in der Bundesrepublik, Düsseldorf 1966

6 Vgl. Wehrenalp, Erwin Barth von: Auf den Spuren des Secret Service, Berlin-Leipzig 1940

7 Jentsch, Eva: a.a.O., S. 165

8 Jentsch, Eva: a.a.O., S. 166

9 Weirich, Dieter: Deutschland der Welt vermitteln, in: ders. (Hrsg.): Auftrag Deutschland: Nach der Einheit: unser Land der Welt vermitteln, Mainz 1993, S. 126

10 Scholz, Günther: Herbert Wehner, Düsseldorf 1986; ders.: Kurt Schumacher, Düsseldorf 1988, ders.: Rainer Barzel, Bonn 1994; ders.: Die Bundespräsidenten, Bonn 1990 ff.

11 Interview mit Günther Scholz am 7. 8. 1997

12 Weirich, Dieter, a.a.O., S. 115

13 Werner, Hanns: Das Provisorium. *Deutsche Welle.* Der Kurzwellendienst der Arbeitsgemeinschaft der öffentlich-rechtlichen. Rundfunkanstalten der Bundesrepublik Deutschland 1953–1960, Köln o.J., S. 19

14 Vgl. Deschner, Günther: Reinhard Heydrich. Statthalter der totalen Macht, Esslingen 1977, S. 136 ff.

15 Vgl. ausführlich Schmidt-Eenboom, Erich: a.a.O., S. 14 ff.

16 Vgl. *Deutsche Welle* (Hrsg.): Deutsche Welle 1963–1966, Köln o.J.

17 Vgl. *Berliner Zeitung* vom 24. 11. 1961: SPD-Ostbüro wühlt in ganz Europa

18 Zitiert nach Buschfort, Wolfgang: Das Ostbüro der SPD, München 1991, S. 17; das SPD-Ostbüro wird im elften Kapitel im Zusammenhang mit Helmut Bärwald ausführlicher behandelt.

19 Schlomann, Friedrich Wilhelm: Die Maulwürfe. Noch sind sie unter uns, die Helfer der Stasi im Westen, München 1993, S. 100

20 Fricke, Karl Wilhelm: Die DDR-Staatssicherheit, Köln 1982

21 Schlomann, Friedrich Wilhelm: Operationsgebiet Bundesrepublik. Spionage, Sabotage und Subversion, Frankfurt und Berlin 1989

22 Vgl. *stern* 8/1978, S. 17

23 Neben zahlreichen Beiträgen im *Deutschland Archiv* und der Beilage zur Wochenzeitung Das *Parlament*: Fricke, Karl Wilhelm: Opposition und Widerstand in der DDR. Ein politischer Report, Köln 1984, ders.: Akten-Einsicht. Rekonstruktion einer politischen Verfolgung, Vorwort Joachim Gauck, Berlin 1996, ders.: DDR-Staatssicherheit. Das Phänomen des Verrats, Bochum 1995, ders.: »Konzentrierte Schläge«. Staatssicherheitsaktionen und politische Prozesse in der DDR 1953–1956, Berlin 1998

24 Vgl. Fricke, Karl Wilhelm: MfS, intern. Macht, Strukturen, Auflösung der DDR-Staatssicherheit, Köln 1991

25 Vgl. Ministerium für Staatssicherheit/Juristische Hochschule: Lesematerial: Imperialistische Geheimdienste und Massenmedien, Potsdam, 6. März 1984, S. 116f.

26 Vgl. dazu die Studie des Bundesbeauftragten für die Unterlagen des Staatssicherheitsdienstes der ehemaligen DDR: Wegmann, Bodo und Monika Tantzscher: SOUD. Das geheimdienstliche Datennetz des östlichen Bündnissystems, Berlin 1996. Die Personenkategorie 2 – eine von 15 – umfaßte »Leitende Mitarbeiter der Zentren der politisch-ideologischen Diversion sowie Mitarbeiter dieser Zentren, die eine direkte subversive Tätigkeit gegen die Staaten der sozialistischen Gemeinschaft betreiben«.

27 Beispielsweise der über ihn angelegte F-430-Bogen des MfS, der Zielkontrollauftrag für gegen ihn gerichtete Abhörmaßnahmen oder die ZAIG/5-Karteikarte

28 Schlomann, Friedrich Wilhelm: a.a.O., S. 100f.

29 So als Geschäftsführer der Westfilmmedien-GmbH, als Generalbevollmächtigter für neue Medien der WAZ-Gruppe, als Geschäftsführer der Kabelcom (Beteiligungsges. für Breitbandkabel-Kommunikation mbH, Essen), als Vorstandsmitglied im Bundesverband Privater Rundfunk und Telekommunikation, als Mitglied des Verwaltungsrats und als Vorsitzender des Programmbeirats von RTL plus in Köln.

30 *DER SPIEGEL* vom 28. 10. 1974: Chance zum Rufmord

31 Gehlen, Reinhard: Der Dienst, Mainz 1971, S. 298

32 Aus Hoppes Feder stammt auch das »Diarium der Weltrevolution« (Pfaffenhofen 1967), in dem er dem ukrainischen Außenkommissar Dmitni Manuilski (1943 bis 1952) das Zitat zuschreibt, die Sowjetunion würde in den sechziger Jahren die spektakulärste Friedensoffensive aller Zeiten beginnen, die kapitalistischen Länder würden mit Eifer an ihrer eigenen Zerstörung arbeiten, und sobald ihre Verteidigungskraft zerstört sei, bekämen sie den Gnadenstoß. – Noch zwanzig Jahre später war Gerhard Baumann für den BND-General a. D. Udo Ritgen vergeblich bemüht, die Quelle für das überall herumgeisternde Zitat ausfindig zu machen (Vgl. Brief Baumann an Ritgen vom 20. 11. 1987).

33 Vgl. Brief Lothar Lorisch an Gerhard Baumann vom 11. 8. 1966

34 1968 stellvertretender Chefredakteur beim *Rheinischen Merkur*

35 Vgl. IDW-Tagungsprogramm vom 23. 9. 1966

36 Im einzelnen Oberst Helmut Bieber aus Bad Godesberg; Konrad Gallen, Regierungsdirektor aus Dortmund; Gerhard Graf von Jutrczenki, politischer Redakteur des PSK-Sendebataillons der Bundeswehr in Andernach; Ministerialdirigent Fritz Niebel und Referent Kurt Plück aus dem Presse- und Informationsamt der Bundesregierung; Hans-Jürgen Schierbaum, Oberregierungsrat im Bundesministerium für Gesamtdeutsche Fragen, sowie Heinz Schneppen, Pressereferent im Auswärtigen Amt.

37 Im einzelnen der Frankfurter Bankkaufmann Eberhard von Eisenhart Rothe; der Düsseldorfer Rechtsanwalt Heinz Helm; der Wülfrather Prokurist Walter Hölscher; der Bonner Elmar Kammerloher; Heinz Roos, Steuerberater aus Hannover; der Industriekaufmann Ulrich Schiller aus Wülfrath; der Wiesbadener Finanzierungskaufmann Gerold Graf von Schönborn sowie Ernst Schröder, Dortmunder Fabrikant vom »Rhein-Ruhr-Klub e. V.«.

38 Im einzelnen Achim Beyer und Dietrich Grille vom »Studienkolleg für zeitgeschichtliche Fragen« in Erlangen; Joachim Freiherr von Braun als Geschäftsführendes Vorstandsmitglied des »Göttinger Arbeitskreises e. V.«; Heinz Burneleit aus Stuttgart; Hans Christ von der Bonner »Stätte der Begegnung«; Wilhelm Formel von der in Hamburg ansässigen »Gesellschaft zur Förderung öffentlicher Verantwortung«; Georg von Gaupp-Berghausen, Generalsekretär des »Centre Européen de Docu-

mentation et d'Information« aus Vaduz; Oberst a.D. Rolf Geyer und der ehemalige NS-Geheimdienstmann Nikolaus von Grote von der Münchner »Arbeitsgruppe für West-Ost-Beziehungen e.V.«; Oberst a.D. Werner Henne von der »Arbeitsgemeinschaft Deutsche Ostgebiete e.V.« in Kaiserslautern; Albert Hunold von der »Wilhelm-Röpke-Stiftung« in Feldmeilen/Schweiz; Oberst a.D. Reinhold Kiep von der »Heimatpolitischen Arbeitsgemeinschaft Deutsche Ostgebiete« in Rastatt; Professor Helmut Preuss aus Wuppertal; Wolfgang Reineke, Landesgeschäftsführer der »Arbeitsgemeinschaft Demokratischer Kreise« aus Stuttgart und sein Landesbeauftragter Ernst J. Tetsch; Werner Rietz von der »Stätte der Begegnung« in Vlotho; Herbert Scheffler vom »Studienbüro für Politische Dokumentation« in Bonn; Peter H. Giefer, stellvertretender Vorsitzender der Frankfurter »DRG-Arbeitsgemeinschaft«; Horst Hämmerle, Geschäftsführender Vorsitzender des in Bonn ansässigen »Volksbundes für Frieden und Freiheit e.V.«; Wilhelm Baron von Hahn, stellvertretender Direktor des »Internationalen Dokumentations- und Informationscentrums« in Den Haag. Hjalmar Mae aus Graz; Caspar Freiherr von Schrenck-Notzing, Vorsitzender des bayerischen Landesverbandes des »Freien Deutschen Autorenverbandes«, sowie der Bundestagsabgeordnete Josef Stingl.

39 Da der Bundesnachrichtendienst in den sechziger Jahren seine getarnte Außenstelle zur Aufklärung des Fernen Ostens in Frankfurt etabliert hatte, könnte es sich beim »Forschungsdienst China e.V.« um die Legende dieser BND-Dependance handeln.

40 Einladungsschreiben Lothar Lohrisch an G. Baumann vom 18.8.1966

41 Bei dieser Vereinigung handelte es sich um einen Zusammenschluß der Anhänger von Stefan Bandera (ukrainische Nationalisten) und der kroatischen Ustascha-Bewegung (vgl. Institut für Zeitgeschichte München, Depositum Jürgen Thorwald, Notizen Herre u.a., ZS 402). Beide Gruppierungen von ehemaligen NS-Kollaborateuren wurden von der Organisation Gehlen und später vom BND operativ genutzt.

42 Vgl. Wehner, Wolfgang: Geheim. Ein Dokumentarbericht über die deutschen Geheimdienste, München 1960, S. 218ff.

43 Vgl. Arbeitszeugnis für den IWE-Mitarbeiter Günter Machost vom 31. 3. 1966

44 Zitiert nach *DER SPIEGEL* 47/1974, S. 94

45 Vgl. Schreiben Gerhard Baumann an Erich Richter von 2. 6. 1957

14 Die neunte Großmacht – Fernsehen

1 Gemeint ist H.E. Cookridge alias Edward Spiro, der im Zweiten Weltkrieg als US-Agent tätig war und seit 1948 Bücher zu Geheimdienstthemen publizierte, beispielsweise: Inside SOE. The story of special operations in Western Europe 1940–45, London 1966 (Deutsch: Versteckspiel mit dem Tode. Geheimagenten gegen Hitler 1940–1945, Oldenburg, Hamburg 1967), oder – basierend auf US-Geheimakten aus den vierziger Jahren: Gehlen – Spy of the Century, London 1971.

2 Gemeint ist der im September 1966 pensionierte Generalleutnant der Bundeswehr Wilhelm Meyer-Detring, der 1970 als Pressesonderverbindung des BND in der *Wehrkunde* unter MÄRKER firmierte.

3 Vgl. Interview mit Bernd C. Hesslein am 30. 6. 1997

4 Vgl. *DER SPIEGEL* vom 28. 10. 1974: Chance zum Rufmord

5 Auf dieser Liste von 1970 firmierte Bölling noch als NDR-Redakteur, obwohl er bereits seit 1969 Amerikakorrespondent der ARD war und die Studioleitung in Washington übernommen hatte.

6 *Focus* 46/1993, S. 70

7 Vgl. *stern* 8/1978, S. 17

8 Im BND-Dokument heißt es »LEOBEN«, aber vermutlich liegt hier einer der zahlreichen Tippfehler vor.

9 Charisius, Albrecht und Julius Mader: Nicht länger Geheim, Berlin 1978, S. 273 und 704

10 Vgl. *stern* 8/1978, S. 17

11 Vgl. *DER SPIEGEL* vom 20. 8. 1984: Sehr, sehr offen

12 Vgl. *DER SPIEGEL* vom 10. 9. 1984: Freunde auf dem Hals

13 Interview mit Wilhelm Reichenburg am 5. 9. 1997

14 Vgl. Anonym: Guillaume, Landshut 1974, S. 342

15 Nollau, Günther: Wie sicher ist die Bundesrepublik, München 1976, S. 177

16 Bohnsack, Günter: Die Legende stirbt, Berlin 1997, S. 155

17 Vgl. Clausen, Claus, Helmut Kamphausen und Gerhard Löwenthal: Feindzentrale »Hilferufe von drüben«, Lippstadt 1993

18 Zitiert nach dem Sendemanuskript von *Monitor* vom 19. 1. 1988

19 Unter anderem 1967 Ordre national du Merite und Bayerischer Verdienstorden, 1968 Gutenberg-Plakette und Wilhelm-Polligkeit-Plaket-

te, 1970 Ehrenplakette des DRK in Gold, 1971 Großes Bundesverdienstkreuz, 1976 mit Stern, 1986 mit Schulterband.

20 Vgl. Koch, Egmont und Oliver Ströhm: Dunkle Ritter im Weißen Gewand, in: *Die Zeit* vom 25. 3. 1993

21 Vgl. Igel, Regine: Andreotti. Politik zwischen Geheimdienst und Mafia, München 1997, S. 230

22 *DER SPIEGEL* 3/1996: »Ein bisserl rumspionieren«

15 Gute Bücher, schlechte Bücher – der BND als Zensor und Mäzen

1 Norton, W.W. (Hrsg.): The Story of the Reader's Digest, New York 1995

2 Zitiert nach Agee, Philip: Central Intelligence Agency: Massenmedien als Transportmittel für US-Interessen, in: Jürgens, Ekkehardt und Eckart Spoo (Hrsg.): Unheimlich zu Diensten, Göttingen 1987, S. 27

3 Mitteilung einer ehemaligen Mitarbeiterin aus Paris

4 Vgl. Sélection du Reader's Digest: Dans les Coulisses de la Guerre Secrète 1939–1945, Paris – Montreal 1965

5 In der Staatspolitischen Schriftenreihe der BND-Rekutierungsstelle »Studiengesellschaft für Zeitprobleme« brachte der Verlag 1964 beispielsweise das Buch von Günther Paschner, Im Teufelskreis des Terrors. Bolschewistische Gewaltherrschaft unter Lenin, Stalin und Chruschtschow, heraus.

6 Im Severus-Verlag erschien zum Beispiel das Geheimdienstbuch »... unter die Haut« von Michael Bergen, Boppard 1962

7 Vgl. Charisius, Albrecht und Julius Mader: Nicht länger Geheim, Berlin 1978, S. 353

8 Vgl. Stiller, Werner: Im Zentrum der Spionage, Mainz 1986

9 Vgl. zum Beispiel Schell, Manfred: Protokoll eines Komplotts, Mainz 1980, oder Anonym: Der Baader Meinhof Report. Aus Akten des Bundeskriminalamtes, der Sonderkommission Bonn und des Bundesamts für Verfassungsschutz, Mainz 1972; Schneider, Peter: Pressefreiheit und Staatsschutz, Mainz 1968, sowie das 1979 erschienene Buch von Hans Bessermann »Der Fall Günter Wallraff«, das – so Wallraff – »offensichtlich aus Quellen des Bundesnachrichtendienstes gespeist war und in einer Teilauflage kostenlos an Multiplikatoren versandt wurde – aus welchem Etat wohl finanziert?«

10 Vgl. *Münchner Merkur* vom 11./12. 9. 1971: Werden Gehlens Enthüllungen gestoppt?

11 Anonym: Guillaume, »– der Spion«, Landshut 1974, S. 383f.

12 Vgl. Pötzl, Norbert F.: Basar der Spione, Hamburg 1997, S. 210

13 Vgl. Felfe, Heinz: Im Dienste des Gegners, Berlin 1988

14 Vgl. *Europäische Sicherheit* 7/1992, S. 411

15 Vgl. Baumann, Gerhard, Grundlagen und Praxis der internationalen Propaganda, Essen 1941

16 Vgl. *Soldat im Volk* 7/1974, S. 11f.

17 Vgl. Anklageschrift des Generalbundesanwalts gegen Gerhard Baumann vom 21. 12. 1994, S. 16

18 Hagen, Louis: Der heimliche Krieg auf deutschem Boden, Düsseldorf 1969, S. 285

19 Vgl. zum Beispiel Strauß, Franz Josef: Allianz zwischen zwei Kontinenten, in: Armee gegen den Krieg, herausgegeben von Wolfram von Raven, Stuttgart 1966

20 Telefoninterview mit Wolfram von Raven am 25. 7. 1997

21 Dieser BND-Beamte war vor dem Guillaume-Untersuchungsausschuß des Bundestages 1974 öffentlich als Zeuge aufgetreten, als Wolfram von Raven dort ein stadtbekanntes Gesicht war. Den Ausschußmitgliedern und Journalisten wäre wohl kaum verborgen geblieben, wenn es sich um ein- und dieselbe Person gehandelt hätte.

22 Vgl. *SZ* vom 25. 10. 1974: Namen werden nur geflüstert

23 Laut DDR-Autor Julius Mader war dieser Verlag mit dem BND verbunden.

24 Vgl. Buchheit, Gert: Der deutsche Geheimdienst, München 1966; ders.: Die anonyme Macht. Aufgaben, Methoden, Erfahrungen der Geheimdienste, Frankfurt/M. 1969; ders.: Spionage in zwei Weltkriegen. Schachspiel mit Menschen, Landshut 1975

25 Vgl. *DIE NACHHUT* 4/1969

26 Buchheit, Gert: Im Würgegriff der Politik. Vom Geheimkampf der Geheimdienste, Landshut 1974

27 Vgl. Schickel, Alfred: Handlanger der Politiker?, in: *Die Zeit* vom 19. 9. 1975

28 Vgl. Walde, Thomas: ND-Report, München 1971, S. 352

29 Felfe, Heinz: a.a.O., S. 308f.

30 Vgl. Zolling, Hermann und Heinz Höhne: Pullach intern, Hamburg 1971, S. 16

31 Vgl. das Kapitel »Zu Gast beim Rabenwirt – *FAZ* und *SZ*«

32 Beit-Hallahmi, Benjamin: Schmutzige Allianzen. Die geheimen Geschäfte Israels, München 1985

33 Vgl. *stern* 22/1982: Der Mann, der vom Himmel fiel

34 Vgl. Saupe, Jürgen und Frank P. Heigl: Operation Eva, Hamburg 1982

35 Vgl. Bissinger, Manfred: Bundesnachrichtendienst: Warum so viele Journalisten für den Geheimdienst arbeiten, in: Jürgens, Ekkehardt und Eckart Spoo (Hrsg.): Unheimlich zu Diensten, Göttingen 1987, S. 47

36 Bissinger, Manfred: a.a.O., S. 46

37 »BND sauer über Enthüllungsbuch« titelte beispielsweise die *Hamburger Morgenpost* am 12. August 1993; die *Rhein-Zeitung* schrieb »Autor schreckt den Geheimdienst auf«; »Verärgerung bei den Maulwürfen« konstatierte die *Berliner Zeitung*.

38 Suworow, Viktor: GRU. Die Speerspitze, München 1985. Der Scherz-Verlag stellte den Autoren als hochrangigen GRU-Offizier vor, doch der Überläufer war in Wirklichkeit GRU-Hauptmann Resun, der die von ihm dargestellten Vorgänge aus seiner untergeordneten Verwendung in der GRU-Zentrale gar nicht hatte erfahren können.

39 Gordiewsky, Oleg und Christopher Andrew: KGB. Die Geschichte seiner Auslandsoperationen von Lenin bis Gorbatschow, München 1990

40 Agee, Philip und Louis Wolf: Die CIA in Westeuropa, Berlin-Ost 1981; Agee, Philip: CIA intern. Tagebuch 1956–1974, Hamburg 1979; ders.: On the Run, London 1987

41 Philby, Kim: Im Secret Service. Erinnerungen eines sowjetischen Kundschafters, Berlin (Ost) 1983, ders.: Mein Doppelspiel, Güterstoh 1968

42 Ostrovsky, Viktor: Der Mossad, Hamburg 1991, ders.: Geheimakte Mossad – Die schmutzigen Geschäfte des israelischen Geheimdienstes, München 1994

43 Wright, Peter mit Paul Greengrass: Spycatcher: The Candid Autobiography of A Senior Intelligence Officer, New York 1987

44 Vgl. Bohnsack, Günter und Herbert Brehmer: Auftrag Irreführung. Wie die Stasi Politik im Westen machte, Hamburg 1992, S. 81 f.

45 Markwardt, Waldemar: Erlebter BND. Kritisches Plädoyer eines Insiders, Berfin 1996

46 Vgl. ebenda, S. 263 ff.

47 Vgl. *DER SPIEGEL* 31/97,
S. 18

48 Vgl. zum Beispiel Geraghty, Tony: Beyond the Frontline. The Untold Exploits of Britain's Most Daring Cold War Spy Mission, London 1996, oder McNab, Andy: Signal Bravo Two Zero. Als Kommandant eines Stoßtrupps im Golfkrieg, Hamburg 1995

49 Zum Beispiel Betser, Muki: Soldat in geheimem Auftrag, Hamburg 1996

50 Vgl das MDR-Magazin *Fakt* vom 18. 8. 1997

51 Vgl. *Süddeutsche Zeitung* vom 9. 11. 1994: Ex-Verfassungsschutz-Chef in Hamburg freigesprochen

16 Kulturelle Freiheit – Publizisten für die CIA

1 Bailey, George, Sergej A. Kondraschow und David E. Murphy: Die unsichtbare Front. Der Krieg der Geheimdienste im geteilten Berlin, Berlin 1997, S. 145

2 Vgl. Thomas, Even: The Very Best Men, New York 1995, S. 63

3 Nahezu zwangsläufig bemühten sich die sowjetischen Nachrichtendienste darum, die Sender zu infiltrieren; vgl. zum Beispiel Tumanow, Oleg: Geständnisse eines KGB-Agenten, Berlin 1993

4 Vgl. Reinhold, Ursula, Dieter Schlenstedt und Horst Tanneberger: Erster Deutscher Schriftstellerkongreß 4.–8. Oktober 1947, Protokoll und Dokumente, Berlin 1997, sowie die Rezension im *ND* vom 12. 8. 1997: Traum vom großen Gespräch

5 Vgl. *New York Times* vom 20. 5. 1948: U.S. Bars Pro-Russian Publications From Distribution in German Zone; *New York Times* vom 25.7.1948: Soviet Zone Curbs News From West

6 Vgl. Bailey, George, Sergej A. Kondraschow und David E. Murphy: a.a.O., S. 496 und 146

7 Vgl. Coleman, Peter: The Liberal Conspiracy. The Congress for Cultural Freedom And The Struggle for The Mind in Postwar Europe, New York 1989, S. 40 und 43

8 Vgl. Eichner, Klaus und Andreas Dobbert: Headquarters Germany, Berlin 1997, S. 152f.

9 Vgl. Coleman, Peter: a.a.O., S. 51

10 Agee, Philip: Central Intelligence Agency: Massenmedien als Transportmittel für US-Interessen, in: Jürgens, Ekkehardt und Eckart Spoo (Hrsg.), Unheimlich zu Diensten, Göttingen 1987, S. 23

11 Vgl. Coleman, Peter: a.a.O., S. 276

12 Ausgewertet wurden die Inhaltsverzeichnisse des *Monat* für die Frühphase (10/1948 bis 3/1951 sowie 10/1957 bis 9/1959), die ebenso direkt von der CIA finanzierte Phase von Januar 1960 bis Dezember 1996 sowie der Jahrgang 1970.

13 Vgl. auch Warner, Michael: Origins of the Congress for Cultural Freedom, 1949–50, in: Studies in Intelligence 38 (Sommer 1994), S. 29–38

14 Birkenfeld war zu der Zeit Vorsitzender des Freundeskreises des Untersuchungsausschusses Freiheitlicher Juristen (UfJ) und damit ver-

mutlich »ein wichtiges Bindeglied zwischen dem UfJ und der CIA«; Eichner, Klaus und Andreas Dobbertin: a.a.O., S. 154.

15 Vgl. *DER SPIEGEL* 33/1997, S. 20

16 Vgl. Eichner, Klaus und Andreas Dobbert: a.a.O., S. 18

17 Z.B. 1962: Was kommt nach Chruschtschow?; 1963: Europa bis zum Ural?; 1966: Der Sieg der Bürokraten und Cincinnatus und der Apparatschik.

18 Interview mit George Bailey am 5. 11. 1997

19 Vgl. *Die Welt* vom 28. 10. 1996: Kanzler waren IM der CIA; *Tagesspiegel* vom 28. 10. 1996: Bahr: Alle Bundeskanzler waren IM des CIA

20 *stern* vom 14.11.1996: Sagen Sie mal, Herr Bahr …

21 Vgl. Grémion, Pierre: Intelligence de l'anticommunisme. Le Congrès pour la Liberté de la Culture à Paris, Paris 1995, S. 452

22 Vgl. Gregor-Dellin, Martin und Elisabeth Endres (Hrsg.): P.E.N.-Schriftstellerlexikon Bundesrepublik Deutschland, München 1982, S. 74 und 77 f.

23 Köhler, Otto: Unheimliche Publizisten, München 1995, S. 19

24 Vgl. Grémion, Pierre: a.a.O., S. 225 und 474

25 Vgl. Martini, Winfried: Geheimdienst als englische Tradition, in: *Deutschland-Magazin* 9/19 1970

26 Vgl. Coleman, Peter: a.a.O., S. 235

27 Vgl. Pötzl, Norbert: Basar der Spione, Hamburg 1997, S. 101

28 Vgl. Grémion, Pierre: a.a.O., S. 465

29 Mitteilung von Theo Sommer

30 Evans, Thomas: a.a.O., S. 97; Übersetzung der Verf.

31 Zitiert nach Deschner, Karlheinz: Der Moloch, Stuttgart 1992, S. 351 f.

32 Vgl. Schmidt-Eenboom, Erich: Der Schattenkrieger, Düsseldorf 1995, S. 170

33 Eichner, Klaus und Andreas Dobbert: a.a.O., S. 172 f.

34 Vgl. Coleman, Peter: a.a.O., S. 269

35 Vgl. Mill, George P. und Michael Opperskalski: Die US-amerikanische »Förderung der Demokratie«, Typoskript o.J., S. 4

36 Interview mit George Bailey am 5. 11. 1997

37 Vgl. Marchetti, Victor und John D. Marks: The CIA And The Cult of Intelligence, Stuttgart 1974, S. 212

38 Vgl. Grémion, Pierre: a.a.O., S. 479 und 383

39 Vgl. Amtsgericht Köln – Vereinsregister VR 5175

40 Z.B. im Juni 1961 »Nimm das Gewehr!« oder im darauffolgenden Heft »Bildband mit rosa Optik«

41 Sabine Brandt hatte sich zunächst in einem Telefoninterview am 7.11. 1997 z. d. Frage geäußert, ob sie vom CIA-Hintergrund des CCF wußte, dann allerdings den Abdruck ihrer Antwort schriftlich untersagt.

42 Lasky, Melvin J.: The Last Conqueror, in: Checkpoint 7/1994. In einer privaten Berliner Gesprächsrunde machte Lasky 1998 auch gar keinen Hehl daraus, daß er für »US-Regierungsbehörden« an der Front des Kalten Krieges stand.

43 Kiepenheuer und Witsch (Hrsg.): 40 Jahre Kiepenheuer & Witsch 1949–1989, Köln 1989, S. 5

44 Vgl. Friedrich, Gerd: Die freie deutsche Jugend. Stoßtrupp des Kommunismus in Deutschland, Köln 1950; Becker, O.E.H.: Der perfekte Sklavenstaat. Die Ausbeutung des Arbeiters im staatskapitalistischen System der sowjetischen Besatzungszone, Köln 1951; Brill, Hermann Luis. Das sowjetische Herrschafts-System. Der Weg in die Sklaverei, Köln 1951; Kramer, Matthias: Die Bolschewisierung der Landwirtschaft in Sowjetrußland, in den Satellitenstaaten, in der Sowjetzone, Köln 1951; Buber-Neumann, Margarete: Als Gefangene bei Stalin und Hitler, Köln 1952; Friedrich, Gerd: Der Kulturbund zur demokratischen Erneuerung Deutschlands. Geschichte und Funktion, Köln 1952; Balluseck, Lothar von: Kultura: Kunst und Literatur in der sowjetischen Besatzungszone, Köln 1952; Ein Gott, der keiner war. Arthur Koestler, André Gide, Ignazio Silone, Louis Fischer, Richard Wright, Stephen Spender schildern ihren Weg zum Kommunismus und ihre Abkehr, Köln 1952; Achminow, Hermann: Warum ändern die Sowjets ihren Kurs? Die Sowjetunion, Europa und das Deutschlandproblem, Köln 1953; Friedrich, Gerd und Heinrich von zur Mühlen: Die Pankower Sowjetrepublik und der deutsche Westen, Köln 1953.

45 Dieser »Leitfaden zur Abgewöhnung kommunistischer Neigungen« (*Die Zeit*) erschien 1968 erneut im Seewald-Verlag, der sich 1967 alle Rechte an den Werken Buber-Neumanns gesichert hatte.

46 Spender war ab ca. 1954 Herausgeber des *Encounter*, 1951 hatte er wie Silone und Fischer an der Konferenz des CCF in Indien teilgenommen; vgl. Lasch, Christopher: The Cultural Cold War, in: Bernstein, Barton J. (Hrsg.): Towards a New Past, New York o. J., S. 332. Der Beitrag von Lasch schildert auch die CCF-Aktivitäten in Großbritannien.

47 Vgl. auch die Rezension zu Grémion in der *FAZ* vom 13. 5. 1996: Gut angelegtes Geld

48 Beispielsweise das 1957 bei K&W erschienene Buch von Raymond Aron, Opium für Intellektuelle, dessen 1960 in Tokyo verlegte Fassung – wie sieben weitere Werke des Autors – von der CIA finanziert wurde.

49 Vgl. Coleman, Peter: a.a.O., S. 269

50 *Die Zeit* vom 9. 1. 1981

51 Vgl. Buchbender, Ortwin: Das tönende Erz, Stuttgart 1978, S. 360

52 Vgl. von zur Mühlen, Heinrich: Der Staatssicherheitsdienst, in: *SBZ-Archiv* vom 20. 11. 1953, und ders.: Flucht aus der Kasernierten Volkspolizei, in: *SBZ-Archiv* vom 20. 4. 1954

53 Vgl. Höhne, Heinz: Der Krieg im Dunkeln, München 1985, S. 490

54 Beispielsweise Fricke, Karl W.: Zwischenbilanz einer Diktatur, in: *SBZ-Archiv* vom 25. 1. 1954, oder Fricke, Karl W.: Machtkonzentration im Staatsrat, *SBZ-Archiv* 24/1963

55 Zum Beispiel: Gründe und Hintergründe der Zonenflucht am 20.4.1953, Zum Abschluß der Berlin-Konferenz am 20. 2. 1954; Die Souveränität des Satelliten am 5. 4. 1954.

56 Vgl. Brzezinski, Zbigniew: Der Sowjetblock. Einheit und Konflikt, Köln 1962; ders.: Alternative zur Teilung. Neue Möglichkeiten für eine gesamteuropäische Politik, Köln 1966

57 Vgl. Gregor-Dellin, Martin und Elisabeth Endres (Hrsg.): a.a.O., S. 156f.

58 Vgl. Stern, Carola: Die SED. Ein Handbuch über Aufbau, Organisation und Funktion des Parteiapparats, Köln 1954; dies.: Die SED. Porträt einer bolschewistischen Partei, Köln 1957

59 Vgl. zum Beispiel Stern, Carola: Volksbildung am Gängelband der SED, in: *SBZ-Archiv* vom 20. 4. 1953, Mobilisierung des SED-Parteiapparats am 20. 3. 1954; Ulbrichts Dorffabrik, *SBZ-Archiv* 9/1960

60 Vgl. Stern, Carola: Ulbricht. Eine politische Biographie, Köln 1963

61 Carola Stern selbst wollte zu diesem Problemkreis für dieses Buch keine Stellungnahme abgeben.

62 Telefoninterview mit Herbert Brehmer am 7. 10. 1997

63 Vgl. Menschen Machen Medien 11/1996, S. 43

64 Vgl. Stern, Carola (Hrsg.): Wer schweigt, wird mitschuldig – 20 Jahre Amnesty International, Frankfurt 1981

65 Vgl. *taz* vom 28. 2. 1997: BND versuchte amnesty anzuwerben
66 Vgl. Müller, Leo A.: betrifft: amnesty international, München 1989
67 Larsen, Egon: amnesty international. Im Namen der Menschenrechte, München 1978, S. 43
68 Müller, Leo A.: a.a.O., S. 14
69 Vgl. Grémion, Pierre: a.a.O., S. 452
70 Müller, Leo A.: a.a.O., S. 16f.
71 Vgl. Grémion, Pierre: a.a.O., S. 472.
72 Müller, Leo A.: a.a.O., S. 20
73 Vgl. Eichner, Klaus und Andreas Dobbert: a.a.O., S. 169f.
74 Vgl. Wehner, Wolfgang: Geheim, München 1960, S. 218ff.

17 Diener vieler Herren – Der Fall des Gerhard Baumann

1 Vgl. *Focus* 27/1997: Angriff aus BND-Zentrale
2 Mitteilung eines BND-Beamten vom November 1993
3 *Focus* 5/1994: Maulwurf gesucht
4 *DER SPIEGEL* 17/1997: Fleurop für Amigos
5 Vgl. *DER SPIEGEL* 17/1997: Fleurop für Amigos
6 Brief vom 15. März 1981 an Gerhard Baumann
7 Vgl. *SZ* vom 22. 4. 1997: Früherer BND-Vize weist Vorwürfe zurück
8 Der Generalbundesanwalt beim Bundesgerichtshof, Az. 3 Bjs 820/91-94, Karlsruhe 21. 12. 1994, im folgenden zitiert als Anklageschrift, S. 31 ff.
9 Zitiert aus »Dokumente des Ministeriums für Staatssicherheit«, in: Gill, David und Ulrich Schröter: Das Ministerium für Staatssicherheit, Berlin 1991, S. 500
10 Vgl. »Einsatzplan für den Einsatz von Oberst Brüning und XYZ (anonymisiert) in der Zeit vom 21.–27. 9. 1987 in das Operationsgebiet Österreich«, Leipzig 3. 9. 1987, abgedruckt in Sélitrenny, Rita und Thilo Weichert: Das unheimliche Erbe, Leipzig 1991, S. 265 ff.
11 Anklageschrift S. 49
12 Baumann, Gerhard: Grundlagen und Praxis der internationalen Propaganda, Essen 1944 S. 51
13 Anklageschrift S. 17
14 Vgl. Brief Gerhard Baumann an Helmut Ziegler vom 21. 4. 1958 und Einladung zur Gründungsversammlung vom 5. 5. 1958
15 *Ostfriesenzeitung* vom 6. 10. 1962: »Zum äußersten Risiko bereit sein«
16 Vgl. Wehrpolitischer Digest Nr. 1, München/Düsseldorf Juni 1962, S. 2
17 Vgl. Verträge Der Bundesminister für Verteidigung mit Gerhard Baumann, Bonn 28. Juni 1956, Bonn 25. November 1958, Bonn 15. März 1959, Bonn 26. Oktober 1959
18 Minow, Rüdiger und Walter von Goldenbach: »Deutschtum Erwache«. Aus dem Innenleben des staatl. Pangermanismus, Berlin 1994, S. 340
19 Vgl. Dietrich, Otto, Helmut Sündermann, Wilfried Bade, Gunther d'Alquen und Heinz Lorenz: Auf den Straßen des Sieges. Erlebnisse mit dem Führer in Polen, München 1940
20 Bundesamt für Verfassungsschutz (Hrsg.): betrifft: Verfassungsschutz '81, Köln 1982, S. 45

21 Vgl. Schreiben Gerhard Baumann an Kurt Weiß vom 6. 3. 1991 und Schreiben von Wilfried Strik-Strikfeldt an Baumann vom 20. 2. 1967

22 Vgl. *DER SPIEGEL* 17/1997, S. 69

23 Vgl. Anklageschrift S. 39

24 Vgl. Brief Harald Rüddenklau an Gerhard Baumann vom 9. 11. 1988 und Schreiben Neuer Deutscher Nationalverein e.V. an Gerhard Baumann vom 11. 12. 1989

25 *SZ* vom 19. 2. 1992: Am Grab von Strauß dirigierte ein Spitzel

26 Vgl. *SZ* vom 29. 5. 1995: Spionageprozeß gegen Münchner Journalisten

27 Vgl. *SZ* vom 22. 6. 1995: Münchner Journalist vor Gericht

28 Vgl. Brief Dieter Schmidt an Gerhard Baumann vom 30. 7. 1986

29 Vgl. Brief Dieter Schmidt an Gerhard Baumann vom 9. 2. 1990 sowie Brief Gerhard Baumann an Dieter Schmidt vom 1. 2. 1990

30 Vgl. Brief Gerhard Baumann an Erich Richter vom 30. 3. 1965

31 Vgl. Briefe Gerhard Baumann an Hans Rühle vom 1. 3. 1982 und 26. 9. 1982 sowie Briefe Hans Rühle an Gerhard Baumann vom 13. 4. 1981 und 20. 1. 1983

32 Anklageschrift S. 43f.

Danksagungen

Meinen zahlreichen Interviewpartnern – Betroffenen, Zeitzeugen und Experten – kann ich nur summarisch für ihre Bereitschaft danken, ein Stück Zeitgeschichte und in vielen Fällen zugleich einen Ausschnitt des eigenen Lebensweges zu offenbaren.

Die Mitarbeiterinnen und Mitarbeiter des Instituts für Zeitgeschichte in München und des Bundesarchivs in Freiburg waren ebenso zuvorkommend wie hilfreich.

Die Journalisten Manfred Bissinger von *DIE WOCHE*, Georg Mascolo vom *SPIEGEL*, Rudolf Lambrecht und Leo A. Müller vom *stern*, Hermann Schreiber und nicht zuletzt Günter Wallraff haben mir mit ihrem Erfahrungsschatz und so manchem Hinweis oder Dokument zur Seite gestanden. Wichtige Anregungen verdanke ich auch Dr. Heinrich Senfft aus Hamburg.

Mit Rat und Tat unterstützten von wissenschaftlicher Seite das Forschungsvorhaben in der Bundesrepublik der Militärhistoriker Dr. Ortwin Buchbender, Shlomo Sphiro und Bodo Wegmann, in Frankreich Olivier Schmidt und Roger Fafigot.

Meinem Verleger, Dr. Reinhold Neven Du Mont, bin ich für die Anregung dankbar, in dem Verlag, den er 1969 übernahm, die nachrichtendienstlichen Altlasten aufzuspüren, und für die Souveränität, mit der er auf erste Anfechtungen von scheinbar oder tatsächlich Betroffenen reagierte. Meinem Lektor Lutz Dursthoff verdanke ich nicht nur den sprachlichen Feinschliff, sondern auch manche inhaltliche Anregung.

Mein ganz besonderer Dank gilt meiner Mitarbeiterin Waltraud Befort, die das Vorhaben über nahezu zwei Jahre hinweg durch ergänzende Recherchen, unermüdliches Beharren auf Verständlichkeit und sorgfältige Bearbeitung des Manuskripts unterstützt hat.

Weilheim, im Juni 1998 Erich Schmidt-Eenboom

Personenregister

Decknamen des BND stehen in Versalien, Decknamen des MfS in Anführungszeichen.

C

D

E

F

G

H

N

T

Z

Christian v. Ditfurth
Die Mauer steht am Rhein

Deutschland nach dem Sieg des Sozialismus
Gebunden

Und wenn alles ganz anders gekommen wäre? Der Westen ist rot: die verblüffend plausible Geschichte der deutschen Einheit, in der die DDR die Bundesrepublik übernimmt. Oskar Lafontaine und Helmut Kohl fliehen ins Ausland, Graf Lambsdorff wird als Kopf einer »finanzkapitalistischen Verschwörung« verhaftet, Joschka Fischer und Heiner Geißler bemühen sich in der Zürcher Emigration, die demokratischen Kräfte zu sammeln. BMW und Daimler-Benz sind zum VEB Autobau Süd fusioniert, die D-Mark wird durch die DRD-Mark ersetzt. — Die Geschichte hat an einem bestimmten Punkt einen anderen Verlauf genommen: Gorbatschow wird 1988 gestürzt, seine stalinistischen Nachfolger stemmen sich dem Aufrüstungskurs der NATO entgegen, fordern raketenrasselnd und ultimativ eine neue Sicherheitsarchitektur. Der Preis für den Frieden ist Deutschland.
Wie verhalten sich die Politiker, wie die Bevölkerung der Bundesrepublik, wie reagieren die Westmächte, wie läuft der Anschluß, die rote Wende ab?